国家重点档案专项资金资助项目

抗日战争档案汇编

丽水市莲都区档案馆藏抗战档案选编

丽水市莲都区档案馆 编

五洲传播出版社

图书在版编目（CIP）数据

丽水市莲都区档案馆藏抗战档案选编 / 丽水市莲都区档案馆编 . -- 北京 : 五洲传播出版社 ,2025. 7.
(抗日战争档案汇编). -- ISBN 978-7-5085-5354-2
Ⅰ . K265.063
中国国家版本馆 CIP 数据核字第 2025V206B0 号

丽水市莲都区档案馆藏抗战档案选编

编　　者：丽水市莲都区档案馆
出 版 人：关　宏
责任编辑：宋博雅
装帧设计：北京禾风雅艺文化发展有限公司
出版发行：五洲传播出版社
地　　址：北京市海淀区北三环中路31号生产力大楼B座6层
邮　　编：100088
电　　话：010-82005927，82007837
网　　址：www.cicc.org.cn, www.thatsbooks.com
印　　刷：天津艺嘉印刷科技有限公司
版　　次：2025年8月第1版第1次印刷
开　　本：210 mm × 285 mm
印　　张：33.25
定　　价：540.00元

抗日战争档案汇编编纂出版工作组织机构

编纂出版工作领导小组

组　长　王绍忠

副组长　高　嵚　李洁鸿　林振义

编纂委员会

主　任　王绍忠

副主任　李洁鸿

顾　问　杨冬权　李明华　陆国强

成　员（按姓氏笔画为序排列）

王　宇　王　放　王海燕　方　旭　甘自强　田　红

田　峰　田富祥　代年云　白晓军　冯建华　伍　英

刘晓阳　孙秀梅　孙建军　苏雨新　苏树增　杜昕昱

李　军　李　晶　李世华　李宝玲　李莉娜　李海蓉

李家成　杨文丰　杨智友　谷　磊　张　军　张向军

张军勇　张秀丽　陆和兰　陈念芜　陈熙满　欧阳春

罗先东　周向阳　郑泽隆　赵舒龙　胡　勇　姜若宁

姚永军　聂文胜　夏　红　顾　俊　徐未晚　高建舟

常建宏　梁克昌　蒋宏灵　喻在岗　焦东华　童　鹿

曾德亚　谭荣鹏　潘　勇

编纂出版工作领导小组办公室

主　任　李莉娜

副主任　贾　坤　沈　岚

成　员（按姓氏笔画为序排列）

朱召师　李　宁　汪海涛　董书婷

浙江省抗日战争档案汇编编纂出版工作组织机构

编纂出版工作领导小组

组　长　吴炳芳　王利月

副组长　张　军　胡元潮

编纂出版工作领导小组办公室

主　任　胡文苑

副主任　夏振华　阮发俊

成　员　陈卓君　张克强　宫　陈

编纂委员会

主　任　吴炳芳　王利月

副主任　张　军　胡元潮

委　员　胡文苑　陈　勇　翁　梅　夏振华　莫剑彪　阮发俊

《丽水市莲都区档案馆藏抗战档案选编》编辑组

主　编　吕春耀　吴日清

副主编　夏伟文　黄　芳　李育虹　郑永波

执行主编　吴熙隆

编　辑　林肖霞　周仁弟　周晶琳　李倩倩

编　务　李单单　潘巧菲

总序

为深入贯彻落实习近平总书记「让历史说话，用史实发言，深入开展中国人民抗日战争研究」的重要指示精神，国家档案局根据《全国档案事业发展「十三五」规划纲要》和《「十三五」时期国家重点档案保护与开发工作总体规划》的有关安排，决定全面系统地整理全国各级综合档案馆馆藏抗战档案，编纂出版《抗日战争档案汇编》（以下简称《汇编》）。

中国人民抗日战争是近代以来中国反抗外敌入侵第一次取得完全胜利的民族解放战争，开辟了中华民族伟大复兴的光明前景。这一伟大胜利，也是中国人民为世界反法西斯战争胜利、维护世界和平作出的重大贡献。加强中国人民抗日战争研究，具有重要的历史意义和现实意义。

全国各级档案馆保存的抗战档案，数量众多，内容丰富，全面记录了中国人民抗日战争的艰辛历程，是研究抗战历史的珍贵史料。一直以来，全国各级档案馆十分重视抗战档案的开发利用，陆续出版公布了一大批抗战档案，对揭露日本帝国主义侵华罪行，讴歌中华儿女勠力同心、不屈不挠抗击侵略的伟大壮举，弘扬伟大的抗战精神，引导正确的历史认知，发挥了积极作用。特别是国家档案局组织有关方面共同努力和积极推动，「南京大屠杀档案」被联合国教科文组织评选为「世界记忆遗产」，列入《世界记忆名录》，捍卫了历史真相，在国际上产生了广泛而深远的影响。

全国各级档案馆馆藏抗战档案开发利用工作虽然取得了一定的成果，但是，在档案信息资源开发的系统性和深入性方面仍显不足。正如习近平总书记所指出的：「同中国人民抗日战争的历史地位和历史意义相比，同这场战争对中华民族和世界的影响相比，我们的抗战研究还远远不够，要继续进行深入系统的研究。」「抗战研究要深入，就要更多通过档案、资料、事实、当事人证词等各种人证、物证来说话。要加强资料收集和整理这一基础性工作，全面整理我国各地抗战档案、照片、资料、实物……」

国家档案局组织编纂《汇编》，对全国各级档案馆馆藏抗战档案进行深入系统地开发，是档案部门贯彻落实习近平总书记重要指示精神，推动深入开展中国人民抗日战争研究的一项重要举措。本书的编纂力图准确把握中国人民抗日战争的历史进程、主流和本质，用详实的档案全面反映一九三一年九一八事变后十四年抗战的全过程，反映中国共产党在抗日战争中的中流砥柱作用以及中国人民抗日战争在世界反法西斯战争中的重要地位，反映国共两党「兄弟阋于墙，外御其侮」进行合作抗战、共同捍卫民族尊严的历史，反映各民族、各阶层及海外华侨共同参与抗战的壮举，展现中国人民抗日战争的伟大意义，以历史档案揭露日本侵华暴行，揭示日本军国主义反人类、反和平的实质。

编纂《汇编》是一项浩繁而艰巨的系统工程。为保证这项工作的有序推进，国家档案局制订了总体规划和详细的实施方案，明确了指导思想、工作步骤和编纂要求。为保证编纂成果的科学性、准确性和严肃性，国家档案局组织专家对选题进行全面论证，对编纂成果进行严格审核。

各级档案馆高度重视并积极参与到《汇编》工作之中，通过全面清理馆藏抗战档案，将政治、军事、外交、经济、文化、宣传、教育等多个领域涉及抗战的内容列入选材范围。入选档案包括公文、电报、传单、文告、日记、照片、图表等多种类型。在编纂过程中，坚持实事求是的原则和科学严谨的态度，对所收录的每一件档案都仔细鉴定、甄别与考证，维护档案文献的真实性，彰显档案文献的权威性。同时，以《汇编》编纂工作为契机，以项目谋发展，用实干育人才，带动国家重点档案保护与开发，夯实档案馆基础业务，提高档案人员的业务水平，促进档案馆各项事业的发展。

守护历史，传承文明，是档案部门的重要责任。我们相信，编纂出版《汇编》，对于记录抗战历史，弘扬抗战精神，发挥档案留史存鉴、资政育人的作用，更好地服务于新时代中国特色社会主义文化建设，都具有极其重要的意义。

抗日战争档案汇编编纂委员会

编辑说明

抗日战争全面爆发以后，在国家危难之际，丽水县（现丽水市莲都区）成为浙江省抗战的大后方。一九三七年十二月，省会杭州沦陷，浙江省政府及杭嘉湖地区许多机关、团体、企事业单位陆续南迁至丽水地区，省教育厅、建设厅和一批学校、军事机构迁往丽水县。丽水县城在日军空袭和两次沦陷后经历了巨大创伤，后又受鼠疫波及，当地群众生命和财产损失惨重。丽水人民奋起反抗日本侵略，积极支援前线，加紧后方备战，处州民众教育馆等文化单位积极开展抗战宣传，省立处州中学部分学生投笔从戎，尽忠报国。

本书收录了丽水市莲都区档案馆藏民国时期丽水县颇具代表性、有较高历史研究价值的二百余件抗战档案，涉及省立处州中学和处州民众教育馆在抗战期间积极开展抗日宣传活动、实行应变措施、举行碧湖各界「七七」纪念大会、应对日军细菌战、防治鼠疫等传染病，以及丽水各企业和单位损失报表等内容，都是研究抗战时期丽水军民一致抗日的重要原始资料。

本书选稿起自一九三七年，迄至一九四六年。本书按照「主题—时间」体例编排，分为抗战宣传与民众教育、抗战兵役与青年从军、应变措施与损失救济、防疫宣传与疫病救治四个部分，其中每一部分内容又分为若干小类。

选用档案均据本馆馆藏原件全文影印，未作删节，如有缺页，为档案自身缺页。档案中原标题完整或基本符合要求的使用原标题，原标题有明显缺陷的进行了修改或重拟，无标题的加拟标题。标题中的人名使用通用名，机构名称使用全称或规范简称，历史地名沿用当时名称。档案所载时间不完整或不准确的，作了补充或订正。

本书使用规范的简化字。对标题中人名、历史地名、机构名称中出现的繁体字、错别字、不规范的异体字等，予以径改。限于篇幅，本书不作注释。

由于时间紧，档案公布量大，编者水平有限，在编辑过程中可能存在疏漏之处，考订难免有误，欢迎方家斧正。

编　者

二〇二一年十二月

目录

二、抗战兵役与青年从军

（一）抗战兵役管理

三、应变措施与损失救济

（一）应变措施

（二）损失救济

四、防疫宣传与疫病救治

（一）防疫宣传

（二）疫病救治

一、抗战宣传与民众教育

（二）放映教育影片

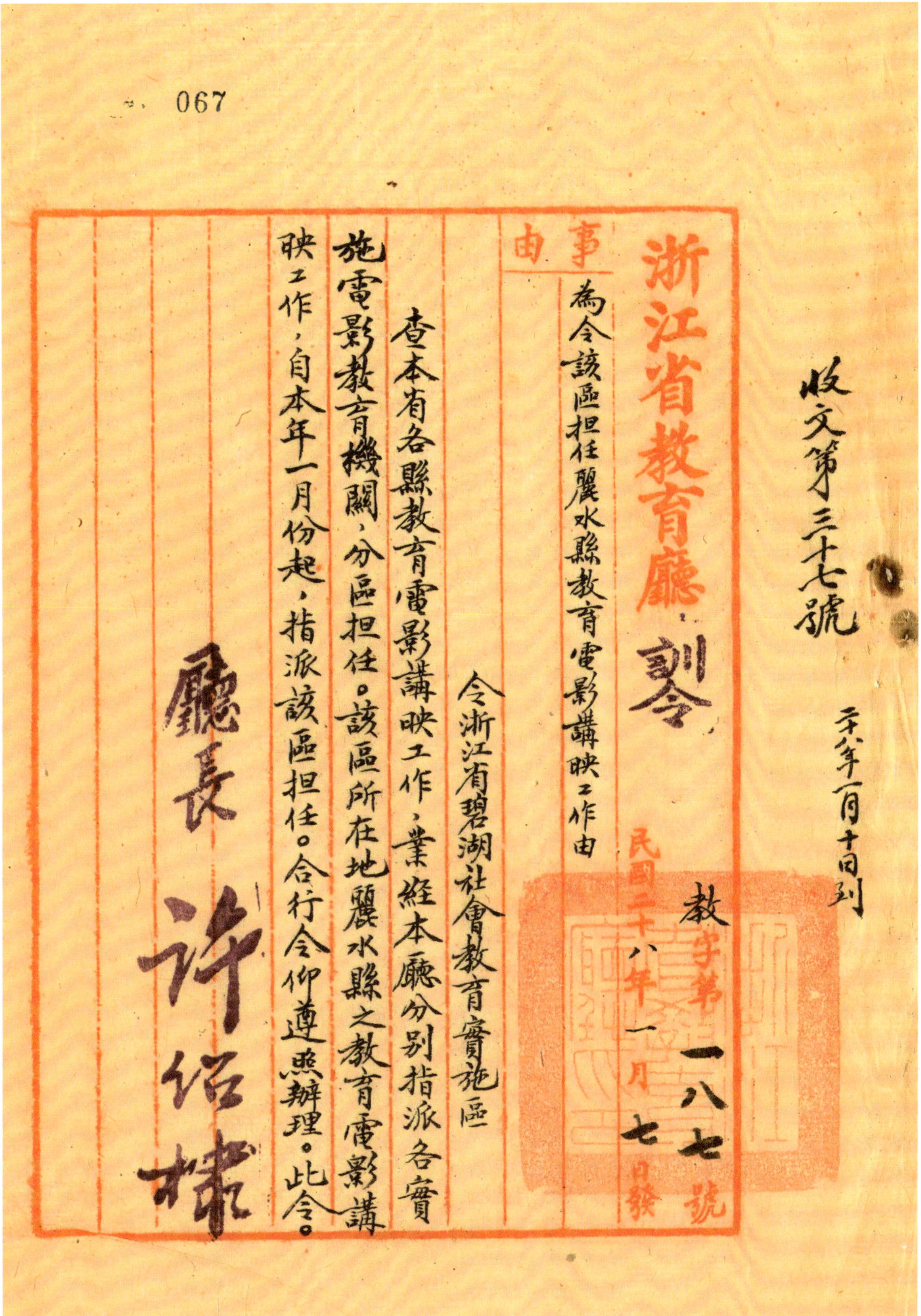
067

收文第三十七號

廿八年一月十日到

浙江省教育廳訓令

教字第一八七號

民國二十八年一月七日發

事由：為令該區担任麗水縣教育電影講映工作由

令浙江省碧湖社會教育實施區

查本省各縣教育電影講映工作，業經本廳分別指派各實施電影教育機關，分區担任。該區所在地麗水縣之教育電影講映工作，自本年一月份起，指派該區担任。合行令仰遵照辦理。此令。

廳長 许绍棣

浙江省教育厅关于开展教育电影讲映工作致浙江省碧湖社会教育实施区的训令（一九三九年一月七日）

孙国栋关于颁发抗战建国幻灯片事的笺函（一九三九年六月二十四日）

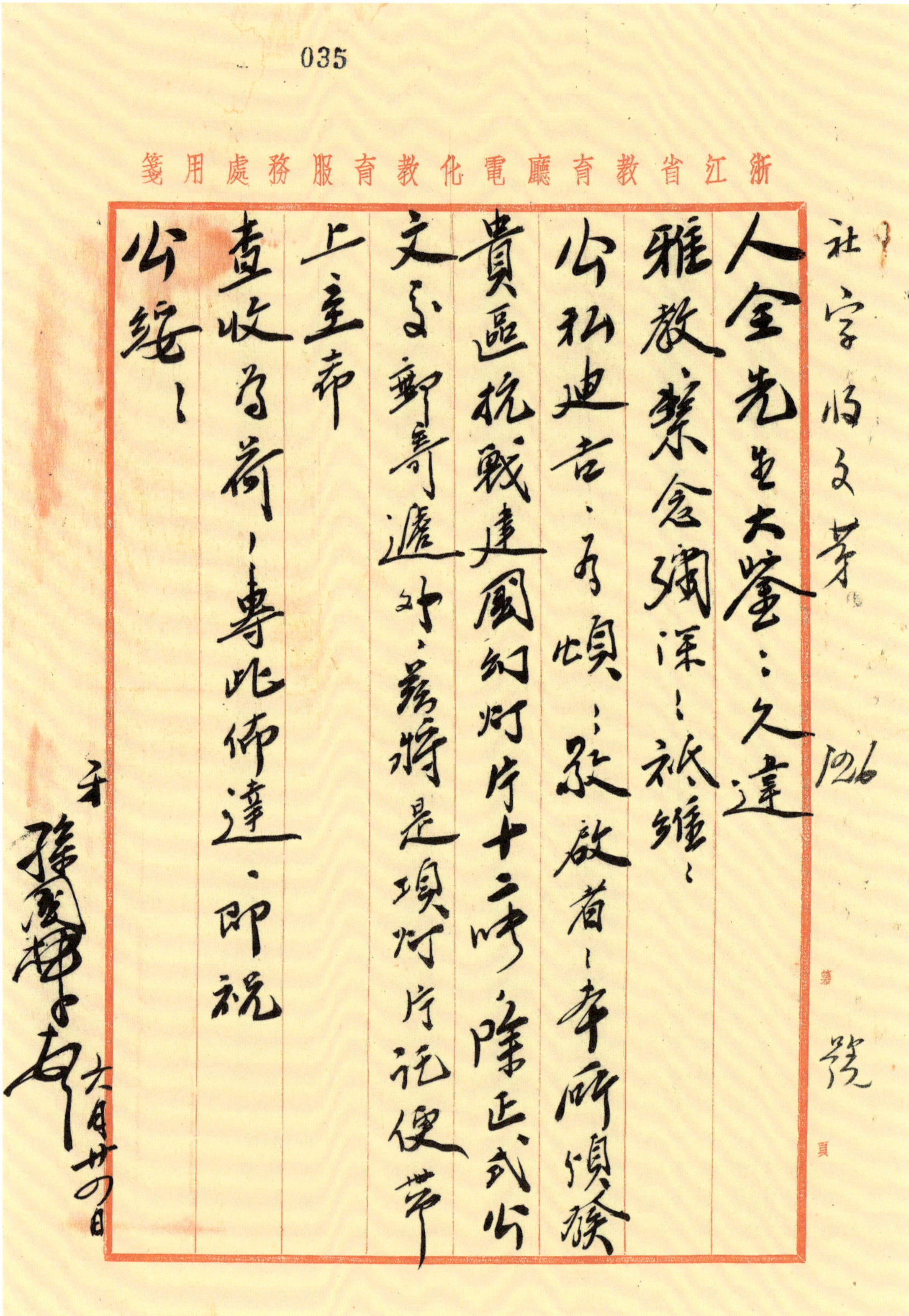
035

浙江省教育廳電化教育服務處用箋

社字收文第126號

人全先生大鑒：久違

雅教，繫念殊深，祗維

公私迪吉，為頌。敬啟者：本所頒發

貴區抗戰建國幻燈片十二帧，除正式公

文另郵寄遞外，茲將是項燈片託便帶

上，至希

查收為荷，專此佈達，即祝

公綏

孫國棟手上 六月廿四日

浙江省教育厅关于颁发抗战建国宣传幻灯片事致浙江省碧湖社会教育实施区的训令
（一九三九年六月二十八日）

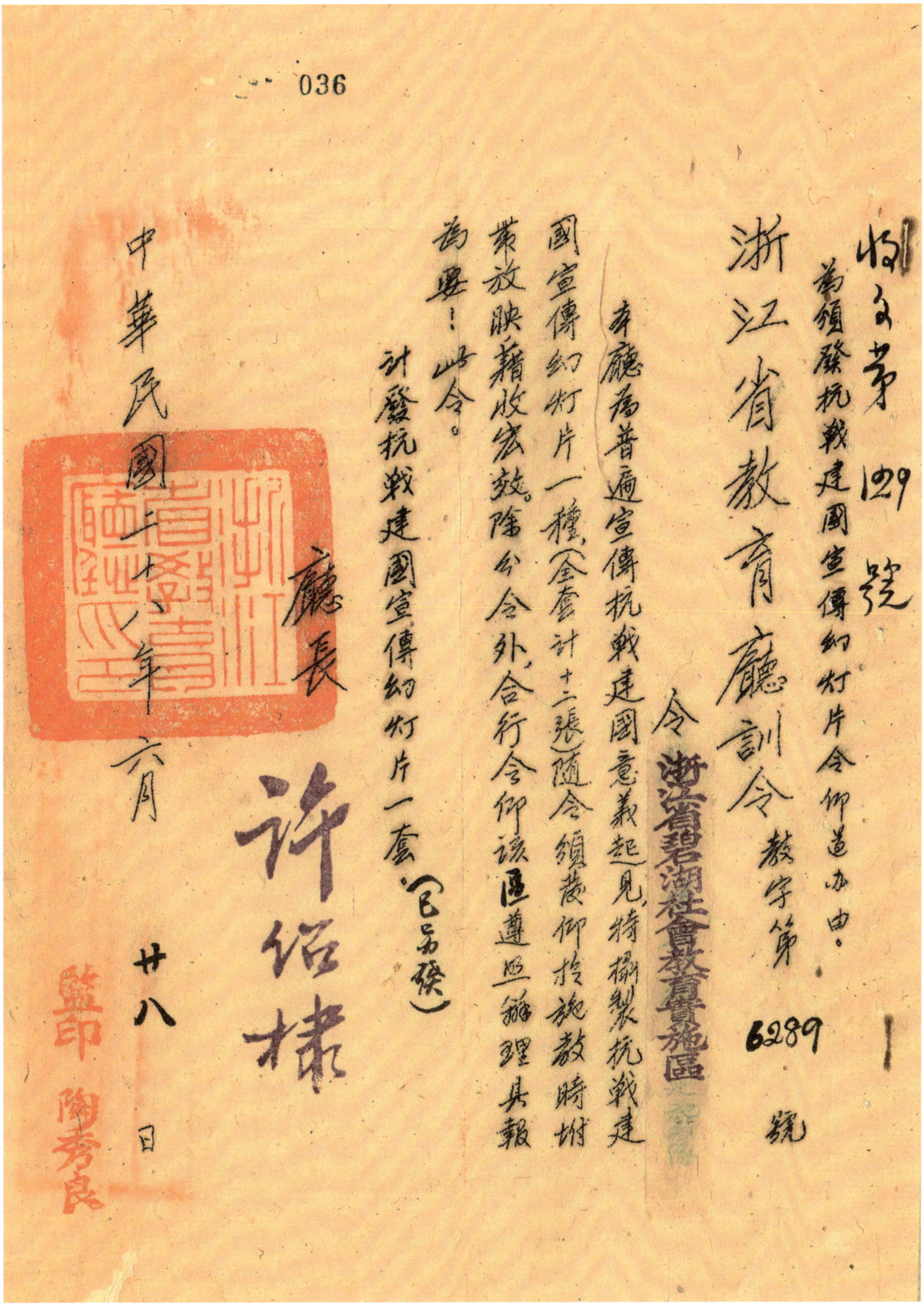

036

收文第129號

浙江省教育廳訓令　教字第6289號

為頒發抗戰建國宣傳幻灯片令仰遵办由。

令　浙江省碧湖社會教育實施區

本廳為普遍宣傳抗戰建國意義起見，特攝製抗戰建國宣傳幻灯片一種（全套計十二張），隨令頒發，仰於施教時附帶放映，藉收宏效。除分令外，合行令仰該區遵照辦理具報為要！此令。

計發抗戰建國宣傳幻灯片一套。（已另發）

廳長　許紹棣

中華民國二十八年六月廿八日

監印　陶秀良

浙江省教育厅关于检发教育广播讲座节目表事致浙江省碧湖社会教育实施区的训令（一九三九年六月二十九日）

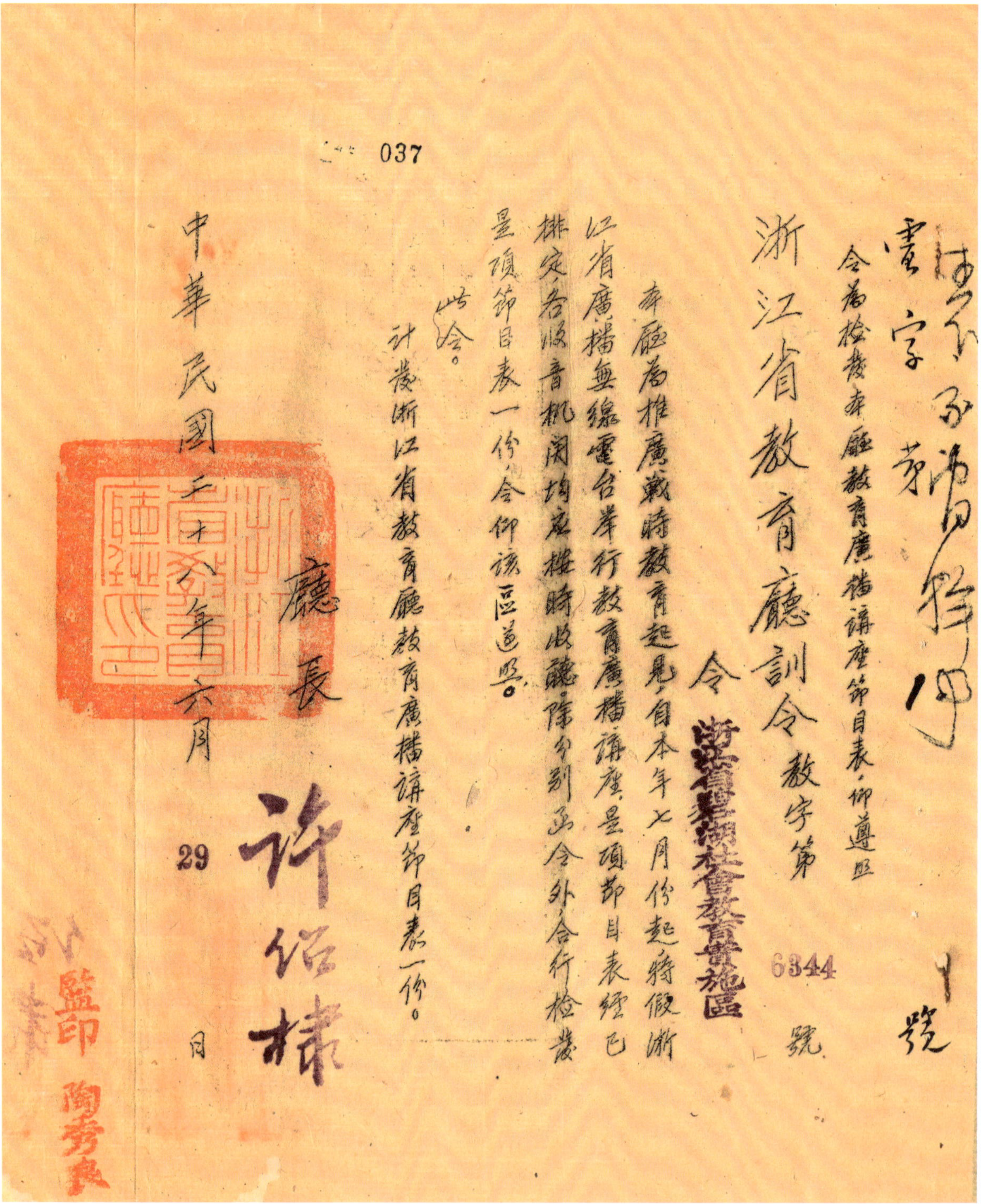

037

雲字第　號

令為檢發本廳教育廣播講座節目表，仰遵照

浙江省教育廳訓令　教字第6344號

令浙江省碧湖社會教育實施區

本廳為推廣戰時教育起見，自本年七月份起，特假浙江省廣播無線電台舉行教育廣播講座，是項節目表經已排定，各收音機關均應按時收聽，除分別函令外，合行檢發是項節目表一份，令仰該區遵照。

此令。

計發浙江省教育廳教育廣播講座節目表一份。

廳長　許紹棣

中華民國二十八年六月29日

監印　陶秀夷

040

浙江省教育廳教育廣播講座節目表

二十八年六月訂

星期	節目	時間
一	兒童教育	下午七時四十五分至八時十五分
二	抗戰叢談	又
三	兒童教育	又
四	抗戰叢談	又

1、講演地點為麗水街口頭浙江省廣播無線電台

2、講師如不能往廣播電台廣播時請於二日前將講稿送交本廳電化教育服務處以便派員代為廣播。

3、講師來往車費每次國幣五角由本廳支付。

4、請講師廣播後請將講稿送交本廳電化教育服務處以便彙印

附兒童教育講師姓名及廣播日期表

講師姓名	廣播日期	通訊處
羅迪先先生	七月三日　十月廿三日　七月卅一日　十一月廿日　八月廿六日　十二月十八日　九月廿五日	教育廳
趙欽仁先生	七月五日　十月廿五日　八月二日　十一月廿二日　八月卅日　十二月二十日　九月廿七日	又
周彬先生	七月十日　十月卅日　八月七日　十一月廿七日　九月四日　十二月廿五日　十月二日	又
胡楳良先生	七月十三日　十一月一日　八月九日　十一月廿九日　九月六日　十二月廿七日　十月四日	又
陶秀良先生	七月十七日　十一月六日　八月十四日　十二月四日　九月十一日　十月九日	又
吳仁政先生	七月十九日　十一月八日　八月十六日　十二月六日　九月十三日　十月十一日	又
莫如孝先生	七月廿四日　十一月十三日　八月廿一日　十二月十一日　九月十八日　十月十六日	又
倪庭詳先生	七月廿六日　十一月十五日　八月廿三日　十二月十三日　九月二十日　十月十八日	又

坿抗戰叢談講師姓名及廣播日期表

張彭年先生	七月四日　八月廿九日　十月廿四日　十二月十九日	教育廳
鄭彤華先生	七月六日　八月卅一日　十月廿六日　十二月廿一日	又

041

許望雲先生	七月十一日	九月五日	十月卅一日	十二月廿六日	教育廳
朱仰曾先生	七月十三日	九月七日	十一月二日	十二月廿八日	又
姜存松先生	七月十八日	九月十一日	十一月七日		又
李煥甫先生	七月二十日	九月十四日	十一月九日		又
許振東先生	七月廿四日	九月十九日	十一月十四日		省立圖書館麗水流通部
章培心先生	七月廿七日	九月廿日	十一月十六日		又
孫慶禧先生	八月一日	九月廿六日	十一月廿日		麗水民教館
金碧輝先生	八月三日	九月廿八日	十一月廿三日		又
王建明先生	八月八日	十月三日	十一月廿八日		又
褚文貽先生	八月十日	十月十五日	十一月卅日		又
周凱旋先生	八月十五日	十月十日	十一月十五日		教育廳
俞同齡先生	八月十七日	十月十三日	十二月七日		又

孫國樑先生	八月廿二日	十月十七日	十二月十二日	又
車楢生先生	八月廿四日	十月十九日	十二月十四日	又

浙江省教育厅关于检发浙江省广播无线电台节目表致浙江省碧湖社会教育实施区的训令（一九三九年七月四日）

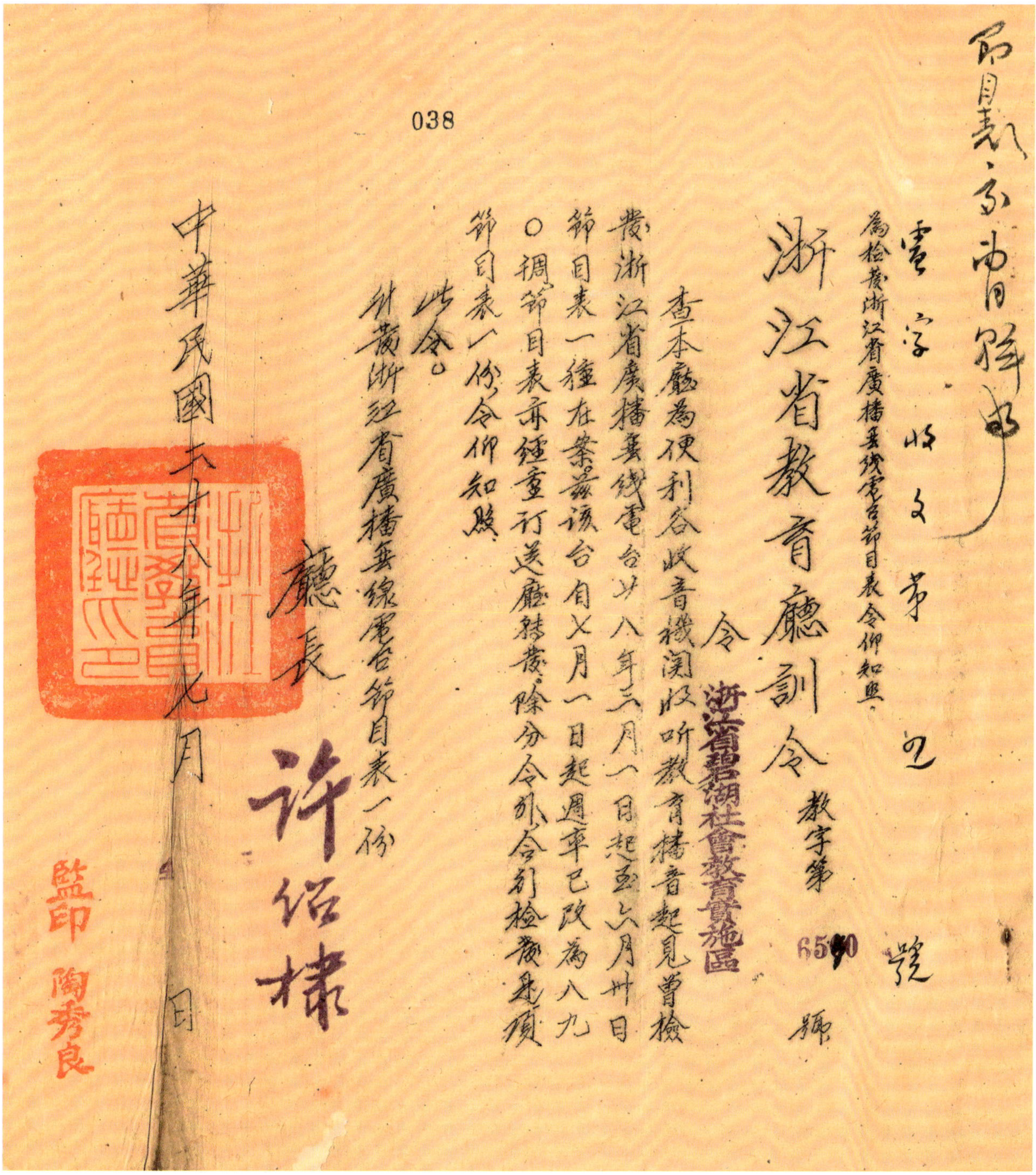

038

雲字收文第 [illegible] 號

為檢發浙江省廣播無線電台節目表令仰知照。

浙江省教育廳訓令 教字第6590號

令浙江省碧湖社會教育實施區

查本廳為便利各收音機關收听教育播音起見，曾檢發浙江省廣播無線電台廿八年三月一日起至六月卅日節目表一種在案。茲該台自七月一日起週率已改為八九〇調，節目表亦經重行送廳轉發，除分令外，合行檢發是項節目表一份，令仰知照。

此令。

計發浙江省廣播無線電台節目表一份

廳長 許紹棣

中華民國二十八年七月 日

監印 陶秀良

附：浙江省广播无线电台节目表（一九三九年七月起）

039

浙江省廣播無綫電台節目表

週率890千週波　XGOD　波長337.1公尺

二十八年七月起

隴蜀時間＼節目＼星期	日	一	二	三	四	五	六
18.00-18.15	國歌　報告當日節目　報時　國樂						
18.15-18.30	簡明新聞						
18.30-18.45	各種戲曲						
18.45-19.15	總理遺教	兒童教育	抗戰叢談	兒童教育	抗戰叢談	總理遺教	領袖嘉言
19.15-19.30	西樂						請各名家演奏音樂或戲曲
19.30-20.00	科學叢談	醫藥常識	抗戰史略	社會科學	政治常識	名人講演	
20.00-20.25	平劇						
20.25-20.45	時評（轉播貴州廣播電台）						
20.45-21.00	國樂						
21.00-21.10	英語新聞報告（轉播中央廣播電台）						
21.10-21.35	歌詠						
21.35-21.55	預報明日節目　報時　西樂						
21.55-22.50	新聞報告（轉播中央廣播電台）　停止						

隴蜀時間 18.00 等於上海時間 19.00

浙江省教育厅关于颁发兵役宣传幻灯片致浙江省碧湖社会教育实施区的训令（一九三九年七月三十一日）

043

雲字收文4号

為頒發兵役宣傳幻灯片令仰遵办具報由

浙江省教育廳訓令　教字第7497號

令　浙江省碧湖社會教育實施區

本廳為普遍宣傳兵役意義起見，特攝製兵役宣傳幻灯片一種，兹隨令頒發，仰即查收，並於實施電影教育時，坿帶放映，以收宏效。除分令外，合行令仰該區遵照辦理具報為要。此令。

坿發兵役宣傳幻灯片一套（四張）

廳長　許紹棣

中華民國二十八年七月卅一日

監印　陶秀良

浙江省教育厅关于转发增设后方各县市收音机推行方案致浙江省碧湖社会教育实施区的训令（一九三九年八月）

044

雲字[illegible]號

奉　部令轉發增設後方各縣市收音機推行方案仰遵照由。

浙江省教育廳訓令　教字第802號

民國二十八年八月[illegible]日發

令　浙江省碧湖社會教育實施區

案奉

教育部廿八年六月廿五日發館叁3字第14590號訓令內開：

「查本部與中央廣播事業管理處及中央宣傳部交通部會擬增設後方各縣市收音機推行方案，業經提付中央廣播事業指導委員會第八次會議修正通過，應即分別施行。除本部及會擬各機關應辦案內事項已分別辦理并分令飭辦外，合行抄發原方案一份，令仰該廳即就案內主管事項嚴切辦理，隨時將辦理（并轉飭遵照辦理）情形具報為要。此令。」

監印　陶秀良

等因，計抄發增設後方各縣市收音機推行方案一份，奉此，除分令外，合行抄發原辦法一份，令仰該校即就案內有關事項切實辦理，隨時將辦理情形具報，以便彙報為要！

此令。

計抄發增設後方各縣市收音機推行方案一份。

廳長 許紹棣

附：增设后方各县市收音机推行方案

045

增設後方各縣市收音機推行方案

根據中央廣播事業指導委員會第六次會議議決「增設後方各縣市收音機，以應民众喁望，而利抗戰宣傳案」，特由中央廣播事業管理處及中央宣傳部交通部教育部會訂本方案，以期播音與收音平衡發展，茲就收音機之裝置，收音機關職責之規定，技術人員之培養，收音機零件及乾電池之供給，播音教育指導之規定，及經費之籌措六點，分述於后：

一、收音機之裝置

1、各縣市政府設置收音室　各縣市政府已裝設收音機者，應闢專室，並委派專員主辦收音及傳佈消息事宜，機件損壞者應速修復之，未裝設者，應儘於廿八年十二月底以前裝設完竣。

2、各地方黨部機關裝設收音機　各縣市地方党部機関應一律於廿九年度內裝設收音機，協助政府辦理收音事宜。

3、各級學校及社會教育機關裝設收音機　各省市縣市各級學校及社會教育機關應裝收音機，一律由各該省市教育廳局通盤籌劃，規定分年裝設，呈請教育部核准，以全補助或半補助購發機件，但須於五年內普及至每一鄉鎮至少有一所學校或社教機關裝設收音機。

4、獎勵私人裝設收音機　私人擬裝設收音機者，得請求地方政府收音室代為設計採購，并指導裝設有願協助政府辦理收音事宜者，應特予獎勵之。

5、請中央無線電機製造廠盡量供給電料盡可能範圍內力求統一收音機線路。各地所需收音機應以國貨為主，其線路程式，亦應力求統一，由中央無線電機製造廠盡量供給各地電料，其

046

機件並力求標準化。

6、規劃并督促各機関装設收音機　関于上述各機関裝設收音机之規劃與督促，應由中央宣傳部、內政部、教育部各就所屬分别執行之。

7、関于收音機之裝設等事項，均應依照交通部頒裝設廣播無線電收音機登記暫行辦法辦理。

二、收音機関職責之規定

人、各縣市政府收音室之職責

ㄅ、收錄新聞呈送主管長官核閱後，并以壁報公佈之。

ㄆ、收錄重要講演呈主管長官核閱後，并在報紙雜誌发表之。（发表時須声明某人紀錄未經原講演人核閱字樣）

ㄇ、編印日刊或時事類編三日刊（按新聞性質分類編輯）以最迅速之方法送達未裝設收音機之各區鄉鎮公所公佈之，并依次傳達各保甲户。

七、指導各收音機關技術事項

2、各機關收音室之職責

ㄅ、收錄新聞編寫壁報公佈之，并得編印時事簡報分發附近居民。

ㄆ、收錄重要講演，投登報章雜誌發表之。

ㄇ、設法公開使民众聆講。

3、教育機關收音室之職責

ㄅ、收錄新聞編寫壁報公布之，並應編印時事簡報分發學生及附近居民。

ㄆ、收錄重要講演投登報章雜誌發表之。

047

7、召集學生或民众準時收聽教育播音講演、并紀錄呈報主管教育行政機關備查。

乙、指導民众收音并举行各種收音比賽。

丙、遵照教育部頒發中等学校利用教育播音須知及民众教育館利用教育播音須知切實辦理。

4. 上述收音機關收音以中央電台及指定之地方電台所播者為限。

5. 上述各機關辦理收音事宜，得列為各該機關攷成之一項，其上級主管機關并應隨時嚴加督導之。

6. 各商店居户如能以收音機公開民众收聽、并能協助上述各機關辦理收音事宜者，政府當予以便利並奬勵之。

三、技術人員之培養

1、中央廣播事業管理處及教育部均曾有專門收音技術人員之

三

訓練，分發各省市服務，以後仍須實際需要，繼續訓練，並酌量延長訓練時間，充實課程內容，以造就各省市收音技術指導人才。

2、交通部於訓練電信人員時，應增加收音機件之裝置及修理課程，期於服務時，能兼理收音技術指導事宜。

3、各省市教育廳局應開班訓練收音技術人員，限令各縣市保送學員，受訓期滿後，回原保送機關服務。

4、各大學理工學院得設電播專修科目，各工業職業學校及各民眾教育機關，亦得設收音技術訓練班，各師範學校勞作科得加授收音機裝配修理方法，造就專門技術人才。

5、各地舉辦中小學教師講習會或社會教育人員訓練班時，應加授收音機管理及使用須知，期各受訓人員對於收音技術導

048

有初步之訓練，俾服務時協助辦理收音事宜。

四、收音機零件及乾電池之供給

1、函請中央無線電機製造廠多備收音機零件，并俟可能範圍內，特設各省分銷處或代售處。

2、函經濟部資源委員會分在西南之川、滇、黔，西北之陝、甘寧，青各省設置乾電池製造分廠及鑛石收音機製造廠，并在可能範圍內設置分銷處或代售處。

3、教育部及各省市教育廳局，各縣市政府應儘量購儲收音機零件，備隨時供給各收音機關配換。

4、請中央廣播事業管理處所屬各電台兼辦收音機件及乾電池之代購及技術上之諮詢，收音人員之介紹等事宜。

五、播音教育指導之規定

1、由中央廣播事業管理處对各级收音機関負指導之責。

2、中央直屬各電台應各劃定播音區，所有該區内收音之指導，機件之代購，人才之介紹與訓練，均得直接或協助地方政府辦理之。

3、各省市教育廳局應遵照教育部頒各種播音教育法令，從速成立播音教育服務處，設置技術人員，并劃定本省市為若干播音教育指導區，每區設播音教育指導員一人負各該區技術指導及考察收音成績之責。上項指導人員應就合格人員選派以专任為原則。如經費困难，不能任用专人時，得由該區教育電影人員兼任施教。

4、各省市立民众教育館及中等学校應指定收音技術人員或物理教員辦理所在播音教育指導區指導事宜，并與其他收音指導機関密切聯络合作。

049

六、經費之籌措

1、各地方機關裝設收音機用費，除教育機關外，統由各縣市政府負責籌給之。其本機關經費寬裕，可以擔負此項設置費者，應自籌之。

2、各機關所需收音經常用費，應由各該機關事業費內撥支，并自廿八年度起列入經常預祘。

3、各學校及民众教育機關所需裝設收音機用費，以自籌為原則，其經費不足者，得呈由縣市政府設法補助，或轉呈教育廳局請求補助，必要時得再轉呈教育部核准補助之。

4、各縣市政府應籌撥收音室專款，其事業費至少應佔該室全經費百分之四十以上。

5、各省市教育廳局應寬籌播音教育經費，除足敷行政用費外

五

並須酌定補助所屬各收音機零機件及電池用費。

6、教育部應增籌播音教育經費，並規定補助各省市收音機及電池用費支領辦法。

7、呈請中央飭由財政部籌撥專款補助各縣市党部及民众團体裝設收音機。

浙江省教育厅关于查报收音机损坏情形致浙江省碧湖社会教育实施区的训令（一九三九年十一月二十五日）

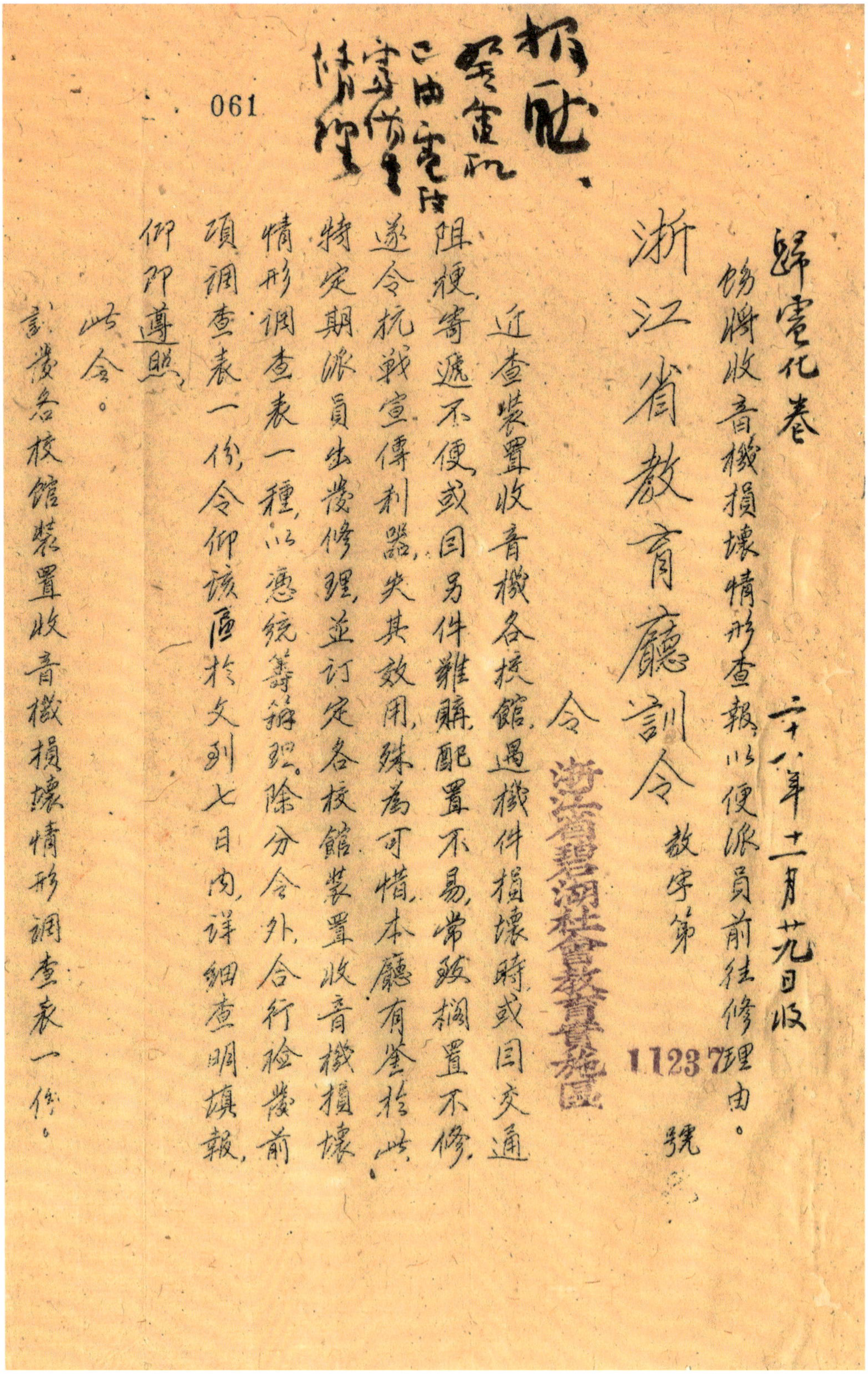
061

歸電化卷

飭將收音機損壞情形查報，以便派員前往修理由。

廿八年十二月廿九日收

浙江省教育廳訓令　教字第　號

浙江省碧湖社會教育實施區

11237

令

近查裝置收音機各校館，遇機件損壞時，或因交通阻梗，寄遞不便，或因另件難購，配置不易，常致擱置不修，遂令抗戰宣傳利器，失其效用，殊為可惜。本廳有鑒於此，特定期派員出發修理，並訂定各校館裝置收音機損壞情形調查表一種，以憑統籌辦理。除分令外，合行檢發前項調查表一份，令仰該區於文到七日內，詳細查明填報，仰即遵照。

此令。

計發各校館裝置收音機損壞情形調查表一份。

廳長 許紹棣

中華民國二十八年十一月 25 日

監印 陶秀良

各校館裝置收音機損壞情形調查表

縣別	機關名稱	地點	收音機種類	真空管數	購自何家	損壞情形

中華民國二十八年　月　日　填報

丽水县太平区署、浙江省碧湖社会教育实施区关于放映电影事宜的来往公函（一九三九年十二月十一日至十五日）

丽水县太平区署致浙江省碧湖社会教育实施区的公函（一九三九年十二月十一日）

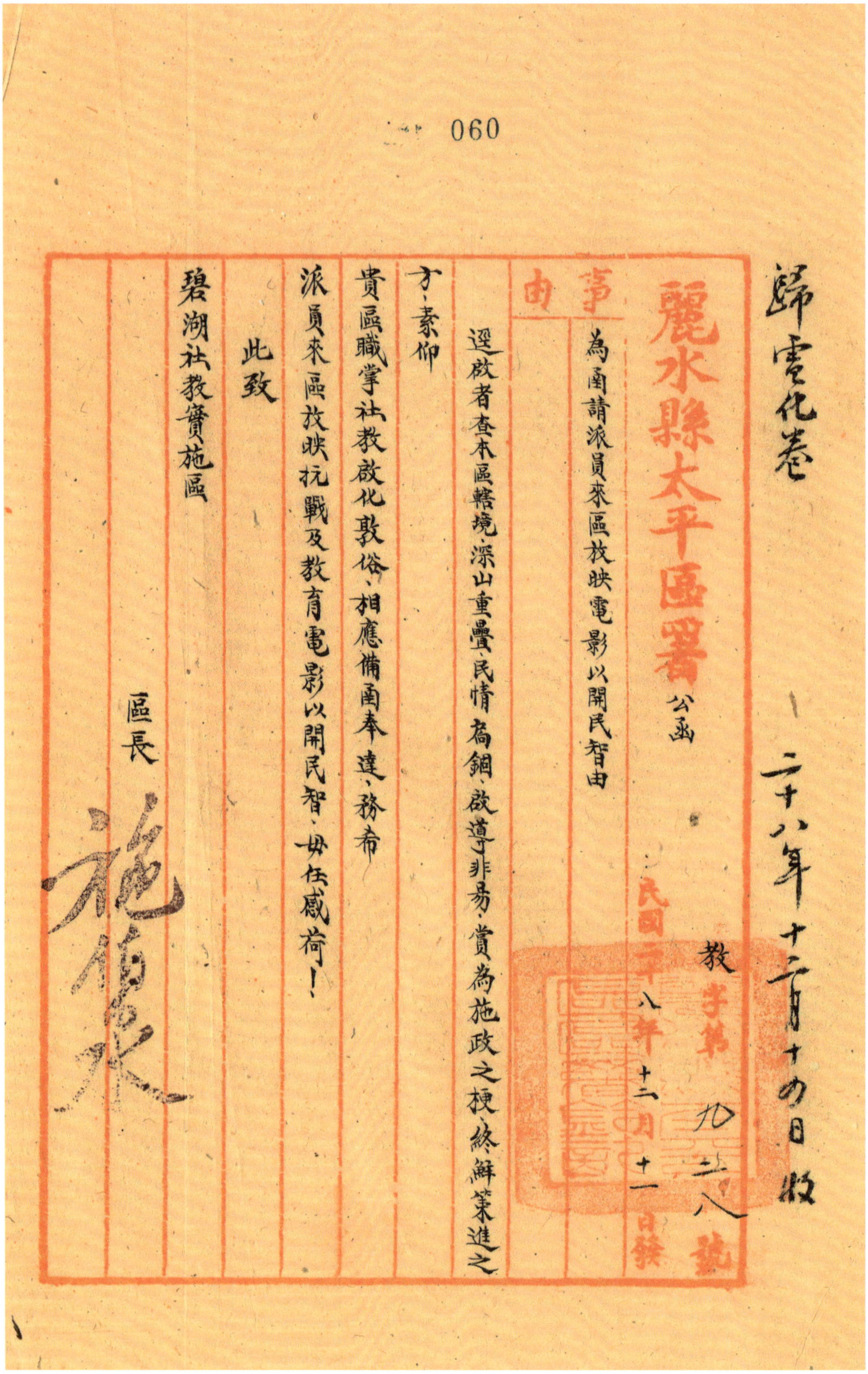

歸電化卷

二十八年十二月十四日收

060

麗水縣太平區署公函

教字第九二八號

民國二十八年十二月十一日發

事由　為函請派員來區放映電影以開民智由

逕啟者，查本區轄境，深山重疊，民情高錮，啟導非易，實為施政之梗，終鮮策進之方。素仰貴區職掌社教，啟化敦俗，相應備函奉達，務希派員來區放映抗戰及教育電影，以開民智，毋任感荷！

此致

碧湖社教實施區

區長　施伯永

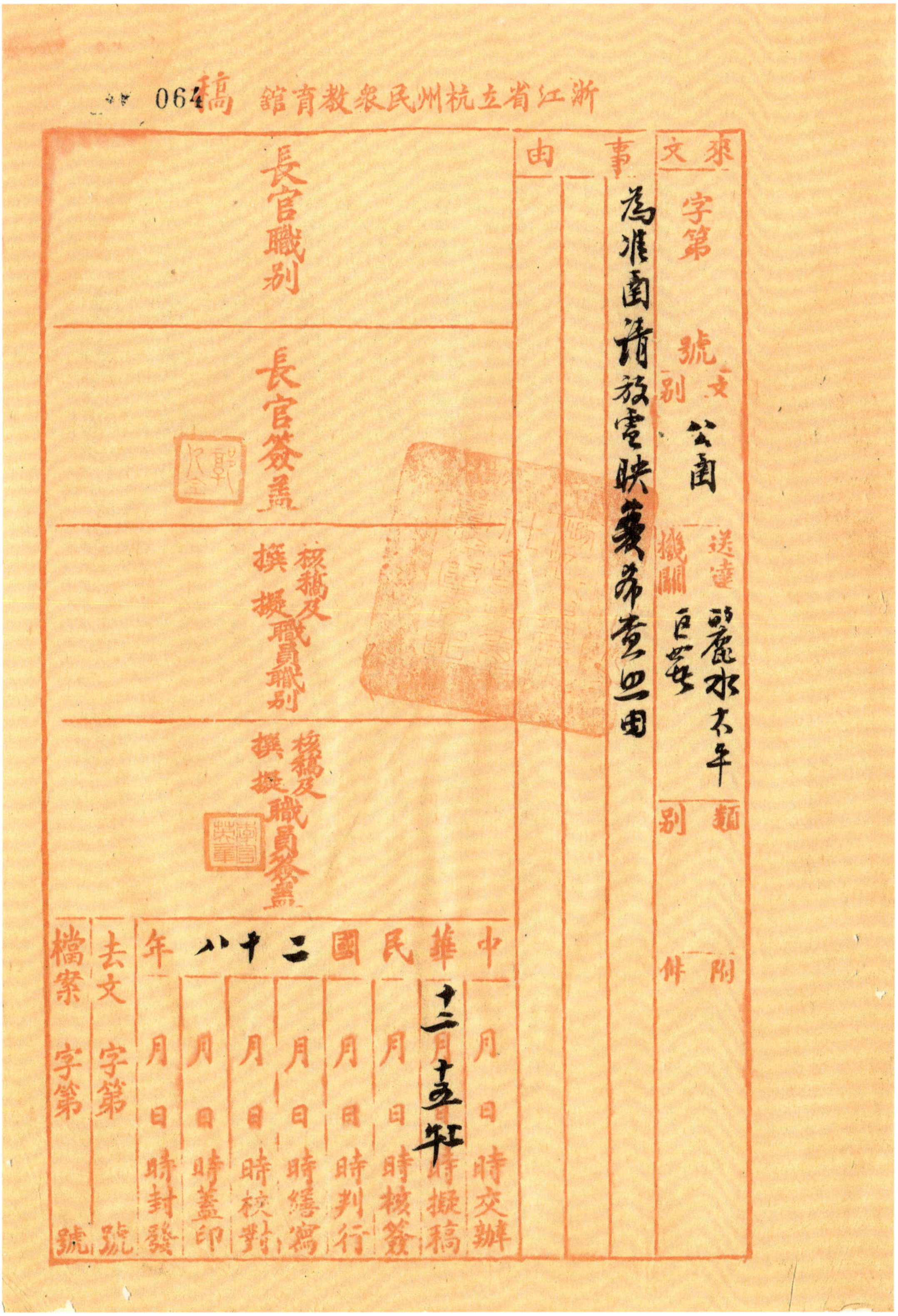

浙江省立杭州民衆教育館稿 064

來文	字第 號
文別	公函
送達機關	函麗水太平區署
類別	
附件	
事由	為准函請放電映蒙希查照由
長官職別	
長官簽蓋	
核稿及撰擬職員職別	
核稿及撰擬職員簽蓋	

中華民國二十八年

交辦	擬稿	核簽	判行	繕寫	校對	蓋印	封發
月 日 時	十二月十五日午 時	月 日 時	月 日 時	月 日 時	月 日 時	月 日 時	月 日 時

去文 字第 號

檔案 字第 號

浙江省碧湖社会教育实施区致丽水县太平区署的公函（一九三九年十二月十五日）

全銜 公函 第 號

逕啓者：案准

貴區署公函開，以所轄境內，地處山僻，民情尚錮，施政爲難，希

本區派員前來放映抗戰有關教育等影片，以啓民智等由，准查

本區原有電影機一架，因機件損壞，未嘗修復，再巡迴放

映工作，業已改由省一般電教服務處担任，

貴區署可徑向該處請求放映，准函前由，相應函復，即請

查照爲荷。此致

麗水縣太平區區署區長沈

主任（簽名章）

浙江省立处州民众教育馆关于补开教育影片借据致浙江省教育厅电化教育服务处的函
（一九四〇年九月十四日）

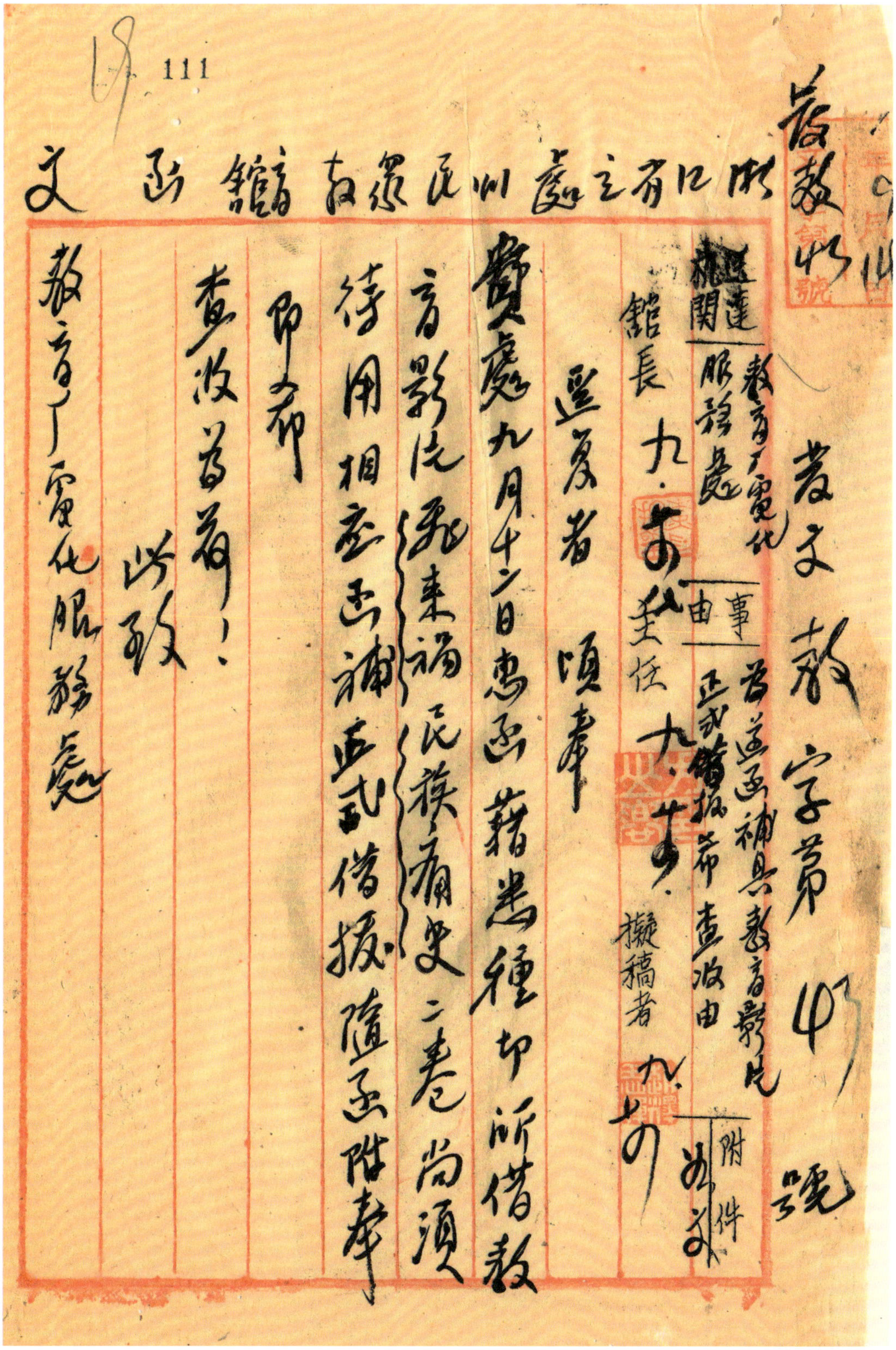
111

浙江省立處州民衆教育館函　文

發教字第　號

事由：為逕函補具教育影片正式借據希查收由

館長　九.十四　主任　九.十四　擬稿者　九.十四

附件：如文

逕啟者：頃奉
貴處九月十二日惠函，藉悉種切。所借教育影片《飛來福》《民族痛史》二卷尚須續用，相應函補正式借據，隨函附奉，即希
查收為荷！此致
教育廳電化服務處

附：浙江省立处州民众教育馆关于借到《飞来祸》《民族痛史》影片的借条（一九四〇年九月十四日）

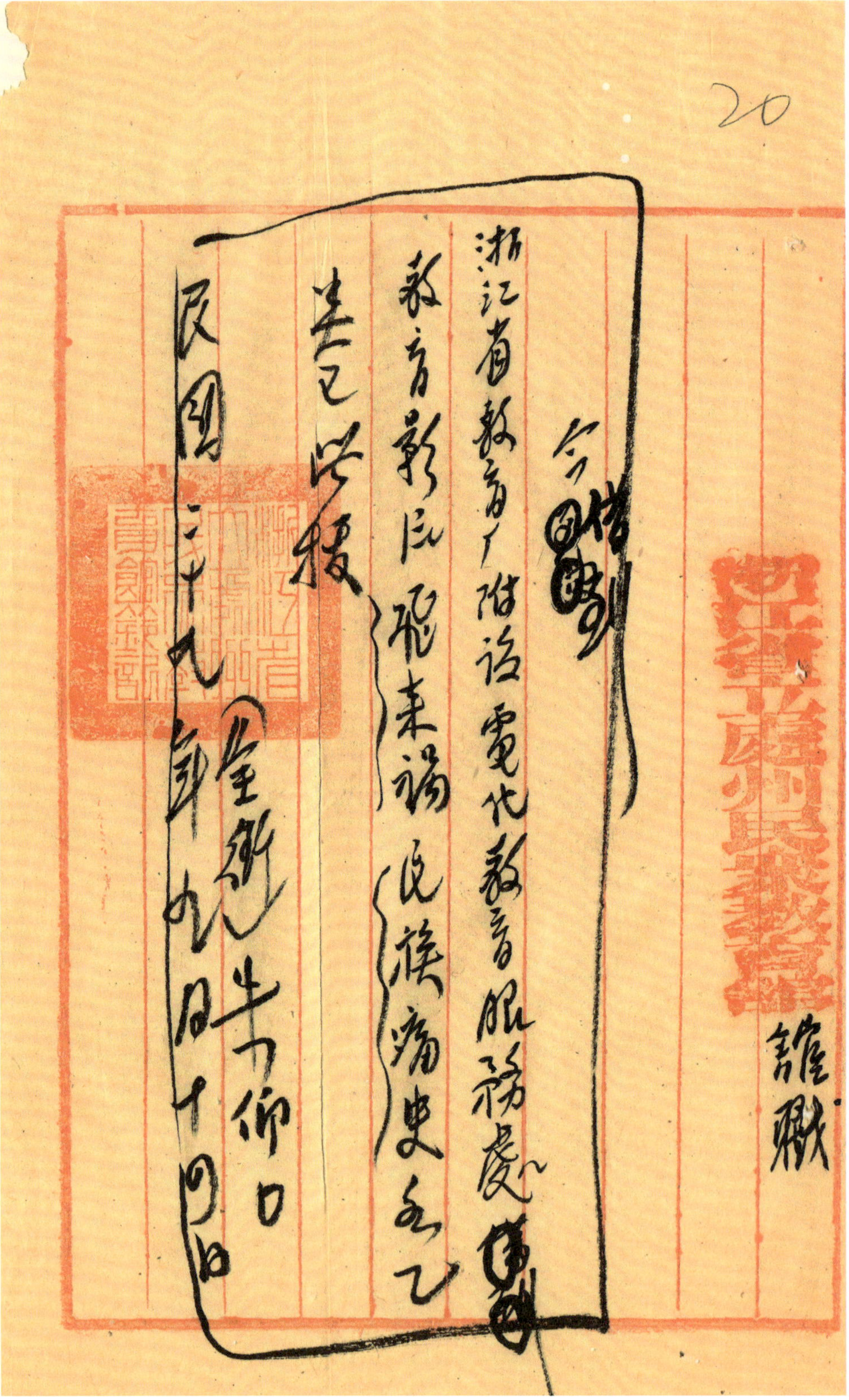
20

浙江省立處州民眾教育館

館戳

今借到

浙江省教育廳附設電化教育服務處

教育影片飛來禍、民族痛史各一

卷已收接

（全銜）朱仰□

民國二十九年九月十四日

浙江省立处州民众教育馆关于请予协助电影教育巡回队到镇讲映电影事致石牛镇公所的笺函
（一九四〇年九月三十日）

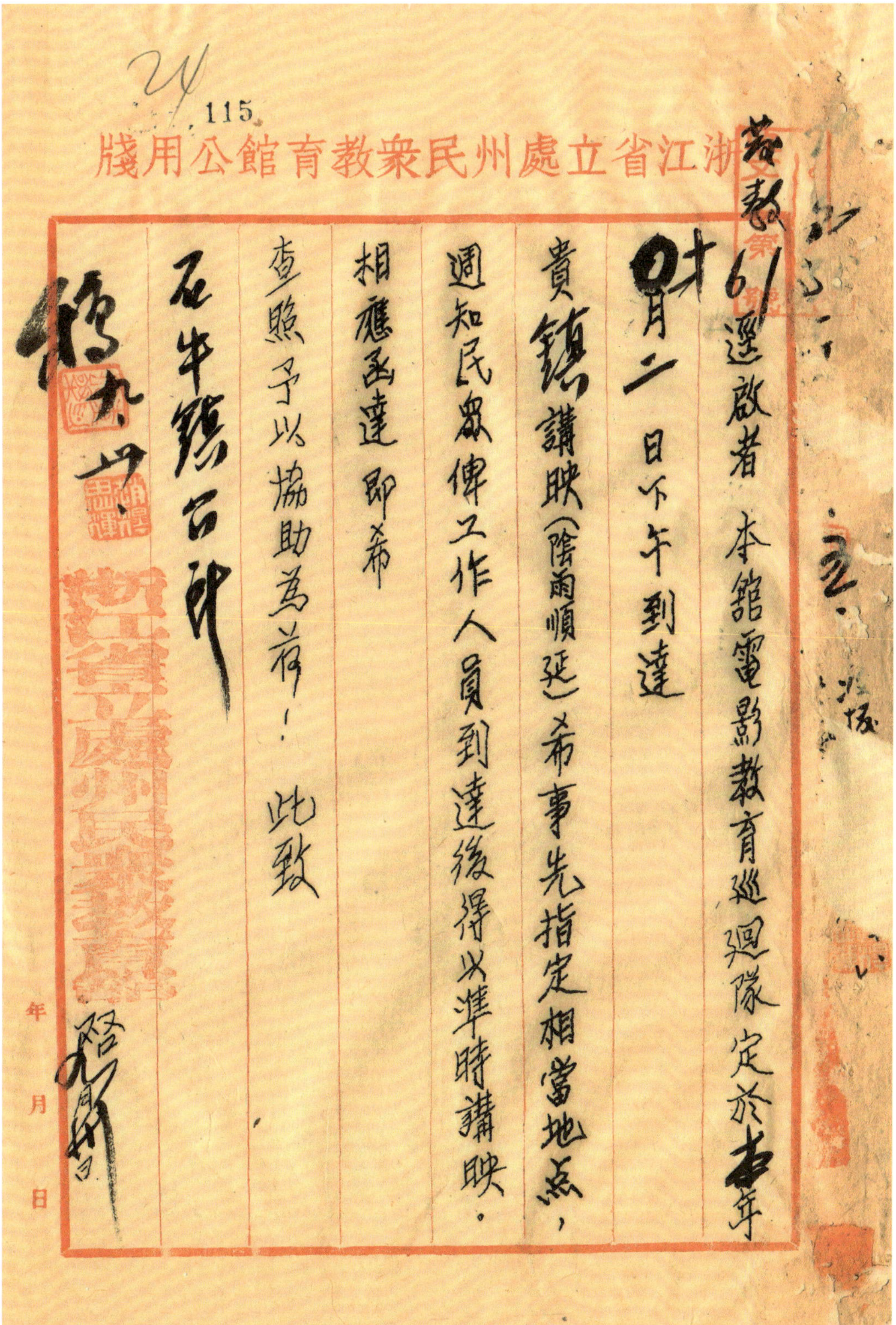
浙江省立處州民衆教育館公用牋

115

發教61號

逕啟者 本館電影教育巡迴隊定於本年九月二日下午到達
貴鎮講映（陰雨順延），希事先指定相當地點，
通知民衆俾工作人員到達後得以準時講映。
相應函達，即希
查照予以協助為荷！此致
石牛鎮公所

館長 九，卅

浙江省立处州民众教育馆关于发电机损坏不能如期放映致石牛镇公所的函（一九四〇年十月二日）

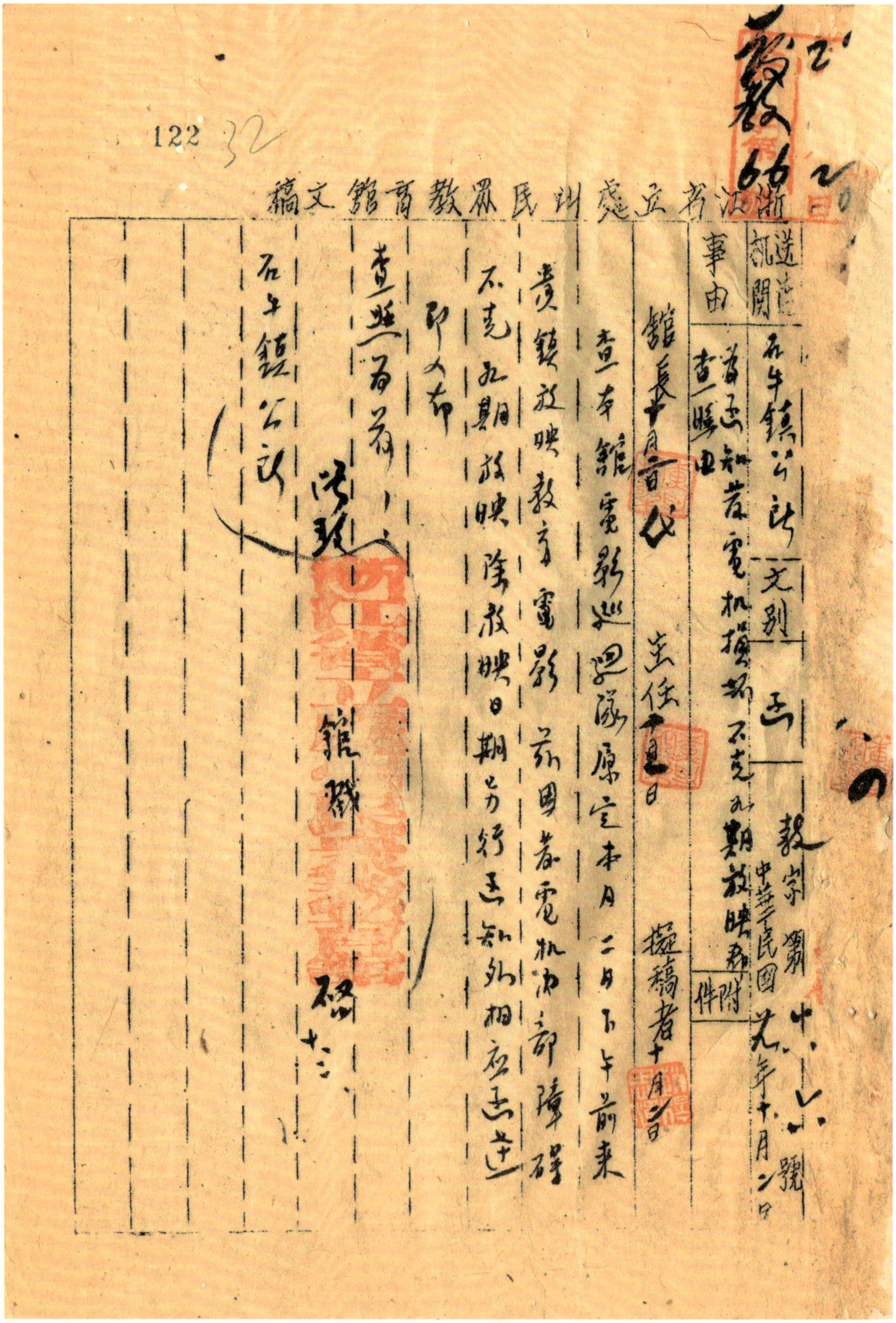
122

浙江省立處州民眾教育館文稿

送達機關：石牛鎮公所

事由：為函知發電機損壞不克如期放映希查照由

文別：函

教字第 號

附件

中華民國廿九年十月二日

館長 十月二日

主任 十月二日

擬稿者 十月二日

查本館電影巡迴隊原定本月二日下午前來

貴鎮放映教育電影，茲因發電機油部障碍

不克如期放映，除放映日期另行函知外，相應函達

即希

查照為荷。此致

石牛鎮公所

館長

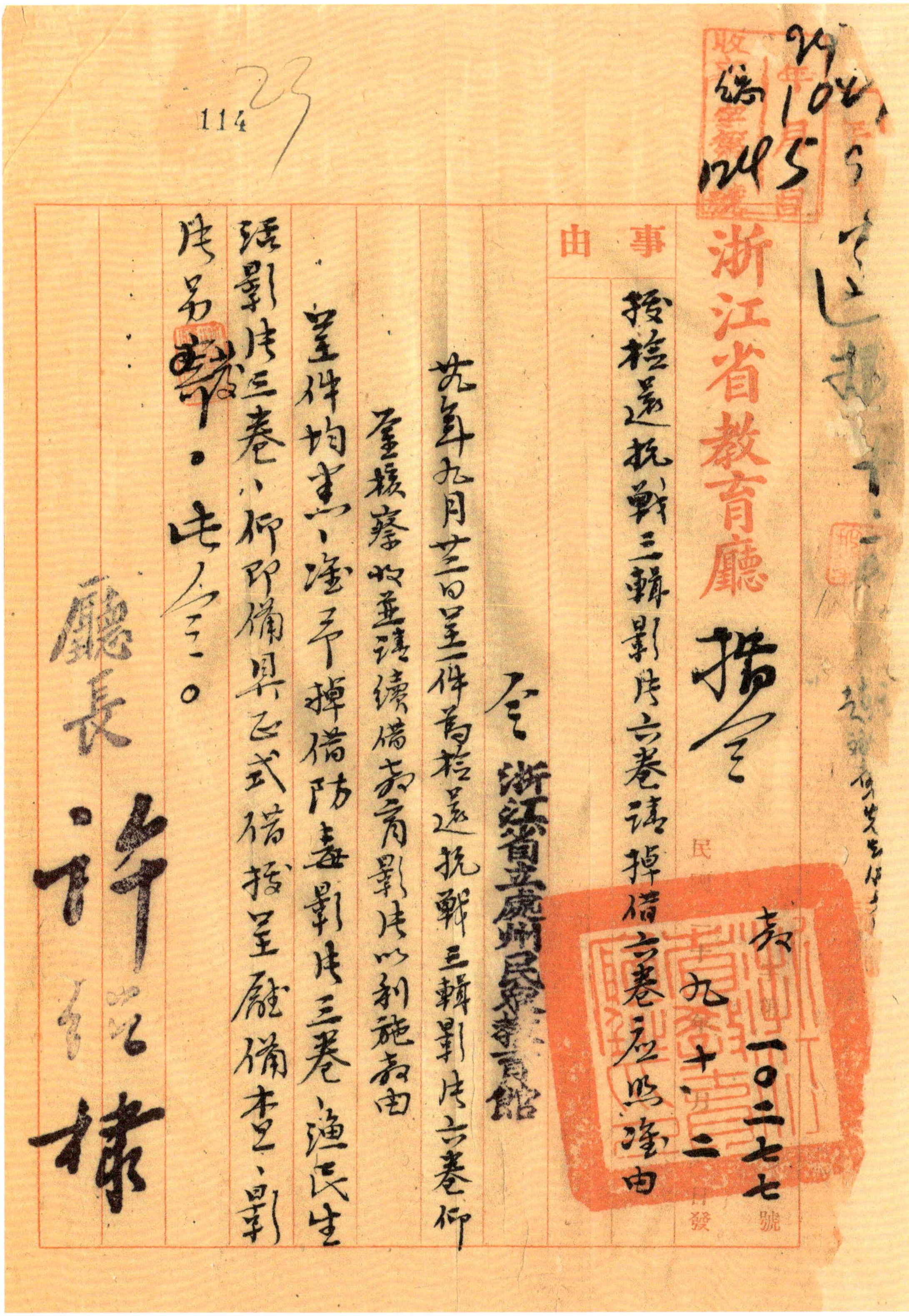

浙江省教育廳 指令 教字第一〇二七七號

民國廿九年十月二日發

事由：據轉遞抗戰三輯影片六卷請掉借六卷應照准由

令浙江省立處州民眾教育館

廿九年九月廿三日呈一件為轉遞抗戰三輯影片六卷仰祈鑒核察收並請續借教育影片以利施教由

呈件均悉。准予掉借防毒影片三卷、漁民生活影片三卷，仰即備具正式借據呈廳備查。影片另發。此令。

廳長 許紹棣

浙江省教育厅关于续借教育影片事致浙江省立处州民众教育馆的指令（一九四〇年十月二日）

浙江省立处州民众教育馆关于申请修理电影发电机事致浙江铁工厂的公函（一九四〇年十月十二日）

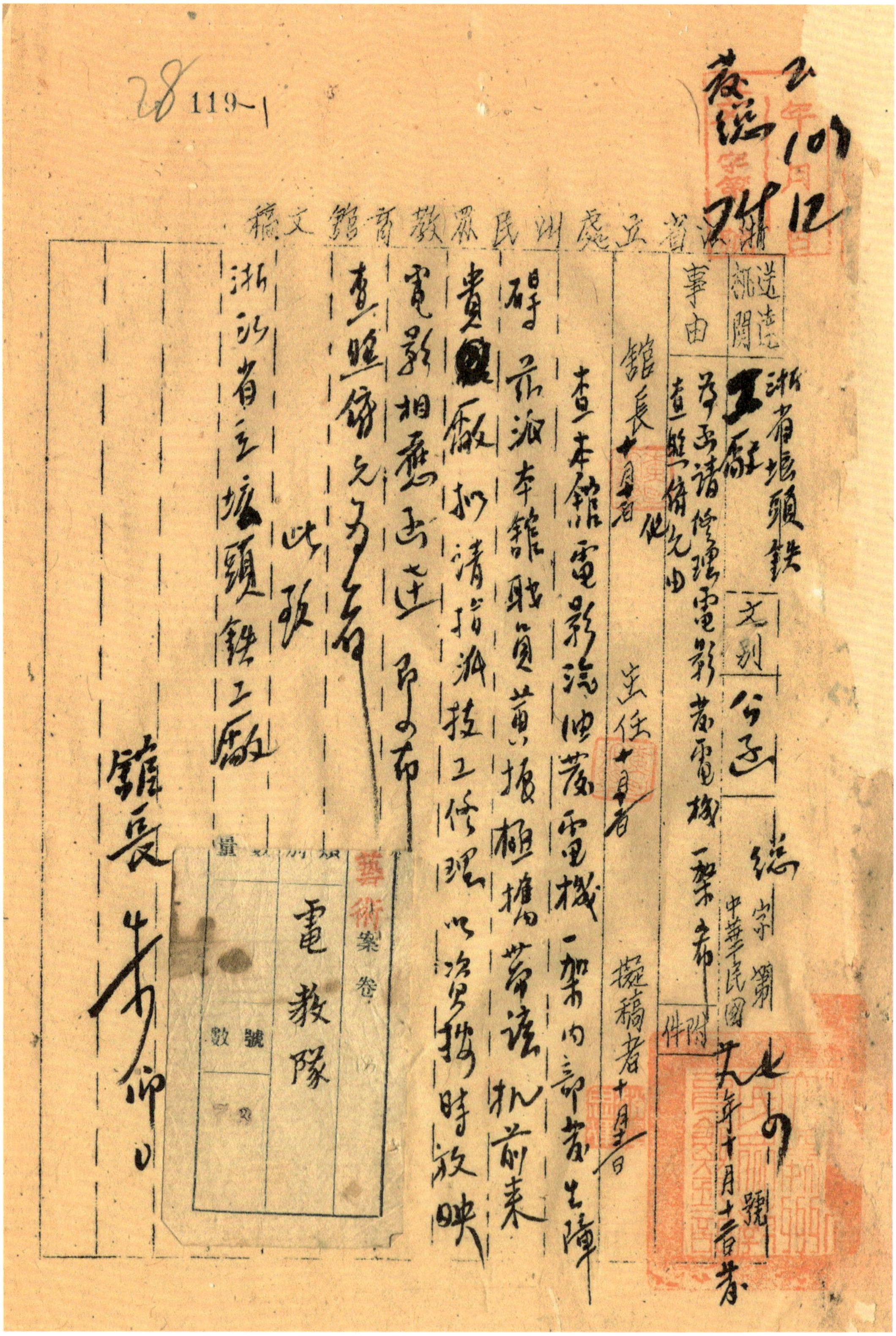

浙江省立处州民众教育馆关于修理电影发电机事致浙江省公路运输公司的公函（一九四〇年十月十三日）

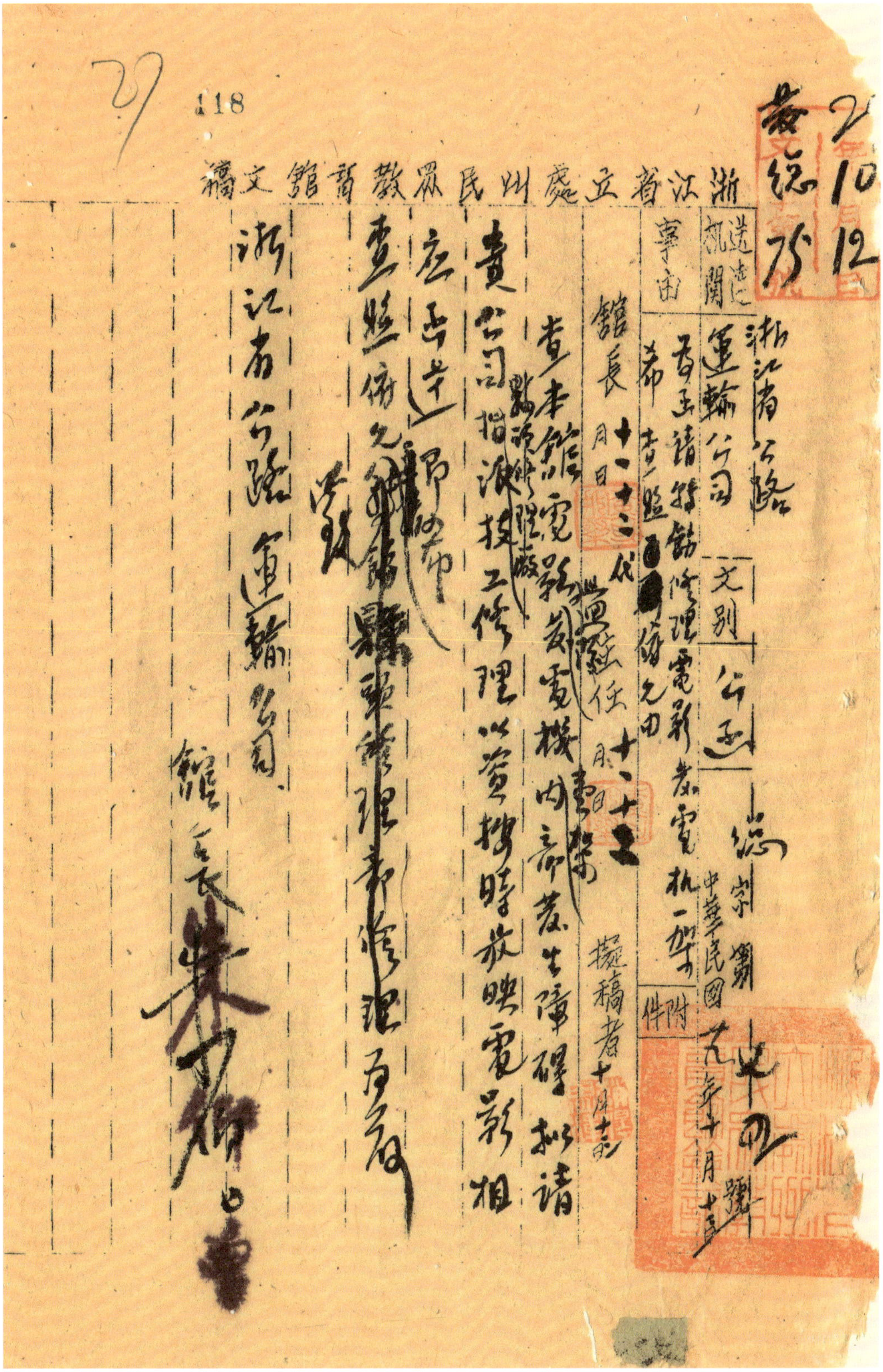
浙江省立處州民眾教育館文稿

浙江省公路運輸公司

查本館電影發電機內部發生障礙擬請

貴公司指派技工修理以資按時放映電影相

此致

浙江省公路運輸公司

館長

浙江省立临时联合师范学校附设民众教育馆关于电影放映事致浙江省立处州民众教育馆的笺函（一九四〇年十一月五日）

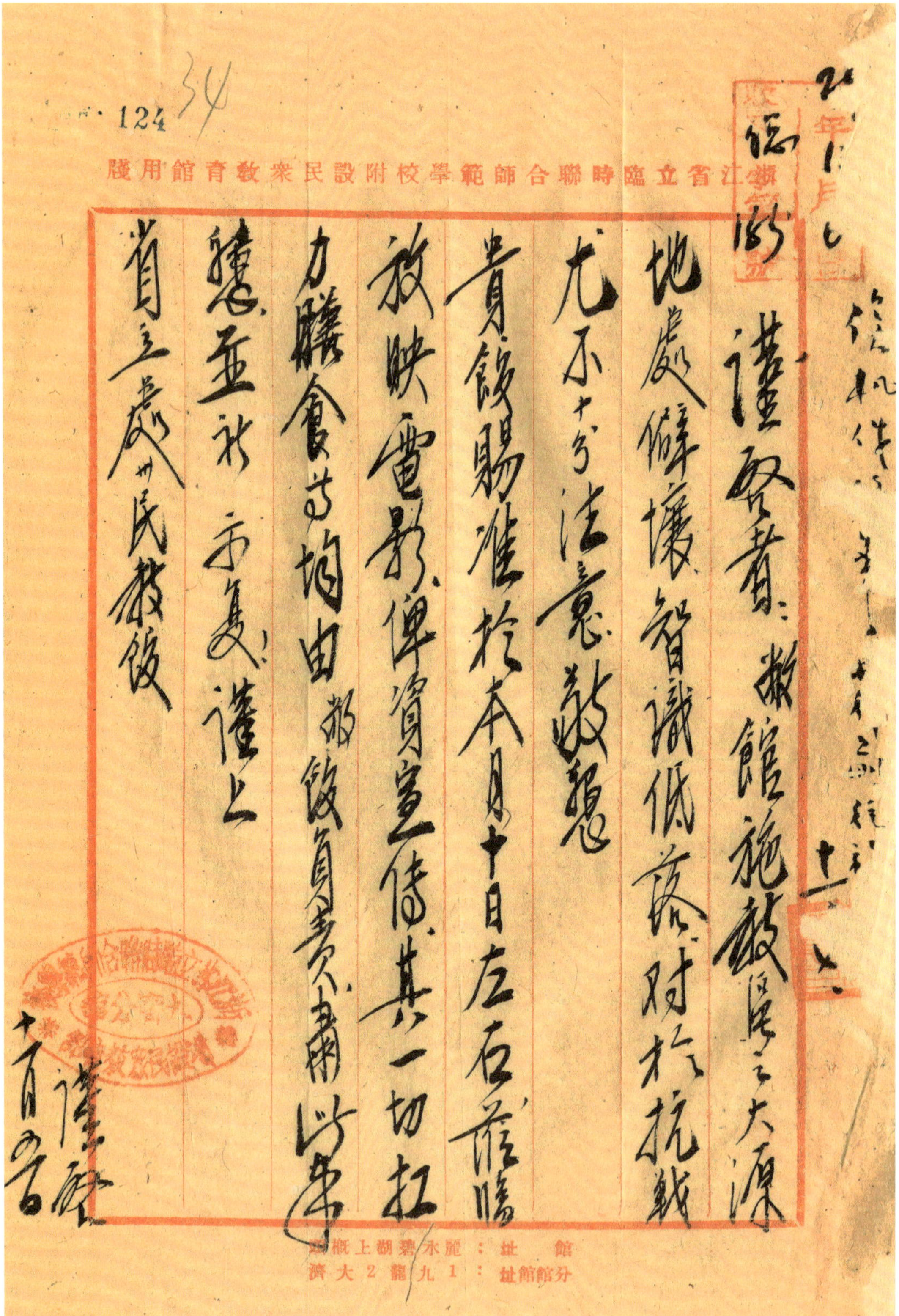

浙江省立臨時聯合師範學校附設民衆教育館用箋

總務處

謹啟者：敝館施教區之大源地處僻壤，智識低落，對於抗戰尤不十分注意。敬懇貴館賜准於本月十日左右蒞臨放映電影，俾資宣傳。其一切扛力膳食等均由敝館負責辦理，以[illegible]，並祈示復！謹上

省立處州民教館

謹啟　十一月四日

館址：麗水碧湖上概頭

分館址：1九2龍大濟

浙江省立处州民众教育馆、浙江省教育厅关于续借影片事宜的来往文书（一九四〇年十一月七日至二十三日）

浙江省立处州民众教育馆致浙江省教育厅的呈（一九四〇年十一月七日）

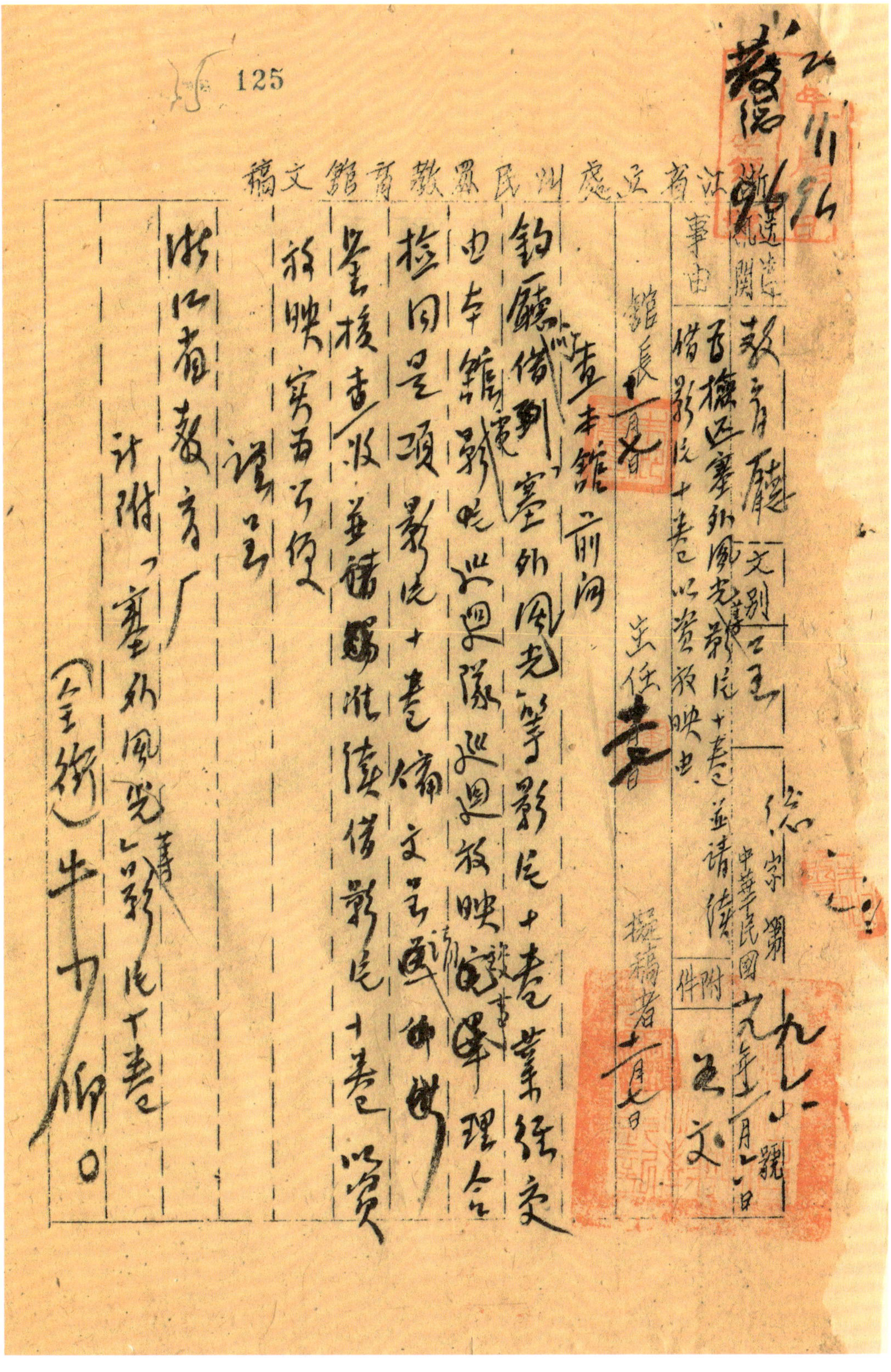

125

浙江省立處州民衆教育館文稿

送達機關：教育廳

文別：呈

事由：為擬送還塞外風光等影片十卷並請續借影片十卷以資放映由

館長

主任

擬稿者 十一月七日

中華民國二十九年十一月 日

字第 號

附件

鈞廳鑒：查本館前向鈞廳借到塞外風光等影片十卷，業經交由本館影片巡迴隊巡迴放映完畢，理合檢同是項影片十卷備文呈送，鑒核查收，並請賜准續借影片十卷，以資放映，實為公便。

謹呈

浙江省教育廳

計附：塞外風光等影片十卷

（全銜）[illegible]

浙江省教育厅致浙江省立处州民众教育馆的指令（一九四〇年十一月二十三日）

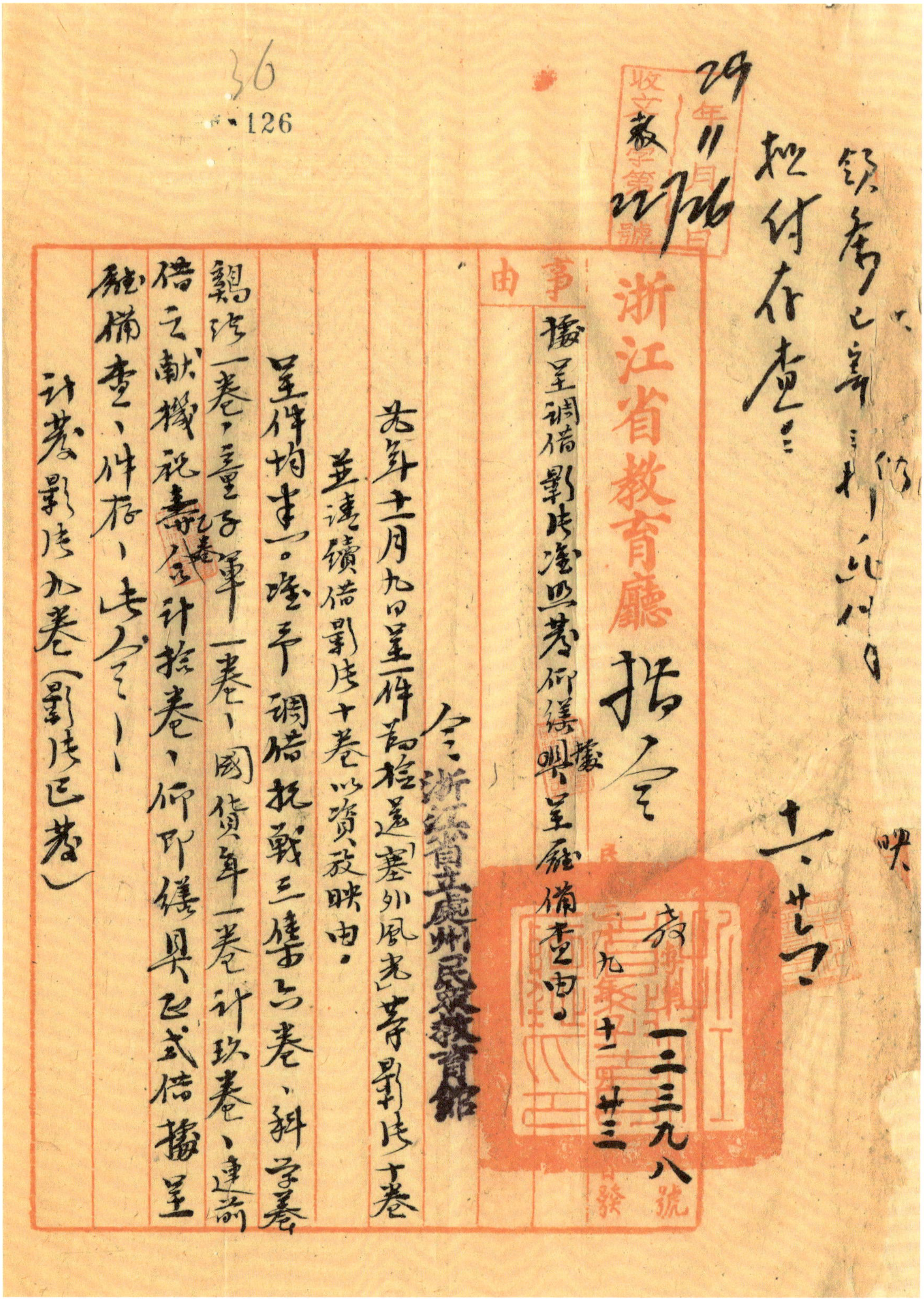

收文 教字第2226號 29年11月26日

擬付存查。

十一、廿七

浙江省教育廳指令 教 字第二三三九八號 九、十一、廿三發

事由：據呈調借影片准照發，仰遵具據呈廳備查由。

令浙江省立處州民衆教育館

本年十一月九日呈一件，爲檢還「塞外風光」等影片十卷並請續借影片十卷以資放映由。

呈件均悉。茲本廳調借抗戰三集六卷、科學養鷄法一卷、童子軍一卷、國貨年一卷，計玖卷，連前借之獻機祝壽一卷，全計拾卷，仰即遵具正式借據呈廳備查。件存。此令。

計發影片九卷（影片已發）

廳長 許紹棣

战时儿童保育会浙江分会第一保育院关于请定时来院放映抗战影片致浙江省立处州民众教育馆的笺函

（一九四〇年十一月十八日）

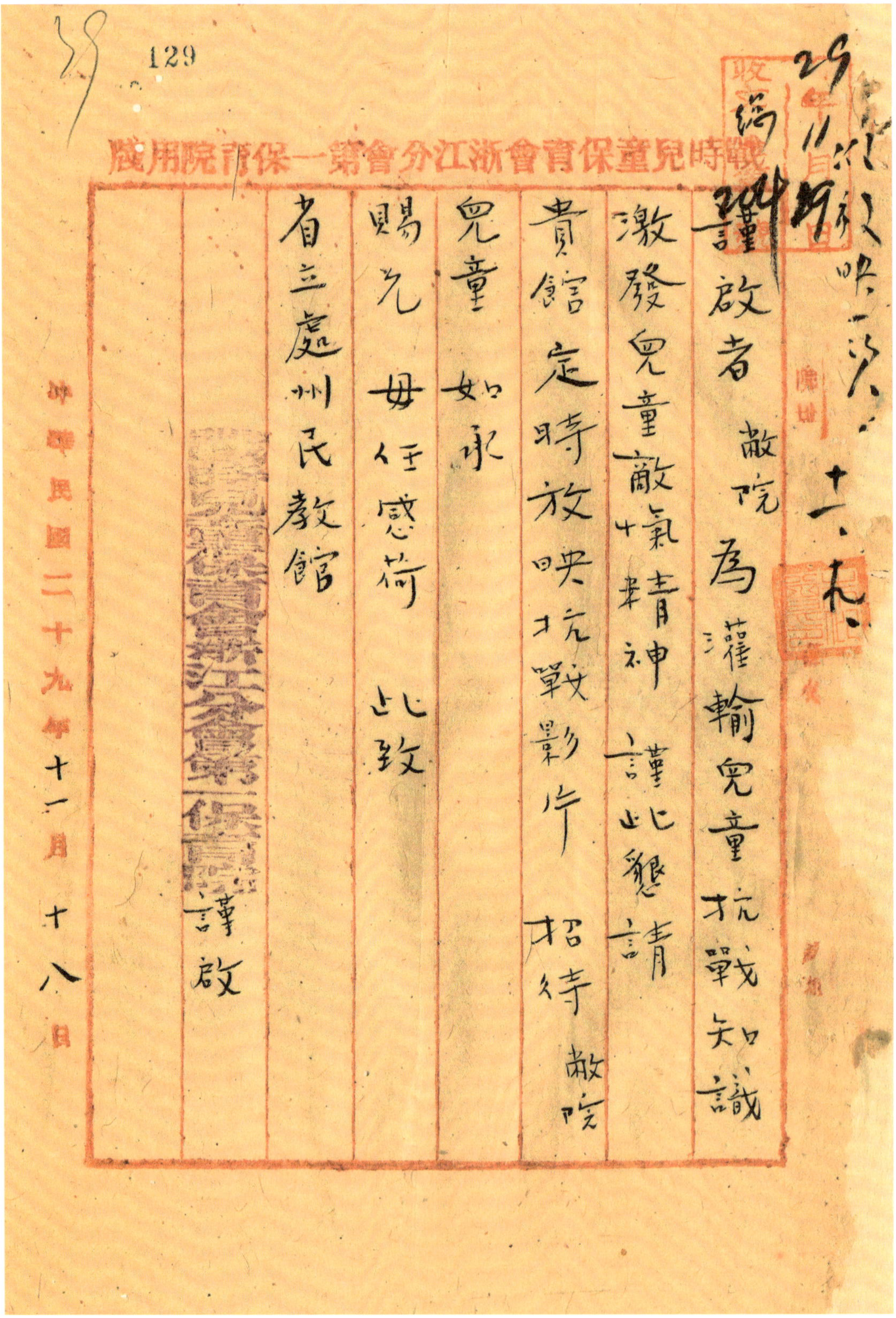

戰時兒童保育會浙江分會第一保育院用箋

敬啓者 敝院為灌輸兒童抗戰知識

激發兒童敵愾精神 謹此懇請

貴館定時放映抗戰影片 招待 敝院

兒童 如承

賜允 毋任感荷 此致

省立處州民教館

戰時兒童保育會浙江分會第一保育院 謹啓

中華民國二十九年十一月十八日

战时儿童保育会浙江分会第一保育院关于假地放映抗战电影事致浙江省立处州民众教育馆的笺函
（一九四〇年十一月二十一日）

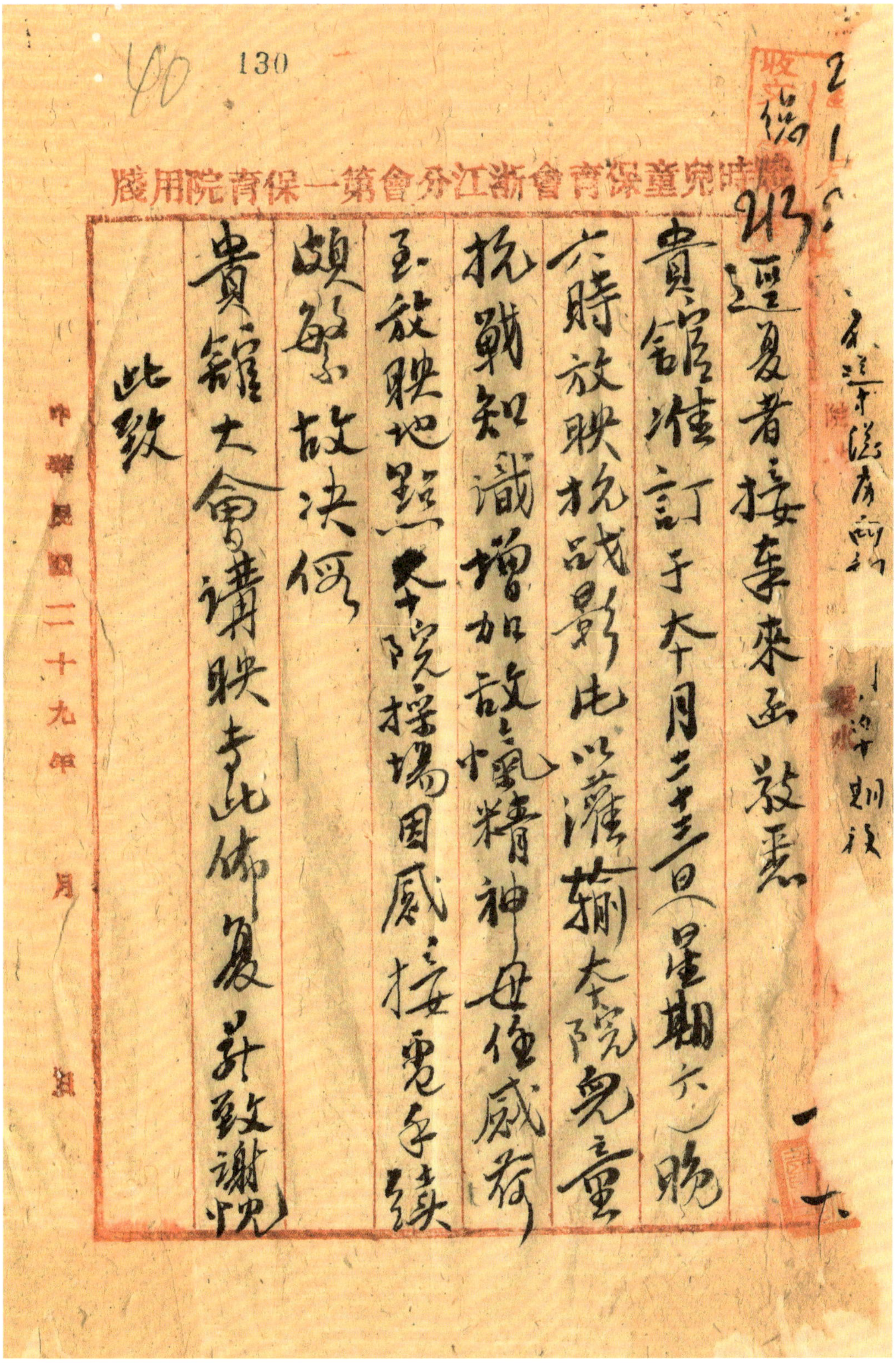
戰時兒童保育會浙江分會第一保育院用箋

逕復者：接奉來函，敬悉貴館准訂于本月二十三日（星期六）晚六時放映抗戰影片，以灌輸本院兒童抗戰知識，增加敵愾精神，毋任感荷。至放映地點，本院操場因風接電手續頗繁，故決假貴館大會講映。專此佈復，并致謝忱。

此致

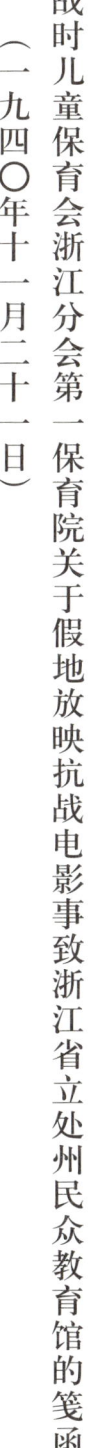

中華民國二十九年 月 日

41 131

戰時兒童保育會浙江分會第一保育院用牋

省立處州民衆教育館

除通知保育院早时到館，并派幹事協助本館戰時工作，維持秩序外，尊之告此次會場專任招待兒童，保育院不招待民衆。

戰時兒童保育會浙江分會第一保育院啟

十一月廿二日

中華民國二十九年 月 日

十一、廿二、

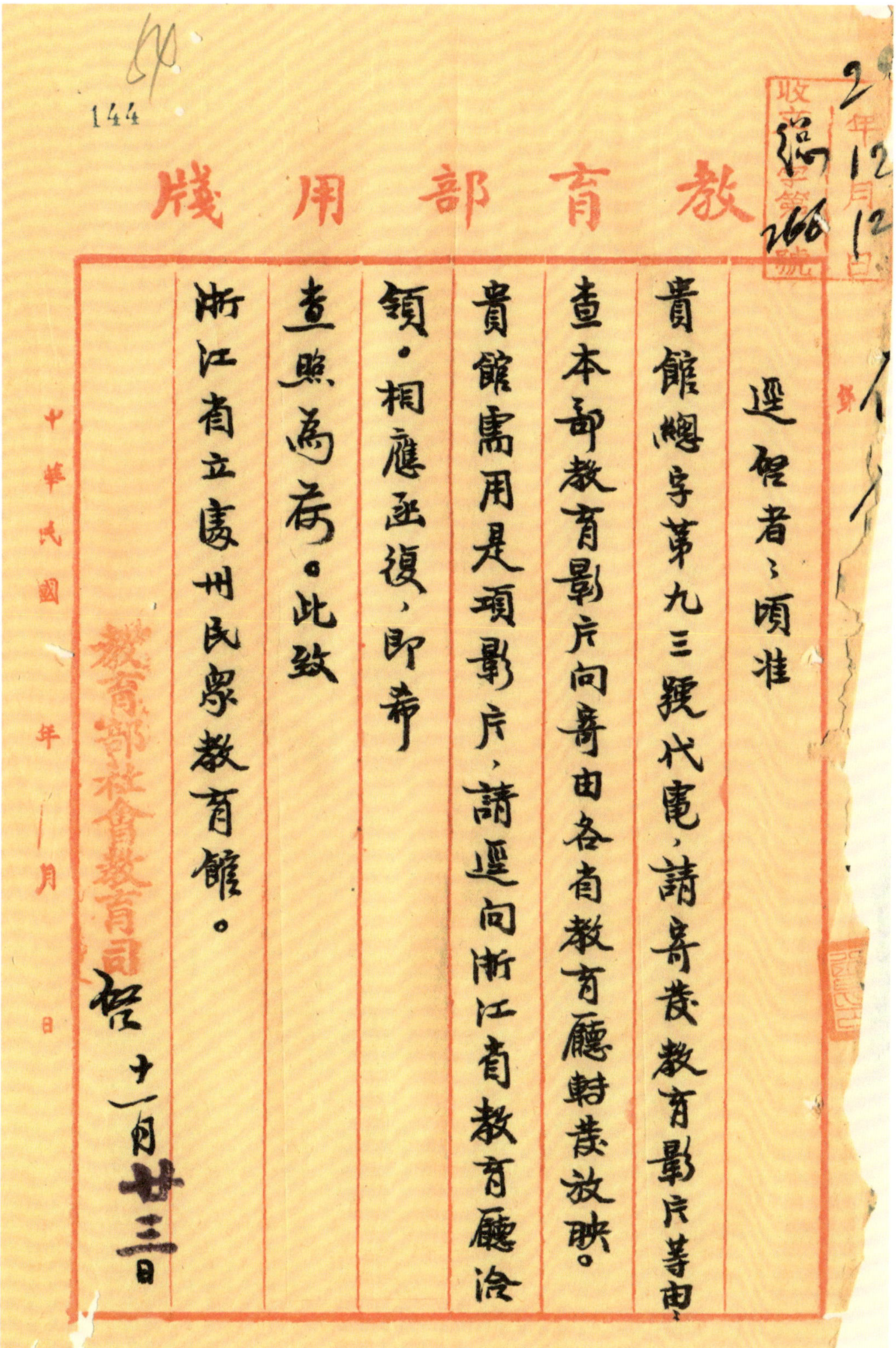

教育部用箋

逕啓者：頃准
貴館總字第九三號代電，請寄發教育影片等由，查本部教育影片向寄由各省教育廳轉發放映。貴館需用是項影片，請逕向浙江省教育廳洽領。相應函復，即希
查照為荷。此致
浙江省立處州民衆教育館。

教育部社會教育司啓　十一月廿三日

中華民國　年　月　日

教育部社会教育司关于寄发教育影片事请迳向省厅洽领致浙江省立处州民众教育馆的笺函

（一九四〇年十一月二十三日）

浙江省立处州民众教育馆关于报送教育电影巡回讲映办法事致浙江省教育厅的呈（一九四〇年十一月二十六日）

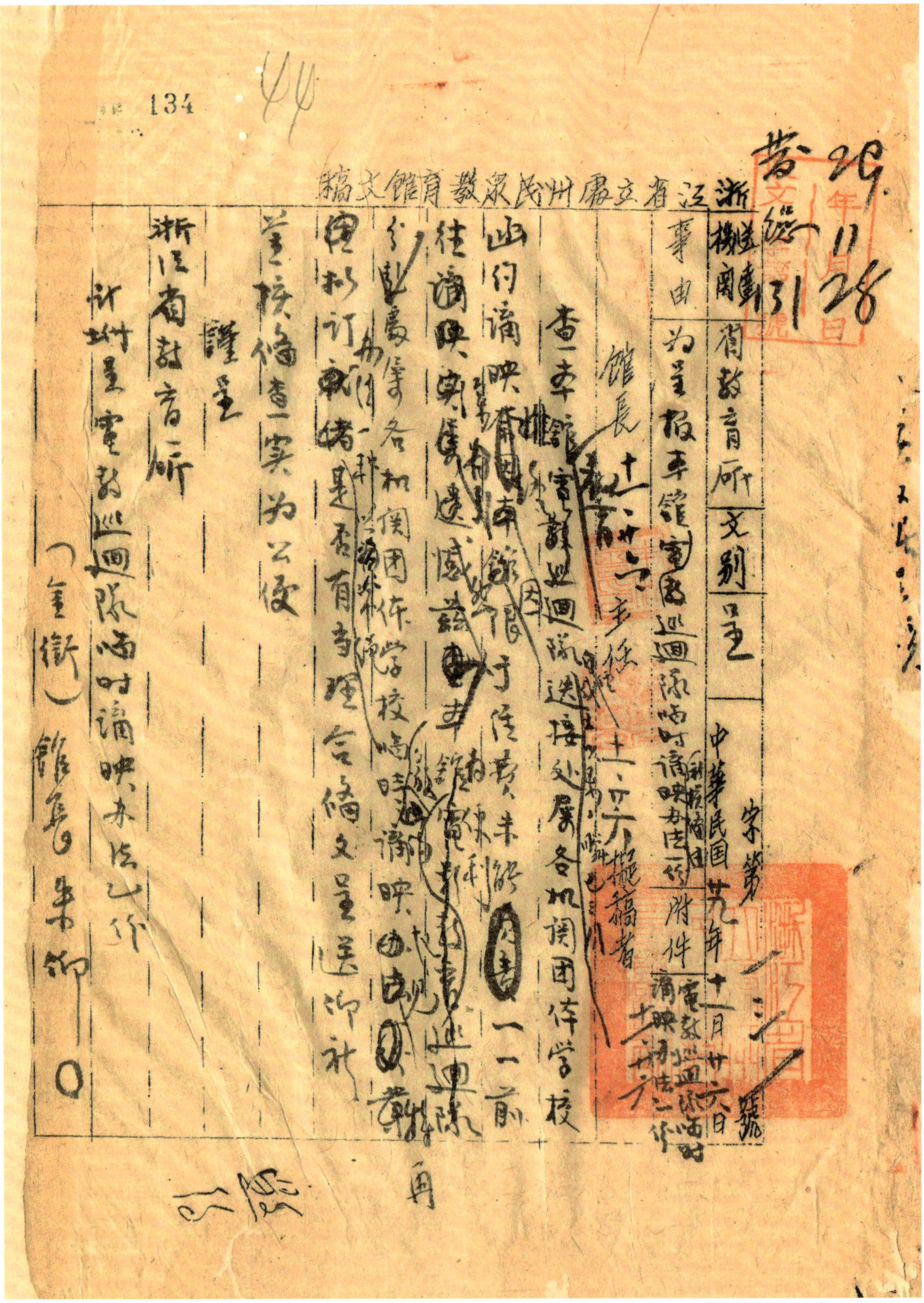
浙江省立處州民衆教育館文稿

送達機關：浙江省教育所

文別：呈

事由：为呈报本館電教巡迴隊講映時講映辦法一份

附件：電教巡迴隊講映辦法一份

中華民國廿九年十一月廿六日

字第　　號

館長

擬稿者

查本館電教巡迴隊巡迴處屬各機關團体學校……

謹呈

浙江省教育所

附呈電教巡迴隊講映辦法一份

（全銜）館長 朱

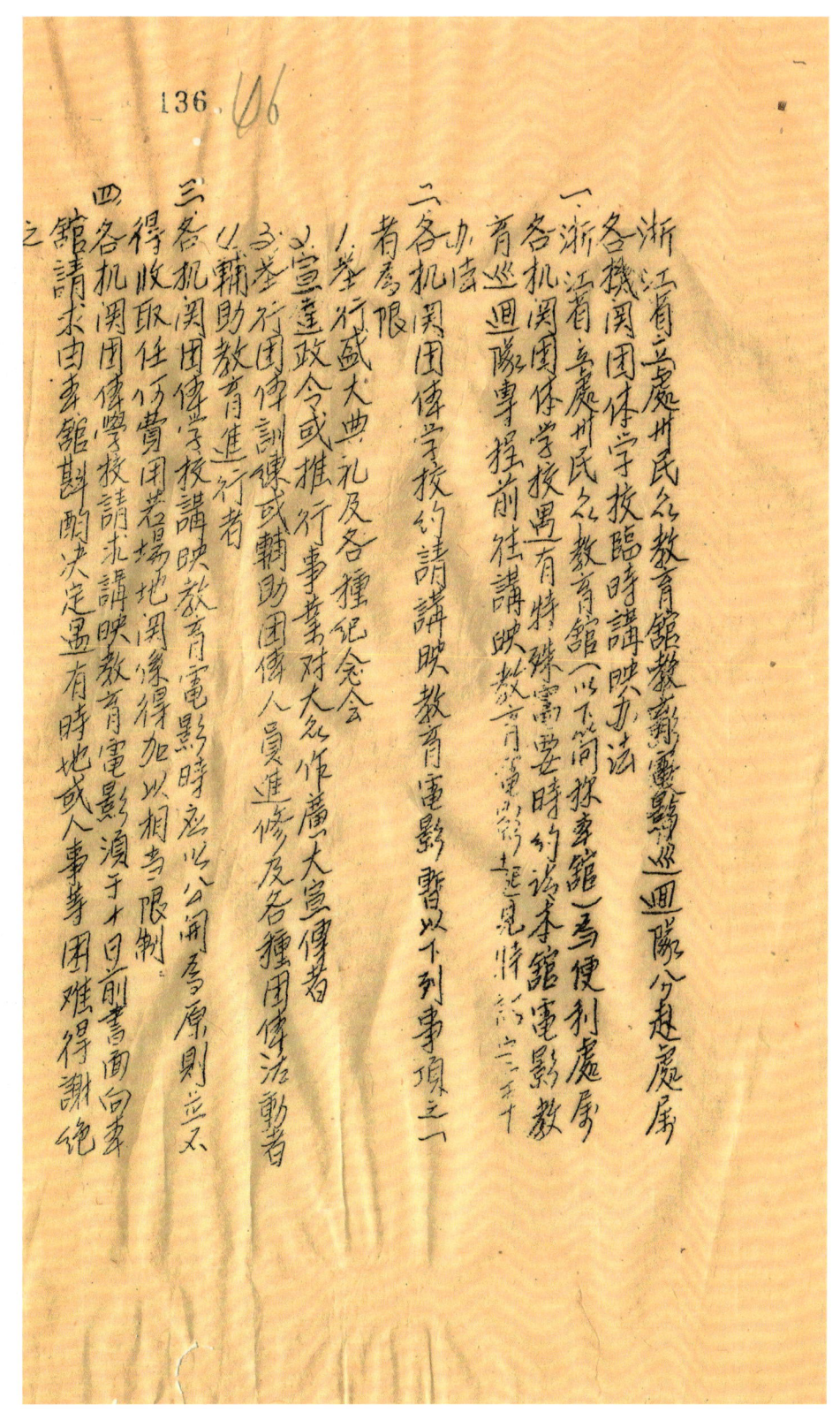

附：浙江省立处州民众教育馆教育电影巡回队分赴处属各机关团体学校临时讲映办法

浙江省立處州民衆教育館教育電影巡迴隊分赴處屬各機関团体学校臨時講映办法

一、浙江省立處州民衆教育館（以下简称本館）為便利處屬各机関团体学校遇有特殊需要時约请本館電影教育巡迴隊專程前往講映教育電影起見特订定本办法

二、各机関团体学校约請講映教育電影暫以下列事項之一者為限

1. 举行盛大典礼及各種紀念会
2. 宣達政令或推行事業对大衆作廣大宣傳者
3. 举行团体訓練或輔助团体人員進修及各種团体活動者
4. 輔助教育進行者

三、各机関团体学校講映教育電影時應以公開為原則並不得收取任何費用若場地関係得加以相当限制

四、各机関团体學校請求講映教育電影須于十日前書面向本館請求由本館斟酌决定遇有時地或人事等困难得謝絶之

五、各机關團體學校請求專程派隊講映教育電影所需汽油、來往川旅運費及膳宿均由請求机關團體學校負擔。

六、各社教机關請求專程派隊講映教育電影除机件汽油等消耗由本館自備外，所需來往川旅運費及膳宿均由該求机關負擔，但每月以一次為限。

七、講映教育電影時所有場地之佈置、机件之保管及挑運等事項應由請求机關團體學校派員協助之，如臨時因環境關係机件等致遭損壞或遺失等情事發生時，得視情節輕重由該求机關負責修理或賠償。

八、講映教育電影每次以放映影片四卷為原則，必要時得隨時決定增減之。

九、本辦法由本館館務會議通過呈請浙江省教育廳核准施行。

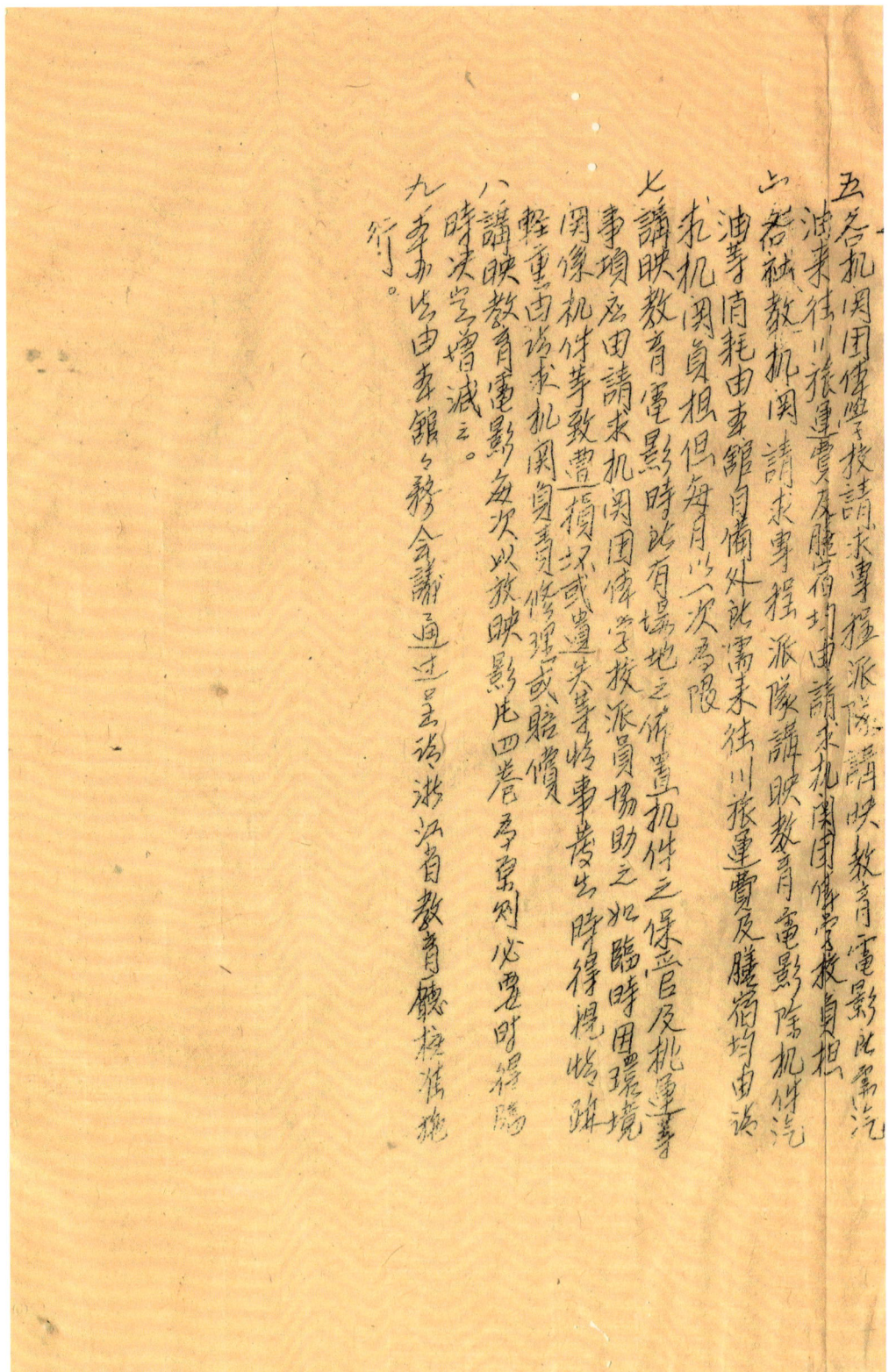

浙江省立处州民众教育馆关于放映电影招待参会运动员与职员事致处州区运动会筹备处的函（一九四〇年十一月二十九日）

浙江省立處州民衆教育館文稿

送達機關：處州區運動會籌備處

文別：函

事由：為函知定期放映電影希查照轉知由

附件

發文　字第　號

中華民國廿九年十一月廿九日

館長 [illegible]　主任

擬稿者 十一.廿九.

逕啟者：本館[illegible]定于十二月三日晚六時在本館大會堂放映電影，專為招待參加處州區運動大會各縣[illegible]運動選手暨全體職員，相應函達，即希查照轉知各該員為荷。此致

處州區運動會籌備處

館長 [illegible]

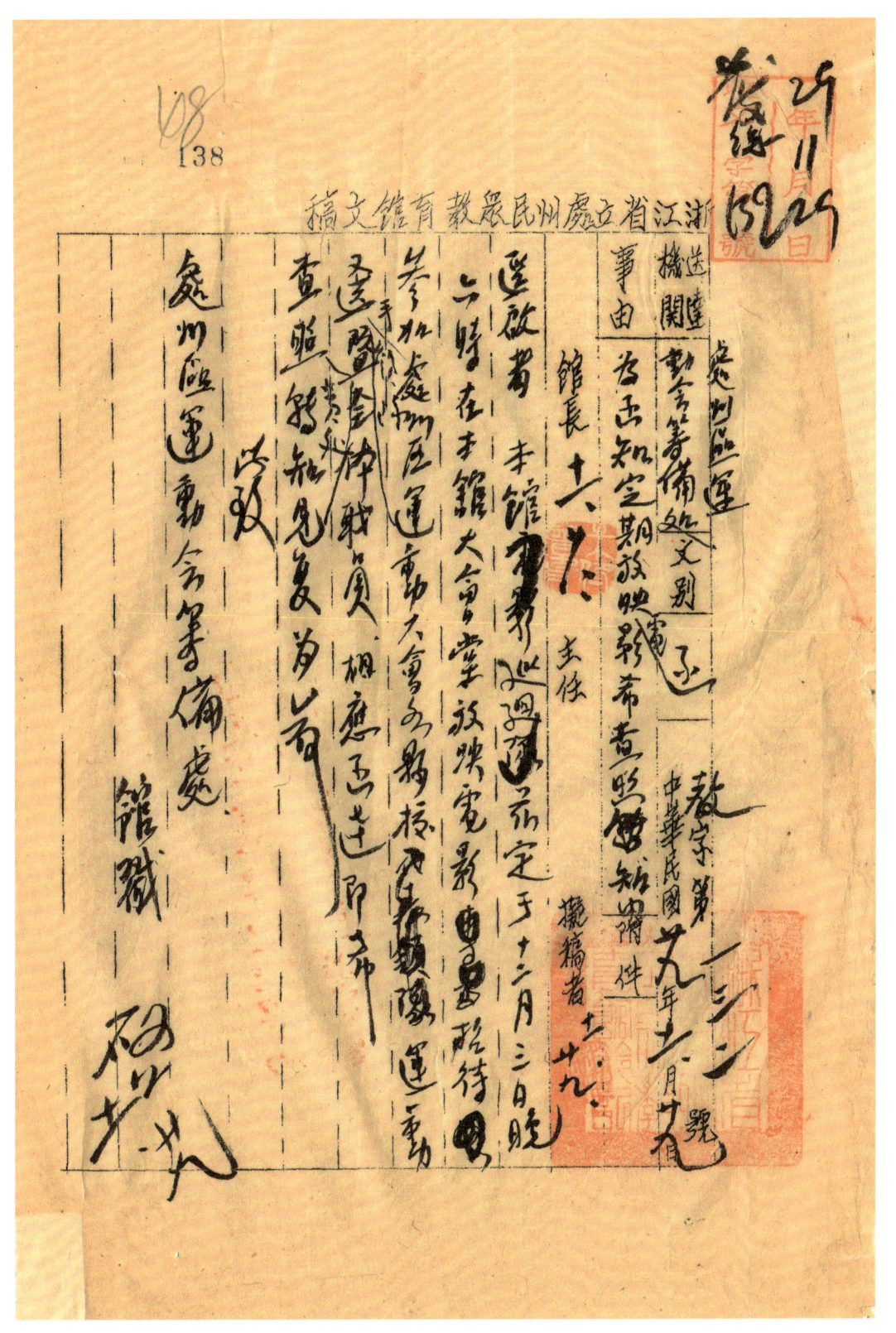

浙江省教育厅关于补助电影放映费用事致浙江省立处州民众教育馆的指令（一九四〇年十二月三日）

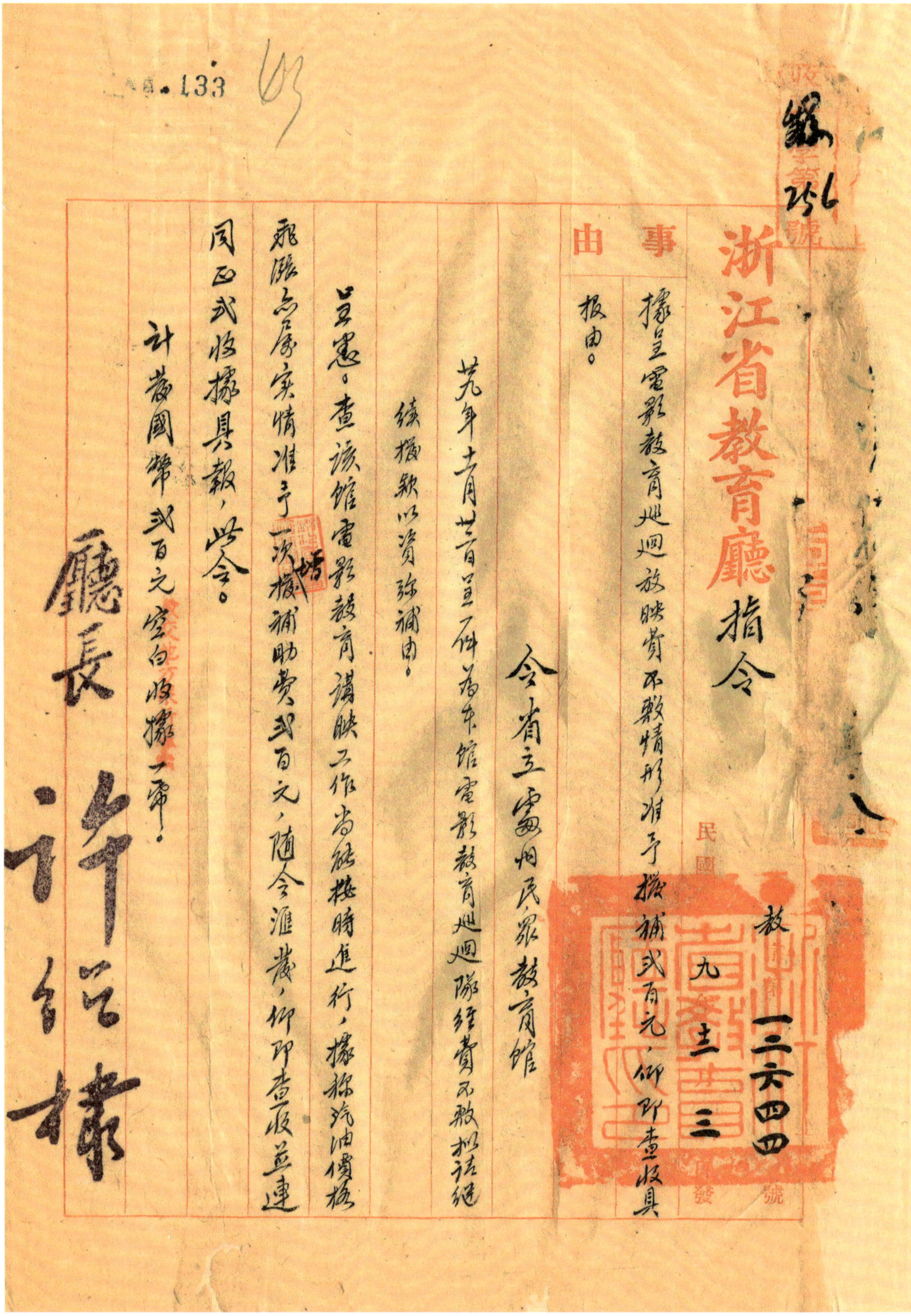
浙江省教育廳指令

教 一二六四四

民國 九 十二 三 發 號

事由：據呈電影教育巡迴放映費不敷情形准予撥補弍百元仰即查收具報由。

令省立處州民衆教育館

本年十一月廿一日呈一件為本館電影教育巡迴隊經費不敷擬請繼續撥款以資彌補由。

呈悉。查該館電影教育講映工作尚能按時進行，據稱汽油價格飛漲，亦屬實情，准予一次撥補助費弍百元，隨令匯發，仰即查收並連同正式收據具報，此令。

計發國幣弍百元，空白收據一紙。

廳長 許紹棣

浙江省立处州中学、浙江省立处州民众教育馆关于改期派人员挑取电影机件事的来往文书（一九四〇年十二月二十二日至二十四日）

浙江省立处州中学致浙江省立处州民众教育馆的笺函（一九四〇年十二月二十二日）

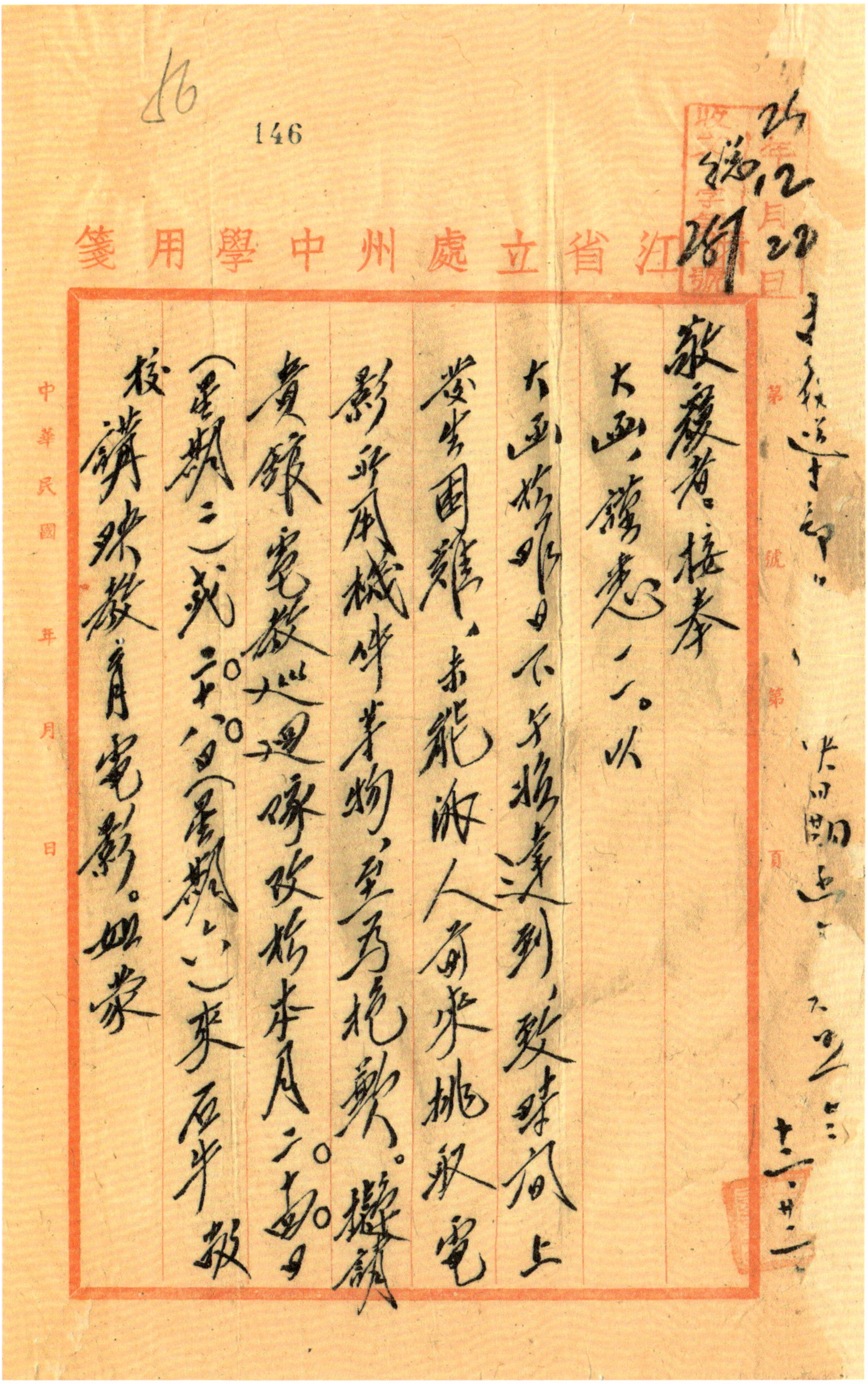
146

浙江省立處州中學用箋

敬啓者：接奉
大函，讀悉一一。以
大函於昨日下午始遞到，致時間上發生困難，未能派人前來挑取電影放映機件等物，至為抱歉。擬請
貴館電教巡迴隊改於本月二十五日（星期三）或二十八日（星期六）來石牛敝
校講映教育電影。此致

中華民國　年　月　日

浙江省立處州中學用箋

第　號　第　頁

備允，請即見覆，並函明日期，以
便屆時派人前來挑取機件，不
勝感荷！
此致
浙江省立處州民衆教育館

十二月　日

（印：浙江省立處州中學辦事處鈐記）

中華民國　年　月　日

浙江省立处州民众教育馆致浙江省立处州中学的函（一九四〇年十二月二十四日）

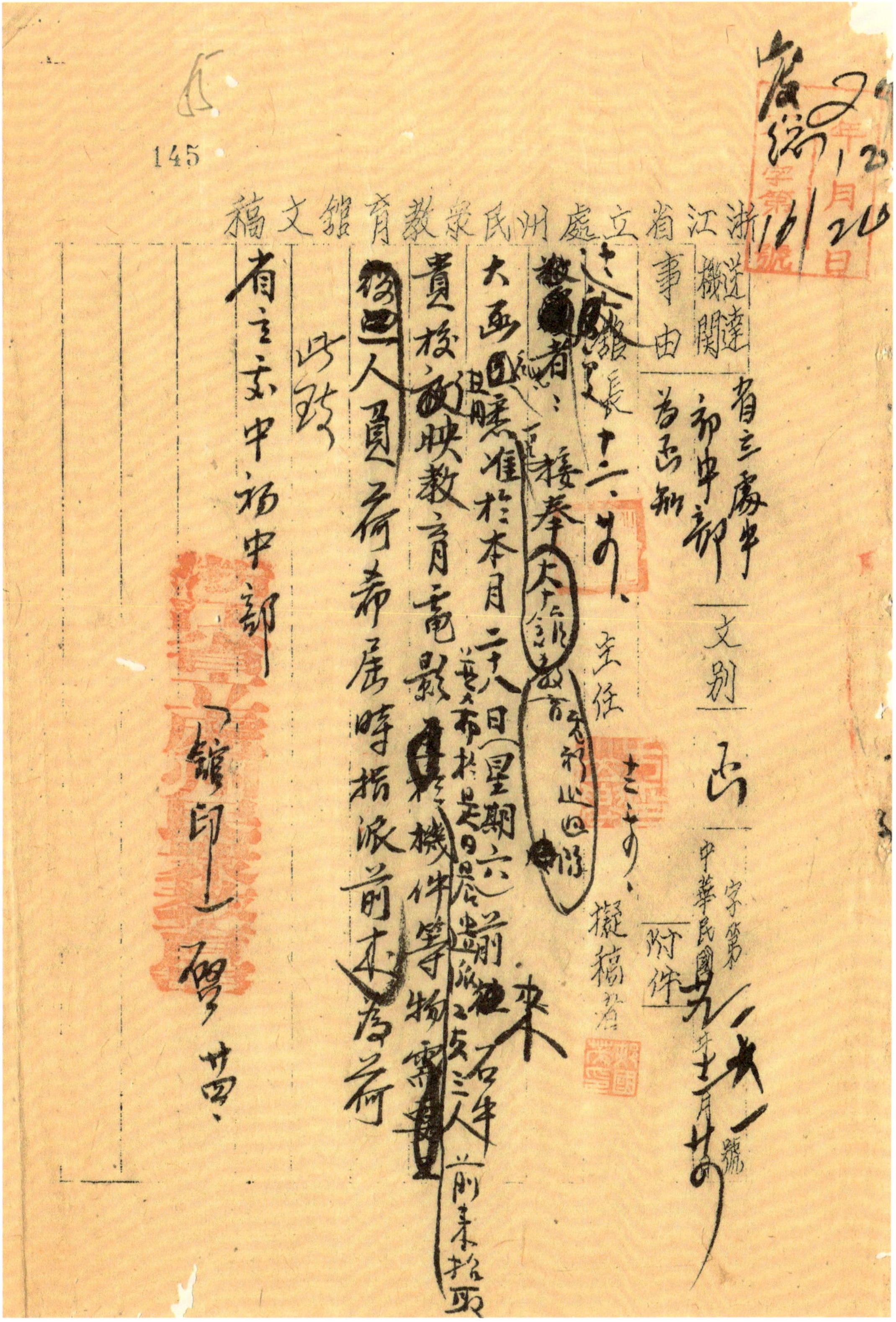
145

浙江省立處州民衆教育館文稿

送達機關：省立處中初中部

事由：為函知……

文別：函

字第　號

中華民國廿九年十二月廿四日

擬稿

逕啟者：……大函囑准於本月二十八日（星期六）……前來……貴校放映教育電影……機件等物需……人員，希屆時指派前來為荷。

此致

省立處州中學初中部

館印　啓　廿四

浙江省教育厅关于同意续借抗战影片《热血忠魂》致浙江省立处州民众教育馆的指令（一九四一年一月七日）

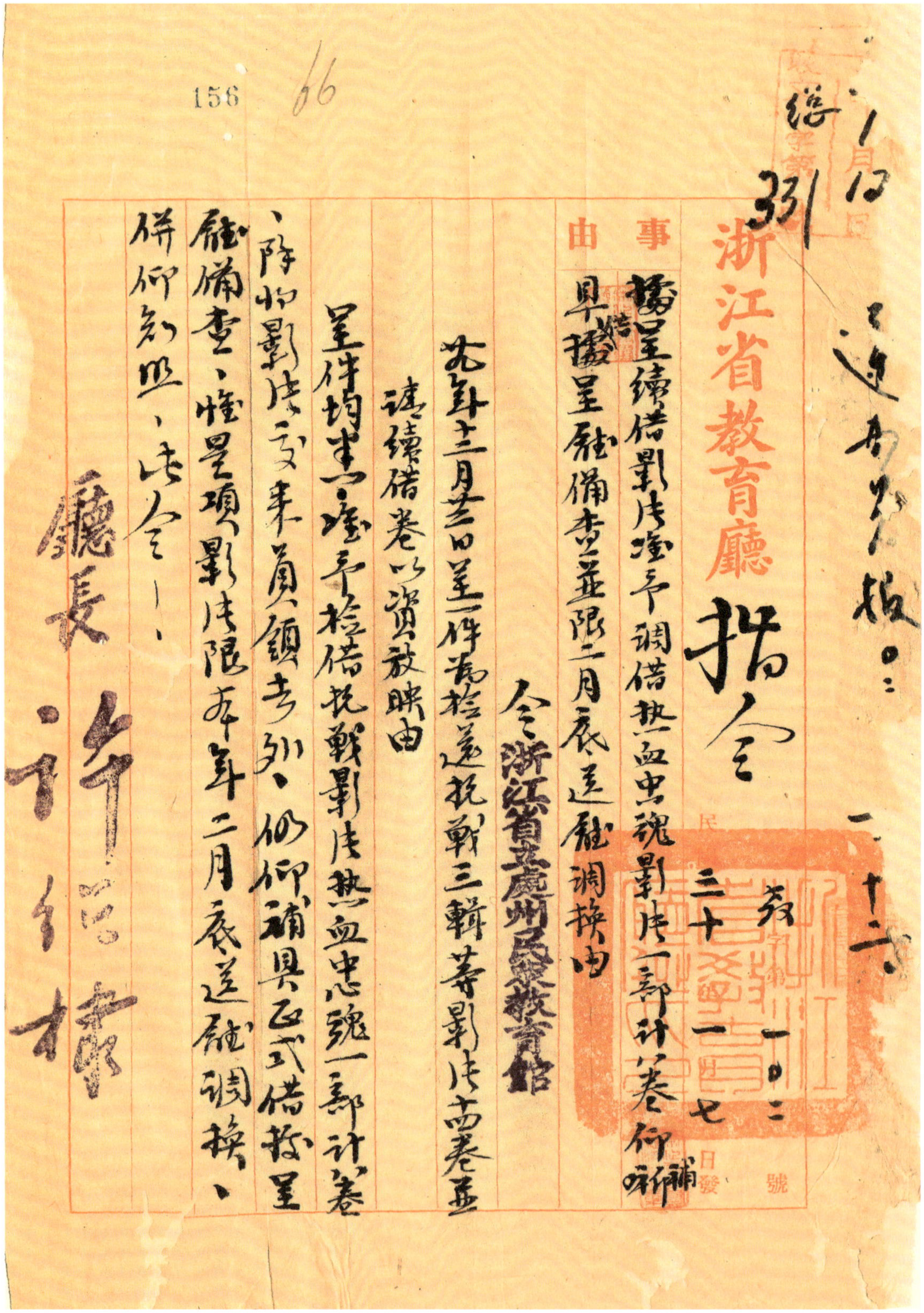
156 66

總 331

1/12 送另外放映

浙江省教育廳 指令

教字第一一二號

三十年一月七日發

事由：據呈續借影片准予調借熱血忠魂影片一部計十卷仰補具借據呈繳備查並限二月底送繳調換由

令浙江省立處州民眾教育館

去年十二月三十日呈一件為檢送抗戰三輯等影片十四卷並請續借卷以資放映由

呈件均悉。准予檢借抗戰影片熱血忠魂一部計十卷，除將影片交來員領去外，仰即補具正式借據呈繳備查，惟是項影片限本年二月底送繳調換，併仰知照。此令。

廳長 許紹棣

浙江省立处州民众教育馆关于报送解答处属各机关团体学校及民众询问电化教育事项办法致浙江省教育厅的呈（一九四一年一月二十一日）

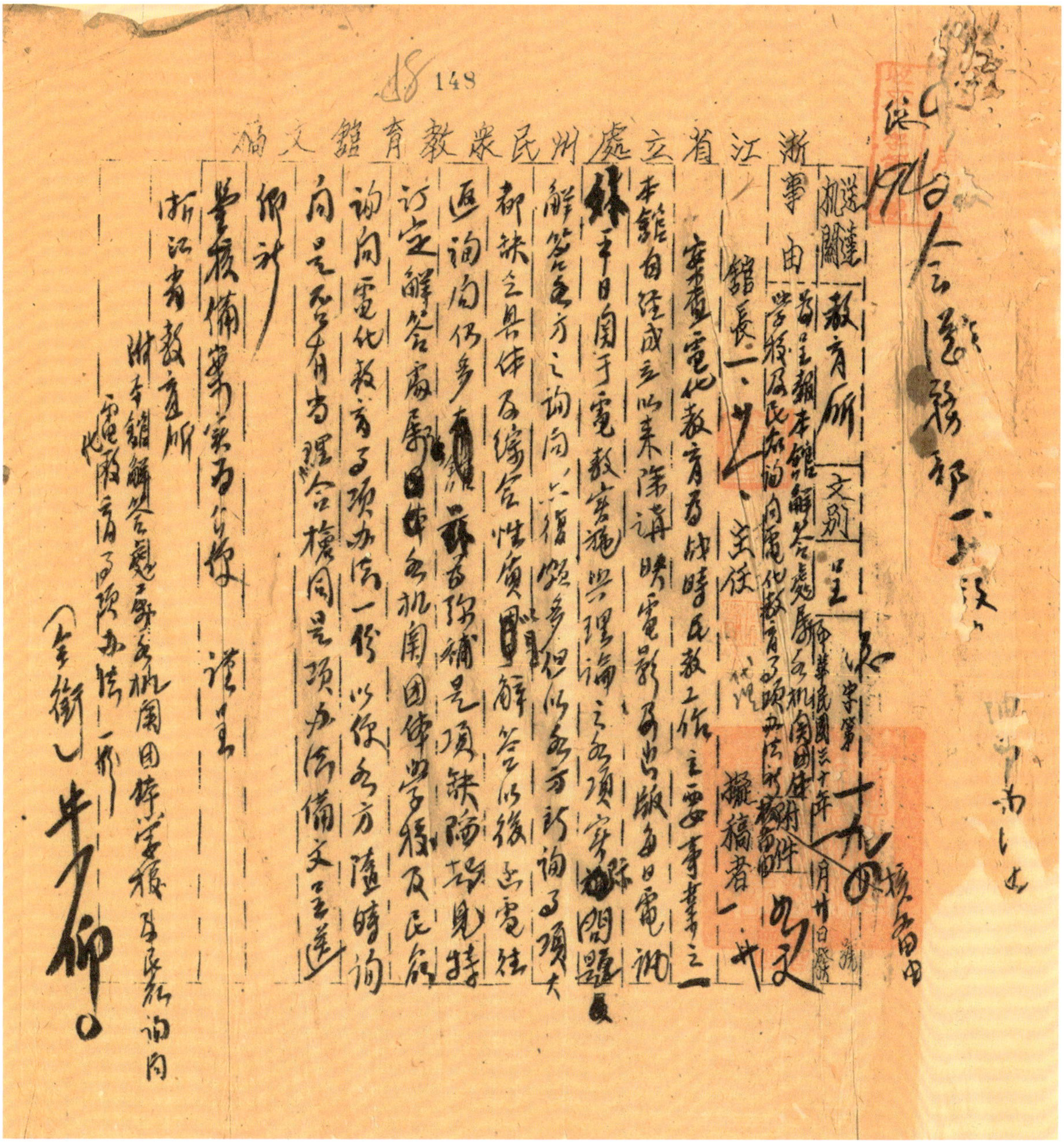

148

浙江省立處州民衆教育館文稿

送達機關：教育廳　文別：呈　字第　號　中華民國三十年一月廿日發

事由：爲呈報本館解答處屬各機關團體學校及民衆詢問電化教育各項辦法祈核備由

館長　主任　擬稿者

案查電化教育爲戰時民教工作主要事業之一，本館自從成立以來，除請映電影及出版每日電訊外，平日關於電教實施與理論之各項案件問題，解答各方之詢問，亦復頗多，但以各方詢問各項大都缺乏具體及綜合性質，因之解答以後函電往返詢問仍多，爲補是項缺陷起見，特訂定解答處屬各機關團體學校及民衆詢問電化教育各項辦法一份，以供各方隨時詢問，是否有當，理合檢同是項辦法備文呈送，仰祈鑒核備案爲公便。謹呈

浙江省教育廳

附：浙省立館解答處屬各機關團體學校及民衆詢問電化教育各項辦法一份

（全銜）館長 [illegible]

附：浙江省立处州民众教育馆解答处属各机关团体学校及民众询问电化教育事项办法

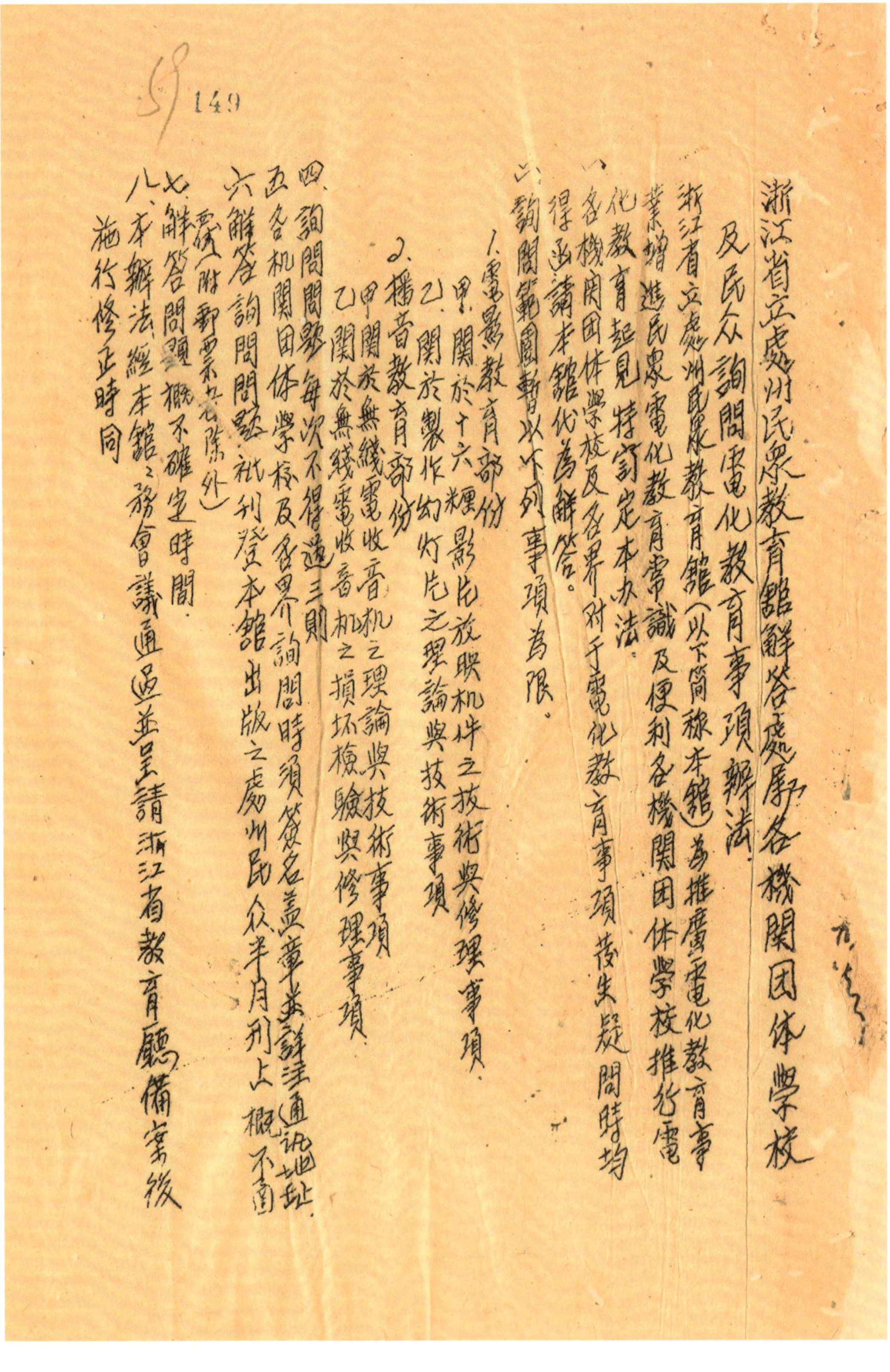
59 149

浙江省立處州民衆教育館解答處屬各機關团体學校及民众詢問電化教育事項辦法

一、浙江省立處州民衆教育館（以下簡稱本館）為推廣電化教育事業，增進民衆電化教育常識，及便利各機關团体學校推行電化教育起見，特訂定本办法。

二、各機關团体學校及各界对于電化教育事項發生疑問時，均得函請本館代為解答。

三、詢問範圍暫以下列事項為限。

1.電影教育部份

甲、関於十六糎影片放映机件之技術與修理事項

乙、関於製作幻灯片之理論與技術事項

2.播音教育部份

甲、関於無綫電收音机之理論與技術事項

乙、関於無綫電收音机之損坏檢驗與修理事項

四、詢問問題每次不得超過三則

五、各机関团体學校及各界詢問時須簽名蓋章並詳注通訊地址

六、解答詢問問題，祇刊登本館出版之處州民众半月刊上，概不函覆（附郵票者除外）

七、解答問題概不確定時間。

八、本辦法經本館館務會議通過，並呈請浙江省教育廳備案後施行，修正時同。

浙江省教育厅关于印发讲映教育电影委员会暂行办法致浙江省立处州民众教育馆的指令

（一九四一年一月二十八日）

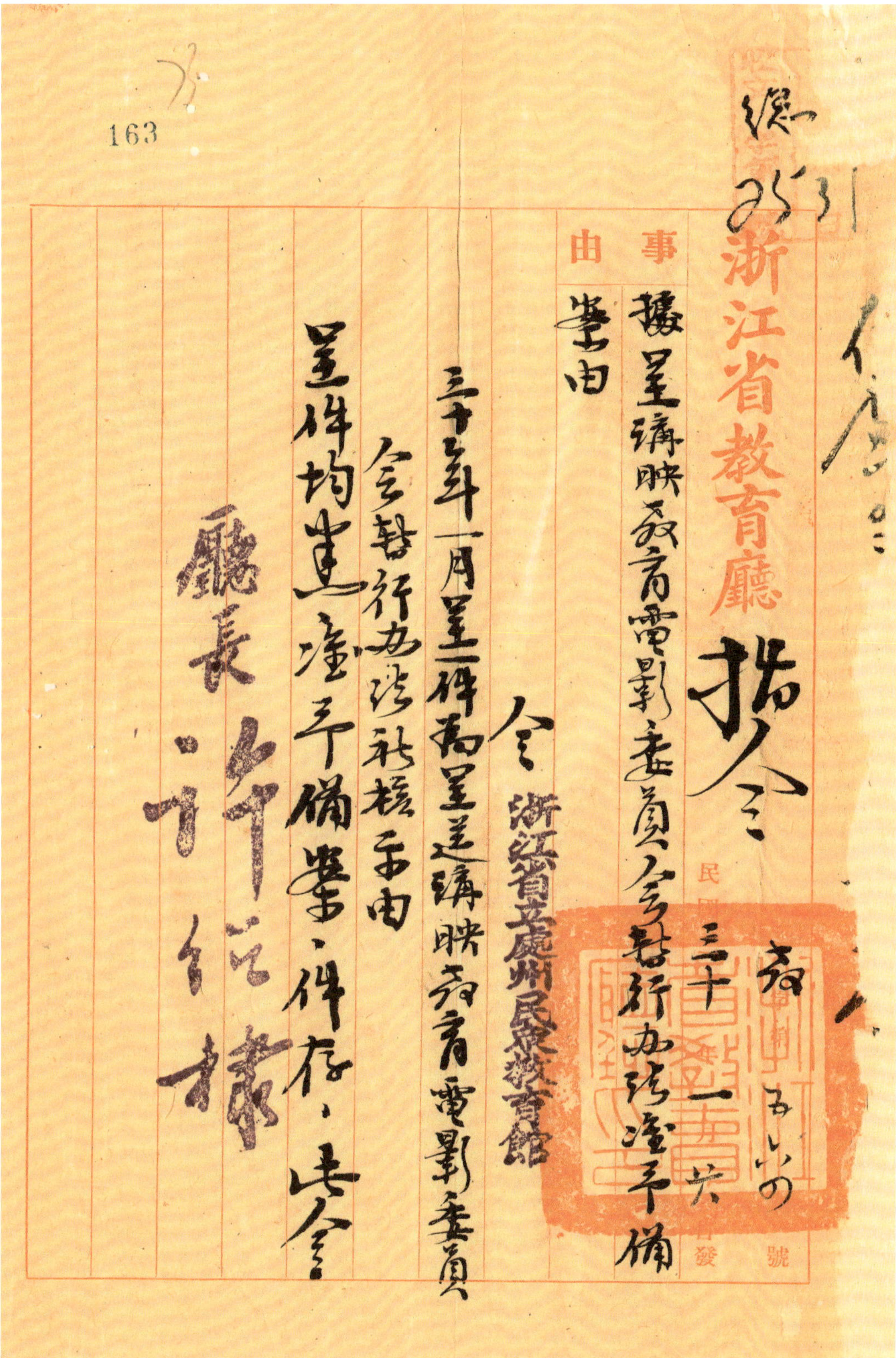

浙江省教育廳 指令

事由：據呈講映教育電影委員會暫行辦法准予備案由

令浙江省立處州民衆教育館

三十年一月呈一件為呈送講映教育電影委員會暫行辦法祈核示由

呈件均悉。准予備案。件存。此令。

廳長 許紹棣

民國三十年一月 日發

附：浙江省各机关团体临时约请讲映教育电影暂行办法

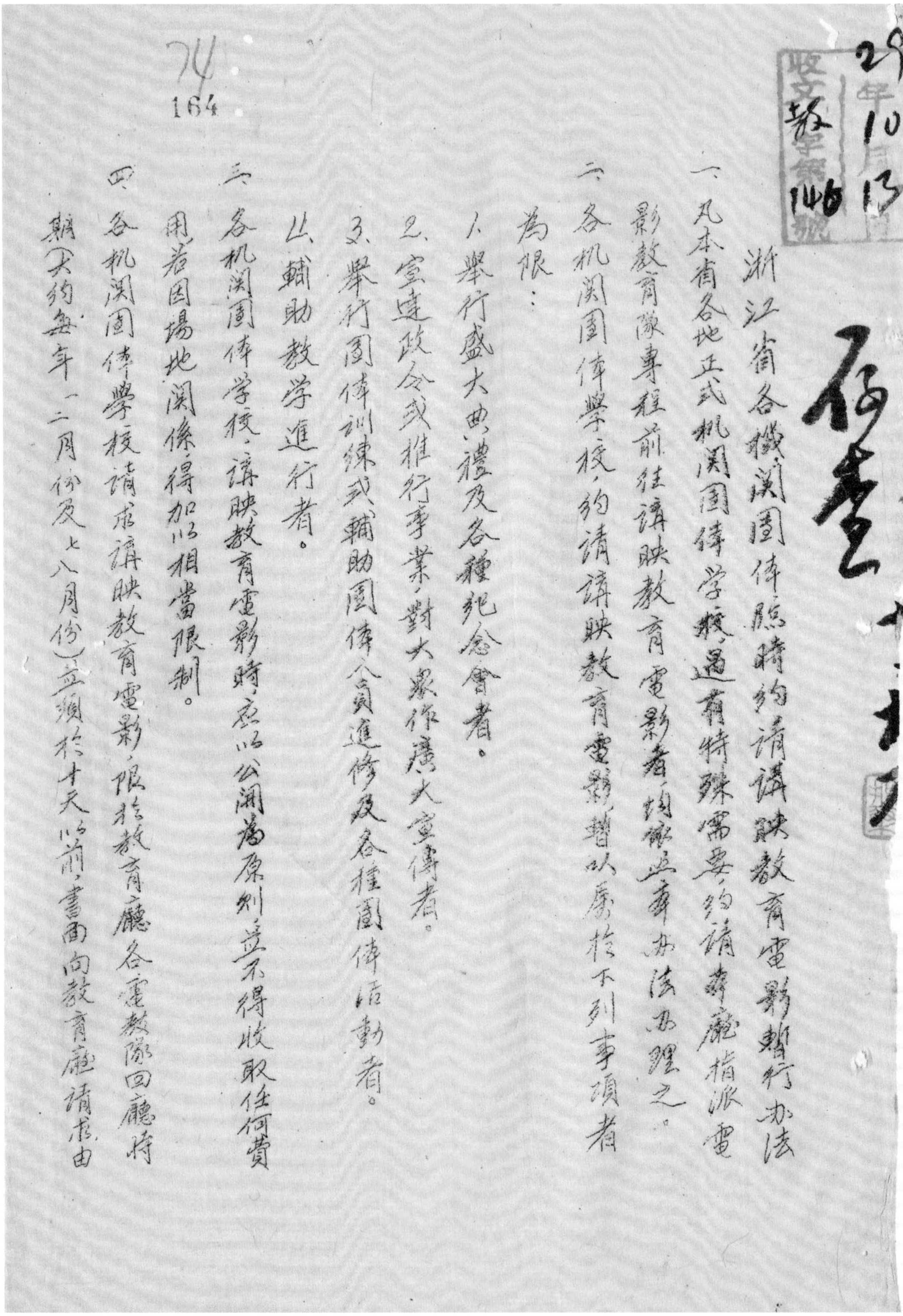
74
164

收文 29年10月13日 教字第146號

存查

浙江省各機関团体臨時約請講映教育電影暫行办法

一、凡本省各地正式機関团体学校，遇有特殊需要，約請本廳指派電影教育隊專程前往講映教育電影者，均依照本办法办理之。

二、各機関团体學校，約請講映教育電影，暫以屬於下列事項者為限：

1、舉行盛大典禮及各種紀念會者。

2、宣達政令或推行事業，對大衆作廣大宣傳者。

3、舉行团体训練或輔助团体人員進修及各種团体活動者。

4、輔助教学進行者。

三、各机関团体学校，請映教育電影時，應以公開為原則，並不得收取任何費用，若因場地関係，得加以相當限制。

四、各机関团体學校請求講映教育電影，限於教育廳各電教隊回廳時期（大約每年一二月份及七八月份），並須於十天以前，書面向教育廳請求，由廳斟酌決定，遇有時地或人事等困難得謝絕之。

五、各机関團体學校，請求專程派隊講映教育電影，除机件汽油等消耗，由教育廳自備外，所需來往川旅及膳宿，均由請求机関團体學校負担，实支实銷。

六、講映教育電影時，所有場地之佈置，机件之保管及搬運等事項，應由請求机関團体學校派員協助之。

七、本办法由教育廳訂定施行。

浙江省立处州民众教育馆关于呈送影片《热血忠魂》说明书致浙江省教育厅的呈（一九四一年二月七日）

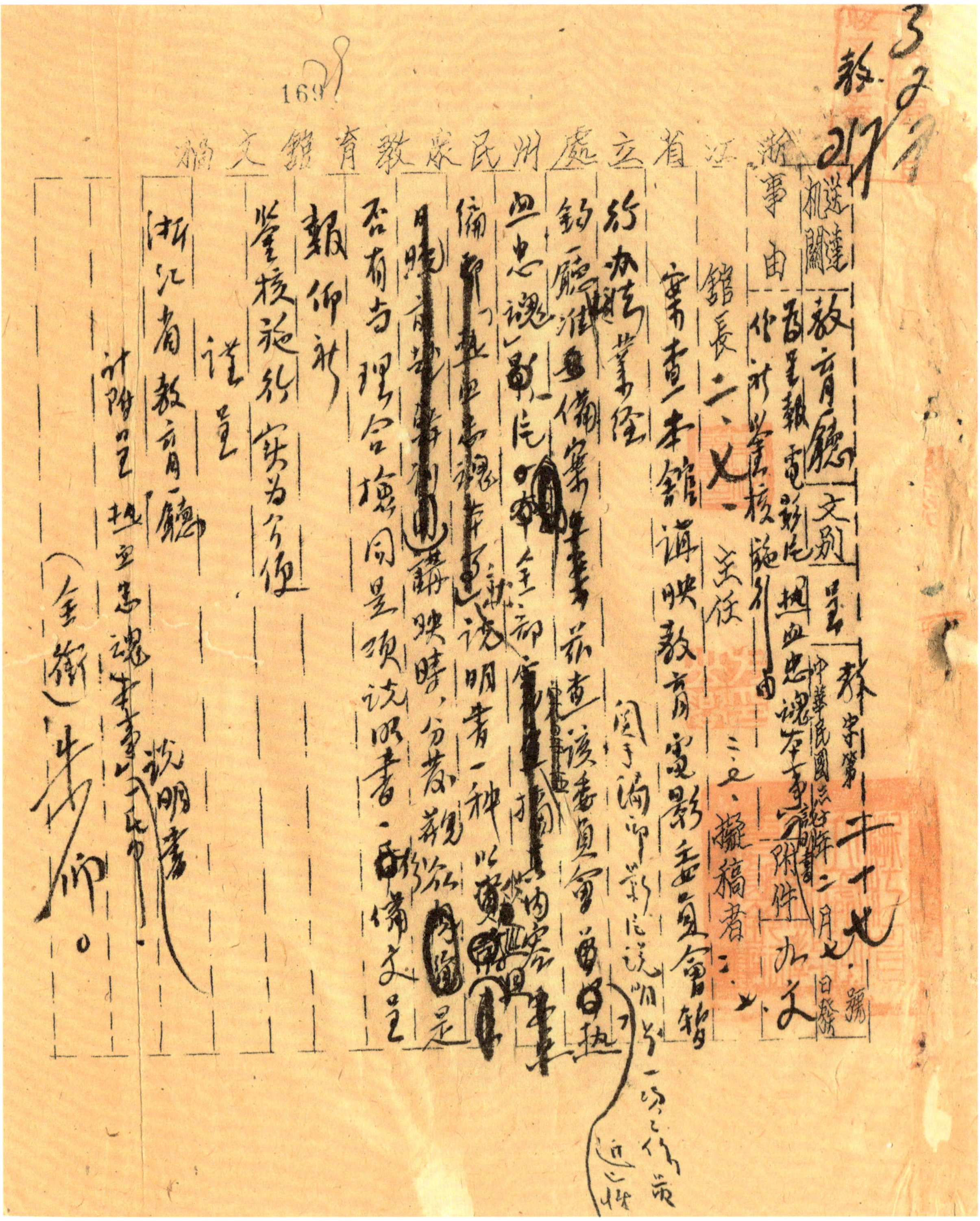
169

浙江省立處州民眾教育館文稿

送達機關：教育廳　文別：呈　教字第十七號

事由：為呈報電影片熱血忠魂本事說明書仰祈鑒核施行由

附件：本事說明書　中華民國三十年二月七日發

館長 二、六、　主任 二、五、　擬稿者 二、五、

案查本館請映教育電影委員會暫……

……

……說明書一份……

否有占理合檢同是項說明書一份備文呈

報仰祈

鑒核施行實為公便

謹呈

浙江省教育廳

計附呈熱血忠魂本事說明書一份

（全銜）[illegible]

『熱血忠魂』本事

省立處州民衆教育館印。

老將軍萬某，革命宿將，於推翻滿清一役，不幸傷足，遂息影故宅，以終殘年。

萬世芳蔭君父功績，側身軍界，任派長，戰固一忠孝兼全之現代青年，媳女俱賢且美，孫又活潑可愛，此美滿幸福之家庭，終年和樂，爲時人所羨慕。

七七事變，抗战烽火燃遍蘆溝橋畔，全民力爭自由解放之呼声，响澈高空。既而此神聖抗战工作，已由華北展開至華東華中華南，於是全中國每一角落，受尽炮火之洗礼。

萬世芳部奉令開赴前方，執行神聖任務，前一日，萬以抗战爆發事聞走告老父妻妹，以軍人應效命疆場，爲國盡責爲己責，老將益加勉勵，此忠孝兼全之萬，於是遂拋棄美滿幸福之天倫生活，馳騁疆場矣。

侵略者之殘暴行爲愈形劇烈，而我反攻將士之忠勇事蹟也日有增多，前綫各地幸賴吾全体忠勇將士浴血抗战，奮勇殺敵，陷敌於泥沼，永不自拔，致敌於死命，永不翻身。

是年冬，烽火已瀰漫至萬老將軍故里，老將軍以故里爲先祖開闢之地，不忍爲敌蹂躪，堅不願避难他方，思保此素稱安平之地爲敌所佔。

漢奸某為献媚寇酋，誑称本地有老將軍宅，頗富財，且多美人，盍往一試，寇為所動，率軍往搜。初老將軍率媳女輩械抵抗敌軍，頗有死傷，以寡难勝众，此喧赫一時之老將軍，竟於是役中為國家作光荣之牺牲。

寇搜其財，佔其屋，辱其媳女，並大量殺戮吾無辜民众，極盡獸慾。

斯時，正面抵抗敌軍之吾國軍某部隊，以敵來勢汹汹，頗有傷亡，彈量缺乏，而援軍又不前來，但仍能本"流尽最後一滴血守住最後一寸土"之決心，予打袭者以打擊。正危急間，援軍第世芳部隊已抵達目的地，士氣為之一振，多次衝鋒，屢予敌創，且潰退至老將軍故宅，圖謀反攻。

萬旅長以殲敵机會莫如今日，報效國家於一朝，下令總攻，且闻悉耗敌已佔其家里，為澈底殲滅暴敌，乃忍痛下令，砲轟故里。战事復劇烈，萬旅長身先士卒，屢克要点，不幸於殲滅該寇一战中，竟負傷倒地。

"衝！同志們衝呀！殺盡敌寇，收復失地，人人有責"，此种激昂慷慨之呼声，隨萬旅長之呼息而長逝。

一代英雄之忠魂，隨勝利之國旗，凱旋之歌声，在太空中飄揚狂吼，而永不朽！

三〇、六、七，印。

浙江省铁工厂第四厂公余社关于期盼电影巡回队到厂放映等事致浙江省立处州民众教育馆电影巡回队的笺函（一九四一年三月十四日）

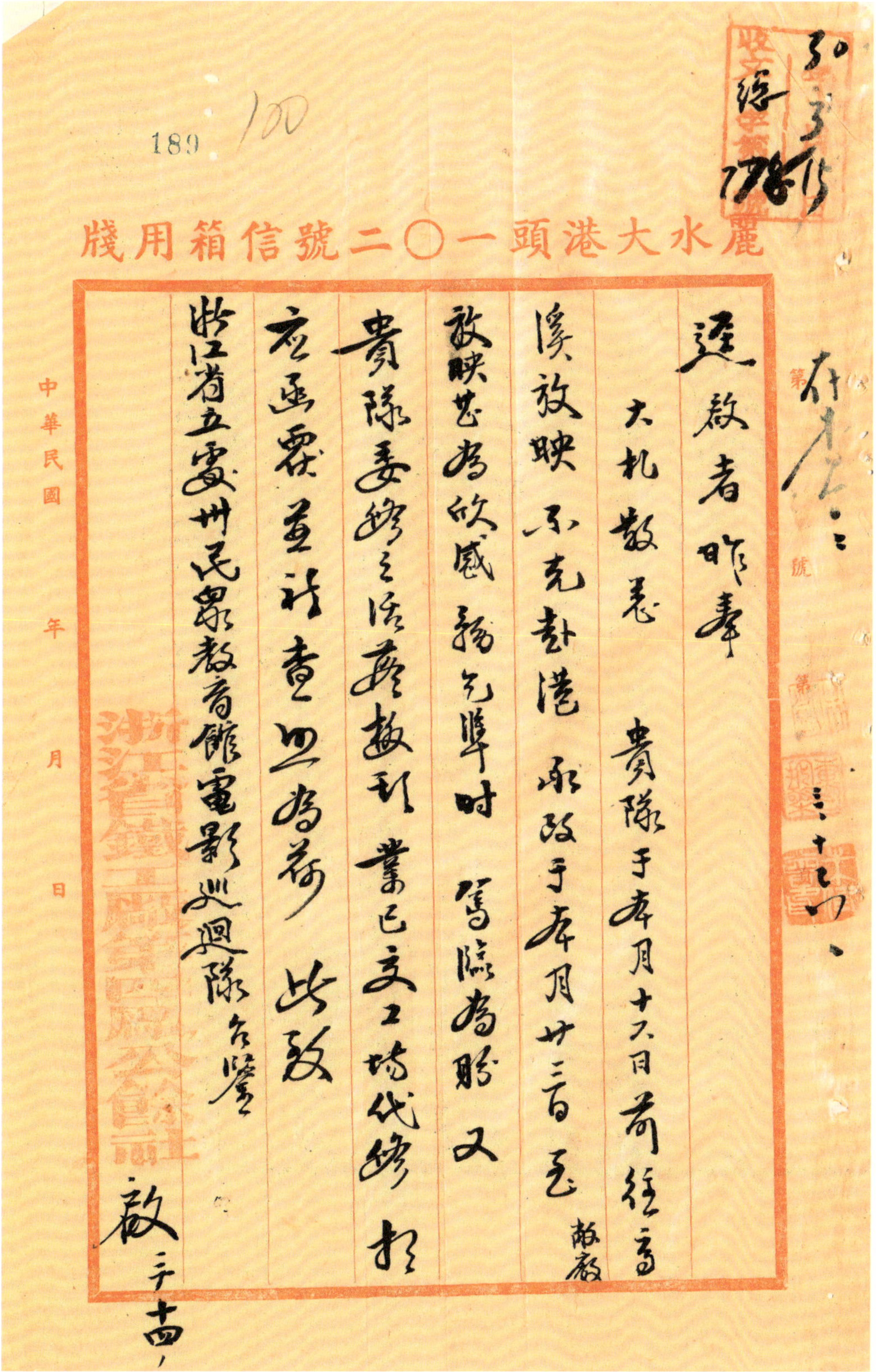
189　100

麗水大港頭一〇二號信箱用牋

逕啟者　昨奉
大札　敬悉
貴隊于本月十六日前往高
溪放映　不克赴港　承改于本月廿三日至　敝廠
放映　共為欣感　務乞準時　蒞臨為盼　又
貴隊委錄之話劇劇本　業已交工場代錄　擬
交還　并請查收為荷　此致
浙江省立處州民衆教育館電影巡迴隊　台鑒

浙江省鐵工廠第四廠公餘社
啟　三月十四

中華民國　年　月　日

浙江省立处州民众教育馆关于电影巡回施教船不得装违禁品事致船主张功烈的证明书（一九四一年三月二十日）

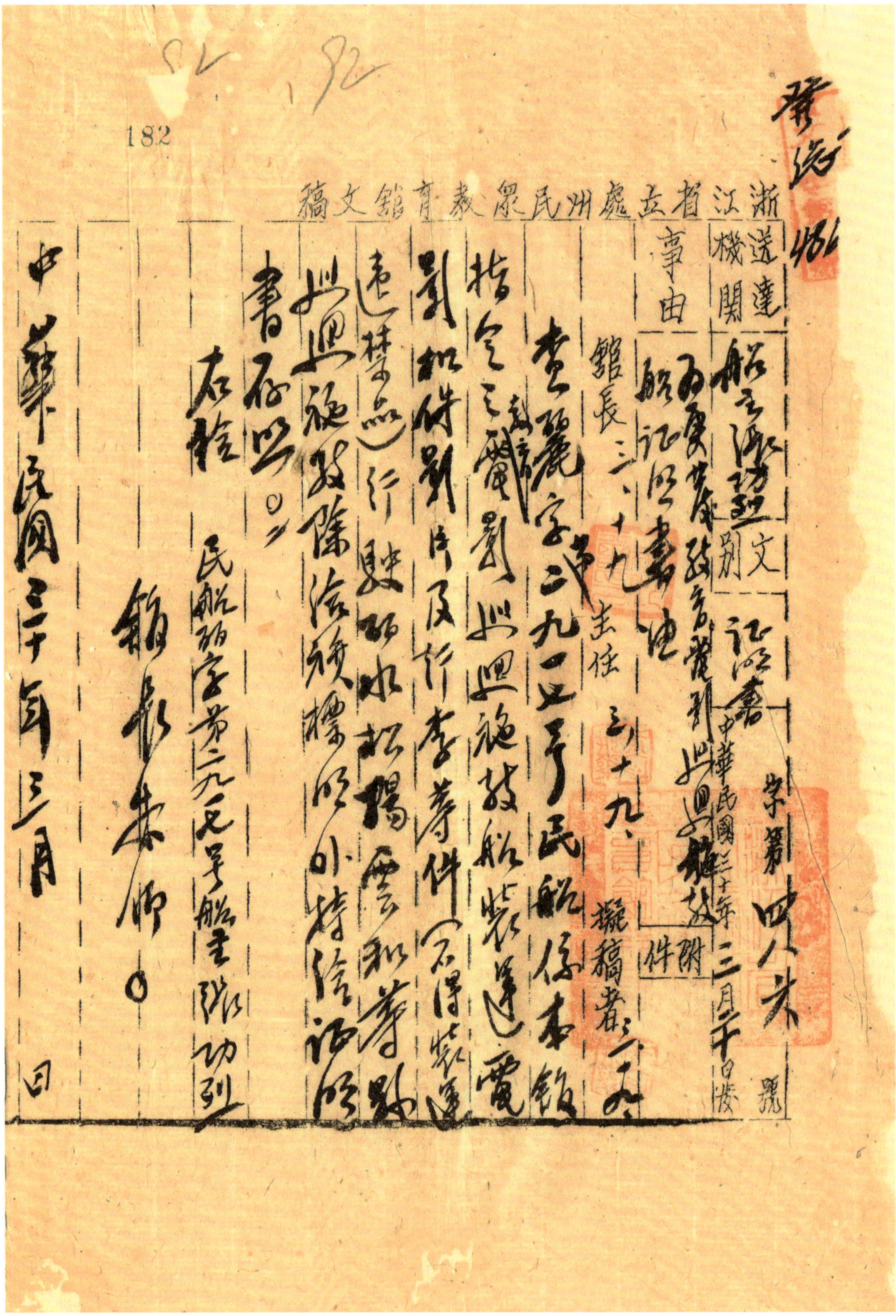

182

浙江省立處州民衆教育館文稿

發信486

字第四八六號

送達機關：船主張功烈

文別：證明書

事由：為發電影巡迴施教船證明書由

附件

中華民國三十年三月廿日發

館長 三、十九 主任 三、十九 擬稿者 三、十九

查麗字第二九一五號民船係本館指定之教育電影巡迴施教船裝運電影機件影片及行李等件（不得裝運違禁品）行駛麗水松陽雲和等縣巡迴施教除派員隨船外特給證明書存照。

右給

民船麗字第二九一五號船主張功烈

館長朱[illegible]

中華民國三十年三月 日

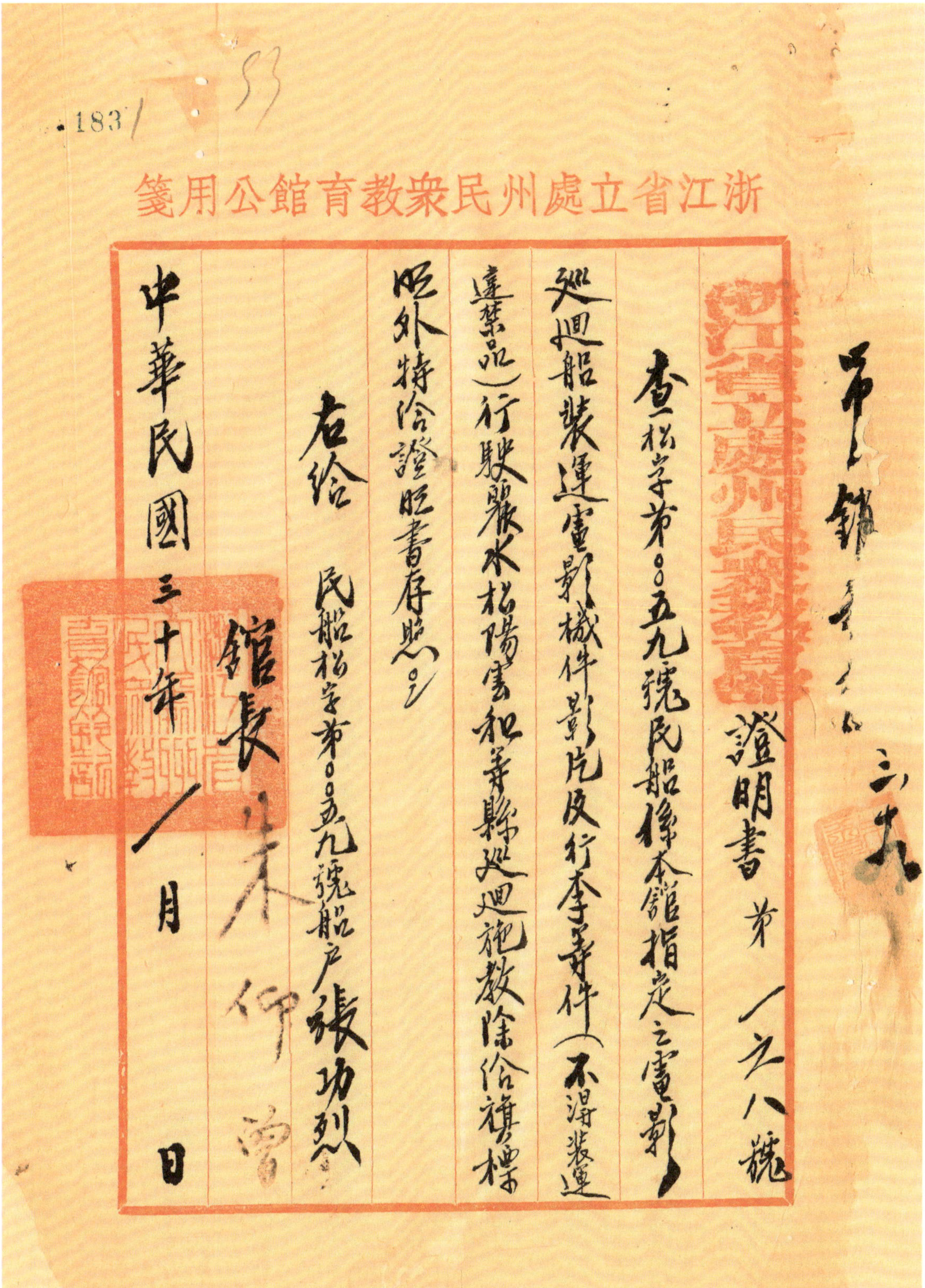

183

浙江省立處州民衆教育館公用箋

證明書 第一六八號

查松字第〇〇五九號民船係本館指定之電影巡迴船裝運電影械件影片及行李等件（不得裝運違禁品）行駛麗水松陽雲和等縣巡迴施教除給旗標外特給證明書存照。

右給

民船松字第〇〇五九號船户張功烈

館長 宋仰曾

中華民國三十年 月 日

浙江省铁工厂第四厂公余社关于迎接电影巡回队放映影片事致浙江省立（碧湖）民众教育馆电影巡回队的函

（一九四一年三月二十三日）

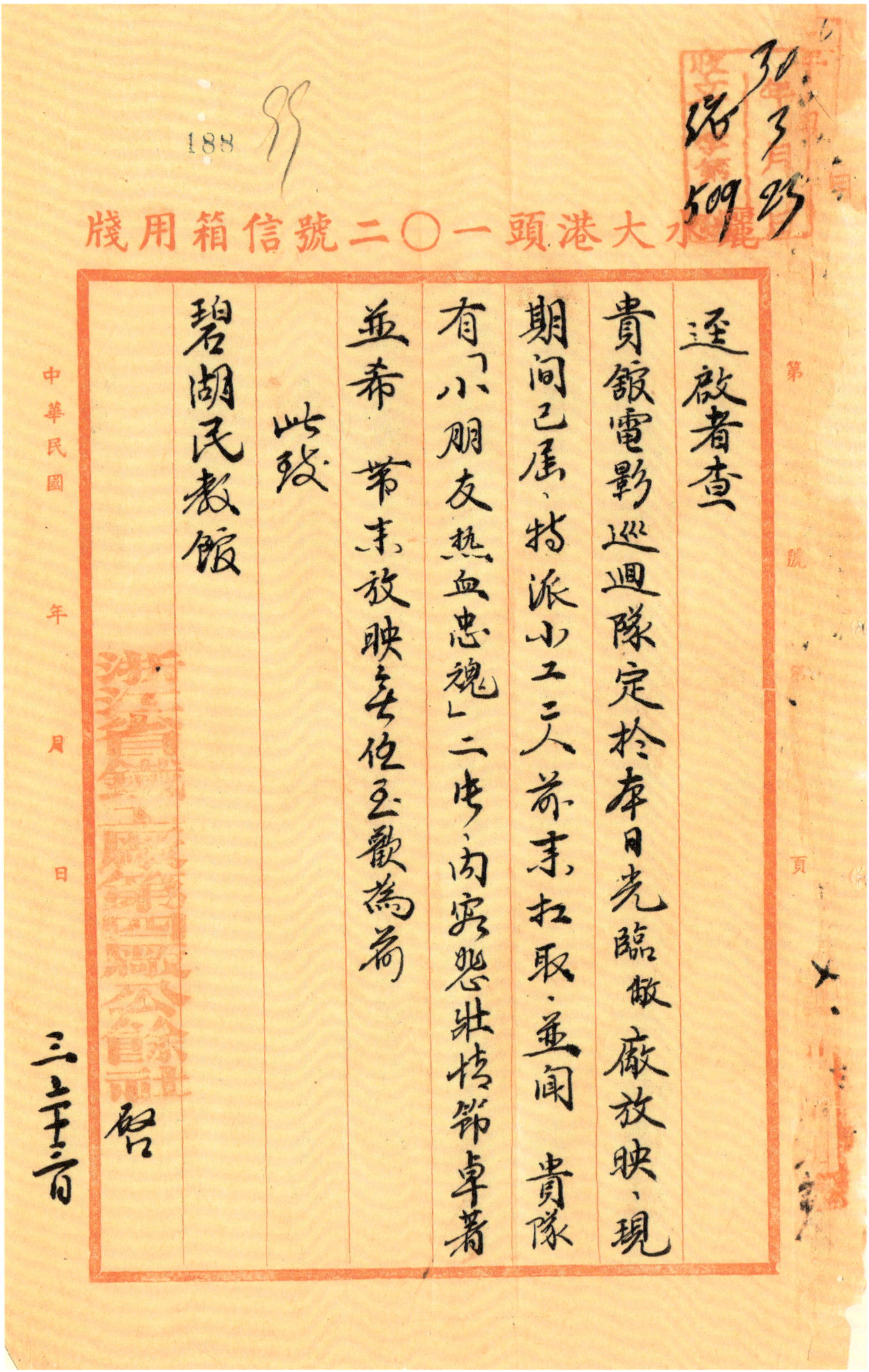
30.3.23 收 509

188

麗水大港頭一〇二號信箱用箋

第 號 第 頁

逕啟者查
貴館電影巡迴隊定於本日光臨敝廠放映，現
期間已屆，特派小工二人前來扛取，並聞　貴隊
有「小朋友」「熱血忠魂」二片，內容悲壯情節卓著，
並希　帶來放映，無任至歡爲荷
此致
碧湖民教館

浙江省鐵工廠第四廠公餘社　啓

三十、三、廿三日

中華民國　年　月　日

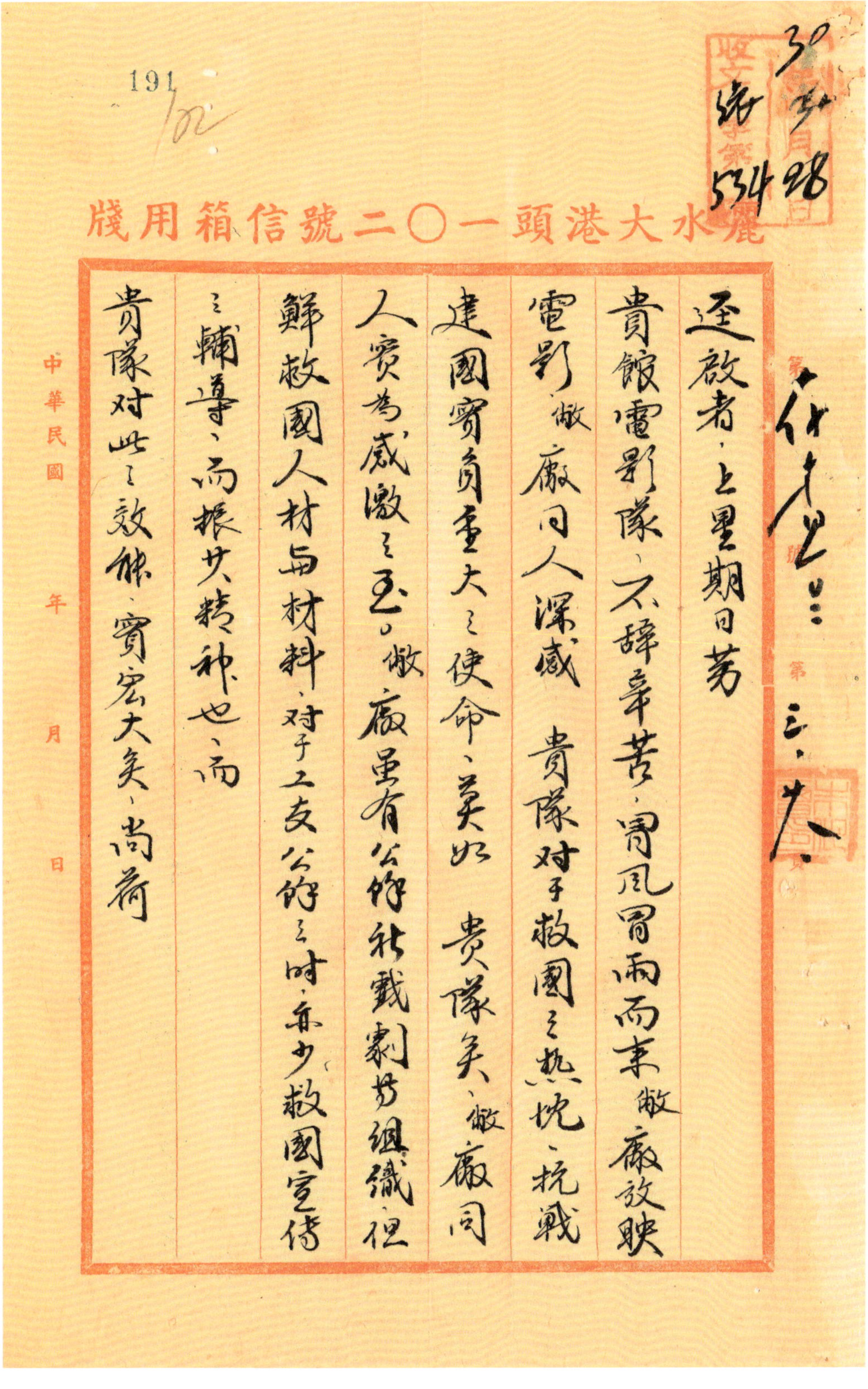

191

麗水大港頭一〇二號信箱用箋

逕啟者，上星期日勞
貴館電影隊，不辭辛苦，冒風冒雨而來敝廠放映
電影，敝廠同人深感 貴隊对于救國之熱忱，抗戰
建國責負重大之使命，莫如 貴隊矣，敝廠同
人實為感激之至。敝廠虽有公余社戲劇部組織，但
鮮救國人材与材料，对于工友公余之时，亦少救國宣傳
之輔導，而振其精神也，而
貴隊对此之效能，實宏大矣，尚荷

中華民國　年　月　日

浙江省铁工厂第四厂公余社致浙江省立（碧湖）民众教育馆的感谢函（一九四一年三月二十六日）

103

·192

麗水大港頭一〇二號信箱用箋

貴隊不辭跋涉勞勞，有聯逐希序臨敝廠放映為

伯至盼盼來荷

此致

碧湖民教館

三月二十六日　啓

浙江省鐵工廠公會

第　號　第　頁

中華民國　年　月　日

浙江省教育厅关于续借影片事致浙江省立处州民众教育馆的指令（一九四一年三月二十八日）

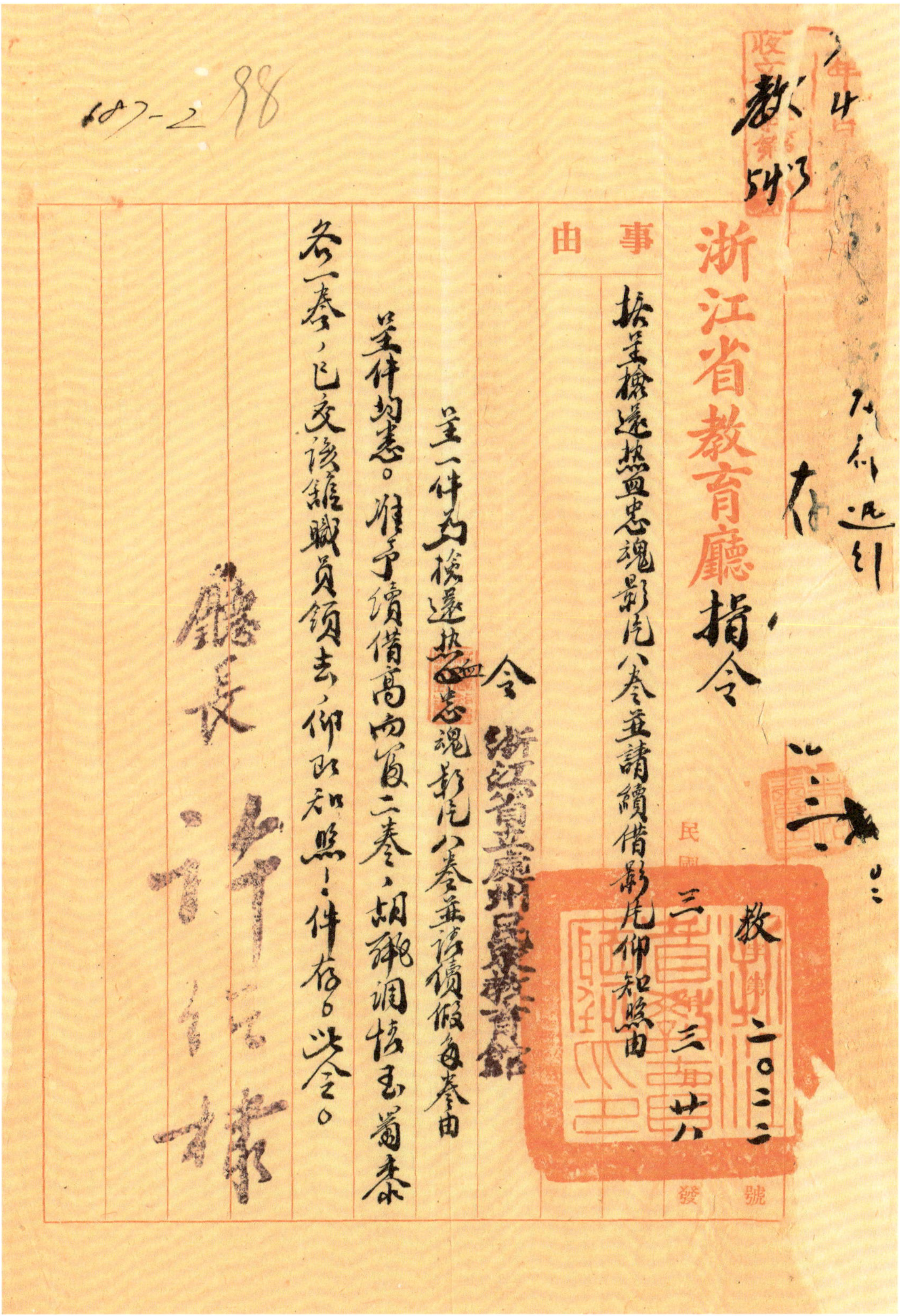
187-2 98

收文 年 4 月 字 號

教 5413

浙江省教育廳指令　教字第二〇三二號

事由：據呈檢還热血忠魂影片八卷並請續借影片仰知照由

中華民國三十年三月廿八日發

令浙江省立處州民眾教育館

呈一件為檢還热血忠魂影片八卷並請續借假每卷由

呈件均悉。准予續借高尚官二卷、胡蝶泪、梅玉蜀桑各一卷，已交該館職員領去，仰即知照。件存。此令。

廳長 許紹棣

浙江省教育厅关于印发电影教育分区施教计划致浙江省立处州民众教育馆的训令（一九四一年四月三日）

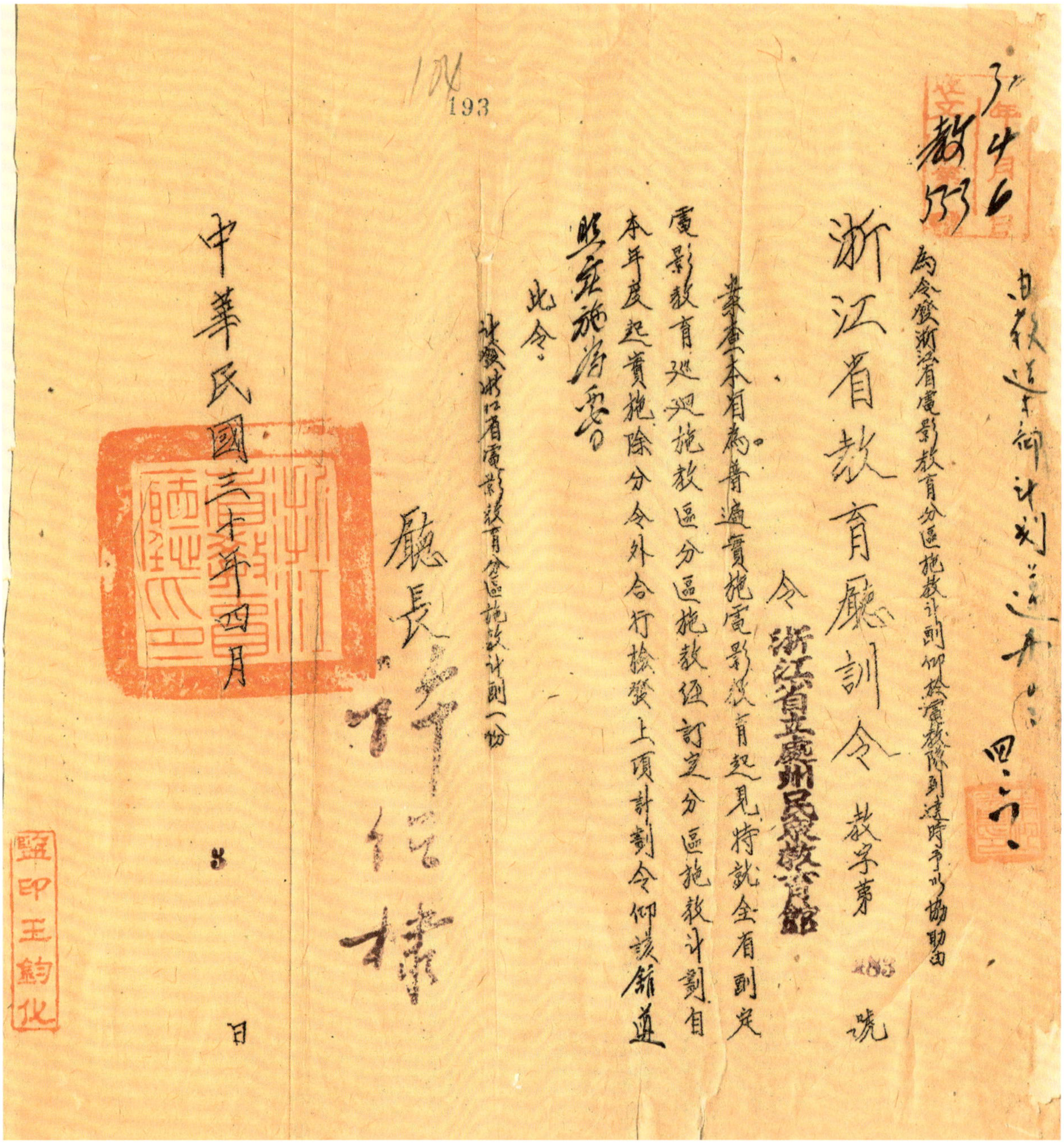

浙江省教育廳訓令 教字第283號

為令發浙江省電影教育分區施教計劃仰於電教隊到達時予以協助由

令浙江省立處州民衆教育館

案查本省為普遍實施電影教育起見，特就全省劃定電影教育巡迴施教區，分區施教，經訂定分區施教計劃，自本年度起實施，除分令外，合行檢發上項計劃，令仰該館遵照並施為要。

此令。

計發浙江省電影教育分區施教計劃一份

廳長 許紹棣

中華民國三十年四月 日

194

浙江省電影教育分區施教計劃

一、本省為普遍實施電影教育起見，特就全省劃定電影教育巡迴施教區，分區施教，三十年度內參照實際需要規定為下列八區：

1. 第一電影教育巡迴施教區　第一行政督察區各縣屬之（浙西天目山以南暫定桐廬、分水、於潛、昌化、臨安、新登、富陽各縣）
2. 第二電影教育巡迴施教區　第二行政督察區各縣屬之（浙西天目山以北暫定孝豐、安吉、長興、吳興、武康各縣）
3. 第三電影教育巡迴施教區　諸暨、嵊縣、新昌、寧海、天台、黃岩、臨海、溫嶺等八縣屬之
4. 第四電影教育巡迴施教區　金華、武義、永康、磐安、浦江、義烏、湯溪、龍游等八縣屬之
5. 第五電影教育巡迴施教區　建德、淳安、遂安、開化、常山、江山、衢縣、壽昌等八縣屬之
6. 第六電影教育巡迴施教區　象山、奉化、鎮海、慈谿、紹興、餘姚、上虞、三門等八縣屬之
7. 第七電影教育巡迴施教區　玉環、樂清、仙居、縉雲、青田、瑞安、平陽、泰順等八縣屬之
8. 第八電影教育巡迴施教區　麗水、宣平、遂昌、龍泉、雲和、松陽、慶元、景寧等八縣屬之

二、各施教區設置電影教育巡迴施教隊一隊，區內設有省立民教館者，該項電教隊由省立民教館主持辦理，稱為浙江省立△△民眾教育館電影教育巡迴施教隊」，未設有省立民教館各區由教育廳直接主辦，稱為「浙江省第

電影教育巡迴施教隊，本年度除由教育廳主辦四隊，省立寧波民教館附設一隊外，並於新辦之省立金華、嚴州、處州三民教館各曾設一隊。

三、各電影教育巡迴施教隊設隊長兼施教員一人，助理員一人，勤工一人。隊長及助理員，省辦各隊由教育廳派充之，各館主辦者由各館指派職員兼任之，但須呈報教育廳備案。

四、各電教隊應置備下列各項器材：

1. 十六粴放映機
2. 家庭發電機
3. 擴聲器
4. 布幕
5. 雜件（接片膠，接長米，機油，錫鑞等）
6. 幻燈機
7. 公共演講機
8. 留聲機及唱片（酌備）

五、各電教隊經費，均由省教育經費支給，由各館主辦者，在各該館經費預算內支給。

六、各電教隊每一年度須普遍巡迴施教區內各縣，講映一次，講映日期全年至少二百四十天（各館附設者得酌減）。

七、各電教隊以年度開始時訂定工作計劃及日程，呈報教育廳核定，每月應將施教經過填具工作月報表一式二份，呈報教育廳轉報教育部查核。

八、各電教隊到達各縣施教時，應會同縣政府教育科或各黨政教育自治機關主管人員商定放映程序。

195 106

九、各電教隊放映教育電影時不得向觀衆收取費用，除商請當地機關協助工作外，不得需索供應。

十、各電教隊除由各館主辦者外，得於區內交通適中縣份商借當地教育機關設臨時通訊處。

十一、施教區內各縣設有縣電教隊者，該縣講映工作，由縣電教隊辦理之。

十二、本計劃由浙江省教育廳訂定施行，並呈報 教育部備案。

浙江省教育厅关于电影放映机皮带损坏事致浙江省立处州民众教育馆的指令（一九四一年五月八日）

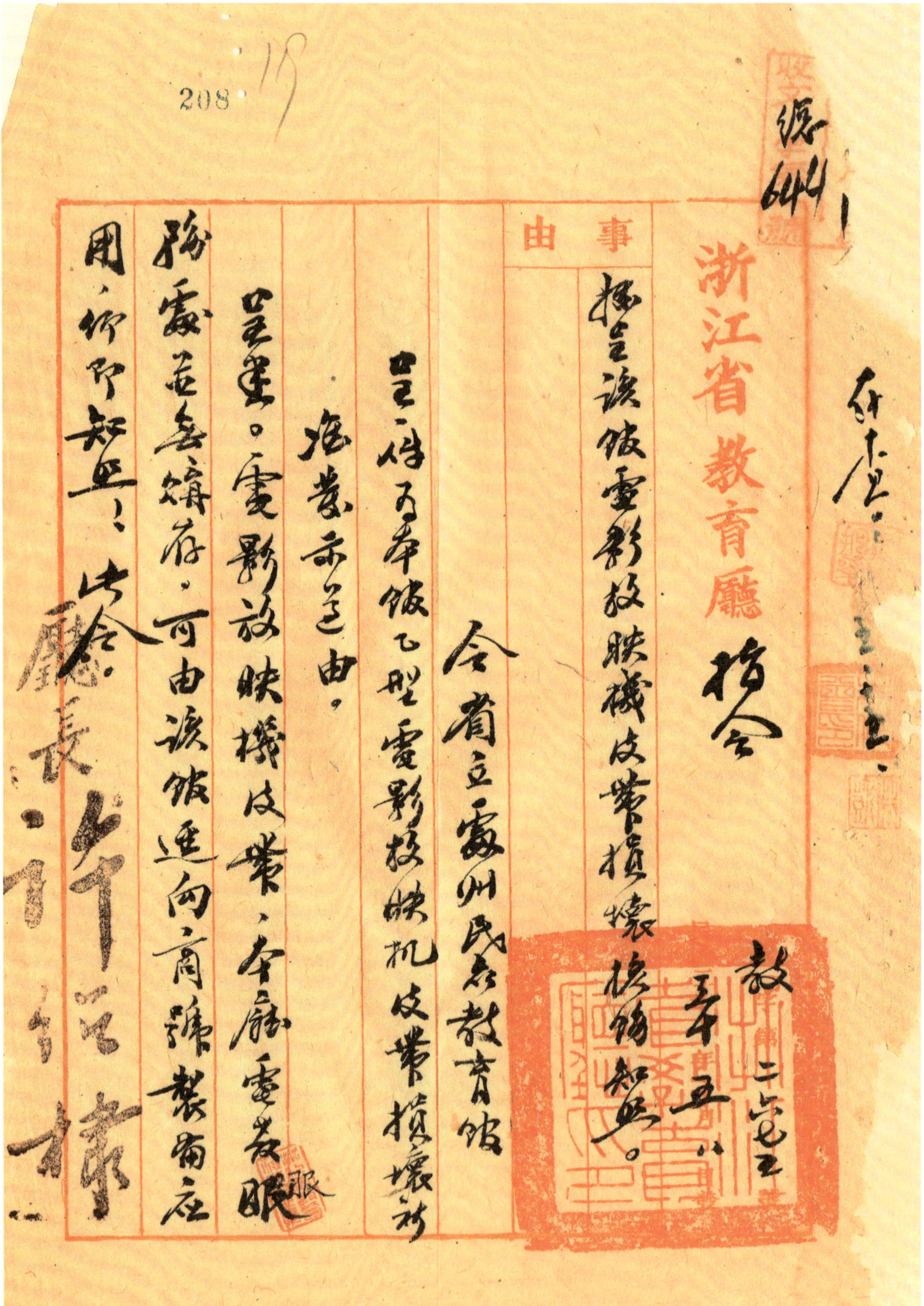
208

浙江省教育廳指令 教字第6441號

事由：據呈該館電影放映機皮帶損壞請核示由

令省立處州民眾教育館

呈一件為本館乙型電影放映機皮帶損壞祈准裝示遵由。

呈悉。電影放映機皮帶，本廳電影服務處並無儲存，可由該館逕向商號採購應用。仰即知照。此令。

廳長 許紹棣

三十年五月八日

浙江省立处州民众教育馆关于约定放映影片《台儿庄》事致浙江省铁工厂第四厂公余社的便函
（一九四一年六月二十日）

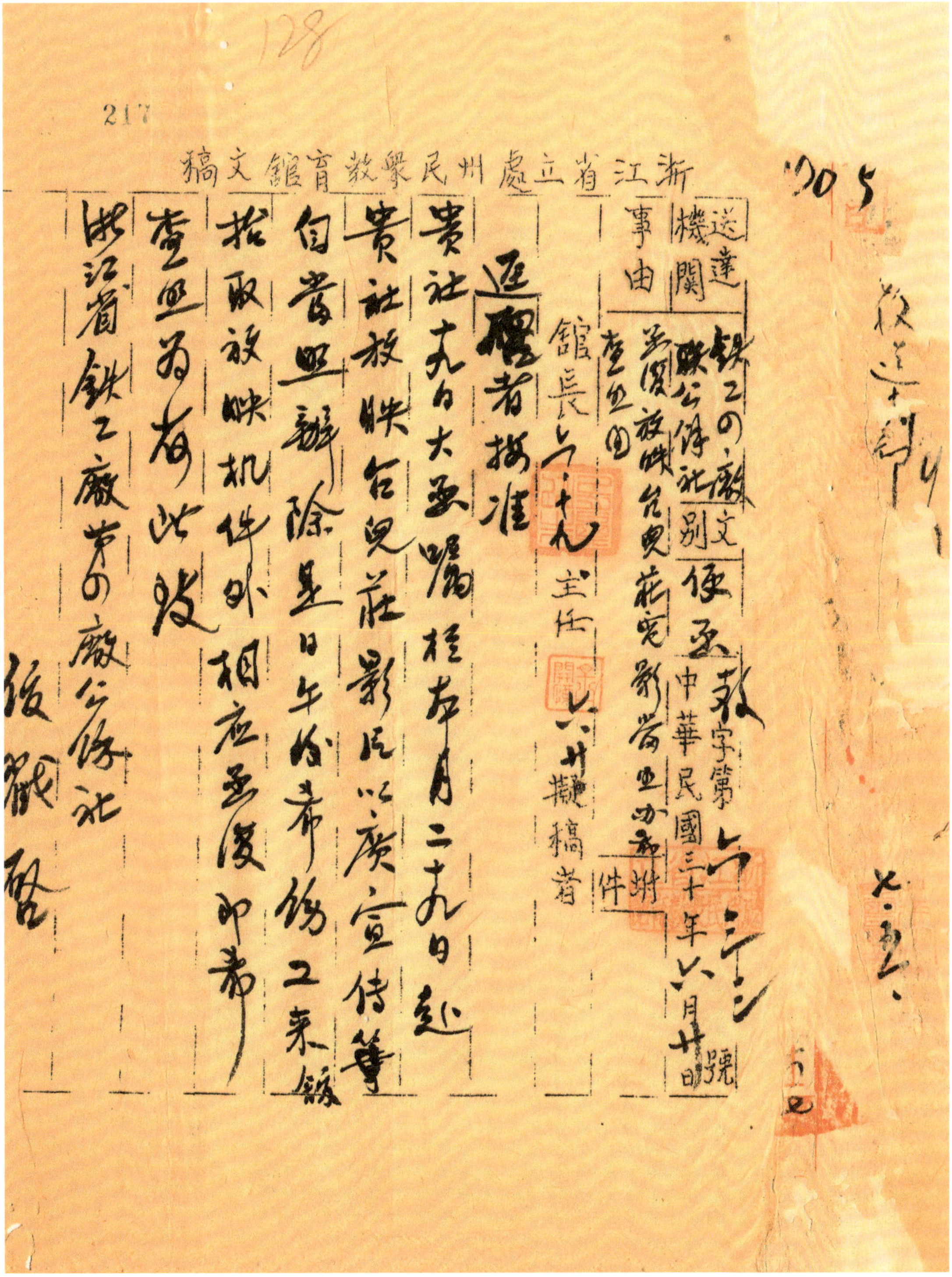

浙江省立處州民衆教育館文稿

送達機關：鐵工四廠公餘社
文別：便函
事由：為復放映台兒莊影片函希查照由
教字第　號
中華民國三十年六月廿日
館長　主任　六廿擬稿

逕啓者：接准
貴社本月大函，囑於本月二十九日起
貴社放映台兒莊影片，以廣宣傳等由，自當照辦。除是日午前飭工來館搬取放映機件外，相應函復，即希
查照為荷。此致
浙江省鐵工廠第四廠公餘社
館啓

浙江省教育厅关于出借卫生影片事致浙江省立处州民众教育馆的指令（一九四一年七月三日）

浙江省教育廳 指令

民國三十年七月三日發 教字第三二〇五號

事由：據呈請借衛生影片四卷准予借發由

令浙江省立處州民衆教育館

三十年六月呈乙件爲呈請借衛生影片四卷以利衛生宣傳由

呈件均悉。准予檢借衛生影片「髮之清潔及沐浴」「清潔衣服及潔淨手臉」「污穢之處置」「蚊之生長」等四卷。仰即派員來麗水本廳具領可也。此令。

廳長 許紹棣

校對 莊[illegible] 監印 [illegible]

浙江省教育厅关于换发放映机暨幻灯机灯泡事致浙江省立处州民众教育馆的指令（一九四一年七月十七日）

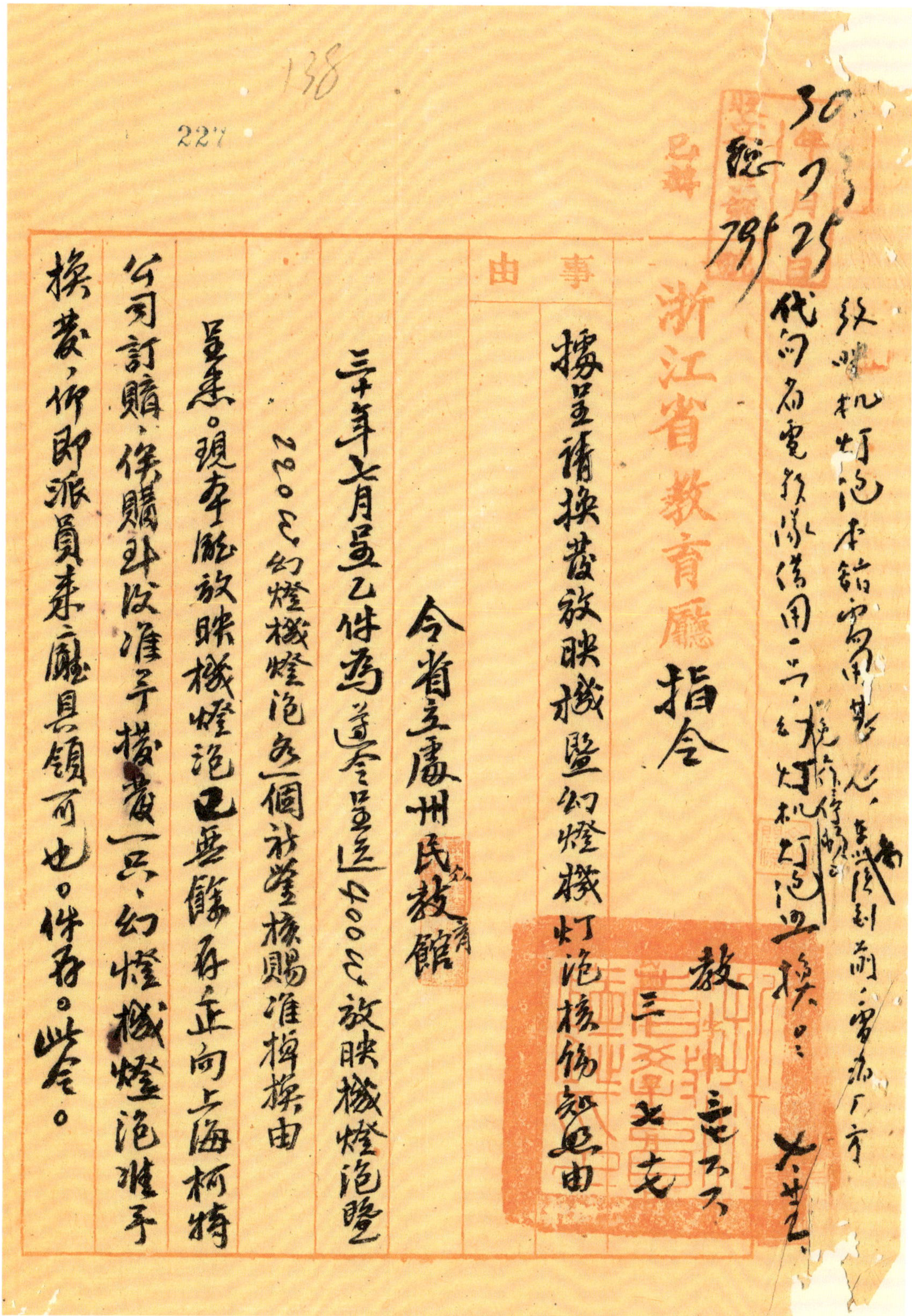

浙江省教育廳指令 教三字第 號

事由：據呈請換發放映機暨幻燈機灯泡核飭知照由

令省立處州民衆教館

三十年七月呈乙件為送呈送400W放映機燈泡暨220W幻燈機燈泡各一個，祈鑒核賜准掉換由

呈悉。現查該館放映機燈泡已無餘存，正向上海柯特公司訂購，俟購到後准予撥發一只，幻燈機燈泡准予換發，仰即派員來廳具領可也。件存。此令。

廳長 許紹棣

校對莊泰觀
監印項公搏

浙江省教育厅关于换借抗战特辑续辑影片等事致浙江省立处州民众教育馆的指令（一九四一年十月二十二日）

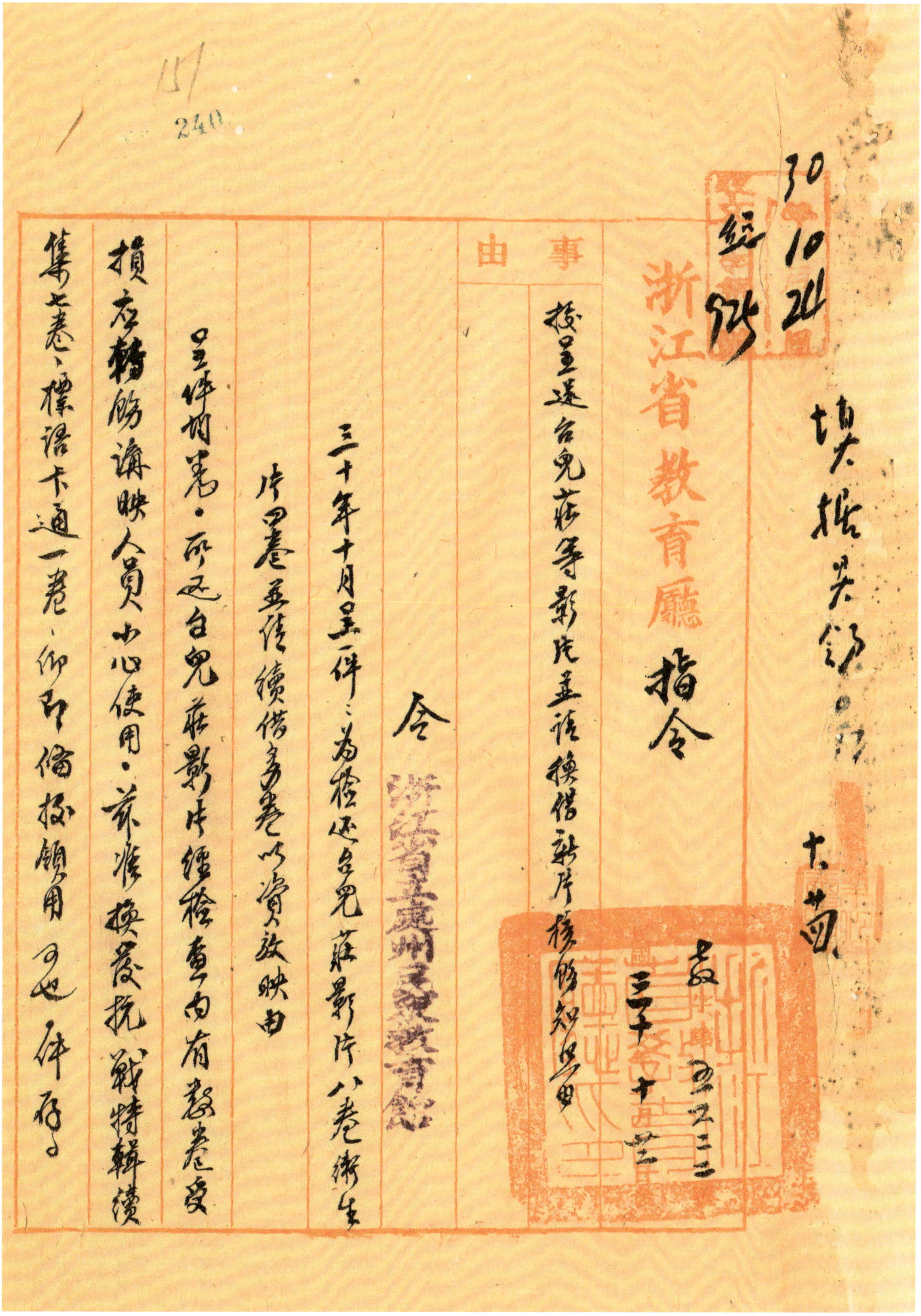
浙江省教育廳 指令

事由：據呈送台兒莊等影片並請換借新片核飭知照由

三十年十月廿二日

令 浙江省立處州民衆教育館

三十年十月呈一件：為檢送台兒莊影片八卷、衛生片四卷並請續借多卷以資放映由

呈件均悉。所送台兒莊影片經檢查內有數卷受損，應轉飭該館放映人員小心使用。茲准換發抗戰特輯續集七卷、標語卡通一卷，仰即備據領用可也。件存。

此令。

廳長 許紹棣

校對莊泰觀
監印曹寶圖

浙江省教育厅关于转发中央无线电器材厂与各省电化教育机关合作办法致浙江省立处州民众教育馆的训令
（一九四一年十一月七日）

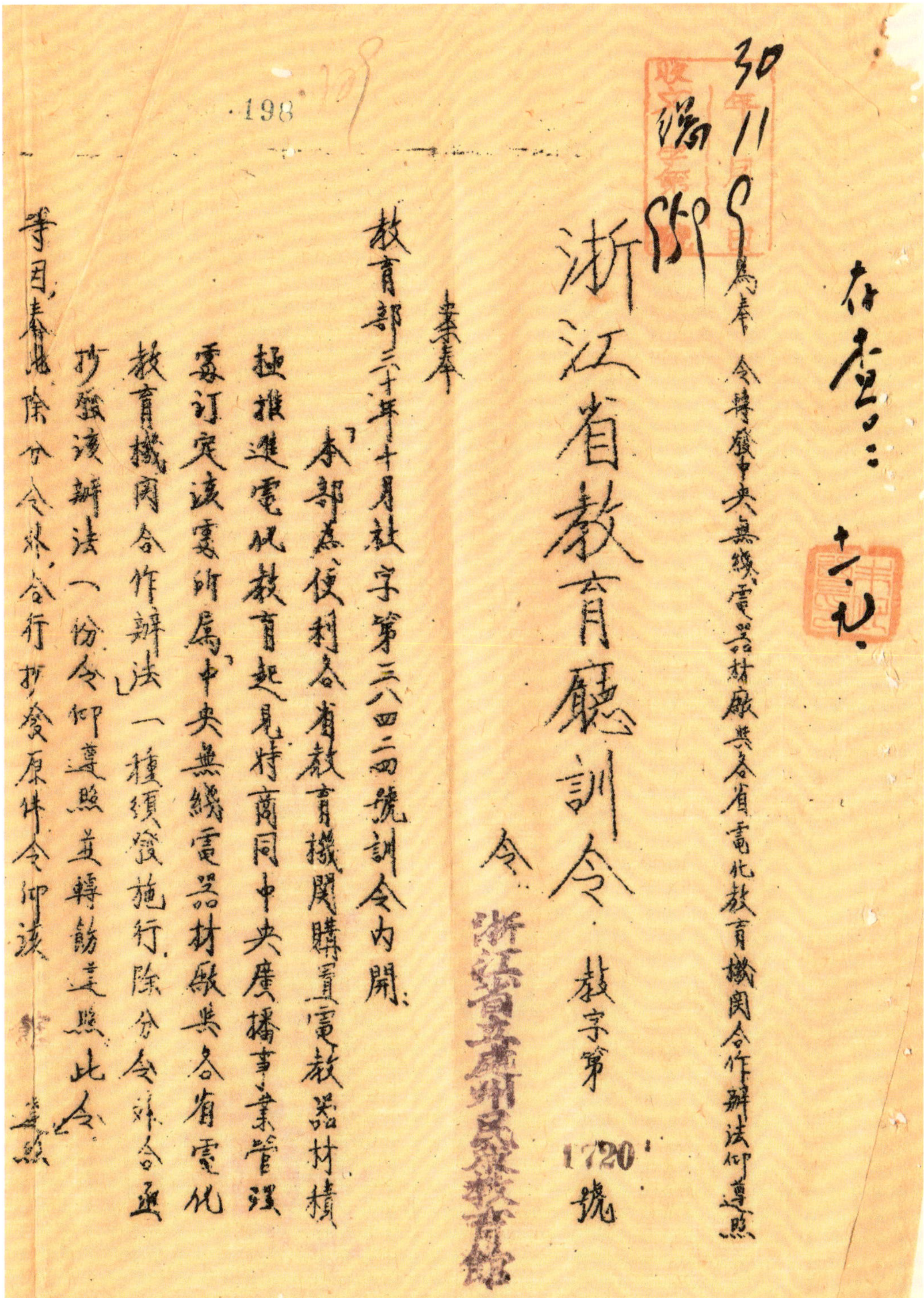

存查 十一．九．

30/11/9

198

浙江省教育廳訓令　教字第1720號

為奉令轉發中央無線電器材廠與各省電化教育機關合作辦法仰遵照

令浙江省立處州民衆教育館

案奉

教育部三十年十月社字第三八四二四號訓令內開：

「本部為便利各省教育機關購置電教器材，積極推進電化教育起見，特商同中央廣播事業管理處訂定該處所屬中央無線電器材廠與各省電化教育機關合作辦法」一種，須發施行，除分令外，合亟抄發該辦法一份，令仰遵照並轉飭遵照。此令。

等因，奉此，除分令外，合行抄發原件，令仰該館遵照。

咨

附件如文

廳長 許紹棣

浙江省教育廳之印

中華民國三十年十一月 日

校對莊泰觀
監印曹寶圖

中央無線電器材廠與各省電化教育機關合作辦法

第一條 本廠為提倡電化教育推廣無線電事業起見特訂定本辦法

第二條 各省電化教育機關得呈請其上級主管機關函本廠介紹與其合作其合作之範圍如下：

甲、技術問題之諮詢事項。

乙、技術人員之實習事項。

丙、無線電收音機及其零件材料之分配事項。

第三條 各省電化教育機關對於無線電技術如有疑難問題得函本廠詢問本廠當就所知予以解答凡本廠有需各省電化教育機關解答之技術問題亦得函請其答覆。

第四條 各省電化教育機關得派技術人員在本廠實習人員之學歷標準實習期限及其他有關實習之各項問題由各該機關函本廠商定之。

第五條 各省電化教育機關得在其省境內代本廠分配無線電收音機及其零件材料等以便利各該地之用戶

第六條 各省電化教育機關得視需要函請本廠供給機件材料每批以不超過國幣兩萬元為限取貨時應先付貨款至少百分之五十餘款須由各該主管上級機關函本廠担保在一定期限內付清

第七條 各省電化教育機關請發貨品之種類及數量本廠得視存貨及產銷情形變更之

第八條　本廠發貨之價格係在廠內交貨之價，其一切運輸保險等費由各該机関自理或由本廠代付按實狀還。

第九條　本廠按照定價予各該机関百分之十之折扣為其經手費用，此外不給其他費用。

第十條、各該機関於約定之期限內應將欠款全部滙交本廠，並得照第六條之規定繼續請求發貨，在上批貨款未經付清以前，除有特殊原因經得本廠認可者外，本廠當拒絕發貨。

第十一條　各該机関非經本廠委託不得代本廠處理本辦法規定以外之任何其他事項。

第十二條　本辦法有未盡事宜得隨時呈請修正之。

第十三條　本辦法自呈奉核准之日起施行。

浙江省教育厅关于同意派员到厅实习放映电影事致浙江省立处州民众教育馆的指令

（一九四一年十二月十六日）

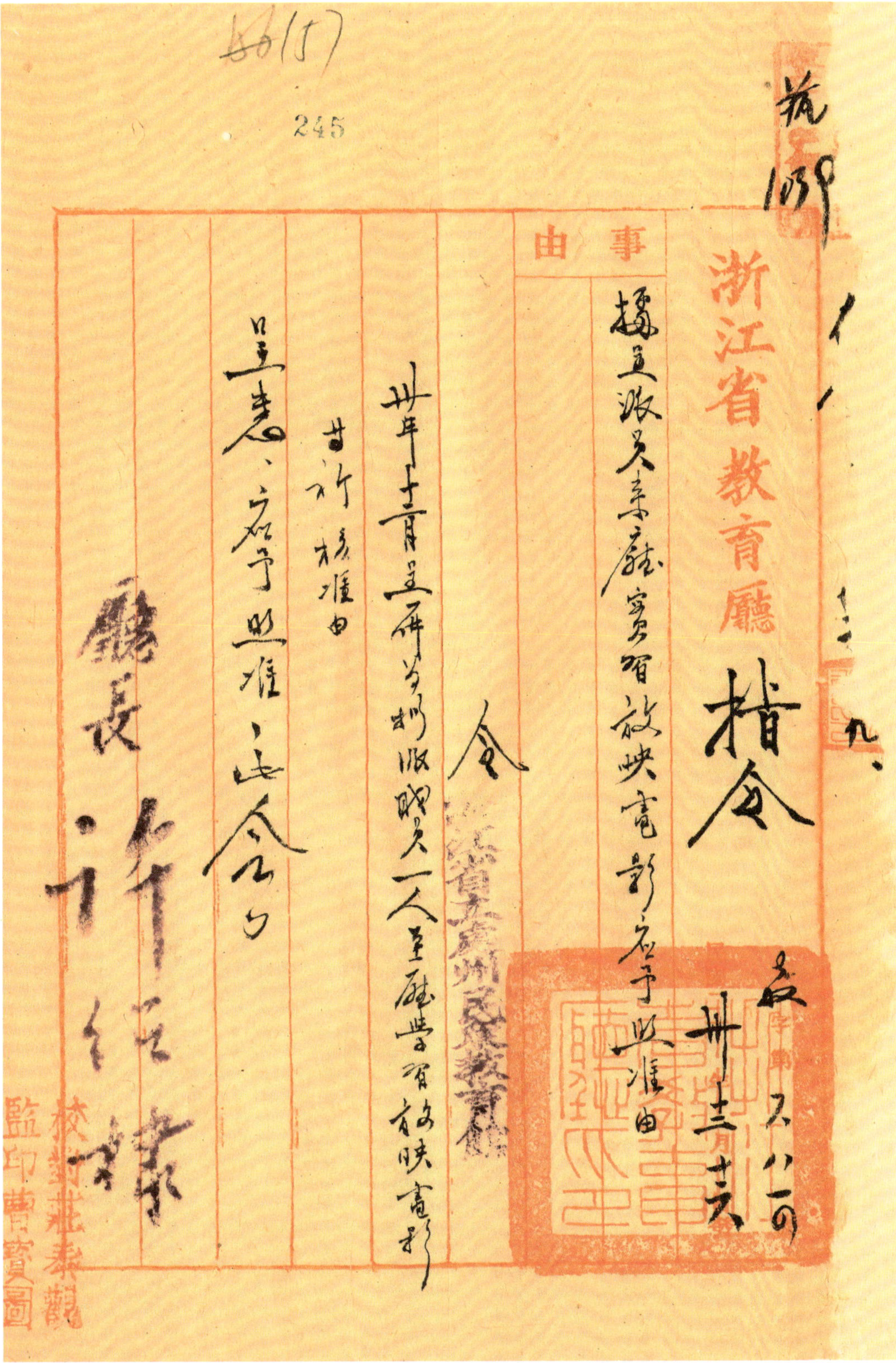
浙江省教育廳

指令

事由

據呈派員來廳實習放映電影應予照准由

令

卅年十二月呈一件，為擬派職員一人至廳實習放映電影由

呈悉。應予照准。此令。

廳長 許紹棣

卅年十二月十六日

浙江省立处州民众教育馆关于归还影片事致浙江省教育厅电教服务处的便函（一九四二年一月十二日）

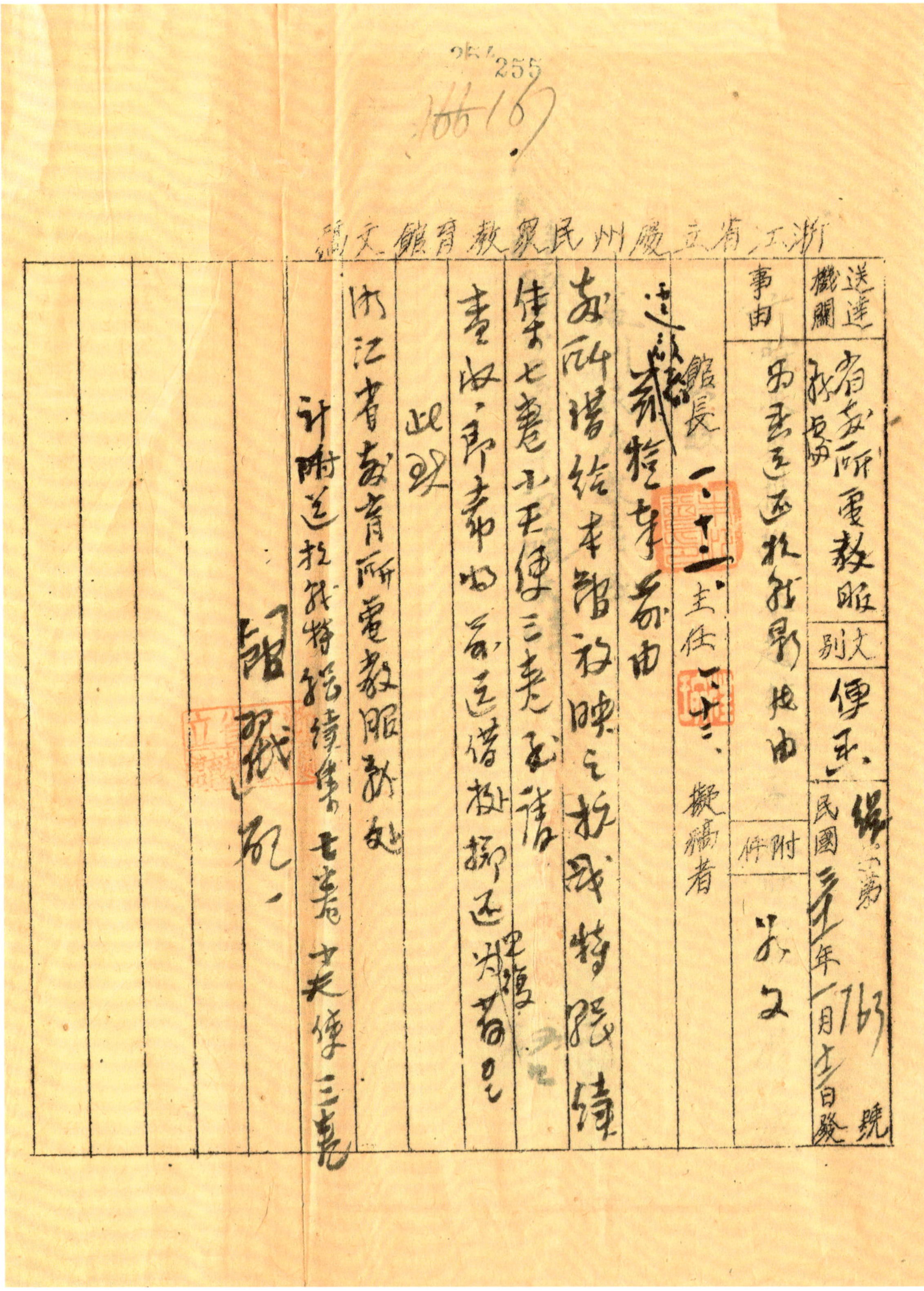
浙江省立處州民眾教育館文稿

送達機關	省教所電教服務處
事由	為奉還抗戰影片由
文別	便函
字號	總字第163號 民國三十一年一月十二日發
附件	如文

館長（簽名）一、十二 主任（簽名）一、十二 擬稿者

逕啟者：茲檢奉 貴所借給本館放映之抗戰特輯續集七卷、五千呎、三套，至請查收，即希蓋章連借據擲還為荷。此致

浙江省教育所電教服務處

計附送抗戰特輯續集七卷、五千呎、三套

館戳 一

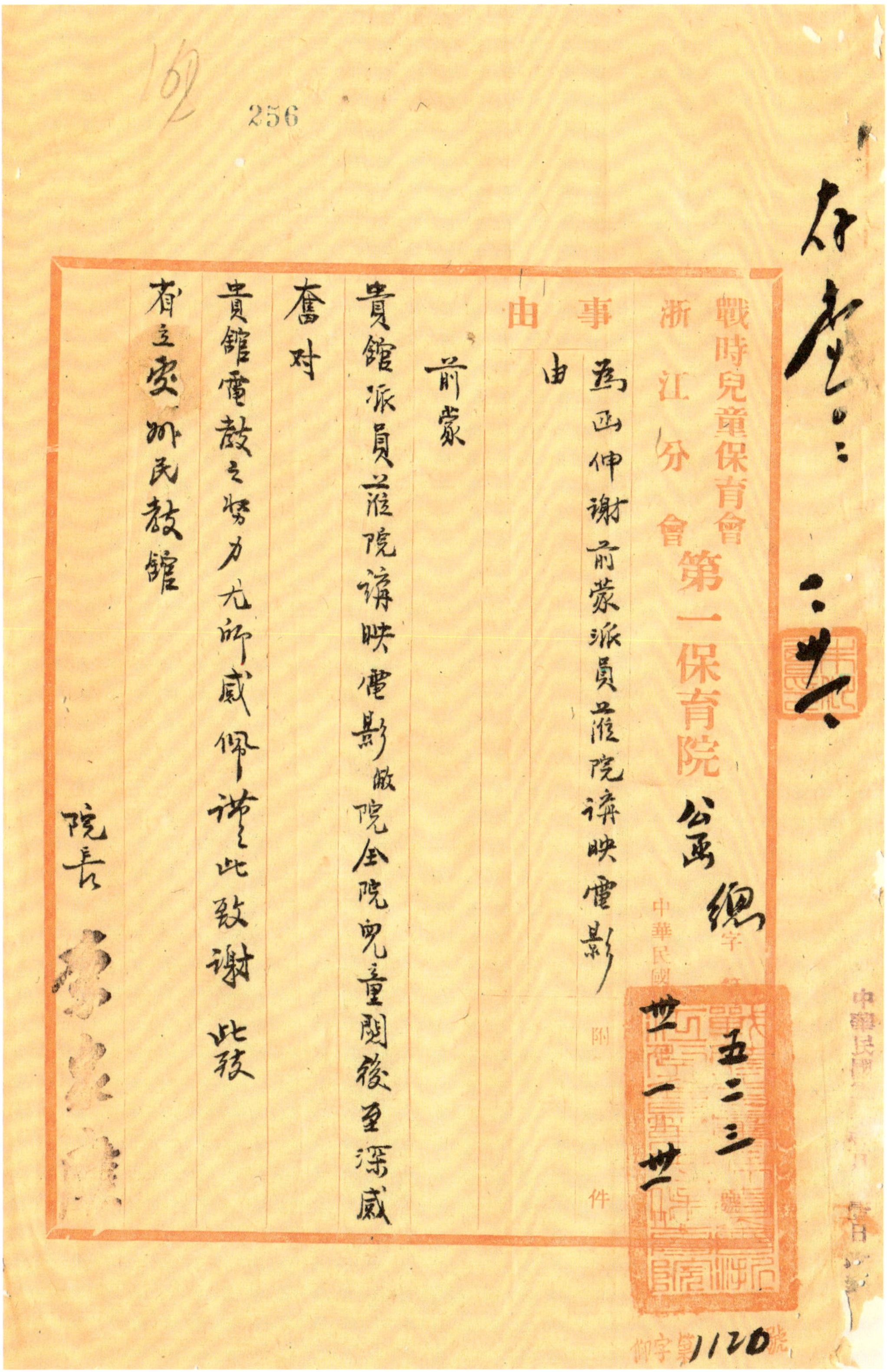

戰時兒童保育會浙江分會第一保育院 公函 總字第五二三號

事由：為函伸謝前蒙派員蒞院講映電影由

附件

中華民國卅一年一月卅一日

前蒙

貴館派員蒞院講映電影，敝院全院兒童閱後至深感奮。對

貴館電教之努力，尤所感佩。謹此致謝。此致

省立處州民教館

院長 [illegible]

存查 二.六

戰时儿童保育会浙江分会第一保育院关于感谢派遣职员为全院儿童讲映电影致浙江省立处州民众教育馆的公函（一九四二年一月三十一日）

浙江省工业改进所乡村工业实验处关于洽请定期派员前来放映电影事致浙江省立处州民众教育馆的公函

（一九四二年三月二十日）

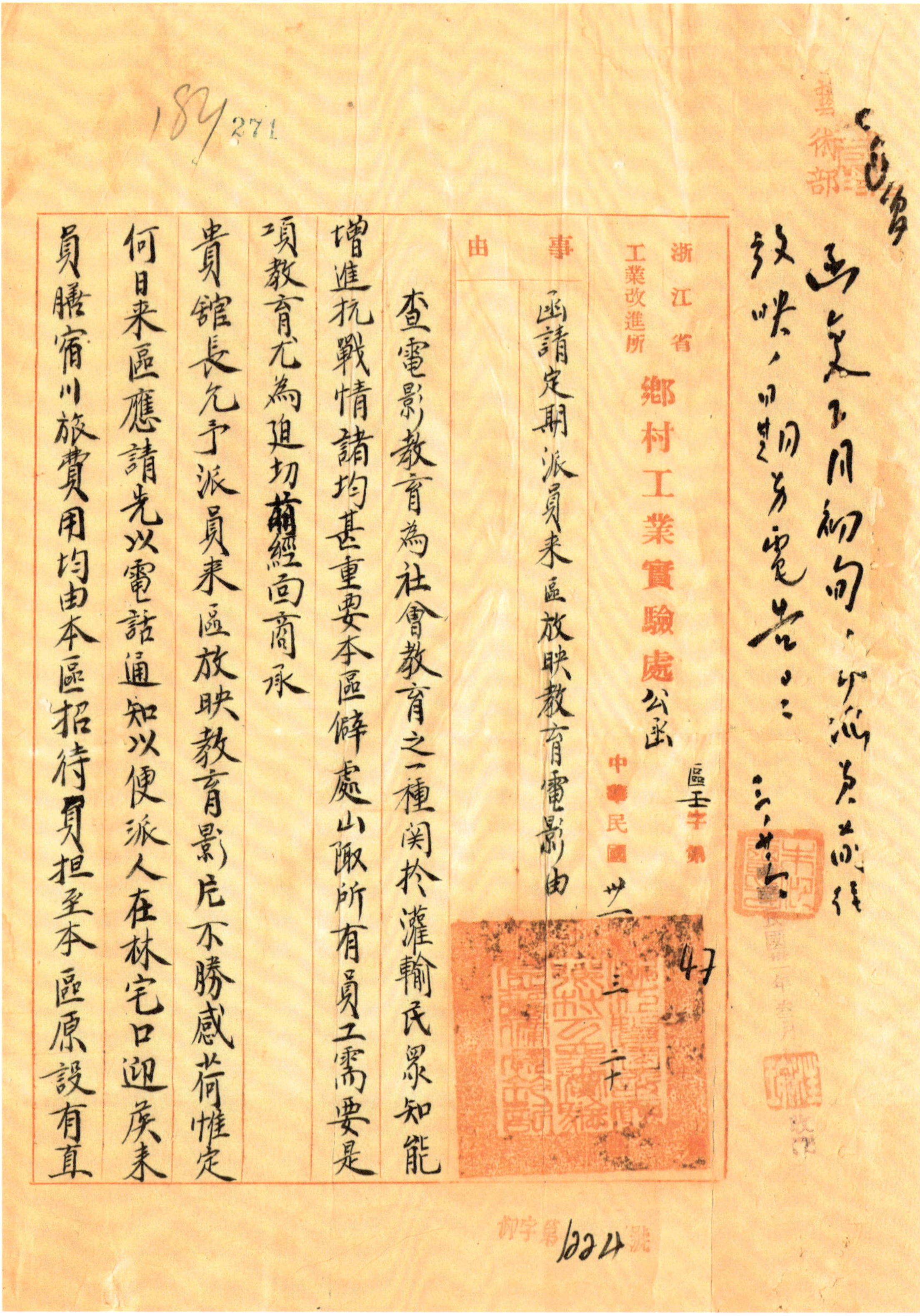
184 271

函复五月初旬派员前往放映，日期另电告

浙江省工業改進所 鄉村工業實驗處 公函

區壬字第 號

中華民國卅一年三月二十日

事由：函請定期派員来區放映教育電影由

查電影教育為社會教育之一種，關於灌輸民眾知能，增進抗戰情緒均甚重要，本區僻處山陬，所有員工需要是項教育尤為迫切，爰經函商，承貴館長允予派員来區放映教育影片，不勝感荷，惟定何日来區，應請先以電話通知，以便派人在林宅口迎侯，来員膳宿川旅費用均由本區招待負担，至本區原設有直

47

初字第1224號

流電机未識合用否如不合用并請自備以利進行相應
函達即希
查照爲荷　此致
浙江省立民衆教育館
兼主任　潘一塵

浙江省教育厅关于补发电影教育巡回施教队经费事致浙江省立处州民众教育馆的训令（一九四二年四月一日）

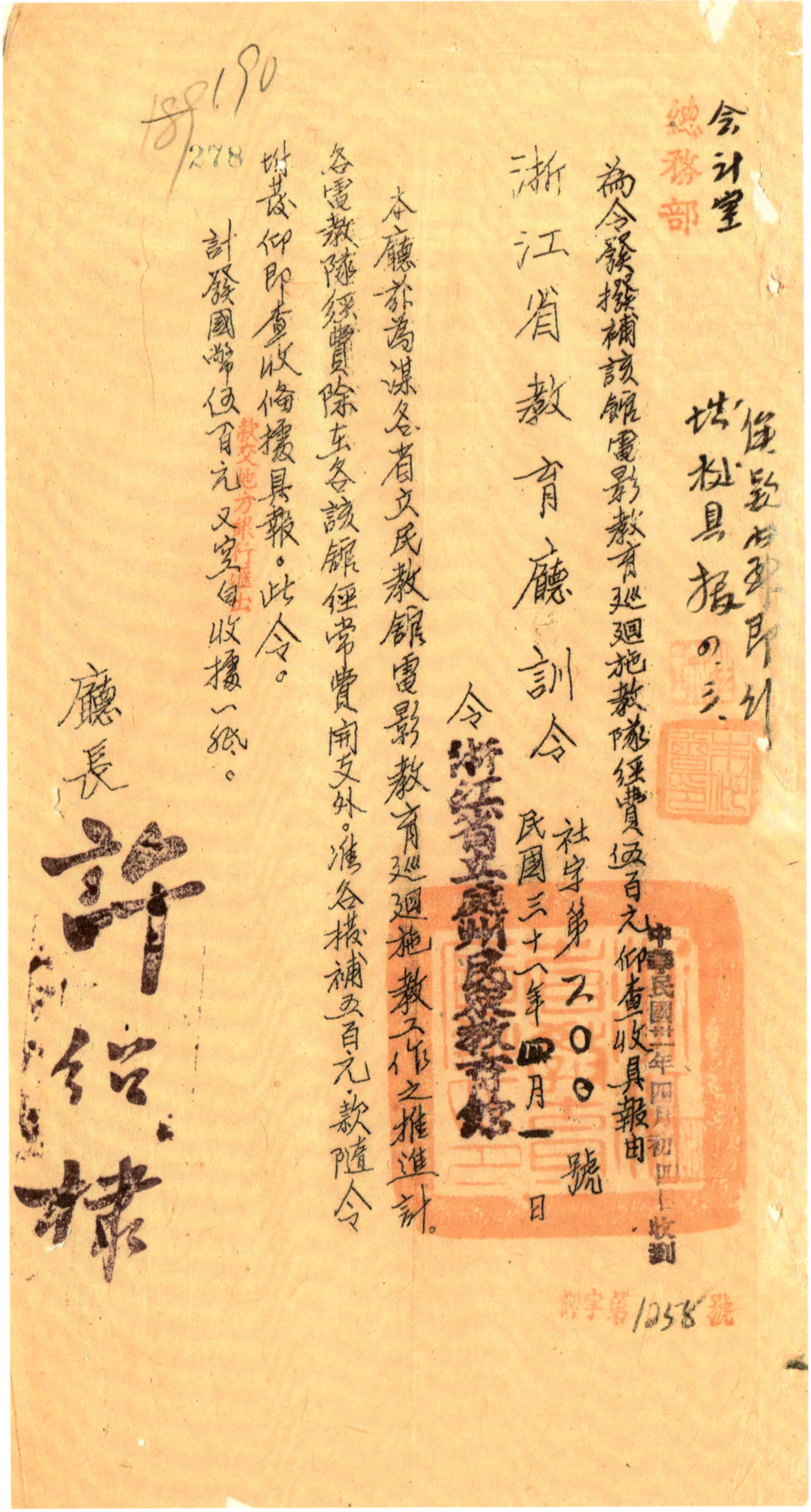
會計室
總務部
浙江省教育廳訓令
社字第二〇〇〇號
民國三十一年四月一日
令浙江省立處州民衆教育館
為令發撥補該館電影教育巡迴施教隊經費伍百元仰查收具報由
本廳前為謀各省立民教館電影教育巡迴施教工作之推進計，各電教隊經費除由各該館經常費開支外，准各撥補五百元，款隨令附發，仰即查收備據具報。此令。
計發國幣伍百元又空白收據一紙。
款交地方銀行匯出
廳長 許紹棣
中華民國卅一年四月初四日收到
收字第1258號

浙江省教育厅电教服务处关于借调影片及分赠接片水事致浙江省立处州民众教育馆的公函
（一九四二年五月二日）

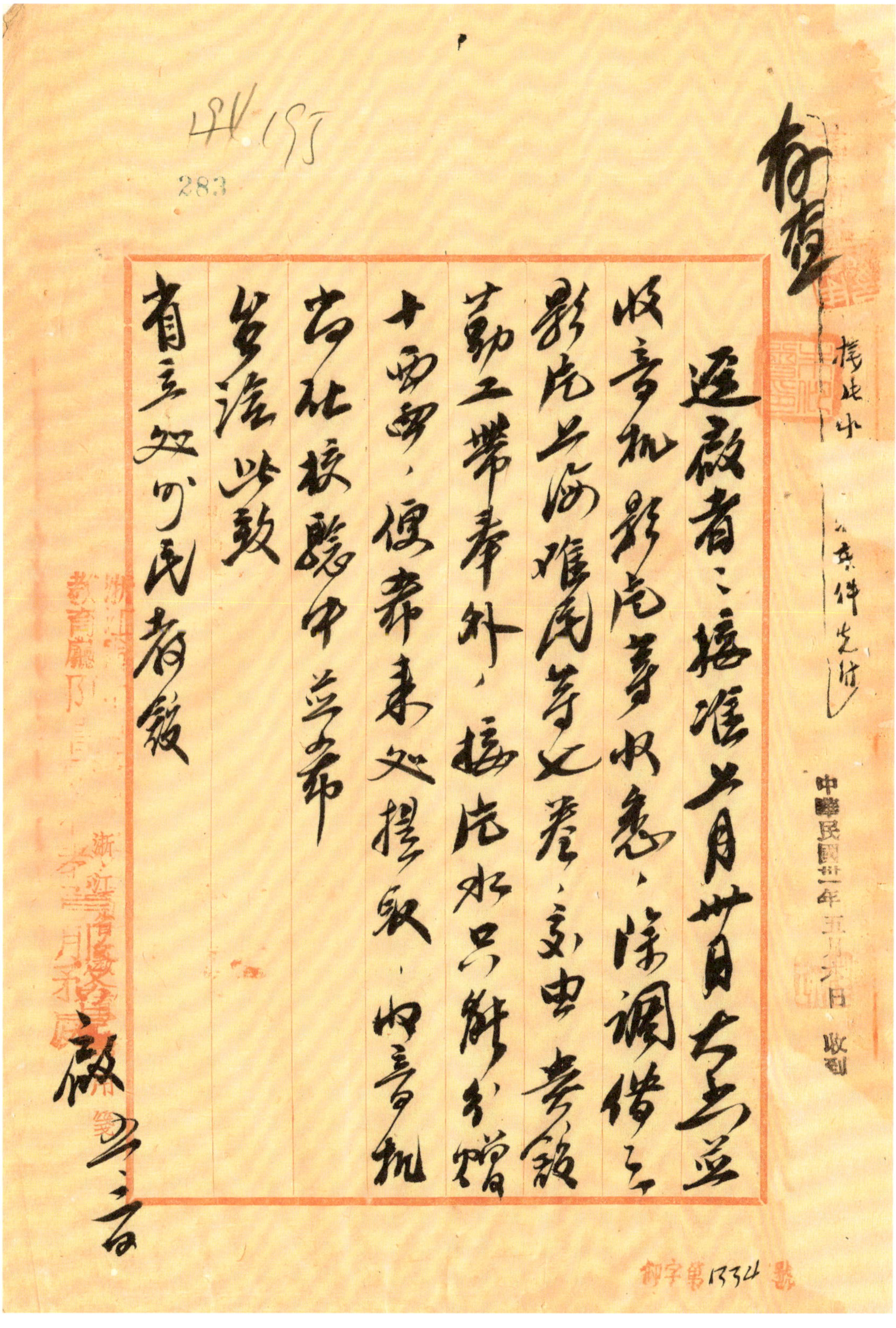
存查

逕啟者：接准上月廿日大函並收音機影片等收悉，除調借之影片上海難民等兩卷，交由貴館勸工帶奉外，接片水只能分贈十兩卯，便乞來處提取，收音機尚在校驗中，並希
台詧爲荷。此致
省立處州民教館
浙江省教育廳電教服務處 啟 五、二

中華民國卅一年五月　日收到

衛字第1334號

（二）举办战利品展览

第三战区司令长官部、浙江省立处州民众教育馆关于检送战利品事宜的来往代电
（一九四〇年八月二十一日至二十二日）

第三战区司令长官部致浙江省立处州民众教育馆的代电（一九四〇年八月二十一日收）

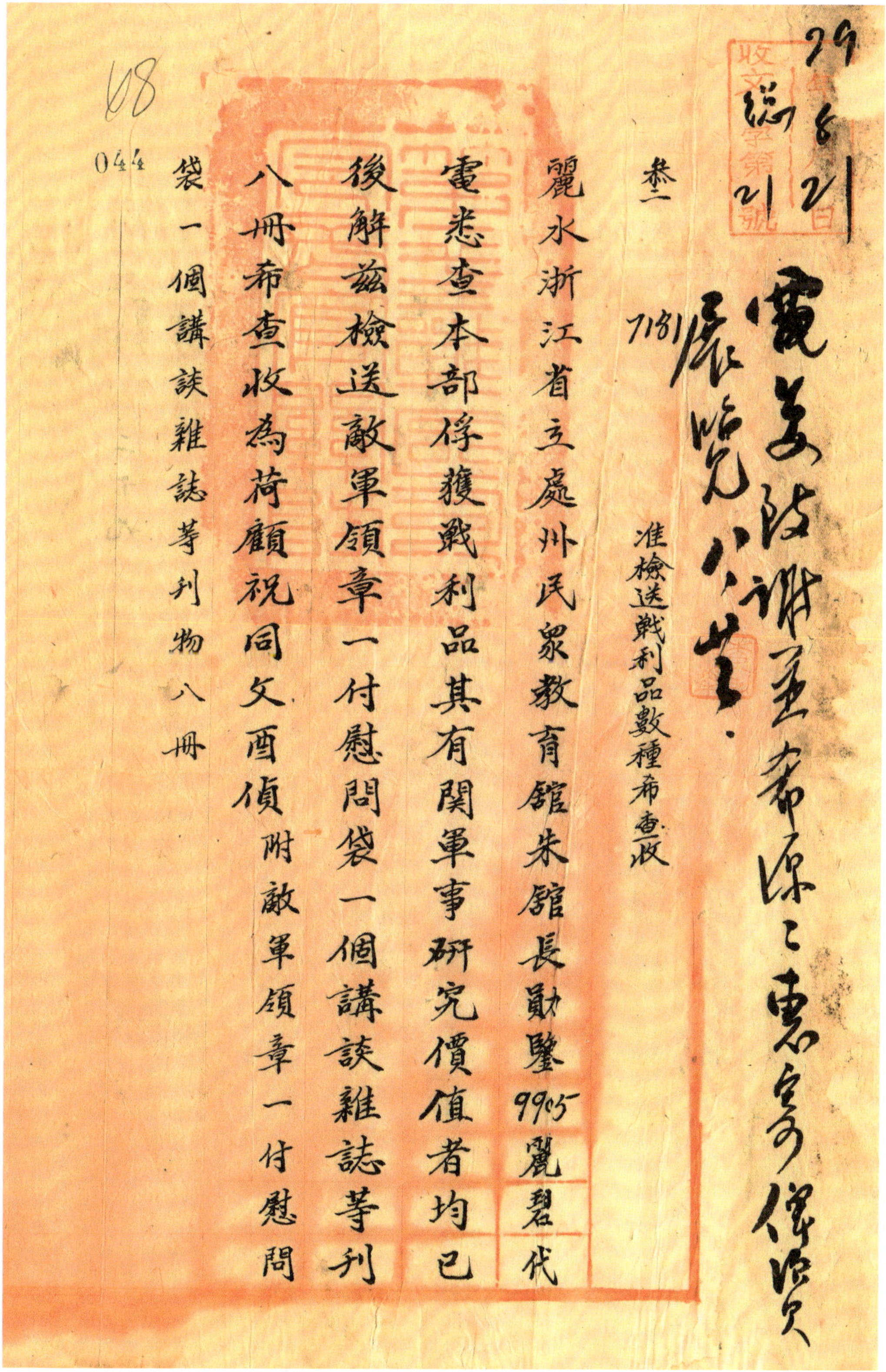
29 8 21
收文 總字第 21 號
覆姜函謝並希源源惠寄俾資展覽 八廿
叁一
7181
准檢送戰利品數種希查收
麗水浙江省立處州民衆教育館朱館長勛鑒 9905 麗碧代
電悉查本部俘獲戰利品其有關軍事研究價值者均已
後解茲檢送敵軍領章一付慰問袋一個講談雜誌等刊
八冊希查收為荷顧祝同文酉偵 附敵軍領章一付慰問
袋一個講談雜誌等刊物八冊
068
044

浙江省立处州民众教育馆致第三战区司令长官部的代电（一九四〇年八月二十二日）

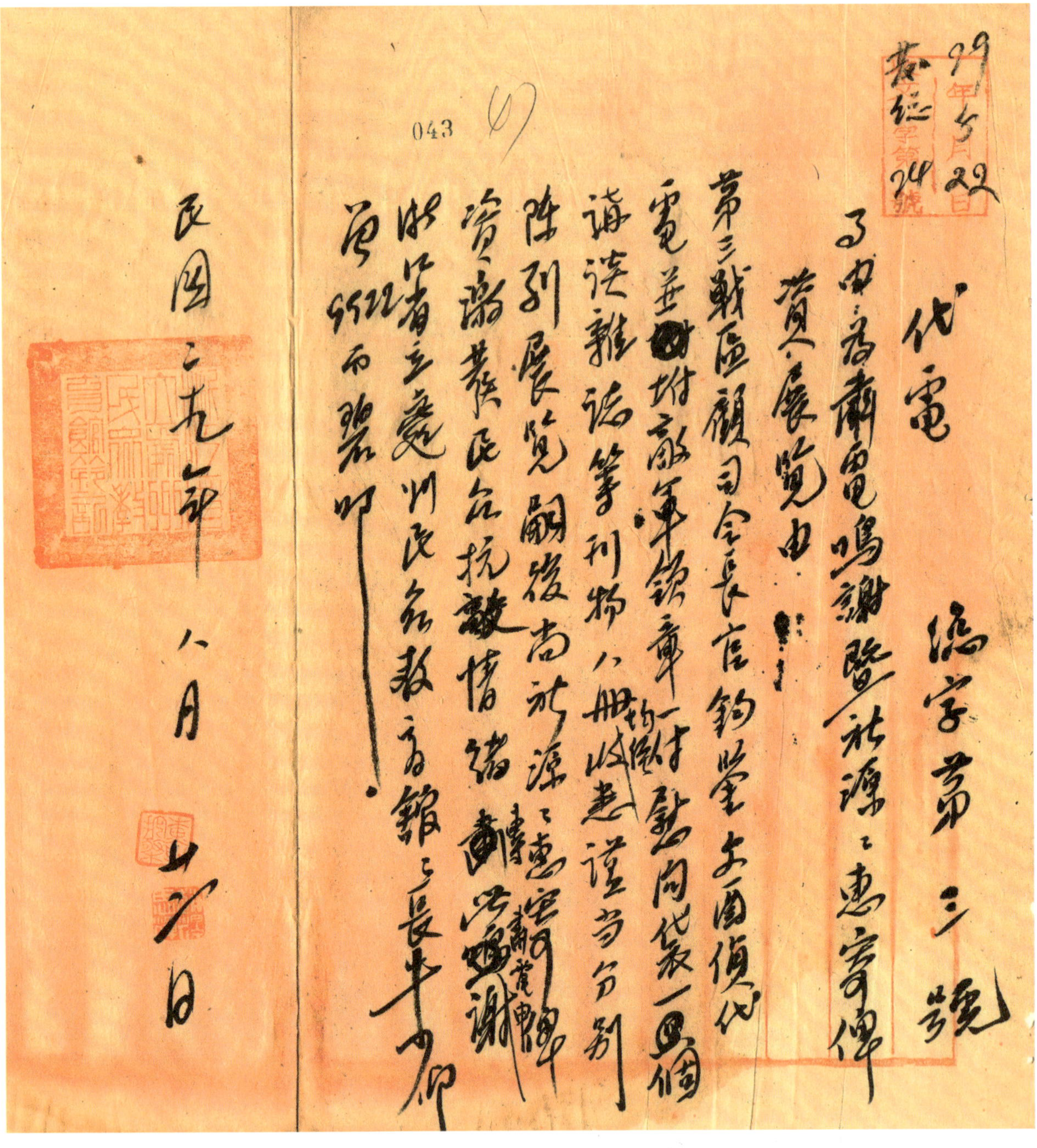

[illegible]总字第24号 29年5月22日

代电 总字第三号

事由：为[illegible]电鸣谢暨祈源源惠寄俾资展览由

第三战区顾司令长官钧鉴：[illegible]代电并[illegible]附敌军锦章一件、[illegible]向代表一[illegible]、[illegible]杂志等刊物八册均经收悉，谨当分别陈列展览，嗣后尚祈源源惠寄，俾资激发民众抗敌情绪，[illegible]谢。浙江省立处州民众教育馆馆长[illegible]叩。[illegible]

民国二十九年八月廿二日

浙江省教育厅关于发给中小学生自制飞机及高射炮模型供陈列展览致浙江省立处州民众教育馆的训令
（一九四〇年十二月二十三日）

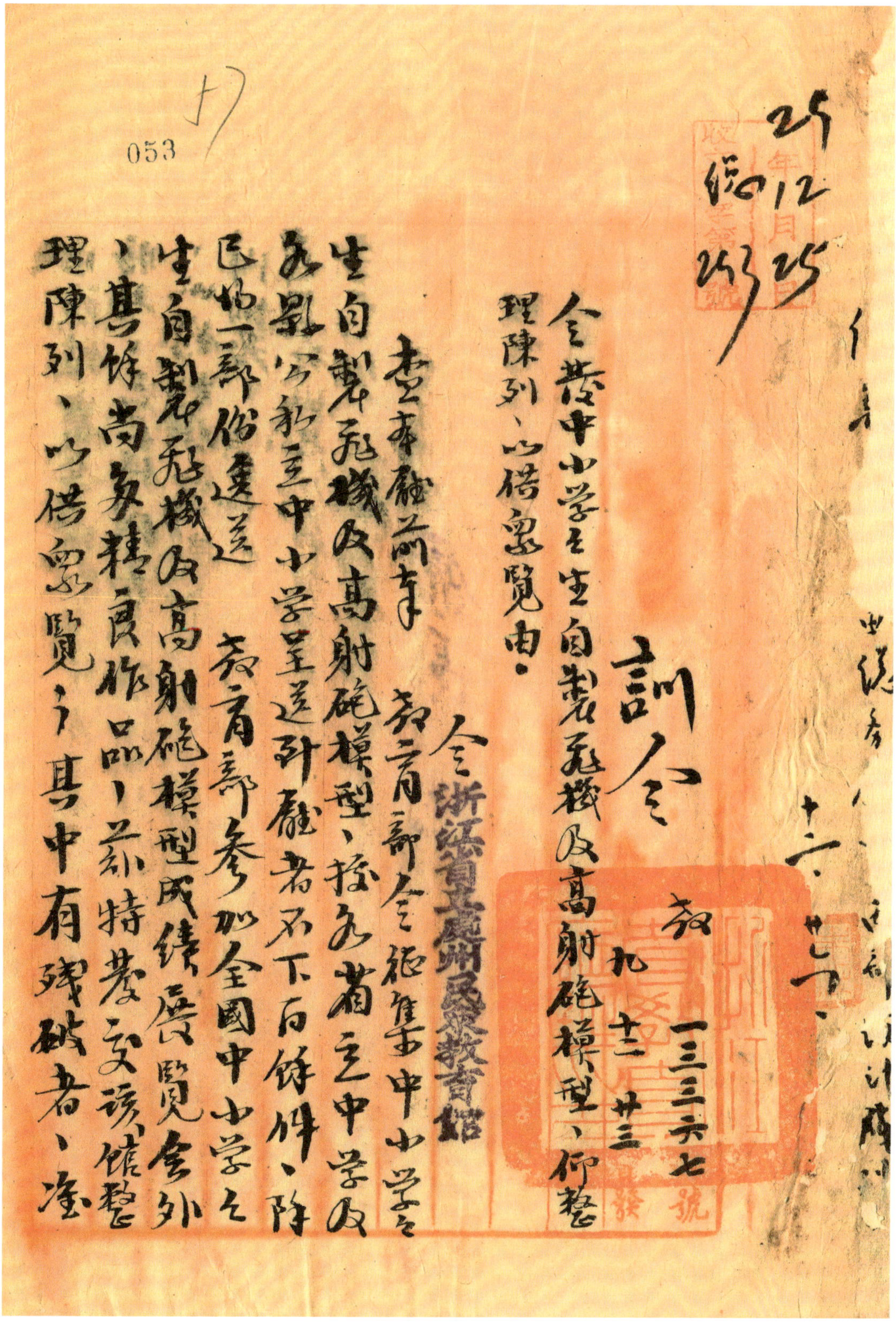

由該館審查改刷畫、其有說明不全或標簽失脫者，應一併代為添註或掉換，俾使整潔美觀、以增加觀眾對於防空之知識與研究之興趣。件冊卷。此令。

計冊卷飛機模型八二件、高射砲模型四三件（計分裝十一箱）（另寄）

廳長 許紹棣

浙江省立处州民众教育馆、第三战区司令长官部关于请赠敌机残骸供展览事宜的来往快邮代电（一九四一年二月四日至十四日）

浙江省立处州民众教育馆致第三战区司令长官部的快邮代电（一九四一年二月四日）

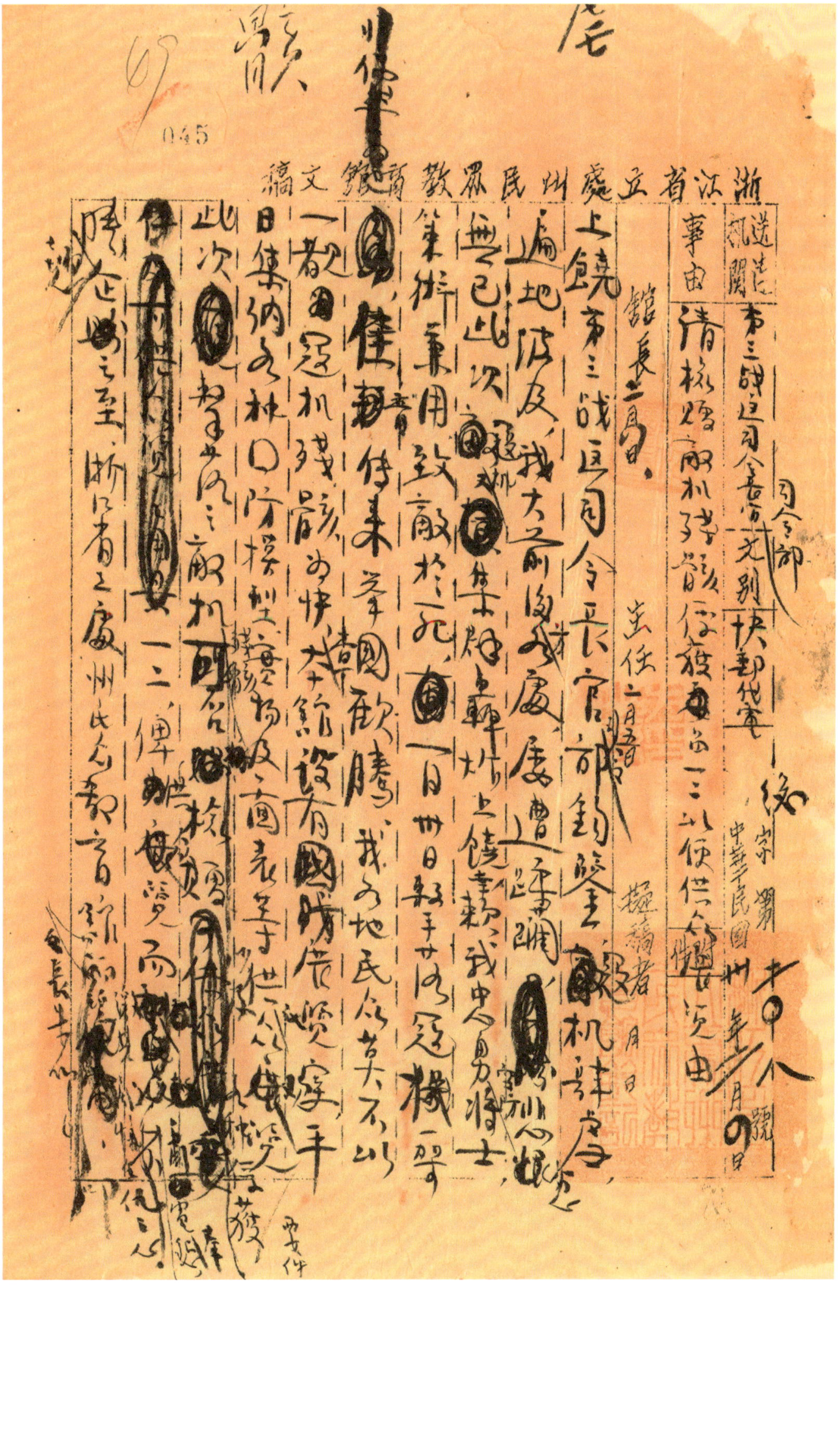
浙江省立處州民衆教育館稿文

第三战区司令长官部致浙江省立处州民众教育馆的快邮代电（一九四一年二月十四日）

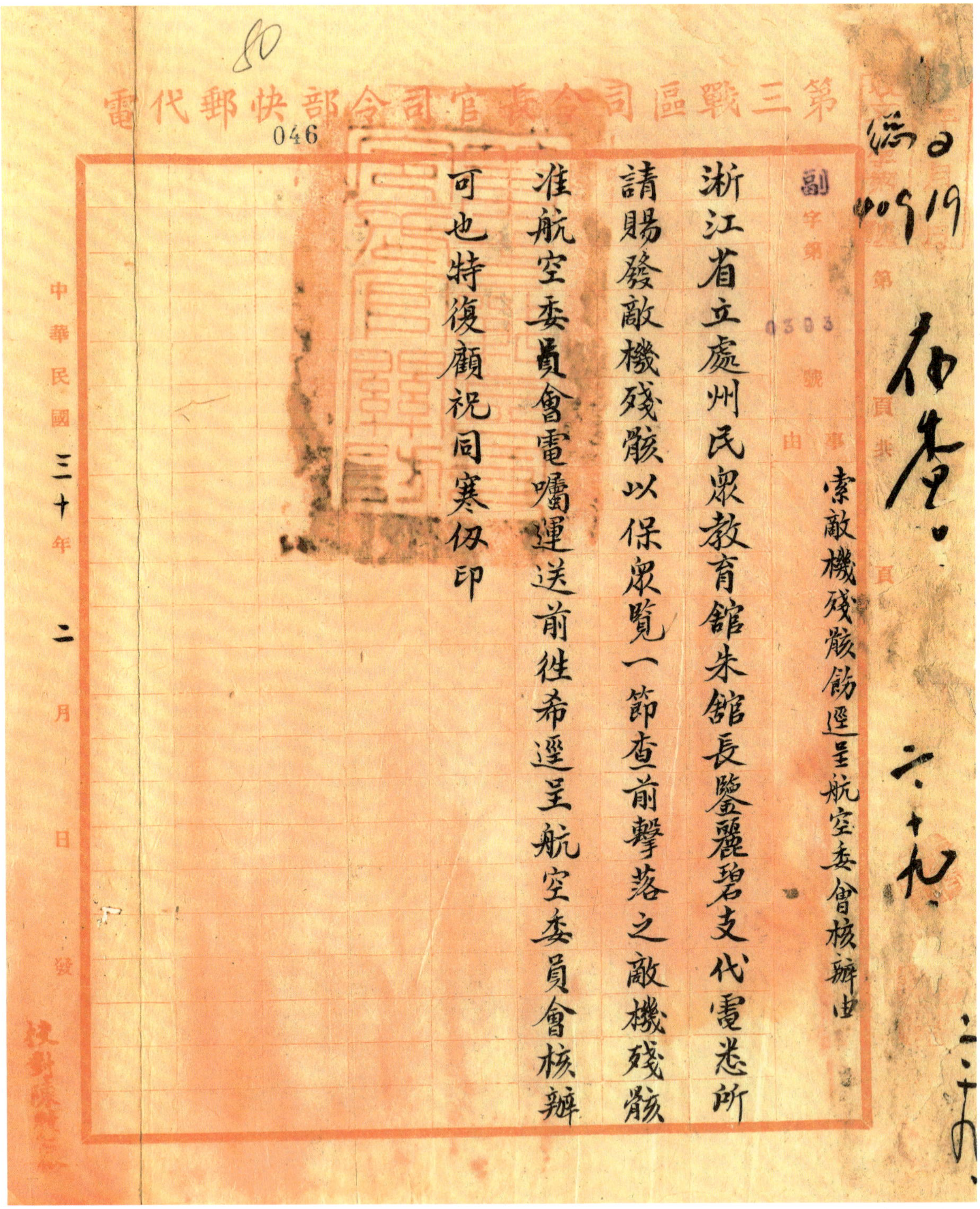

第三戰區司令長官部快郵代電

046

副字第 0383 號

事由：索敵機殘骸飭逕呈航空委會核辦由

浙江省立處州民衆教育館朱館長鑒麗碧支代電悉所
請賜發敵機殘骸以保衆覽一節查前擊落之敵機殘骸
准航空委員會電囑運送前往希逕呈航空委員會核辦
可也特復顧祝同寒仍印

中華民國三十年二月 日發

浙江省政府关于同意暂借战利品陈列事致浙江省立处州民众教育馆的快邮代电（一九四一年三月二十三日）

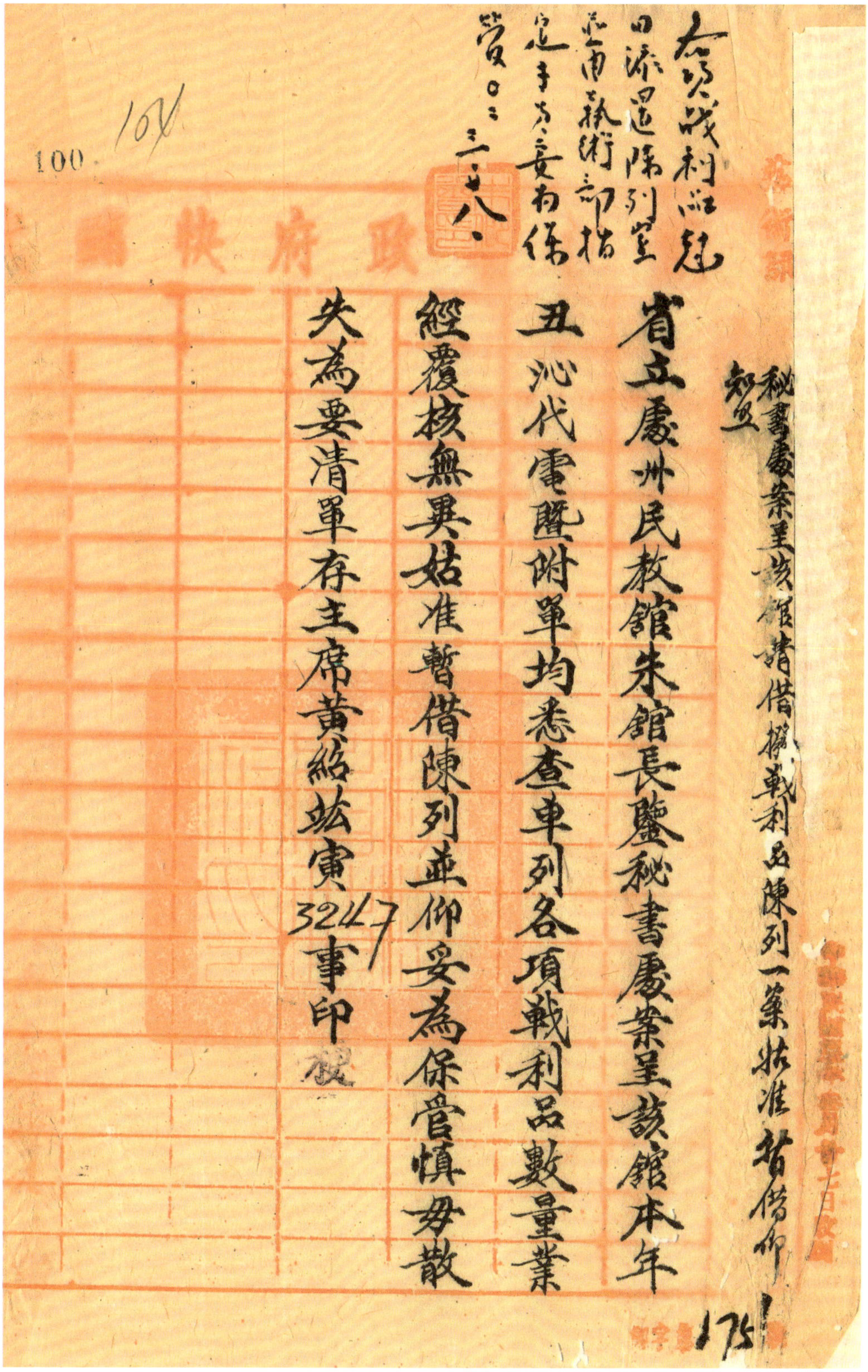

秘書處案呈該館請借撥戰利品陳列一案擬准暫借仰

知照

省立處州民教館朱館長鑒秘書處案呈該館本年丑沁代電暨附單均悉查單列各項戰利品數量業經覆核無異姑准暫借陳列並仰妥為保管慎毋散失為要清單存主席黃紹竑寅（3247）事印

附一：战利品清单

102

098

戰利品清單

名称	數量	備註
煙彈	一顆	
降落傘托	一个	
降落傘	一把	
机槍	一支	
鋼帽	一頂	
×C心无味付罐詰	一罐	
手擲弹	一顆	
九二式步槍乙种 藥色	一只	

書	一本
千人針	一条
汽球	一个
畫间信号弹	一顆
汽艇	一只
净水剂	一匣
御守	一摺
和共友共旗	一面
歌曲	一件
慰问袋	二只

163

099

名称	數量	備註
太陽旗	三面	
軍隊歸来旗	二件	
像片	一張	
机槍子彈	二顆	
大炮彈	一顆	

101

戰利品陳列室陳列物品清單

名稱	數量	名稱	數量
五色旗	二面	炸彈壳	二壳
日本旗	三面	三八式步槍	一枝
降落傘背囊	一隻	刺刀	一把
降落傘	一頂	指揮刀	一把
橡皮艇	一隻	手提机槍	一挺
空中汽球	一隻	千人縫	一塊
鋼盔	一頂	照片	十六張
延期性炸彈	一顆	慰问袋	一二隻
軍用罐	一把	敌僞標語等	十張

照明弹壳 一隻 偽章则 の張
烟幕弹 二顆 偽系统表 三頁
罐頭食品 一罐 敌偽文告 三張
遠距离畫向信號筒 一個 偽派令 六張
烟幕罐 一個 偽佈告 一張
手榴弹 一個 敌宣傳畫 三張
机槍子弹夾 三片 敌司令部佈告 一張
小型炮弹 三顆 敌通告 四張
炮弹 一顆 大東亜共荣圈物質与建設 一張
小鋼炮弹 一顆 大東亜[illegible]軍我[illegible] 一張
炮弹壳 一個 偽告示 二張

166

日本司令部所發之宣傳佈告[illegible]
全部[illegible]二件

大东亜戦果 一張 敵軍告示 一張
敵偽時事照片 三張 敵軍宣傳画 一張
防毒面具 二副 防毒表 一套
皮套鞋 一双 軍隊歸来証 二本
人名簿 一本 敵軍符號 一張
敵軍郵便 一張 俸給支拂記票 一本
勅諭寫 一本 女性流被×× 一本
御神像 一張 和平反共国旗 一面

以上共計 壹佰弐拾件

保管人 邱心怡

五月十四日調查

浙江省立西湖博物馆、浙江省立处州民众教育馆等关于出借战利品和生物标本事宜的文书（一九四一年八月至十月）

浙江省立西湖博物馆致浙江省立处州民众教育馆的信笺（一九四一年八月十七日）

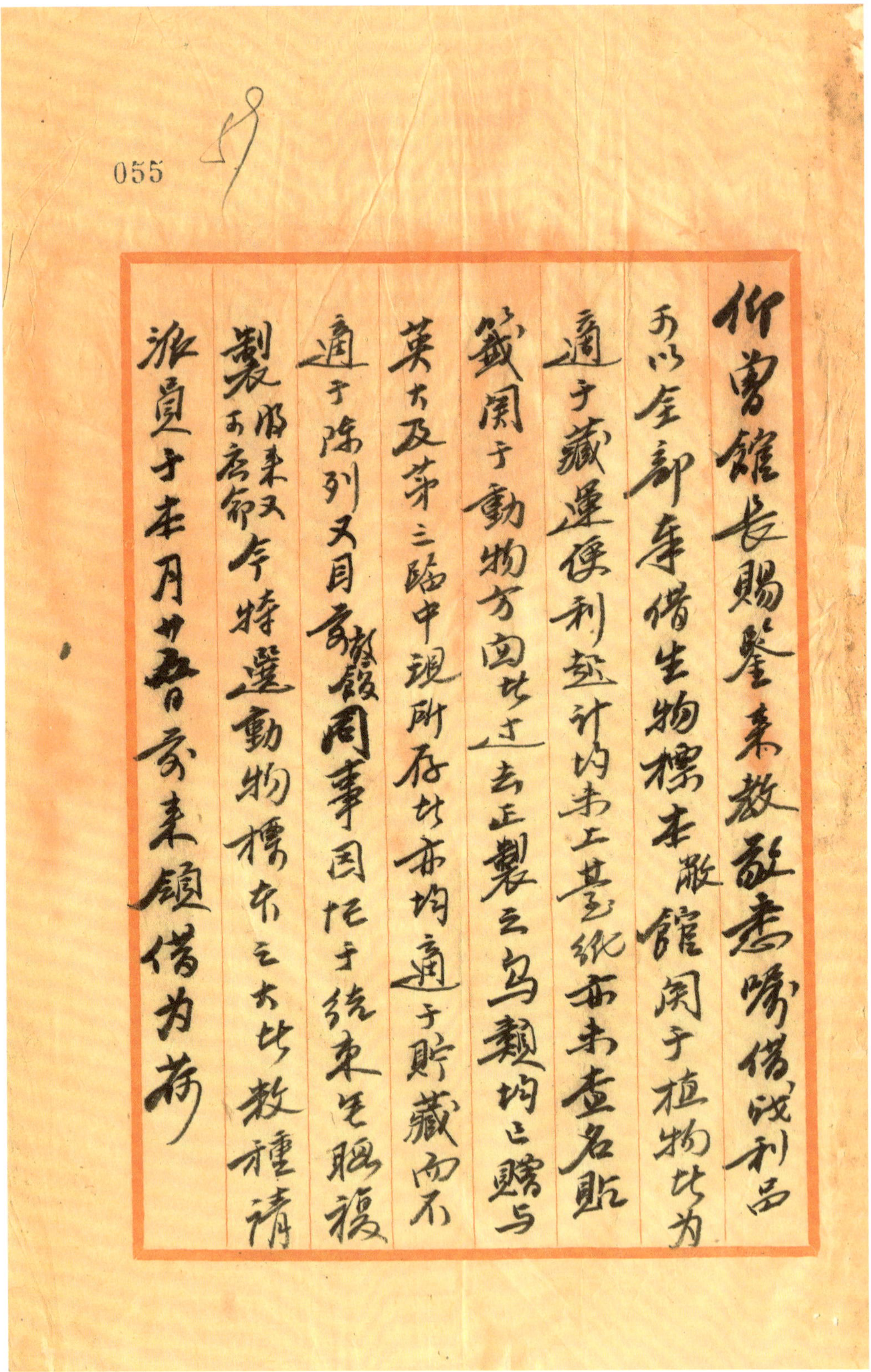
055

衍曾館長賜鑒：來教敬悉。囑借戰利品，亦以全部奉借。生物標本，敝館關于植物者，為適于藏運便利起見，計均未上臺紙，亦未查名貼籤。關于動物方面者，過去正製之鳥類均已贈與英大及第三路中，現所存者亦均適于貯藏而不適于陳列。又目前敝館同事因忙于結束，生態複製頗不容易，今特選動物標本之大者數種，請派員于本月廿五日前來領借為荷。

60

056

啸楼治钟先生：为

贵厂办事一节，曾已询问盐渠，欲回家

乡之心甚切，无意留此服务，未克遵命，

来为歉，尚希鉴谅。顺请

公绥

弟 董事长 谨启

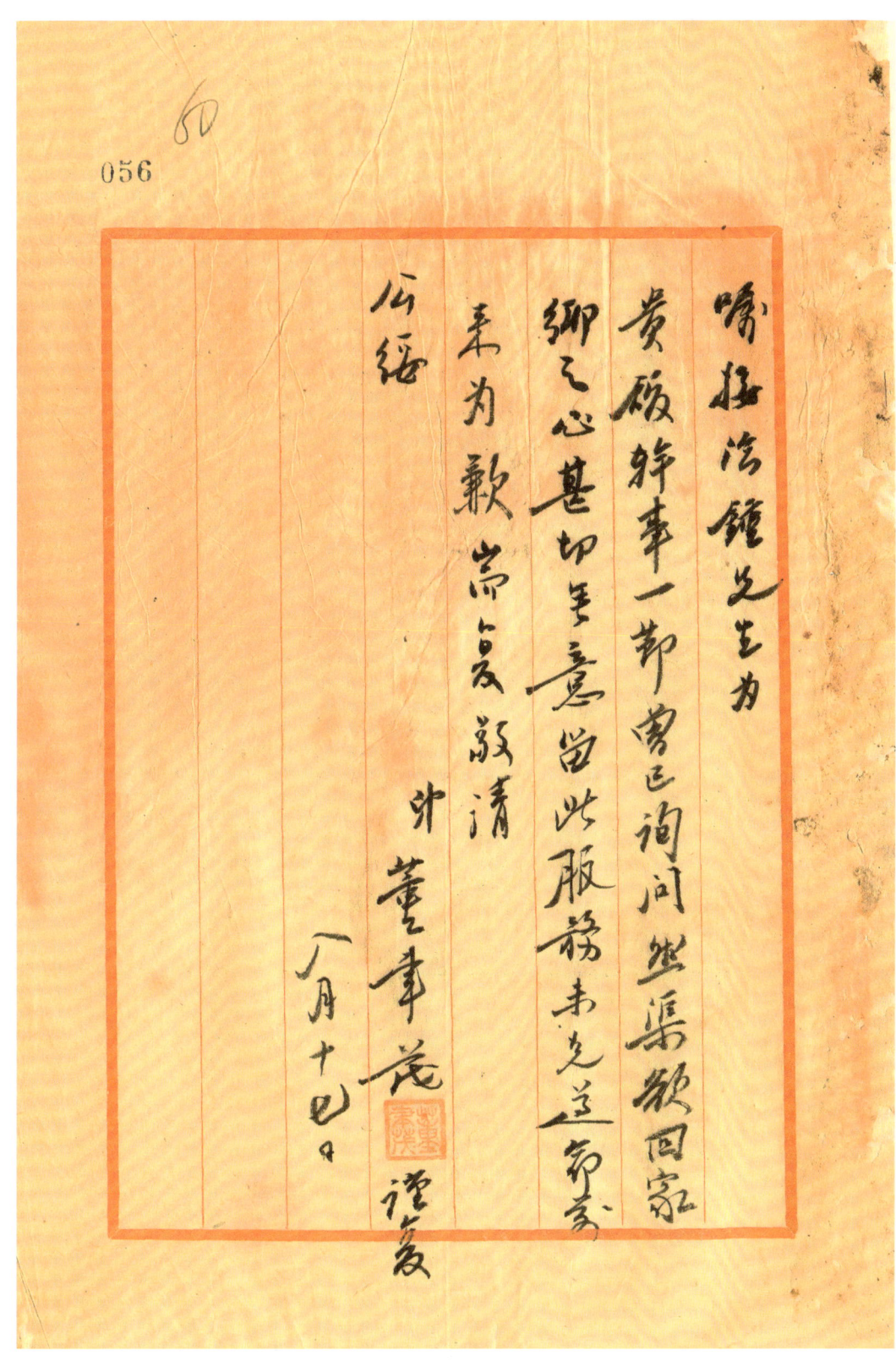

八月十四日

浙江省立处州民众教育馆致浙江省立西湖博物馆的公函（一九四一年八月二十一日）

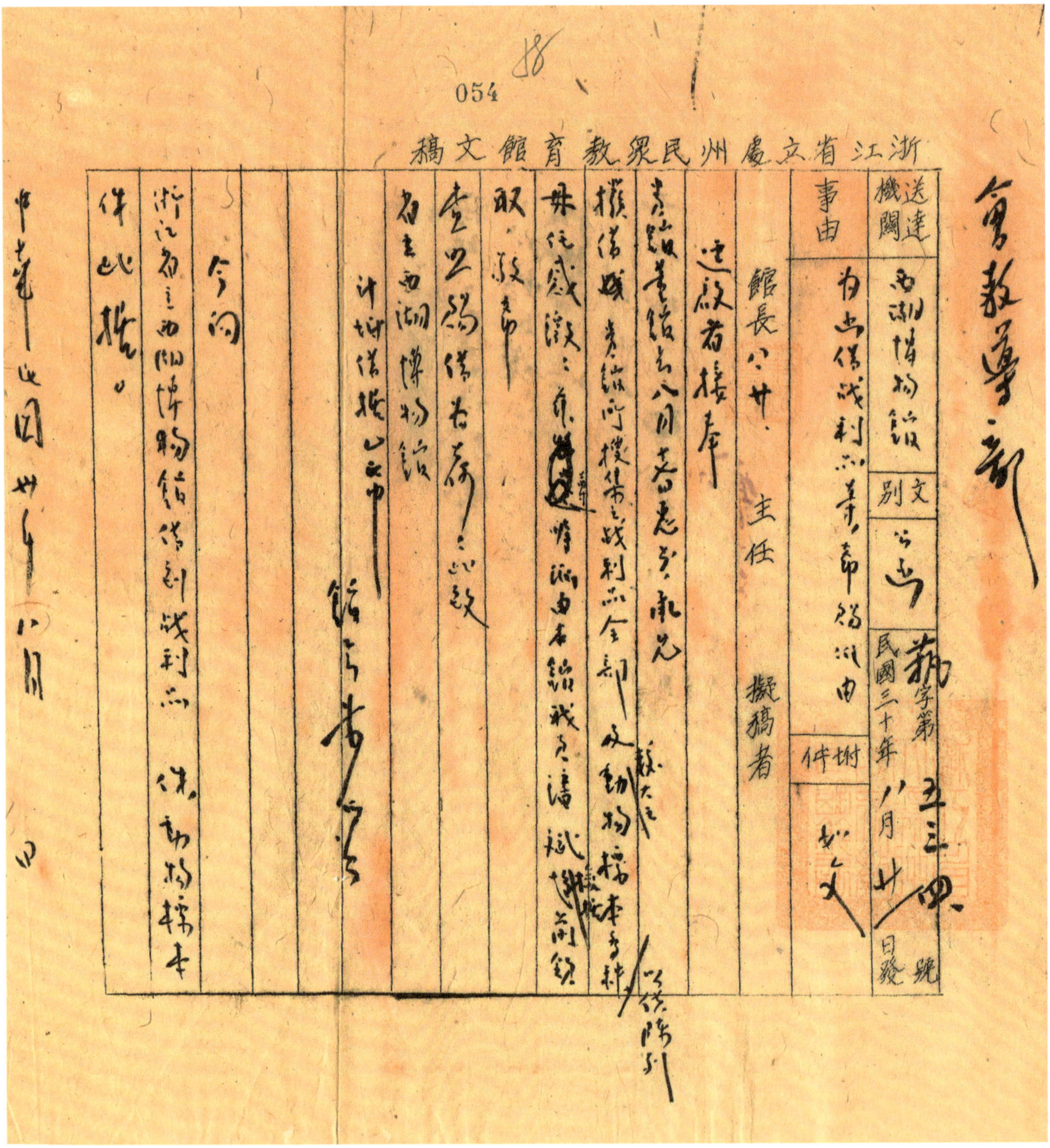

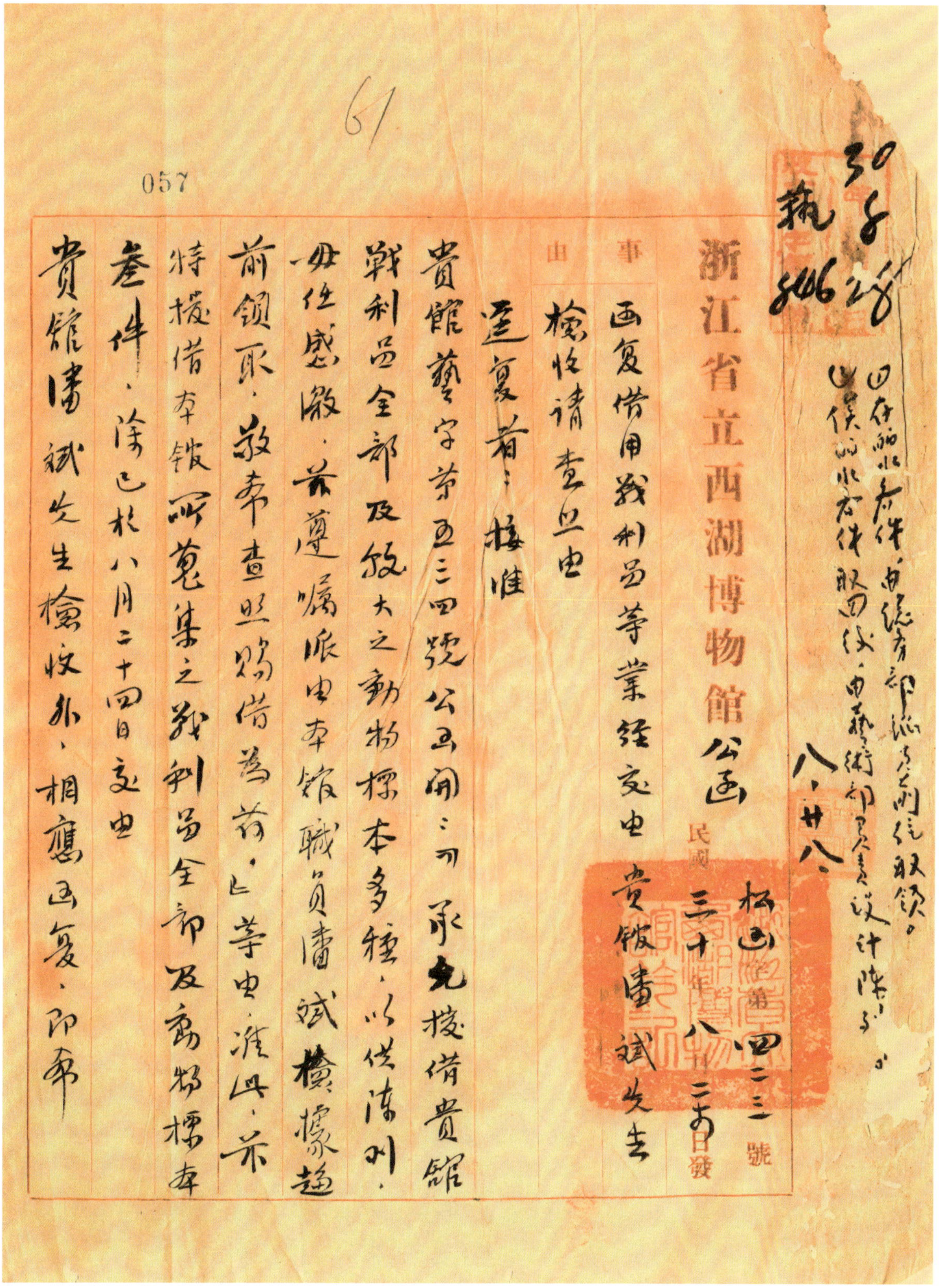

61

057

30 8 28 執 806

[illegible]

八、廿八

浙江省立西湖博物館公函

民國三十年八月二十四日發　杭函字第四二三號

事由：函復借用戰利品等業經交由貴館潘斌先生檢收請查照由

逕復者：接准

貴館藝字第五三四號公函開：「前承允撥借貴館戰利品全部及較大之動物標本多種，以供陳列，毋任感激。茲遴派本館職員潘斌趨前領取，敬希查照賜借為荷」等由。准此，茲特撥借本館所蒐集之戰利品全部及動物標本叁件，除已於八月二十四日交由

貴館潘斌先生檢收外，相應函復，即希

浙江省立西湖博物馆致浙江省立处州民众教育馆的公函（一九四一年八月二十四日）

查照為荷。此致

浙江省立處州民衆教育館。

附本館戰利品及紀念品清單乙冊

又　陳列清單乙份

又　動物標本名單　乙份

館長　董聿茂

附一：浙江省立西湖博物馆抗战战利品及纪念品清单（一九四一年八月）

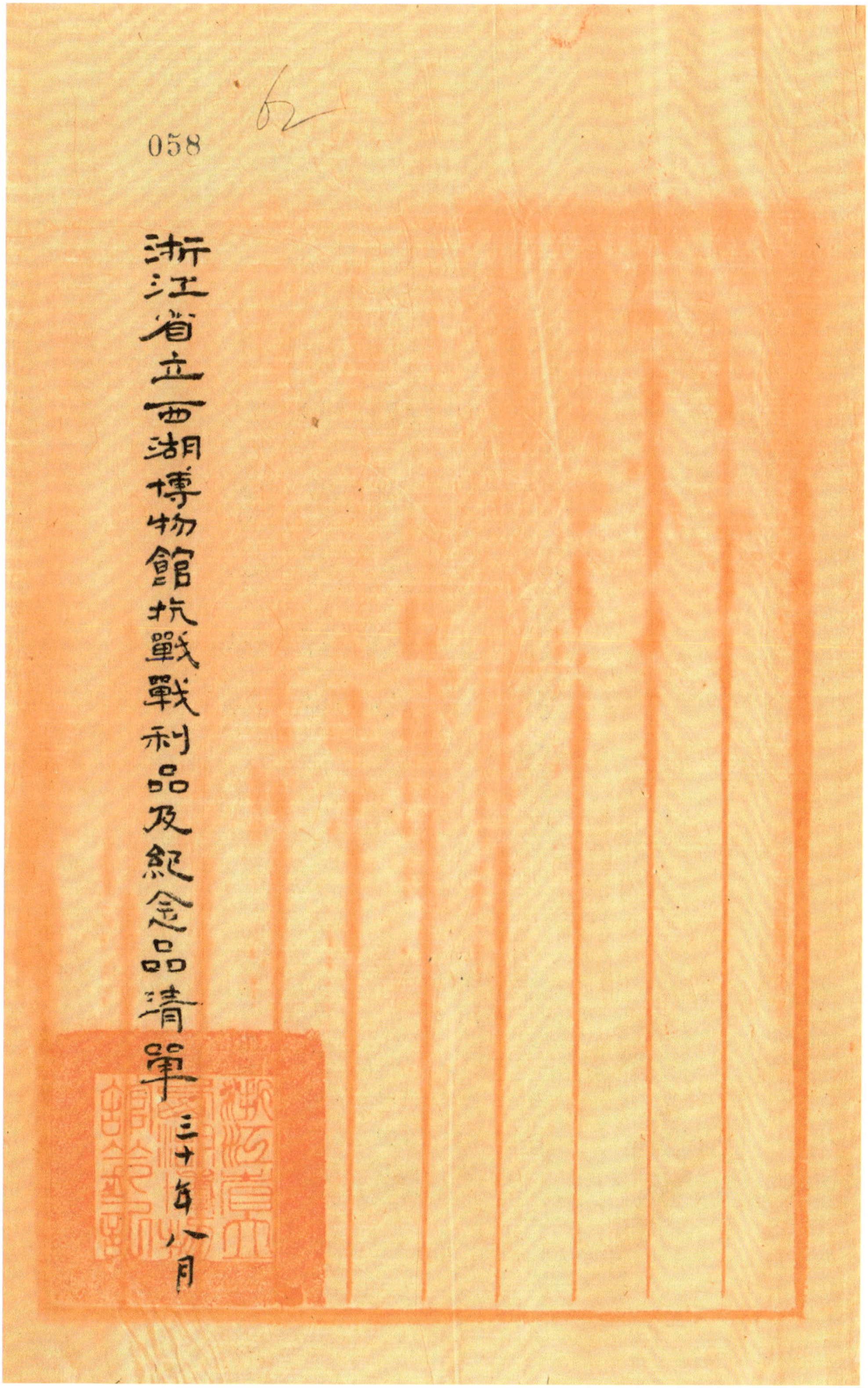
058

62

浙江省立西湖博物館抗戰戰利品及紀念品清單 三十年八月

計開

(一) 實物部份　一至一〇六號

(二) 照片部份　一至四八號

(三) 附屬部份　附一至附四號

總計一百十九件。

再加弍号計共一百七件

39

65

059

浙江省立西湖博物館抗戰戰利品及紀念品清單(一)

號次	名稱	數量	來歷	備注
一	三八式步槍	乙支	浙省杭衛團第一支隊贈	
二	軍用鏟(无鍬)	乙把	仝	
三	刺刀	〤把	仝上	
四	機槍彈	二九發	仝上	
五	鉄砲彈殼	一只	周凱旋先生贈	
六	銅砲彈殼	三只	本館派員征集	收到
七	敵軍鋼帽	兩頂	仝上	
八	烟幕彈	〤枚	浙省抗衛團第一支隊贈	

乂山	信號彈	〣枚	係呈有校衛隊 蕭閻第一支隊
一百	小型銅砲彈殼	〣只	李紉芳先生
二、	小型砲彈	〣枚	李錦棠先生
三、	手榴彈	〣枚	周爾福先生 蕭姪
一三	砲彈殼碎件	〣只	李鏡棠先生
四、	步槍彈殼	貳只	仝上
五、	步槍彈	貳个	仝上
一六、	榴彈裝置用信管	一个	仝上
七、	砲彈頭	〣件	蕭聞鑑先生
八、	藥盤式發動信管	五件	李竹仕先生

15 64

060

一九	航空衣	一件	前政防守司令部贈	係二十六年六月[illegible]
二〇	毒氣毛巾	一條	湖北省[illegible]第一支隊贈	[illegible]
二一	機鎗彈夾	二个	周伯[illegible]先生及[illegible]	破損
二二	圓頭銃彈	一个	本館派員[illegible]	
二三	炸彈殘件	一塊		
二四	信號彈筒	一个		
二五	炸彈殘片	三塊	王極松先生贈	收[illegible]
二六	機鎗彈頭及殘片	二件		
二七	鎗木柄	一个		
二八	飛機用機鎗彈殼	一个	周伯[illegible]之先生贈	

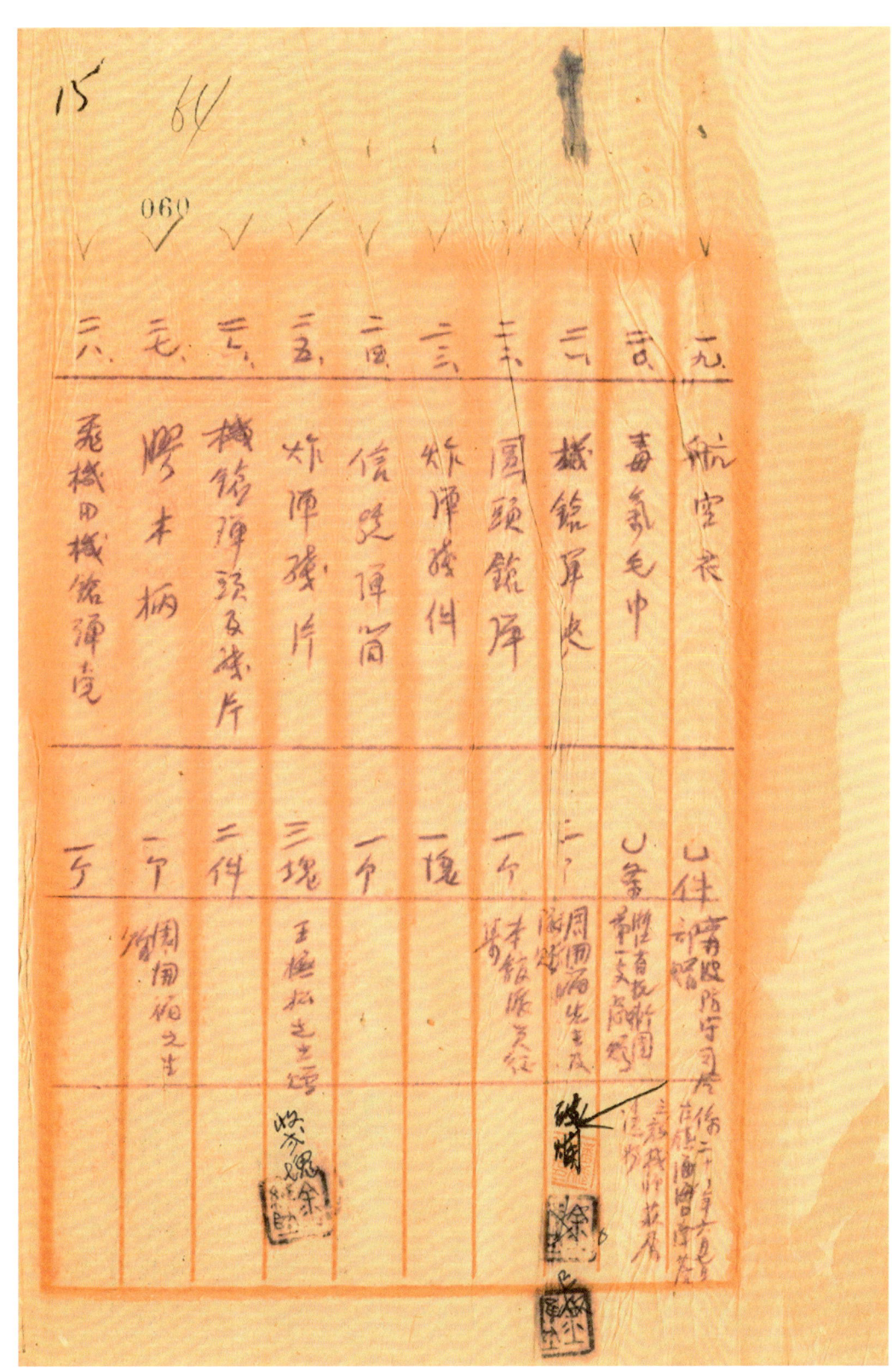

二九、	飛機用機鎗彈夾	二个	
三〇、	救命胴衣	十四付	浙江省抗衛新[illegible]贈
三一、	敵軍遺留執照	弍冊	本處征集
三二、	偽五色旗	五方	内二方周用福先生、三方係浙江省抗衛團贈
三三、	步鎗彈夾	一个	鄭賢秋先生贈
三四、	標牌碎片	二塊	仝上
三五、	十錢軍用票	一張	周用福先生贈
三六、	三錢鎮流通券	两張	仝上
三七、	新塘臨時代價券	一張	仝上
三八、	臨喬區臨時兌換券	一張	仝上

因携帶不便，當時僅收回壹付，其餘於[illegible]遺失[illegible]

在衢展覽會時失 遗

收戒[illegible]

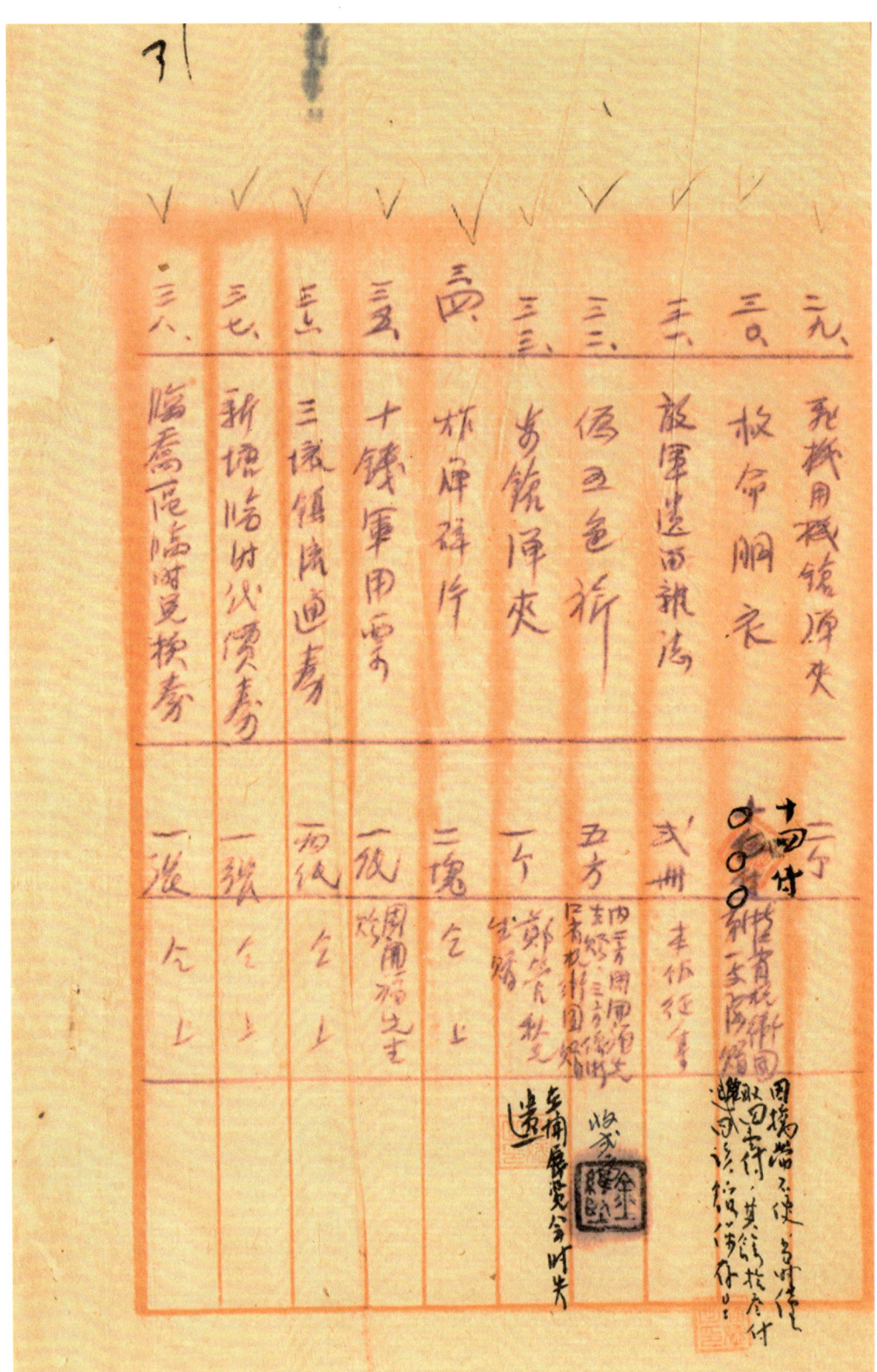

44

65

061

三九	伪高小教科书	九册	赠周丽福先生	本借十册，在展览时遗失一册。
四〇	敌我友什么	一册		
四一	四季想思	贰册		
四二	十三吴画集	贰册		开展览会时失遗
四三	大东亚文化建设	一册		
四四	告民众书	壹册		
四五	九姊吧	一册		开展览会时失遗
四六	英侵华痛史	五册		
四七	写真周报	贰册		
四八	伪杭州市府月刊	一册		

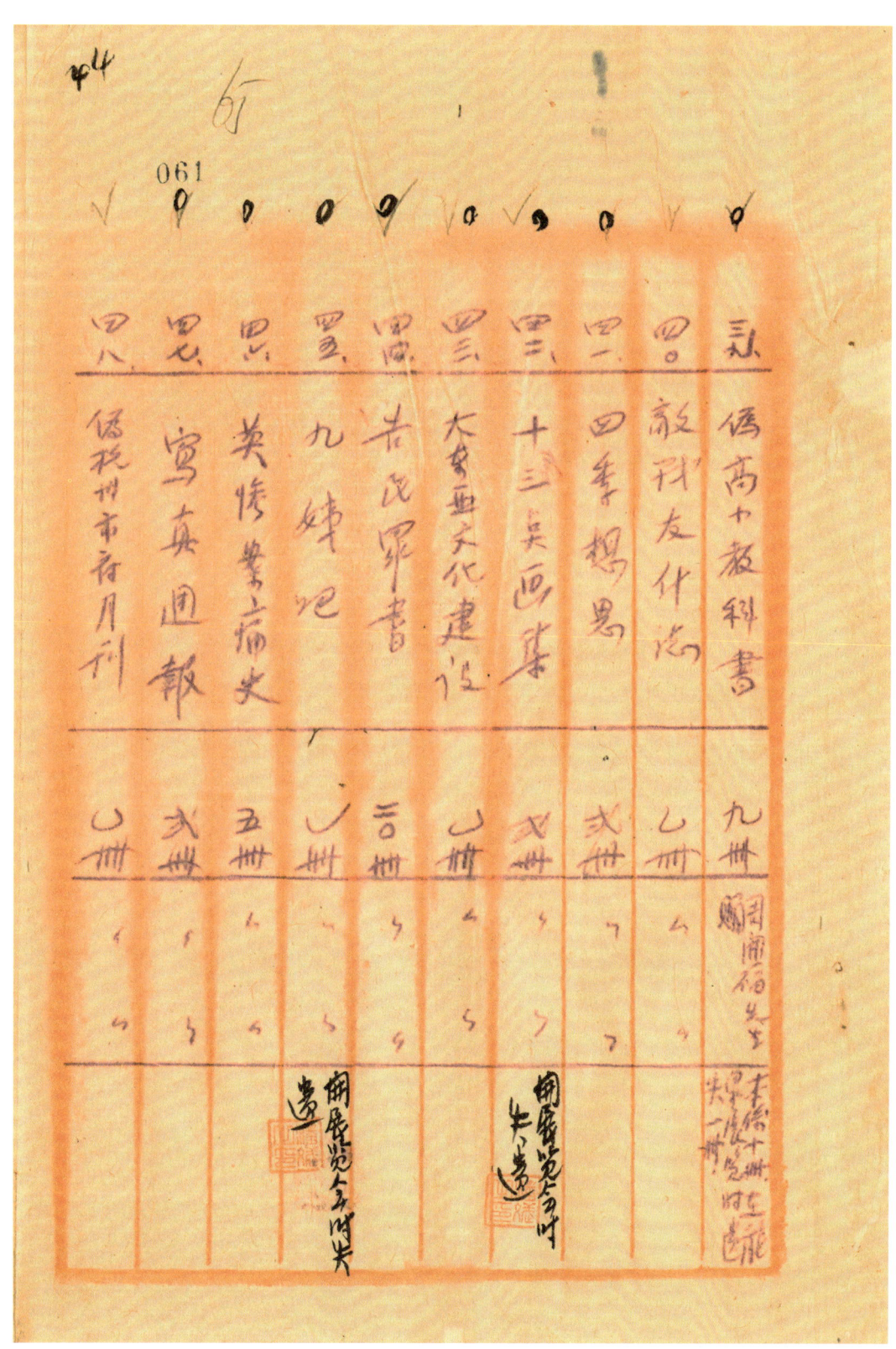

31

四九	星光	贰份	〃	〃	
五〇	日支事变双六	一张	〃	〃	
五一	日文报纸	三张	〃	〃	
五二	武人の一掬の涙	一份	〃	〃	
五三	信樓進行洪大圖	一份	〃	〃	
五四	铁血	本	〃	〃	
五五	杭州新闻	一张	〃	〃	不全（封面）
五六	杭州新报	八张	〃	〃	
五七	儒中华日报等	十贰张	〃	〃	内有二十张因执行时遗失八张现存十二张
五八	爱国妇人	一册	〃	〃	

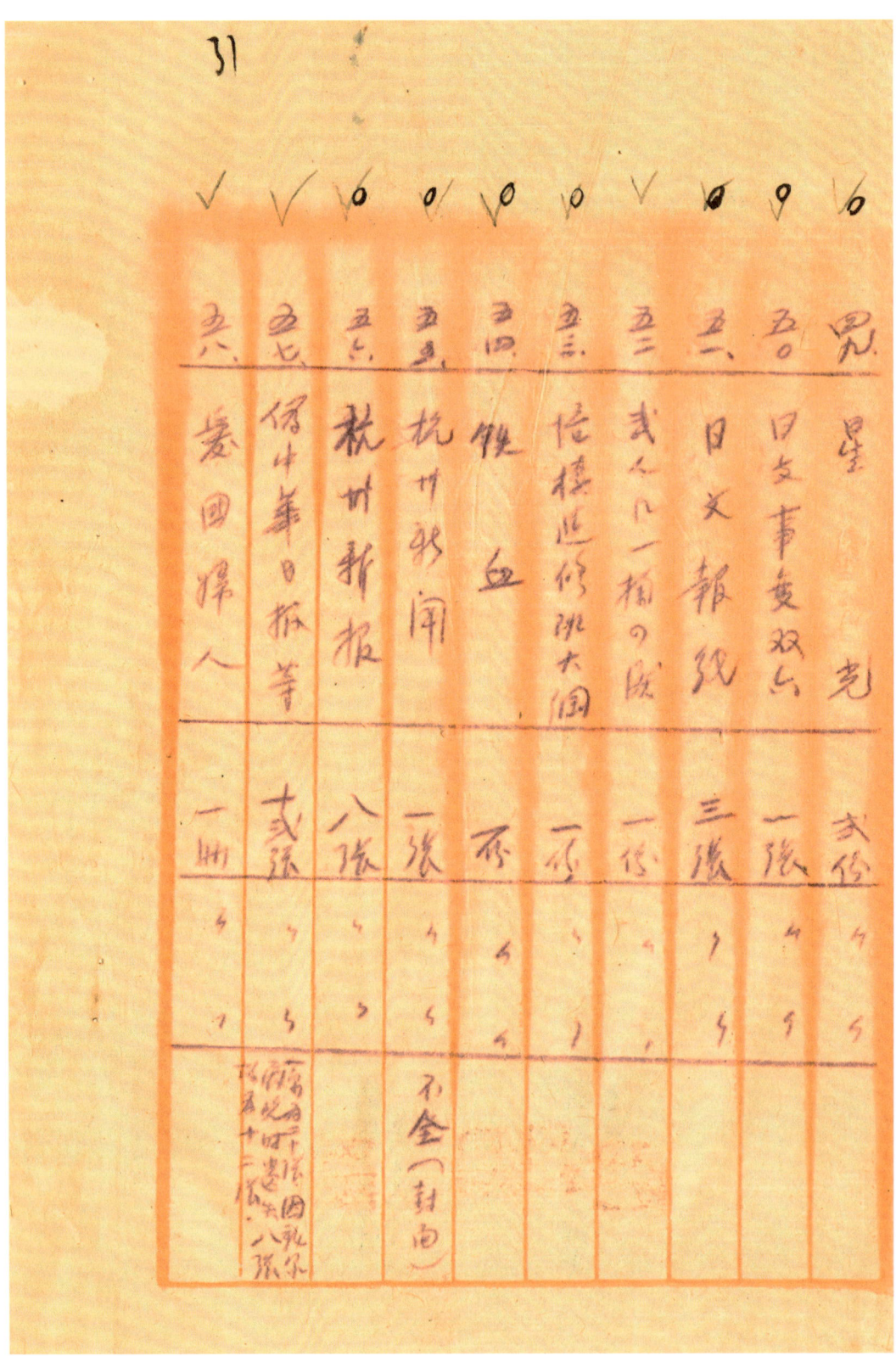

81 66

062

五九	四維區組織大綱	一冊	贈周佛海先生	
六〇	民意	一份	仝上	
六一	敵偽標語	十八張		收 [illegible] 余繹塵
六二	敵軍告示	二張	市保安第[illegible] 一二八時左 [illegible]	收 余繹塵
六三	興亞畫刊	三張	周佛海之主[illegible]	余繹塵
六四	敵偽各種佈告	五十二張	仝上	收 [illegible] 余繹塵
六五	敵偽各種傳單	一束	仝上	計收不收 余繹塵
六六	敵偽橋臨時流通券	一張	仝上	
六七	霍亂預防注射證	一張	仝上	
六八	敵中村手蹟	一張	仝上	

李[illegible]先生 [illegible]

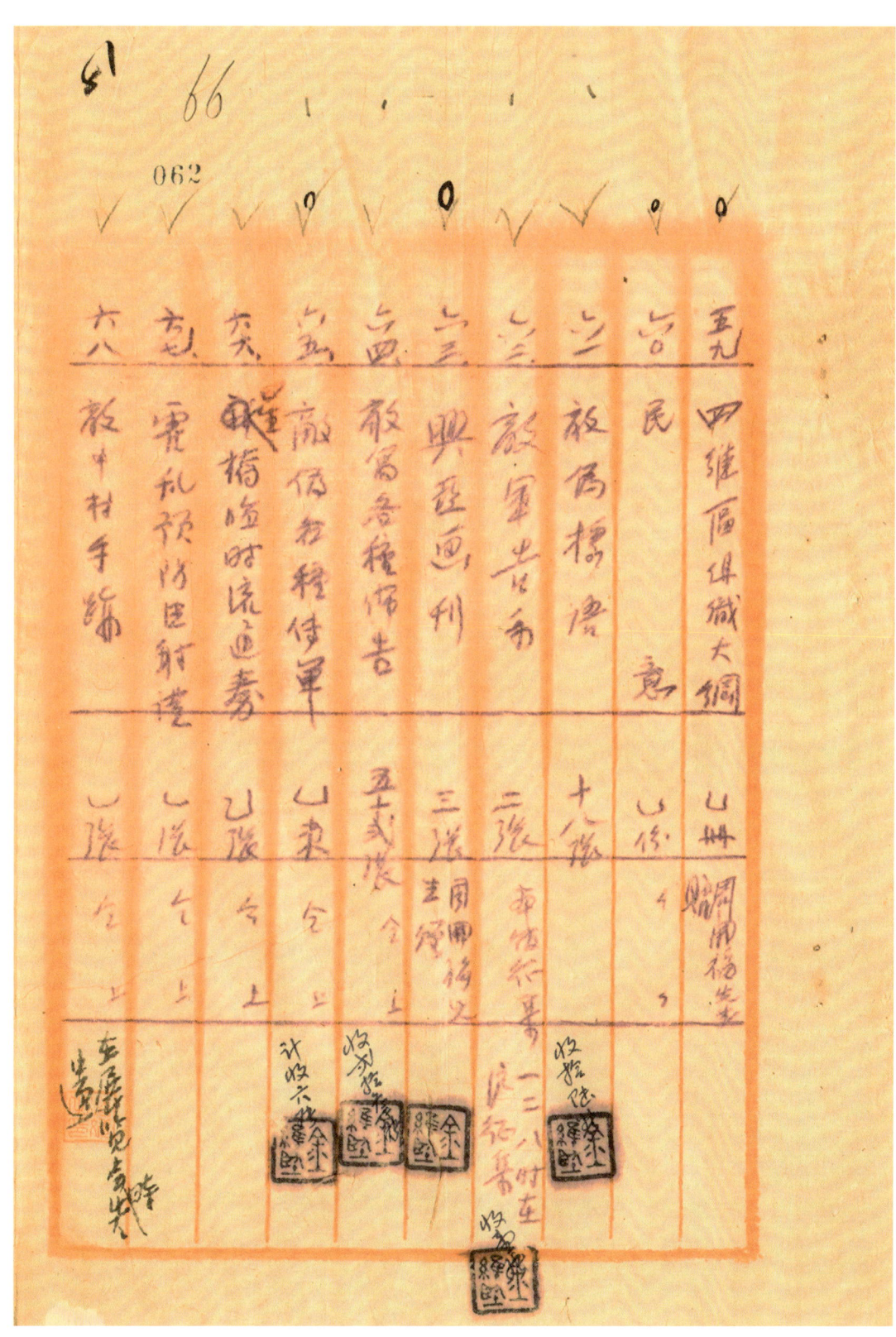

14

六九.	偽維持會許可福布	一方	仝上
七〇.	通行許可証	貳張	仝上
七一.	偽具本領保切結	一紙	仝上
七二.	通知單	一紙	仝上
七三.	壞樓良民證	一方	仝上
七四.	偽組織辦理紹中學收條	貳張	仝上
七五.	偽編發字式(印刷)	弍張	仝上
七六.	抗戰之標語	一張	仝上
七七.	慰勞敵軍宣傳歌	一張	仝上
七八.	敎中學生態向黏紙	貳張	仝上

15 67

063

編號	品名	數量	備考
七九	敵宣傳壁画	弍張	周甫福先生贈
八〇	仿省府壁板	五張	仝上
八一	俘虜的自述	一張	
八二	俘擄侵戰新聞二則	一張	
八三	倭皇勅語	一張	
八四	俘虜感想及其照相	一張	
八五	敵軍械箱簽条	一件	
八六	十錢軍用手票	一件	張道藩先生贈
八七	五十錢軍用手票	一張	
八八	敵軍用記載冊	一冊	

八九	壹圓軍用手票	一張	劉湘女先生贈	
九〇	十錢軍用手票	一張	仝上	
九一	護身符	一方	仝上	
九二	敵機散發之傳單	弍張	仝上	
九三	敵銅幣	一枚	仝上	
九四	敵機散發之圖旗（[illegible]）	一面		三十年五月十二日敵機在麗水上空散發
九五	敵機散發之傳單	一張		三十年五月十五日在麗水上空散發
九六	敵機散發之標語	弍張		仝上
九七	軍人日記	一本	董茵子懷先生贈	
九八	偉給女拂證票	一册	仝上	

8 68

064

九九	人名簿	一册	董梦桢先生赠	金毓黻
一〇〇	赫讷签写	一册	仝上	金毓黻
一〇一	田中种子信	一封	仝上	赫中将代人为高峰三郎
一〇二	高峰千代子信	一封	仝上	仝上
一〇三	片冈秀信	一封	仝上	附冈本宁次函内
一〇四	友田胜须名片	一张	仝上	
一〇五	慰问白衣勇士	一张	张孟阳先生赠	
一〇六	新中央政府欢迎运动大会	一张	仝上	

以上共计叁百零六件

065

浙江省立西湖博物馆抗战战利品及纪念品清单（二）

號次	名稱	數量	来源	備注
一、	旗幟	一張	第十集團軍總司令部贈	第十集團軍在杭嘉湖區战利品之一
二、	旗幟炮彈夾烟幕彈手留彈	一張	〃	〃
三、	書籍信札照片	一張	〃	〃
四、	信札照片書籍	一張	〃	〃
五、	飛機旗、千女縫	一張	〃	〃
六、	信札及書報	一張	〃	〃
七、	子彈旗幟書報	一張	〃	〃
八、	旗幟	一張	〃	〃

九、	祝勝旗	一張	4	4
一〇、	銅盃與獎錦旗幟	一張	4	6
一一、	書板葛出	一張	7	7
一二、	獎錦旗像骨頭像夾	一張	5	5
一三、	獎錦炮像及輕械錦像夾	一張	4	5
一四、	錦像銅盃指揮刀	一張	4	5
一五、	獎錦	一張	4	4
一六、	楮支子像及像夾	一張	4	4
一七、	獎錦 獎錦像	一張	7	5
一八、	楮支子像	一張	[illegible]	4

此件存檔

066 70

十九	步鎗機槍手榴彈	一張	第十集團軍司令部[illegible]
二〇	槍彈	一張	〃 〃
二一	刺刀步鎗彈夾	一張	〃 〃
二二	手槍步彈	一張	〃 〃
二三	刺刀槍彈彈夾	一張	〃 〃
二四	步槍步彈彈盒	一張	〃 〃
二五	野炮彈	一張	〃 〃
二六	脚踏車鋼盔馬刀	一張	〃 〃
二七	軍帽	一張	〃 〃
二八	皮靴	一張	〃 〃

二九、	防空面具、附袋全個	一張	〃	〃	
三〇、	軍毯呢大衣	一張	〃	〃	
三一、	軍裝兩套皮靴	一張	〃	〃	余紹
三二、	符號	一張	〃	〃	
三三、	符號	一張	〃	〃	余紹
三四、	符號及符號衣	一張	〃	〃	
三五、	軍馬	一張	〃	〃	余紹
三六、	徽章衣及徽章帶	一張	〃	〃	
三七、	符錄	一張	〃	〃	
三八、	符號	一張	〃	〃	

91

067

三九	旗幟現既布慰向心裝	一張	第十集團軍總司令部寄
四〇	符號	一張	〃 〃
四一	軍刀	一張	〃 〃
四二	鋼盔呢大衣	一張	〃 〃
四三	帽裝裝具披復軍圖	一張	〃 〃
四四	命令傳遞要圖	一張	〃 〃
四五	防毒面具	一張	〃 〃
四六	圖囊	一張	〃 〃
四七	機關槍	一張	〃 〃
四八	炮彈頭	一張	〃 〃

余紀忠 余紀忠

四九	祝勝祈禱同盟標袖章	一張	〃	〃
五〇	呢大衣	一張	〃	〃
五一	綫車	一張	〃	〃
五二	背囊	一張	〃	〃
五三	敵旗及書籍等	一張	〃	〃
五四	爐	一張	〃	〃
五五	旗幟	一張	〃	〃
五六	月份牌與書籍名片等	一張	〃	〃
五七	紀念種	一張	〃	〃
五八	方鎖保鉄箱	一張	〃	〃

72

068

五九	馱鞍	一張	〃	〃
六〇	手榴彈	一張	〃	〃
六一	千人針慰問袋旗幟	一張	〃	〃
六二	炮彈及彈片	一張	〃	〃
六三	降落傘与降電平机	一張	〃	〃
六四	空軍村田中尉自戕照片	一張	〃	〃
六五	平射步兵炮彈	一張	〃	〃
六六	旗幟鋼盔	一張	〃	〃
六七	日記文件銅牌相片	一張	〃	〃
六八	三八式步槍	一張	〃	〃

六九	三八式重机関銃	一張	〃 〃
七〇	八式追撃砲	一張	〃 〃
七一	防毒面具網盤炮隊	一張	〃 〃
七二	歩銃野炮隊	一張	〃 〃
七三	五色旗、付私一面、歩銃	一張	〃 〃
七四	七五加農炮隊	一張	〃 〃
七五	通信鴿	一張	〃 〃
七六	保管以外	三張	本作紙等
七七	保管松林正男	一張	嬉敷广応募
七八	梅沢次郎	一張	〃 〃

73

七九、	富陽大章村奪獲勝利品照片	一張	教育廳轉
八〇、	〃〃〃〃〃〃〃	一張	〃〃
八一、	富陽場口奪獲勝利品照片	一張	〃〃
八二、	御守護符	一張	
八三、	俘虜照片	一張	
八四、	敵國紀念照片	一張	

以上共計八十七件

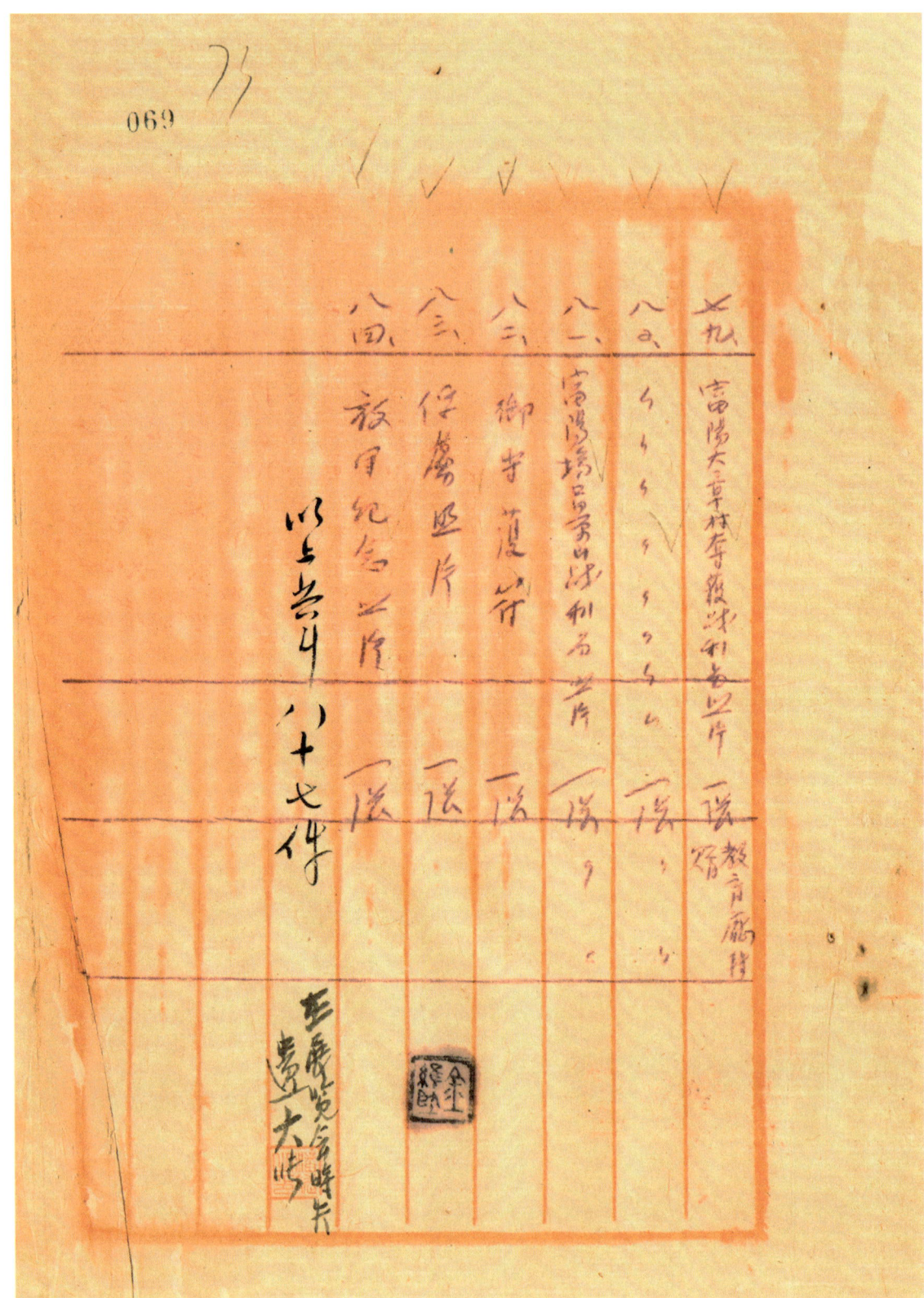

在展覽會時先還大隊

070

74

浙江省立西湖博物館戰利品及紀念品表

號次	名稱	數量	來源
附一、	周指導員開福赴杭紀念	一張	周開福先生贈
附二、	第一次赴杭工作同志	一張	仝上
附三、	我國對敵宣傳標語等	十一張	周凱旋先生贈
附四、	〃〃	十一張	又
附五、	煙幕罐	乙個	
附六、	防毒面具	乙個	

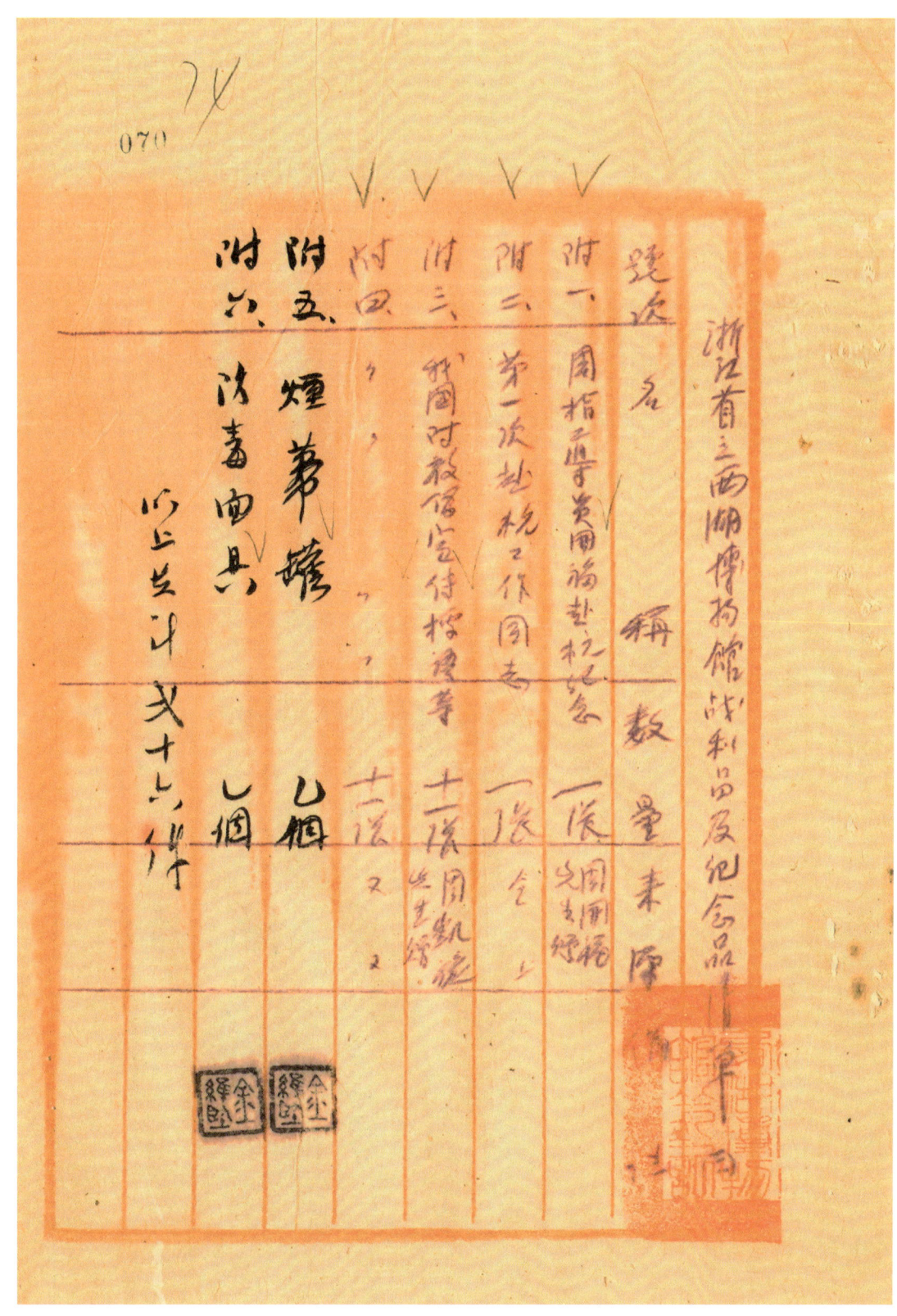

以上共計弍十六件

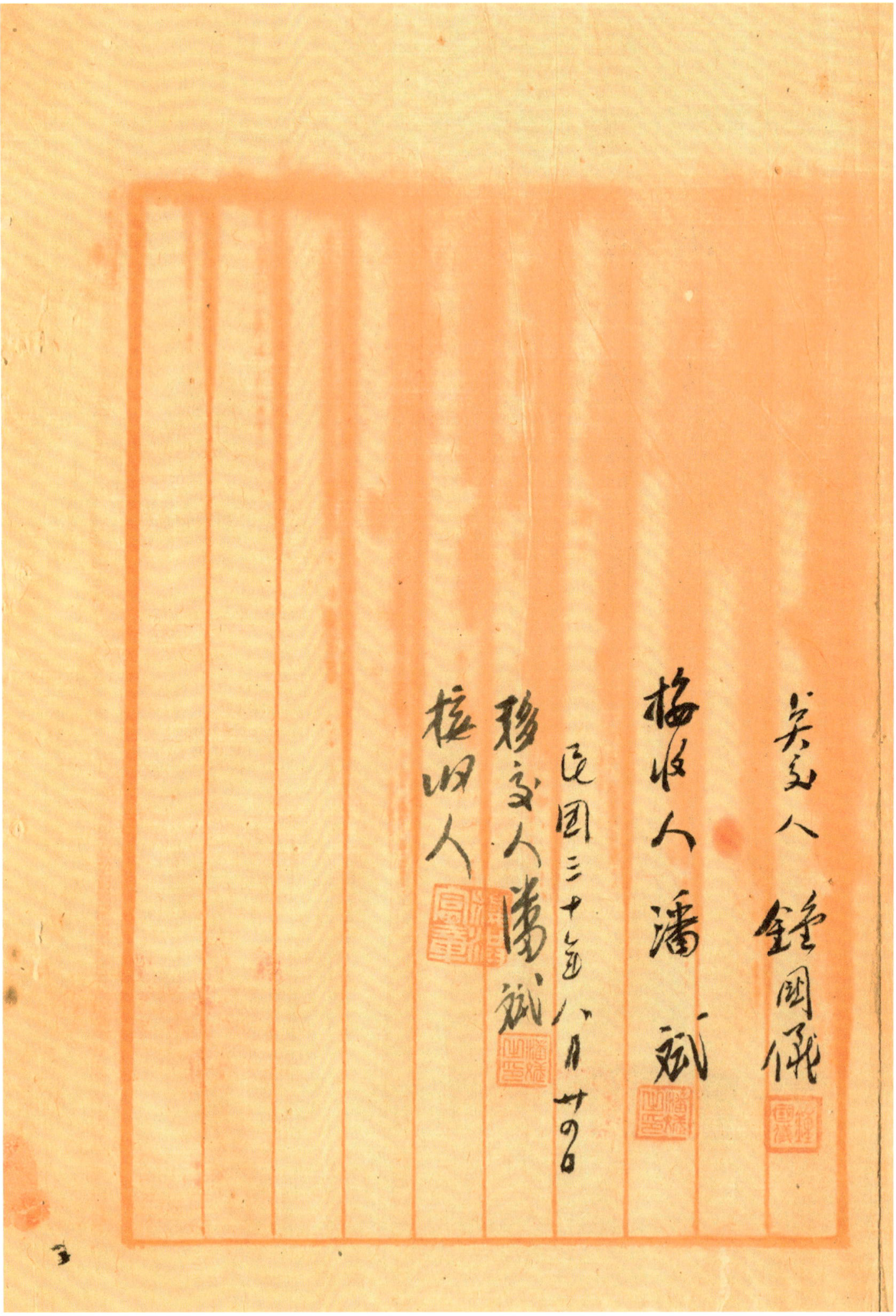
监交人　钟国仪
接收人　潘斌
民国三十五年八月廿四日
移交人　潘斌
接收人

附二：浙江省立西湖博物馆出借动物标本清单

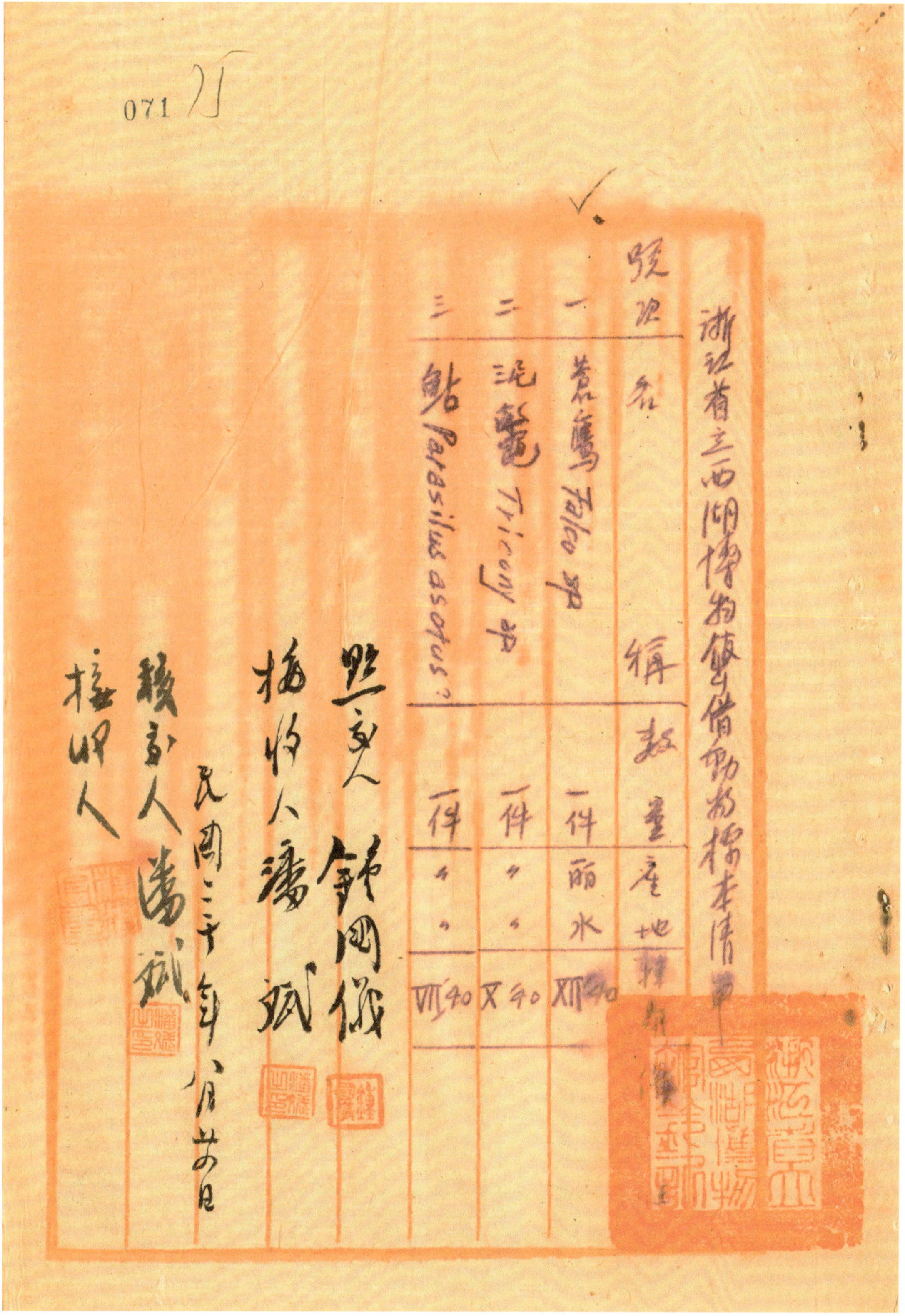

071

浙江省立西湖博物馆借动物标本清单

号次	名称	数量	产地	採[illegible]
一	苍鹰 Falco sp.	一件	丽水	XII'40
二	泥龟 Tricony sp.	一件	〃	X'40
三	鲇 Parasilus asotus?	一件	〃	VII'40

照交人 钟国仪

接收人 潘斌

复交人 潘斌

接收人

民国三十年八月廿四日

丽水县民众教育馆致浙江省立处州民众教育馆的公函（一九四一年九月八日）

丽水县民众教育馆公函

為借戰利品一部陳列由

逕啟者查本館為陳列戰利品以供民眾參觀起見前經商准西湖博物館將所蒐集之戰利品撥借一部由本館闢室陳列在案茲西湖博物館將所蒐集之戰利品全部撥借

貴館陳列並派潘斌先生來館提取為特將前所撥借戰利品之一部開具清冊函……

貴館仍行借交本館陳列爲荷

此致

浙江省立處州民衆教育館

館長孫慶禧

浙江省立处州民众教育馆致丽水县民众教育馆的便函（一九四一年九月十七日）

076

浙江省立處州民衆教育館文稿

送達機關：麗水縣民衆教育館

文別：便函

事由

館長

主任

擬稿者

附件

民國三十年九月十七日發

字第　號

浙江省立西湖博物馆致浙江省立处州民众教育馆的笺函（一九四一年十月六日）

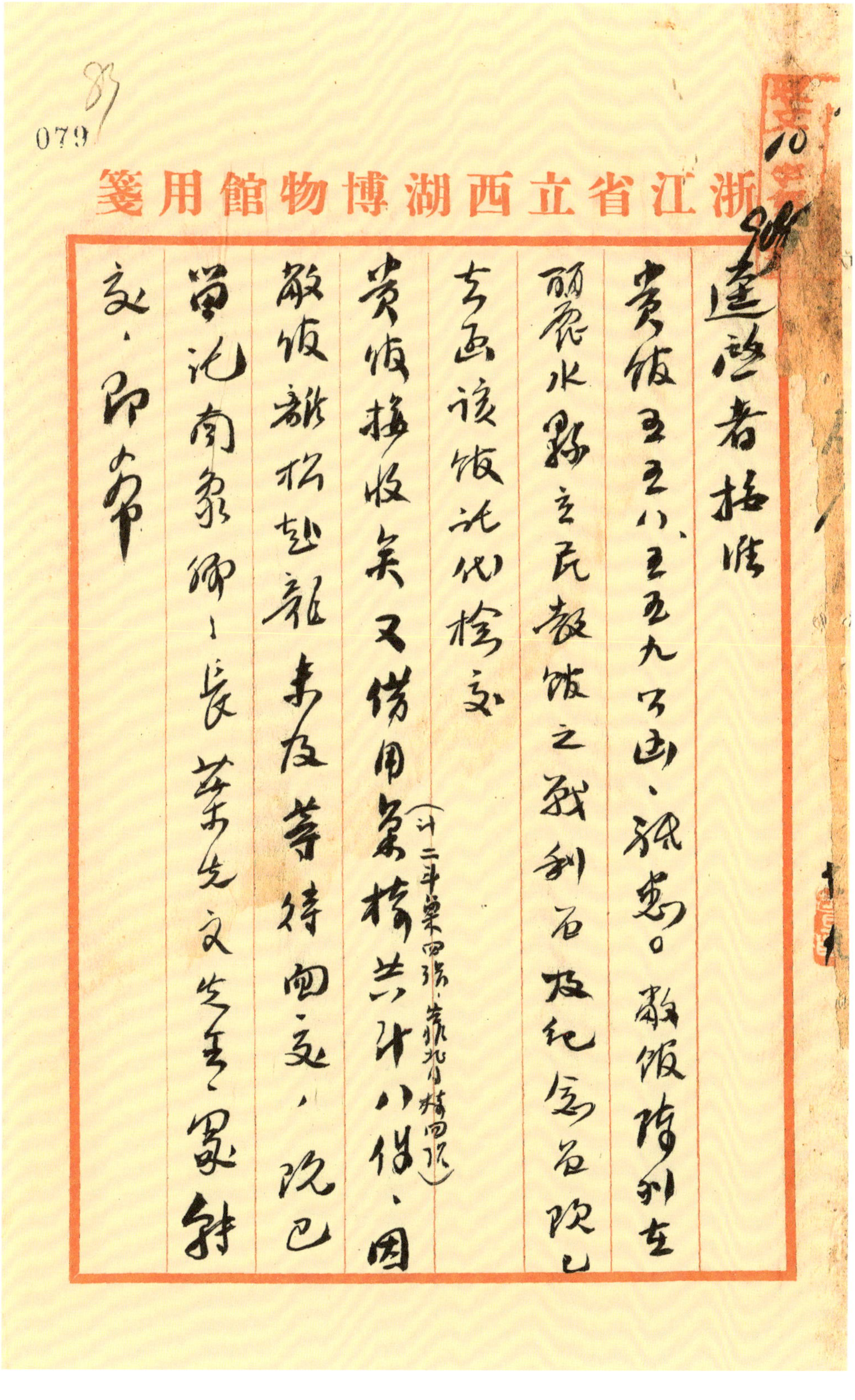

079

浙江省立西湖博物館用箋

逕啓者：接准
貴館五三八、五五九兩函，祗悉。敝館陳列在
麗水縣立民教館之戰利品及紀念品既已
去函該館託代檢交
貴館接收矣。又借用桌椅共計八件（計二斗桌四張、靠背椅四只），因
敝館離松赴龍，未及籌備函交，現已
函託南象鄉鄉長葉先文先生就近
交。即希

浙江省立西湖博物館用箋

分給爲荷：此致

省立處州民衆教育館。

浙江省立西湖博物館

謹復

三十年十月五日

浙江省立处州中学附属国民教育实验学校关于同意出借纪念厅举办战利品展览会致浙江省立处州民众教育馆的函（一九四一年十一月八日）

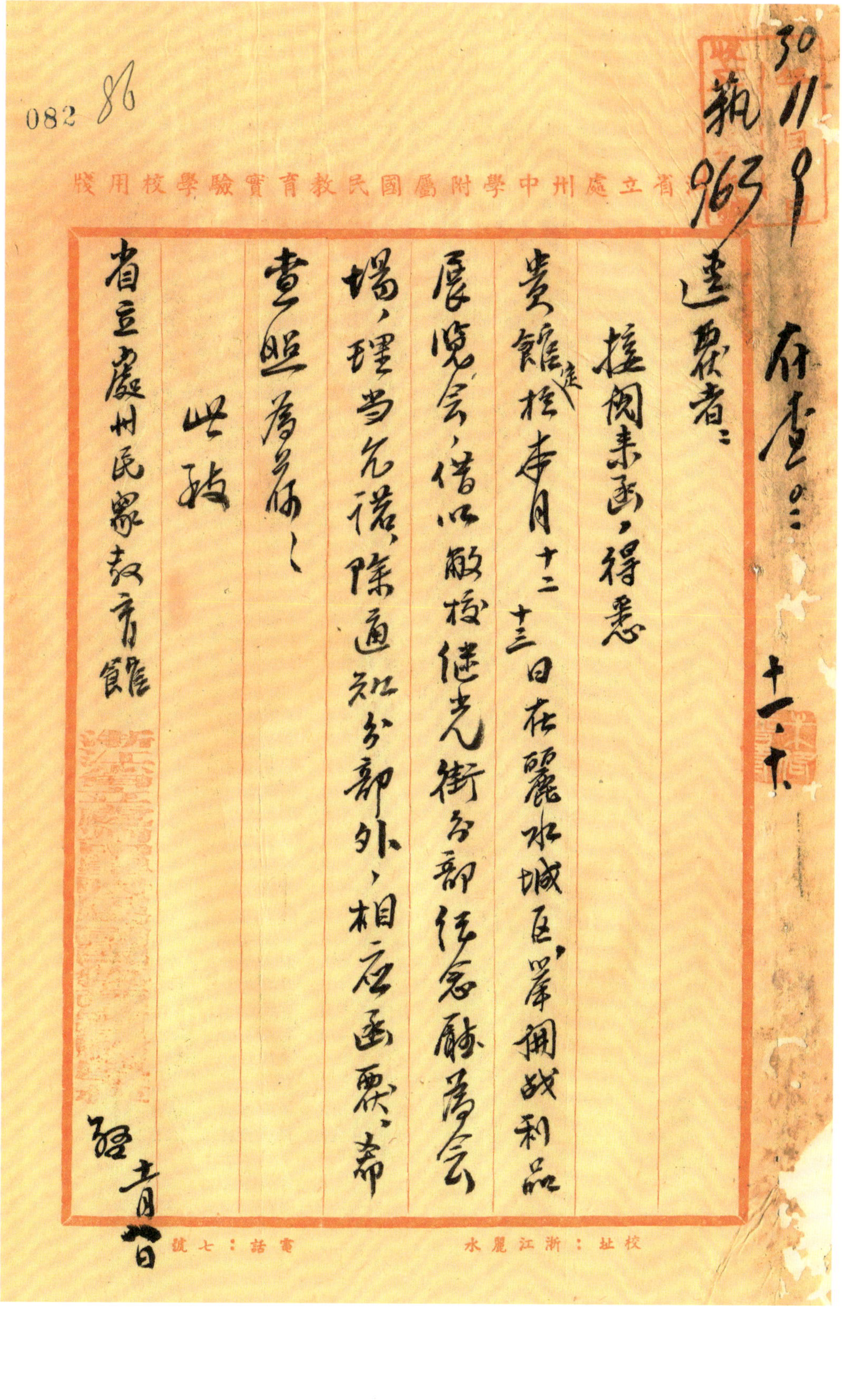
082 86

浙江省立處州中學附屬國民教育實驗學校用牋

30/11/9

963

存查

逕啟者：

接閱來函，得悉

貴館定於本月十二、十三日在麗水城區舉辦戰利品

展覽會，借以敝校繼光街分部紀念廳為會

場，理當允諾，除通知分部外，相應函覆，希

查照為荷！

此致

省立處州民衆教育館

十一月八日

校址：浙江麗水　電話：七號

浙江省立处州民众教育馆致丽水县民众教育馆、浙江省立处州中学附属国民教育实验学校的感谢函

（一九四一年十一月十五日）

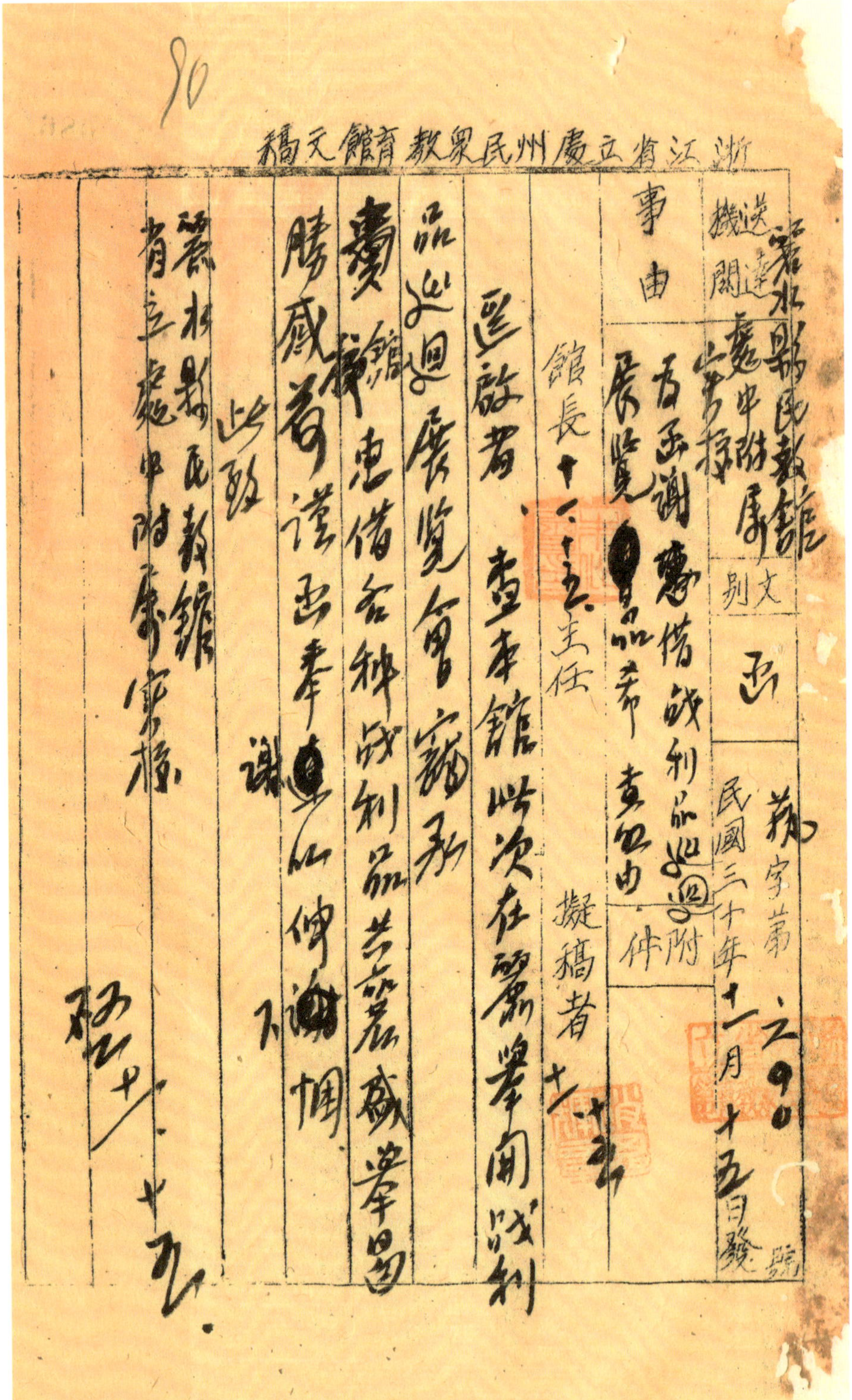
80

浙江省立處州民衆教育館文稿

送達機關：麗水縣民教館、處中附屬實驗學校

文別：函

事由：為函謝惠借戰利品巡迴展覽[illegible]品希查照由

藕字第二九〇號

民國三十年十一月十五日發

附件

館長 十一、十五 主任

擬稿者 十一、十五

逕啟者：查本館此次在麗舉開戰利品巡迴展覽會，承蒙 貴館惠借各種戰利品共[illegible]藏舉品，曷勝感荷，謹函奉[illegible]，即仰[illegible]為荷。

此致

麗水縣民教館

省立處中附屬實驗學校

浙江省立处州中学附属学校关于催还所借战利品事致浙江省立处州民众教育馆的笺函
（一九四一年十一月二十七日）

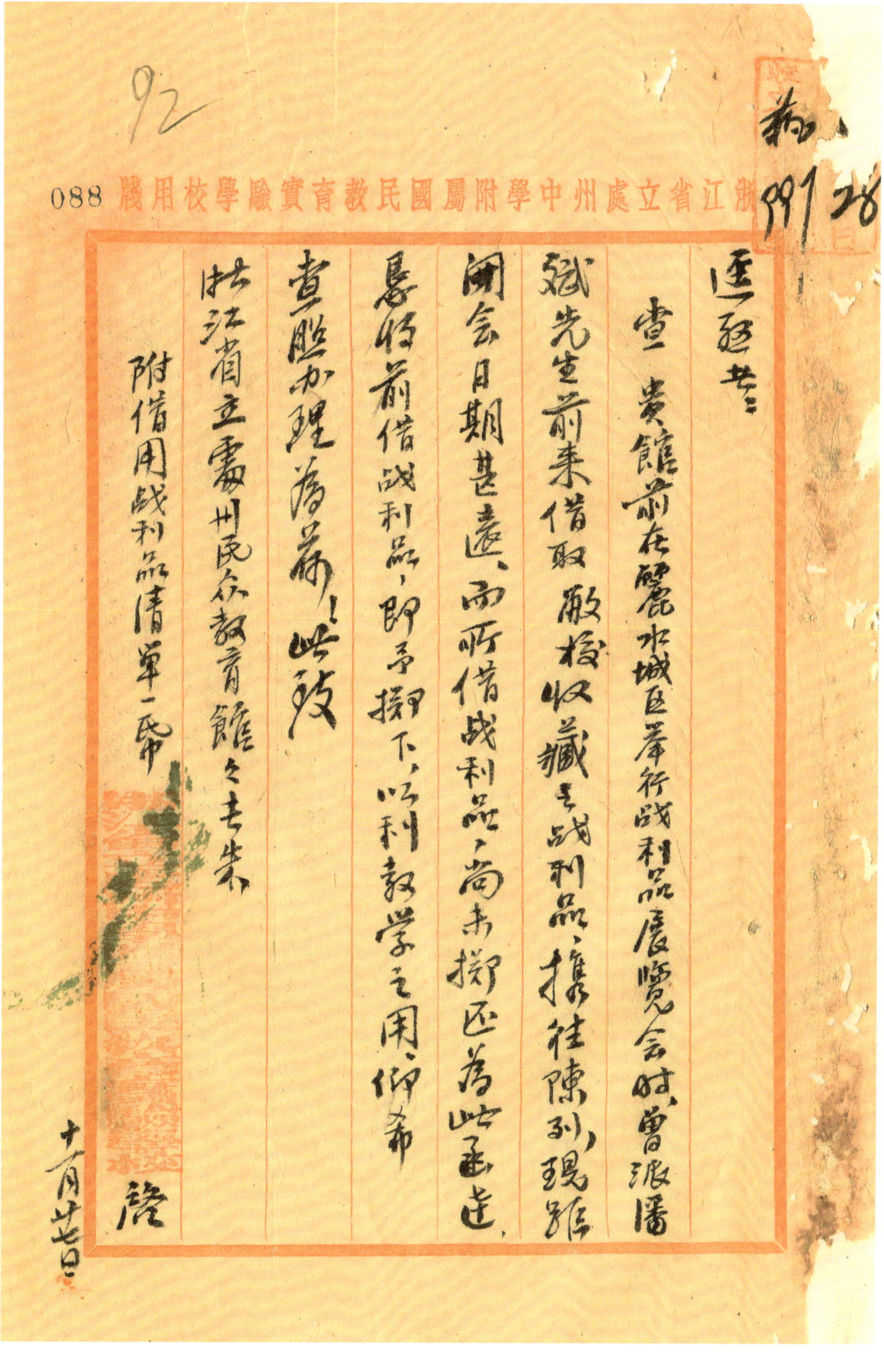

浙江省立處州中學附屬國民教育實驗學校用牋　088

逕啓者：

查　貴館前在麗水城區舉行戰利品展覽會時，曾派潘斌先生前來借取敝校收藏之戰利品，携往陳列，現距閉会日期甚遠，而所借戰利品，尚未擲還。茲特函達，務希將前借戰利品，即予擲下，以利教學之用。仰希

查照办理為荷！此致

浙江省立處州民众教育館館長朱

附借用戰利品清單一紙

十一月廿七日　啓

附：借用战利品清单

83

浙江省立處州中學附屬國民教育實驗學校用箋 089

借用戰利品清單一份

千人針一　小旗二　大旗五

慰問袋一　照明彈降落傘二

敵人的書信三

浙江省立处州民众教育馆、浙江省教育厅关于战利品巡回展览办法事宜的来往文书（一九四一年十一月至十二月）

浙江省立处州民众教育馆致浙江省教育厅的呈（一九四一年十一月）

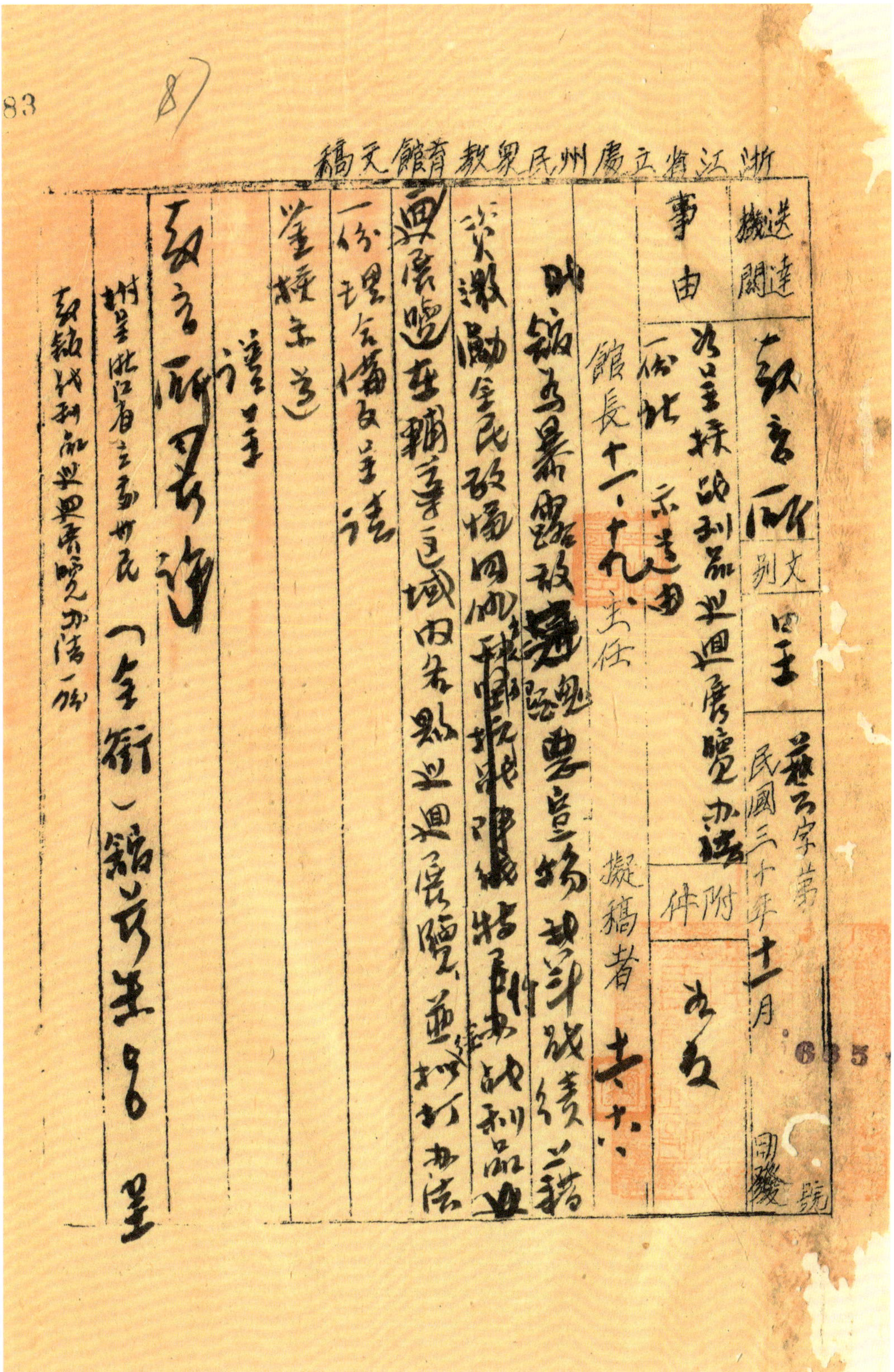
83

87

浙江省立處州民衆教育館文稿

送達機關：教育廳

文別：呈

事由：為呈核戰利品巡迴展覽辦法一份祈示遵由

處民字第　號　民國三十年十一月　日發

附件：如文

館長　十一·十九　主任

擬稿者　[illegible]

此館為暴露敵寇罪惡，表揚抗戰績業，藉資激勵全民敵愾同仇，特將戰利品舉辦巡迴展覽，在轄區域內各點巡迴展覽，並擬訂辦法一份，理合備文呈請鑒核示遵。

謹呈

教育廳廳長許

浙江省立處州民衆教育館館長（全銜）[illegible]呈

附錄戰利品巡迴展覽辦法一份

附：浙江省立处州民众教育馆战利品巡回展览办法

浙江省立处州民众教育馆战利品巡回展览办法

一、本馆为暴露敌伪丑恶，宣扬我军战绩，并向各方征借战利品及有关资料，除已于卅四年双十节在本馆所在地举办展览外，兹拟巡回赓续在区内各县展览之，特订定本办法施行之。

二、展览物件，除本馆原有之战利品外，如各机关、学校或私人有收藏者，并得随时征借参加陈列。

三、各县展览地点，以借用所在地之民教馆或学校为主，由本馆先期函征各该馆校使用之。

四、巡回展览期间暂定为两个月，自十一月十日起至卅五年一月十日止，每县展览期间至少三天。

五、其日程及各县次序另行排定之。

五、巡回展览之特人员，本馆暂派职员、勤工各一人，如有不敷，得商请所在地之民众馆或学校予以协助。

六、各战利品之移运，以要由勤工负责开批，如无快船通行之处，亦得乘坐快船，但绝对不准乘坐汽车或一等舱。

七、展览期间用费，以每日平均不超过大洋五元为度，在本馆事业费项下支给之。

八、本办法呈奉由浙江省教育厅核准施行，修正时同。

浙江省教育厅致浙江省立处州民众教育馆的指令（一九四一年十二月十日）

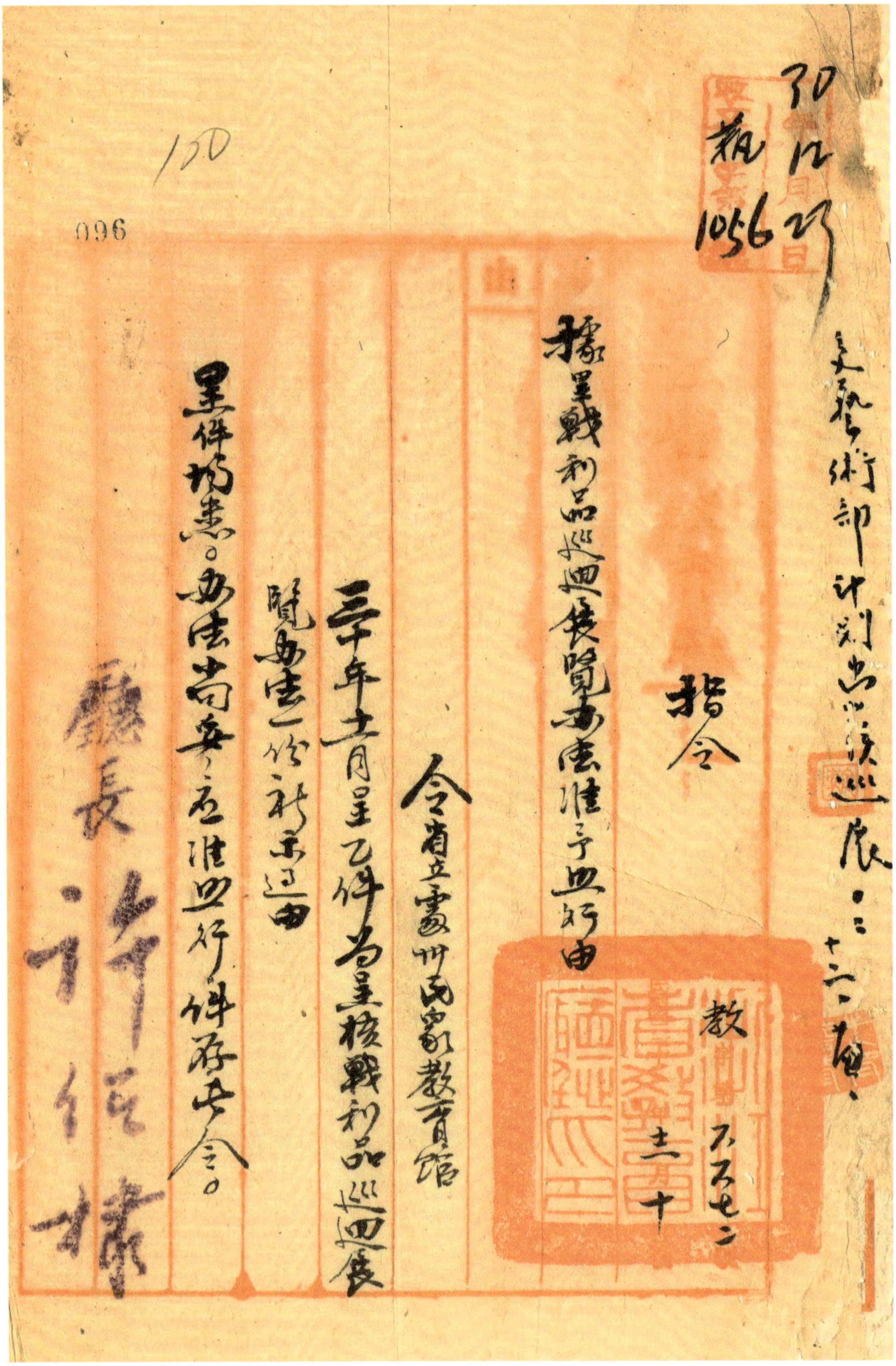

指令

據呈戰利品巡迴展覽辦法准予照行由

令省立處州民眾教育館

三十年十一月呈乙件為呈核戰利品巡迴展覽辦法一份祈示遵由

呈件均悉。辦法尚妥，應准照行，件存。此令。

廳長 許紹棣

校對莊泰龍
監印黃寶圖

丽水县民众教育馆关于代还战利品事致浙江省立处州民众教育馆的公函（一九四一年十二月三日）

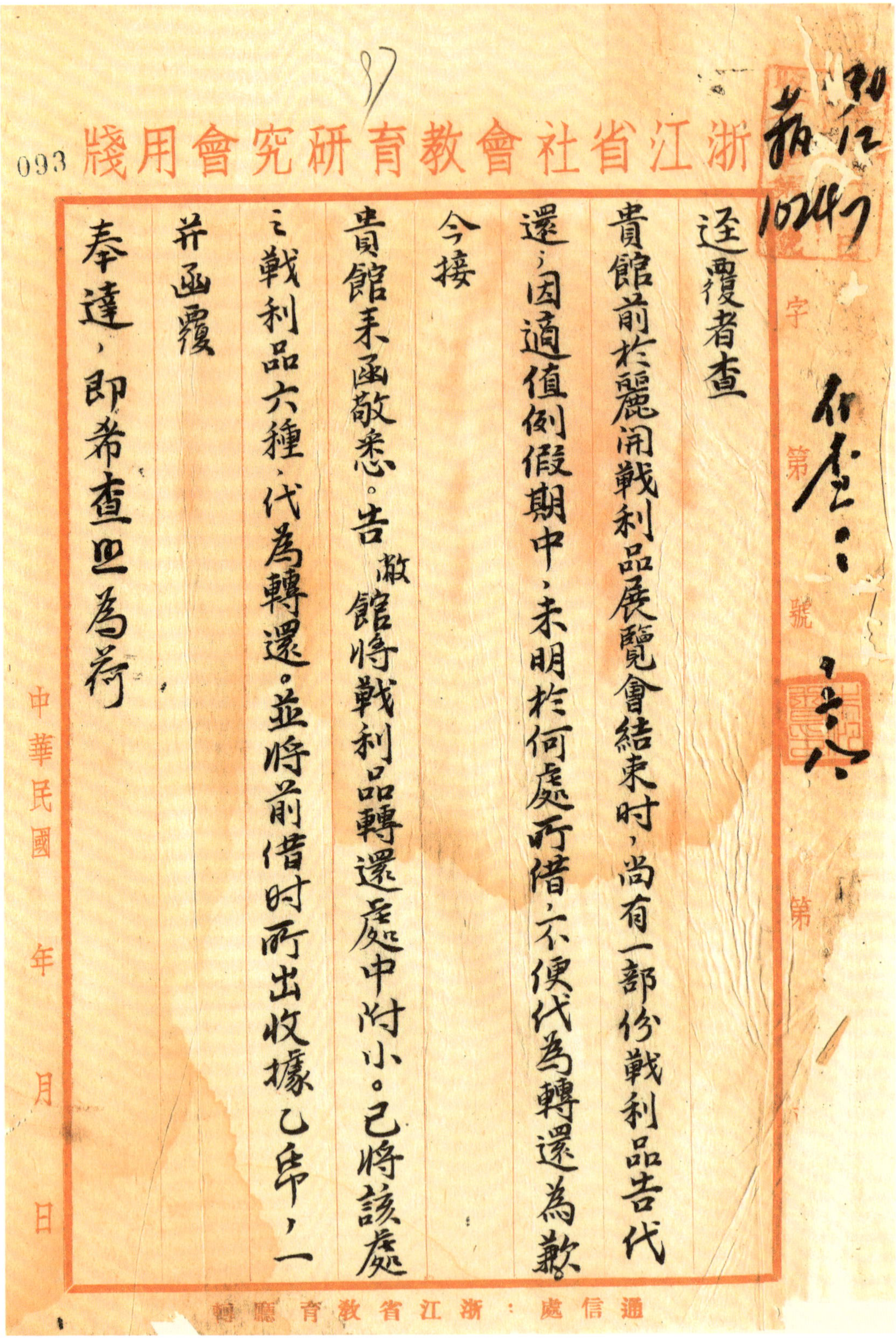

093

浙江省社會教育研究會用牋

逕覆者：查

貴館前於麗開戰利品展覽會結束时，尚有一部份戰利品告代還；因適值例假期中，未明於何處所借，不便代為轉還，為歉。今接

貴館来函，敬悉。告

敝館將戰利品轉還處中附小。已將該處之戰利品六種，代為轉還。並將前借时所出收據乙紙，一并函覆。

奉達，即希查照為荷

中華民國　年　月　日

通信處：浙江省教育廳轉

附：处州民众教育馆关于借用战利品的借条

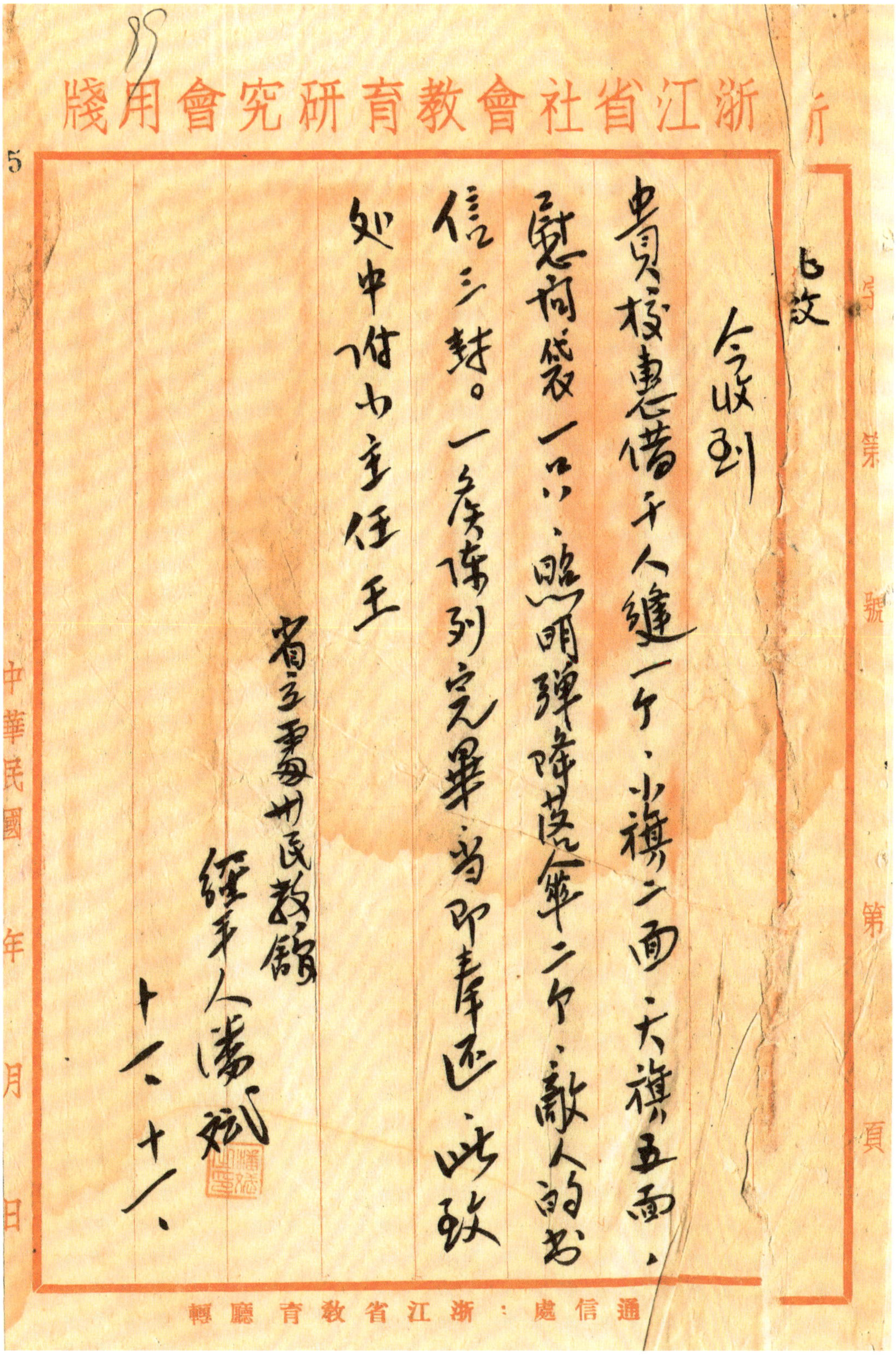
浙江省社會教育研究會用牋

今收到

貴校惠借千人縫一个、小旗二面、大旗五面、慰問袋一只、照明彈降落傘二个、敵人的書信三封。一俟陳列完畢，當即奉還。此致

处中附中主任王

省立處州民教館

經手人潘斌

十一、十八、

中華民國　年　月　日

通信處：浙江省教育廳轉

88

094

浙江省社會教育研究會用牋

此至

處州民教館

附處中附小戰利品收據乙紙

麗水縣民衆教育館啓

十一月三日

中華民國　年　月　日

通信處：浙江省教育廳轉

（三）举行「七七」周年纪念活动

浙江省立处州民众教育馆关于举行「七七」纪念日筹备会致各机关团体的便函（一九四一年六月二十六日）

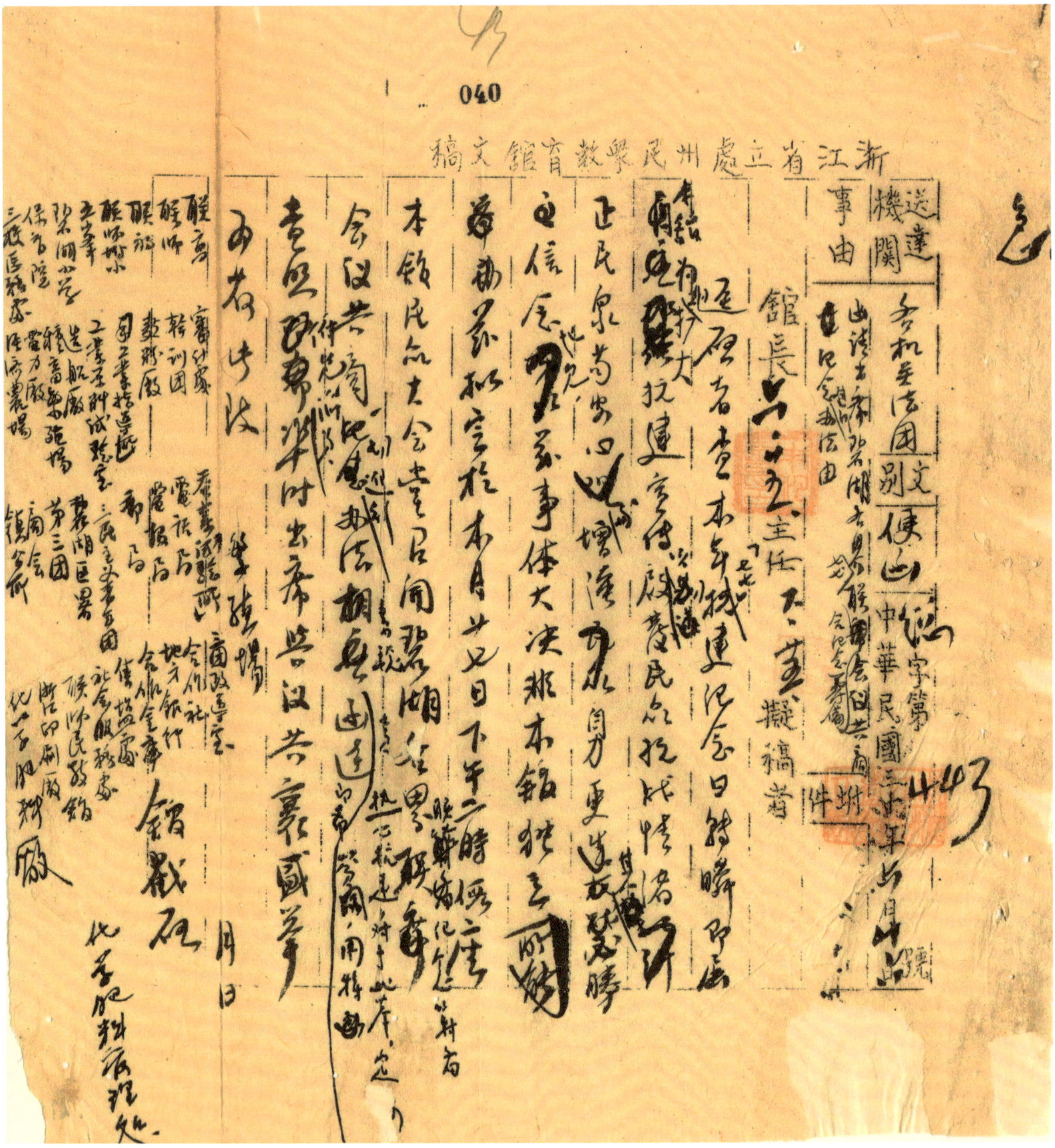

040

浙江省立處州民衆教育館文稿

送達機關 各机关法团

文別 便函

事由

館長

主任

擬稿者

字第 號

中華民國三十年 月 日

件 附

迳启者：查本年抗建四周纪念日转瞬即届，为扩大抗建宣传，启发民众抗战情绪，纠正民众苟安心理，增强……胜利信念……等事体大，决非本馆独力所能……，拟定于本月廿九日下午二时假本馆民众大会堂召开碧湖各界……会议，共商……办法，相应函达，即希贵……届时出席，共议共襄盛举为荷。此致

浙江省立处州民众教育馆关于检送碧湖各界「七七」联合纪念筹备会议记录致出席各机关的函

（一九四一年六月二十九日）

042

浙江省立處州民衆教育館文稿

送達機關：碧湖各機關

文別：函

事由：為函送七七聯合紀念籌備會議紀錄希查照由

館長 六先　主任 六先　擬稿者 六先

民國三十年六月廿八日發　總字第四四號

附件：紀錄

查碧湖各界七七聯合紀念籌備會議業于本月廿五日下午在本館召開大會，當經討論所有提案均經決議，記錄在卷，除分函外，相應檢送是項紀錄一份，函請查照並轉飭所屬有關事項分別辦理為荷。此致

碧湖各機關

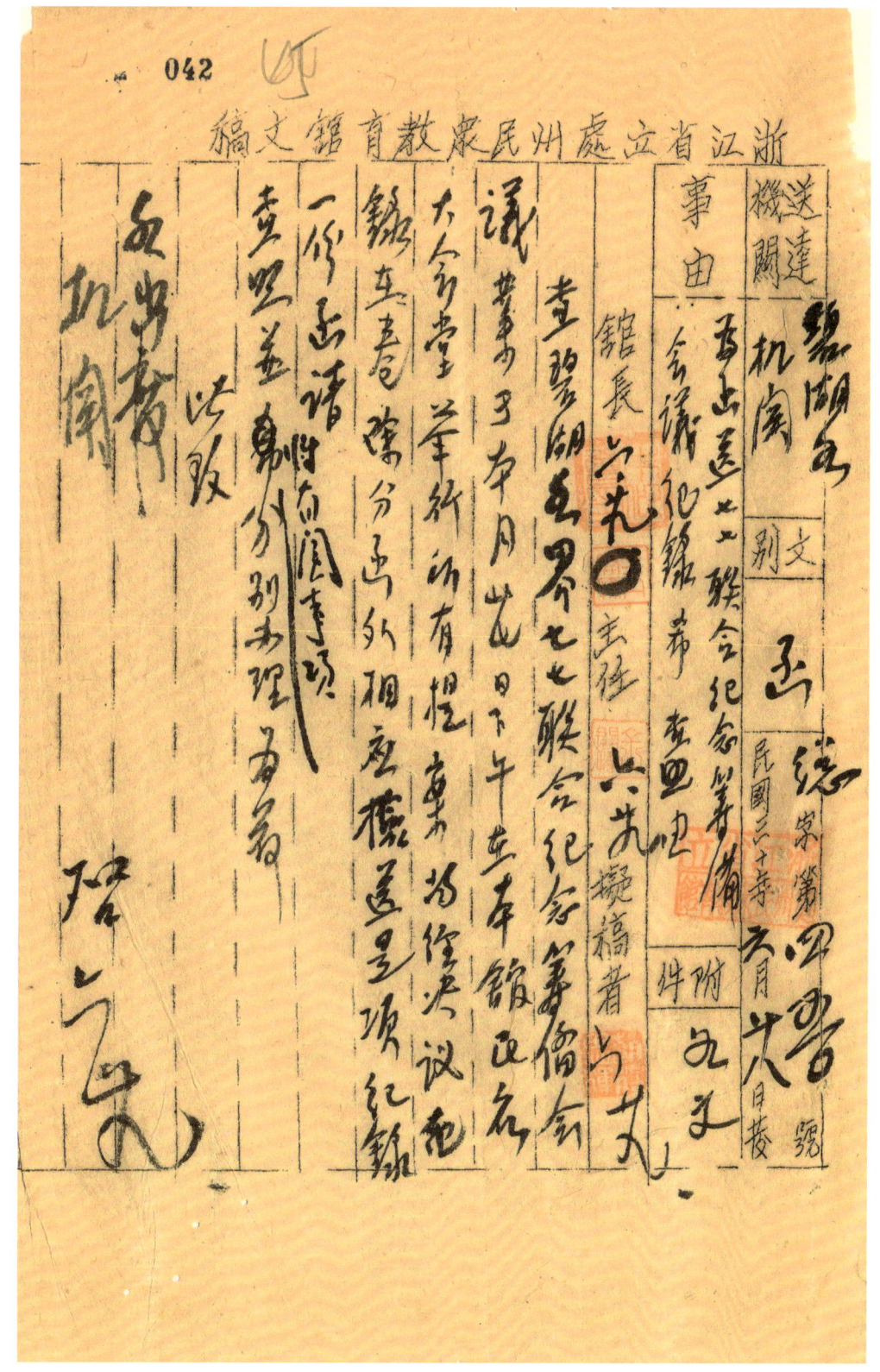

館長 六先

附：碧湖各界「七七」联合纪念筹备会议记录

46 043

碧湖各界七七聯合紀念籌備會議

日期：三十年六月廿七日下午二時

地点：省立處州民教館

出席者：浙江省審計處　有機肥料廠　化學肥料管理處

五峯小學　碧湖區署　三民主義青年團　省立聯師

碧湖電力廠　聯師附属實校　浙保三團九党部

浙保三團司令部　省立聯高　浙一保育院　省工業改

進所麵粉廠　省訓練團　碧湖中心學校　碧湖鎮

公所　浙農業改進所　種畜繁殖場

主席朱仰曾　紀錄周凱

一、行禮如儀

二、主席報告（略）

三、討論事項：

甲、大會全名應如何確定案

議決：定名為「碧湖各界聯合舉行抗戰建國四週年紀念大會」

乙、請決定七七紀念內容案

議決：（一）文字方面

1. 出版壁報：負責單位：五峯小學 聯師附小 碧湖小學 聯高 聯初 聯師 幹訓團 青年團 省立處州民教館 保育一院 浙保三團 特黨部

內容：以抗戰建國為中心

張貼地點：各機關附近

2. 張貼標語：先由青年團擬定標語內容先期分發各機關廣為繕貼

044

8.(二)活動方面：

1.舉開紀念大會

地点：晴天在聯初大操場　雨天個別舉行

時間：七月七日上午六時

主席團：幹訓團　青年團　淞傑三團　聯高　審計處　瑶湖區署　五峯小學　並請幹訓團陳教育長為主席團主席

參加人員：各机関學校團体全体參加民衆由區署鎮公所負責通知

會場佈置：由青年團省立處州民教館共同負責

會場指揮及司儀　請淞傑三團派員担任

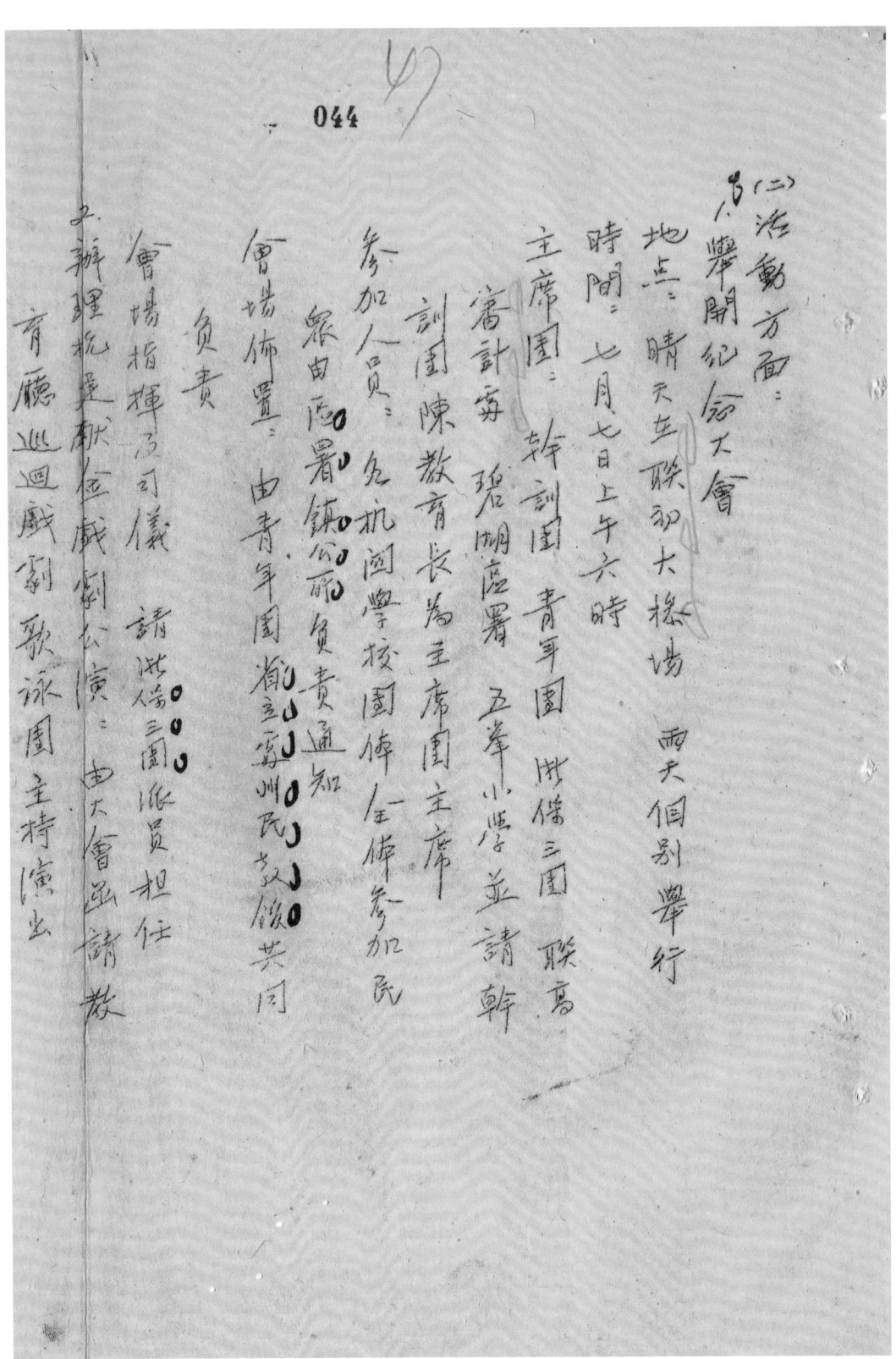

2.辦理抗建献金戲劇公演：由大會函請教育廳巡迴戲劇歌詠團主持演出

3.舉行民众抗建宣傳：於七日下午六時由省立賓州民教館在大行基放映教育電影實施宣傳

4.各機関商店懸旗紀念：各機関团体學校應於七日自動懸掛國旗商店懸旗則由區署商會負責通知

5.舉行時事演講：由大會邀請國際問題專家主講德蘇戰争問題於七日下午在省立賓州民教館舉行

6.舉行素食：七日由區署禁止市上出售葷腥並由鎮公所通知各商店住户素食一天將節省所得充作抗建獻金實施情形

陳雲英 孫

浙江省立处州民众教育馆关于邀请主讲德苏战争问题致浙江省建设厅陈虞孙的公函（一九四一年七月二日）

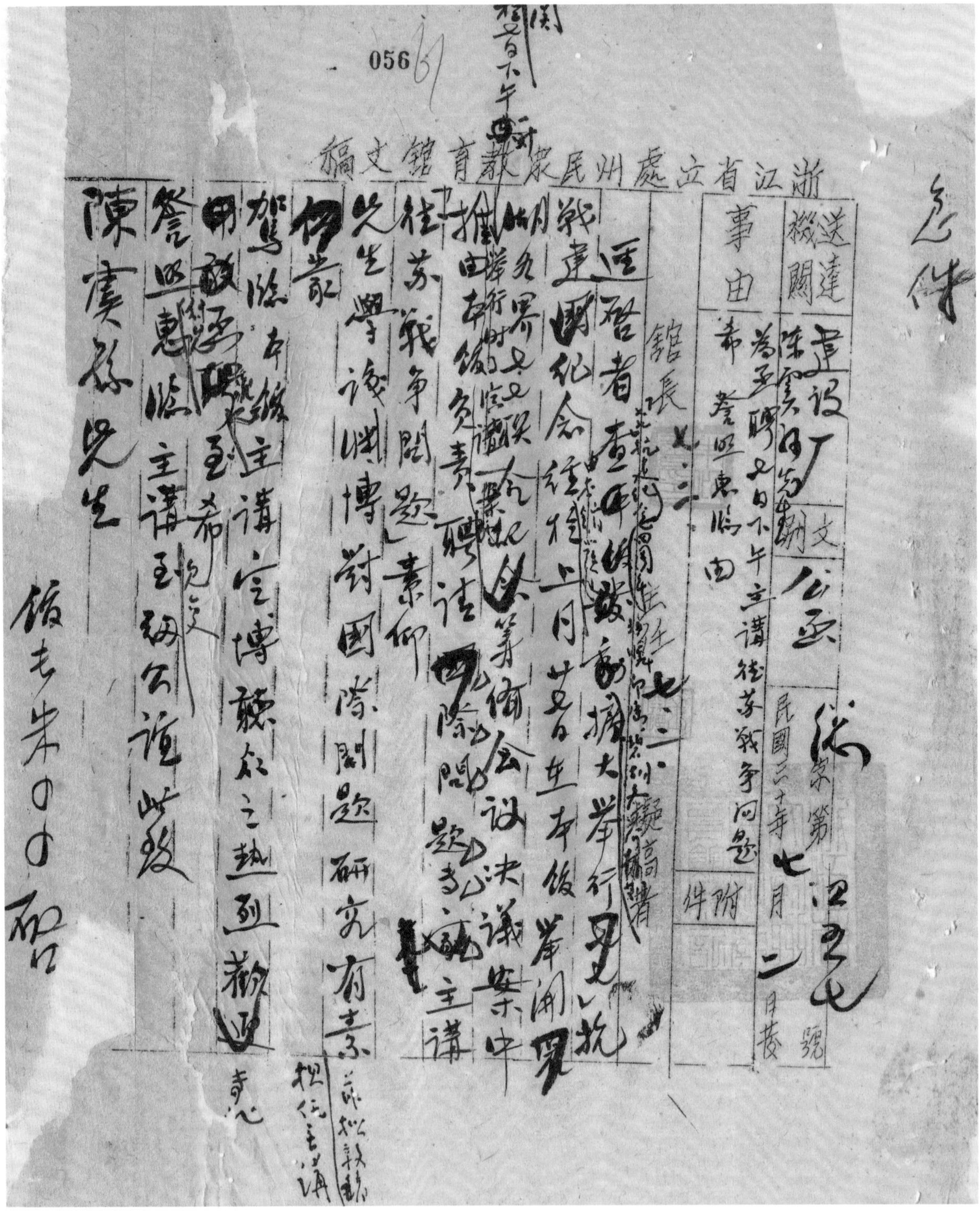

浙江省立处州民众教育馆关于请派号兵参加「七七」纪念大会致浙保第三团的便函（一九四一年七月五日）

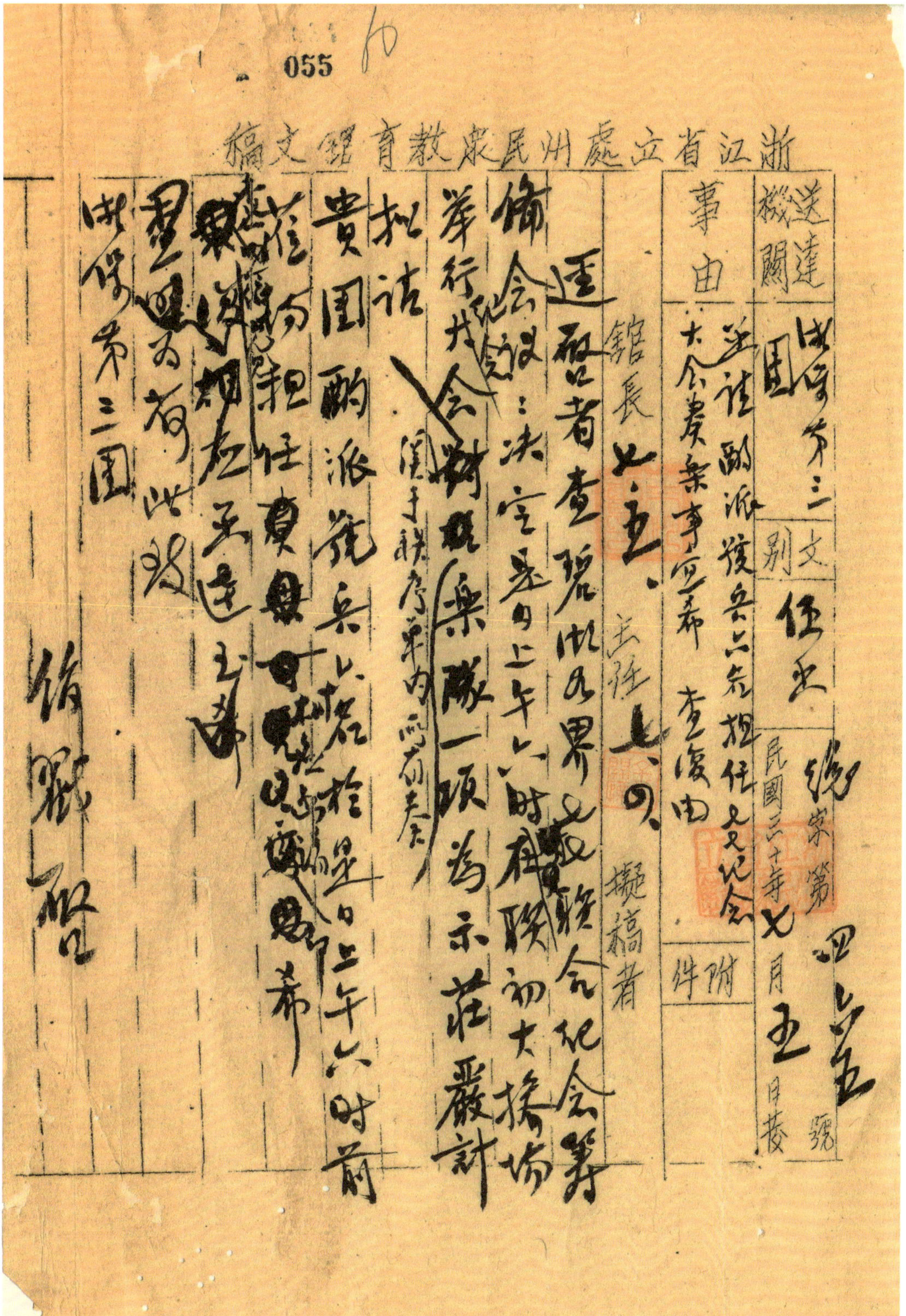
055

浙江省立處州民衆教育館文稿

送達機關：浙保第三團

文別：便函

事由：送請酌派號兵六名担任七七紀念大會奏樂事函希查復由

民國三十年七月五日發

字第　號

館長　主任　擬稿者

逕啟者：查[illegible]此次各界[illegible]紀念會籌備會議決定是日上午六時在[illegible]大操場舉行紀念大會，對於樂隊一項為示莊嚴計，擬請貴團酌派號兵六名於是日上午六時前[illegible]担任[illegible]為荷。此致

浙保第三團

館長　徐[illegible]

丽水县动员委员会关于缴交「七七」四周年纪念会募得物品和现金事致碧湖区「七七」四周年纪念筹备会的公函（一九四一年七月五日）

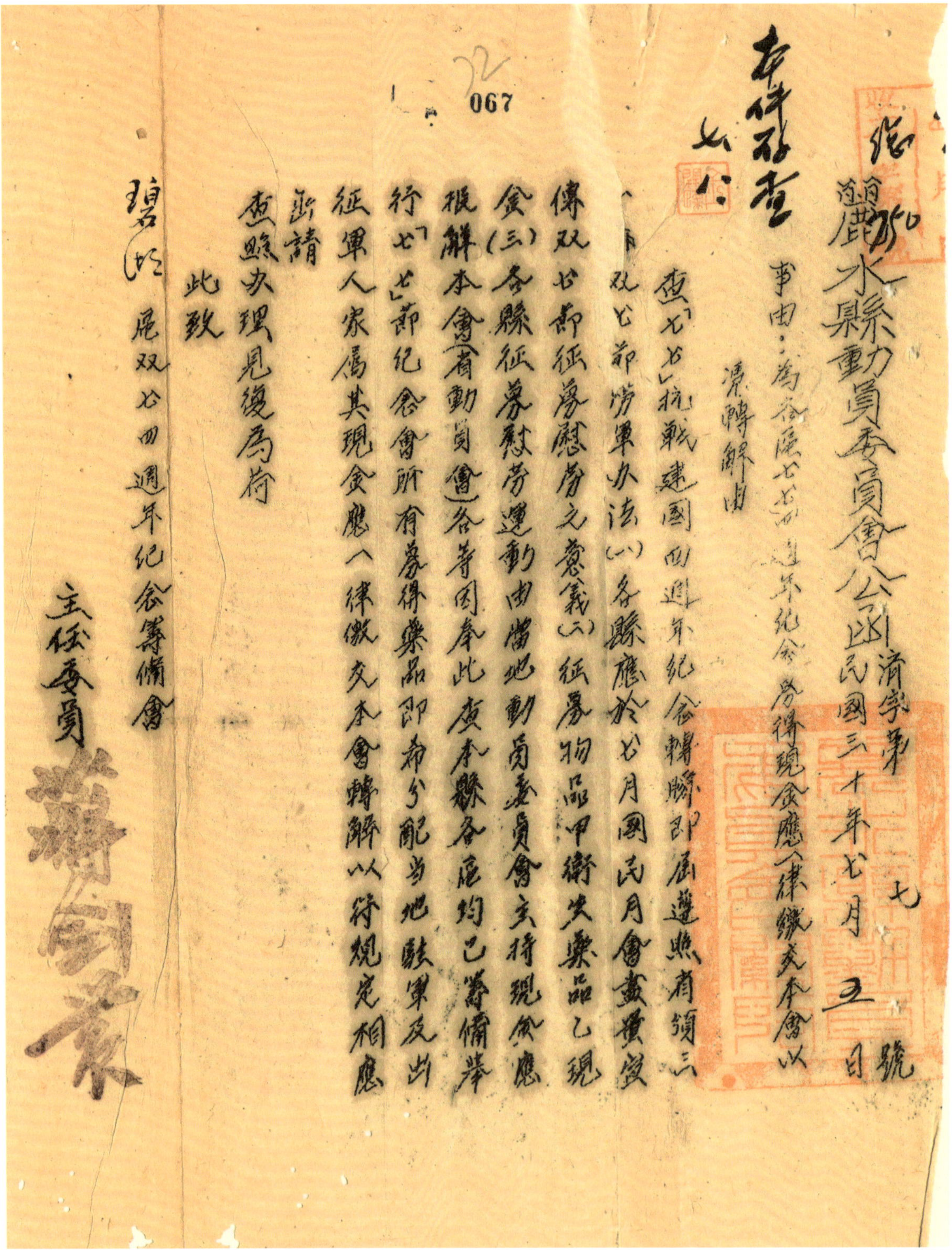

067

本件存查

麗水縣動員委員會公函 濟字第 七 號

民國三十年七月五日

事由：為各區七七四週年紀念募得現金應一律繳交本會以憑轉解由

查「七七」抗戰建國四週年紀念轉瞬即屆，遵照省頒三屆七七節勞軍辦法（八）各縣應於七月國民月會盡量發揮七七節徵募慰勞之意義（六）徵募物品中衛生藥品已現金（三）各縣徵募慰勞運動由當地動員委員會主持，現金應報解本會（省動員會）各等因奉此，查本縣各區均已籌備舉行「七七」節紀念會，所有募得藥品即希分配當地駐軍及出征軍人家屬，其現金應一律繳交本會轉解，以符規定。相應函請

查照辦理見復為荷

此致

碧湖區七七四週年紀念籌備會

主任委員 蔣

碧湖各界联合举行抗战建国四周年纪念大会关于邀请沈耀光先生观看话剧公演的函（一九四一年七月六日）

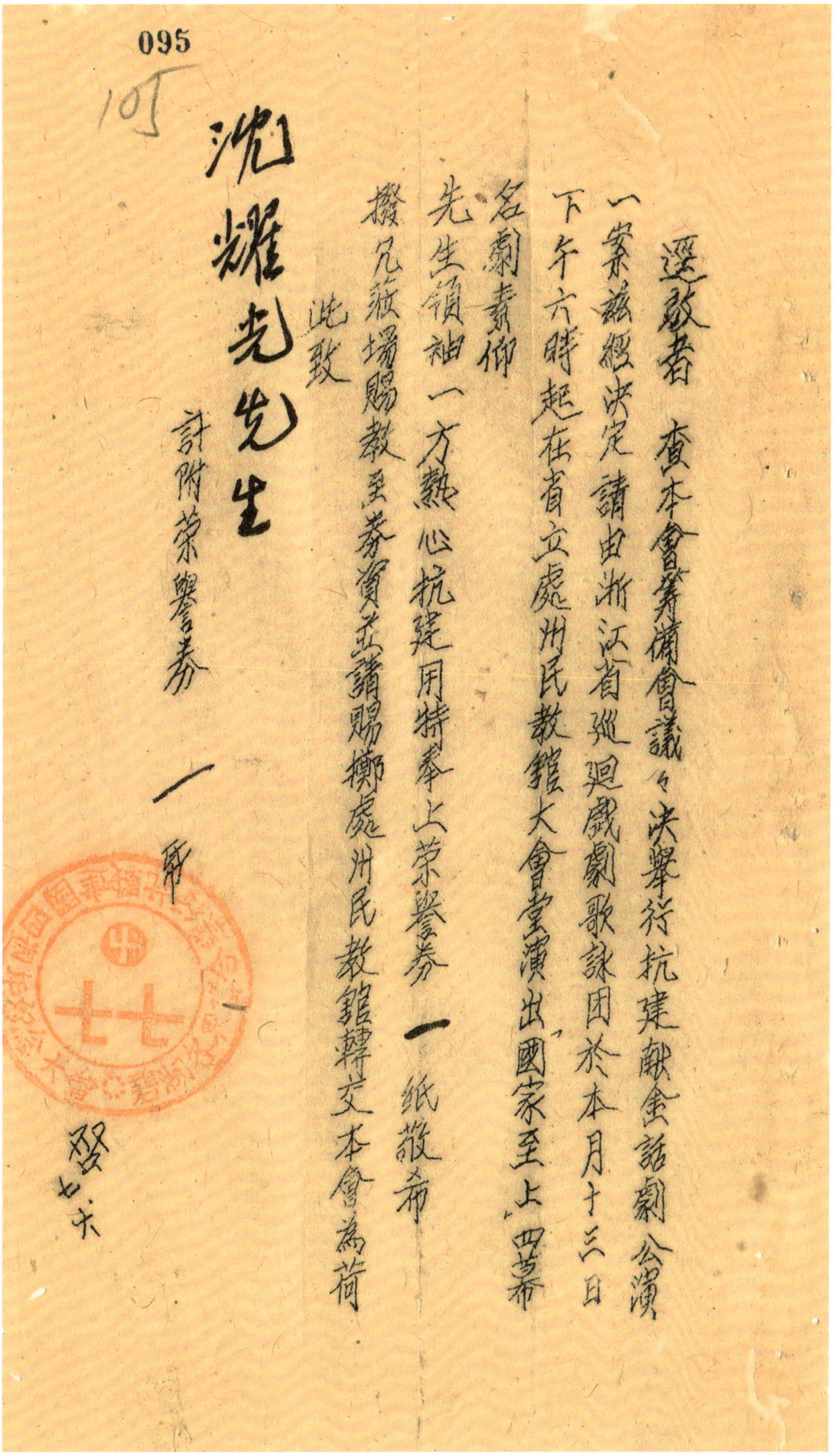
095

105

逕啟者

查本會籌備會議々決舉行抗建獻金話劇公演

一案茲經決定請由浙江省巡廻戲劇歌詠团於本月十三日

下午六時起在省立處州民教館大會堂演出國家至上四幕

名劇素仰

先生領袖一方熱心抗建用特奉上荣譽券一紙敬希

撥冗蒞場賜教至券資並請賜擲處州民教館轉交本會為荷

此致

沈耀光先生

計附荣譽券一張

啓 七.六

浙江省立处州民众教育馆《为抗战建国四周年纪念告民众书》（一九四一年七月七日）

066

為抗戰建國四周年紀念告民眾書

——發揮本位努力的效能——

七七是民族求自由解放的紀念日

今天是七月七日，就是中央規定的抗戰建國四周年紀念日。在這麼一個歷史上有重大意義的日子裏，我們覺得非常的沉痛，但也寄與無限的熱望和興奮。

我們的敵人——日本帝國主義，憑藉着人類間最低劣的侵略[illegible]，不惜以飛機大砲來掃蕩和毀滅我們的生命財產，使我們的千千萬萬的同胞流離失所，使我們的千千萬萬的同胞的血肉與白骨隨着砲彈而紛飛，更使我們的多少摯愛的兄弟姊妹變成了孤兒寡婦!?我們那能不沉痛!?那能不沉痛呢!?但是，如果把我們的視綫集中到光明的一面，則我們將寄與這日子以如何的熱望和興奮啊!?

蘆溝橋的一聲炮響，終於激起了我們全國上下的團結和統一，空前未有的壯舉——神聖偉大的抗戰序幕從此展開了。到現在，抗戰更已轉入了嶄新的階段，各方的形勢更有利於我，敵人的泥足已愈陷愈深，將至不能自拔，勝利屬我，已無疑問。因此，誰能不熱望，誰肯不興奮呢!?

不過，我們又深切地感覺到，消極的沉痛是無用的，純然的熱望和興奮也不一定如何有補於事功。因此，在今天，我們要提出這樣的一個口號：

發揮「本位努力」的效能！

什麼叫做「本位努力」呢？就是要站在崗位，對於應做的工作和應盡的義務，均能盡心力而為之。

如何來發揮「本位努力」的效能呢？說起來非常的簡單：不需要我們去好高騖遠，種田的人要努力種田，以謀糧食的充足；做工的就努力做工；以謀物力的增加。做商人的，尤應以通有無，裕民生為己任，切不可去做那發國難財的勾當……而論到應征兵役的時候，尤須踴躍應征，不張任何規避，完糧納稅，惟恐不前，以裕國富。以上所說，雖卑之無甚高論，但我們四萬萬五千萬同胞，如果都能這樣做的話，則最後勝利就在我們的目前，三民主義的自由幸福的新中國，就會很快的實現！總理的濟世救民的理想，[illegible]及於全世界的被壓迫民族！親愛的同胞們，行遠自邇，登高自卑，願大家攜手努力，邁步前進！

浙江省立處州民眾教育館。

卅、七、七

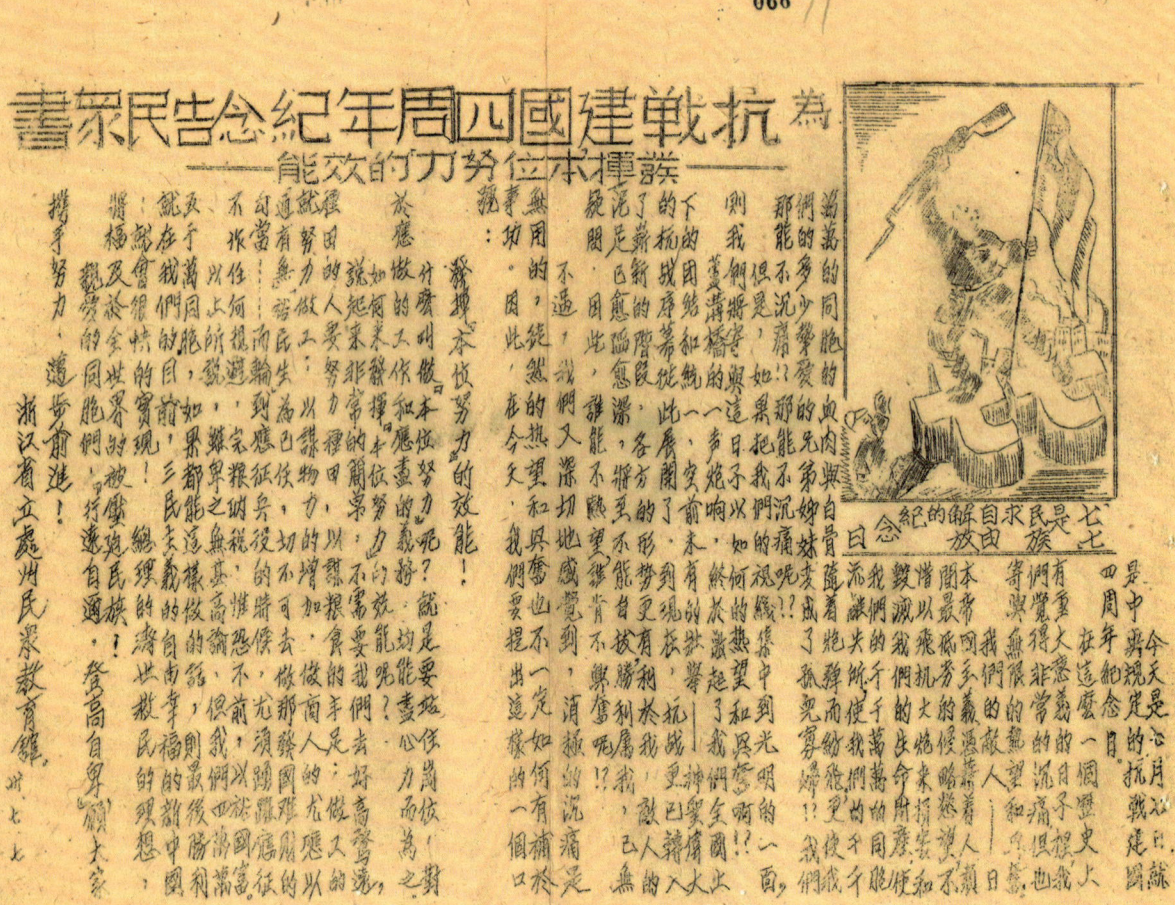

碧湖各界联合举行抗战建国四周年纪念大会、战时儿童保育会浙江分会第一保育院关于巡回剧团演员寄宿事宜的来往文书（一九四一年七月十日）

碧湖各界联合举行抗战建国四周年纪念大会致战时儿童保育会浙江分会第一保育院的便函（一九四一年七月十日）

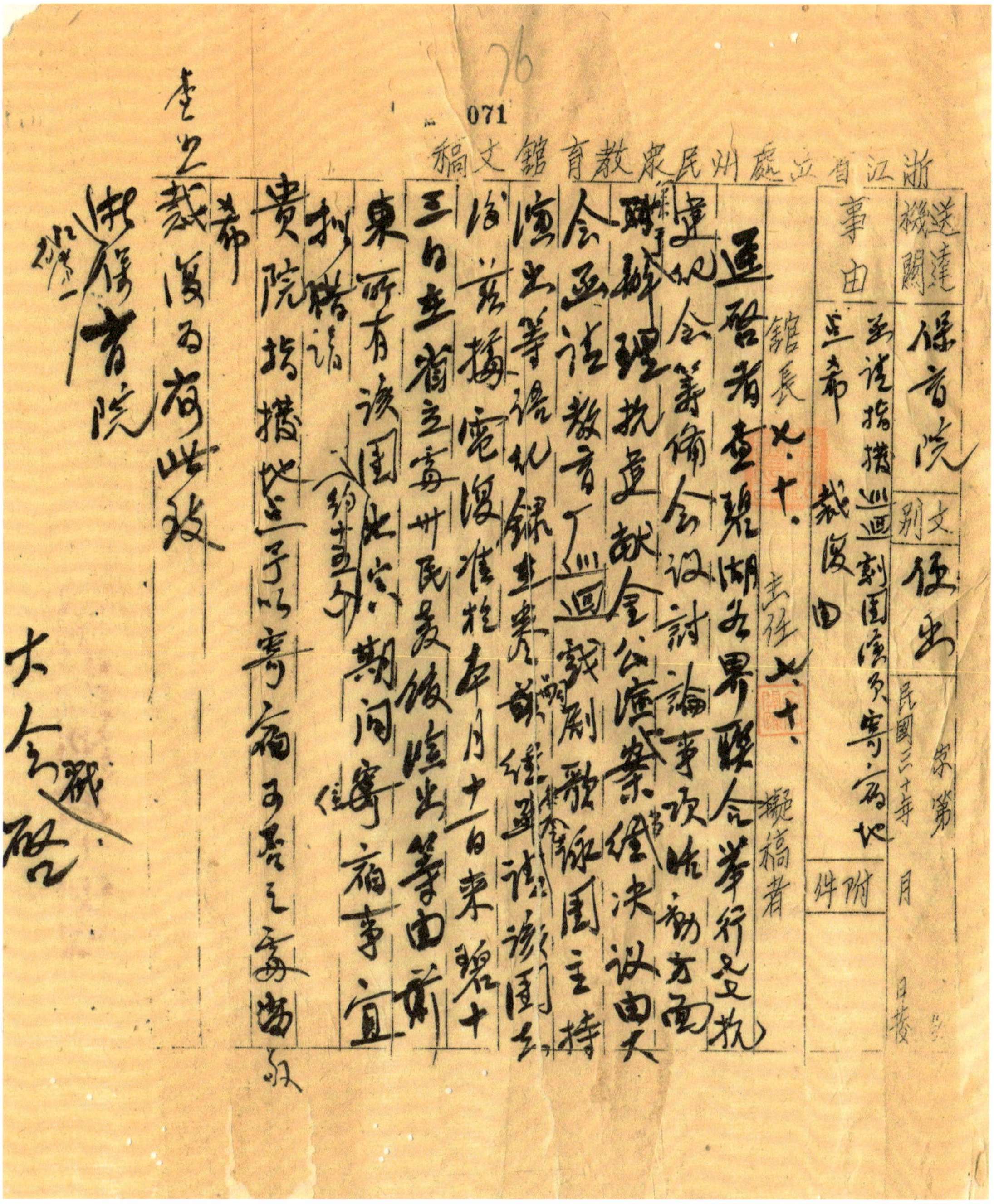
071

浙江省立處州民衆教育館文稿

送達機關：保育院

文別：便函

事由：函請指撥巡迴劇團演員寄宿地點希裁復由

館長 七.十. 主任 七.十. 擬稿者

逕啟者：查碧湖各界聯合舉行抗戰建國四週年紀念大會籌備會議討論事項，於動員方面決議由大會函請教育廳巡迴戲劇歌詠團主持演出等語紀錄在卷，茲據電復准於本月十二日來碧，十三日在省立第廿民教館演出等由，前來所有該團此次期間寄宿事宜，相應函請貴院指撥地點予以寄宿為荷。此致

保育院

大會啟

战时儿童保育会浙江分会第一保育院致碧湖各界联合举行抗战建国四周年纪念大会的笺函（一九四一年七月十日）

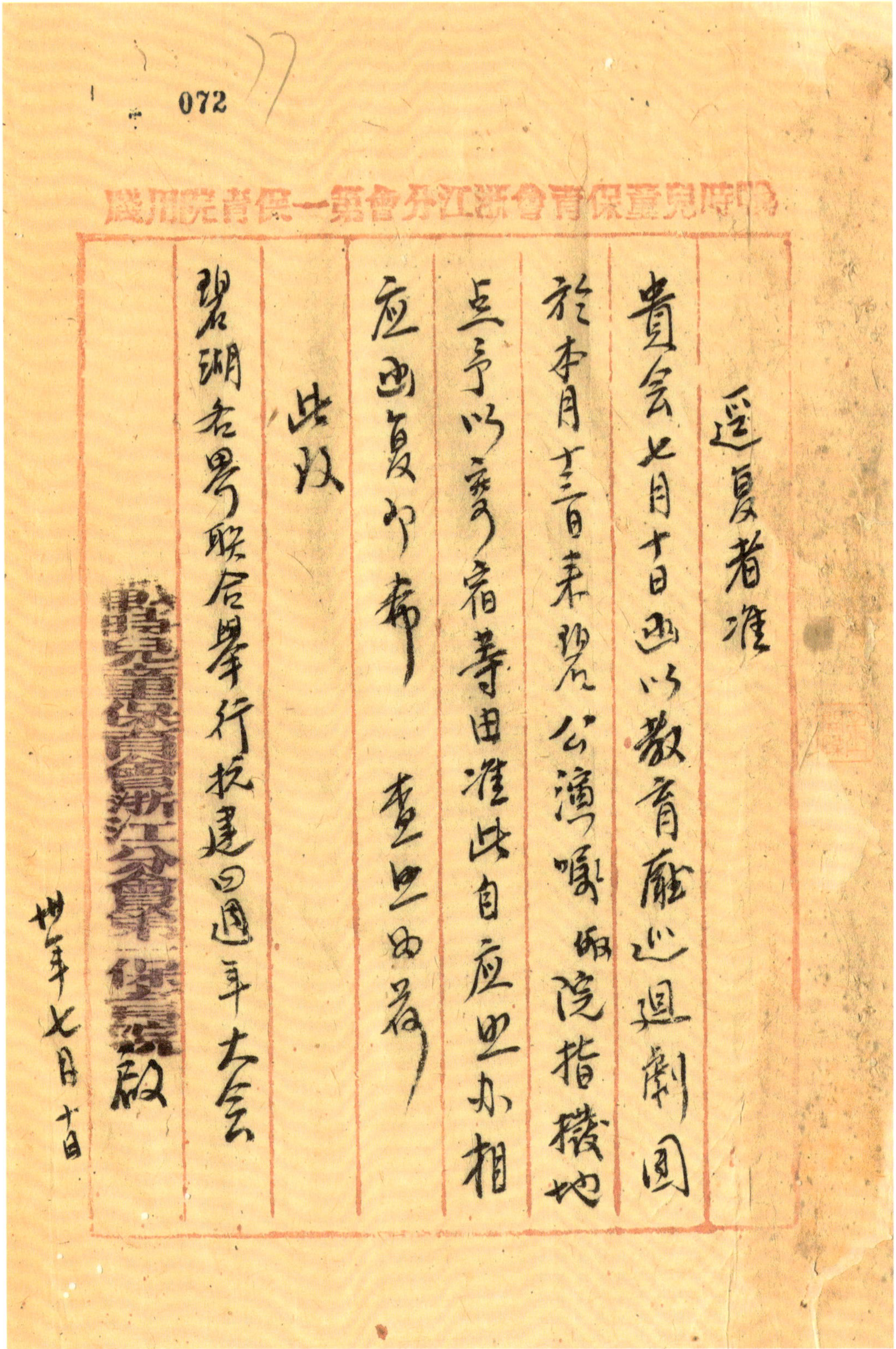
072

戰時兒童保育會浙江分會第一保育院用箋

逕復者准

貴会七月十日函以教育廳巡迴劇團

於本月十三日來碧公演囑 敝院指撥地

点予以安宿等由准此自应照办相

应函复即希

查照為荷

此致

碧湖各界联合举行抗建四週年大会

戰時兒童保育會浙江分會第一保育院啟

卅年七月十日

碧湖各界抗建四周年纪念大会戏剧献金缴款清单（一九四一年七月十五日）

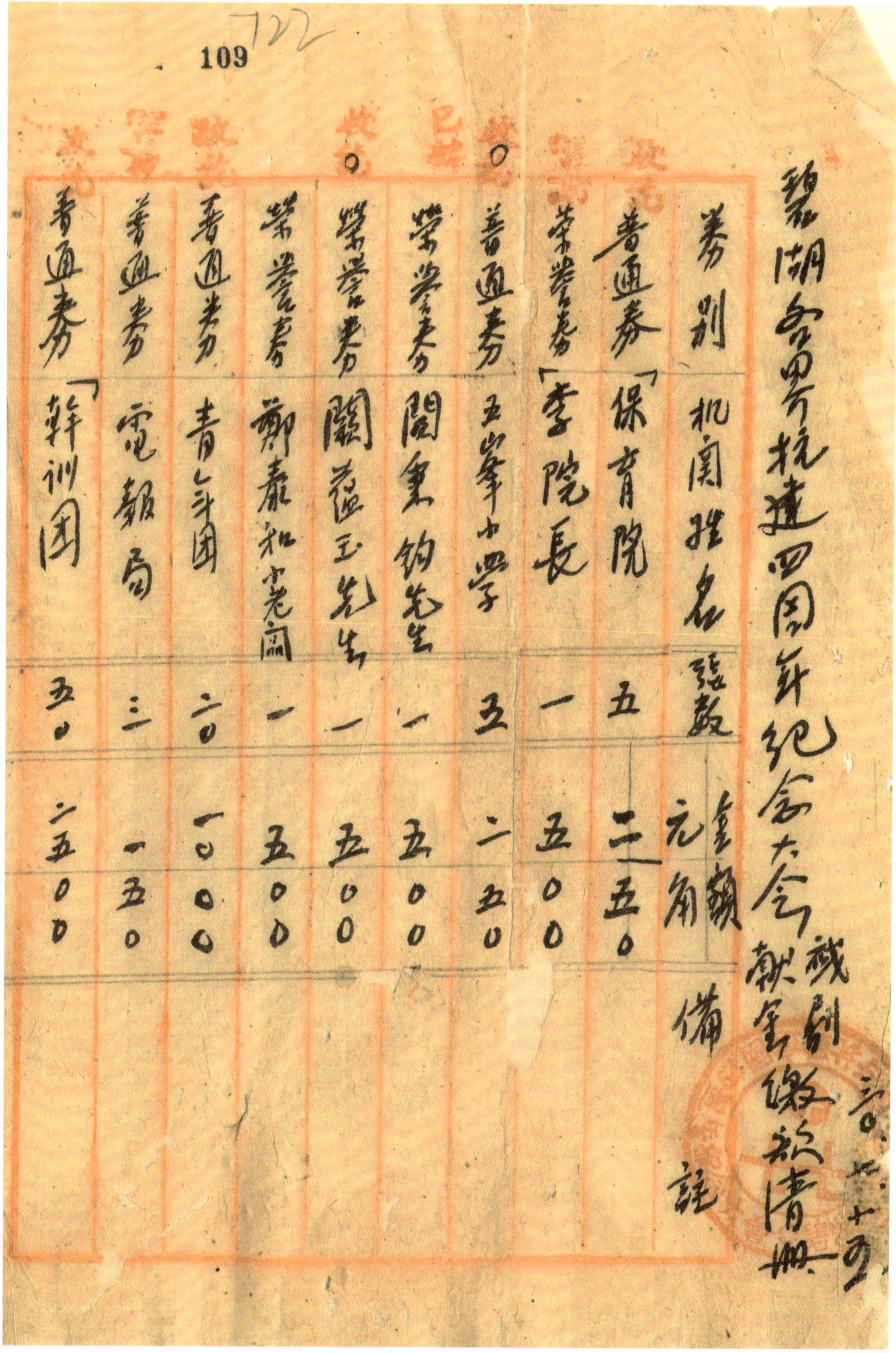

109

碧湖各界抗建四周年紀念大會戲劇獻金繳款清冊

三〇、七、十五

券別	機關姓名	張數	金額 元 角	備註
普通券	保育院	五	二五〇	
榮譽券	李院長	一	五〇〇	
普通券	五峰小學	五	二五〇	
榮譽券	閻秉鈞先生	一	五〇〇	
榮譽券	關蘊玉先生	一	五〇〇	
榮譽券	鄭賡和小菜館	一	五〇〇	
普通券	青年團	二〇	一〇〇〇	
普通券	電報局	三	一五〇	
普通券	幹訓團	五〇	二五〇〇	

節儲券	陳教育長	二	一〇〇〇
〃收	立秘書	二	一〇〇〇
〃收	方正平先生	一	五〇〇
〃收	樓會計主任	一	五〇〇
〃收	賀副總隊長	一	五〇〇
〃收	潘總隊附	一	五〇〇
〃收	吳主任醒卿	一	五〇〇
〃收	何教官	一	五〇〇
普通券	印刷廠	三	一五〇〇 查
貳元節儲券	印刷廠	一五	三〇〇〇
電燈廠	電燈廠	五	二五〇
普通券			

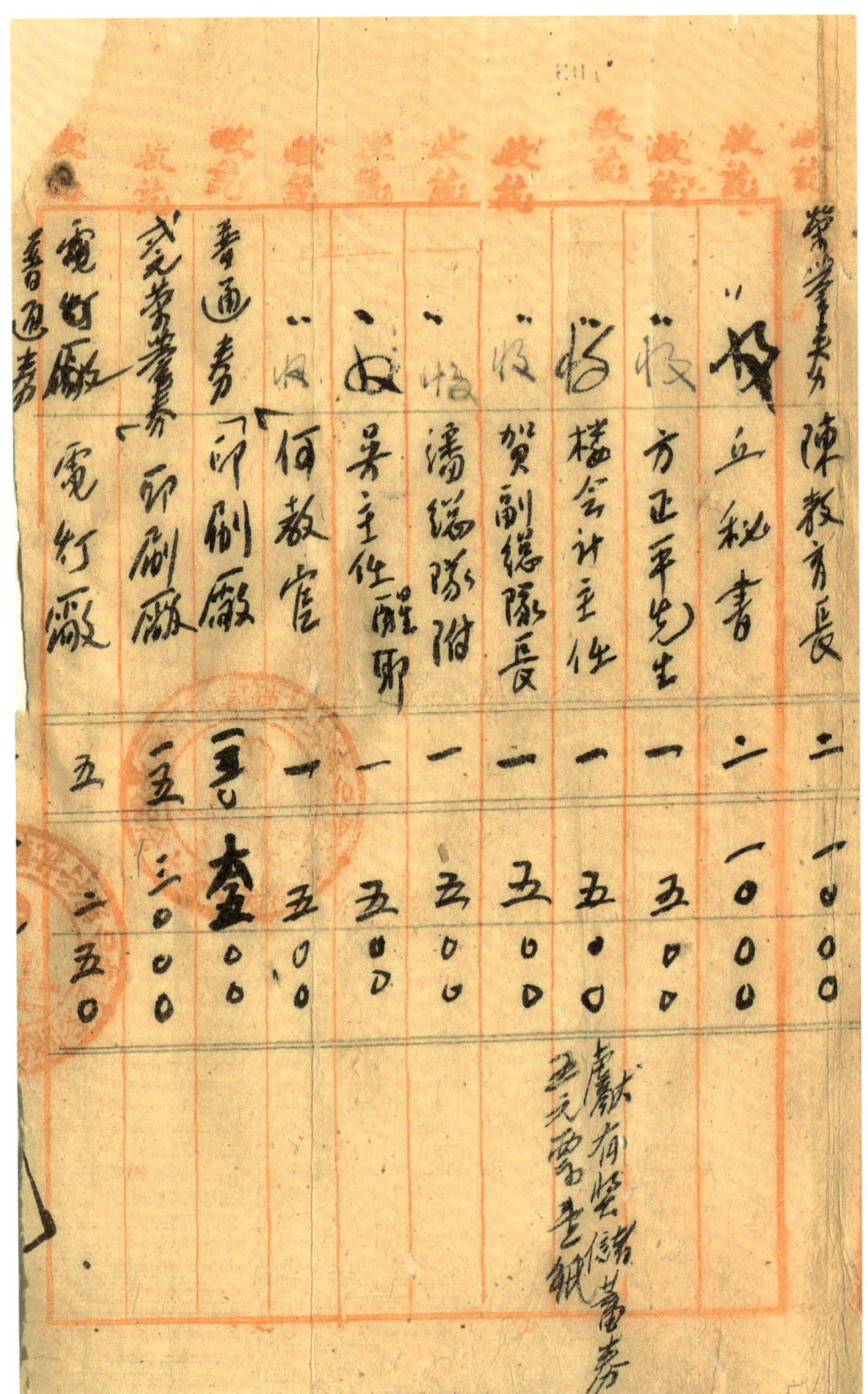

獻有賢儲蓄券
五元票壹張

碧湖各界献金戏剧公演荣誉券清单（一九四一年七月）

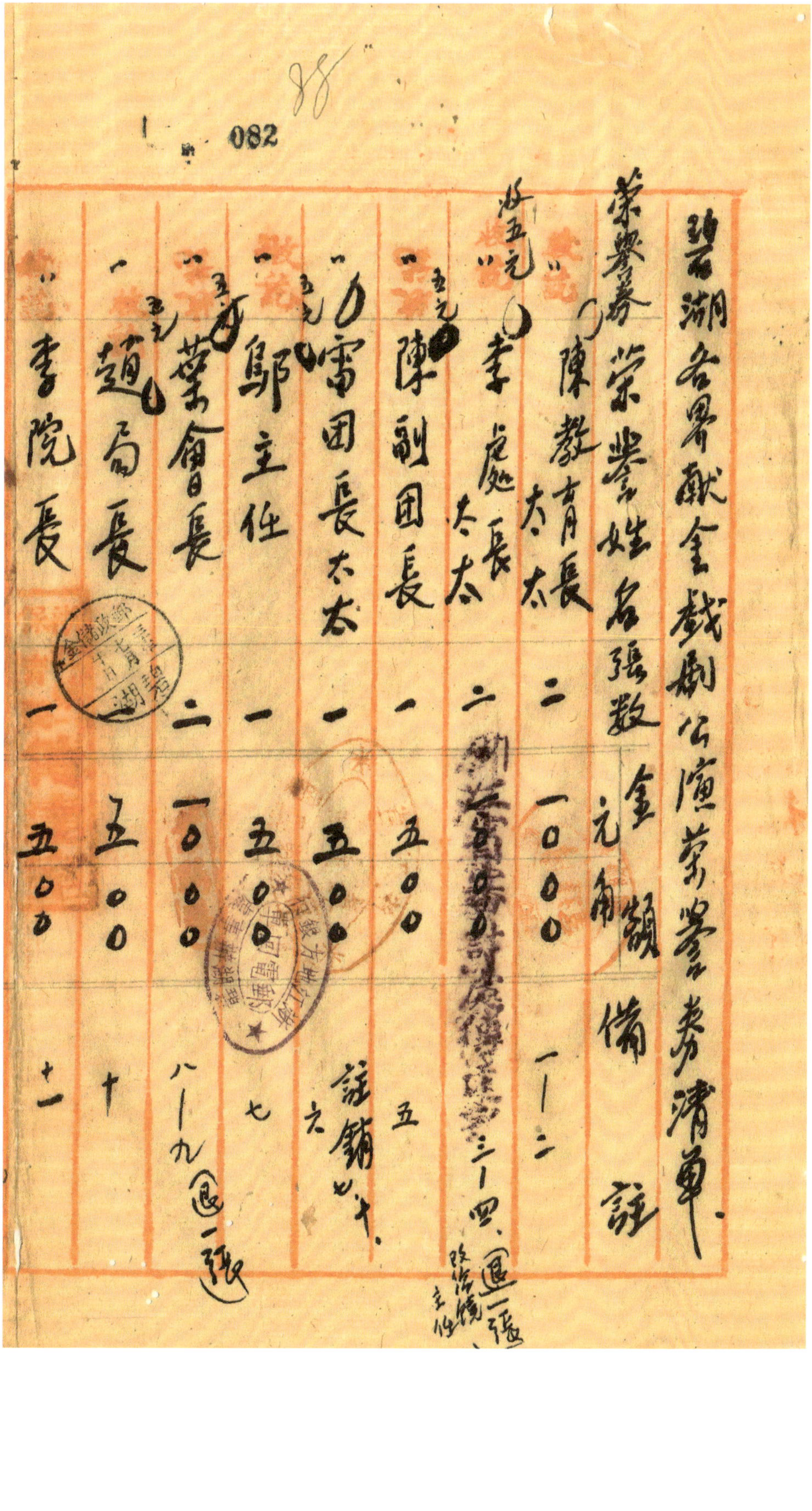

082

碧湖各界献金戏剧公演荣誉券清单

荣誉券姓名	张数	金额（元角）	备注
陈教育长太太	二	一〇〇〇	一、二
李处长太太	二	[illegible]	三、四、（退一张）
陈副团长	一	五〇〇	五
雷团长太太	一	五〇〇	六　注销七十
邬主任	一	五〇〇	七
叶会长	二	一〇〇〇	八、九（退一张）
赵局长	一	五〇〇	十
李院长	一	五〇〇	十一

收訖

五元	饒主任	一五〇〇	四月份改用
	汪秘書太太	一〇〇〇	十二—十三
	方代處長正平	一五〇〇	十四
五元	張科長谷塵	一五〇〇	十五
	合計	一五七五〇〇	
	榮譽劵何紫珊先生	一五〇〇	十六
	沈耀光先生	一五〇〇	十七　退錄
	關秉鈞先生	一五〇〇	十八
	關蘊玉先生	一五〇〇	十九
	沈賦芳先生	一五〇〇	二〇
	鄭泰和小老闆	一五〇〇	六號改用

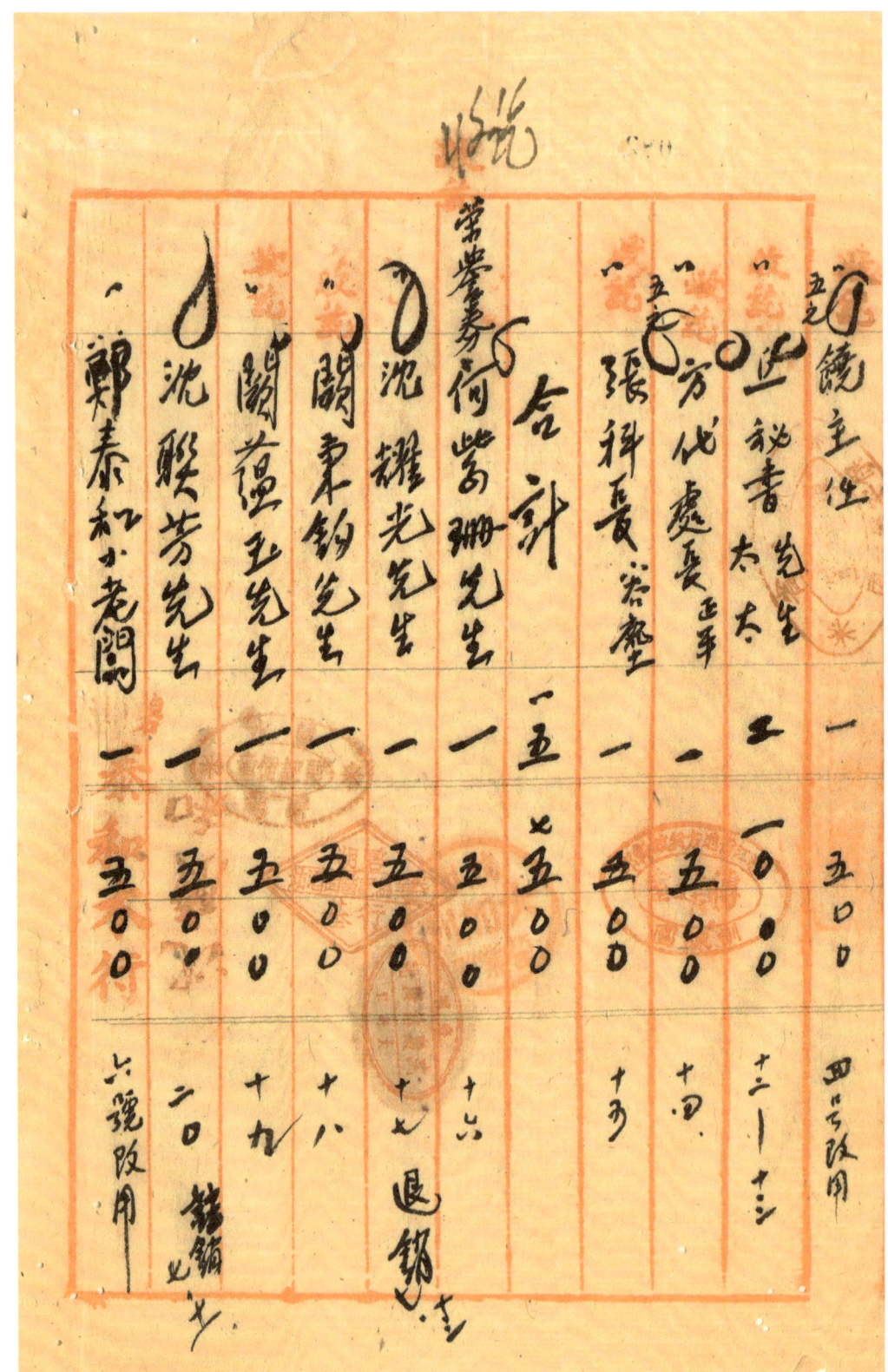

083

收訖	姓名	數	金額	日期	備註
收訖	樓會計主任	一	五〇〇	六、	改用
收訖	鄧處長	一	五〇〇	廿一	
收訖	韓總隊長	一	五〇〇	廿三	退鎖
收訖	賀副總隊長	一	五〇〇	廿三	
收訖	潘總隊附	一	五〇〇	廿四	
收訖	吳主任秘書	一	五〇〇	廿五	
收訖	何教官	一	五〇〇	廿六	

贰元荣誉券

浙江印刷厂

五

一〇〇

一一五

〃

一〇

二〇〇

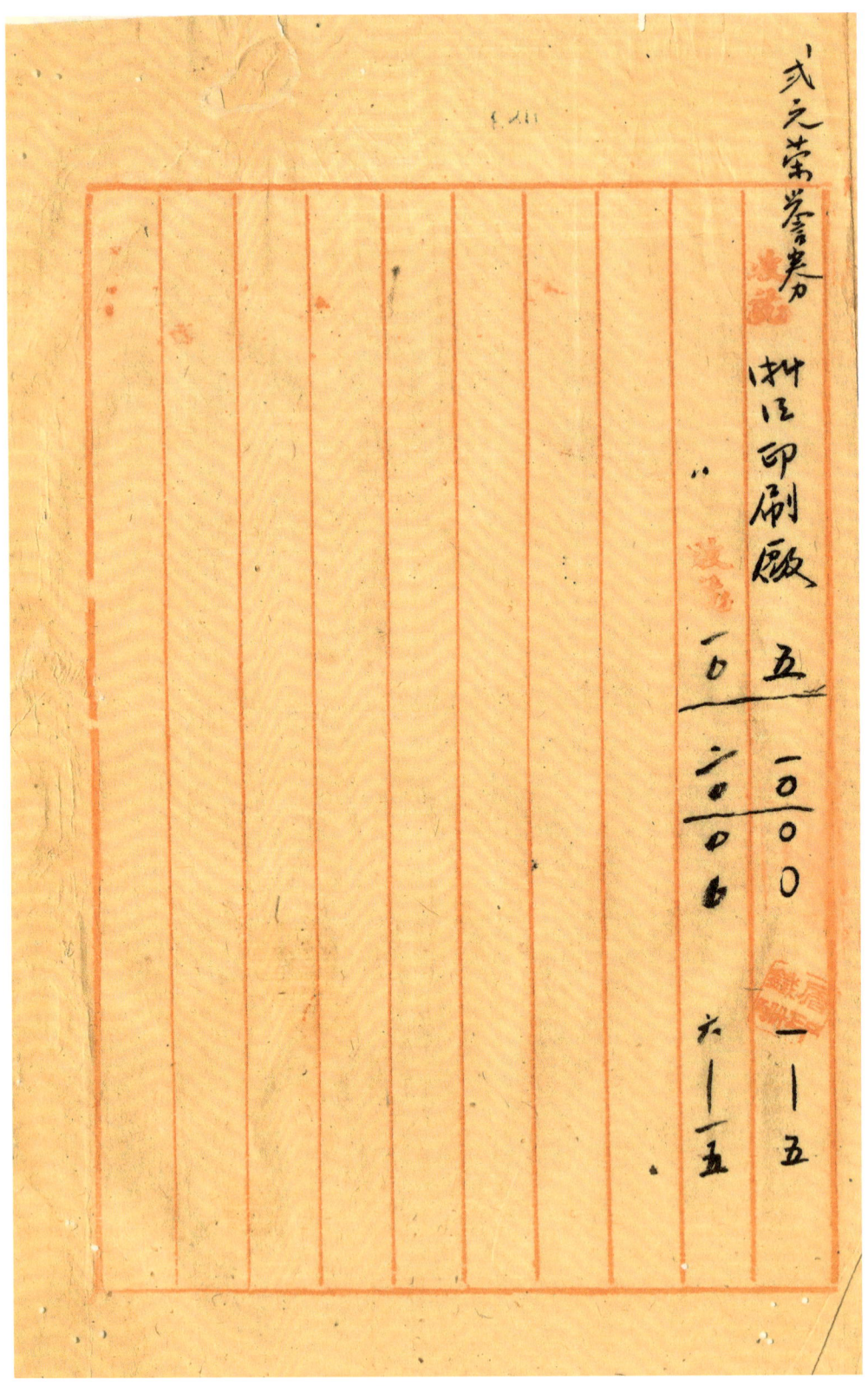

六一一五

079

碧湖各界舉行抗建戲劇獻金公演入場券清單

類別	機關名稱	入場券張數	金額（元角）	備註
推銷	兒童保育院	五	二五〇	1501—1505
〃	五峯小學	五	二五〇	1506—1510
〃	省立聯高	六〇	三〇〇〇	1511—1570
〃	省立聯初	四〇	二〇〇〇	1571—1610
〃	省立聯師	三〇	一五〇〇	1611—1640
〃	聯中醫務處	五	二五〇	1641—1645
〃	聯師附屬實校	五	二五〇	1646—1650
〃	審計處	[illegible]〇	五〇〇	1651—1680

返廿張

返九張

〃 收訖	省幹訓团	五〇	二五〇〇	1681—1730
〃 收訖	化工第一工場	一〇	五〇〇	1731—1740
〃 收訖	機工第二工場	一〇	五〇〇	1741—1750
〃	碧湖區署	一〇	五〇〇	1751—1760
〃 收訖	碧湖商會	二〇	一〇〇〇	1761—1780
〃 收訖	地方銀行	五	二五〇	1781—1785
〃 收訖	青年团	二〇	一〇〇〇	1786—1805
〃 收訖	浙保三团部	一五	七五〇	1806—1820
〃 收訖	工業原料試驗室	五	二五〇	1821—1825
〃 收訖	種畜繁殖場	五	二五〇	1826—1830

收 十二/1

已付訖

機關名稱	張數	金額（元 角）	備註
完 電燈廠	五	二五〇	1831—1835
合作金庫	五	二五〇	1836—1840 退二張
完 電報局	三	一五〇	1841—1843
完 電話局	二	一〇〇	1844—1845
合計	三五	一七二五〇	1501—1845
完 化工第一二場退	六	三〇〇	1734—1740
完 舊針廠退 加本報改於一	一九	五〇〇	1662 至 1672—1679
完 退回 含本年二張 本年舊張又	四	二〇〇	1858 1844 1840 1959

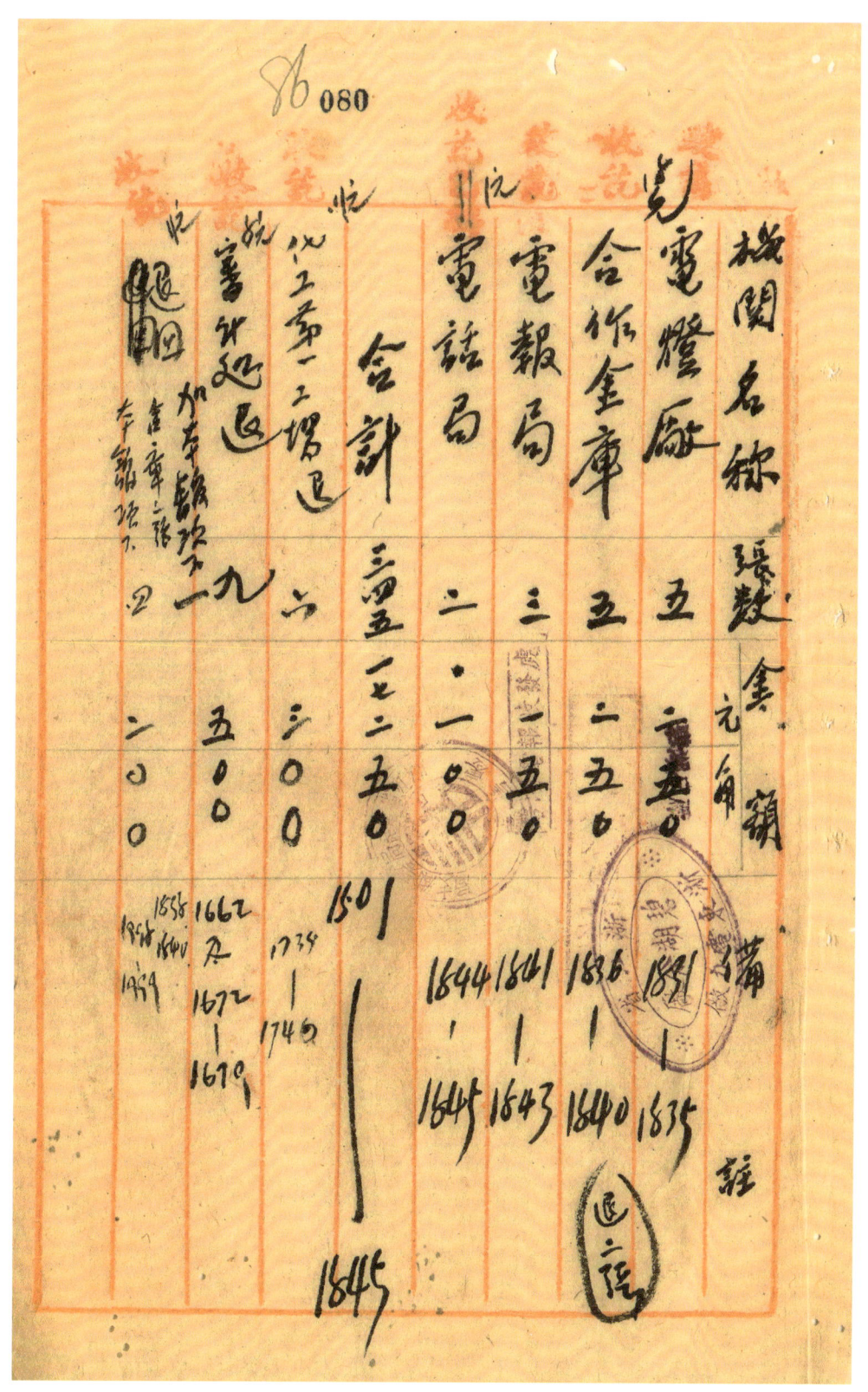

代銷 大加利	二〇	一〇〇〇	1846—1865 收訖
正中書局	二〇	一〇〇〇	1866—1885
文地書店	二〇	一〇〇〇	1886—1905
本館	九五	四七五〇	1906—2000 内1906—1945 交教育館
余計	一五五	七七五〇	1945—
教育美術館	四〇	二〇〇〇	1906—1945 收
碧湖鎮公所	二〇	一〇〇〇	1946—1965
浙江印刷廠	三〇	一五〇〇	1966—1995
又	一〇〇	五〇〇〇	2101—2200 中間五張失用
張志寬	二〇	一〇〇〇	2001—2020
十九第三團政治部	二〇	一〇〇〇	2021—2040

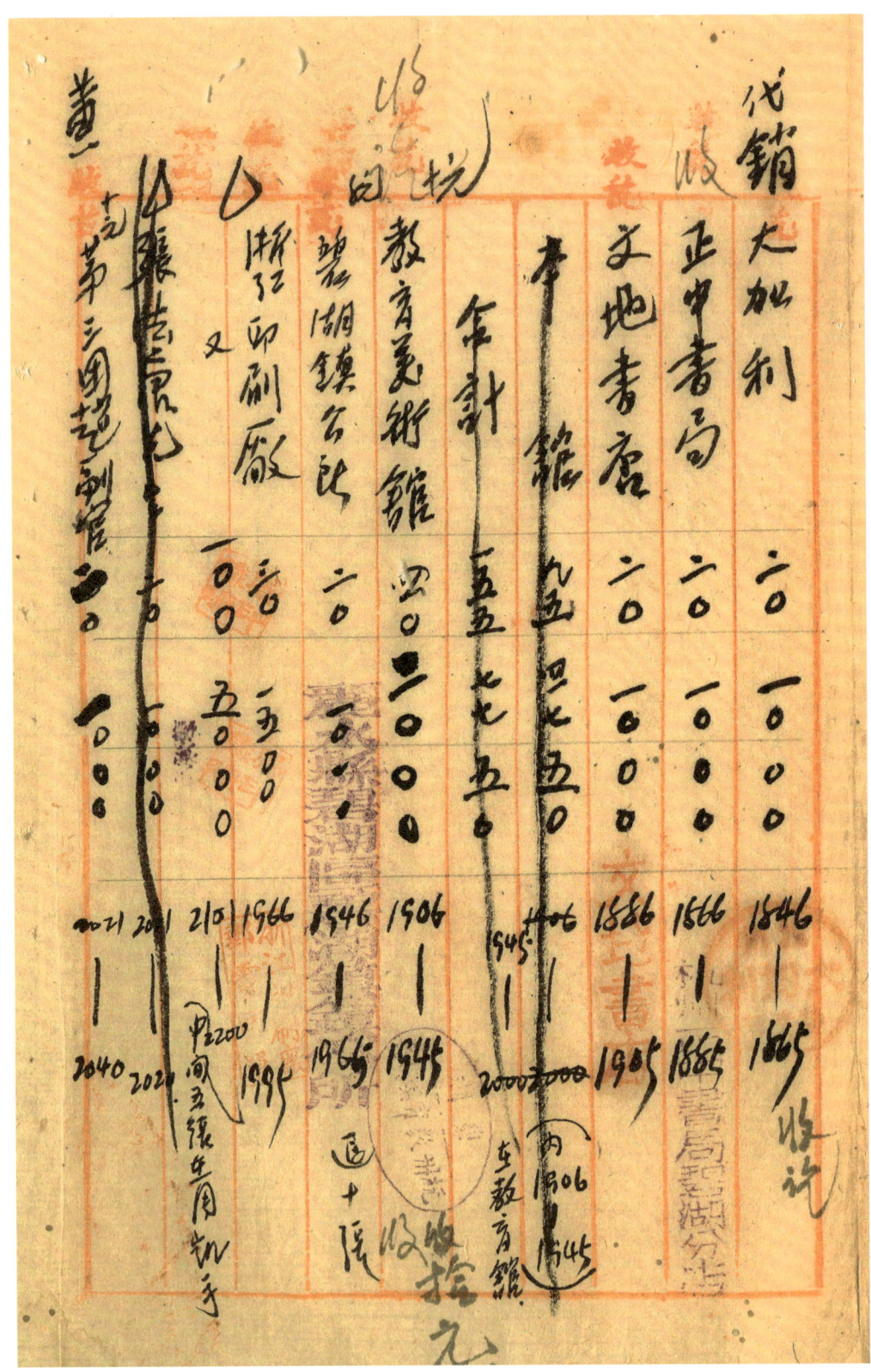

收訖

081 87

45 30件

全印刷一份 三十件

黄

收院

本館證下		五	二五0	1556 — 2000
院 院中於代錄			五00	2041 — 2050
院 商會不退費		八	四00	1701 至 1709 — 1775
院 〃 〃		五	一五0	1776 — 1778
院 〃 〃		二	一00	1775 — 1780
共數		五[illegible]	二六五0	

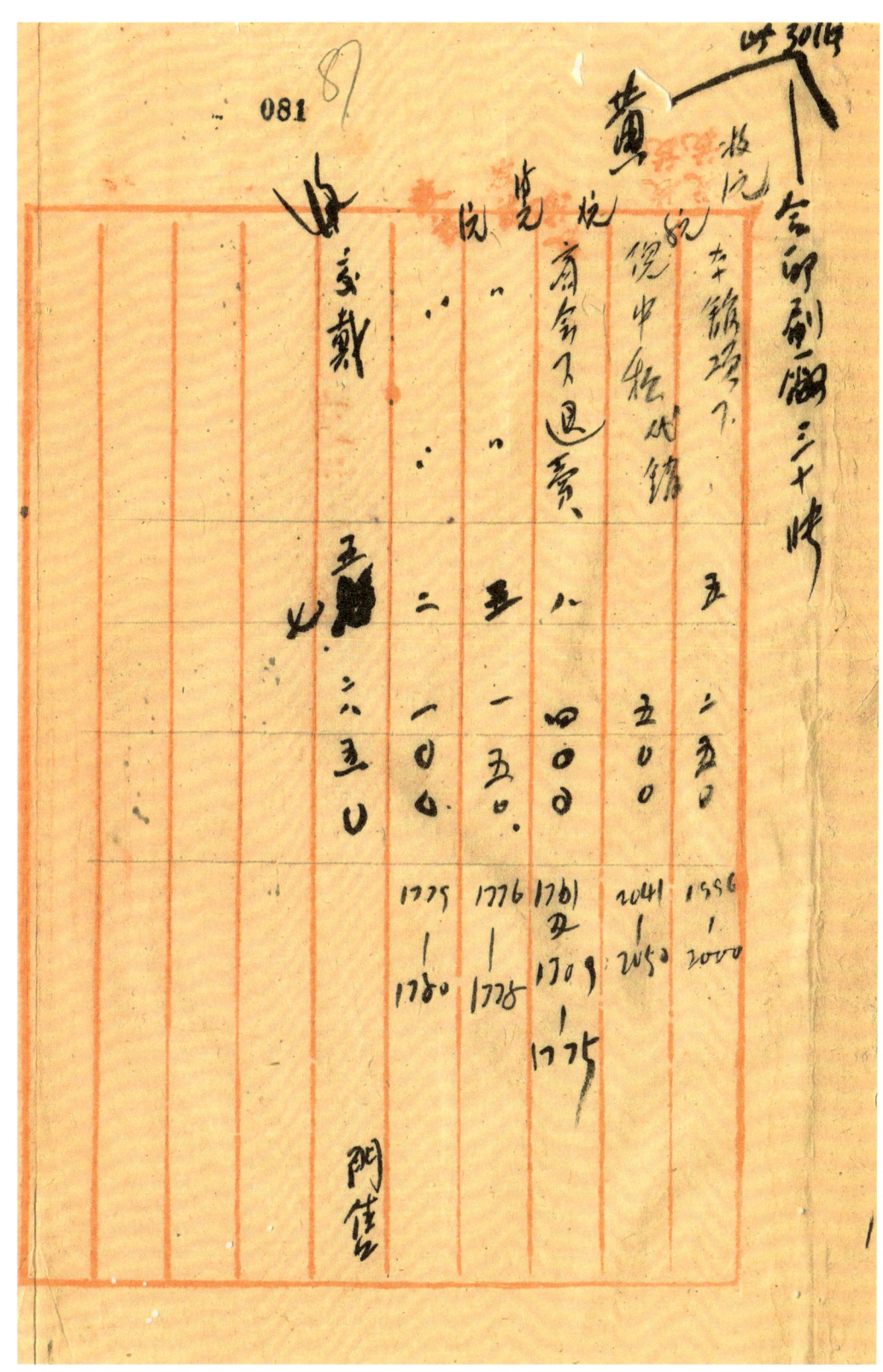

附件

（二）

黄：李文墨 卅册

收讫 合作社 廿册 收回[illegible]

收 黄 大加利 廿册 票十一张 [illegible] 十八册 壹元

收 黄：文地书店 廿张

收 黄 正中书局 廿册

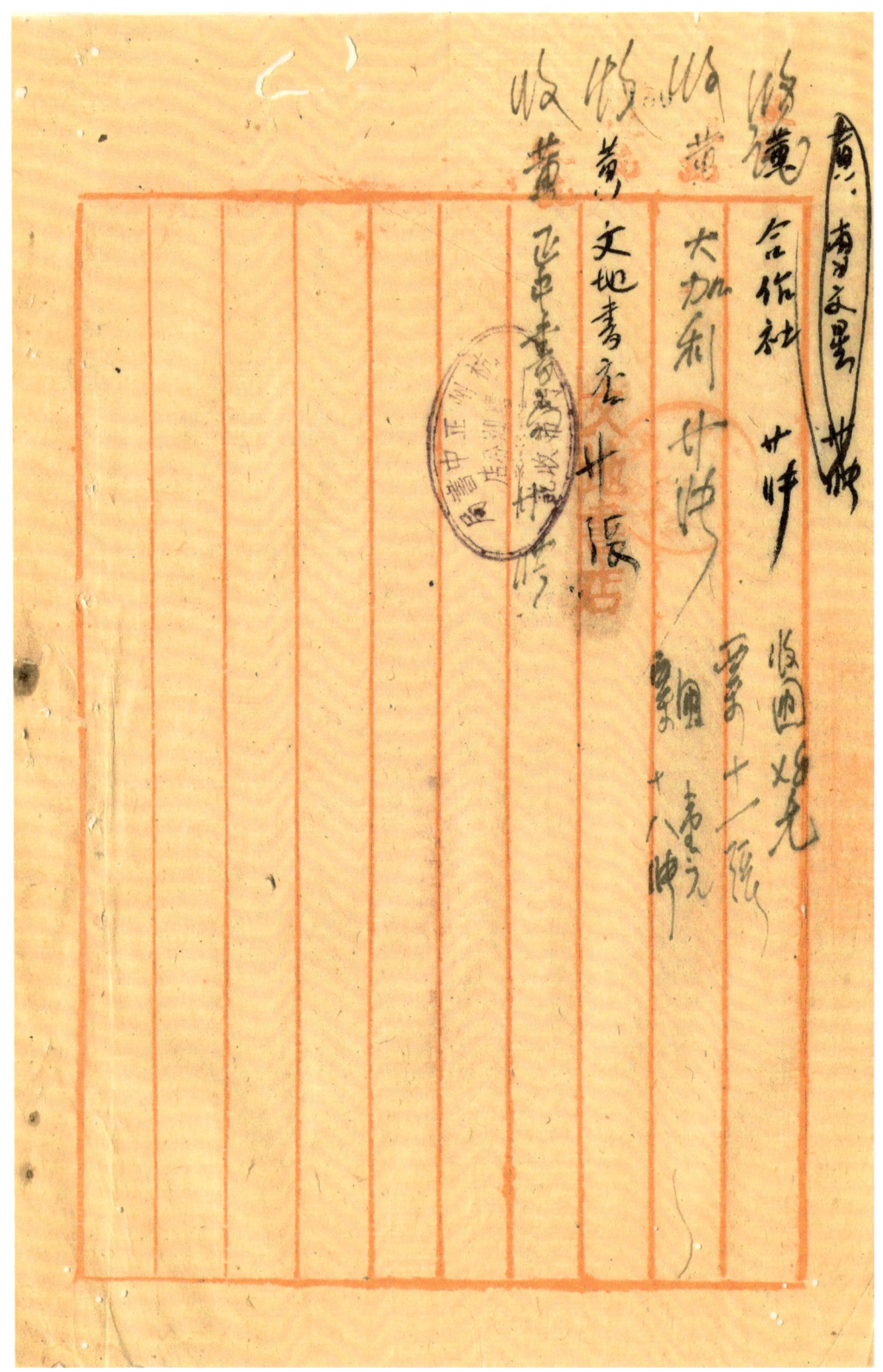

浙江省教育厅关于已转解抗战建国献金事致浙江省立处州民众教育馆的指令（一九四一年八月一日）

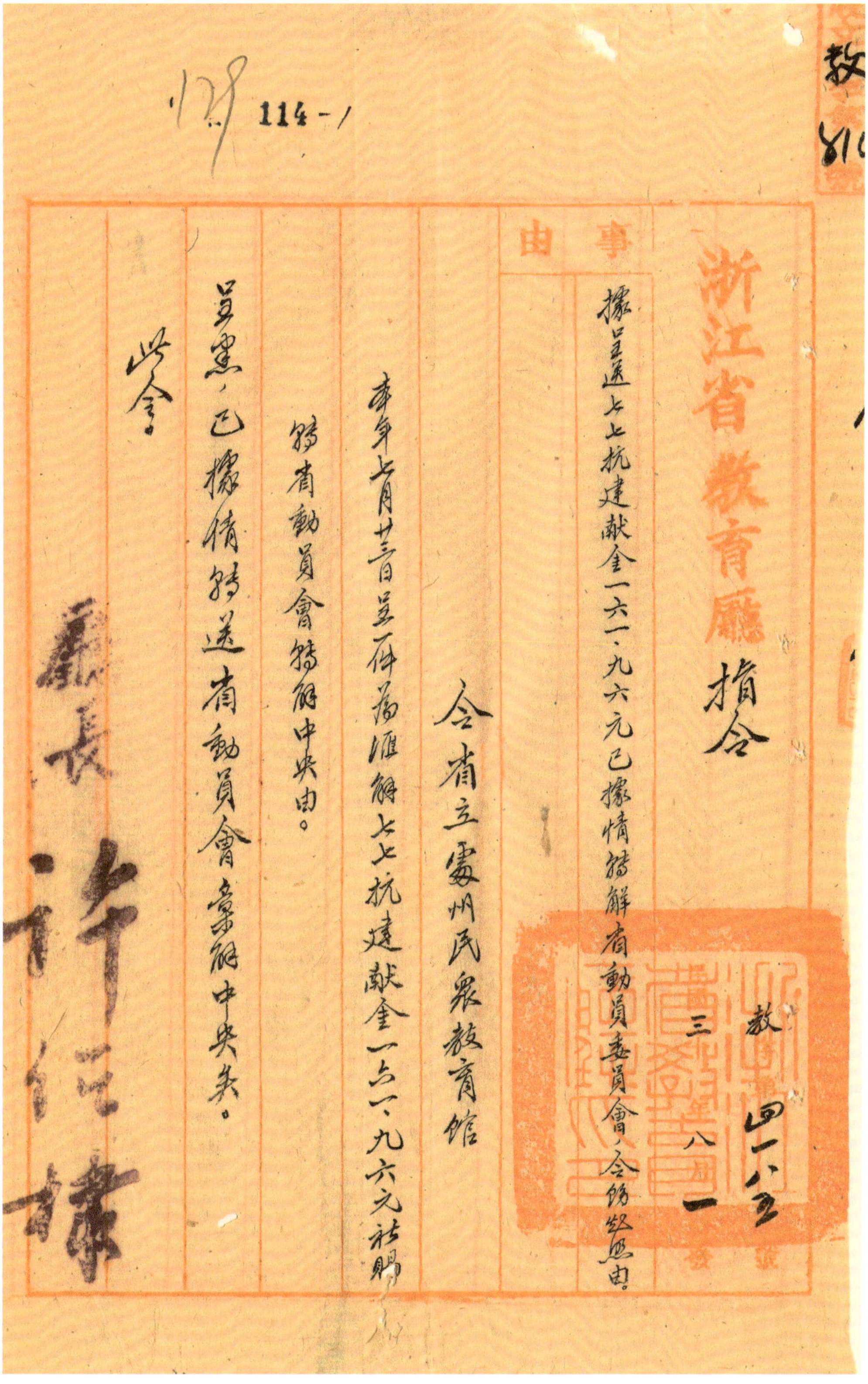

128　114-1

浙江省教育廳指令　教四一八三　三〇　八　一

事由：據呈送七七抗建献金一六一、九六元已據情轉解省動員委員會、令飭知照由。

令省立處州民衆教育館

本年七月廿三日呈一件爲匯解七七抗建献金一六一、九六元祈賜轉省動員會轉解中央由。

呈悉。已據情轉送省動員會彙解中央矣。

此令。

廳長　許紹棣

（四）筹备生产与胜利展览

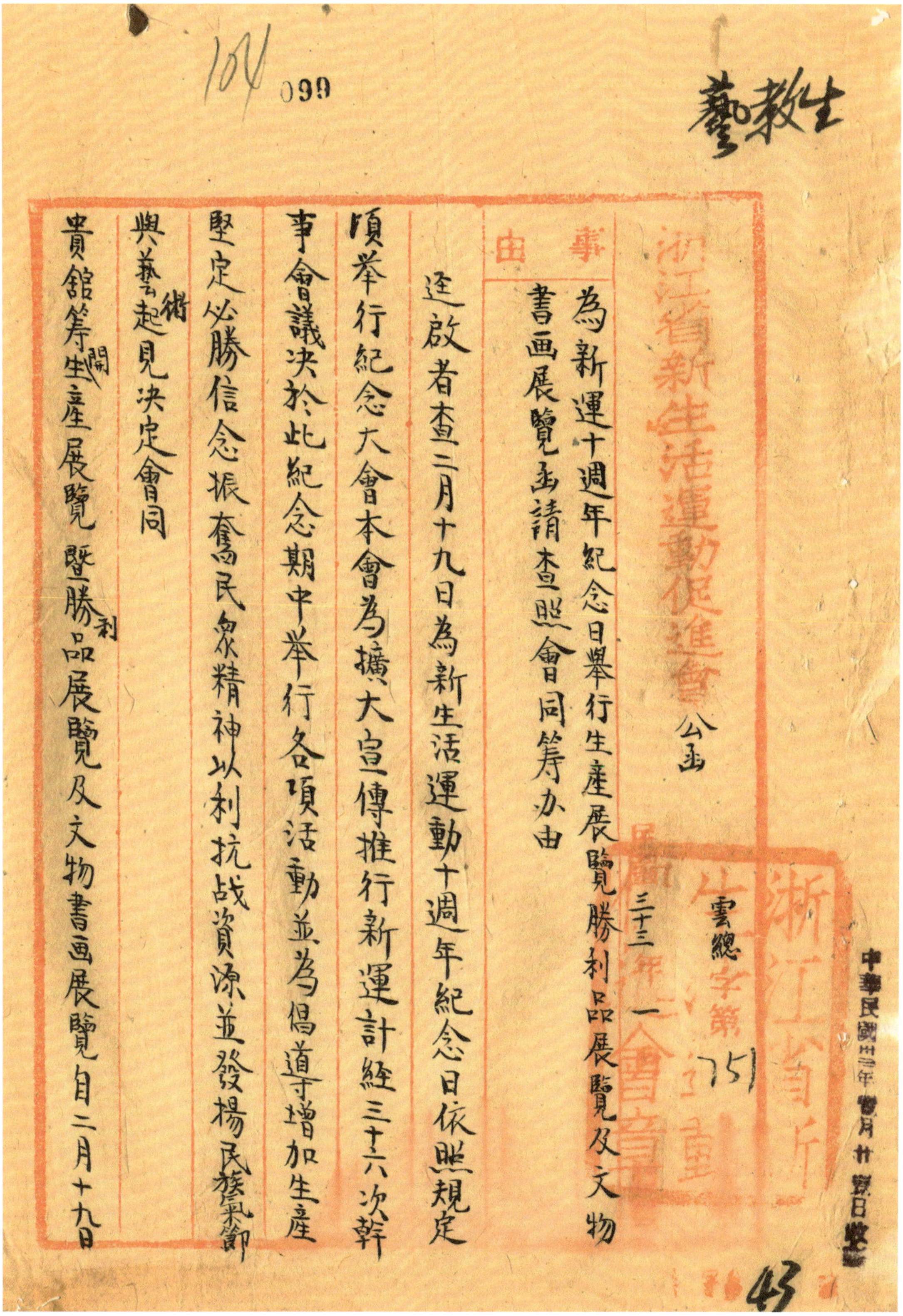

生教藝

104　099

浙江省新生活運動促進會公函

雲總字第751號

民國三十三年一月

事由：為新運十週年紀念日舉行生產展覽勝利品展覽及文物書畫展覽函請查照會同籌辦由

逕啟者查三月十九日為新生活運動十週年紀念日依照規定須举行紀念大會本會為擴大宣傳推行新運計經三十六次幹事會議決於此紀念期中举行各項活動並為倡導增加生產堅定必勝信念振奮民衆精神以利抗战資源並發揚民族氣節與藝術起見決定會同貴館籌開生產展覽暨勝利品展覽及文物書畫展覽自三月十九日

中華民國卅三年壹月廿壹日發

43

浙江省新生活运动促进会关于筹备生产展览、胜利品展览及文物书画展览致浙江省立处州民众教育馆的公函（一九四四年一月）

起排定日期分别举行用特函送会

议纪录乙份至请

查照予以先期準備多多收集届期会同佈置陳列為荷

此致

處州民衆教育館

附会議紀録乙份

主任常務幹事金 璇

常務幹事周 旦

范 文治

会同辦理

三、三、

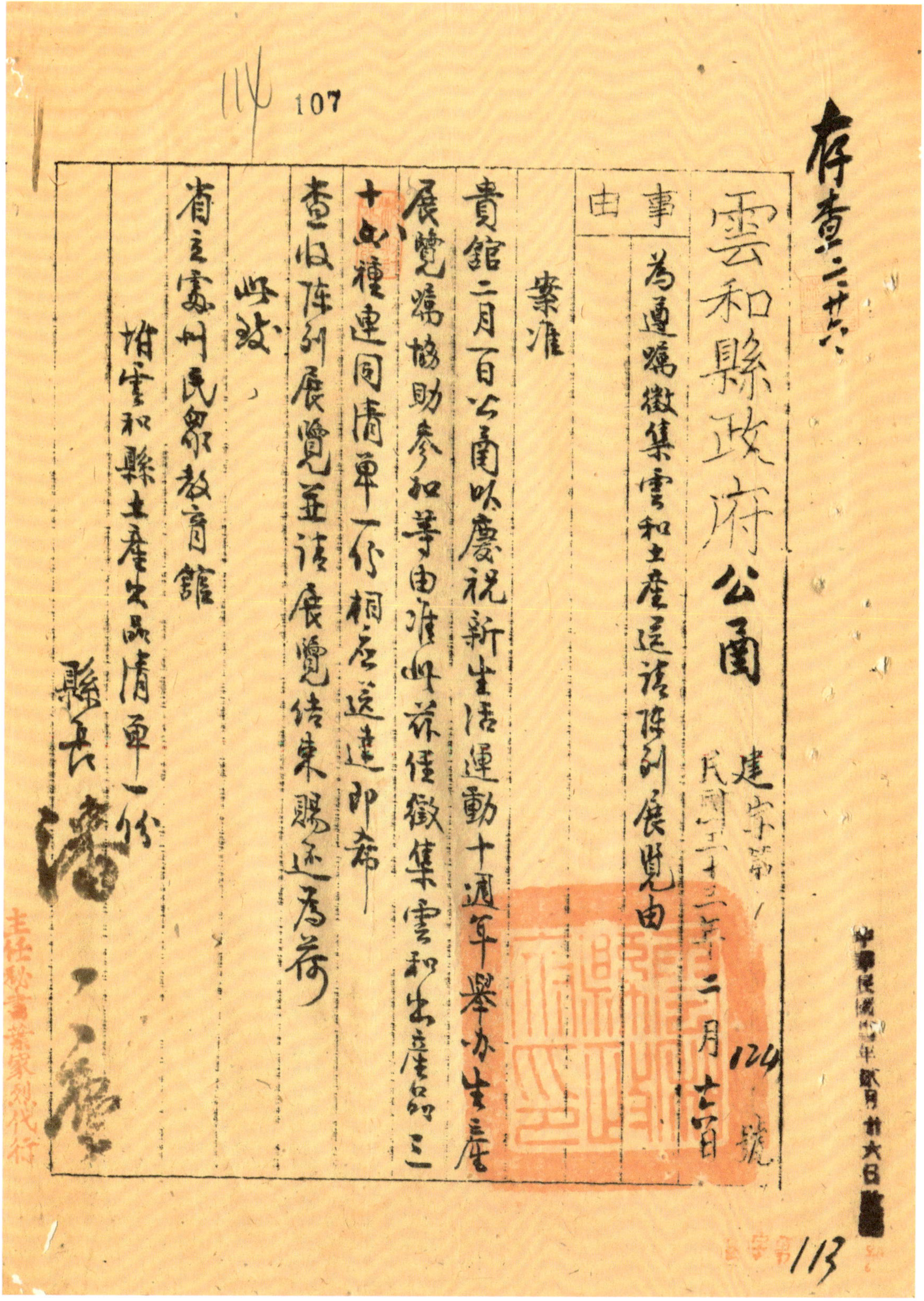
114 107

存查 二.廿六

雲和縣政府公函

建字第124號

民國三十三年二月十六日

事由：為遵囑徵集雲和土產送請陳列展覽由

案准

貴館二月十日公函以慶祝新生活運動十週年舉辦生產展覽囑協助參加等由准此茲經徵集雲和出產品三十五種連同清單一份相應送達即希

查收陳列展覽並請展覽結束賜還為荷

此致

省立處州民衆教育館

附雲和縣土產出品清單一份

縣長 潘一慶

主任秘書葉家烈代行

中華民國卅三年貳月廿六日收

發字第113

云和县政府关于报送云和土产品参展致浙江省立处州民众教育馆的公函（一九四四年二月十六日）

浙江省合作社物品供销处日用品工厂关于呈送产品参展致浙江省立处州民众教育馆的函（一九四四年二月十六日）

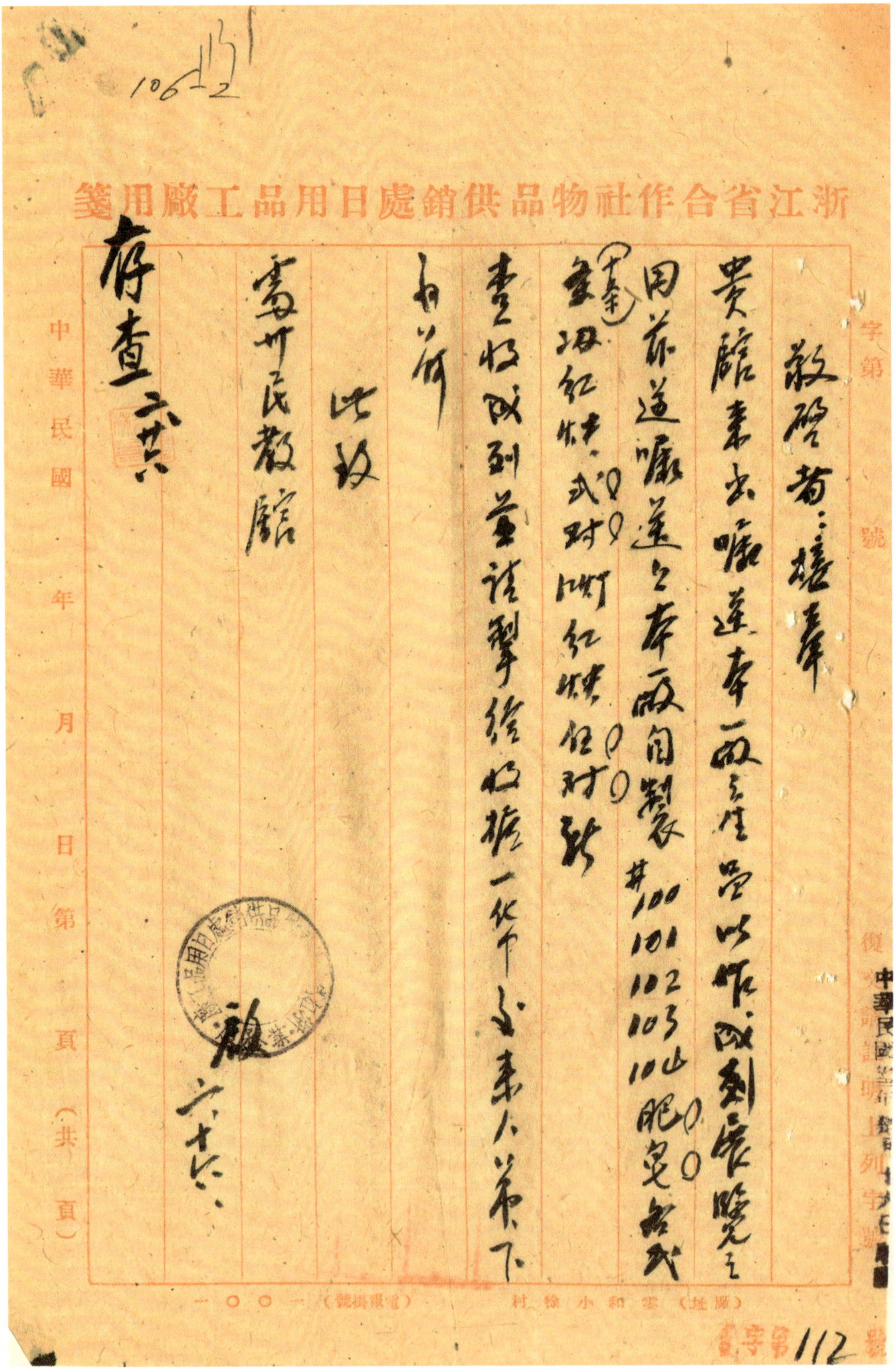

浙江省合作社物品供销处日用品工厂用笺

字第　號

敬启者：接奉

贵馆来函嘱送本厂产品以作陈列展览之

用，兹遵嘱送上本厂自制井100、101、102、103、104肥皂各贰

金鸡红烛贰对、腊红烛壹对，計

查收陈列並请掣给收据一纸交来人带下

为荷

此致

处州民教馆

存查　六·廿六

六·十六

中華民國　年　月　日　第　頁（共　頁）

電報掛號　一〇〇一　廠址　雲和小徐村

壹字第112號

浙江省工业改进所关于因故无法参加展览致浙江省新生活运动促进会、浙江省立处州民众教育馆的函（一九四四年二月十七日）

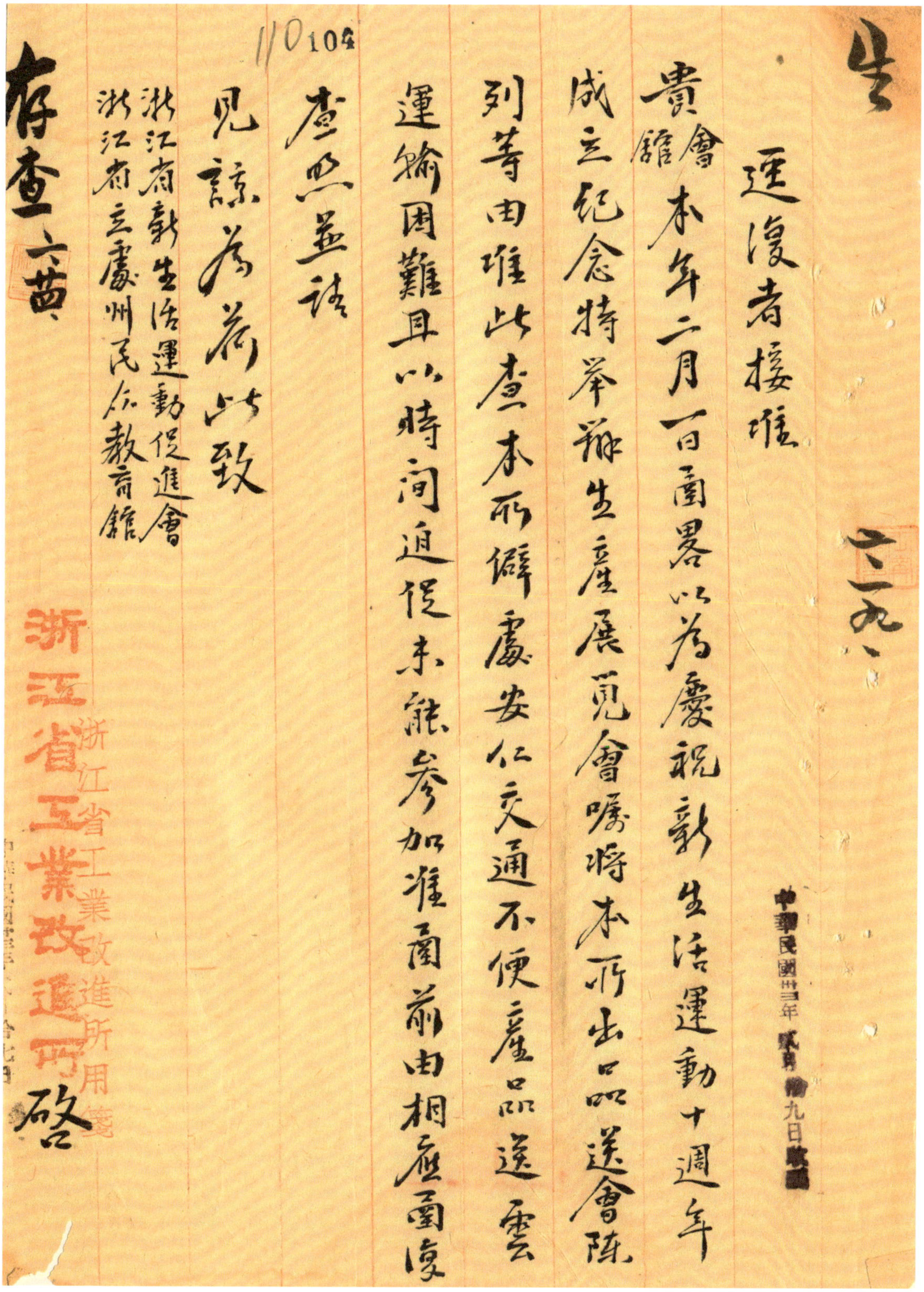
告

六二九

110 104

逕復者接准

貴會館本年二月一日函略以為慶祝新生活運動十週年成立紀念特舉辦生產展覽會囑將本所出品送會陳列等由准此查本所僻處安仁交通不便產品送雲運輸困難且以時間迫促未能參加准函前由相應函復

查照並請

見諒為荷此致

浙江省新生活運動促進會

浙江省立處州民衆教育館

浙江省工業改進所啓

存查 六、廿

中華民國卅三年貳月拾九日發出

浙江省工業改進所用箋

浙江省农业改进所云和示范农场关于呈送各种标本参展致浙江省新生活运动促进会、浙江省立处州民众教育馆的公函（一九四四年二月十八日）

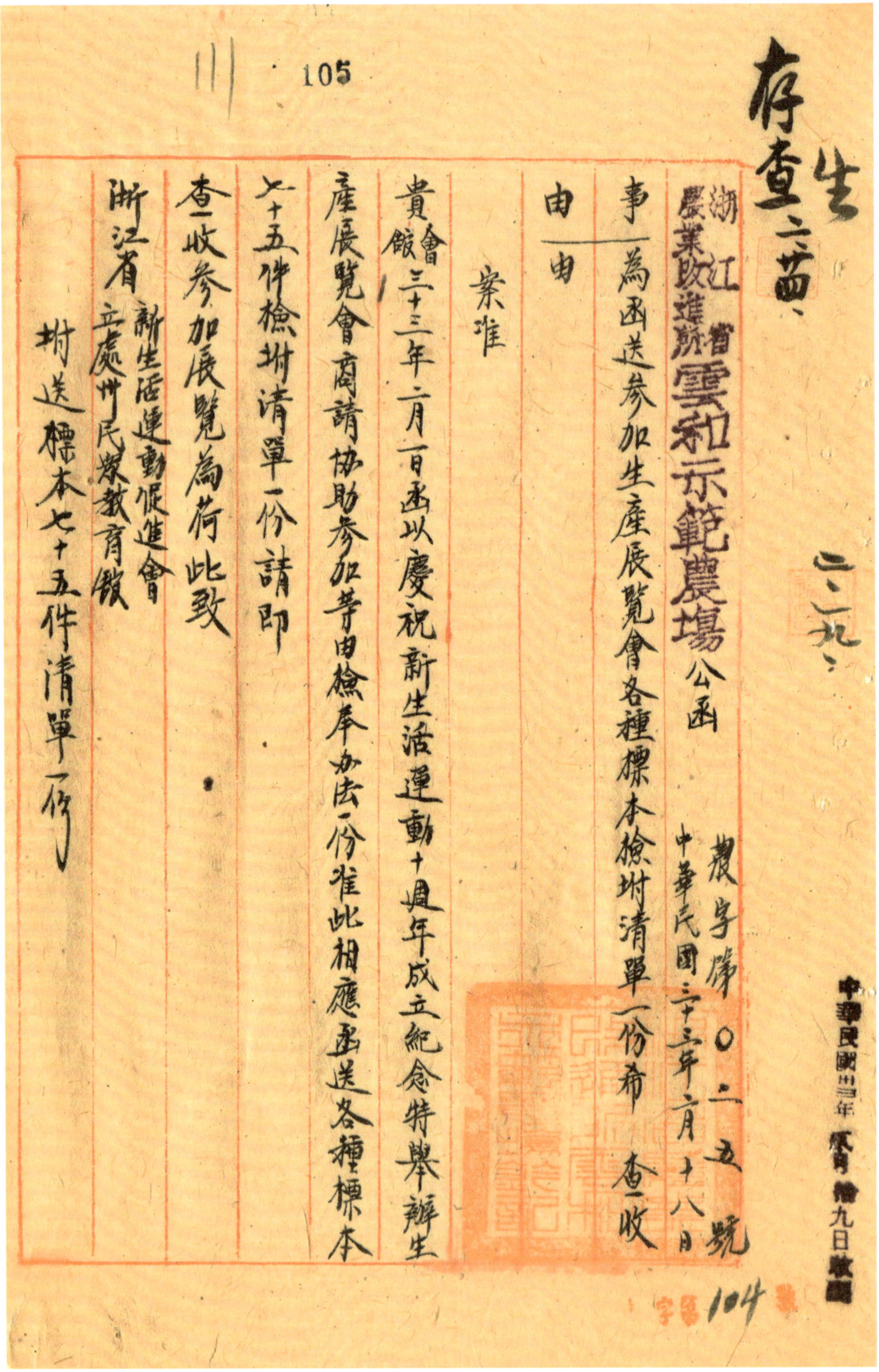

105

存查 生 二、廿四、

浙江省農業改進所雲和示範農場公函

農字第〇二五號

中華民國三十三年二月十八日

事由：為函送參加生產展覽會各種標本檢附清單一份希 查收由

案准

貴會館三十三年二月一日函以慶祝新生活運動十週年成立紀念特舉辦生產展覽會商請協助參加并由檢奉辦法一份准此相應函送各種標本七十五件檢附清單一份請即

查收參加展覽為荷此致

浙江省新生活運動促進會

浙江省立處州民衆教育館

附送標本七十五件清單一份

二二九

中華民國卅三年貳月拾九日收到

字第104號

主任 侯錫壽

附：标本清单

112 106

一、稻作標本（黃色玻面斜頂小木框）拾個

二、蔬菜種子標本（黑色扁形玻面小木框）拾弍個

三、花卉種子標本（　〃　）拾弍個

四、林木標本（黑色玻面斜頂小木框）拾弍個

五、麥作標本（木框與稻作同）肆個

六、雜糧標本（　〃　）肆個

七、豆類標本（　〃　）肆個

八、蠶絲標本（黃色玻面大方形木框）叁個

九、棉産標本（黑色玻面扁形大方木框）肆個

十、特作標本（木框與棉産同）壹個

十一、兔毛標本（黑色扁形低匣）壹個
十二、紅白糖標本（直頸大方玻瓶）各壹個
十三、松烟松脂標本（小形直頸玻瓶）各壹個
十四、苧麻標本（木框布幅作同）弍個
十五、林產標本（木框布棉產同）弍個

共計柒拾伍件

二、抗战兵役与青年从军

（一）抗战兵役管理

浙江省教育厅关于转发第三战区司令长官部要求党政工作人员及教界人士参加伤兵之友社事致浙江省立处州中学的训令（一九三九年十月二十四日）

奉省政府代電轉飭顧司令長官電請各省党政工作人員及教界人士參加傷兵之友社令仰遵照由

二八六六

193

5411

浙江省教育廳訓令 教字第 號

令

案奉

省政府二十八年十月虞秘二條代電開：

「准顧司令長官銑元聚電開：查本戰區第一屆党政軍聯席會議提案政十五號傷兵之友社為發動民衆救護負傷將士統一機構應請各省党政當局通飭所屬各縣市党政工作人員及教界人士踴躍參加俾得羣策羣力以宏速效案經決議照案通過等語紀録在卷相應檢同原案電請查照办理等由并附件准此除分電外合行抄發原案電仰遵照并轉飭所屬一體遵照為要」

等因；奉此，除分令外，合行抄發原案令仰遵照！

此令。

計抄發政十五號提案一件

廳長 許紹棣

中華民國二十八年十月 24 日

監印 陶秀良

第十七號

類別　政十五號

提案人　第三戰區傷兵管理處處長鍾煥全

案由　傷兵之友社為發動民众擁護負傷將士統一机構應請各省党政當局通飭所屬各縣市党政工作人員及教界人士踴躍參加俾得群策群力以宏實效案

理由　本戰區為謀解除傷兵身心痛苦並喚起民衆敬愛傷兵情緒特參酌他省成例發起組織第三戰區傷兵之友社經擬定章則呈准施行總社々務現已正式開始活動各地支社分社亦復着手籌備不久均可次第成立抗戰時期傷兵問題至關重要傷兵之友社實為宣導民众自動從事救護傷兵之統一机構亦即促進軍民合作之重要集團各省縣市各級党政工作人員及教育界人士與當地軍隊民众在在皆有密切連繫苟得踴躍參加因地制宜因勢利導自應收事半功倍

之效

辦法　擬請本案敦促本戰區内各省黨政當軸轉飭所屬人員參加各該地傷兵之友社支分社實際担任各項社務工作羣策羣力傷兵福利寔利賴焉

決議　照案通過

丽水县国民兵团团本部关于选送人员参加乡镇队副考试致乐连乡乡长的训令（一九四〇年六月二十二日）

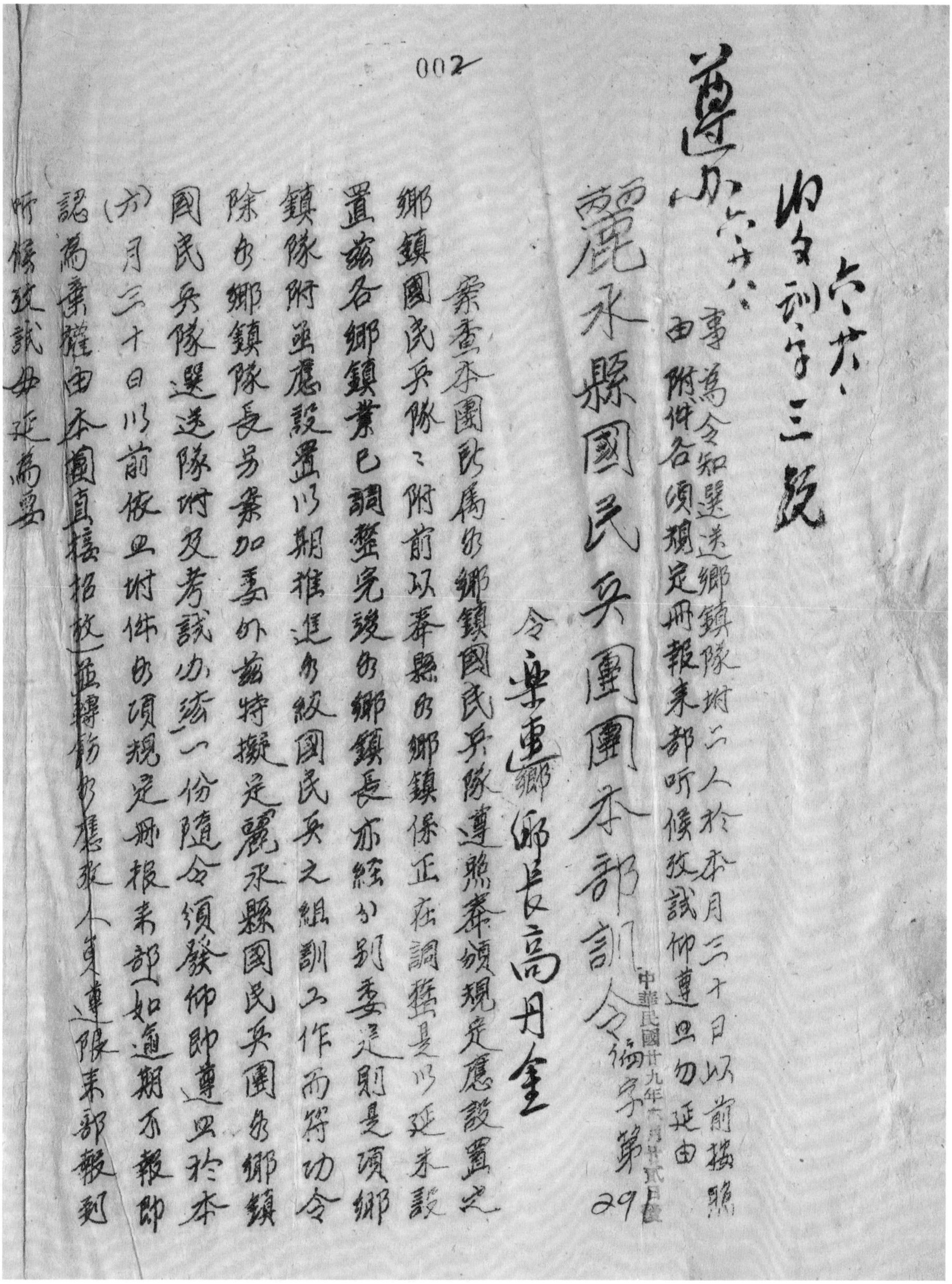

002

收文刘字六六三號

遵办 六、廿六

事由：為令知選送鄉鎮隊附二人於本月三十日以前按照附件各項規定冊報來部聽候考試仰遵照勿延由

麗水縣國民兵團團本部訓令　編字第29　中華民國廿九年六月廿貳日發

令樂連鄉鄉長高月金

案查本團所屬各鄉鎮國民兵隊遵照奉頒規定應設置之鄉鎮國民兵隊之附前以奉縣各鄉鎮係正在調整是以延未設置茲各鄉鎮業已調整完竣各鄉鎮長亦經分別委定則是項鄉鎮隊附亟應設置以期推進各級國民兵之組訓工作而符功令除各鄉鎮隊長另案加委外茲特擬定麗水縣國民兵團各鄉鎮國民兵隊選送隊附及考試辦法一份隨令頒發仰即遵照於本(六)月三十日以前依照附件各項規定冊報來部如逾期不報即認為棄權由本團直接招考並轉飭各應考人員遵限來部報到聽候考試毋延為要

此令

附發麗水縣國民兵團各鄉隊國民兵隊選送隊附及考試辦法一份

兼團長 余森文

副團長 [illegible]

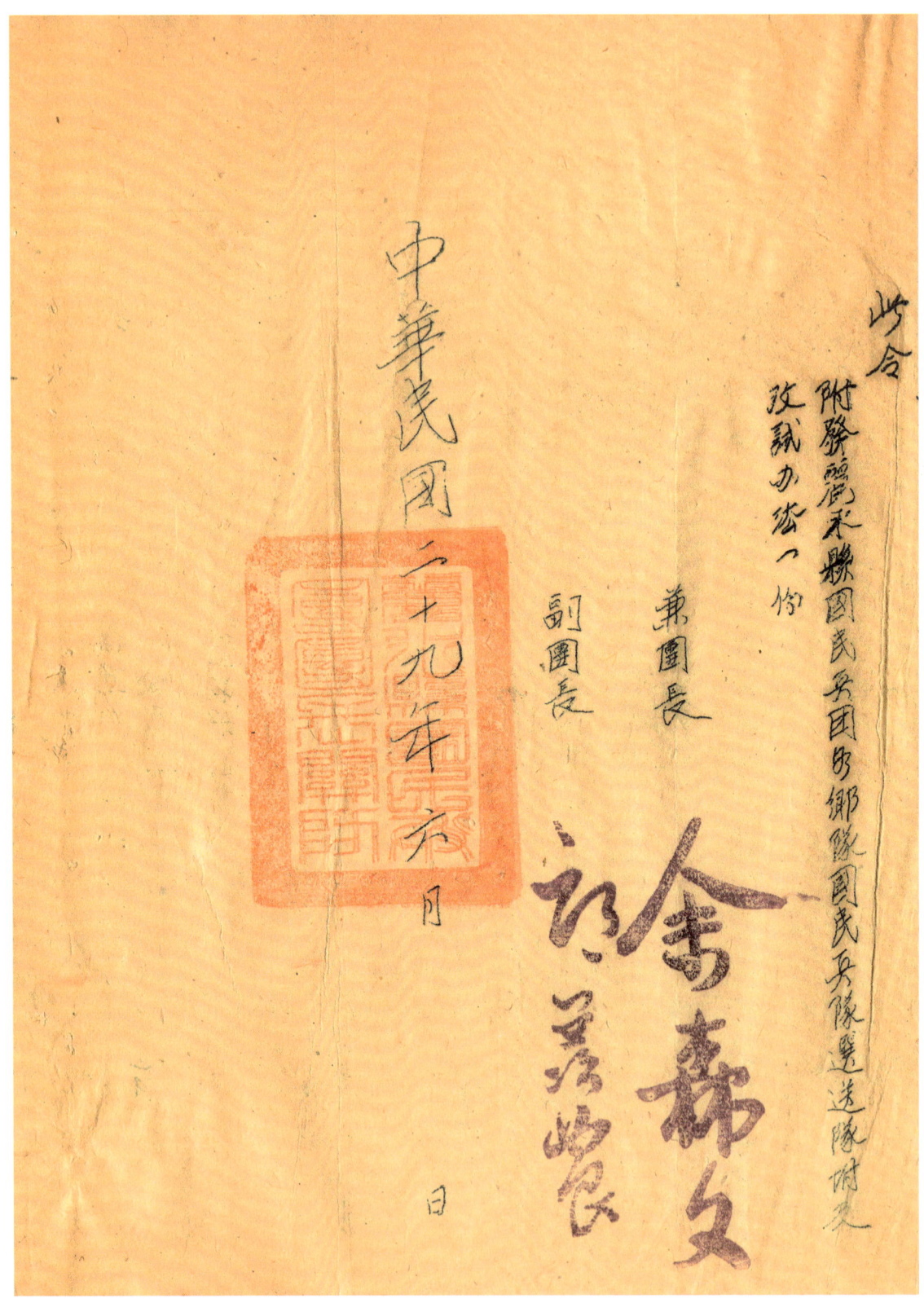

中華民國二十九年六月 日

003

麗水縣國民兵團各鄉鎮國民兵隊選送隊附及考試办法

一、本團為謀所屬各鄉（鎮）國民兵隊之組織健全，内容充實，特遵照奉頒浙江省各縣國民兵組織管理教育實施細則第六條之規定，設置各鄉（鎮）國民兵隊隊附（以下簡稱鄉鎮隊附）

二、各鄉鎮隊附由各鄉鎮隊長負責選送二人（須五官健全，年齡在二十歲以上三十五歲以下者），轉由本部予以考試，其資格須合左列規定：

（1）初中畢業或具有同等學力曾受軍訓而思想純正且無不良嗜好者

（2）曾充任前社訓幹部且具有成績者

三、待遇：鄉鎮隊附經考試錄取分發工作，按月由本團發給薪水（每月十四元起至二十元）

四、緩役：鄉鎮隊附在服務期内得緩服常備兵役，其在服務期内如成績特優者得由本團保送軍校，以資深造

五、考試科目：(1)體格檢查 (2)黨義(包含國文) (3)公文常識

(4)保甲法令 (5)實兵指揮(班制式教練) (6)口試

六、考試日期及地點：各鄉(鎮)隊一律限於六月三十日以前將保送人員

(三份)册報本團 七月二日午前七時(標準鐘)在本團

大禮堂考試

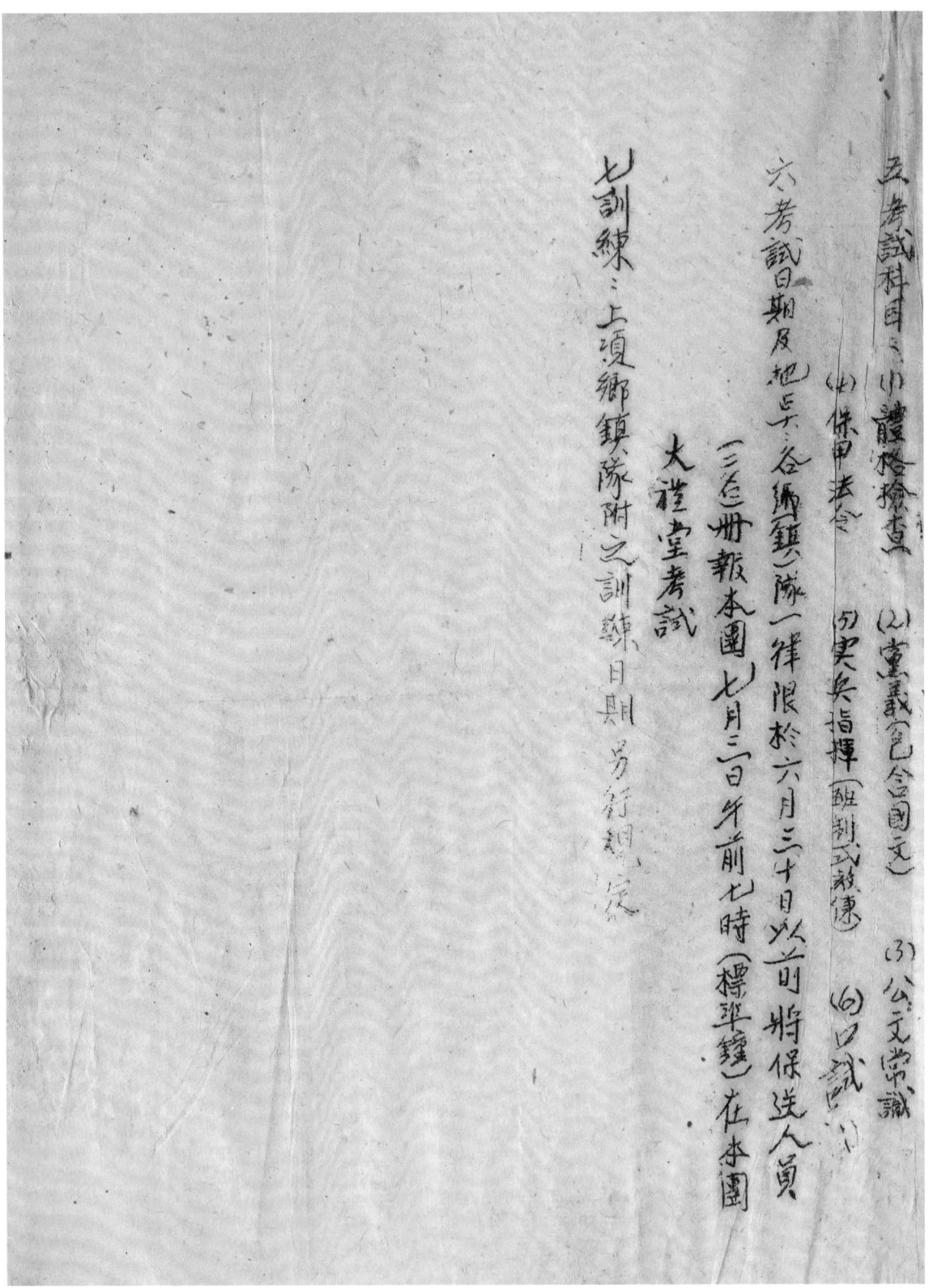

七、訓練：上項鄉鎮隊附之訓練日期另行規定

丽水县国民兵团团本部关于委派乡长兼代本团乡队长致乐连乡乡长的训令（一九四〇年七月十二日）

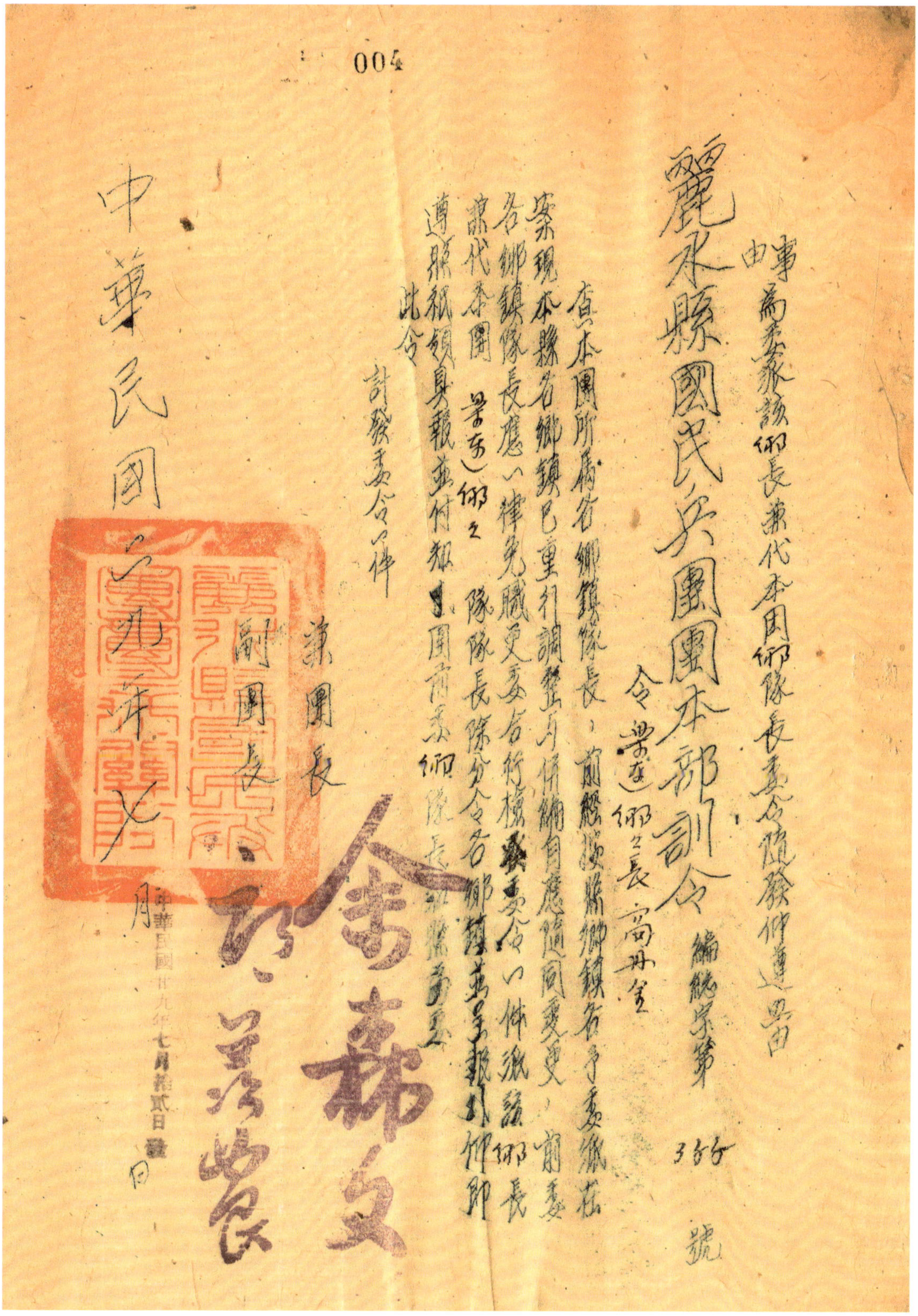

004

事由　為委派該鄉長兼代本團鄉隊長並令飭發佈遵照由

麗水縣國民兵團團本部訓令　編總字第386號

令樂連鄉鄉長高丹宣

查本團所屬各鄉鎮隊長，前經按照鄉鎮各予委派在案。現本縣各鄉鎮已重行調整，所有編制自應隨同變更，前委各鄉鎮隊長應一律免職，更委各行政鄉鎮長兼任，合行令仰該鄉長兼代本團樂連鄉鄉隊隊長，除分令各鄉鎮長外，仰即遵照，將領具報並附報本團前委鄉隊長狀繳銷為要。

此令

計發委令一件

團長

副團長

中華民國二十九年七月　日

中華民國廿九年七月拾貳日發

丽水县国民兵团团本部关于各乡镇保队选送副队长事致乐连乡乡长的训令（一九四〇年七月二十日）

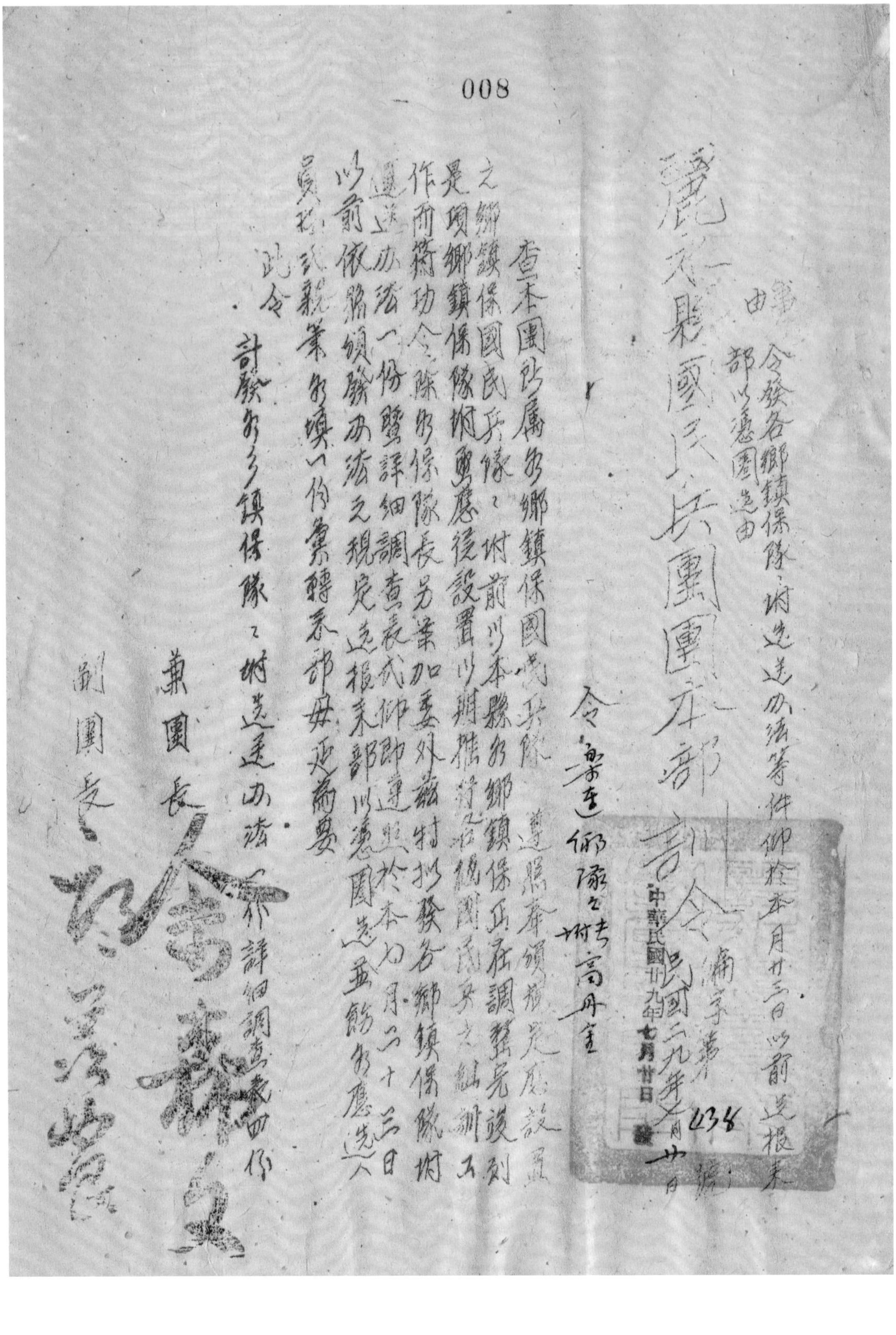

008

由 令發各鄉鎮保隊附選送辦法等件仰於本月廿三日以前選報來部以憑圈選由

麗水縣國民兵團團本部訓令 備字第 號

令樂連鄉鄉長兼隊附高丹奎

查本團所屬各鄉鎮保國民兵隊遵照奉頒規定應設置之鄉鎮保國民兵隊之隊附前以本縣各鄉鎮保隊附均應從設置以期推行國民兵組訓暨充實基層工作而符功令除各保隊長另案加委外茲特抄發各鄉鎮保隊隊附選送辦法一份暨詳細調查表式仰即遵照於本月二十三日以前依照頒發辦法之規定選報來部以憑圈選並飭各應選人員將詳細表填具各填一份彙轉來部毋延為要

此令

計發各乡鎮保隊之隊附選送辦法一份詳細調查表四份

兼團長 徐壽文

副團長

中華民國廿九年七月廿日

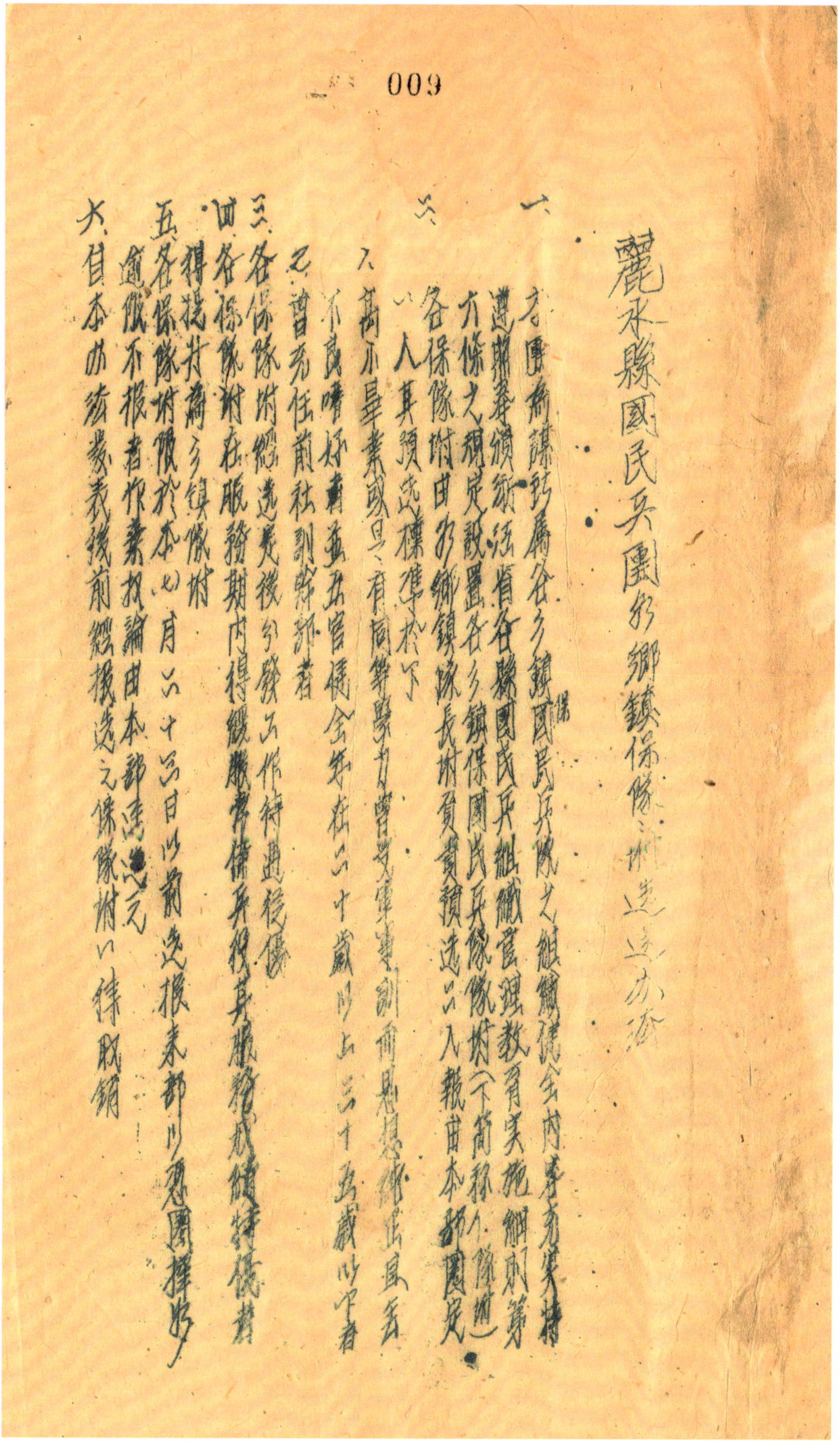

009

麗水縣國民兵團各鄉鎮保隊隊附選送辦法

一、本團為謀強化各鄉鎮保國民兵隊之組織，健全內部，充實其幹部，遵照浙江省各縣國民兵組織管理教育實施細則第六條之規定，設置各鄉鎮保國民兵隊隊附（下簡稱保隊附），各保隊附由各鄉鎮隊長副負責選送二人，報由本部圈定。

二、以上人員須選標準於下：

1. 高小畢業或具有同等學力，曾受軍事訓練，而思想純正，身體強壯，不良嗜好者，並且在二十歲以上三十五歲以下者。

2. 曾充任前社訓幹部者。

三、各保隊附經選定後，分發工作，待遇從優。

四、各保隊附在服務期內，得緩服常備兵役，其服務成績特優者，得提升為鄉鎮隊附。

五、各保隊附限於本（七）月二十二日以前選報來部，以憑圈揮，如逾限不報者作棄權論，由本部派選之。

六、自本辦法發表後，前經報選之保隊附一律取銷。

丽水县国民兵团团本部关于乐连乡第四、五保保队副周镐、周玹寿撤销委任事致乐连乡兼队长的训令

（一九四〇年九月二日）

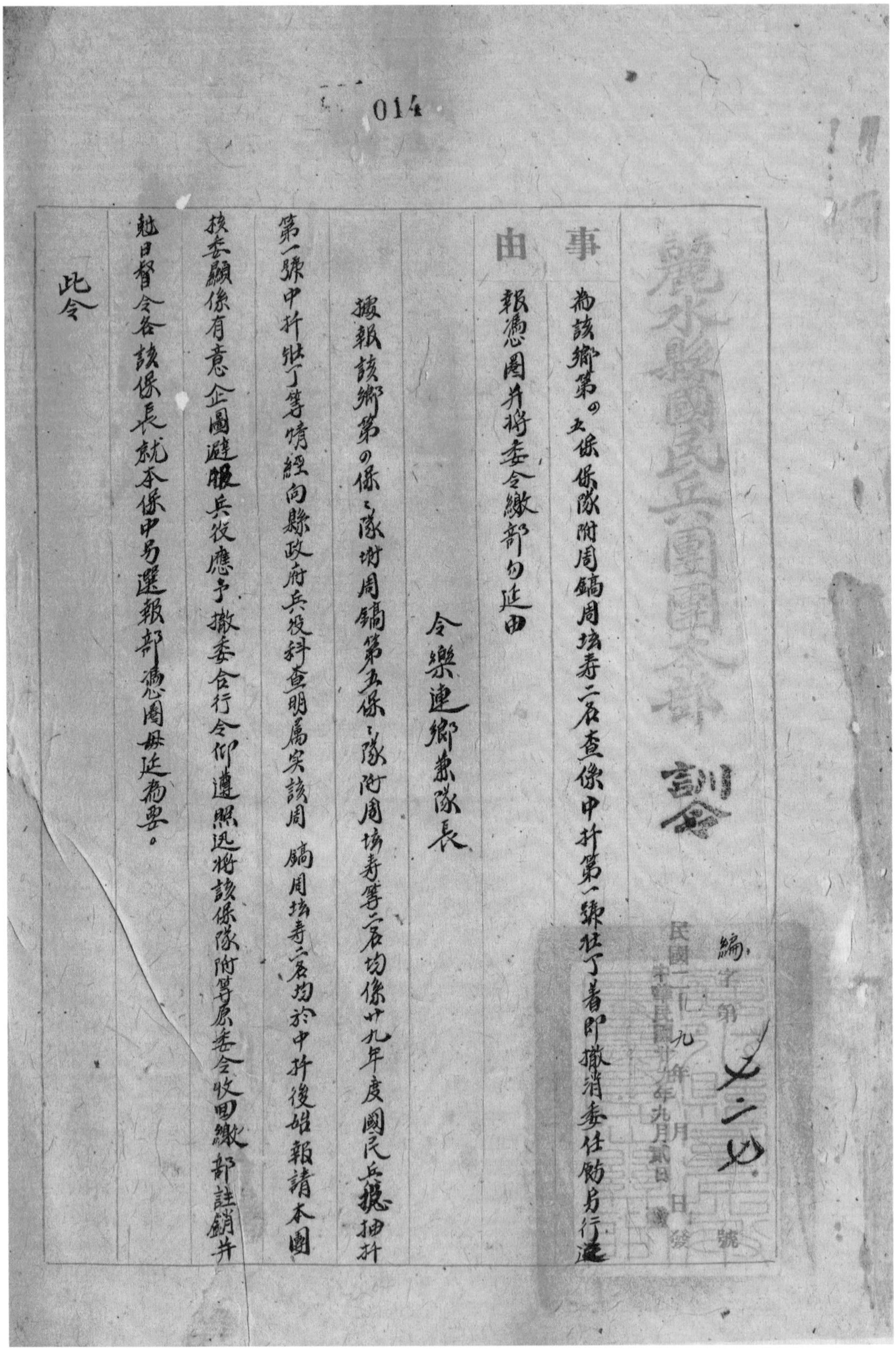
014

麗水縣國民兵團團本部 訓令

編字第七二七號

民國二十九年九月 日發

事由：為該鄉第四、五保保隊附周鎬、周玹寿二名查係中抒第一號壯丁着即撤消委任飭另行遴報憑圈并將委令繳部由

令樂連鄉兼隊長

據報該鄉第四保保隊附周鎬、第五保保隊附周玹寿等二名均係廿九年度國民兵總抽抒第一號中抒壯丁等情，經向縣政府兵役科查明屬實。該周鎬、周玹寿二名均於中抒後始報請本團核委，顯係有意企圖避服兵役，應予撤委。合行令仰遵照，迅將該保隊附等原委令收回繳部註銷，并剋日督令各該保長就本保中另選報部憑圈毋延為要。

此令

兼團長 [illegible]

副團長 [illegible]

丽水县国民兵团团本部关于中签壮丁周坛寿处理事致乐连乡乡队长的训令（一九四〇年九月）

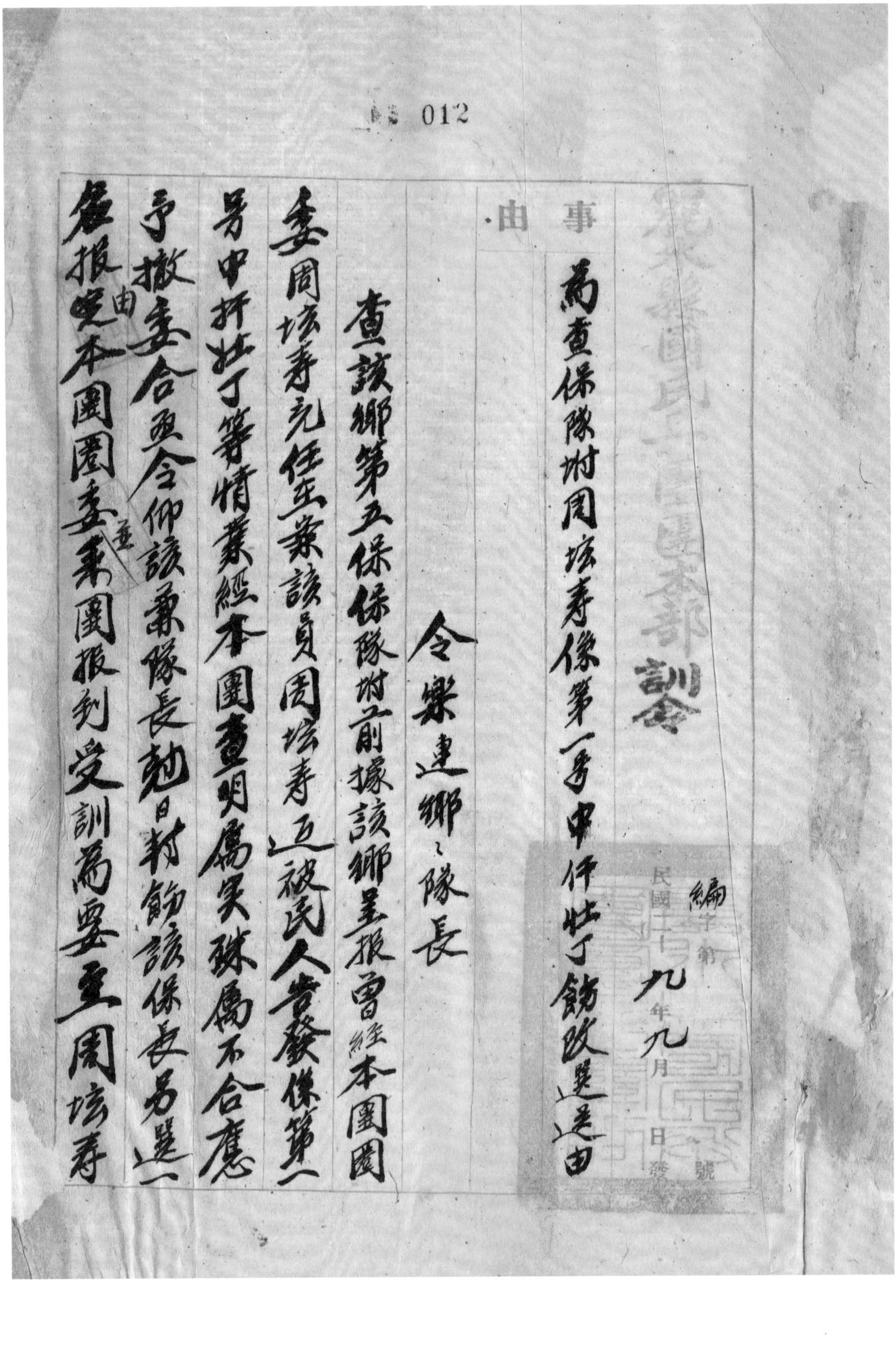

012

丽水县国民兵团团本部训令

事由：為查保隊附周坛寿係第一號中籤壯丁飭改選由

編字第 號
民國二十九年九月 日發

令樂連鄉鄉隊長

查該鄉第五保保隊附前據該鄉呈報曾經本團團委周坛寿充任在案，該員周坛寿近被民人告發係第一號中籤壯丁等情，業經本團查明屬實，殊屬不合，應予撤委，合亟令仰該鄉隊長尅日轉飭該保長另選一員報由本團團委來團報到受訓為要。至周坛寿委令並仰剋飭繳團以憑註銷切切。

此令。

兼團長 [illegible]

副團長 [illegible]

丽水县国民兵团团本部关于周镐、周坛寿应来团报到受训致乐连乡乡队长的指令（一九四〇年九月）

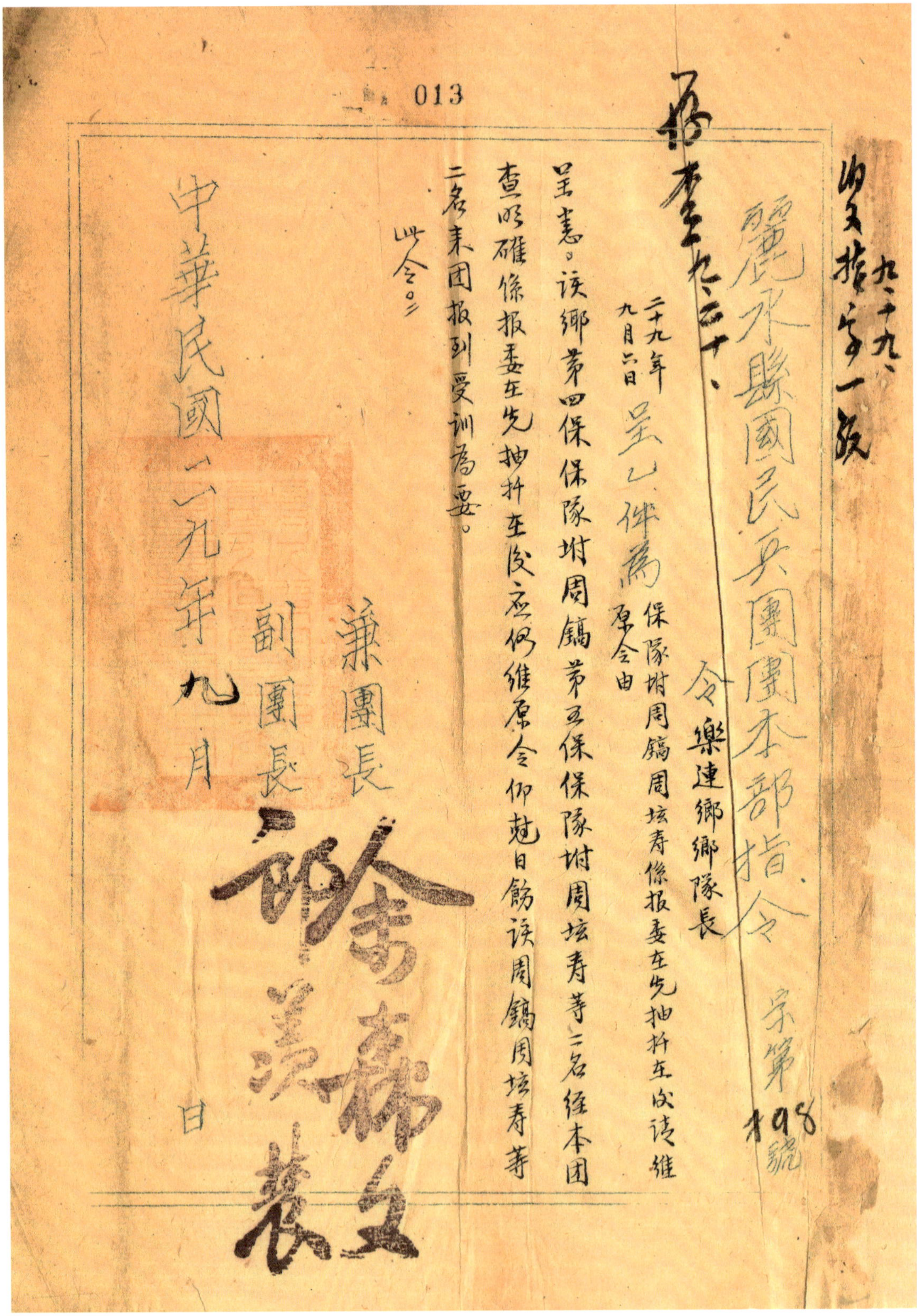

013

收據字一號 九、十九、

存查 九、六、十、

麗水縣國民兵團團本部指令 宗第198號

令樂連鄉鄉隊長

二十九年九月六日呈乙件為保隊附周鎬周坛寿係報委在先抽扦在後請維原令由

呈悉。該鄉第四保保隊附周鎬第五保保隊附周坛寿等二名經本團查明確係報委在先抽扦在後應仍維原令仰尅日飭該周鎬周坛寿等二名來團報到受訓為要。

此令。

兼團長

副團長

中華民國二九年九月 日

丽水县政府、国民兵团团本部关于补齐新旧积欠中央及地方月配兵额致各乡镇保队的训令（一九四一年一月十一日）

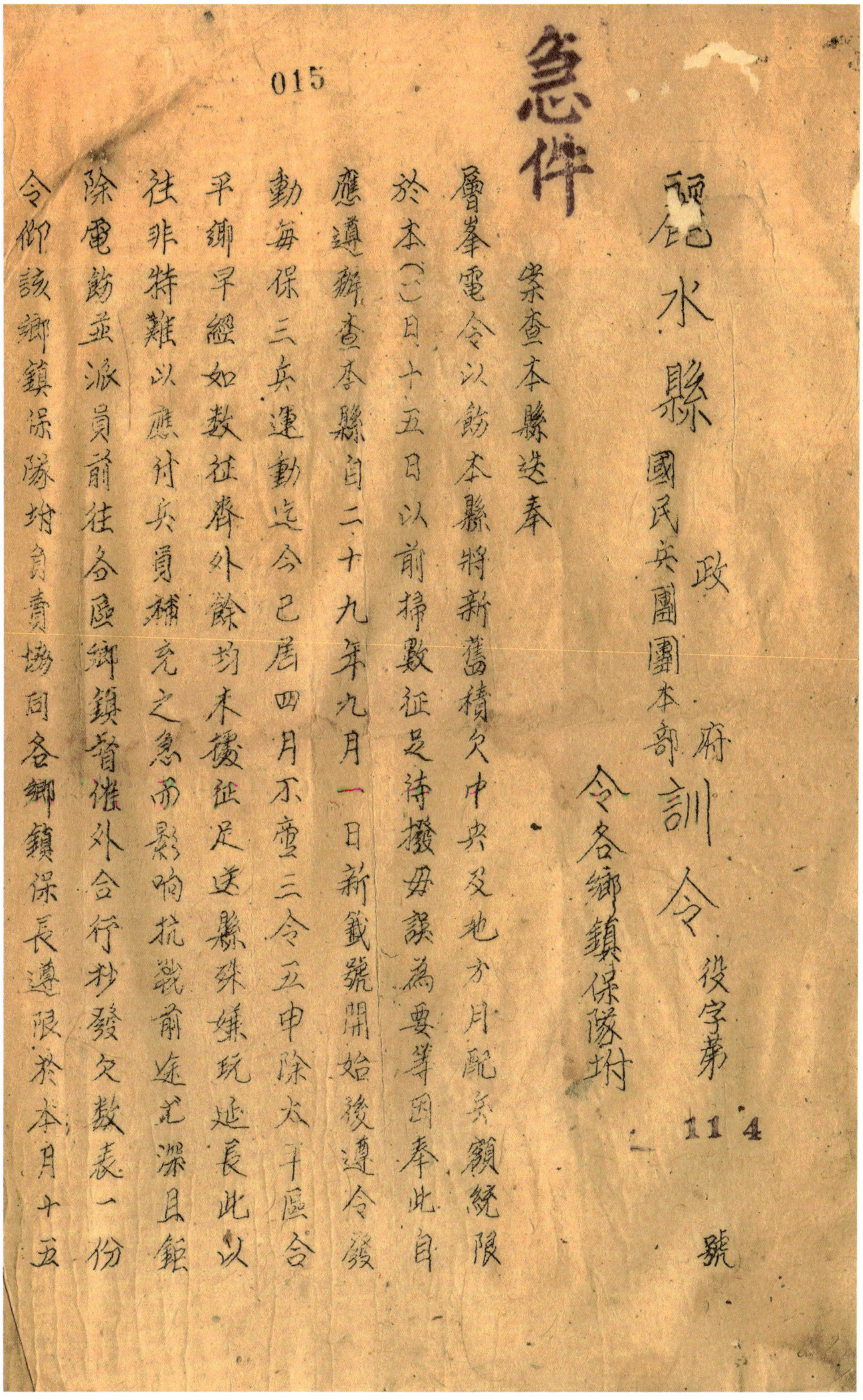

急件

015

麗水縣政府
國民兵團團本部 訓令 役字第 114 號

令各鄉鎮保隊附

案查本縣迭奉
軍管區電令以飭本縣將新舊積欠中央及地方月配兵額統限於本(一)月十五日以前掃數征足待撥毋誤爲要等因奉此自應遵辦查本縣自二十九年九月一日新徵號開始後遵令發動每保三兵運動迄今已屆四月不圖三令五申除太平區合平鄉早經如數征齊外餘均未獲征足送縣殊嫌玩延長此以往非特難以應付兵員補充之急而影響抗戰前途尤深且鉅除電飭並派員前往各區鄉鎮督催外合行抄發欠數表一份令仰該鄉鎮保隊附負責協同各鄉鎮保長遵限於本月十五

日以前將表列各該鄉鎮保欠數按戰征呈送縣如各鄉鎮保

隊附玩忽功令藉詞推諉不予鄉鎮保長協助者按情節之輕

重分別予以處分，如成績優良者酌予嘉獎。此令。

計附發欠數表一份

中華民國三十年一月十三日

縣長兼團長　蔣劍農

副團長　郎羨農

浙江省教育厅关于发动士绅公务员子弟率先服役致浙江省立处州中学的训令（一九四一年八月十三日）

033

61

奉教育部代電飭發動士紳公務員子弟率先服兵役一案轉飭遵照由

浙江省教育廳訓令　教字第1140號

令浙江省立處州中學

案奉

教育部本年七月十七日社字第27220號代電開：

「頃奉軍事委員會三十年六月渝仁役宣字第641號代電開：查抗戰建國首重兵役，此項要政必須由士紳公務員子弟率先服役，表率群倫，乃能建立風氣，推行順利。二十七年三月本黨臨時全國代表大會決議一致努力推行兵役制度，業經規定公務員黨員應勸勉子弟及親族服任兵役，以資提倡。本委員長在二十八年一月告全國士紳及教育界同胞書中復剴切宣示，地方士紳官吏之及齡子弟更應不待中籤，甚至率先親送應征入伍或遣送投考各種軍

事學校藉以倡樹風氣，乃逮乎來士紳公務員子弟
應征入伍者固不乏人，而利用優越地位臨役苟免
者亦屬繁有，徒此實由於宣傳之未能深入，其推行
之未能澈底，亟宜發起士紳公務員子弟當兵運動，
由各省督飭各縣市詳定辦法，確切實施，務於本年
內收得實效等因，奉此。除分電外，合亟電仰遵照，並
轉飭所屬一體遵照為要
等因、奉此。除分令外，合行令仰遵照，此令。

廳長 許紹棣

中華民國三十年八月 日

浙江省教育廳印

13

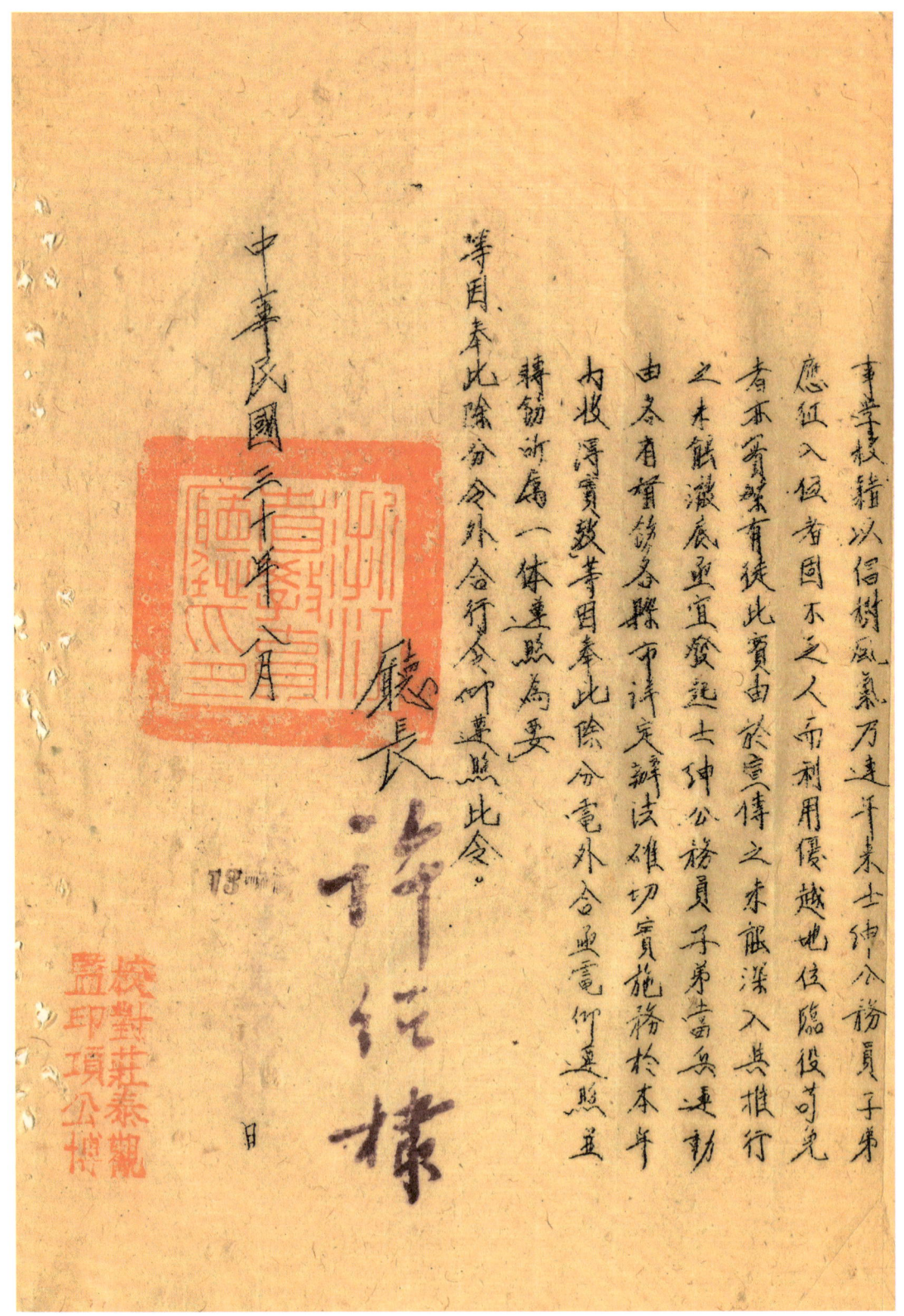

校對莊泰觀
監印項公樹

丽水县国民兵团团本部关于转发战绩优劣标准规定致乐连乡的训令（一九四一年十月十四日）

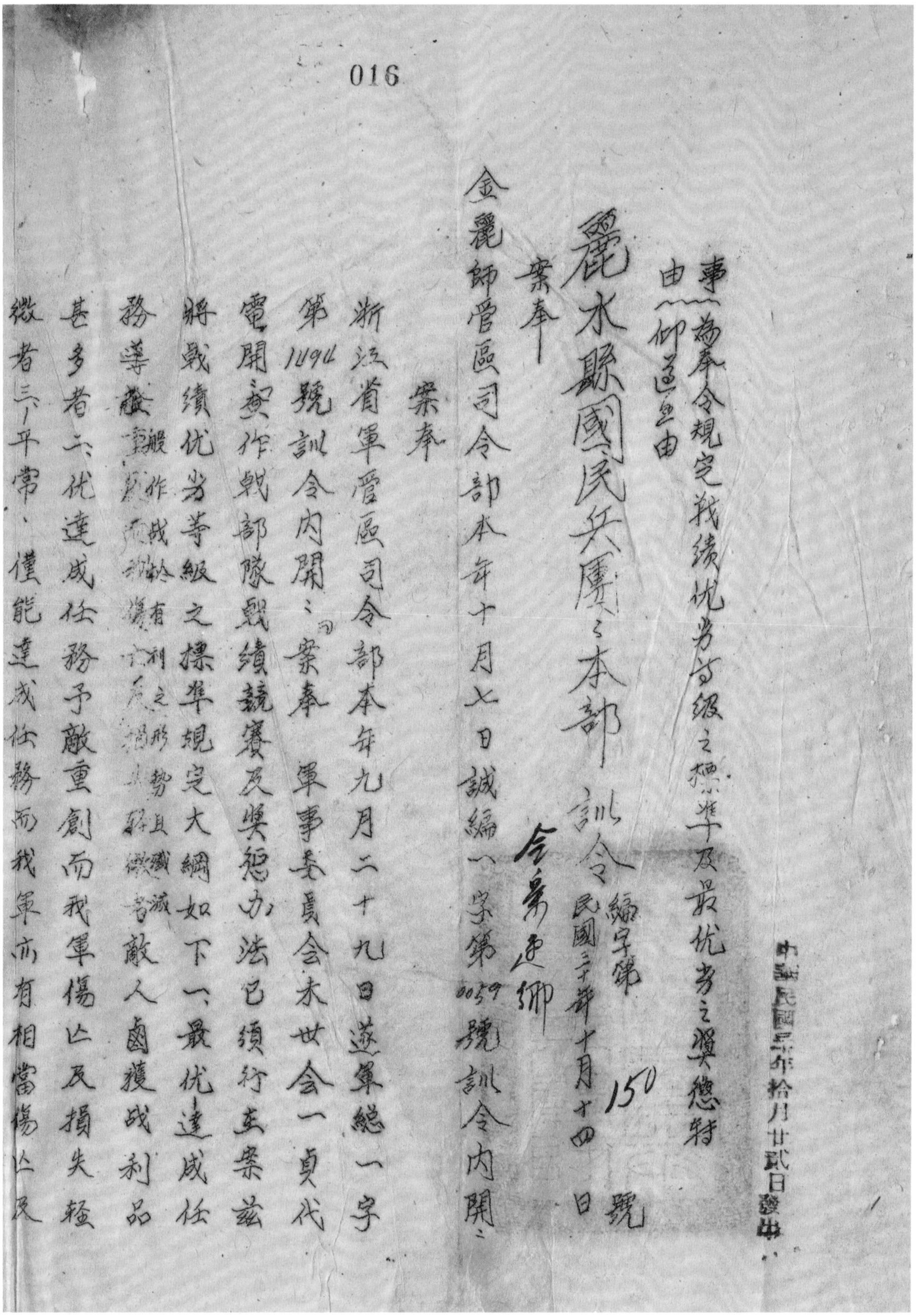
016

事由：為奉令規定戰績優劣等級之標準及最優劣之獎懲對仰遵照由

麗水縣國民兵團團本部訓令

編字第150號

民國三十年十月十四日

中華民國三十年拾月廿貳日發出

令樂連鄉

案奉

金麗師管區司令部本年十月七日誠編一字第0059號訓令內開：

案奉

浙江省軍管區司令部本年九月二十九日遂軍總一字第11494號訓令內開：「案奉 軍事委員會未世會一貞代電開：奨作戰部隊戰績競賽及獎懲辦法已績行在案，茲將戰績優劣等級之標準規定大綱如下：一、最優：達成任務並能作戰於有利之形勢且殲滅敵人鹵獲戰利品甚多者；二、優：達成任務予敵重創而我軍傷亡及損失輕微者；三、平常：僅能達成任務而我軍亦有相當傷亡及損失者四、劣：僅能達成任務之一部而傷亡及損失重大者五、最劣：未能達成任務陷全般作戰於不利之形勢者又部下之優劣甚至主官常負連帶責任，故对於戰績最優與最劣者之主官亦應援用已頒各項獎懲法予以獎懲以資激勵，合電遵照並轉飭所屬一體遵照為要等因，奉此除分令各師團管區外合行令仰遵照並飭所屬一體遵照為要等因奉此除分電各兵團外合行令仰遵照並飭所屬遵照為要！！

等因：奉此，除分令外，合行令仰遵照並飭遵照為要！！

此令！！

兼團長 朱毅生

副團長 吳樹勳

丽水县国民兵团团本部关于一九四一年第四期后备队军训事致乐连乡镇队长的训令（一九四一年十月十五日）

017

中華民國三十年拾月十貳日發出

事由：為卅年度第四期後備隊定於十一月一日開訓，附發抽訓辦法等件，令仰遵照具報由

麗水縣國民兵團團本部訓令

編字第149號

民國三十年十月十五日

令樂連鄉鎮隊長

查本部三十年度第三期後備隊訓練，已於九月間開始，現時經一月，即將結束，查此次受訓壯丁，各鄉鎮保隊附長奉行命令努力督催，遵期送齊者固屬不少，而玩忽功令，徘徊觀望，一鄉竟無一名來部報到者，亦復不免，或僅攜米食數斤，或竟隻身來部報到，甚至迄今尚有未來部報到者，形形色色，不勝枚舉，似此妨礙組訓，殊非淺鮮，究其癥結所在，因農民伏處鄉間，知識淺薄，腦力簡單，視訓練一項，對於本身問題毫無相關，故莫不百計規避，視為畏途，嗣後鄉鎮保隊附長，應深切曉諭，嚴加剖釋，提高其訓練

精神，啟發其愛國心理，致成於遵奉命令良好之國民，以確固國家境界。責鄉鎮保隊長應代為善措幾未切勿任其延宕，致礙組訓之推進，而成不良之困癖。現第三期後備隊於本月廿五日結束，第四期後備隊集訓茲定於十一月一日開始，期間為一個月，地點城隍廟及高井巷化雨學校。至第三期壯丁訓練如未滿二十日以上者或已造冊報部未來訓練者，均由第四期重行補訓，如受訓壯丁仍蹈前轍延不遵期前來報到者，則派兵拘部嚴辦，決不寬貸。除分令外，合亟訂發各鄉鎮抽送壯丁訓練辦法一份，令仰該鄉鎮隊長切遵照，將第四期抽訓壯丁名冊於本（十）月廿五日前依式造冊送部，以憑下令召集，而閱訓練要政，毋稍延誤，致干未便，是為至要！　此令

計附發各鄉鎮抽送三十年度第四期後備隊壯丁訓練辦法一份，壯丁名冊格式一份，標業物品單一份

總團長朱毅

副團長吳樹彬

附一：丽水县国民兵团一九四一年第四期各乡镇抽送壮丁训练办法

麗水縣國民兵團民國三十年度第四期各鄉鎮抽送壯丁訓練辦法

一、本團依照本縣實際情形設立後備隊二中隊六分隊

二、本期後備隊壯丁依照點次各鄉鎮每保各抽送一名

三、各鄉鎮隊長應於本(十)月廿五日前一律造具抽送壯丁名冊二份迅即送部以憑下令召集（名冊格式另附表）

四、本期訓練仍按年次召集凡壯丁年在二十歲第三期未受訓練或第三期報到訓練未滿二十日以上者不論緩役免役均應報到受訓各鄉鎮隊抽送壯丁如二十歲人數不敷時可以二十一年次中抽送之

五、各受訓壯丁本期每人應繳納副食費六元食米伍拾市斤須一次繳足不得短少如壯丁家境良好者責由該受訓壯丁自行繳納如確係赤貧無力繳納者則由各該原抽送鄉鎮保代為籌措款及食米由各受訓壯丁送繳團部不得拖欠由團部掣給收據俟訓練期滿結束後定期召集清稱多還少補以昭大信

六、本期訓練期間為一個月地址第一中隊縣城隍廟第二中隊高井巷化雨學校

七、本期訓練壯丁應攜帶物品另附表之規定

八、本期訓練壯丁不遵期報到受訓者則派兵拘部嚴辦

九、本辦法呈經浙江省軍管區司令部核備施行

附二：一九四一年第四期抽送后备队壮丁训练名册和受训壮丁携带物品单

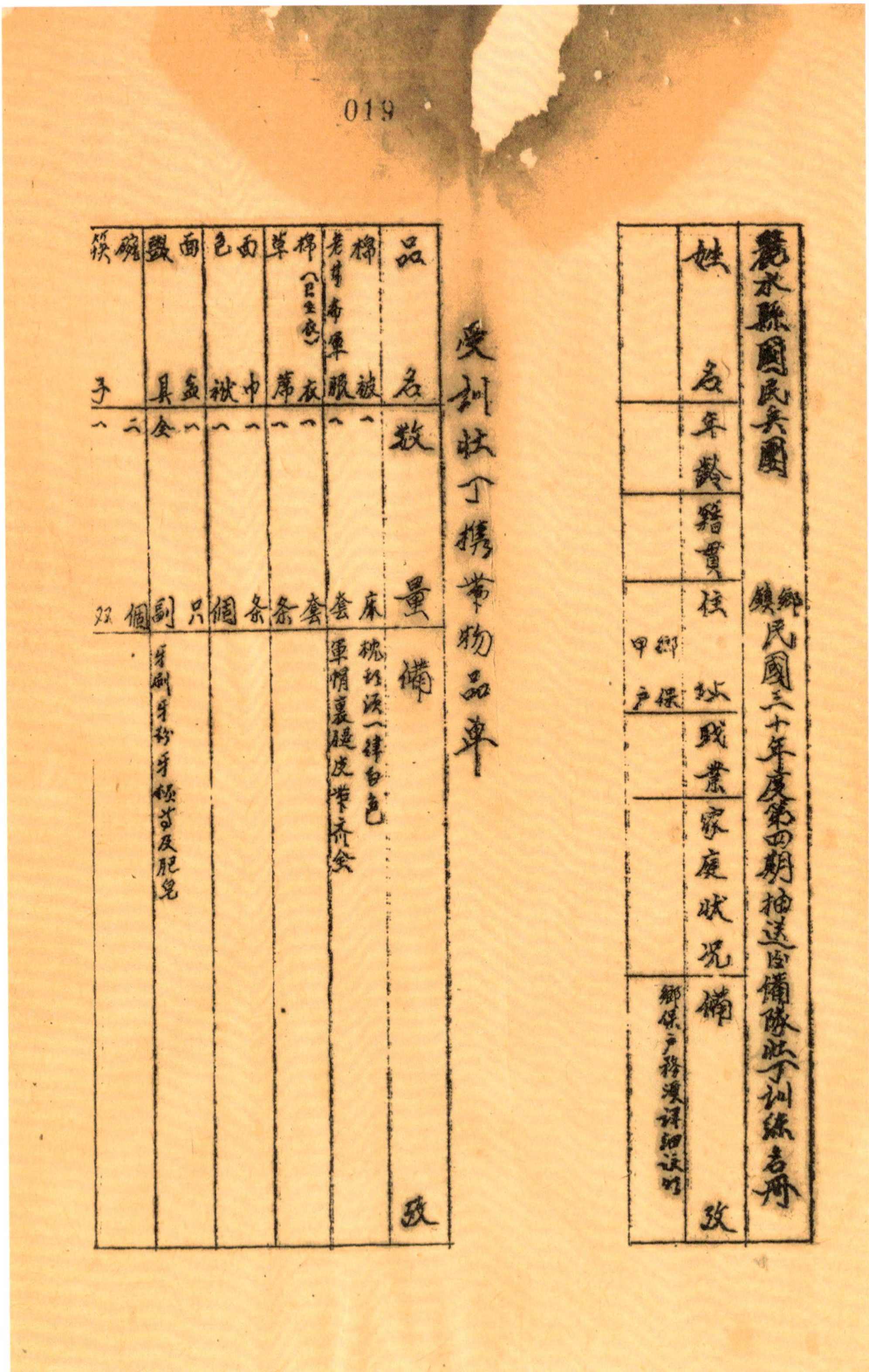

丽水县政府、国民兵团团本部关于缴送自卫独立中队棉被事致各乡镇的训令（一九四二年十二月十八日）

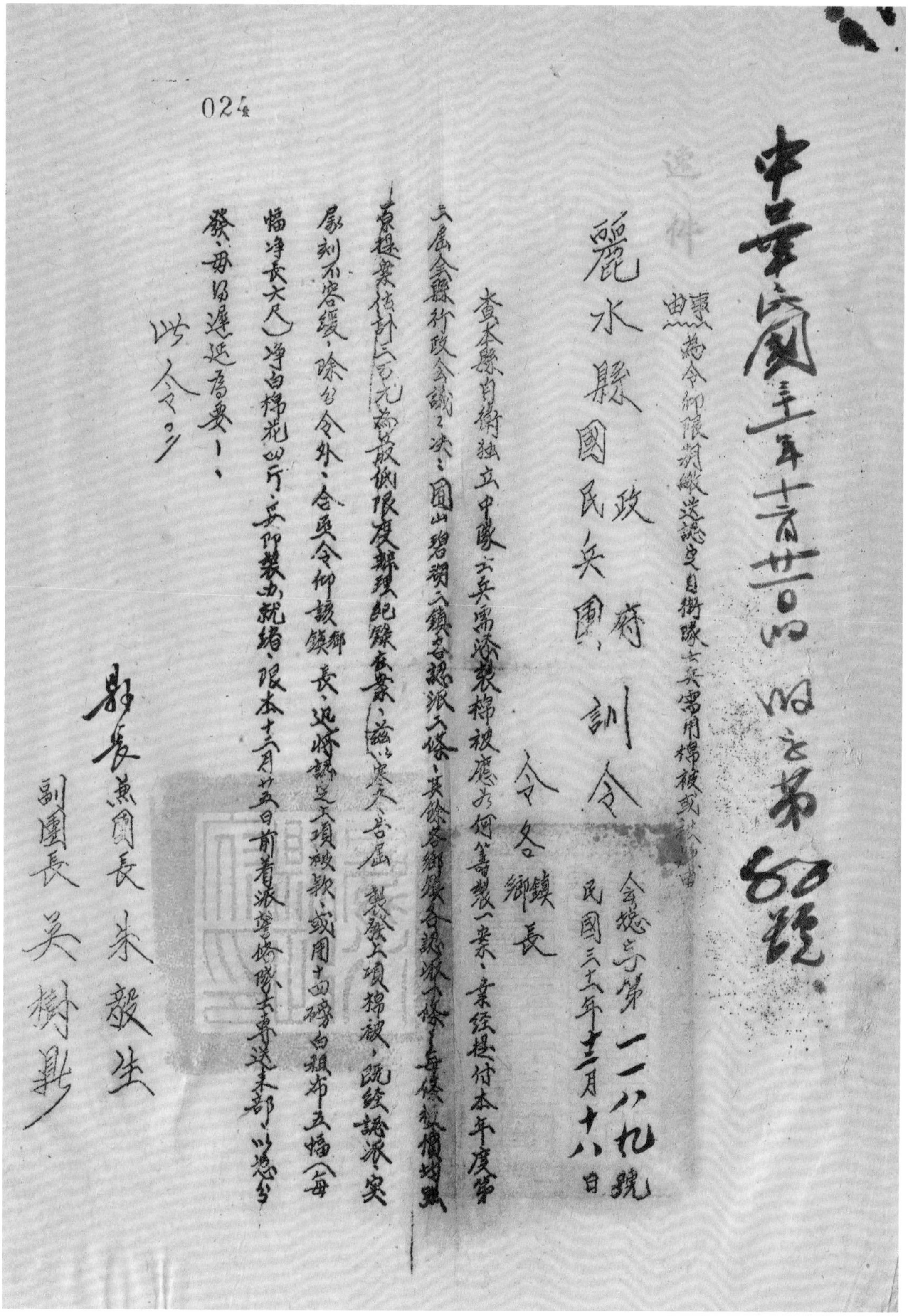
中華民國三十一年十二月廿四日收文第680號

事由：為令仰限期繳送認定自衛隊士兵需用棉被或款由

麗水縣政府
國民兵團 訓令　會總字第一一八九號
民國三十一年十二月十八日

令各鄉鎮長

查本縣自衛獨立中隊士兵需添製棉被應如何籌製一案，業經提付本年度第三屆全縣行政會議決："團山、碧湖二鎮各認派六條，其餘各鄉鎮各認派四條，每條核價捌拾元"紀錄在案。茲以寒冬已屆，亟需發給，上項棉被，既經認派，實屬刻不容緩，除分令外，合亟令仰該鄉鎮長迅將認定之上項被款，或用土白粗布五幅（每幅淨長六尺）、淨白棉花四斤，另即製就，限本十二月廿五日前着派專人送來部，以憑分發，毋得遲延為要！

此令。

縣長兼團長 朱穀生

副團長 吴樹聲

丽水县国民兵团团本部关于救济患病新兵事致乐连乡队长的代电（一九四二年十二月三十日）

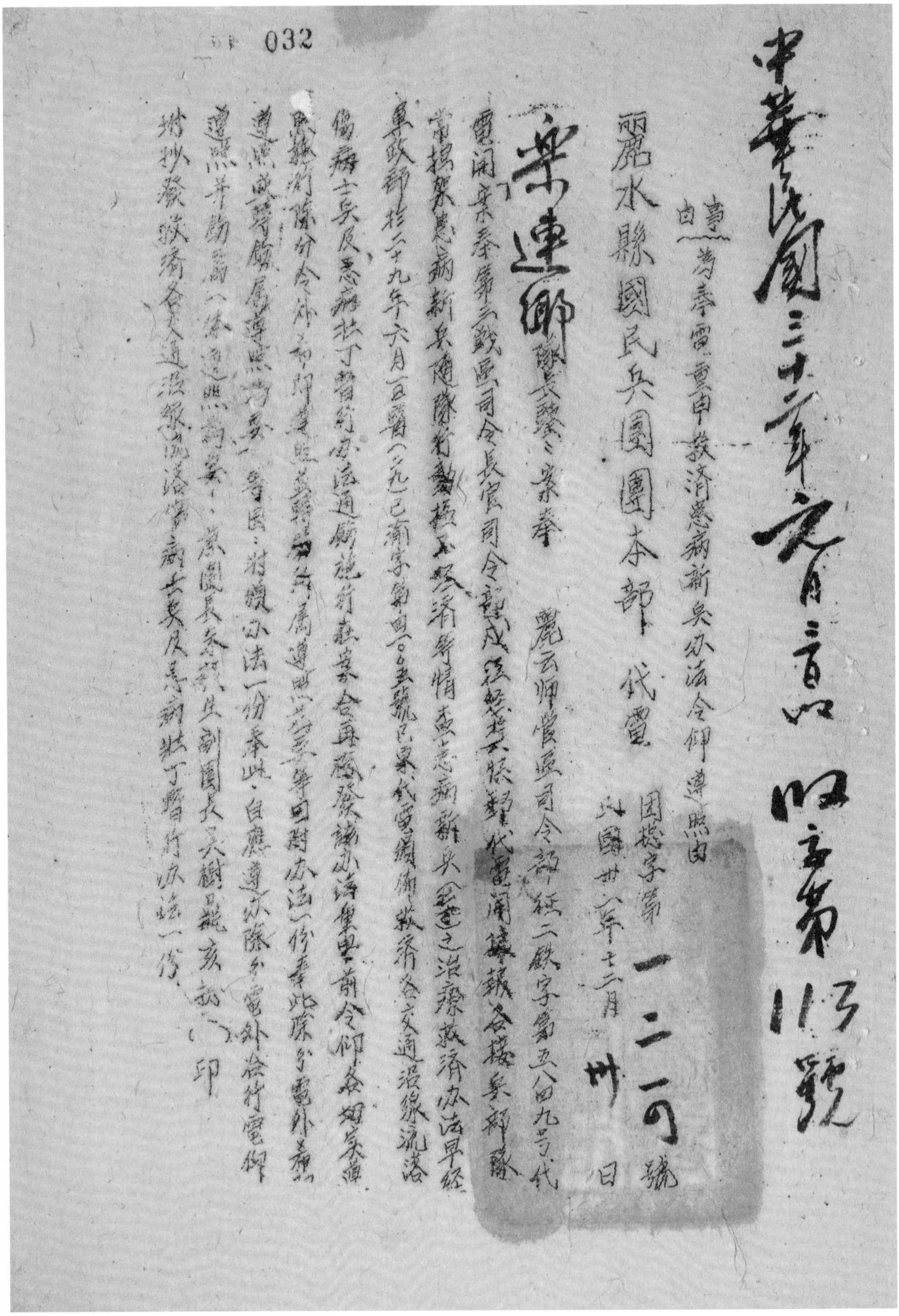

032

中華民國三十一年[illegible]收字第113號

事由：為奉電重申救濟患病新兵办法令仰遵照由

团[illegible]字第一二一〇號

丽水縣國民兵團團本部 代電

卅一年十二月卅日

樂連鄉隊長鑒：案奉

麗云师管區司令部戌二[illegible]字第五八四九号代電開：案奉第三戰區司令長官司令部戌[illegible]代電開：據報各接兵部隊常携帶患病新兵隨隊行動，棄置不顧等情。查患病新兵（途）之治療救濟办法早经軍政部於二十九年六月一日晉（二九）已渝字第四〇五號已案代電飭救濟各交通沿線流落傷病士兵及患病壯丁暫行救濟辦法通飭施行在案，合再檢發該办法，重申前令，仰各知照遵照。本部[illegible]除分令外，仰遵照并[illegible]屬遵照為要。等因。附發办法一份。奉此，除分電外，合行電仰遵照并飭屬（全体）遵照為要。等因。奉此，自應遵办，除分電外，合行電仰[illegible]遵照。團長余[illegible]、副團長吳樹[illegible]亥[illegible]（印）

附抄發救濟各交通沿線流落傷病士兵及患病壯丁暫行办法一份

附：救济各交通沿线流落伤病士兵及患病壮丁暂行办法

軍政部二十九年六月一日醫（二九）巳渝字第四〇〇五號巳東代電頒佈

救濟各交通沿線流落傷病士兵及患病壯丁暫行辦法

一、由軍政部分電各戰區司令長官各集團軍區司令部各補訓處所屬部隊如遇行動應將重病官兵或重病壯丁給送附近屬於軍政部之各軍醫院輕病者仍應留隊自行治療並隨隊行動無論送院或隨隊行動時必須派員沿途照料以免流落

二、凡後方勤務部各傷兵招待所或軍政部各衛生機關應於駐地附近沿交通要道隨時派員巡視見有流落傷病士兵或患病壯丁無論有無證件應一律收容並轉送醫院（分由後勤部及軍政部令飭辦理）

三、後方勤務部未設傷兵招待所同時軍政部亦未設衛生機關各地如發現流落傷病兵或患病壯丁應由當地保甲長負責報由鄉（鎮）長轉送地方醫院或其他地方慈善機關同時呈報所屬縣政府病愈後報由縣政府轉請本地徵募機關接收關於因傷病流落而致死亡之屍體亦應設法掩埋所需[illegible]費用准由縣政府作正開支（由軍政部內政部令飭各省市政府

飭遵照）

四、由軍政部内政部分飭各省市政府轉飭國民兵團各級隊部切實注意遇有抗戰之傷病士兵或壯丁應協送治療機關治療

五、各地方均有防護團之組織凡關于地之區救急救等事項均已視為該團之工作關於各地遇有傷病士兵等之救濟由軍政部内政部分令各省市政府及航空委員会等飭該團認真工作並加强其技能

六、由軍政部内政部令飭賑濟委員會通飭所屬各賑濟機關團体一律注意並須

七、由内政部轉請衛生署通飭各省市衛生主管機關與當地賑濟機關取得密切聯絡隨時指示各治療及軍需衛生各級衛生医療所救機關各公私立医院診所會同情形送入治療並具報備查

八、關 由軍事委員會令飭傷兵之救濟經費項下酌量撥款交由各地方政府作救濟各交通路線零散傷病士兵及其他壯丁之用

浙江省教育厅关于兵役适龄学生不能缓役事致浙江省立处州中学的代电（一九四二年十二月二十五日）

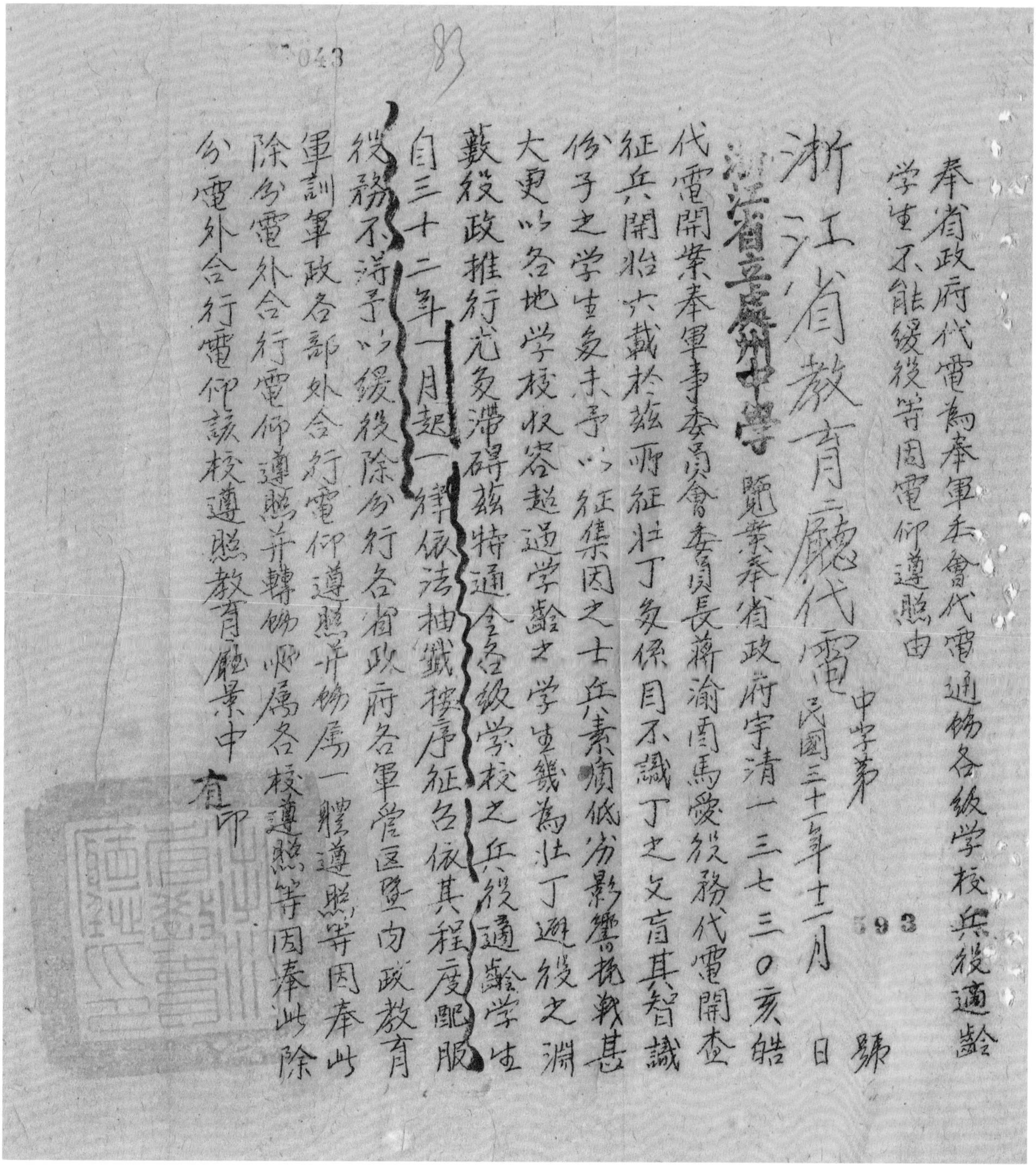

奉省政府代電爲奉軍委會代電通飭各級学校兵役適齡学生不能緩役等因電仰遵照由

浙江省教育廳代電　中学第　號　民國三十一年十二月　日

593

浙江省立處州中學覽案奉省政府宇清一三七三〇亥皓代電開案奉軍事委員會委員長蔣渝酉馬愛役務代電開查征兵開始六載於茲所征壯丁多係目不識丁之文盲其智識份子之学生多未予以征集因之士兵素質低劣影響抗戰甚大更以各地学校收容超過学齡之学生幾爲壯丁避役之淵藪役政推行尤多滯礙茲特通令各級學校之兵役適齡学生自三十二年一月起一律依法抽籤按序征召依其程度配服役務不得予以緩役除分行各省政府各軍管區暨內政教育軍訓軍政各部外合行電仰遵照并飭屬一體遵照等因奉此除分電外合行電仰遵照并轉飭所屬各校遵照等因奉此除分電外合行電仰該校遵照教育廳巢中　有印

043

丽水县国民兵团团本部关于颁发国民兵组训实施办法致乐连乡队的代电（一九四三年一月七日）

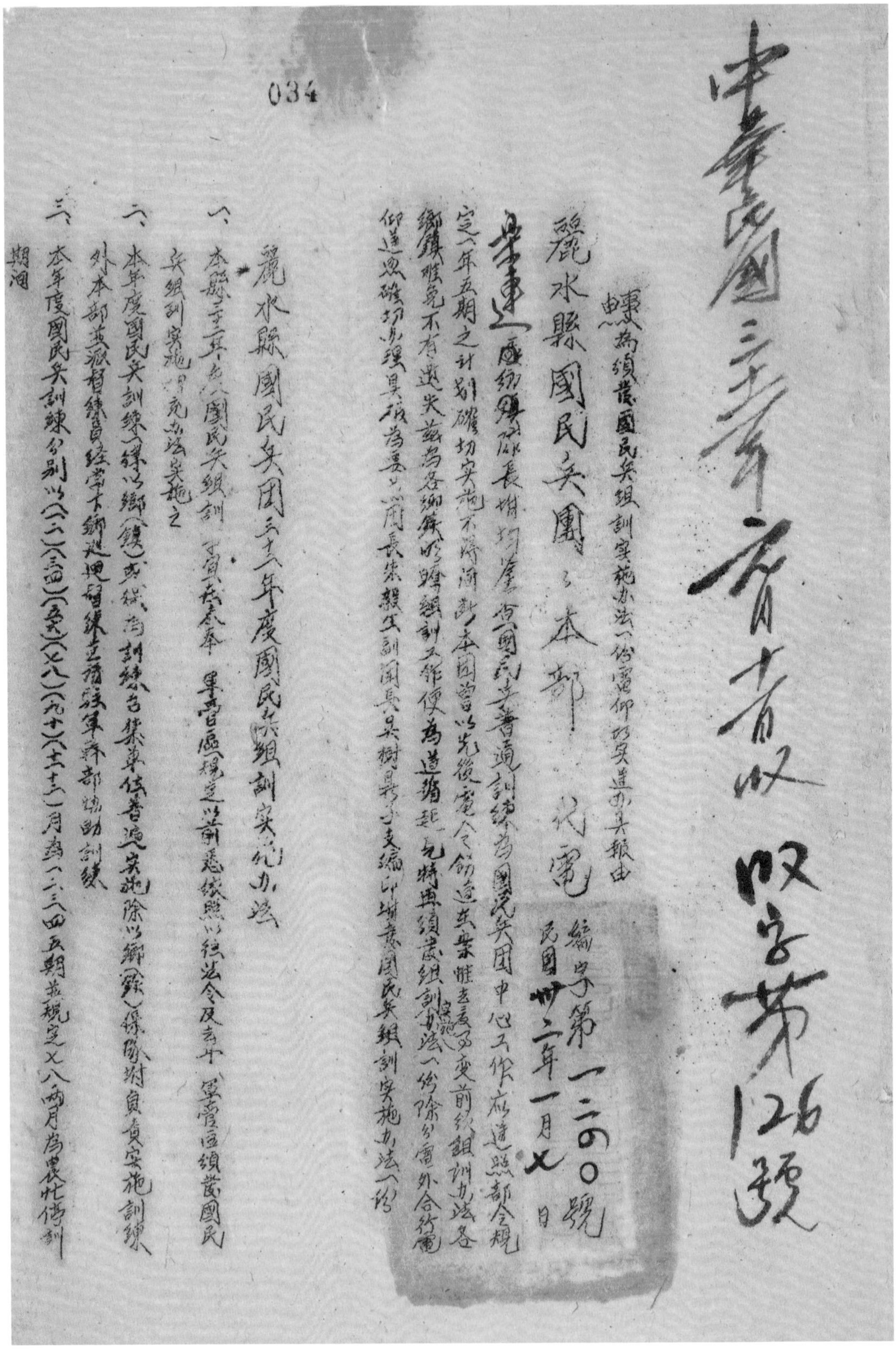
中華民國三十二年一月十日收
收字第126號
034
事由：為頒發國民兵組訓實施辦法一份電仰切實遵辦具報由
麗水縣國民兵團團本部 代電
編字第一二〇〇號
民國卅二年一月七日
樂連鄉隊長：查國民兵普遍訓練為國民兵團中心工作，應遵照部令規定一年五期之計劃確切實施，不得稍渝，本團曾以先後電令飭遵在案，惟去歲以變更前頒組訓辦法，各鄉鎮難免不有遺失，茲為各鄉鎮明瞭組訓工作便為遵循起見，特再頒發組訓實施辦法一份，除分電外，合行電仰遵照切實辦理具報為要。團長朱馥生 副團長吳樹梁 子支編印 附發國民兵組訓實施辦法一份

麗水縣國民兵團三十二年度國民兵組訓實施辦法
一、本縣三十二年度國民兵組訓 宜遵奉 軍管區規定以前暨依照兵役法令及去年 軍管區頒發國民兵組訓實施補充辦法實施之
二、本年度國民兵訓練以鄉（鎮）為單位，為訓練召集集中依普通實施，除以鄉（鎮）保隊附負責實施訓練外，本部並派督練員經常下鄉巡迴督練並請駐軍隸部協助訓練
三、本年度國民兵訓練分別以（一二）（三四）（五六）（七八）（九十）（十一十二）月為一二三四五期，並規定七八兩月為農忙停訓期間

四、訓練人數每期每保至少調訓十五至二十人為原則或每期每甲一人

五、訓練以十九歲至三十五歲共十七個年次未受訓國民兵為主每期在十七個年次中混合編組甲級國民兵訓練完成後再將乙級國民兵抽調訓練

六、每日訓練三小時農忙時期可停訓召集各級幹部實施增進訓練

七、訓練進度依照軍訓部訂定之國民兵初期（基本）教育學術科基準表完成六百八十小時教育為基本教育迨完成乃施以正規復習教育

八、本年度普遍訓練第一期自一月十五日開始至三月十五日結訓各鄉鎮隊于第一期國民兵結訓後之十日內將全鄉（鎮）各年次國民兵數表報本部並抄報本部以後每期訓練結束後三日將受訓人數層報師管區備查

九、每期于訓練結束一週前應準備完成次期國民兵調訓事宜免致窒碍訓練之進行

十、訓練教育之各費暫以受訓壯丁每名四角列支由各鄉鎮統一討支給

十一、國民兵如有規避訓練得由各鄉鎮隊自行斟酌情形擬訂處罰辦法標送本部核辦

十二、本辦法自公佈之日施行並呈報師管區備案

丽水县国民兵团团本部关于各县团部及自卫队官领粮与县政府公务人员同等待遇致自卫队和各区乡镇队的代电（一九四三年一月九日）

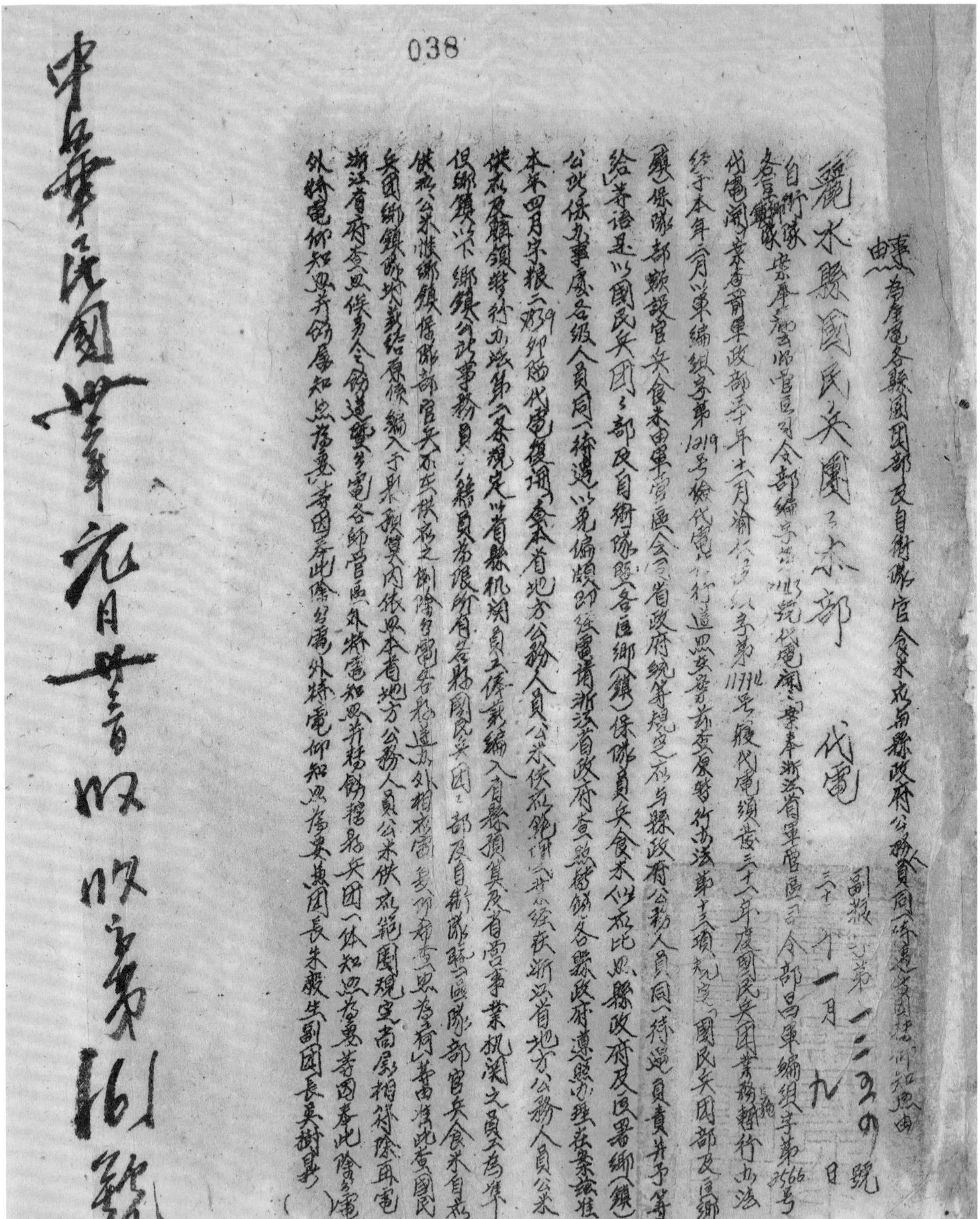
038

事由：为准电各县团团部及自卫队官兵食米应与县政府公务员同一待遇令仰知照由

丽水县国民兵团团本部 代电

副报字第一二三四号

三十二年一月九日

丽水县国民兵团团本部关于规定国民兵斗笠式样致各区乡镇队的代电（一九四三年一月十二日）

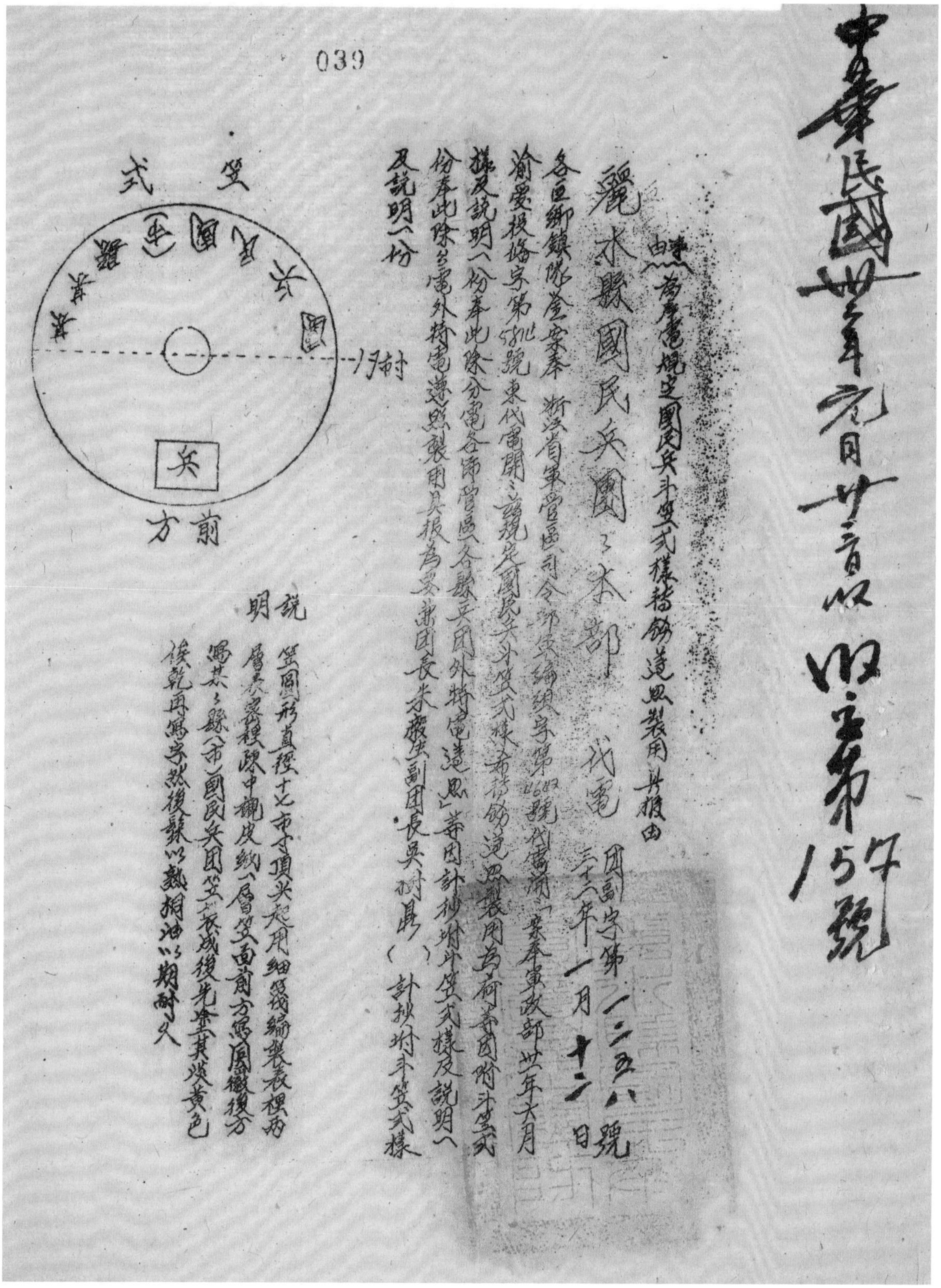
中華民國卅二年元月廿三日收 [illegible]字第157號

事由：為奉電規定國民兵斗笠式樣轉飭遵照製用具報由

麗水縣國民兵團團本部 代電 團副字第一二五八號 三十二年一月十二日

各區鄉鎮隊鑒：案奉浙江省軍管區司令部民編級字第1609號代電開：「案奉軍政部卅一年六月渝晏役務字第5816號東代電開：『茲規定國民兵斗笠式樣及說明一份，奉此，除分電各師管區、各縣兵團外，特電遵照』等因，計抄附斗笠式樣及說明一份。」奉此，除分電外，特電遵照製用具報為要。兼團長朱章庚、副團長吳樹勗（計抄附斗笠式樣及說明一份）

說明

笠圓形，直徑十七市寸，頂尖起用細篾編製表裡兩層，表裡兩層中襯皮紙一層，笠面前方寫團徽，後方寫某某縣(市)國民兵團，笠表成後先塗其淡黃色，俟乾再寫字，然後髹以熟桐油，以期耐久。

丽水县国民兵团团本部关于爱护武器和焚烧不必要公文事致自卫独立中队和各区乡镇队的代电

（一九四三年一月十二日）

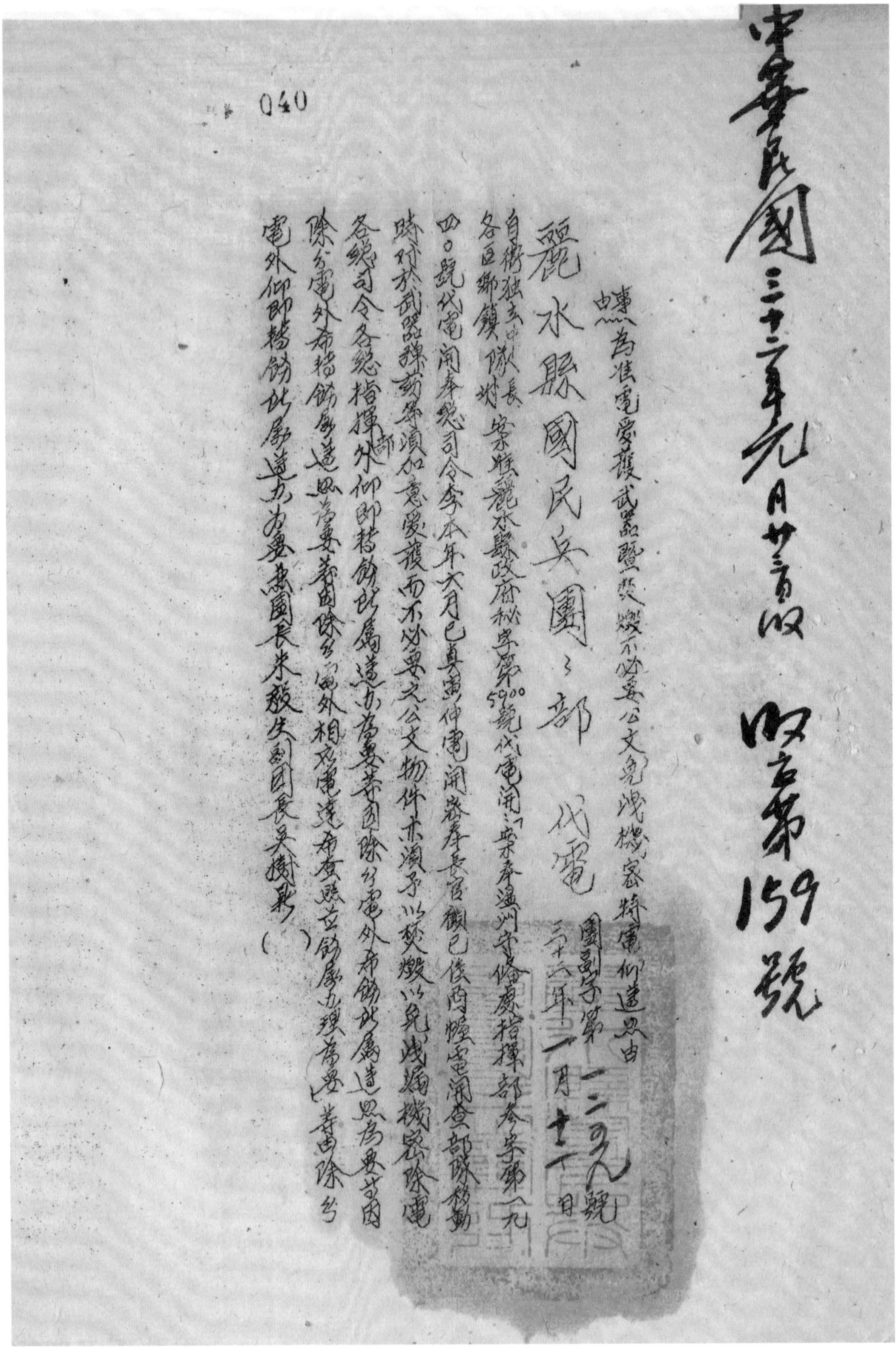

中華民國三十二年元月廿二日收
收文第159號

040

事由：為准電愛護武器暨焚燬不必要公文免洩機密特電仰遵照由

麗水縣國民兵團團部代電　團副字第一三〇九號　三十二年一月十二日

自衛獨立中隊長、各區鄉鎮隊長、隊附：案准麗水縣政府秘字第5900號代電開："案奉溫州守備區指揮部參字第一九四〇號代電開：案奉總司令本年六月巳真寅仲電開：密。奉長官鐵巳儉酉電開：查部隊移動時，對於武器彈藥等須加意愛護，而不必要之公文物件亦須予以焚燬，以免洩漏機密。除電各總司令、各總指揮部外，仰即轉飭所屬遵辦為要。等因。除分電外，希轉飭所屬遵照為要。等因。除分電外，相應電達，希查照，並飭屬辦理為要。"等由。除分電外，仰即轉飭所屬遵辦為要。兼團長朱　副團長吳（　）

浙江省军管区司令部关于学校学生扩大寒假兵役宣传致浙江省立处州中学的代电（一九四三年一月十五日）

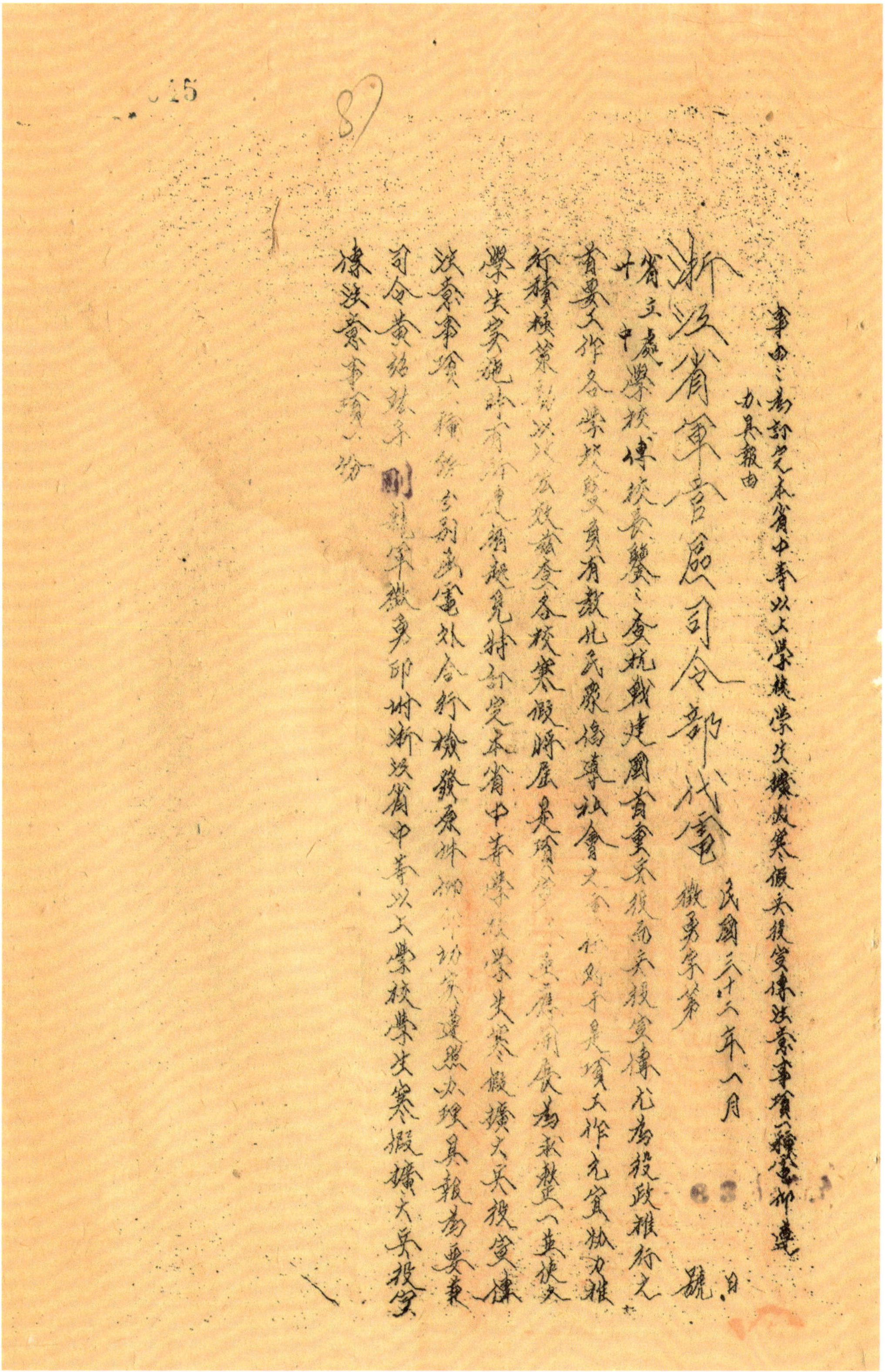

事由：為訂定本省中等以上學校學生擴大寒假兵役宣傳辦法事項一種電仰遵辦具報由

浙江省軍管區司令部代電　民國三十二年一月　日　徵務字第　號

省立處州中學校傅校長覽：查抗戰建國首重兵役，而兵役宣傳尤為役政推行之首要工作，各學校負有教化民眾、倡導社會之責，對於是項工作允宜協力推行，積極策動，以收宏效。茲查各校寒假將屆，是項宣傳正應利用假期廣為宣傳，以為推動，其於學生實施亦有深切之效用，茲特訂定本省中等學校學生寒假擴大兵役宣傳辦法事項一種，除分別函電外，合行檢發原件，仰即切實遵照辦理具報為要。兼司令黃紹竑子刪軍徵印　附浙江省中等以上學校學生寒假擴大兵役宣傳辦法事項一份

附：浙江省中等以上学校学生寒假扩大兵役宣传注意事项

浙江省中等以上学校学生寒假扩大兵役宣传注意事项

一、本省为揭露敌寇暴行，增强民众敌忾，鼓励踊跃应征，普及兵役法令，爰依照规定发动学生寒假扩大兵役宣传，并为求整一致，各地同时有所遵循起见，特订定本注意事项。

二、本宣传除揭露敌寇暴行，鼓励踊跃应征及宣扬本省兵役法令外，更侧重鼓励当地公务员子弟从军运动，矫正过去抗战军人家属及逃兵本项。

三、宣传期间暂定一週，起止日期由各校自定，必要时得予延长。

四、实施宣传前，各校校长应负责会同军训教官将本校学生利用寒假八日以上，研讨各项兵役问题，并分别组织学生宣传队，每队队员五至十人，队长就学生中指定之，并将各队队长、队员号数造具名册。

五、实施宣传时，全校教职员应一律参加指导，并由各校校长及军训教官负责考查（功案），其成绩尤优秀校长由本部报请　中央予以奖励，军训教官则由本部酌加奖惩，并呈教育厅、军训部备案。

六、宣传区域以各校附近八日内能往返之乡（镇）为单位，然不得偏于某一地区，应顾及全县，尤须分若干方面同时分队出发实施工作，俾普及全县，于较短时间能收宏效。

七、前項實施辦法應徵當地師資及縣政府縣黨部之指導並應與所在地區鄉保甲人員家庭切取聯繫協力進行

八、實施方式按當時環境時處自行決定惟以目前實際為主同時注意於向村壯丁創施以勸導並不實際舉行槍械適合當地內容之標語（標語附）以便事前張貼而增工作效果至實際所需某地參考材料得隨時向當地兵役實施機關索閱

九、各隊參加時應由各校分別發工作報告表（表式附）並應各隊分隊參加地區工作情形實施情形按日逐項填報俟工作結束後報告本校各校即將辦理經過情形並彙齊表冊各項報告分報教育廳省軍管區司令部備核

十、學生工作勤奮者應由各該校分別予以獎狀加分等獎勵工作懈怠者亦應分別予以申誡扣分等處分

十一、實施時所需材料用品茶水等項以不要為原則其必需者由各校自行統籌支給不得推諉

十二、本法意未盡事項由浙江省軍管區司令部訂頒施行

丽水县国民兵团团本部关于转饬积极办理国民兵队完成甲级壮丁训练事致各区乡镇国民兵队的代电（一九四三年一月二十六日）

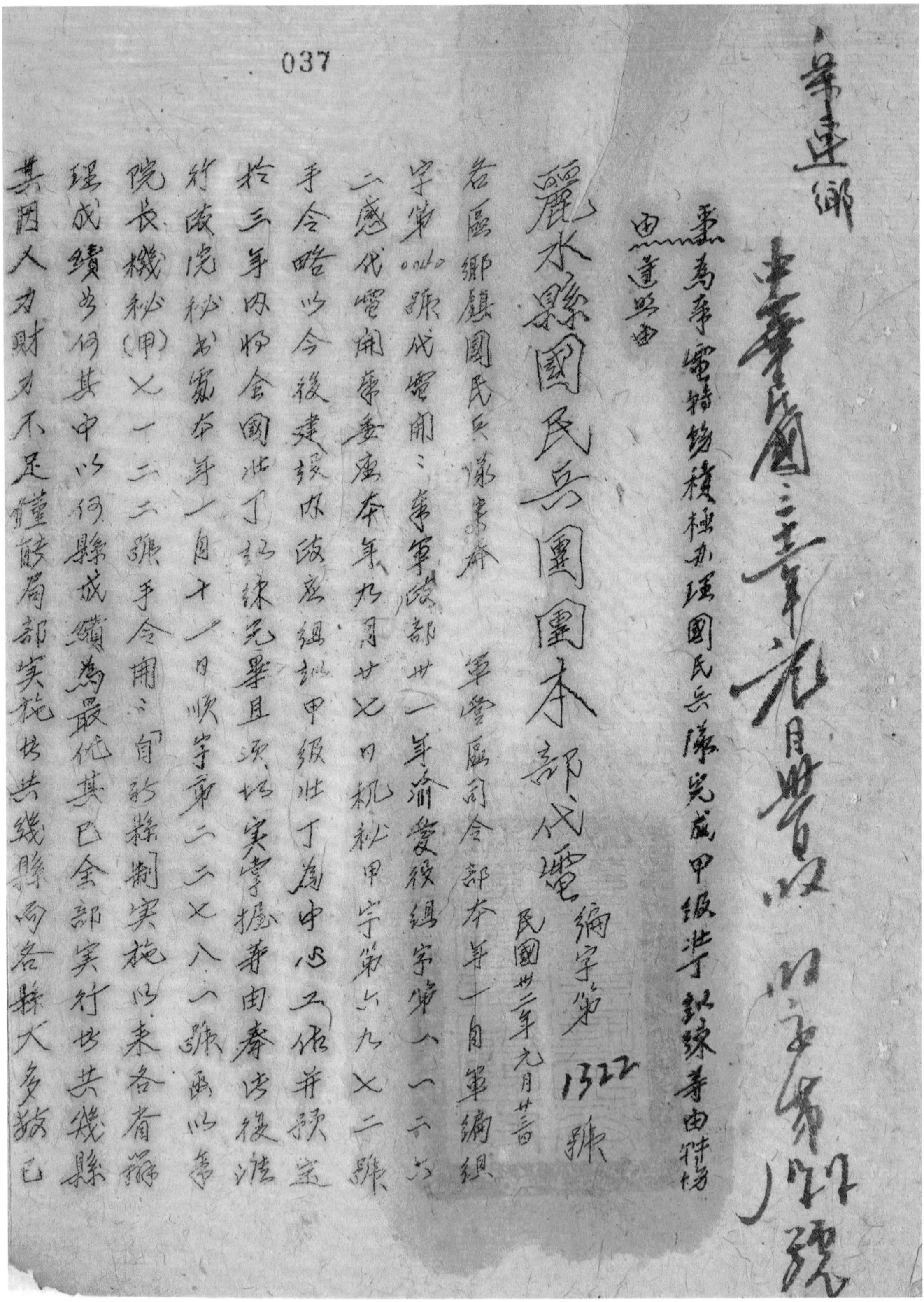

037

華建鄉

中華民國三十二年二月廿日收 旧字第1011號

事由：為奉電轉飭積極办理國民兵隊完成甲級壯丁訓練等由特協

遵照由

麗水縣國民兵團團本部代電 編字第1322號

民國卅二年元月廿六日

各區鄉鎮國民兵隊隊長：案奉 軍管區司令部本年一月軍編組字第0060號代電開：案奉軍政部卅一年渝役組字第八一一六六二處代電開：案奉委座本年九月廿七日機秘甲字第六九七二號手令略以：今後建設以政府組訓甲級壯丁為中心工作，并限定於三年內將全國壯丁訓練完畢，且須切實把握并由奉法行政院秘書處本年一月十一日順字第二二七八一號函以：奉院長機秘(甲)七一二二號手令開：自新縣制實施以來，各省辦理成績如何，其中以何縣成績為最優，其已全部實行者共幾縣，其因人力財力不足，僅能局部實施者共幾縣，而各縣大多數已

共同舉行及其未能實行者為何項因以後其實行成績究以何
項業務最狀況令各省政府切實統計詳加核對並研究其以往
之幹練者令協政正之辦法以後如其縣人力財力不足無法實
行全部新縣制者則其縣全部實施者有名無實不如援護者
省政府集其斟酌各縣特殊依其人力財力擇定新縣制中最必
要項目先令其切實實施以為逐漸推進之準備並通令各省遵
照并飭其擬具具體方案呈核為要等因除由院電飭各省政府
遵辦外相應函達查照等由准此查國民兵團為新縣制之體制
亦為建軍之重要組織組訓甲級股幹為新縣制中最重要項目
自應積極辦理除分電外合行電仰遵照辦理并將籌備日期報
部為要等因奉此除分電各師管區各區專員各縣長各縣國民
兵團外合行電仰遵照等因奉此除分電各區鄉鎮國民兵隊外
合行電仰切實遵辦具報為要兼團長朱毅[illegible]副團長吳樹[illegible]
寢編印

浙江省教育厅关于要求学生利用假期开展兵役宣传及慰问征属致浙江省立处州中学的代电（一九四三年一月二十七日）

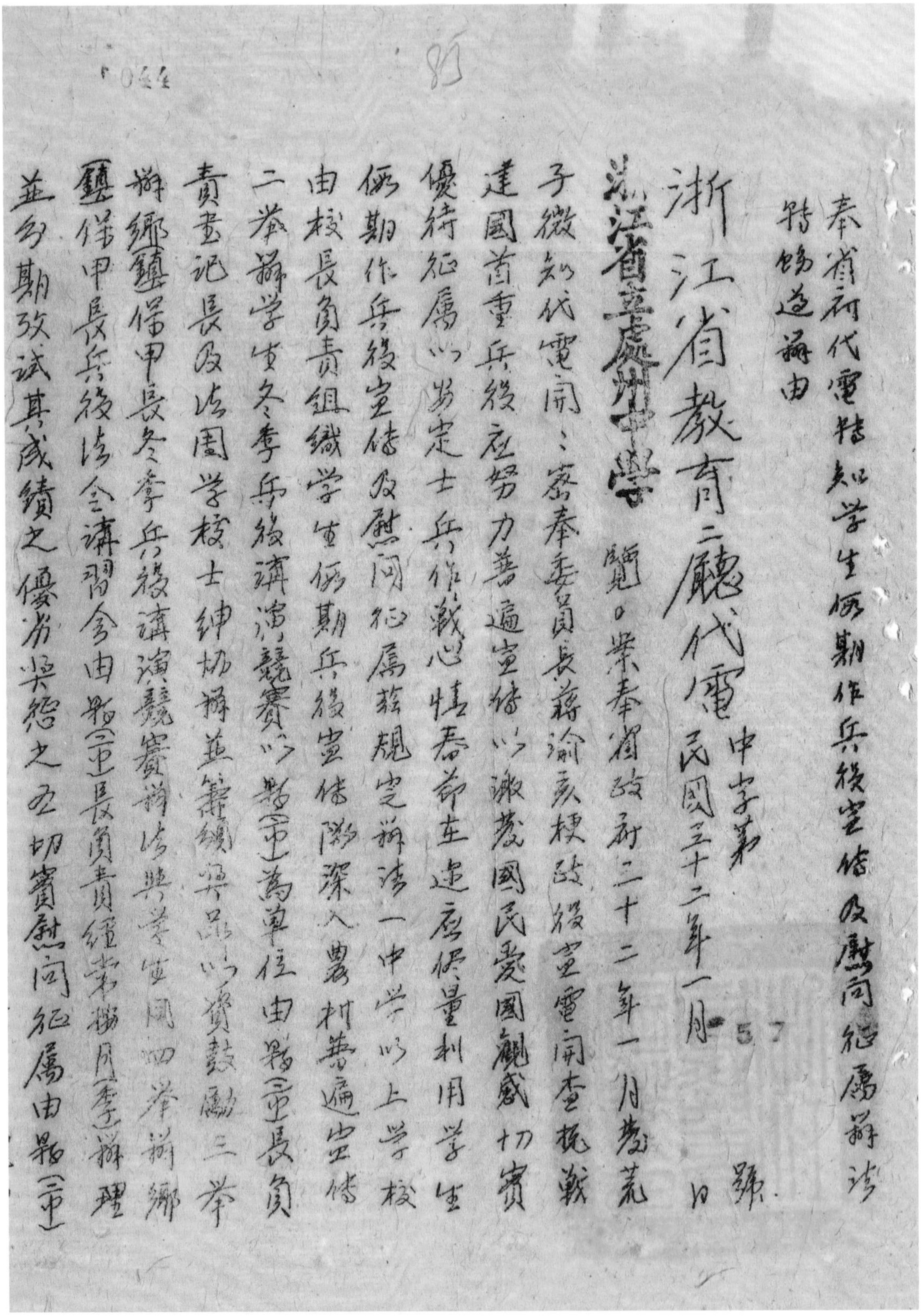
奉省府代電轉知学生假期作兵役宣傳及慰問征屬辦法特飭遵辦由

浙江省教育廳代電　民國三十二年一月　日　中字第　號

浙江省立處州中學

覽。案奉省政府三十二年一月發荒子微知代電開：案奉委員長蔣渝亥梗政役電開：查抗戰建國首重兵役，應努力普遍宣傳，以激發國民愛國觀感，切實優待征屬，以安定士兵作戰心情。春節在邇，應儘量利用學生假期作兵役宣傳及慰問征屬。茲規定辦法：一、中學以上學校由校長負責組織學生假期兵役宣傳隊，深入農村普遍宣傳。二、舉辦學生冬季兵役講演競賽，以縣（市）為單位，由縣（市）長負責書記長及該團學校士紳協辦，並籌獎品以資鼓勵。三、舉辦鄉鎮保甲長冬季兵役講演競賽，辦法與學生同。四、舉辦鄉鎮保甲長兵役法令講習會，由縣（市）長負責經常按月（季）辦理，並分期考試其成績之優劣獎懲之。五、切實慰問征屬，由縣（市）

長負責社會處黨部派國學校士紳協辦分隊(組)訪問並饋贈
必需品對地方經常優待物資六至發放有無弊端征屬能否
得到實惠均應詳加考察並同時發動地方知識份子及區生
等代征屬寫信及免費治療七屬行國民月會就便講解兵役
法令由縣(區)長於各鄉(鎮)保甲指定負責人並訂獎懲辦法八
經常舉行兵役(座)談會講演會暨征屬聯歡會由各地方黨部
學校社會處協辦九宣傳資料由各級兵役機關縣政府供給
其發動宣傳所需經費以樂捐勸募籌措之不得藉詞勒派十
實施辦法與籌辦時間由各省縣(區)斟酌情形切實辦理不得
延至卅三年度一月設立各地方實施情形及所收效果由縣
(區)長報軍管區於二月底以前具報軍政部彙案呈核除分電
外特電遵照等因除分電中國國民黨浙省執行委員會
處遵照並分令專員縣長遵辦外合行電仰辦理等因奉此除
分電外合行電仰該校對於上項辦法會同黨部切遵照辦理為
要教育廳廳長許紹棣印

丽水县国民兵团团本部关于一九四二年民族复兴节国民兵大点阅奖惩事致区乡镇的训令（一九四三年二月十七日）

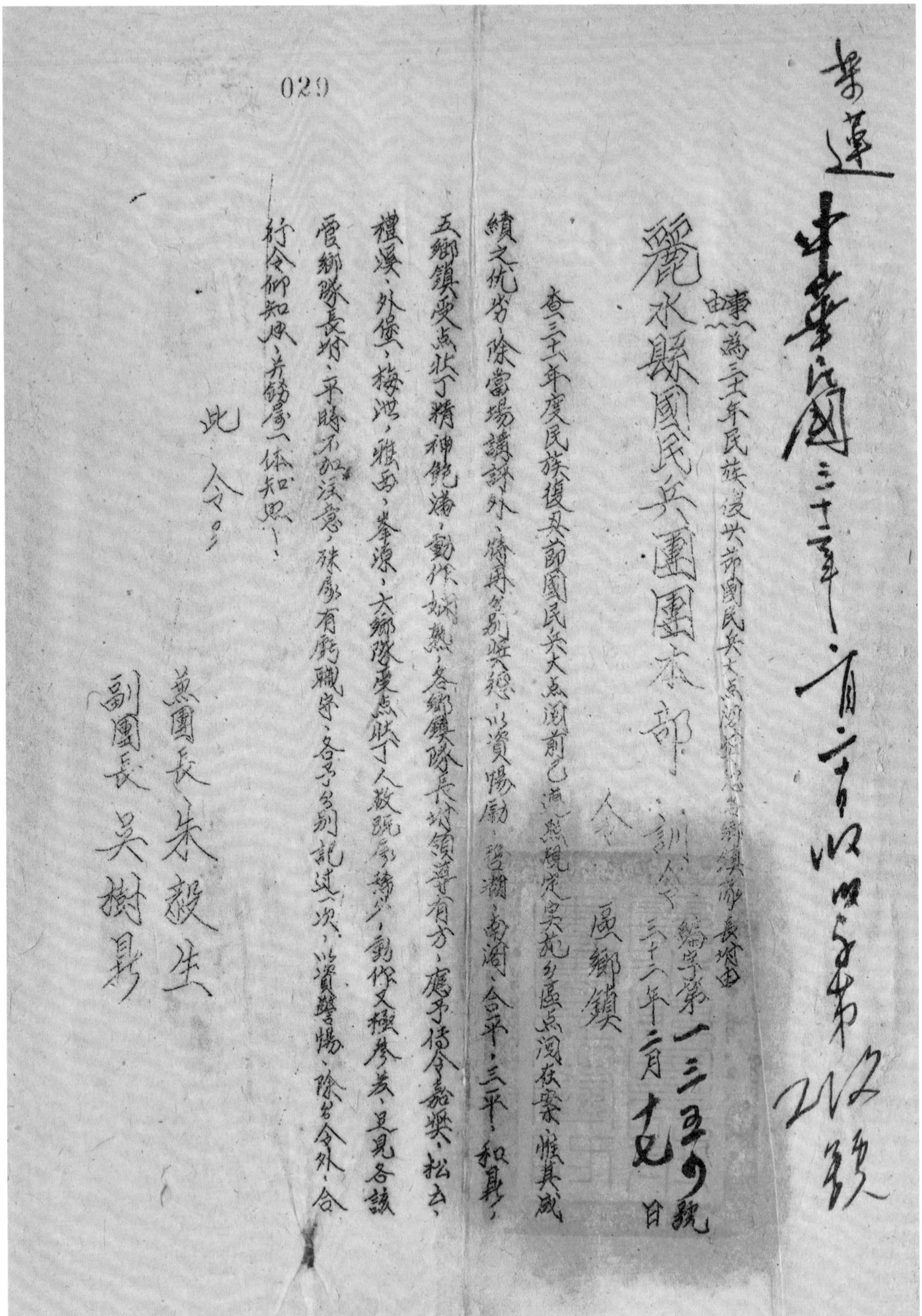

業蓮

中華民國三十二年二月二十四日收 第2114號

事由：為三十一年民族復興節國民兵大點閱獎懲各鄉鎮隊長由

麗水縣國民兵團團本部訓令 編字第一三五四號 三十二年二月十七日

令區鄉鎮

查三十一年度民族復興節國民兵大點閱前已通飭規定吳苑分區點閱在案，惟其成績之優劣，除當場講評外，特再分別獎懲，以資惕勵。碧湖、南湖、合平、三平、和興五鄉鎮受點壯丁精神飽滿，動作嫻熟，各鄉鎮隊長領導有方，應予傳令嘉獎；松古、禮溪、外垵、梅灣、雅西、峯源、大鄉隊受點壯丁人數既屬稀少，動作又極參差，足見各該管鄉隊長等平時不加注意，殊屬有虧職守，各予分別記過一次，以資警惕。除分令外，合行令仰知照，並飭屬一体知照！

此令。

總團長 朱穀生

副團長 吳樹影

丽水县国民兵团团本部关于各乡镇建筑国民兵训练操场事致各区乡镇国民兵队的代电（一九四三年三月十八日）

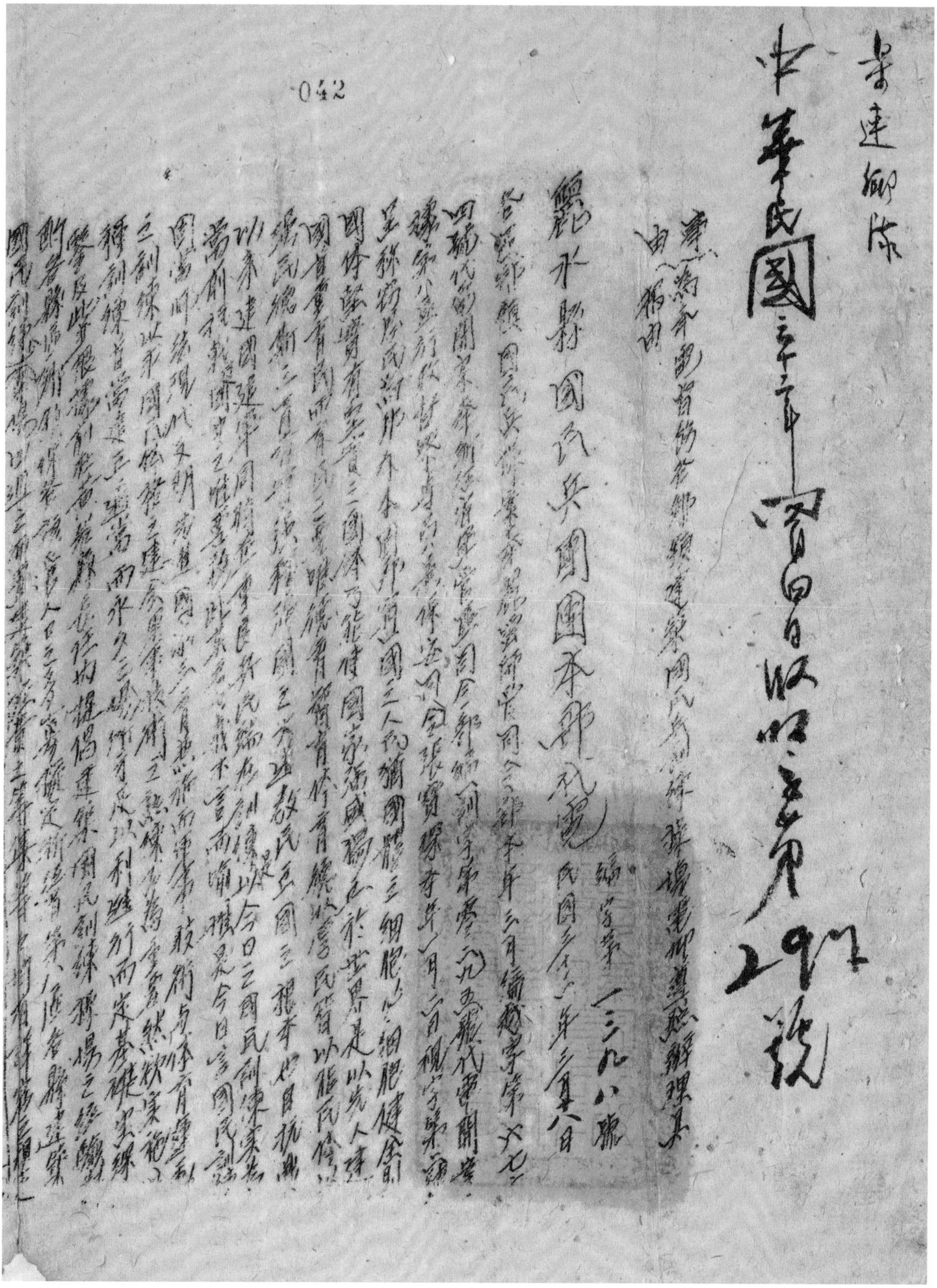
042

麗水縣國民兵團團本部代電

編字第一三九八號

民國卅二年三月十八日

令：案查[illegible]各乡镇[illegible]训练场面积之大小也，而三[illegible]训练场[illegible]
饬县府[illegible]依行政与自治人员[illegible]建筑规定三十二年十二月底前
完成本通令所[illegible]县保甲级[illegible]建筑[illegible]以资定国民兵
训练所有[illegible]民众[illegible]训练所用，惟国民训练之需要[illegible]建
筑之[illegible]所[illegible]管理[illegible]
是项训练场[illegible]所需[illegible]县建筑等[illegible]
民训练场[illegible]县国民兵训练场[illegible]
[illegible]国民兵训练[illegible]国民兵训练纸令饬
是[illegible]训练三[illegible]比以三十二年度[illegible]国民兵[illegible]
国民兵[illegible]训练[illegible]
[illegible]外[illegible]
[illegible]
[illegible]
[illegible]
八区各县建筑国民兵训练场[illegible]

043

浙江省第八區各縣建築國民（兵）訓練操場實施辦法

一、本署為完成各縣國民兵訓練設備，提高國民兵訓練效能起見，特訂定本辦法。

二、縣區鄉（鎮）保各級國民兵訓練操場面積大小依人口多寡而定，其標準規定如左：

縣操場 二十畝至四十畝。

區隊操場 十畝至十五畝。

鄉鎮隊操場 三畝至六畝。

保隊操場 一畝至三畝。

三、各級（隊）操場地面之形狀以正方或長方為原則。

四、各級（隊）操場之基地應利用公地荒地，必要時徵收民地或募勸人民捐助之。

五、各級（隊）之地點須選擇於各級主管機關（縣政府國民兵團區署鄉鎮公所保辦公處）之附近，不可與其隔離太遠，以便管理而資利用。

六、各級（隊）操場基地附近必須選有較大之廟宇祠堂，以備將來建築國民兵訓練講堂、訓練營舍或圖書館，藉省[illegible]等用。

七、各級（隊）操場之地勢須較附近田地略高，四週開排水溝，場面敷細砂，四邊種植易長成之楊柳、烏桕、桃李、水竹等，並間植松、柏、楓、杉等喬木，藉以點綴風景而利蔭蔽。

八、操场之地点应建于所驻城门附近，标明某某县某某乡（镇）某某保国民（学）校训练操场，并须建于镇（所有）中心学校（附近），以为训练国民兵及国民学校学生体育运动会及民众娱乐及各项体育运动之用。该操场务求宽大，不得小于（十）亩，由当地县乡镇公所负责管理，并（报）团管区备查。

九、县区乡镇保甲长（队）操场统限于六十一年十二月底前建筑完成，并报团管区核备。

十、各区署所在地之乡镇及乡镇公所所在地之保得由各该建操场，村有（一保）以上者自合建一操场。

十一、操场基地之征购、建筑之费及设备费等之筹集，经费务须由各项材料用具之征借等费用照各县乡镇公所之规定办理。

十二、本办法由专员兼保安司令公署呈请浙江省政府核准备案施行。

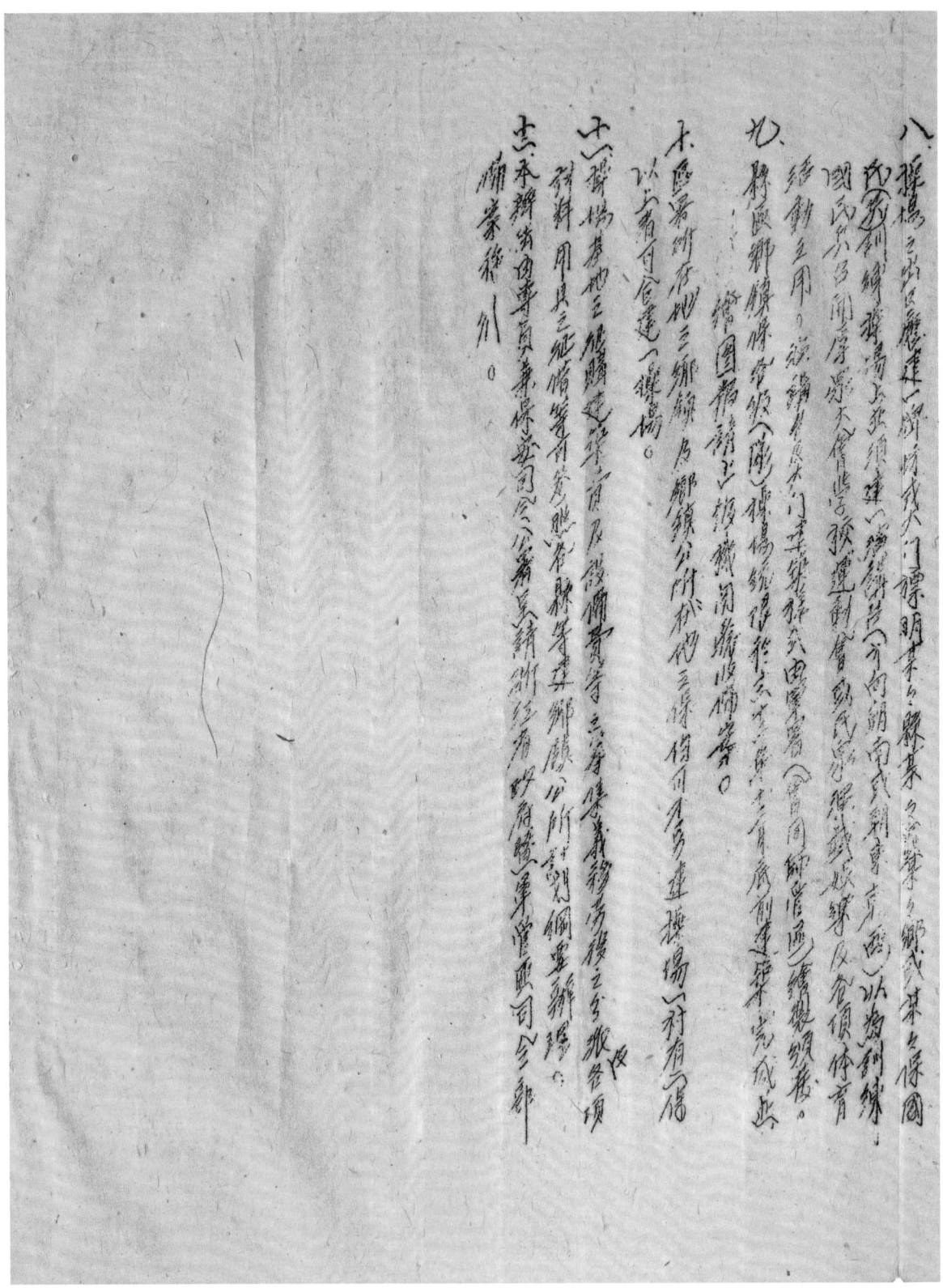

浙江省教育厅关于转发学校学生兵役宣传奖惩办法致浙江省立处州中学的训令（一九四三年三月）

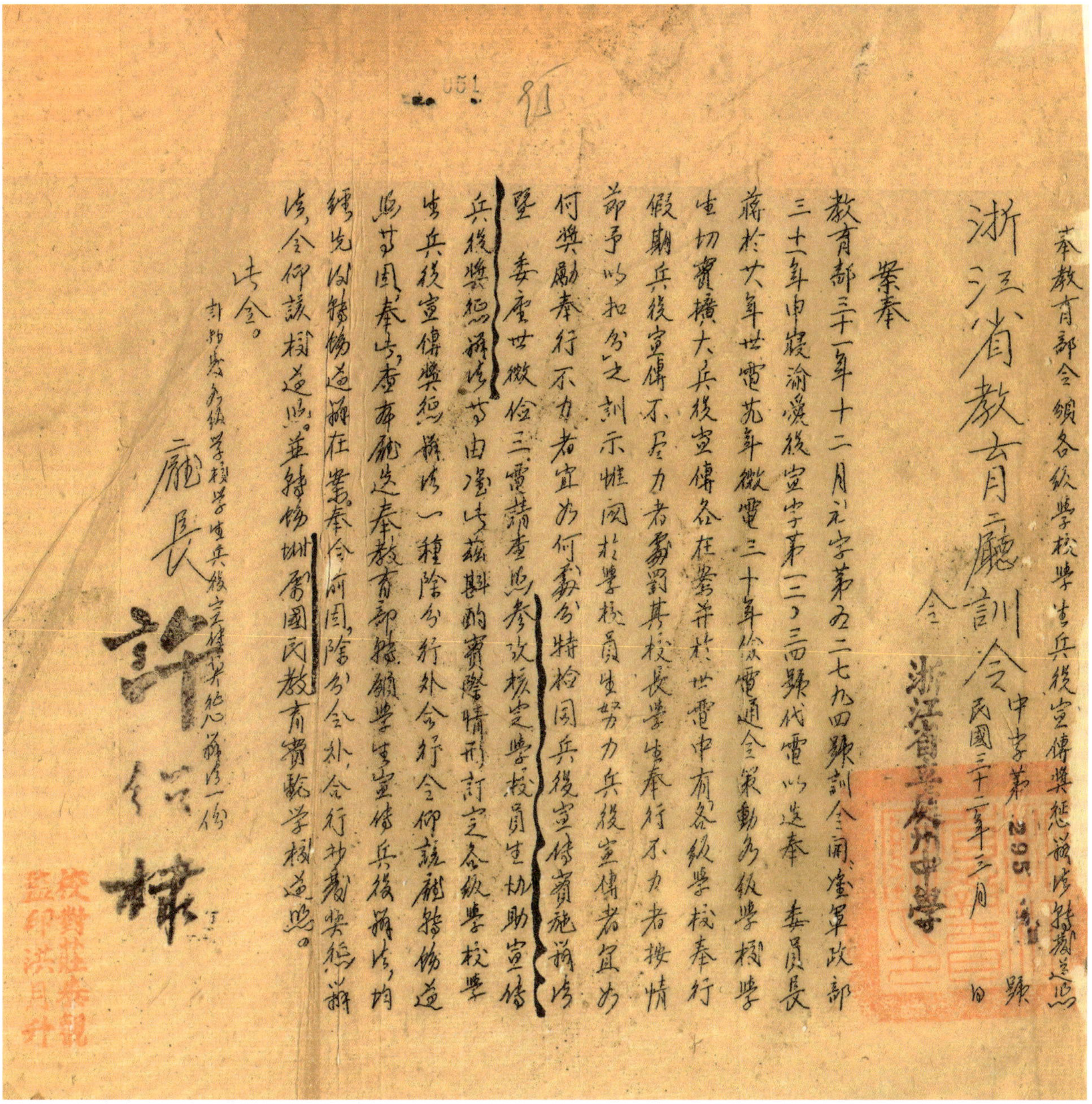
奉教育部令頒各級學校學生兵役宣傳奬懲辦法轉飭遵照

浙江省教育廳訓令　中字第295號

民國三十二年三月　日

令　浙江省立處州中學

案奉

教育部三十一年十二月禮字第五二七九四號訓令開：「案准軍政部三十一年申寢渝役宣字第(三)三四號代電以：『遵奉委員長蔣於本年世電、先年微電、三十年儉電，通令策動各級學校學生切實擴大兵役宣傳，各在案；並於世電中有各級學校奉行假期兵役宣傳不盡力者，處罰其校長，學生奉行不力者，按情節予以扣分之訓示。惟關於學校員生努力兵役宣傳者宜如何獎勵，奉行不力者宜如何處分，特擬同兵役宣傳實施辦法暨委座世、微、儉三電，請查照參攷，核定學校員生協助宣傳兵役獎懲辦法』等由。准此，茲斟酌實際情形，訂定各級學校學生兵役宣傳獎懲辦法一種，除分行外，合行令仰該廳轉飭遵照。」等因；奉此，查本廳迭奉教育部頒學生宣傳兵役辦法，均經先後轉飭遵辦在案。奉令前因，除分令外，合行抄發獎懲辦法，令仰該校遵照，並轉飭附屬國民教育實驗學校遵照。

此令。

計抄發各級學校學生兵役宣傳獎懲辦法一份

廳長　許紹棣

校對莊泰齡　監印洪月針

附：各级学校学生兵役宣传奖惩办法

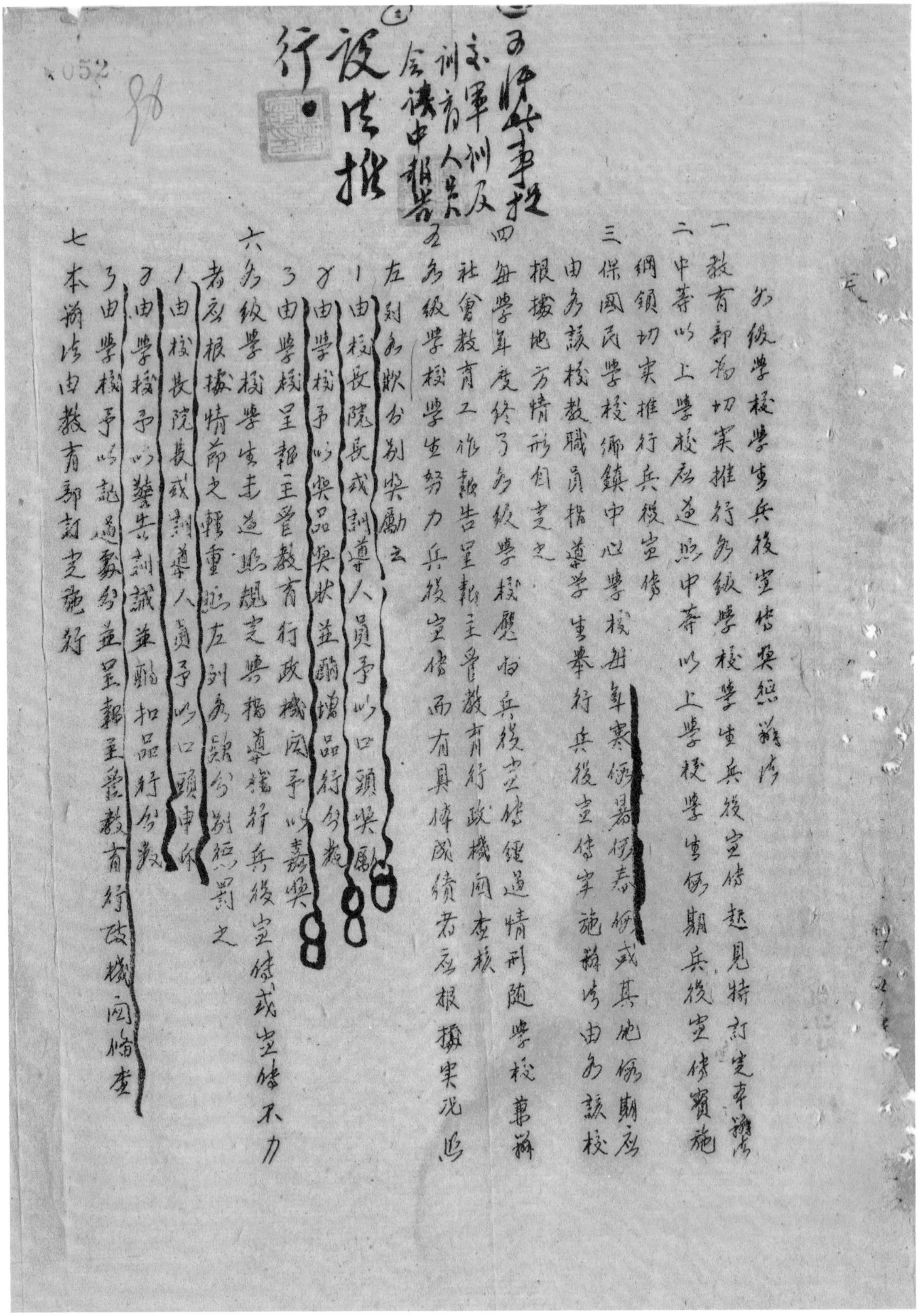
兵役事项交军训及训育人员会议中报告设法推行。
各级学校学生兵役宣传奖惩办法
一 教育部为切实推行各级学校学生兵役宣传起见特订定本办法
二 中等以上学校应遵照中等以上学校学生例期兵役宣传实施纲领切实推行兵役宣传
三 保国民学校乡镇中心学校每年寒假暑假或其他假期应由各该校教职员指导学生举行兵役宣传实施办法由各该校根据地方情形自定之
四 每学年度终了各级学校应将兵役宣传经过情形随学校兼办社会教育工作报告呈报主管教育行政机关查核
五 各级学校学生努力兵役宣传而有具体成绩者应根据实况照左列各款分别奖励之
1 由校长院长或训导人员予以口头奖励
2 由学校予以奖品奖状并酌增品行分数
3 由学校呈报主管教育行政机关予以嘉奖
六 各级学校学生未遵照规定兵役指导推行兵役宣传或宣传不力者应根据情节之轻重照左列各款分别惩罚之
1 由校长院长或训导人员予以口头申斥
2 由学校予以警告训诫并酌扣品行分数
3 由学校予以记过处分并呈报主管教育行政机关备查
七 本办法由教育部订定施行

丽水县国民兵团团本部关于抄发陆军机械化部队名称图解表致各区乡镇队的代电（一九四三年六月十日）

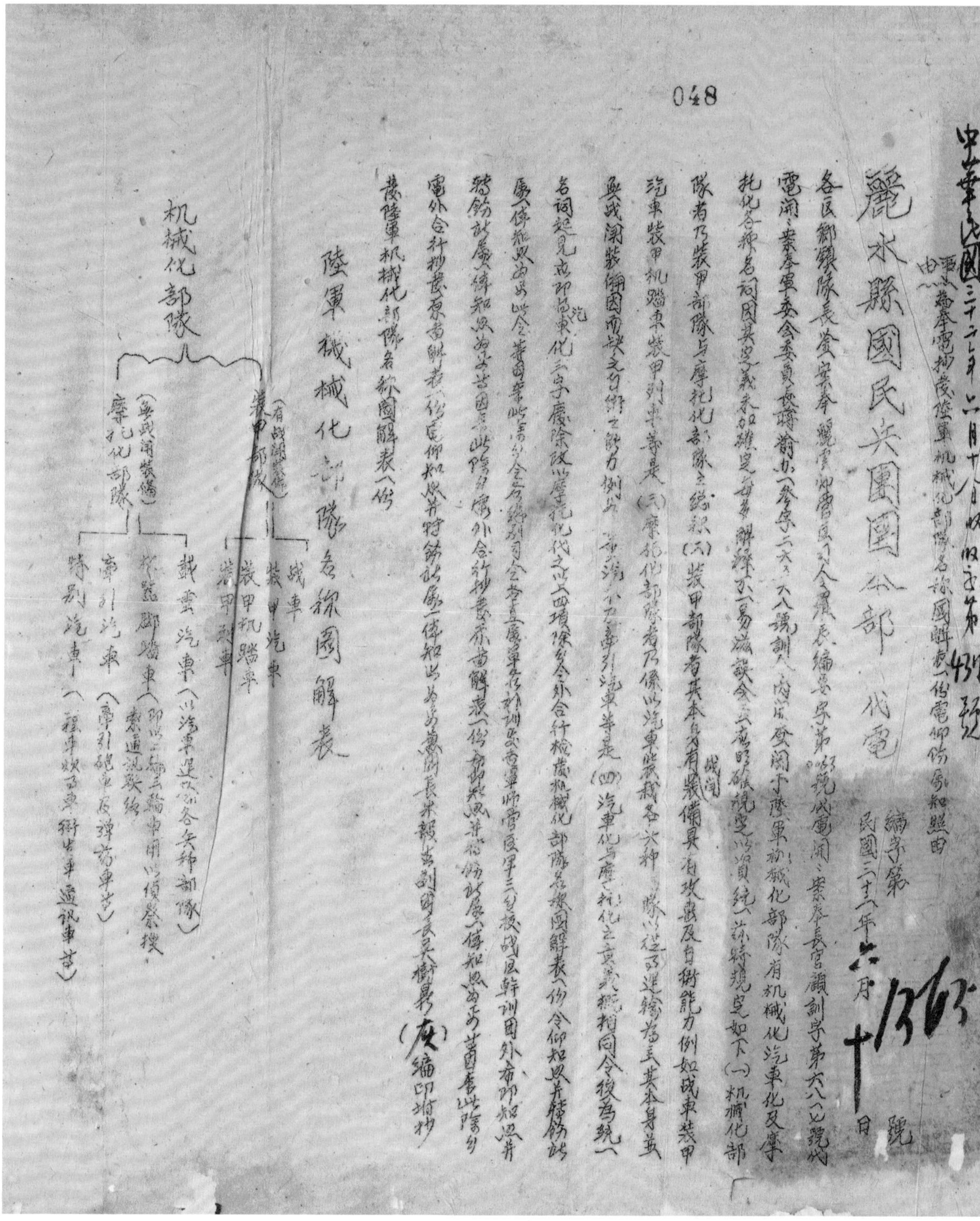
中华民国三十二年六月十八日收　收字第4317号

由：为奉电抄发陆军机械化部队名称图解表一份电仰饬属知照由

丽水县国民兵团团本部　代电

编字第1365号

民国三十二年六月十日

各区乡镇队长鉴：案奉丽水县[illegible]总队长编[illegible]字第[illegible]号代电开：案奉长官顾副字第六八[illegible]号代电开：案奉军委会委员长蒋[illegible]办一参字二六六八号训令内开：查关于陆军机械化部队有机械化汽车化及摩托化各种名词，因其定义未加确定，每易混淆，令[illegible]明确规定以资统一，兹特规定如下：（一）机械化部队者，乃装甲部队与摩托化部队之总称。（二）装甲部队者，其本身有战斗装备，具有攻击及自卫能力，例如战车、装甲汽车、装甲机踏车、装甲列车等是。（三）摩托化部队者，乃系以汽车载各兵种部队以从事运输为主，其本身并无战斗装备，因而缺乏自卫之能力，例如[illegible]汽车、牵引汽车等是。（四）汽车化与摩托化之意义相同，今后为统一名词起见，应即将汽车化三字废除，改以摩托化代之。以上四项，除分令外，合行检发机械化部队名称图解表一份，令仰知照并转饬所属一体知照[illegible]。[illegible]

电外，合行抄发原图解表一份，电仰知照并转饬所属一体知照为要。团长吴[illegible]（庚）编印附抄

发陆军机械化部队名称图解表一份

陆军机械化部队名称图解表

机械化部队

- 装甲部队（有战斗装备）
  - 战车
  - 装甲汽车
  - 装甲机踏车
  - 装甲列车
- 摩托化部队（无战斗装备）
  - 载重汽车（以汽车运送各兵种部队）
  - 机器脚踏车（即以二轮三轮车用以侦察搜索通讯联络）
  - 牵引汽车（牵引炮车及弹药车等）
  - 特别汽车（[illegible]车、[illegible]车、[illegible]车、通讯车等）

丽水县国民兵团团本部关于役政人员应秉公守法致乐连乡队的训令（一九四三年六月二十三日）

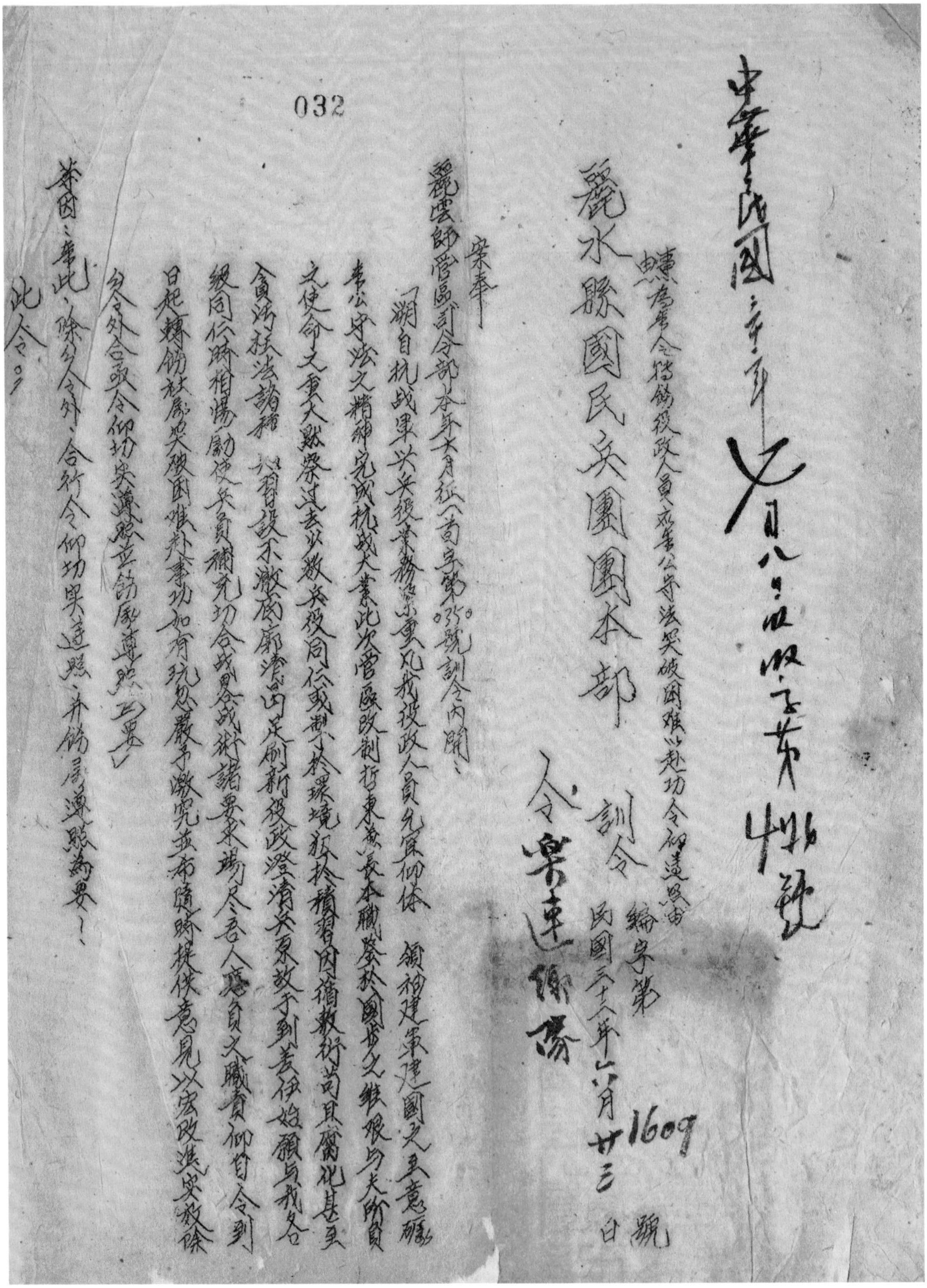

032

中华民国三十二年七月八日收下第4146号

丽水县国民兵团团本部训令 编字第 号 民国三十二年六月廿三日 1609

事由：为令饬役政人员应秉公守法奖破困难以赴功令仰遵照由

令乐连乡队

案奉

丽云师管区司令部本年六月征八酋字第035号训令内开：

"溯自抗战军兴，兵役业务綦重，凡我役政人员允宜仰体领袖建军建国之至意，砥砺秉公守法之精神，完成抗战大业。此次管区改制，转东南之长，本职鉴于国步之艰难与夫所负之使命之重大，默察过去兵役同仁，或囿于环境，狃于积习，因循敷衍，苟且腐化，甚至贪污枉法，诸种……设不澈底廓清，安足以刷新役政，澄清兵源。兹于到差伊始，愿与我各级同仁，砥相勉励，使兵员补充切合战略战术诸要求，扬尽吾人应负之职责。仰各令到日起，转饬所属，共体困难，共赴事功。如有玩忽，严予澈究，并希随时提供意见，以宏改进，是所至盼……除分令外，合亟令仰切实遵照，并饬属遵照，至要！"

等因。奉此，除分令外，合行令仰切实遵照，并饬属遵照为要！

此令。

丽水县国民兵团团本部关于加紧国民兵训练事致乐连乡队的代电（一九四三年六月二十三日）

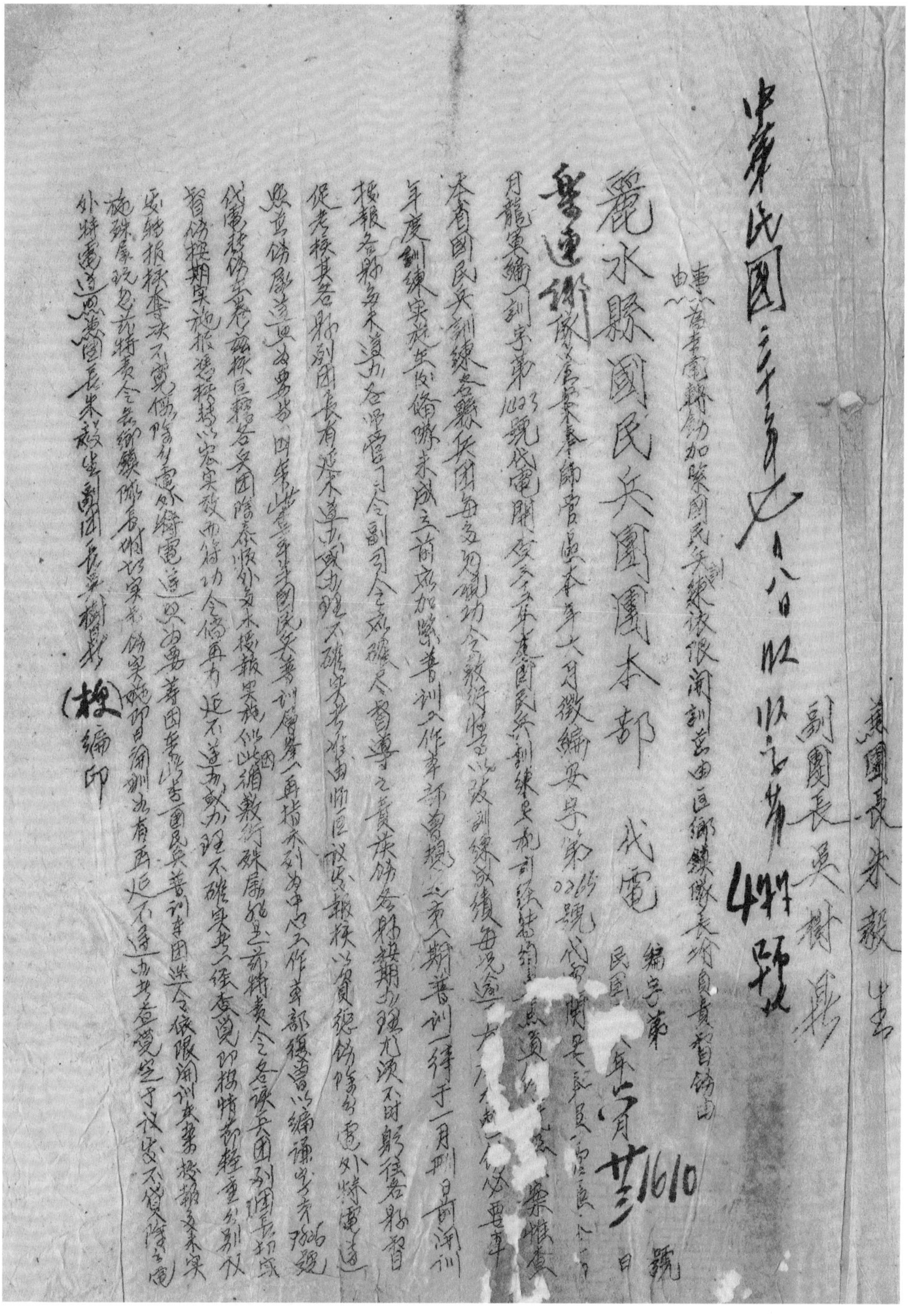
中華民國三十二年六月廿八日收 收字第[illegible]號

麗水縣國民兵團團本部 代電

樂連鄉隊

團長朱毅

（校）編印

丽水县国民兵团团本部关于派员督导编组乡镇任务队事致乐连乡的代电（一九四三年八月十四日）

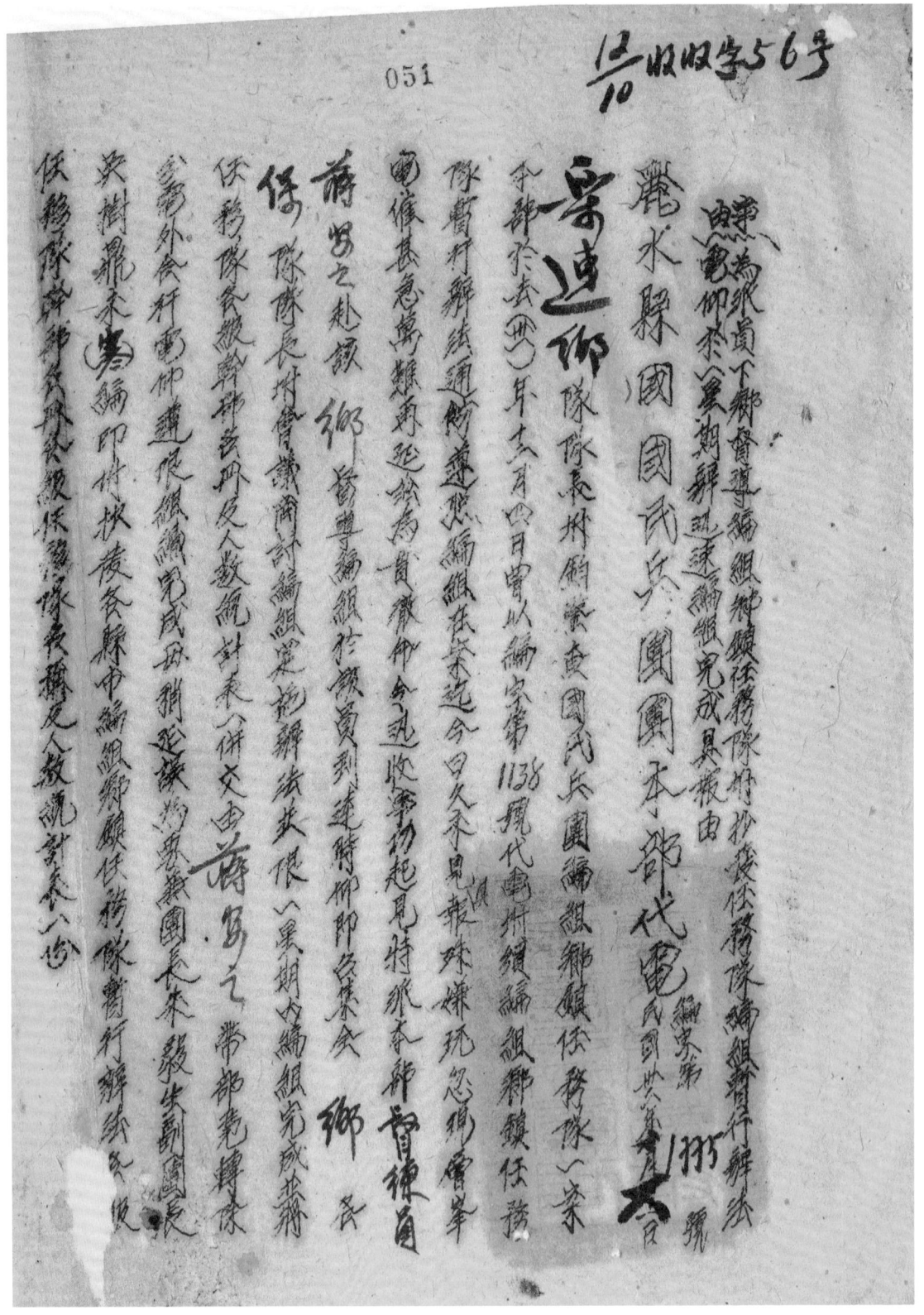

12/10 收收字56号

051

事由：為派員下鄉督導編組鄉鎮任務隊并抄發任務隊編組暨行辦法電仰於（星期）辦理迅速編組完成具報由

麗水縣國民兵團團本部代電　編字第1375號　民國卅[illegible]

樂連鄉隊隊長均鑒：查國民兵團編組鄉鎮任務隊一案，本部於去（卅一）年十二月四日以編字第1138號代電飭鎮編組鄉鎮任務隊暨附辦法通飭遵照編組在案，迄今日久未見報，殊嫌玩忽，殊有曾舉電催，甚急萬難再延。茲為貫徹命令迅收實效起見，特派本部督練員蔣學之赴該鄉督導編組，於該員到達時仰即召集各鄉長、保隊隊長付會議商討編組並訂辦法，並限一星期內編組完成，並將任務隊各級幹部姓名及人數填註表（附表）由蔣學之帶部覆轉隊參加外，合行電仰遵照組編完成，毋稍延誤為要。兼團長朱毅　兼副團長

附：[illegible]為編印附抄發各縣市編組鄉鎮任務隊暫行辦法乙份

任務隊幹部姓名級職暨任務隊各級隊長及人數統計表八份

附一：丽水县国民兵团太平区乐连乡任务大队各队官兵人数统计表

[illegible]

麗水縣國民兵團任務大隊各隊官兵人數統計表

隊別 \ 人數 \ 區分	區分	隊
任務隊	官	12
	兵	350
特務隊	官	0
	兵	10
警衛隊	官	2
	兵	34
交通隊	官	2
	兵	32
大秋隊	官	2
	兵	32
救護隊	官	2
	兵	32
宣傳隊	官	2
	兵	10
合計	官	12
	兵	350
總數		

附記

太平區樂蓮鄉鄉隊長周克明

鄉隊附周德齋

附二：浙江省各县市编组乡镇任务队暂行办法

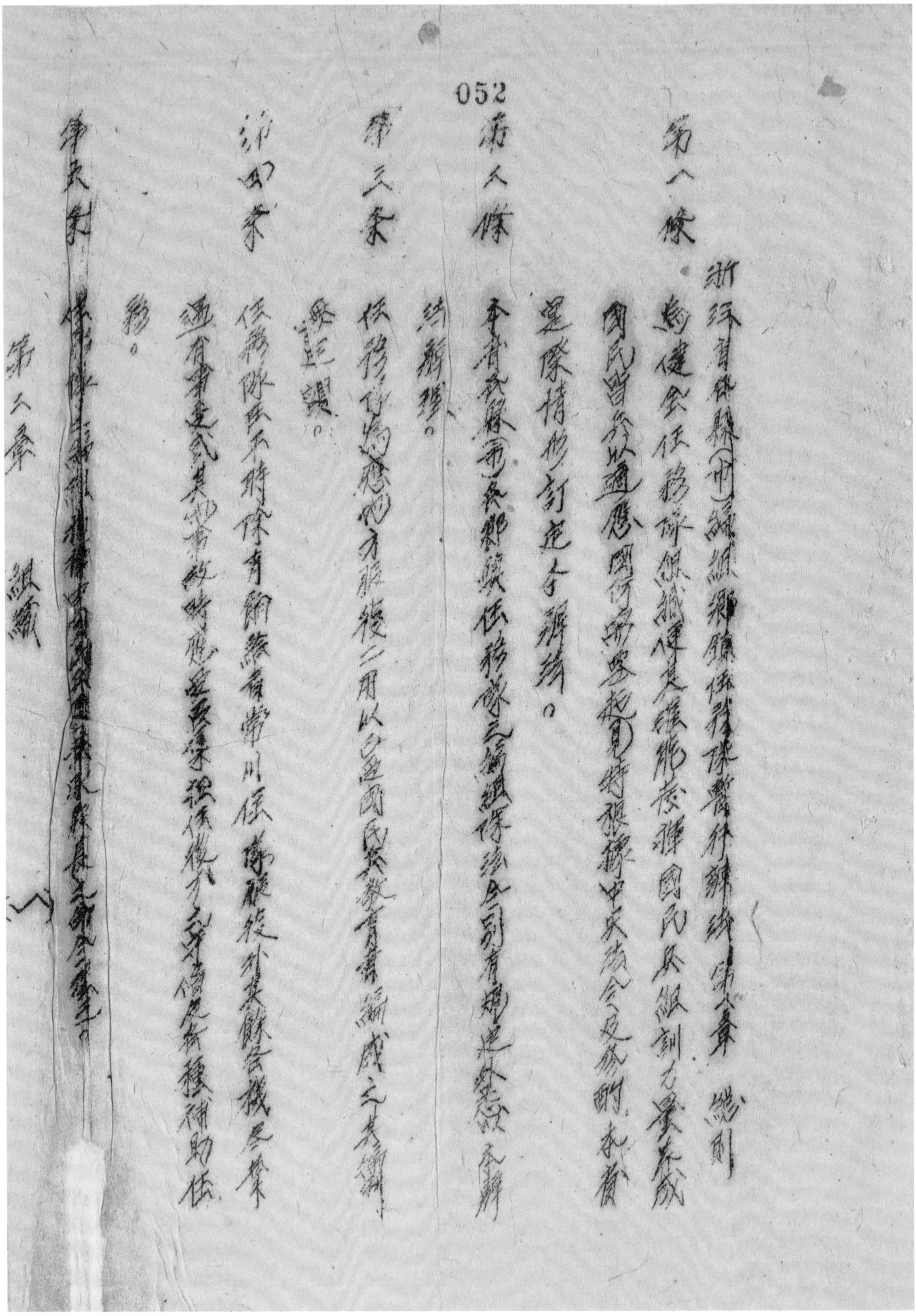

第六条　任務隊以鄉（聯保）為組織單位，每鄉（聯保）編任務隊一隊，轄特務班、及警備、交通、救護、宣傳等分隊，分隊分轄若干班，每班以十至十六人編成之。

第七条　任務隊編組時，應依各鄉（鎮）國民兵之体格與學識技能，分别編入警備、交通、救護、宣傳等隊、班，務使每人已受訓之國民兵俱能擔服一種任務，以收實效。

第八条　任務隊特務班以常備隊八人編組之，常川駐隊，在平時擔服地方守備及民衆軍事補助任務，戰時有關兵役與鄉鎮行政事項。

第九条　區設任務大隊，以行政區為組織單位，其未設區署地方，得由國民兵團按地理形勢或就原自衛區域劃分為若干區，不設特務警備、交通、救護、宣傳大隊，以所屬各鄉（鎮）任務隊特務班及警備、交通、救護、宣傳六種分隊聯合編成之。

第十条　縣設任務總隊，不設特務、警備、交通、救護、宣傳六種隊，以收聯絡臂指之效。

第十一条　任務隊之組織系統如左圖：

053

第十六案

任務隊組織系統如左：

一、縣任務總隊——稱為「○○縣國民兵團任務總隊」

二、縣直屬隊——稱為「○○縣國民兵團特務、宣傳、救護、交通、警衛大隊」

三、區任務大隊——稱為「○○縣國民兵團○○區任務大隊」

四、鄉任務隊——稱為「○○鄉國民兵團任務大隊特務、宣傳、救護、交通、警衛隊」

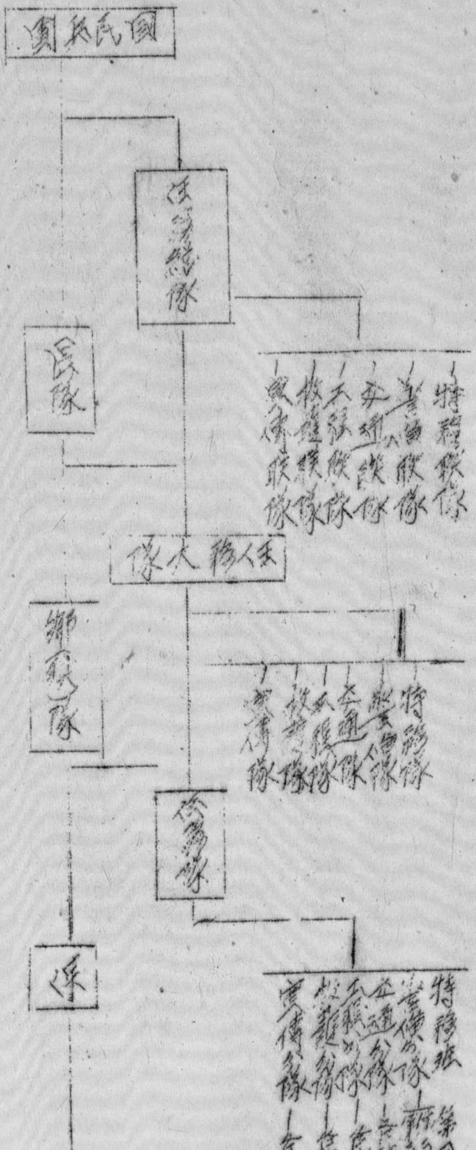

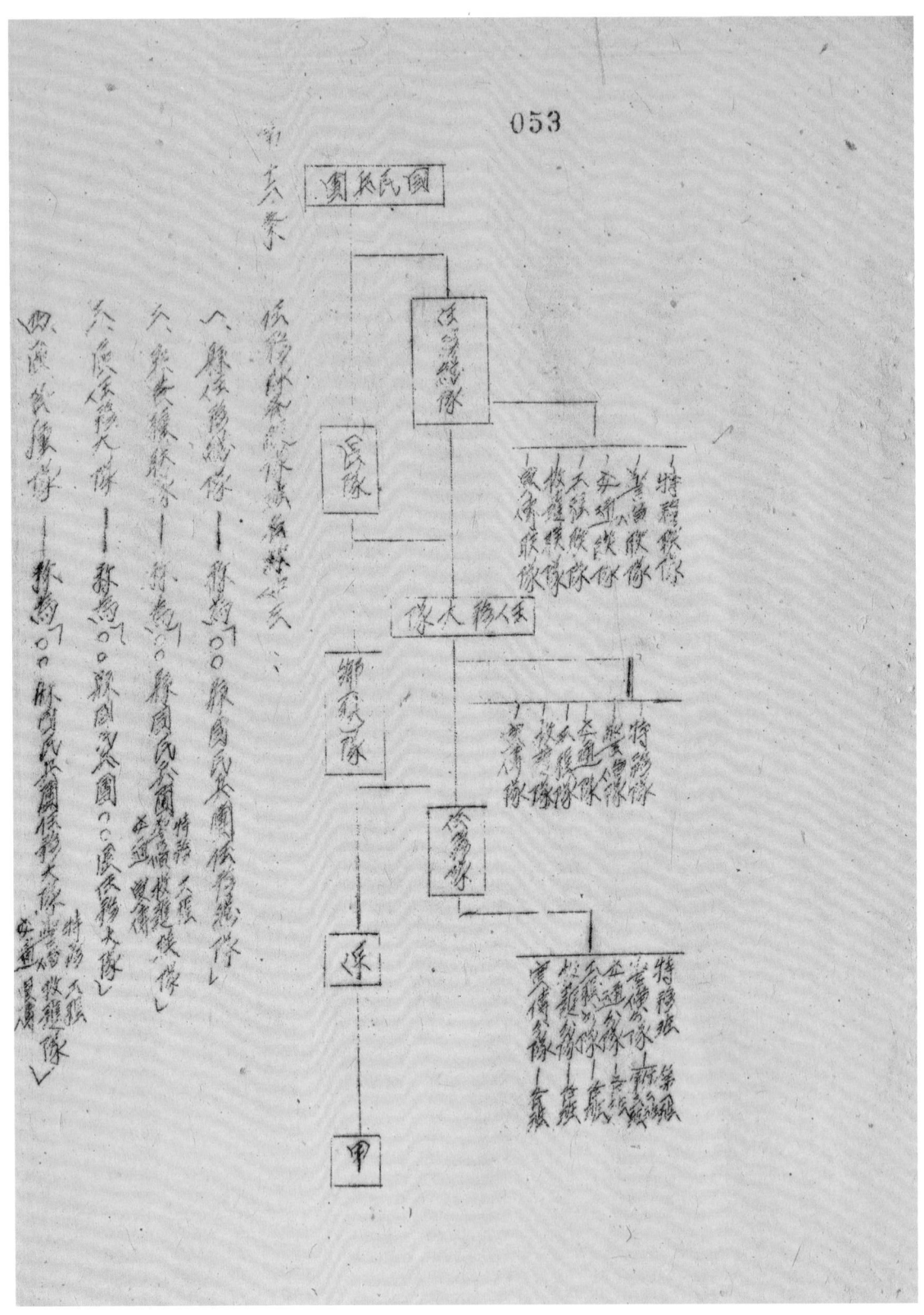

五、鄉(鎮)保務隊——稱爲〇〇縣國民兵團〇〇區〇〇鄉(鎮)保務隊
六、鄉(鎮)特務班——稱爲〇〇縣國民兵團〇〇區〇〇鄉(鎮)保務隊特務班
七、鄉(鎮)各保分隊——稱爲〇〇縣國民兵團〇〇區〇〇鄉(鎮)保務隊
特務分隊 保務分隊第〇班
(六)
以上各種保務隊特務長官尚須分別外大隊兼 縣市大隊兼
擇基組織之武由軍師優良部隊為必要時得於部分指定組織之。

第十六條　保務隊各級隊部不設專員其應辦事項由國民兵團團部派員兼辦
總務等員辦事應由鄉(鎮)公所及鄉(鎮)保隊職員兼代之。

第十七條　保務隊各級隊對外行文以縣(市)國民兵團團部(隊)隊長名行之其大隊長僅以保務大隊長(附)名義行之。

第十八條　保務隊各級隊由國民兵團利用其現存比照國民兵團組織發給鈐記保職條例規定之團部區鄉鎮保隊條職辦理。

第十九條　各縣市國民兵團應以全力督導各區鄉(鎮)對現有編組民兵組織如有增加或移動者規定每年秋季(十)月增編(次)。

054

第五十七条　任務總隊總隊長由國民兵團副團長兼任，總隊附由國民兵團專任團附兼任，各種服務隊附由國民兵團兼團長副團長就縣政府及國民兵團部或其他機關具有辦理與其對于某任務有相當經驗之人員勝任之。

第五十八条　任務大隊大隊長（附）由區隊長（附）兼任，未設區隊之縣，係由國民兵團就該區區長自衛指導員及團部督練員或其他當地足以號召之適當人員兼任，各種隊長（附）由各大隊長（附）遴選當地具有聲望並對某種任務有相當之經驗者兼任，並報請國民兵團加委。

第五十九条　任務隊長（附）由鄉鎮隊長（附）兼任，各種分隊長（附）除警備分隊長由鄉鎮隊長（附）就資深之保隊附優秀幹部或鄉鎮中遴選具有聲望並對某種任務有相當經驗者報請國民兵團加委。

第六十条　特務班長副班長由鄉（鎮）隊長（附）遴派優秀幹練之已訓國民兵或保隊附或在鄉軍人充任，各種分隊各班班長副班長亦

同時造冊呈報國民兵團備案。　（六）

第四章　管理

第三十八条　任務隊編組完成後各區鄉（鎮）隊應將全隊員兵名冊及職掌業具清冊呈報國民兵團由國民兵團作成統計表呈報軍管區司令部備查以後如有異動應於每年六月及十二月終造報一次。

第三十九条　任務隊隊兵遇有免役條依照徵兵規則辦理緩役或國民兵身份變更地解除職務外應於前六日由兵提書呈報所隸鄉鎮隊長登記外並期呈報國民兵團備查其因失蹤或殘廢或死亡情事應由其家屬擬被呈報國民兵團註銷。

第四十条　任務隊特務班應依本中在營并緩徵是施軍事管理。

第五章　服役

第四十一条　任務隊之職掌如左、

一、特務（隊班）之任務

1、關于中央巡邏及匪共之偵察、奸宄之搜索。

二、關于協助儲補兵之徵集及國民兵組訓之實施。
三、關于國民兵身份証之發給。
4.關于境內出入人民及旅客寄宿之檢查。
5.關于在失水火災風警戒及搶救，
6.關于險要之切須防報守及警戒之設施。
7.關于閉敵之禁止及排解。
8.關于聯絡報信及遞步哨之組織。
9.關于協助區鄉（鎮）公所行政之推進。
10.其他協助維持地方治安事項。
11.須依縣如有緊急警察地方則由特務組協同警察辦理。
六、警衛隊組之任務
1.關于協助縣自衛隊之剿匪。
2.關于臨時或定時之據守及防禦。

5、關于戰時配合野戰部隊并參加游擊戰事項。（四）

三、交通隊組之任務

1、關于協助軍糧軍實及兵械關團體公物之運輸

2、關于人口物資之疏散及運輸

3、關于道路橋梁電話電線及其他一切交通設備之守護及必要時之破壞。

四、工程隊組之任務

1、關于國防工事及一切土木及水利工程之修築與必要時之破壞

2、關于戰時應變時壁清野工作之實施。

3、關于地方公路建設事項之實施。

五、救護隊組之任務

1、關于水火風災空襲時之救護。

2、關于傷兵急救及担架看護。

056

六、宣傳隊之任務

（一）關于軍民合作及振恤勳勞之優良出征與榮譽軍人。

（二）關于兵役及其他一般之宣傳。

（三）關于厲行新生活運動及國民精神總動員之運動。

第二十五條　任務隊在服務各種運動時，應不分界限執行其職務，尤應與聯隊切取聯繫，以接受較高級或同級資深者之指揮，不得稍有推諉。

第二十六條　任務隊如因事實之需要，得由國民兵團命令指定某種任務隊班集合于區、聯或縣城使用之。

第二十七條　任務隊隊班于必要時，得由國民兵團統合運用，但不得變更本辦法第二十四條所規定職掌之限期。

第二十八條　縣區聯保任務隊之服役，除參照本辦法辦理外，應依照戰地國民兵團服役辦法之規定行之。

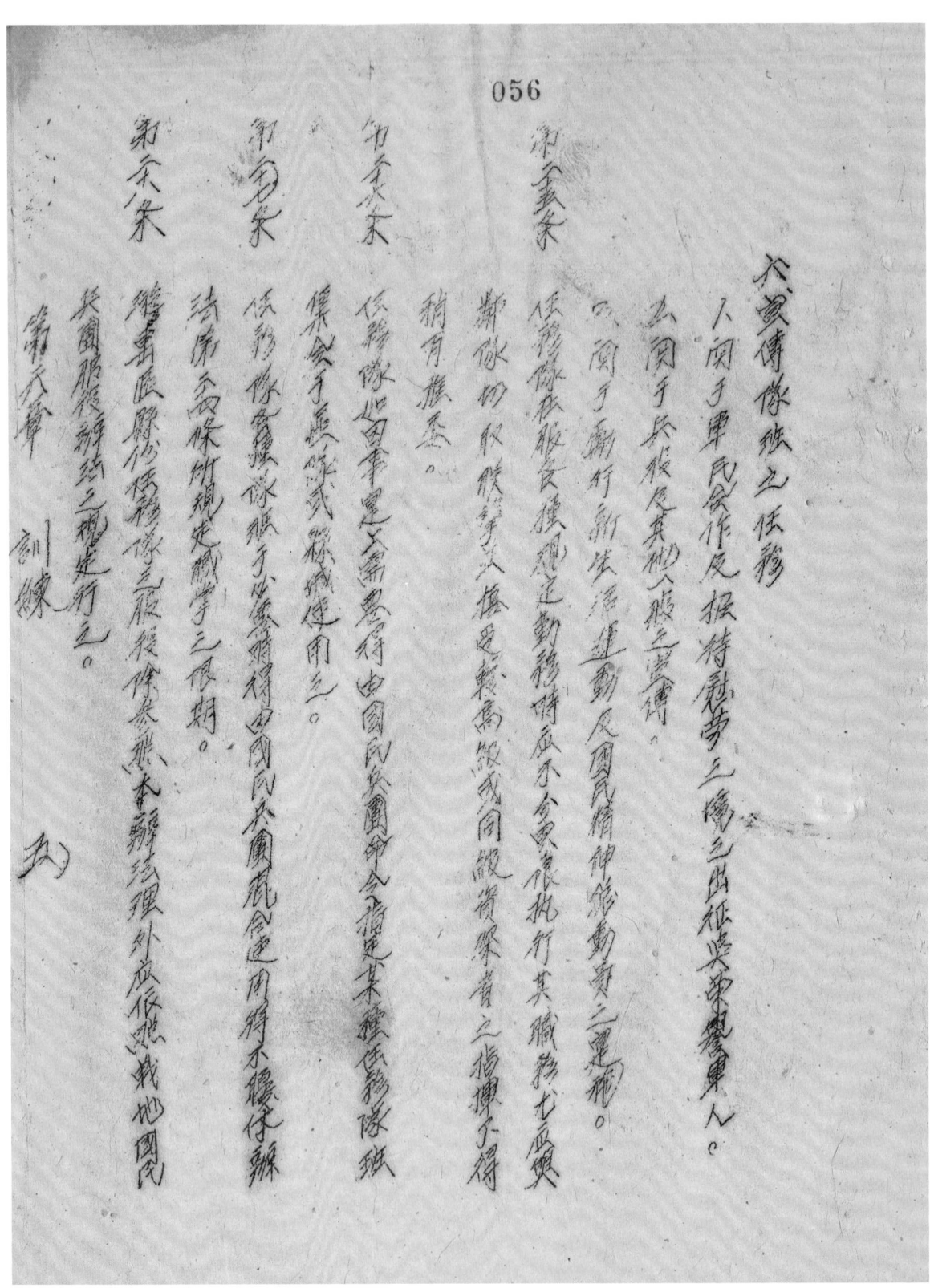

第六章　訓練

第廿九條　任務隊創辦依照軍事委員會軍訓部廿年四月訓國八廣字第八五〇號代電頒發國民兵團任務隊教育計劃辦理。

第卅條　任務隊特務班之訓練得由國民兵團分區或集中縣城抽調訓練之。

第卅一條　國民兵團對各區鄉鎮任務隊於每年春秋兩季得分區派員兵聯并舉行長途動員演習。

第卅二條　軍師管區對各縣任務隊於每年十二月二十五日民族復興節國民兵役宣傳節時抽兵調行各種動員演習

前兩條演習各員於任務完畢後應於十日內編具報告書附具改進意見列會報上級機關核辦。

第七章　經費

第卅三條　鄉鎮任務隊經費應編入鄉鎮年度概算於經常費項下開支，除將原有各鄉鎮任務隊經費全部移用外，不足時得由各鄉（鎮）擬具籌措定辦法經鄉（鎮）民代表會通過呈由縣政府核准并轉報省政府

057

其经费预算并将人员薪饷收支情形及按月报由县政府审核备。

第十四条　各级侦务队动员时所需经费由县（市政）统筹项下拨给之。

第十五条　侦务队各级队员及侦察特务队班外所执枪械概由国民兵团命令集中或报经军委会核发。侦务责得由国民兵团督导县政府筹给饷赃。

第十六条　侦务队经费之收纳保管办法依照其他乡（镇）有关办理。

第八章　装备

第十七条　侦务队服装除特务班得着普通便服由各该区乡（镇）依照规定制装，乡外其余均着老蓝布中山服装或老蓝（黑色）服装便服由本人自备。

第十八条　侦务队枪械除特务班由县发给短枪外，各队所需枪械由各区乡（镇）公所负责向民间借用或由国民兵团集中征用外，其余及上述枪械弹药各级队员所需器材由侦务队自造报并得向各该县辖有关团体商借或由乡（镇）自筹款购备。

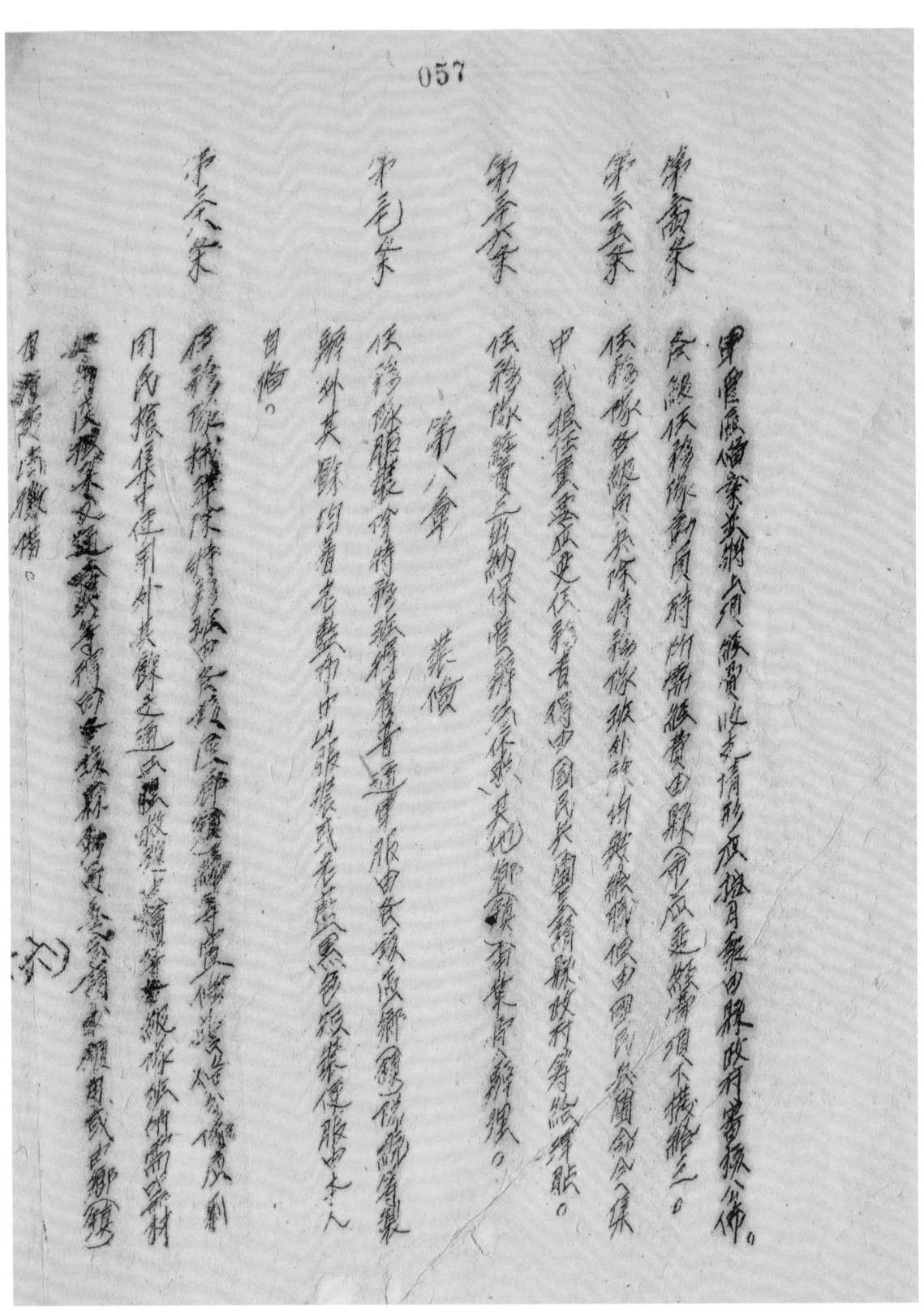

第十九條　任務隊因抗敵戰鬥殘廢時所需之撫卹由縣（市）政府給予，在徵兵因抗敵戰鬥殘廢時所損之械彈得由國民兵團呈請縣（市）政府補償之。

第九章　獎懲

第二十條　任務隊各級官兵服務努力成績優良死傷對地方確有功績或勛勞卓著者得由國民兵團報請縣政府核獎，其服務懈怠及違抗命令或有損於地方民眾利益等情事分別依法懲罰處。

第十章　附則

第廿一條　本辦法施行後各縣如有類似之組織應一律改組。

第廿二條　本辦法如有未盡事宜得隨時修改之。

第廿三條　本辦法由浙江省軍管區司令部、省政府公佈施行並呈報軍政部、內政部長兼司令部備案，修正時同。

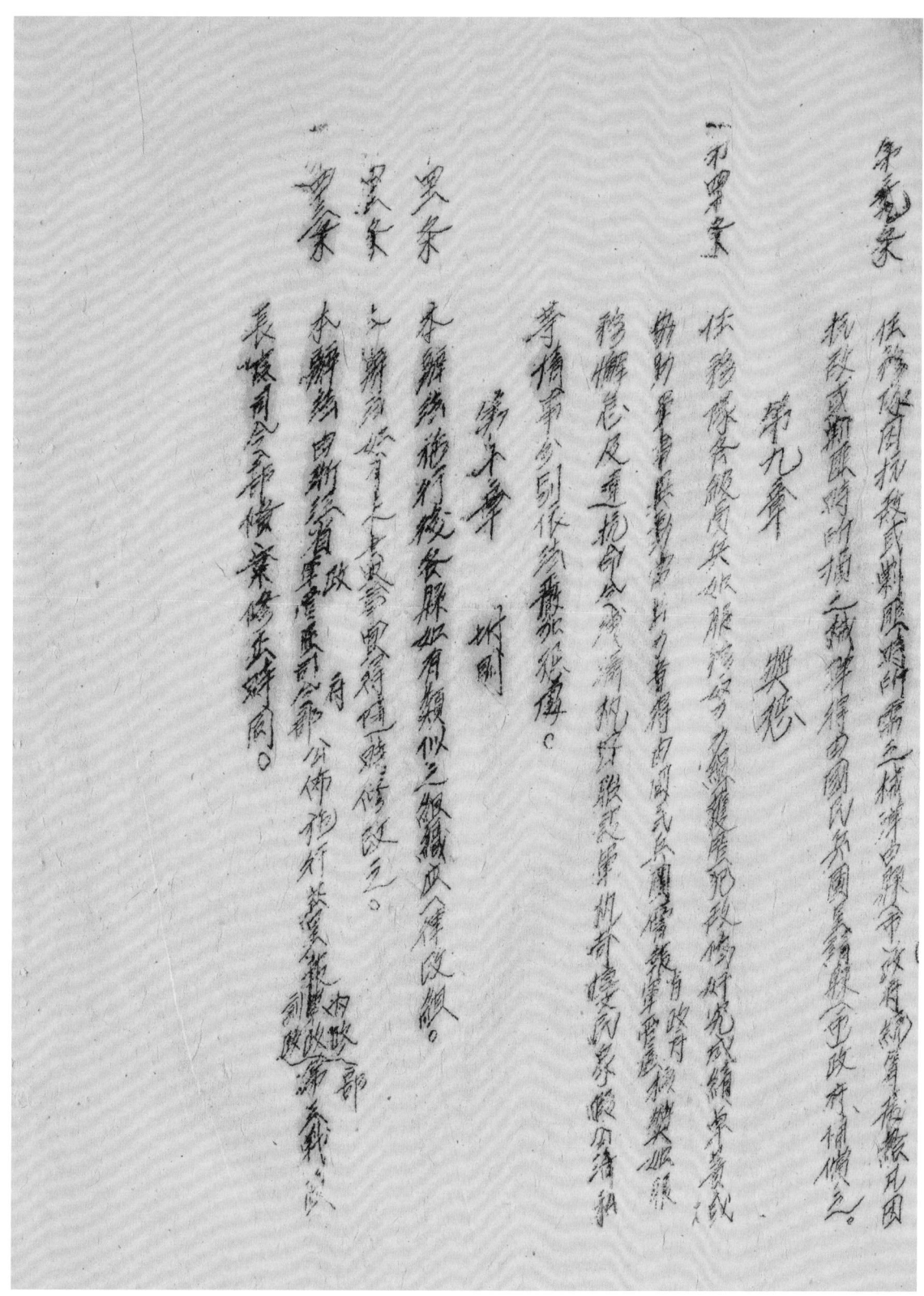

丽水县国民兵团团本部关于乡保队训练场应设置运动器械、体操设备致乐连乡队的代电（一九四三年九月一日）

059

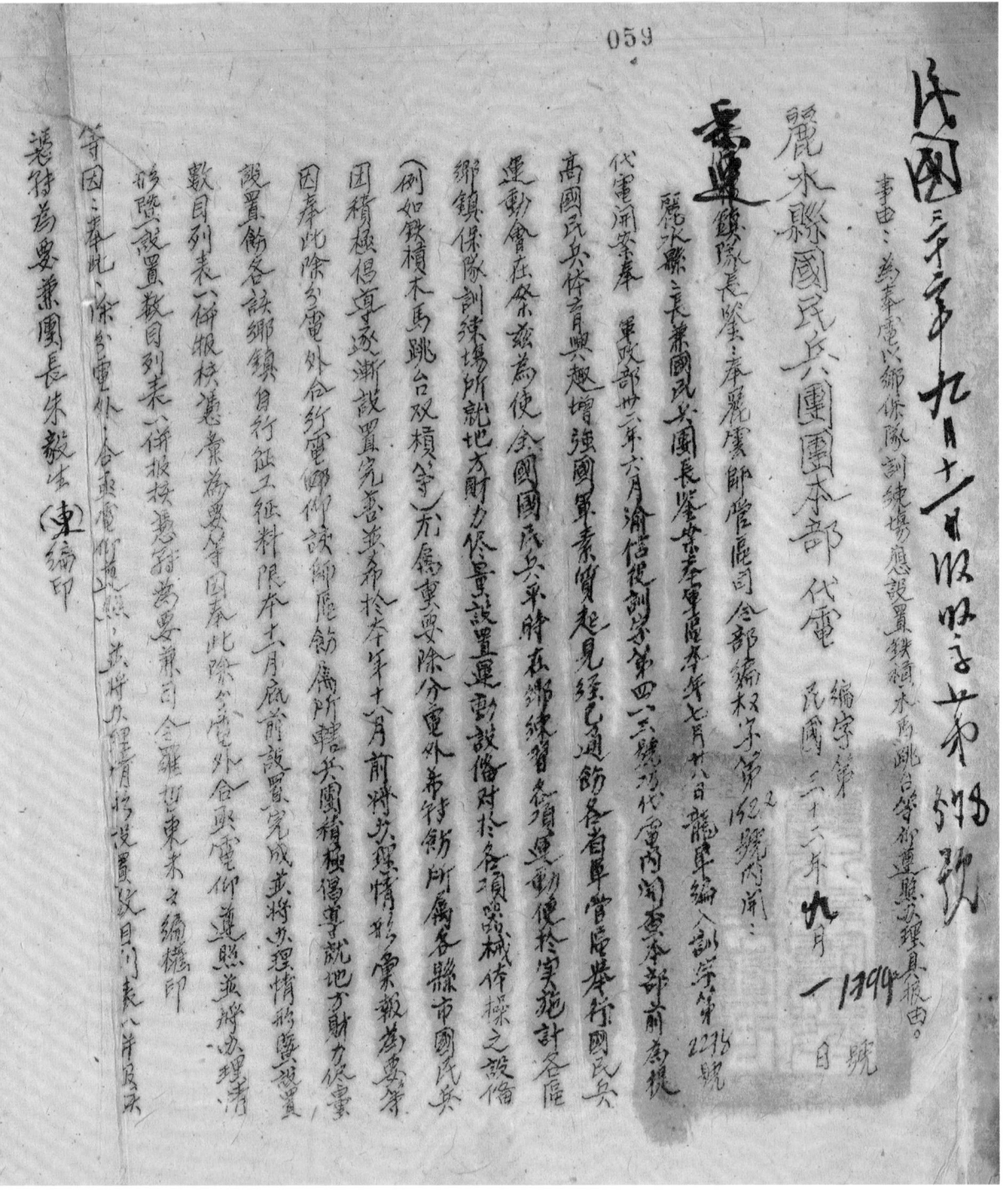

民國三十二年九月十一日收收字第4918號

事由：為奉電以鄉保隊訓練場應設置鐵槓、木馬、跳台等仰遵照辦理具報由。

麗水縣國民兵團團本部 代電 編字第 號 民國三十二年九月一日 1399

樂連鎮隊長鑒：奉麗水師管區司令部編叔字第1628號代電內開：

麗水縣長兼國民兵團長鑒：案奉軍管區本年七月廿八日龍軍編入訓字第2218號

代電開：案奉軍政部卅二年六月渝信役訓字第四一三號代電內開：查本部前為提

高國民兵體育興趣，增強國軍素質起見，經已通飭各省軍管區舉行國民兵

運動會在案。茲為使全國國民兵平時在鄉練習各項運動便於實施計，各區

鄉鎮保隊訓練場所，就地方財力儘量設置運動設備，對於各項器械體操之設備

（例如鐵槓、木馬、跳台、双槓等）尤為重要。除分電外，希特飭所屬各縣市國民兵

團積極倡導，逐漸設置完善，並希於本年十八月前將辦理情形彙報為要等

因。奉此，除分電外，合行電仰該師區飭屬所轄兵團積極倡導，就地方財力儘量

設置，飭各該鄉鎮自行征工征料，限本十二月底前設置完成，並將辦理情形暨設置

數目列表，併報核憑彙為要等因。奉此，除分電外，合亟電仰遵照，並將辦理情

形暨設置數目列表，併報核憑彙為要。兼司令羅□東未文編機印

等因；奉此，除分電外，合亟電仰該鎮遵照，並將辦理情形暨設置數目列表，併報核

憑轉為要。兼團長朱毅生（東）編印

（二）知识青年从军

浙江省立处州中学高一学生叶秉耿志愿从军申请书（一九四四年三月）

事由　為志願從軍懇請轉呈由

呈為聲請事，竊學生尚有從軍報國之志願，為國家効忠，為民族盡孝之企圖，當今國難嚴重，敵寇犯境，國家民族存亡之關頭，為千鈞一髮之際，千載難逢之時，前奉

校長之報告，實衝動我熱烈報國之情緒，深願投筆從戎，為國効力，請求准予加入遠征軍，以達我志，而厚我望。懇請

校長迅賜核准轉送，實為感德。

謹呈

傅校長

具声請人高秋一學生葉秉耿

所志甚佳，候畢業呈請核示 三十九、

中華民國三十三年三月 日

浙江省第九区行政督察专员兼保安司令公署关于代招西南干训班学生致丽水县各乡镇的公函（一九四四年四月二十三日）

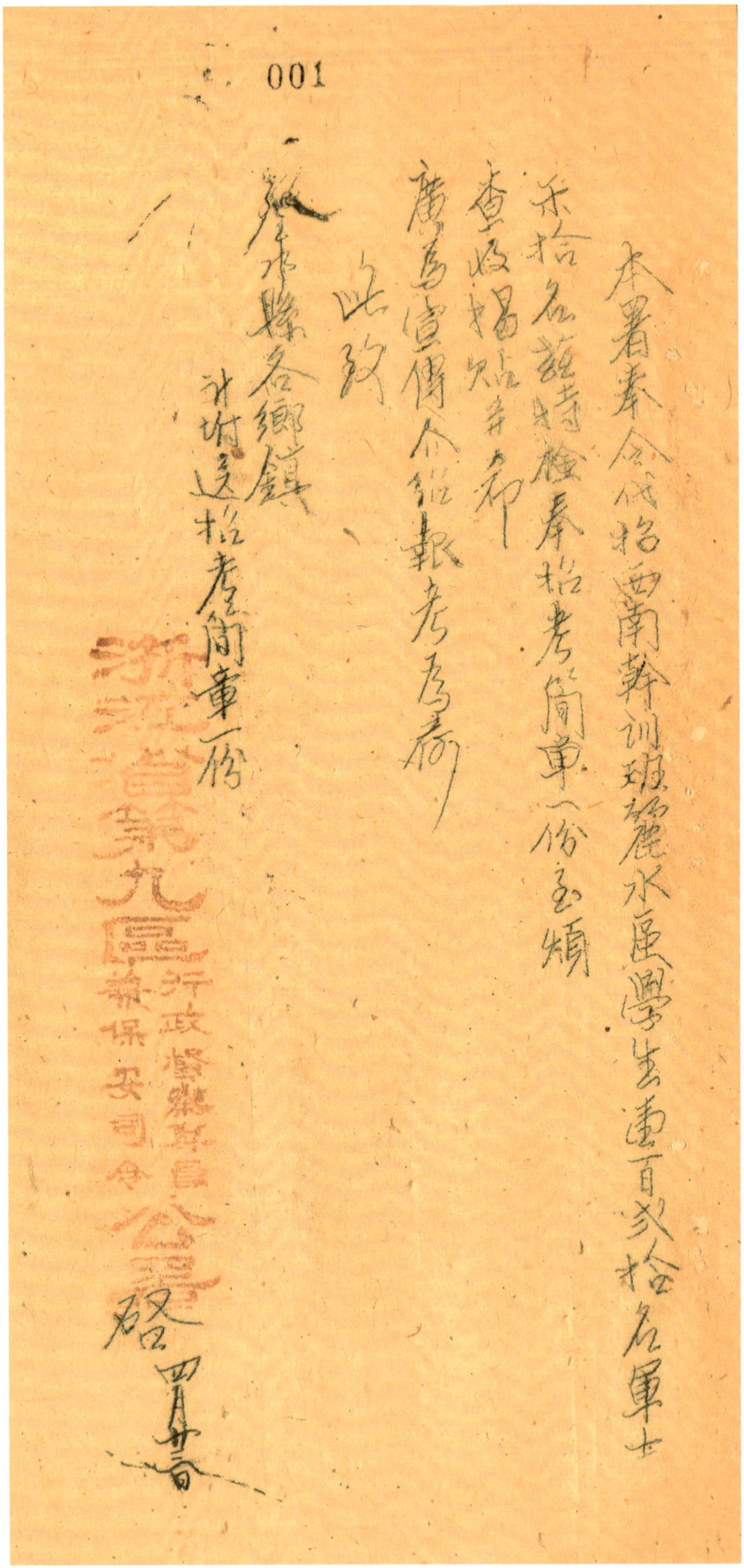

001

本署奉令代招西南干训班丽水区学生壹百参拾名军士参拾名兹特检奉招考简章一份至烦

查收揭贴并布

广为宣传介绍报考为荷

此致

丽水县各乡镇

计附送招考简章一份

浙江省第九区行政督察专员兼保安司令公署启

四月廿三日

002

軍事委員會軍訓部西南幹部訓練班招考第五期學生及軍士簡章

(一)報考名額　學生壹百六十名　軍士七十名

(二)投考資格

甲、學生
1. 初中以上學校畢業或具有同等學力者
2. 年齡在十八歲以上二十五歲以下者
3. 體格健全無不良嗜好者

乙、軍士
1. 小學畢業或具有同等學力者
2. 年齡體格與學生資格同

(三)訓練期間　學生半年　軍士三個月

(四)待遇

1. 學生軍士在訓練期間除膳宿被服文具用品概由班供給外，每月另發津貼六十元

（五）報名地點　麗水第九區專員公署收發室

（六）報名手續　繳驗畢業証書或証明文件（考試不取者發還）

（七）報名時間　四月二十五日起至五月十五日止每日上午八時至十二時下午一時至四時

（八）考試科目　甲、學生：1、體格檢驗 2、國文 3、黨義 4、數學 5、理化 6、口試

乙、軍士：1、體格檢驗 2、國文 常識 測驗

（九）考試日期　第一次五月六日第二次五月十六日

投考學生及軍士須於五月六日及五月十六日上午六時（標準鐘）以前到達指定地點

（十）考試地點　臨時通知

浙江省立处州中学关于呈报参加远征军学生名册致浙江省教育厅的代电（一九四四年六月三日）

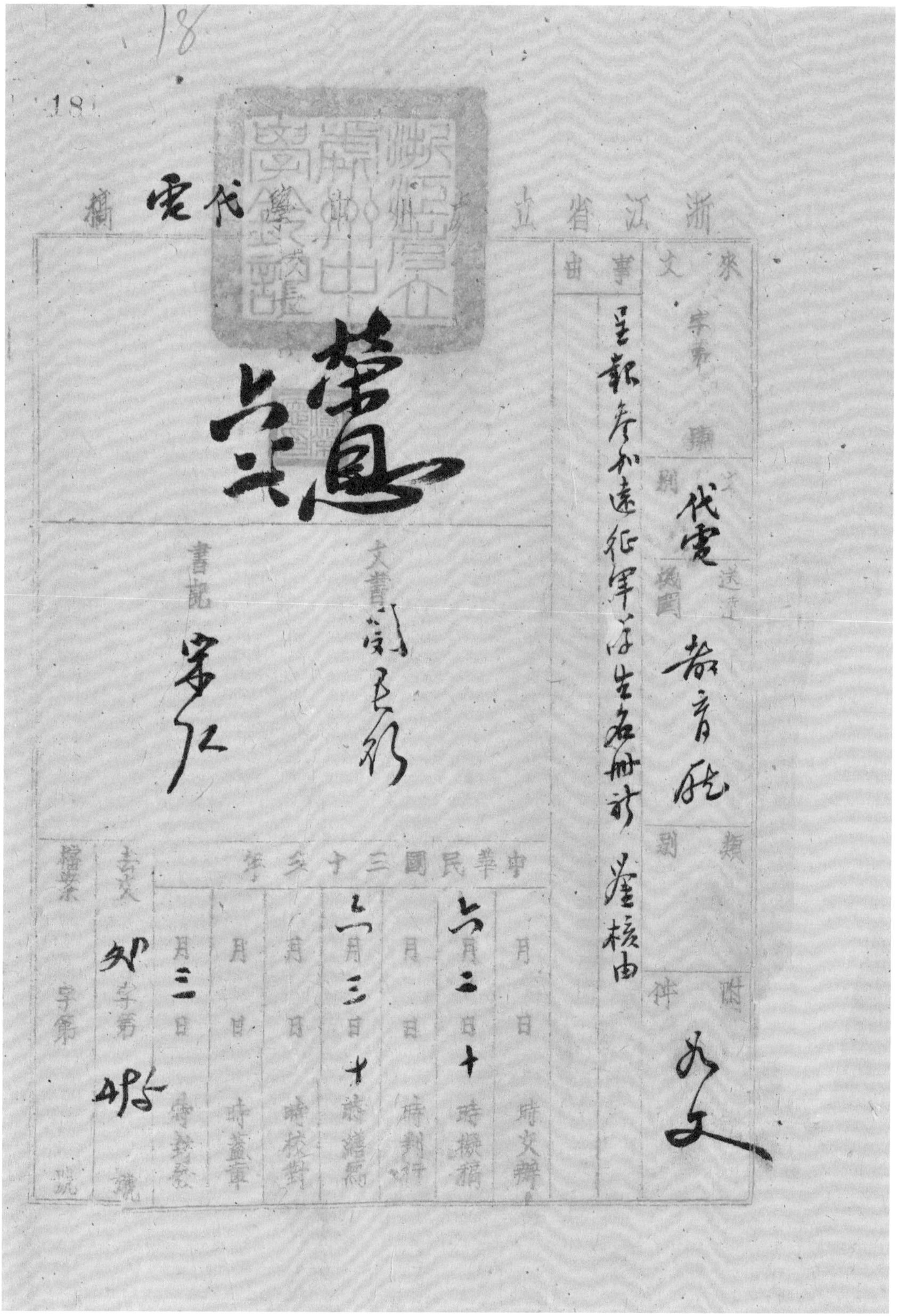

浙江省立處州中學代電稿

來文	字第 號
事由	呈報參加遠征軍學生名冊請鑒核由
送達機關	代電 教育廳
附件	如文

呈 廳

文書 劉長水

書記

中華民國三十三年

月日時文辦	六月二日十時擬稿	月日時判行	六月三日十時繕寫	月日時校對	月日時蓋章	月日時寄發

發文 處字第 號

檔案 字第 號

浙江省教育厅许厅长钧鉴：查本中学对於学生从军运动曾力予提倡，计参加远征军之高初中学生、蕭（葉猷秉）锦耀等十名，除於该生等入营时分别开会欢送以示激励外，理合填具参加远征军学生名册，备文呈送钧长鉴核，至为公便。浙江省处州中心学校校长伊学愚江叩

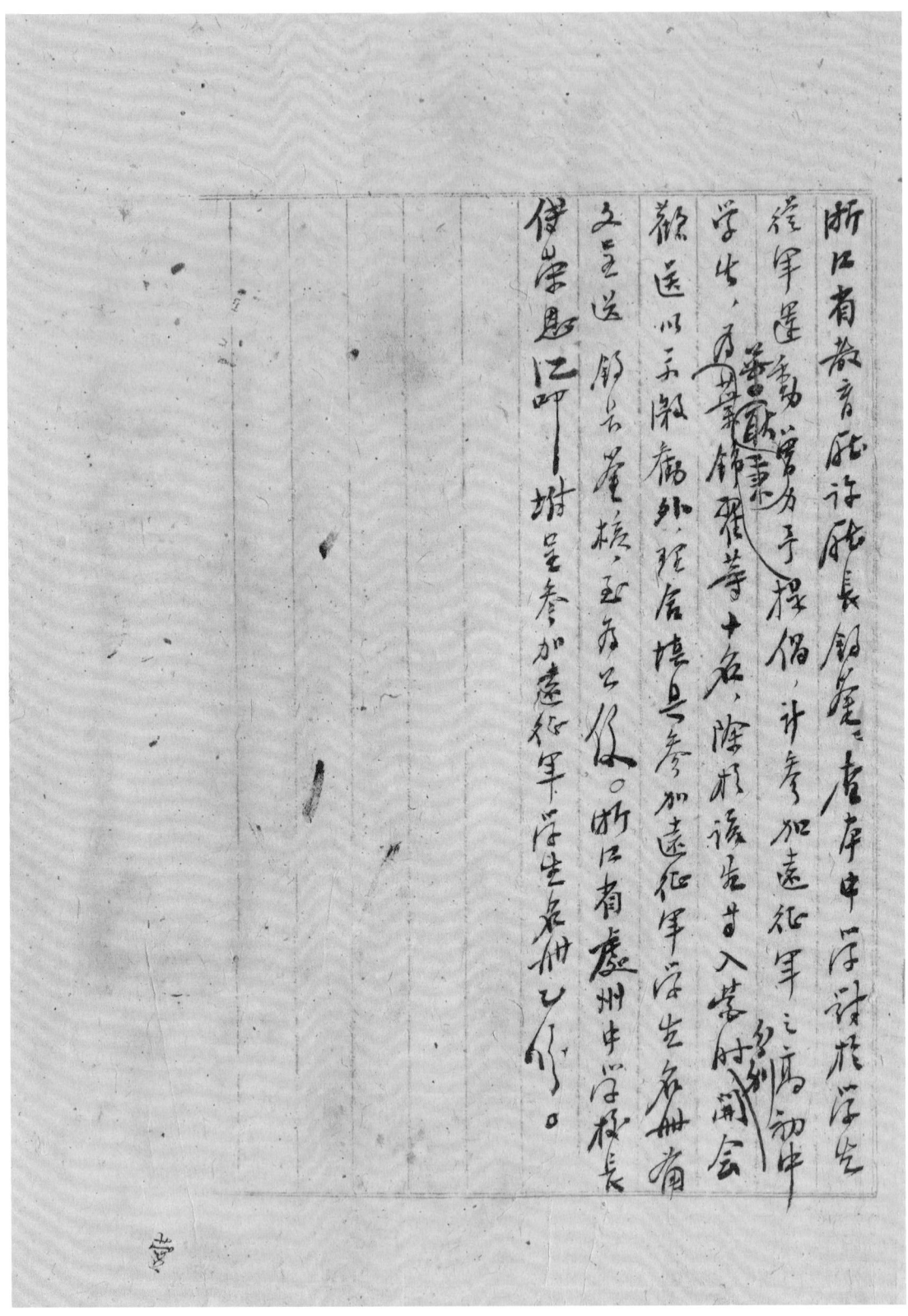

附呈参加远征军学生名册乙份。

壹

附：浙江省立处州中学知识青年参加远征军学生名册（一九四四年五月）

182

浙江省立處州中學參加遠征軍學生名冊

三十三年五月

姓名	性別	年齡	籍貫		註
葉錦瑆	女	一九	松陽	[illegible]中秋[illegible]	
葉秉耿	男	一九	遂昌	仝右	
劉福嘗	男	一七	松陽	仝右	
雷發聲	男	二一	遂昌	仝右	
李啟榮	男	一六	慶元	仝右	
董樟文	男	一七	湯溪	仝右	
葉裕奇	男	一七	遂昌	初中秋三	
羅[illegible]	[illegible]	二[illegible]	遂昌	仝右	
沈[illegible]	男	一七	慶元	初中秋二	
杜[illegible]瑞	男	一五	青田	初中秋一	

浙江省立處州中學鈐記

浙江省教育厅关于转发高中以上学校学生志愿从军办法致浙江省立处州中学的训令（一九四四年六月二十九日）

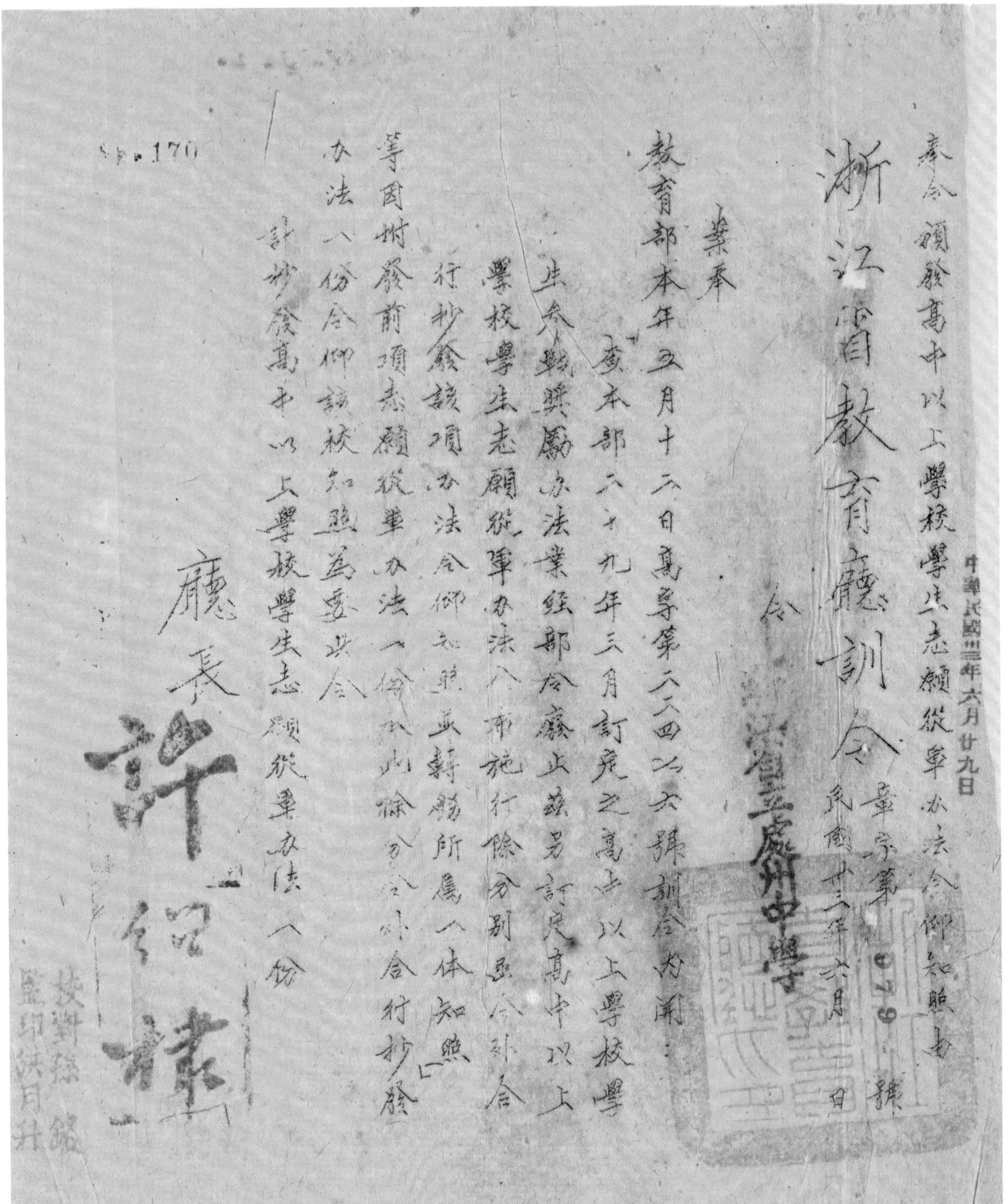
奉令頒發高中以上學校學生志願從軍办法令仰知照由

浙江省教育廳訓令

中華民國三十三年六月廿九日

章字第979號

民國卅三年六月　日

令浙江省立處州中學

案奉

教育部本年五月十二日高字第二三四二六號訓令內開：

「查本部二十九年三月訂定之高中以上學校學生參戰獎勵办法業經部令廢止茲另訂定高中以上學校學生志願從軍办法八項施行除分別函令外合行抄發該項办法令仰知照並轉飭所屬一体知照」

等因附發前項志願從軍办法一份奉此除分令外合行抄發該办法一份令仰該校知照為要此令

計抄發高中以上學校學生志願從軍办法一份

廳長　許紹棣

校對孫鎔

監印洪月升

高中以上學校學生志願從軍辦法草案

第一條　高中以上學校學生志願從軍除法令別有規定外依本辦法之規定

第二條　高中以上學校學生志願從軍須合於左列標準

一、年滿十八歲以上者

二、身長一百五十五公分以上者

三、体重四十六公斤以上者

四、胸圍七十六公分以上者

五、五官四肢及臟腑正常者

六、無重沙眼痔疾及精神病者

第三條　高中以上學校志願從軍學生合於前條標準者應填具申請書送由所在學校彙轉當地軍（師）管區司令部核辦

第四條　高中以上學校志願從軍學生在未經當地軍（師）管區司令部復驗合格核准入營前仍應照常上課不得擅自離校

第五條　高中以上學校志願從軍學生核准入營者應由原

8

校造具名册呈報主管教育行政機關備案其有在肄業中者應由原校保留其學籍

第六條　高中以上學校志願從軍學生在服役期間應遵守所在機關或部隊之命令其未經核准私自退伍者除依法懲處外原校應開除其學籍

第七條　高中以上學校志願從軍學生應於核准退役時請由所在機關或部隊給予服務證明書載明服役起訖年月及服役成績并由其主管高級長官簽署證明

前項服務證明書應於申請復學時呈繳學校

第八條　高中以上學校志願從軍學生核准退役回原校復學時應入原相銜接之年級肄業其成績較差者由校另予補習

第九條　高中以上學校志願從軍學生在服役期間抽暇自修具有成績者核准退役回原校復學時由原校予以甄別試驗其成績優良者由校呈請主管教育行政機關核准認可其入部份學科之成績或提高其年級

第十條　高中以上學校志願從軍學生未享有公費待遇者，核准退役回原校復學時得視其成績分別給予甲種公費或乙種公費待遇

第十一條　高中以上學校志願從軍學生在服役期間真有功勳者除由軍事機關依法叙奬外並由教育部核發奬章或奬狀

第十二條　高中以上學校志願從軍學生在服役期間殉職者除應受政府規定之榮譽及卹由外並應由原校在校内建立碑碣以留紀念

第十三條　高中以上學校志願從軍學生之姓名及服役事蹟在中央由教育部編入抗戰史料教育年鑑或教育史内在地方由各省市教育行政機關搜集編入省市縣志内以資宣揚其有特別功勳者由教育部呈請行政院明令褒揚

第十四條　其他學校年在十八歲以上志願從軍學生及應征其他軍役學生其優屬參照本辦法辦理

第十五條　本辦法自公布之日施行

六

丽水县知识青年志愿从军征集委员会关于邀请朱司令演讲事致浙江省立处州中学的公函

（一九四四年十一月十八日）

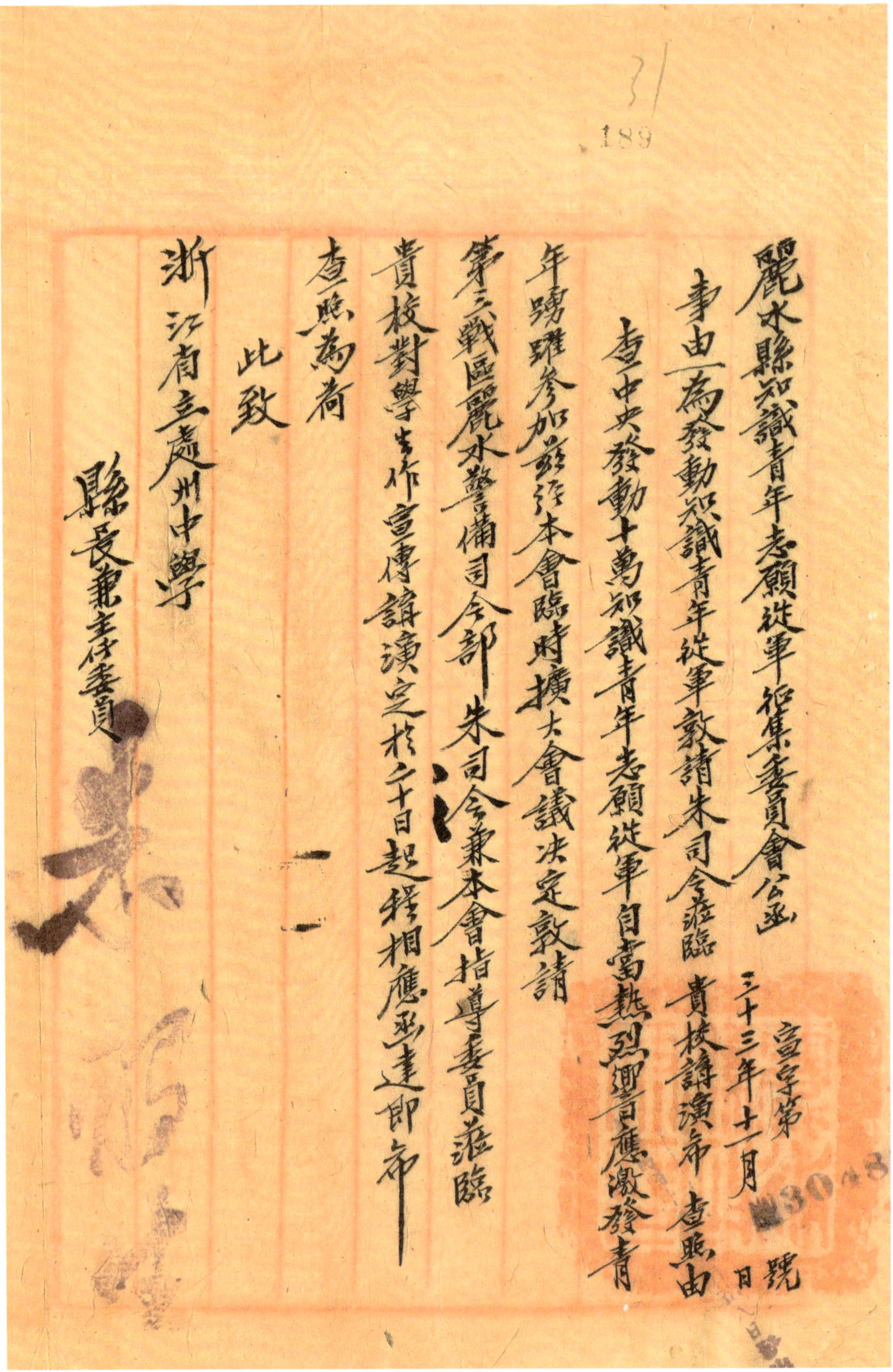

麗水縣知識青年志願從軍徵集委員會公函

宣字第　號

三十三年十一月　日

事由：為發動知識青年從軍敦請朱司令蒞臨貴校講演希查照由

查中央發動十萬知識青年志願從軍，自當熱烈響應，激發青年踴躍參加。茲經本會臨時擴大會議決定，敦請第三戰區麗水警備司令部朱司令兼本會指導委員蒞臨貴校對學生作宣傳講演，定於二十日起程。相應函達，即希查照為荷。

此致

浙江省立處州中學

縣長兼主任委員

浙江省立处州中学肄业参军学生刘福尝关于补发肄业证书事致浙江省立处州中学傅校长的函
（一九四四年十二月十四日）

轉學[illegible]
批呈存查

傅校長大鑒：

自違教誨，瞬已半載有餘，遥維公私
廸吉，至為所頌。生於自四月離碧赴贛之運荷受
入伍訓練，八月奉命開往昆明飛印，奈三戰區
油貯量無多，故惟有徒步至曲江再行乘車，才
至中途，忽得桂林陷入敌手，至贛州復奉命暫
時停止前進，由軍政部向美駐華之十四航空隊
交涉，我們（以飛機運載），因彼方急於運載軍械，故雖歷二次，
皆未得效果，上月十二日復奉電令云：飛機業已
交涉成功，俟教導三團由滇飛印畢後，再來贛

運載家们，然不幸之極，正當運載教三團同學出國的數日中，柳州又遭淪陷，自內地來機通過敵人上空時遭阻襲，且中途無法加油，故遠征以同迴歸已告絕望，復奉命調往瑞金軍官三分校受青年軍幹部訓練，生等於上月廿六日啟程，卅日抵目的地，十一日開训，共計训練九週，七週训練中式輕重武器，三週训練美式武器，生活異常緊張，精神上比在蓮荷時較痛快，畢業後分發東南三師中充任下級幹部，所說分發前須繳學歷經歷証明書，再加畢業考试成績作為分配工作之標

準奈生

前所帶之肄業証書，自教五團歸還後，於此次行軍中，所引李同遭偷竊，祈請

鈞長准予補發一張，並同（該証書仍由校中，並未取去）初中畢業証書賠付鄉友周君，祈貴專下爲禱禱。爲此

敬請

教安

生 劉福濤 上

十二月十四日

朱郭亚影关于其子郭锡汾年龄不符合参军标准请准予继续求学致处州中学的信笺（一九四五年二月十四日）

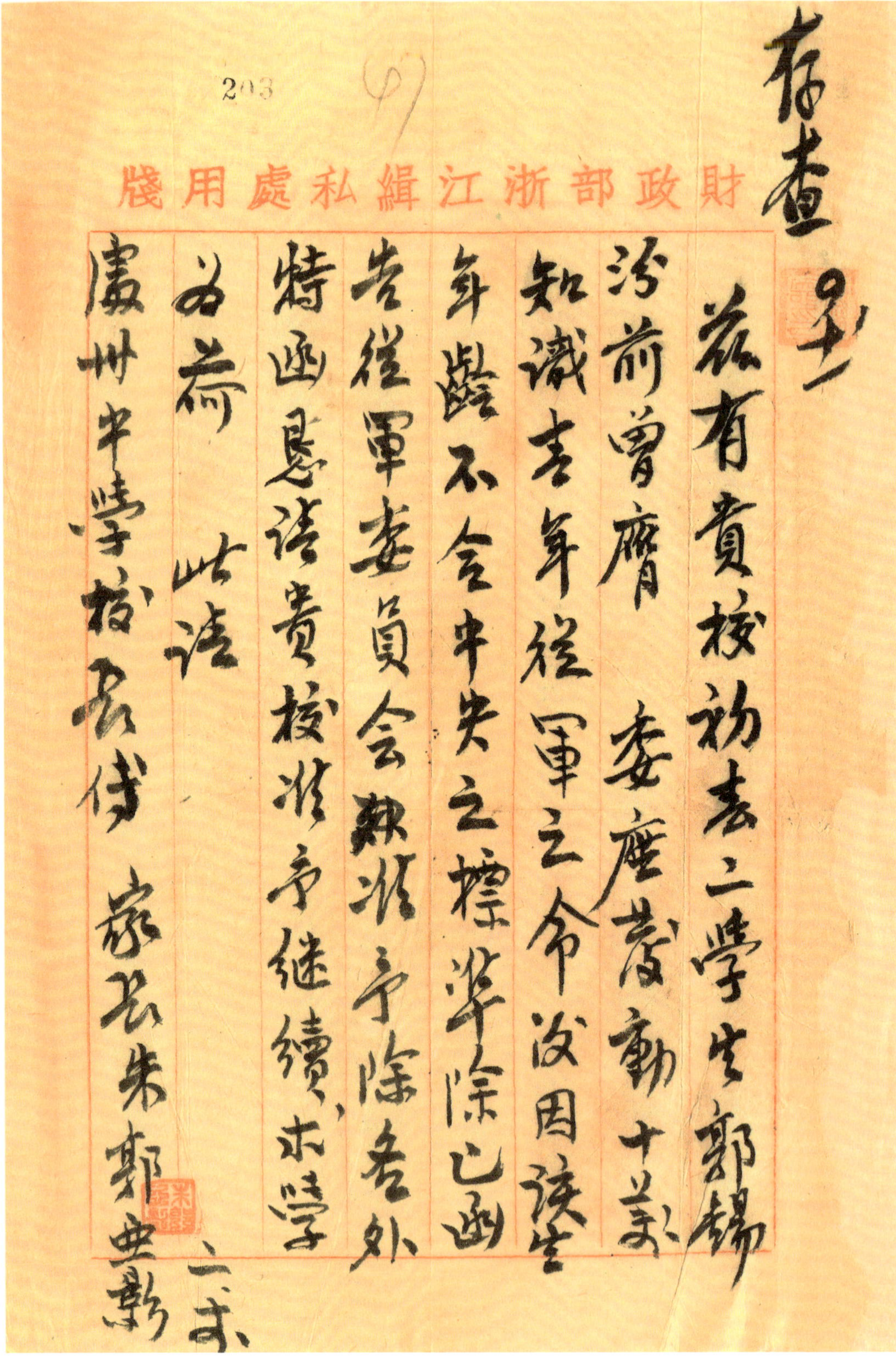

203

財政部浙江緝私處用箋

存查

茲有貴校初中二學生郭錫汾前曾膺 委座號召十萬知識青年從軍之命後因該生年齡不合中央之標準除已函告從軍委員會剔除名外特函懇請貴校准予繼續求學為荷 此請

處州中學校長傅 家長朱郭亞影 二、十四

浙江省立处州中学关于造送知识青年从军学生名册致浙江省教育厅、浙江省知识青年从军征集委员会的代电
（一九四五年三月三十一日）

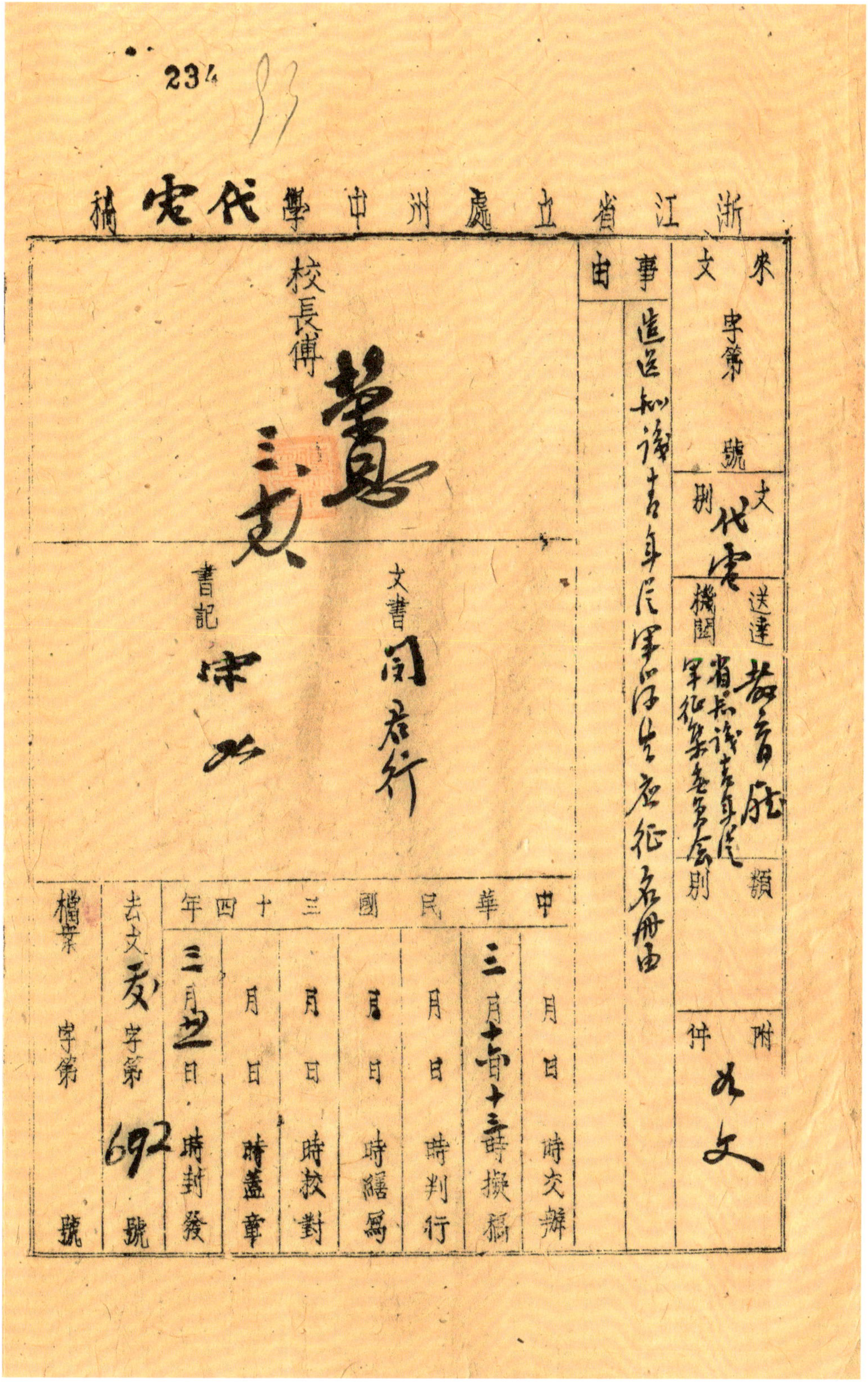
234

浙江省立處州中學代電稿

來文 字第 號
文別 代電
送達機關 教育廳 省知識青年從軍征集委員會
附件 如文
事由 造送知識青年從軍學生名冊由

校長傅

文書
書記

中華民國三十四年
三月 日 時 交辦
三月 日 時 擬稿
月 日 時 判行
月 日 時 繕寫
月 日 時 校對
月 日 時 蓋章
三月 日 時 封發
去文 愛字第692號
檔案 字第 號

浙江省教育厅许厅长钧
知识青年从军征集委员会公鉴：查本中学于三十三年十一月响应委座号召全国知识青年从军运动，即于校内组织征集委员会，广事宣传，积极策动，所以学生闻风而起，踊跃参加，初征者计……当……人，本校学生检查体格及格后赴丽水县征集委员会集中时，复由全校员生此次烧炮纪念品开会欢送，以示激劝，亦属本中学应征学生名册造送鉴核，至为公便，查照，并伊以谨。浙江省立处州中学校长侍荣恩 寅

附知识青年从军应征学生名册乙份。

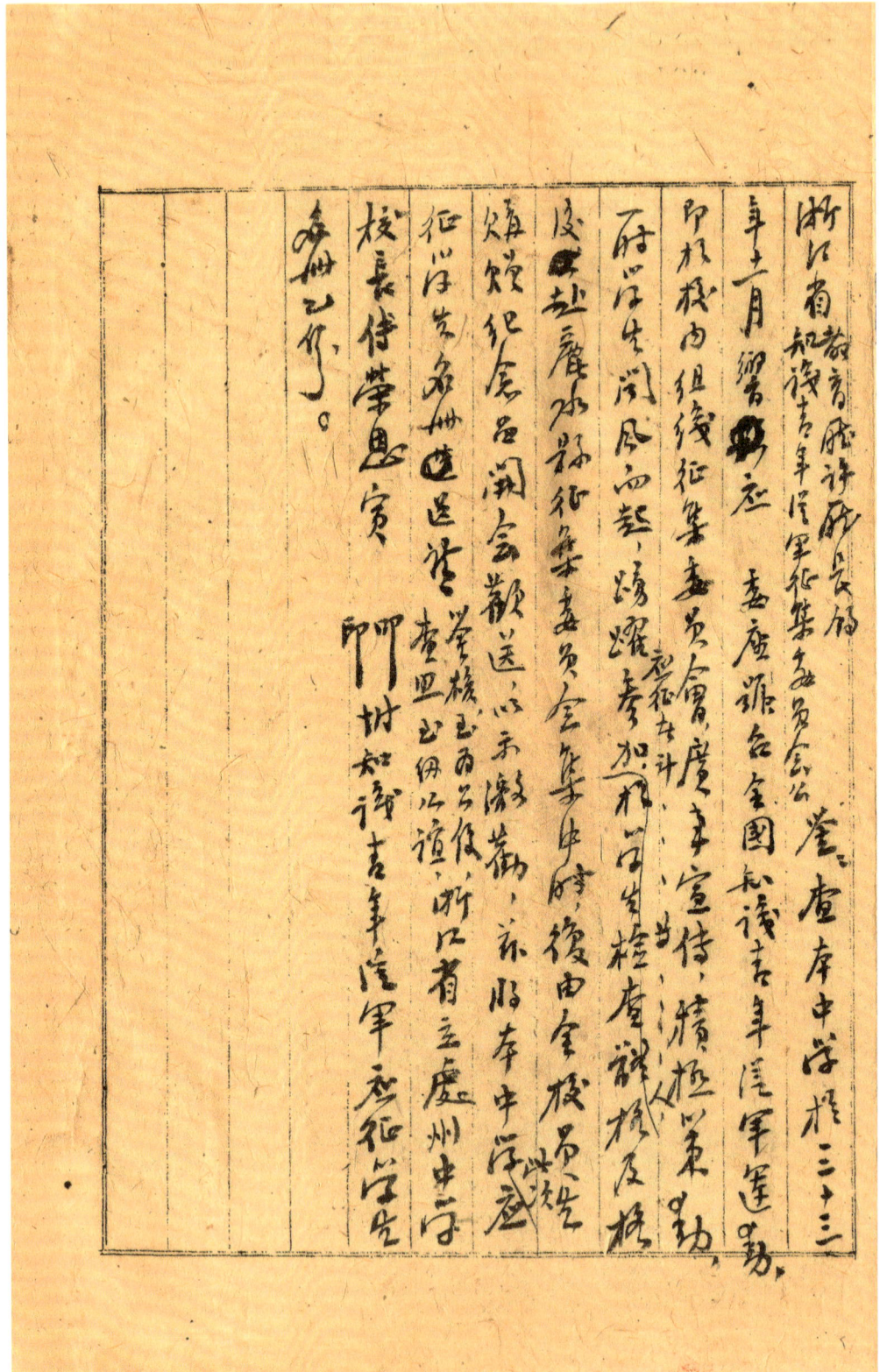

浙江省立處州中學知識青年[illegible]

姓名	年齡	性別	籍貫	科別年級	備考
陳金華	二〇	男	龍泉	高中春三	
[illegible]傅	二〇	〃	[illegible]	仝右	
蔡獲	一九	〃	慶元	高中秋二	
朱[illegible]獻	二〇	〃	[illegible]	春二	
何[illegible]	一八	〃	東陽	仝右	
葉宗山	一八	〃	松陽	仝右	
沈[illegible]達	一八	〃	慶元	仝右	
[illegible]	[illegible]	〃	蕭山	秋二	

三十三年度第一學期

236

85

張海漲	一八	男	東陽南市杜人	
華氏	一九	〃	上虞	仝右
何增中	一九	〃	諸暨	仝右
孫均鰲	一八	〃	〃	仝右
徐昌賢	一八	〃	松陽	仝右
董小火	一	〃	[illegible]	仝右
陳如中	一八	〃	麗水	仝右
周建明		〃	長興	仝右
柳鐵[illegible]	一八	〃	麗水	仝右
蔣李丹	一八	一	奉化	仝右

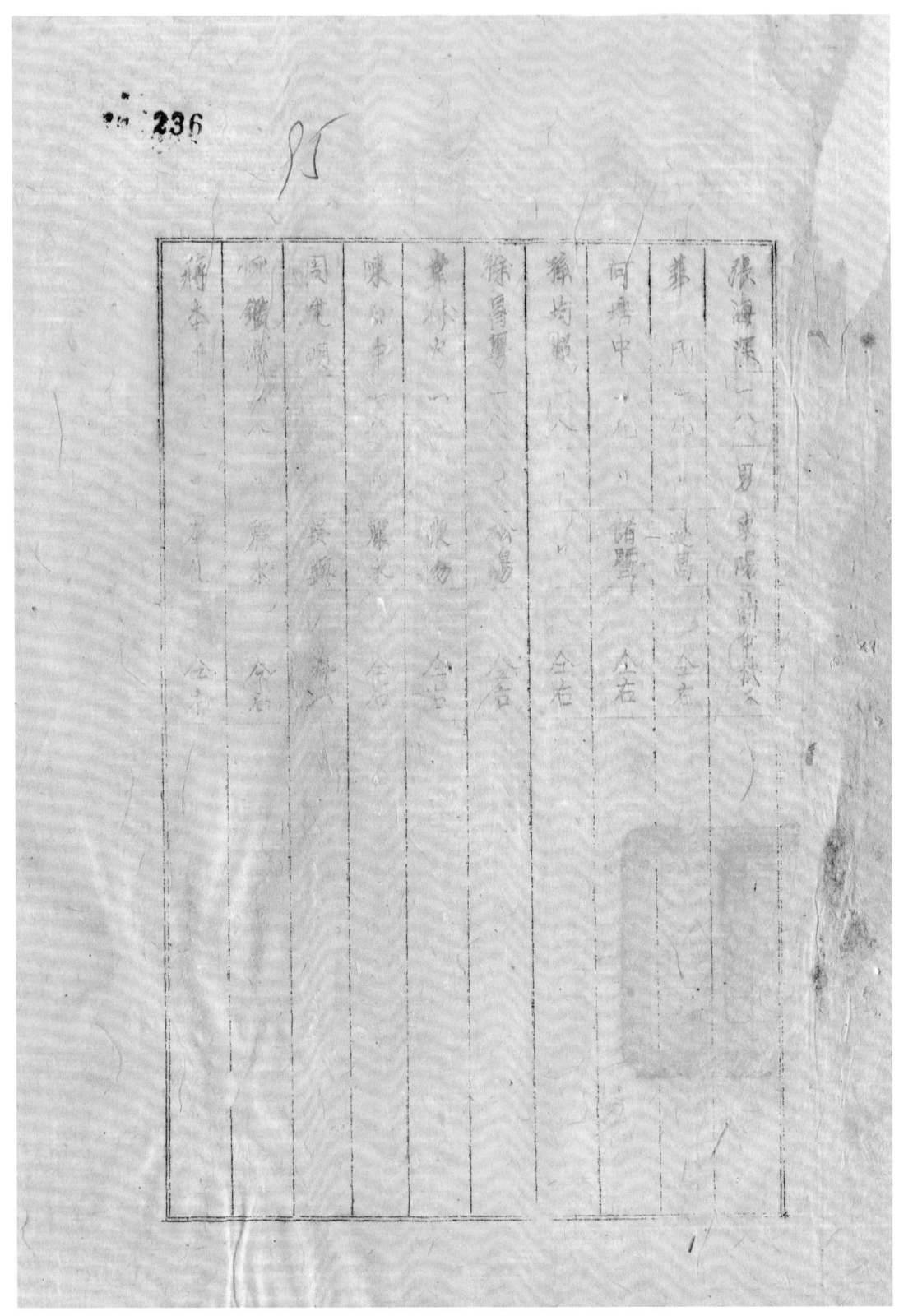

237

86

范侠鹏	一八	男	松阳	高中肄	一
陈鸿升	一八	〃	毕业	仝右	
徐叶荣	一八	〃	杭县	仝右	
杨祖朝	一九	〃	新登	初一	
杨国洲	一九	〃	[illegible]	初三	
谢武奇	一八	〃	丽水	初	
赵水法	一六	〃	武义	初二	
陈锡[illegible]	[illegible]	〃	丽水	初一	
董明三	一八	〃	[illegible]	初	
项者存	一	女			

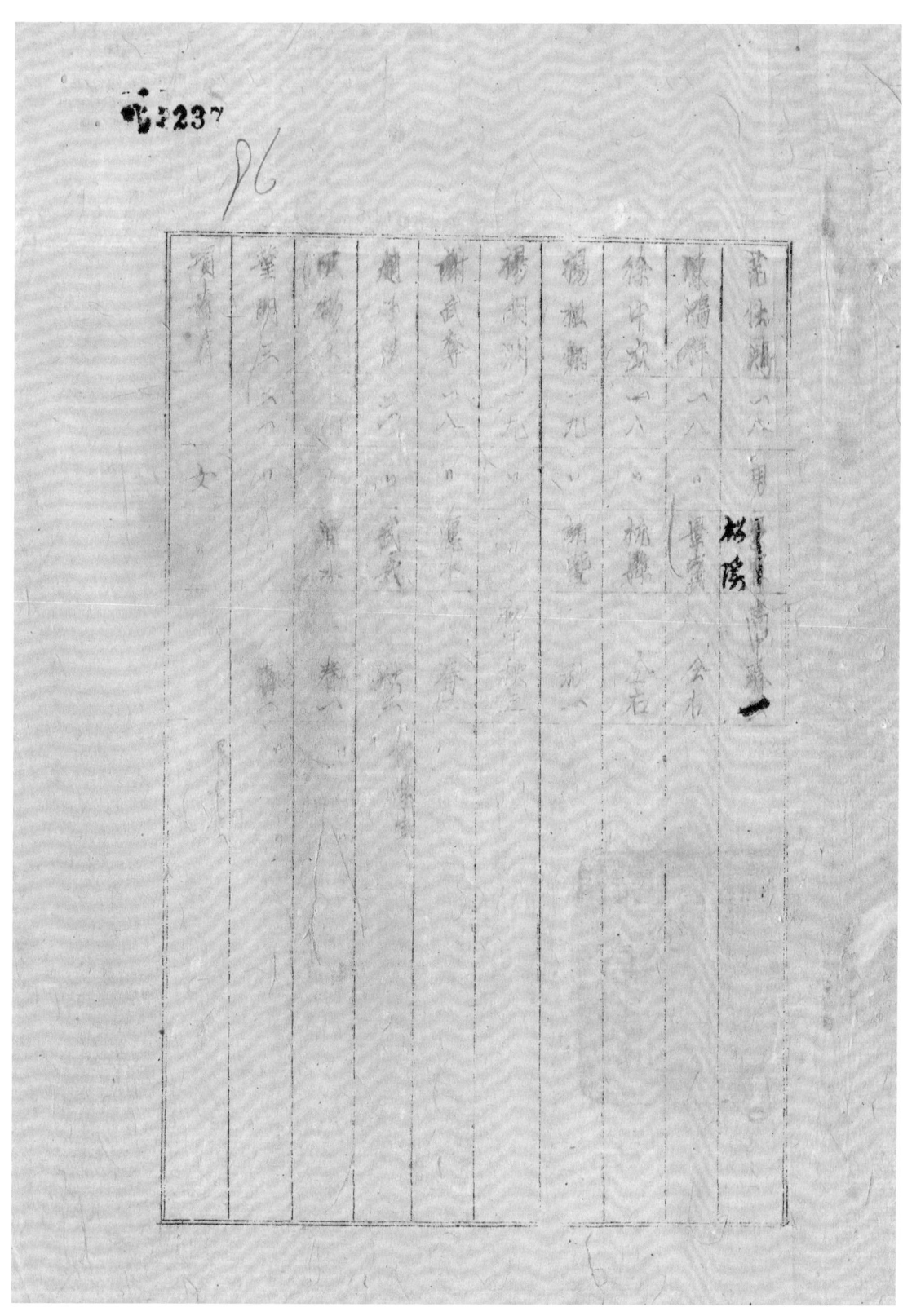

浙江省立处州中学、浙江省教育厅等关于奖励策动知识青年从军出力人员事宜的文书（一九四五年三月至七月）

浙江省立处州中学致浙江省军管区、浙江省教育厅的代电（一九四五年三月二十一日）

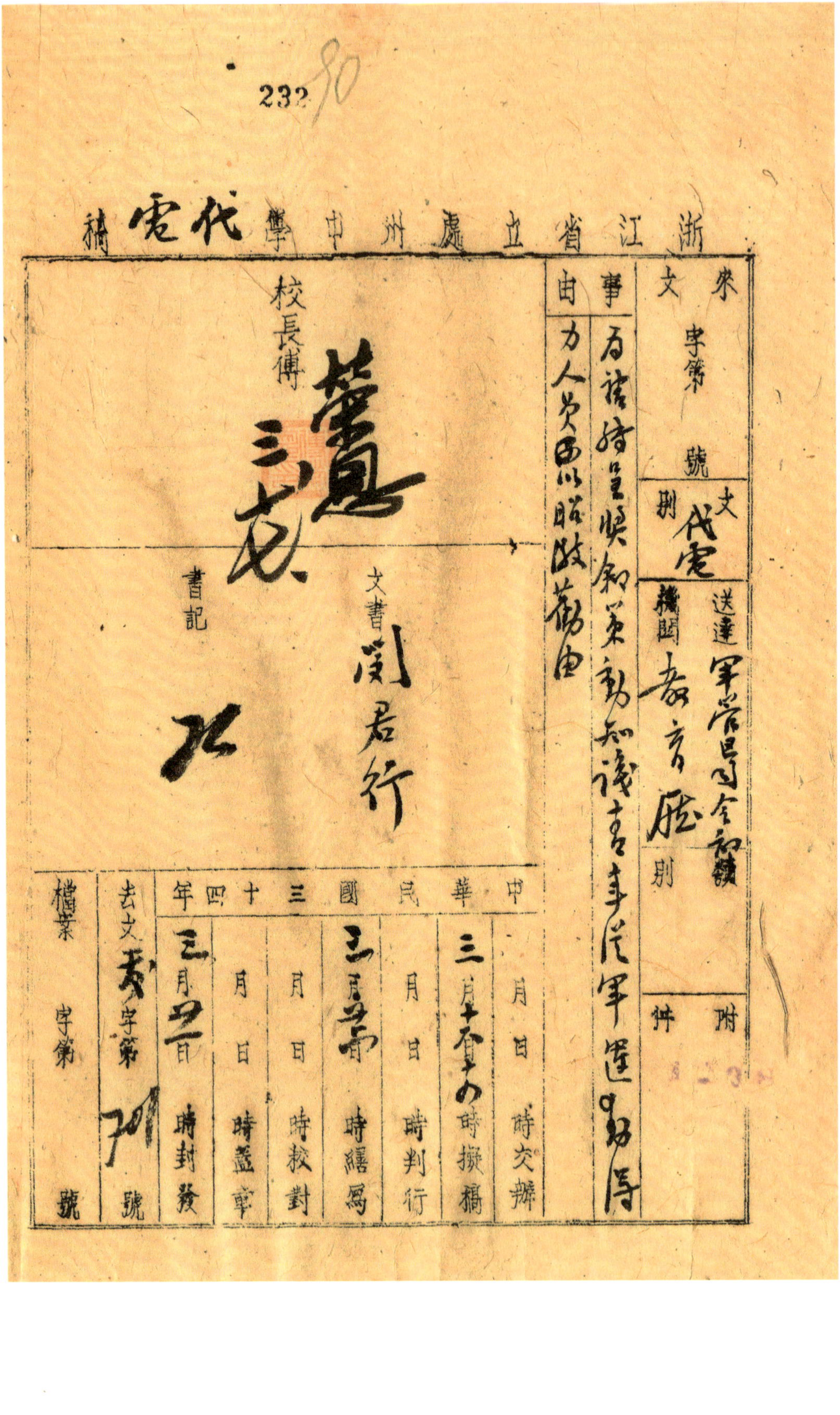

232

浙江省立處州中學代電稿

來文	字第 號
文別	代電
送達機關	軍管區司令部 教育廳
事由	為請核呈獎勵策動知識青年從軍運動得力人員用以昭激勸由
附件	

校長傅

書記

文書 関君行

中華民國三十四年

月 日 時交辦	
三月廿一日十四時擬稿	
月 日 時判行	
三月廿一日 時繕寫	
月 日 時校對	
月 日 時蓋章	
三月廿一日 時封發	

去文 教字第 號

檔案 字第 號

浙江省军管区黄兼司令、兼省政府许厅长钧鉴：查本中学于三十三年十二月响应中央发起知识青年从军运动，当即于校内组织知识青年从军征集委员会，[redacted]叶恩自任主任委员，并聘训导主任、高中部主任胡良为副主任委员，初中部主任丁、童军教练丁兆坦、教官许励为委员，展开宣传工作，积极策动，在纪念周及集会中，将委座告知识青年从军要义，详晰阐明，以资激发，以学生闻风而起，踊跃参征，经严格检查及格之学生计二十五名，[redacted]于该生等赴丽水征集委员会集中时，以发起盛大之全校员生欢送会，冒冬雪欢宴，并赠纪念品，以壮其行，在春节期间，复由叶恩暨各委员分别前往丽水征委员会对应征学生加以慰问，并造送应征学生名册，除将应征学生名册另文呈送外，谨呈核，准将本中学办理学生志愿从军出力人员特予奖叙，以昭激劝，至为公便。浙江省立处州中学校长叶恩呈 叩

附：征学生名册乙份

浙江省教育厅致浙江省立处州中学的指令（一九四五年四月十七日）

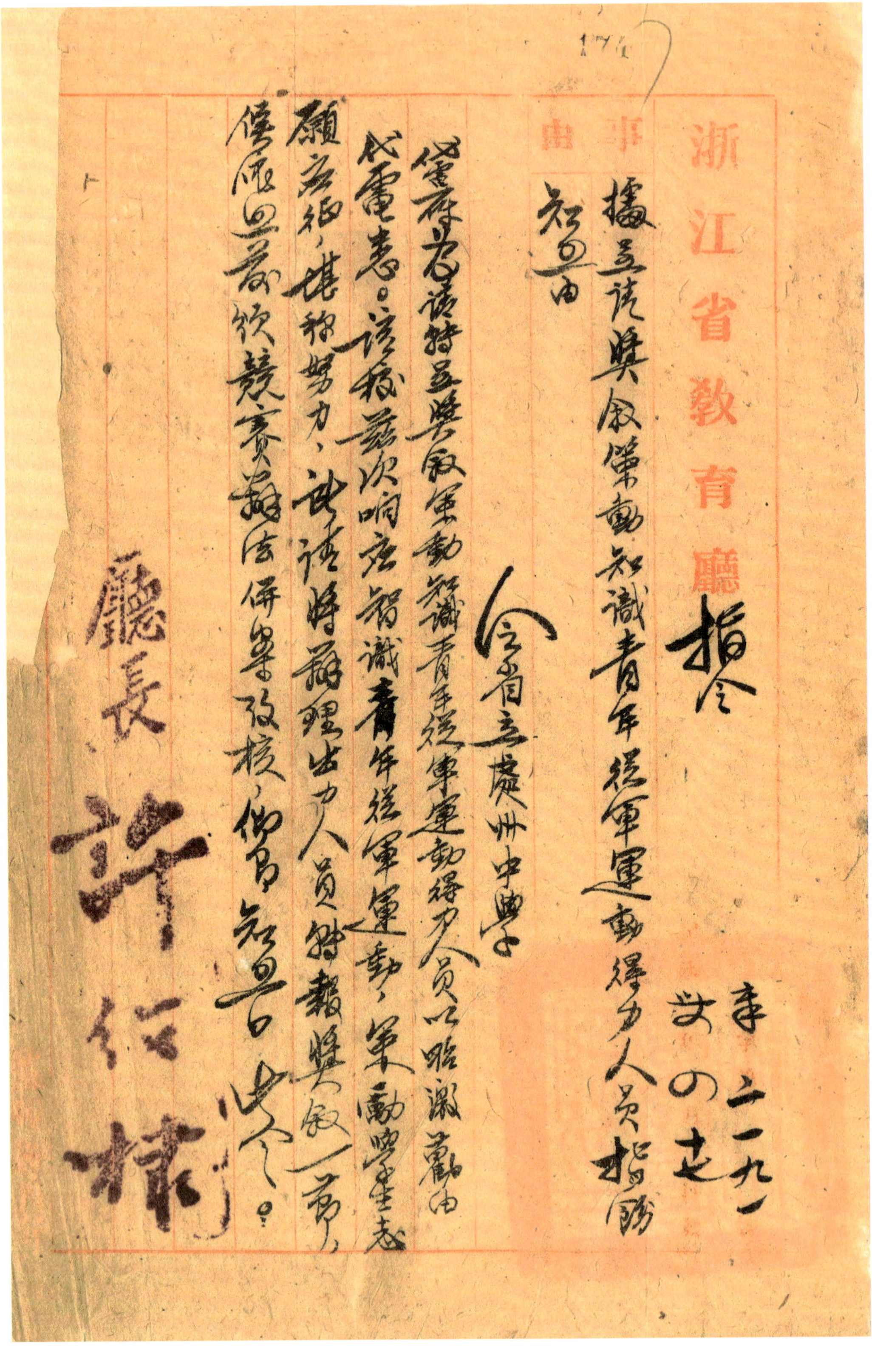

浙江省教育廳指令

事由：據呈請獎叙策動知識青年從軍運動得力人員指飭知照由

二一九一

令省立處州中學

[illegible]為該校特呈獎叙策動知識青年從軍運動得力人員以昭激勵由

代電悉。該校茲次響應智識青年從軍運動，策動學生志願從征，堪稱努力。所請將辦理出力人員請予獎叙一節，候應照獎叙競賽辦法併案考核，仰即知照。此令。

廳長 許紹棣

浙江省知识青年志愿从军征集委员会致浙江省立处州中学的快邮代电（一九四五年七月三十一日）

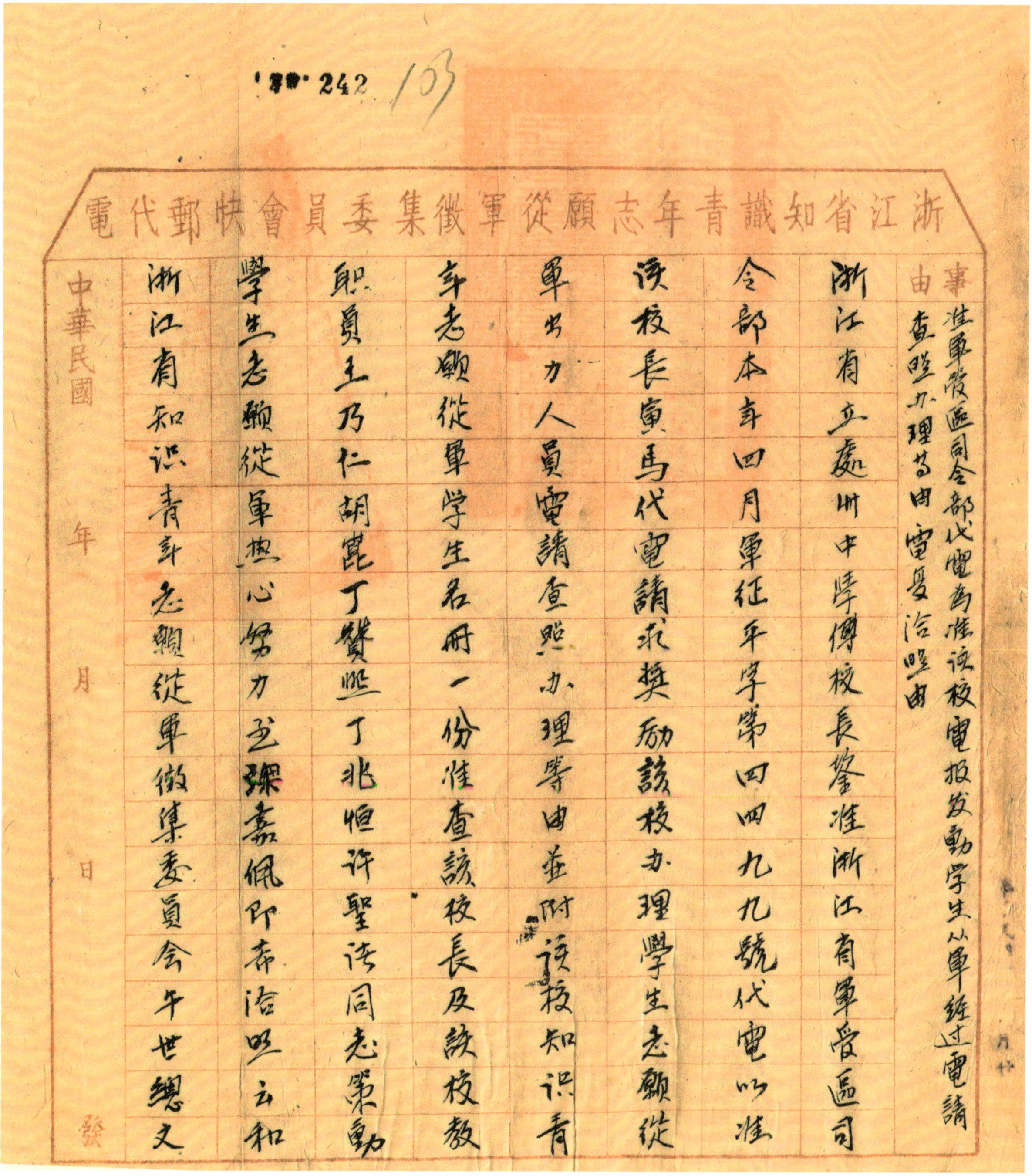

242 103

浙江省知識青年志願從軍徵集委員會快郵代電

事由：准軍管區司令部代電為准該校電報發動学生从軍經过電請查照办理等由電复洽照由

浙江省立處州中學傅校長鑒：准浙江省軍管區司令部本年四月軍征平字第四四九九號代電以准該校長寅馬代電請求獎励該校办理學生志願從軍出力人員電請查照办理等由並附該校知识青年志願從軍学生名冊一份准查該校長及該校教職員王乃仁胡崑丁贊巸丁兆恒許聖诰同志策動學生志願從軍热心努力並經嘉佩即希洽照。云和浙江省知识青年志願從軍徵集委員會午世總文

中華民國　年　月　日　發

三、应变措施与损失救济

（二）应变措施

浙江省教育厅关于发放防空防毒急救宣传册致浙江省立处州初级中学的快邮代电（一九三七年九月）

快郵代電

字第　號

浙江省立處州初級中學覽案奉教育部灰代電內開密查各校應於開學期前一律佈置避難設備以防空襲業經本部篠電知遵茲另發防空壕建築法及戰時簡易防毒及急救法小冊以便遵照實施合電遵照等因附發防空壕建築法及戰時簡易防毒及救急法小冊奉此合行檢發原冊電仰遵照寔施教育廳印

計發防空壕建築法及戰時簡易防毒及急救法各一冊

中華民國二十六年九月　日

丽水县政府关于在校内构筑防空壕事致浙江省立处州初级中学的公函（一九三七年十月二日）

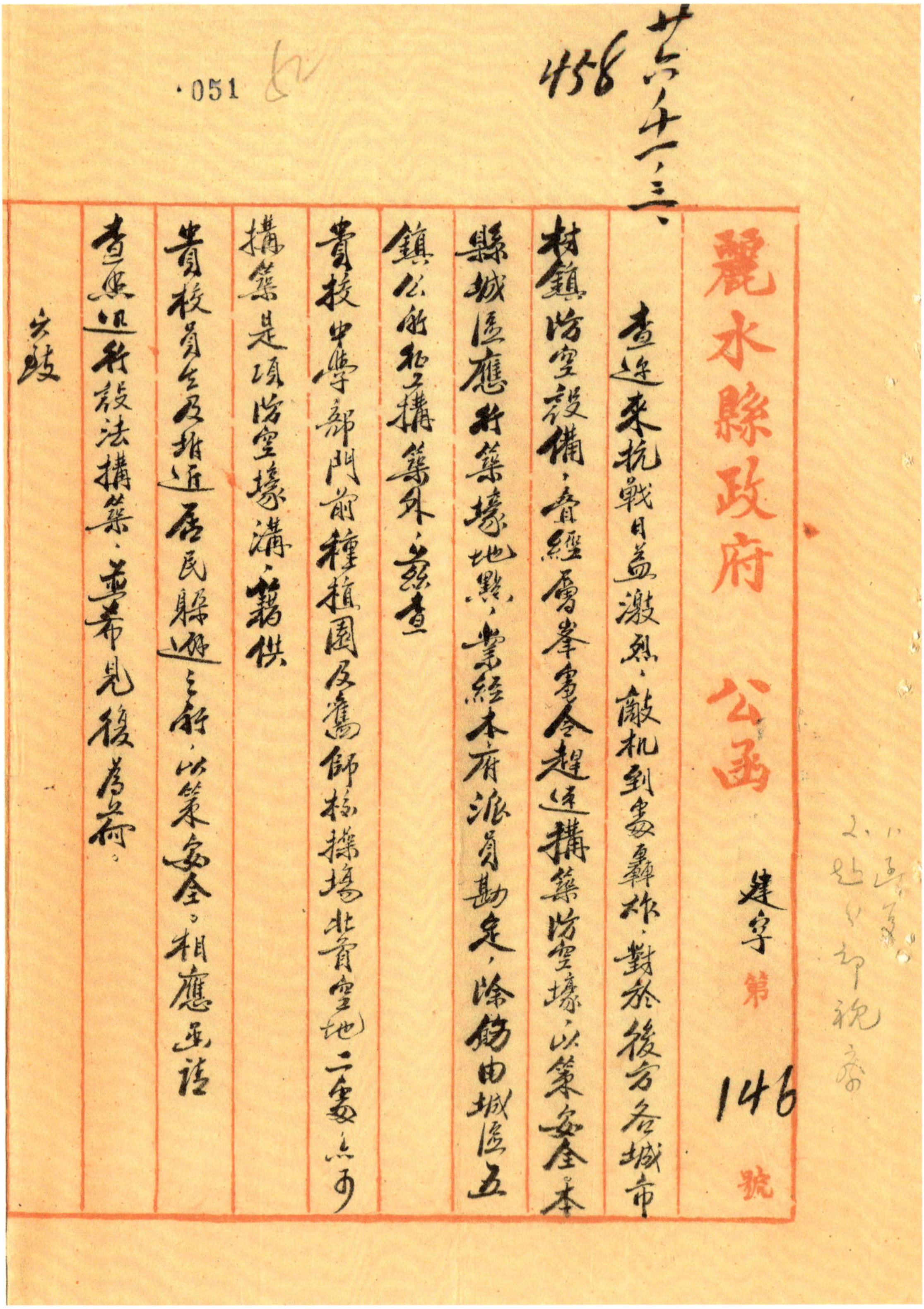

·051

458

廿六、十、三

麗水縣政府公函

建字第146號

查近來抗戰日益激烈，敵機到處轟炸，對於後方各城市村鎮防空設備，曾經層峯電令趕速構築防空壕，以策安全。本縣城區應行築壕地點，業經本府派員勘定，除飭由城區五鎮公所分別構築外，茲查

貴校中學部門前種植園及高師校操場北首空地二處，亦可構築是項防空壕溝，藉供

貴校員生及附近居民躲避之所，以策安全。相應函請

查照迅行設法構築，並希見復為荷。

此致

浙江省立處州初級中學校長趙

縣長

中華民國二十六年十月二日

校對
監印
洪曼君

浙江省第九区行政督察专员公署、浙江省立处州中学等关于学校外墙颜色显露易受敌机袭击应改涂迷彩色事宜的来往文书（一九三八年二月）

浙江省第九区行政督察专员公署、保安司令部致浙江省立处州中学的公函（一九三八年二月）

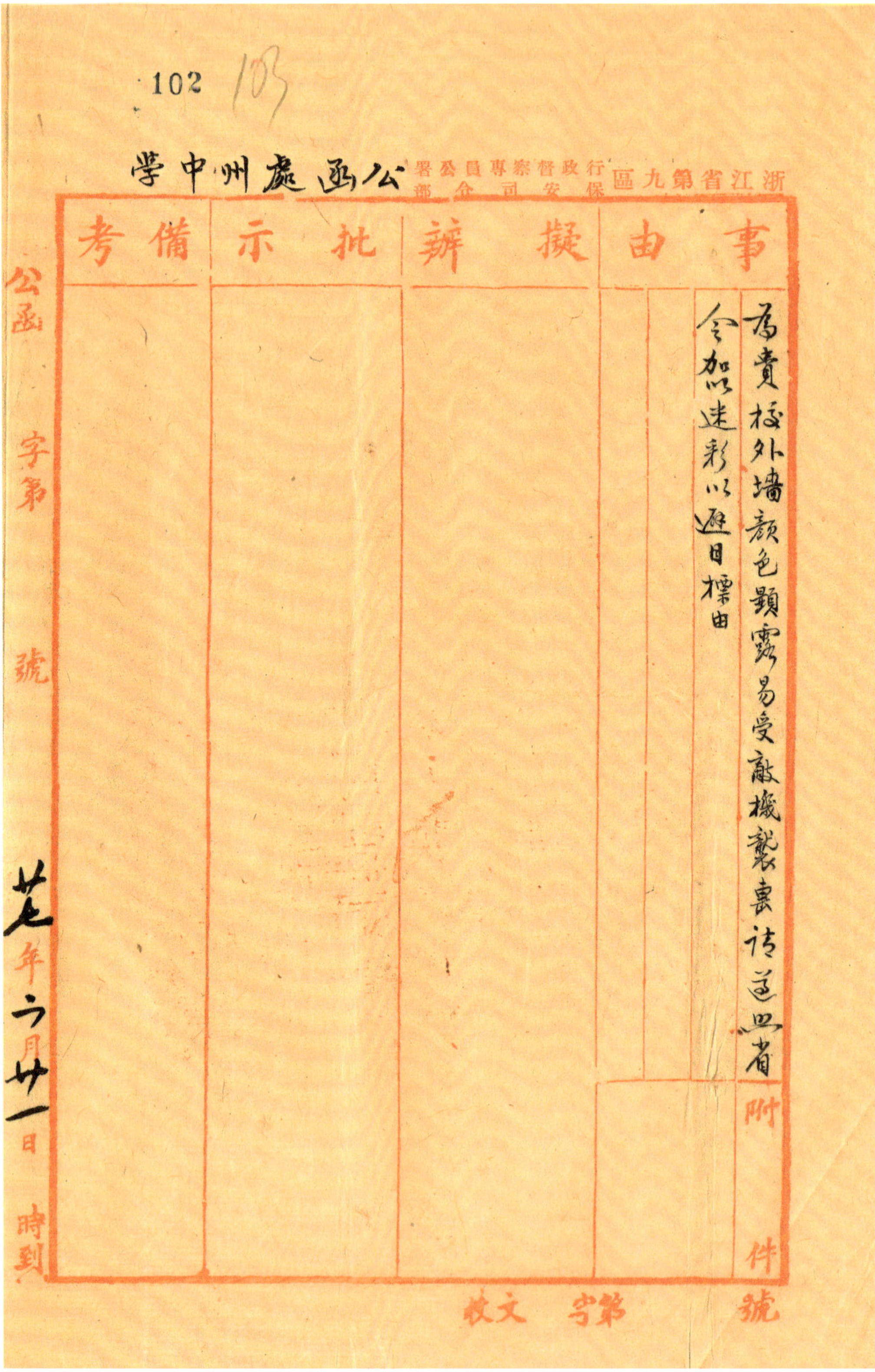

102 103

浙江省第九區行政督察專員公署 保安司令部 公函處州中學

事由	擬辦	批示	備考
為貴校外牆顏色顯露易受敵機襲襲請逕照省令加塗迷彩以避目標由			

附件 號

第 字 文 枚

公函 字第 號

廿七年二月廿一日 時到

浙江省第九區行政督察專員公署
保安司令部 公函

參字第　號

案查各機關學校工廠商店及住屋之白色或紅色外牆，應加以三色迷彩，或改塗黄黑綠等顏色，以減少空中目標，迭奉

省令飭辦在案。茲查

貴校外牆係白色，麗水縣民教館外牆係紅色，均未遵照規定加以塗改，目標極為顯露，核與防空原則不符，現在本城時受敵機襲擊，是項外墻，亟應迅速塗改，以避目標。除令飭麗水縣政府轉飭民教館遵照外，相應函請

103 104

查照办理，并希见复为荷！

此致

浙江省立处州中学

专员兼司令杜伟

中華民國二十七年二月　日

校對姚松波

浙江省立处州中学致浙江省第九区行政督察专员公署、保安司令部的公函（一九三八年二月二十三日）

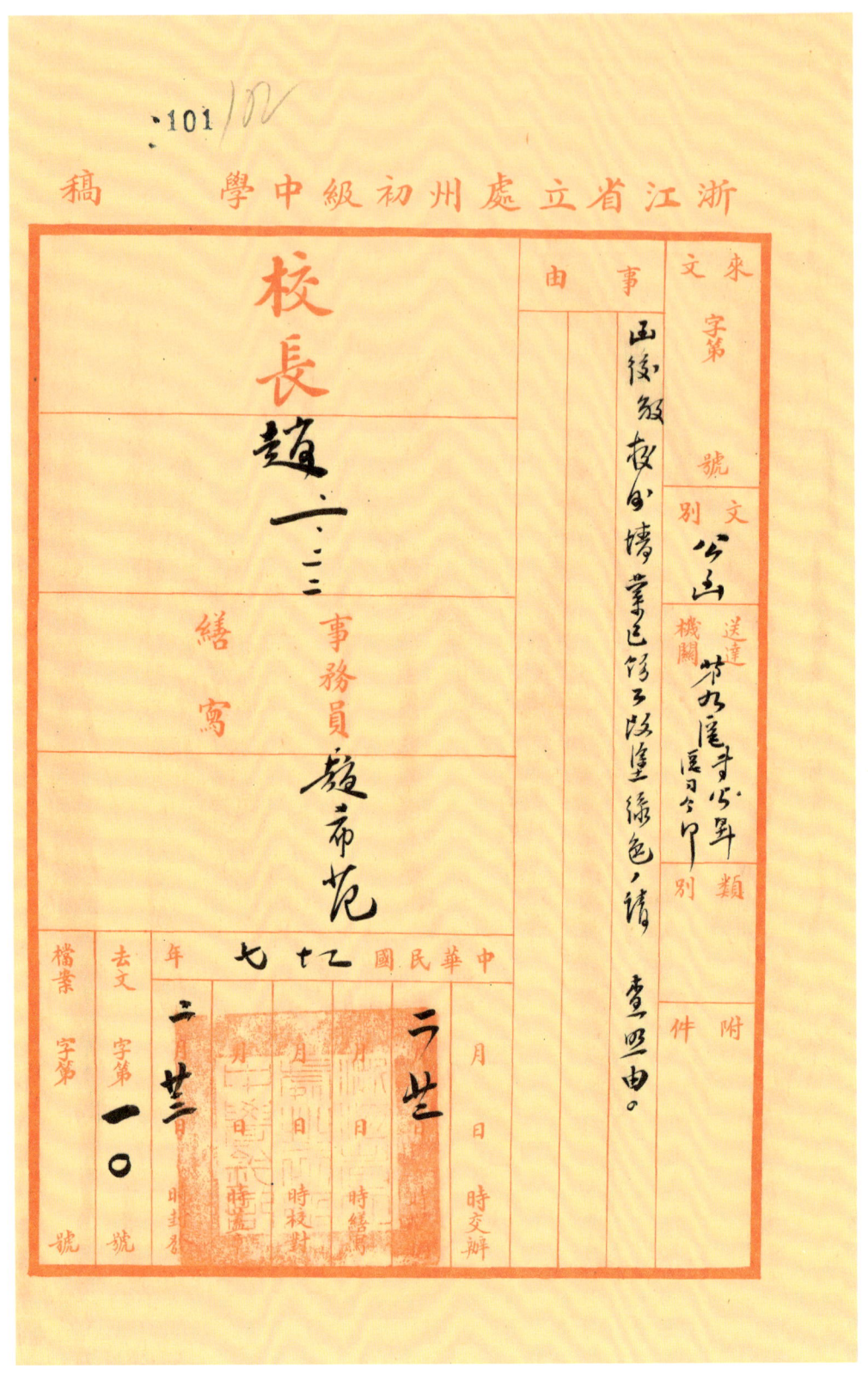

101 102

浙江省立處州初級中學稿

來文字第　號	
文別	公函
送達機關	第九區專署 區司令部
類別	
附件	
事由	函復敝校台壇業已飭工改塗綠色，請查照由。
校長	趙 二、二二
繕寫	
事務員	趙布范

中華民國廿七年

二月廿二日時交辦　月日時繕寫　月日時校對　月日時蓋印　二月廿三日時封發

去文字第一〇號

檔案字第　號

公函　第　號

案准

貴部參字第一六〇號函以敝校校舍牆顏色顯露，易受敵機襲擊，遵照前令，加以迷彩，以避目標等由，准此，業已飭工設法塗綠色，遵函前由，相應函復

查照為荷！

此致

浙江省第九區行政督察專員兼保安司令部

校長

浙江省立处州初级中学、浙江省教育厅关于为避敌空袭在望军山开展野外教学事宜的来往文书

（一九三八年六月八日至十五日）

浙江省立处州初级中学致浙江省教育厅的呈（一九三八年六月八日）

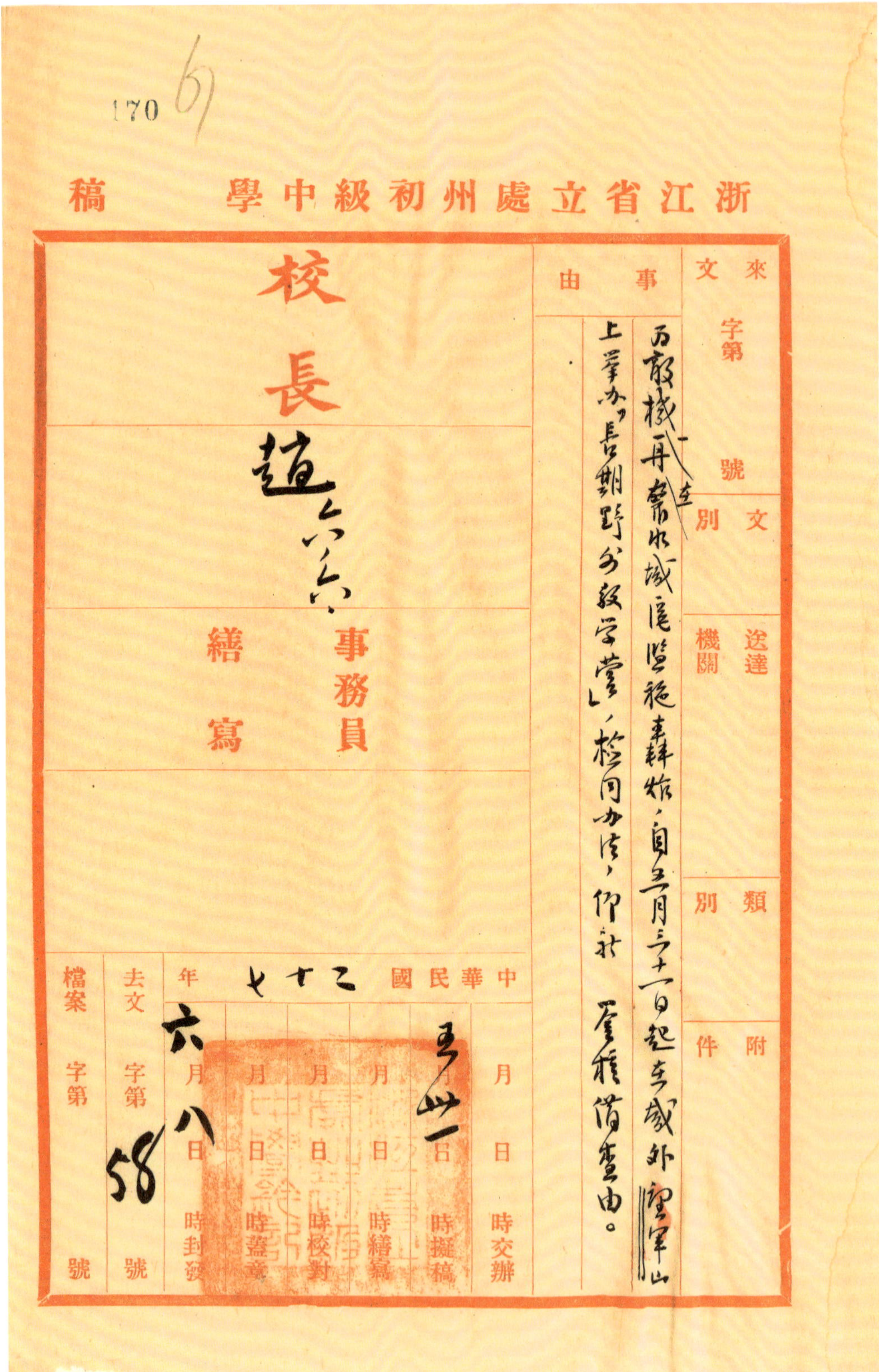

170 61

浙江省立處州初級中學　稿

校長　趙（簽）　六/六

事務員

繕寫

來文字第號

文別

送達機關

類別

附件

事由：為敵機一再竄擾城區，遵照德專轉飭，自六月二十一日起在城外望軍山上舉辦長期野外教學營，校內辦法，仰祈鑒核備查由。

中華民國二十七年

月日時交辦　月廿一日時擬稿　月日時繕寫　月日時校對　月日時蓋章　六月八日時封發

去文字第58號

檔案字第號

171 68

查上月下旬敵機一再來本中学所在地昭化縣城濫施轟炸，本中学為避免意外犧牲並維持正常教学效能起見，自上月二十日起在離城十五華里之望軍山上，籌办長期野外教学營，教学場所均利用自然環境佈置，对於学生学業仍照正常進行，晨出晚歸，每日步行二十餘里，亦可稍得體魄鍛練。該處有山石洞多，可容數百人，在山嶺上設防空監視哨，遇緊急警報，師生入洞躲避，安全自可無虞。理合檢同办法備文呈送，仰祈鈞府鑒核備查。

謹呈

浙江省政府教育厅厅长许

计呈送

办法二份

衔名

·172

本中學日間至城外五洞殿上課暫行办法

(一)作息時間及訊号

六月一日起上午五時起床，五時十五分整潔檢查，五时四十分出发，由各级組級任分别率領，八時早餐，九時開始上課，以吹号為号，照課程表規定課目依次挨推一小时，下午四时至四时五十分自習，五时晚餐，五时四十分返校，八时自習，八时四十分歸寢。

(三十一日上午五时起床，五时二十分早餐(八改飯)，五时四十分整检，六时出发，上课时间同前，五时返校，七时晚餐，自習归寝同前。)

(二)集合地点

每晨在各部上課地点集合出发，每逢星期一三五本部在大水门，分部在小水门分别过渡，星期二四六本分部调换过渡地点。

星期日或天雨出發与否，臨时酌定。

(三)膳食及茶水

早餐粥菜由厨房酌办，中晚餐用大锅飯菜，学生碗筷自带一副，教职员碗筷自厨房带去。

通学生先缴膳费十日，不在校就膳教师自向厨房接洽另开。

茶水由厨房办理。

另由校津贴厨房法币二十元，为订灶具之用。

(四)学生服装及携带物件

服装

軍笠、童子軍帽、童子軍服（不帶領巾）、便鞋、刀、繩、袋、壺。

攜帶物件

碗、筷各一、面巾、講义夾、本日應用書本、鉛筆、鋼筆、拍紙簿、並另帶勞作凳、手帕、或草席，以為席坐之用。

（五）校方攜帶物件

小黑板五、粉筆、板刷、鋤頭、鈎刀、掃帚、休息篷一、馬桶二、長凳若干

教訓兩處點名冊及登記簿及文具。

（六）同去教職

凡各本日有課之教師，請一律與学生同去，鄭嘉玉、王振昌、陳啟預、馬慧明先生每日均去，其餘職員一概留校，劉校長及各處室主任輪流留校，列表如左：

星期	留校主任	星期	留校主任	附註
一	范君逸先生	四	王宋璘先生	留校主任照学校办公时间在本分部不斷巡視。
二	趙仲蘇先生	五	胡仲侖先生	
三	黃百蓀先生	六	張強鄰先生	

（七）同去校工

每日本分部各派一人前去，惟管理自習室寢室校工以留校為原則，但不得离開。廿一日派春深、宝深、章根、樹敏、增田廿四同去。

浙江省教育厅致浙江省立处州初级中学的指令（一九三八年六月十五日）

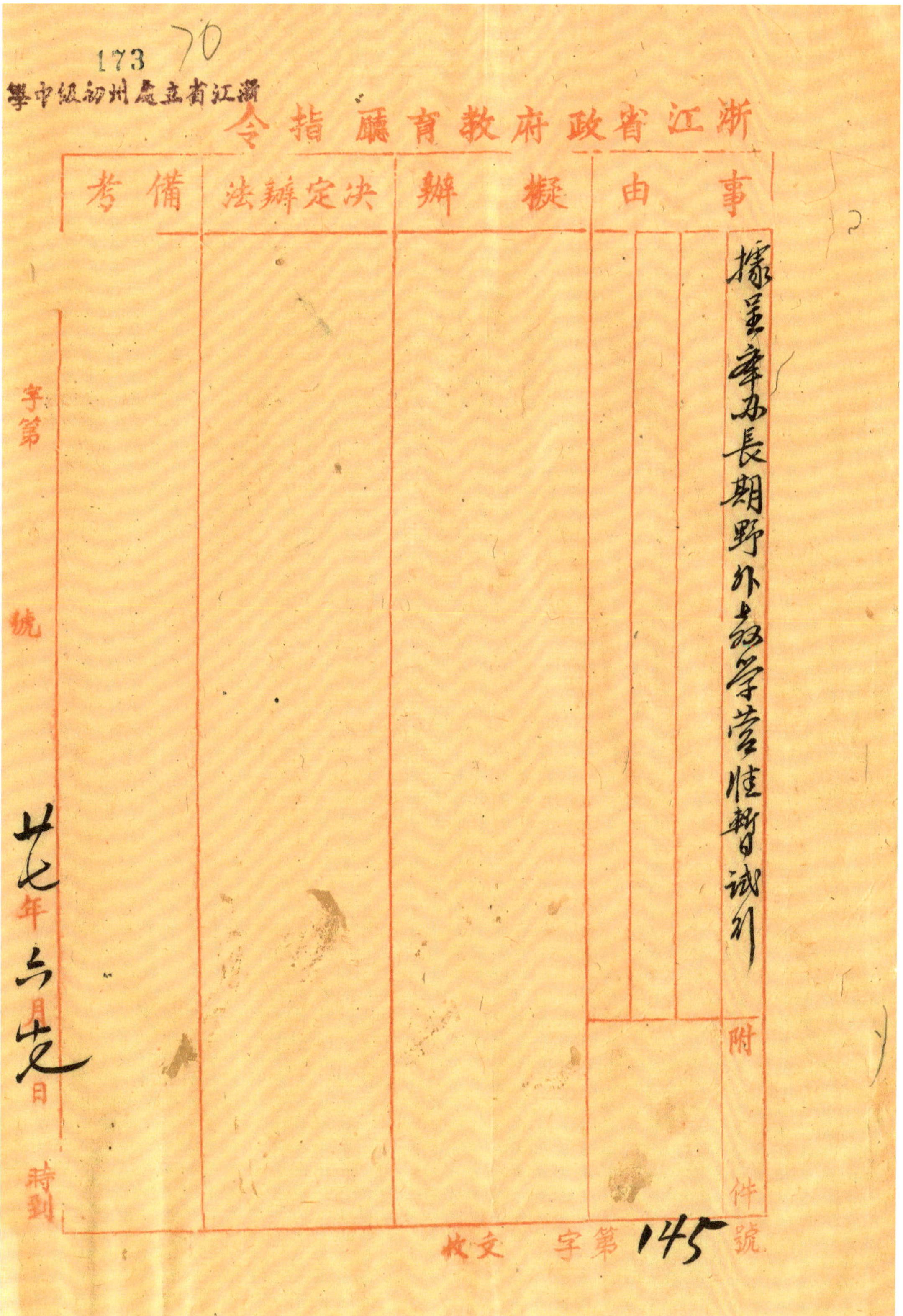
173　70

浙江省立處州初級中學

浙江省政府教育廳指令

事由	擬辦	決定辦法	備考
據呈舉辦長期野外教學營准暫試行			

附件

字第　號

廿七年六月十五日到時

收文　字第145號

浙江省政府教育廳指令

字第二九六九號

令浙江省立處州初級中學

二十七年六月　日呈一件爲舉辦長期野外教學營檢同辦法請核備由

呈件均悉。准暫試行。件存。此令。

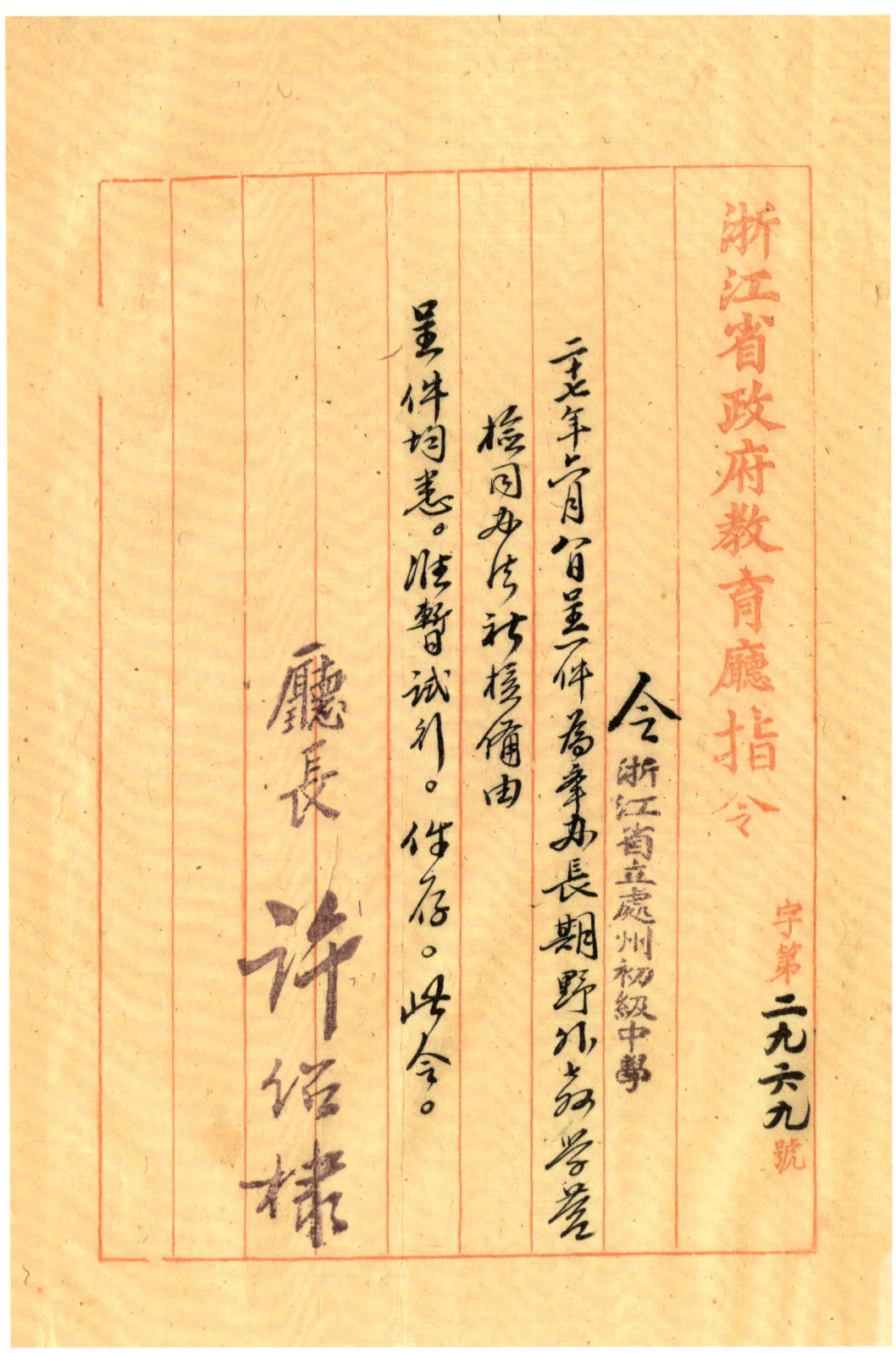

廳長　許紹棣

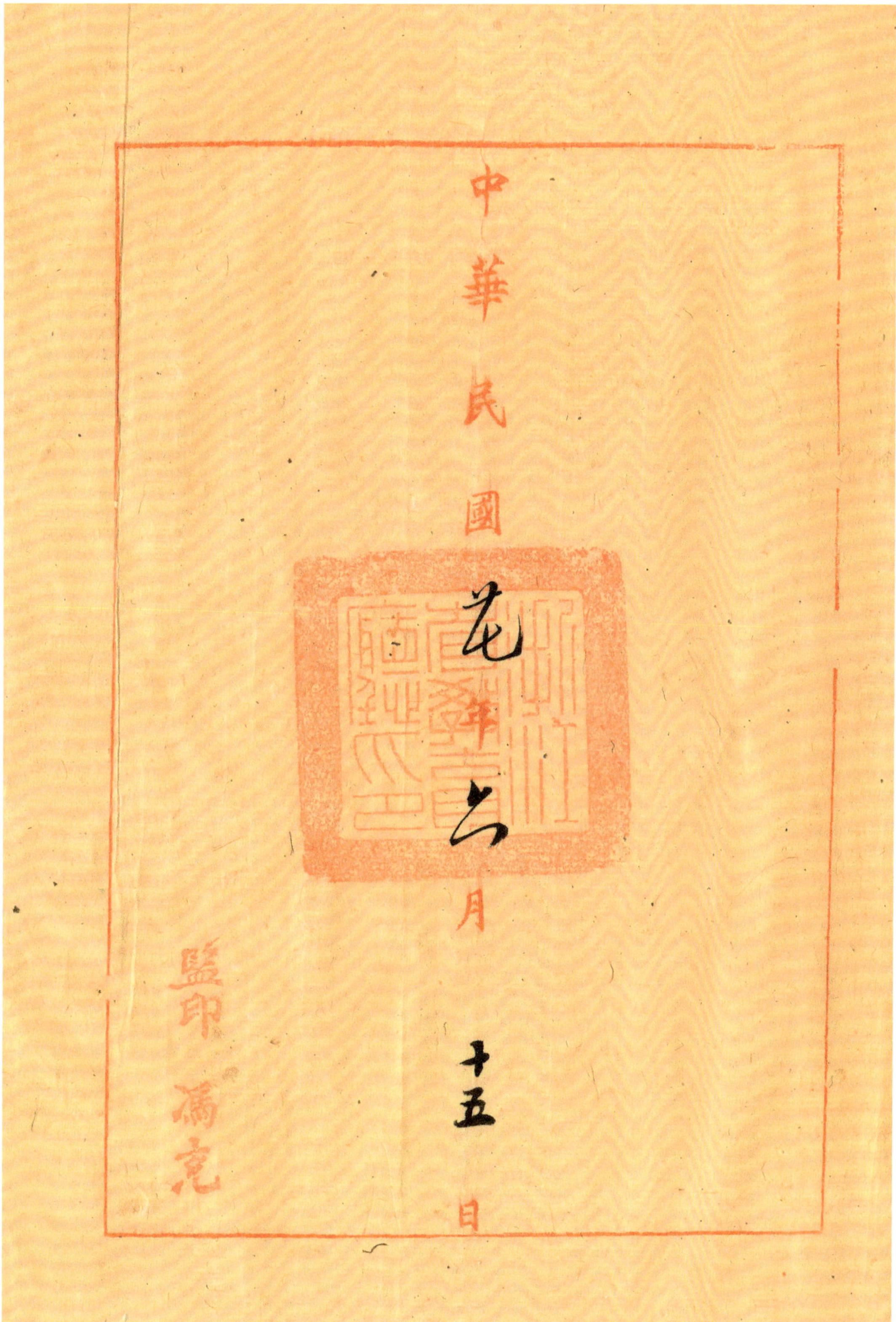
中華民國花年六月十五日

監印 馮亮

浙江省立处州中学关于将学校从庆元大济迁高溪请拨迁移经费事致浙江省教育厅的呈

（一九四一年十一月二十四日）

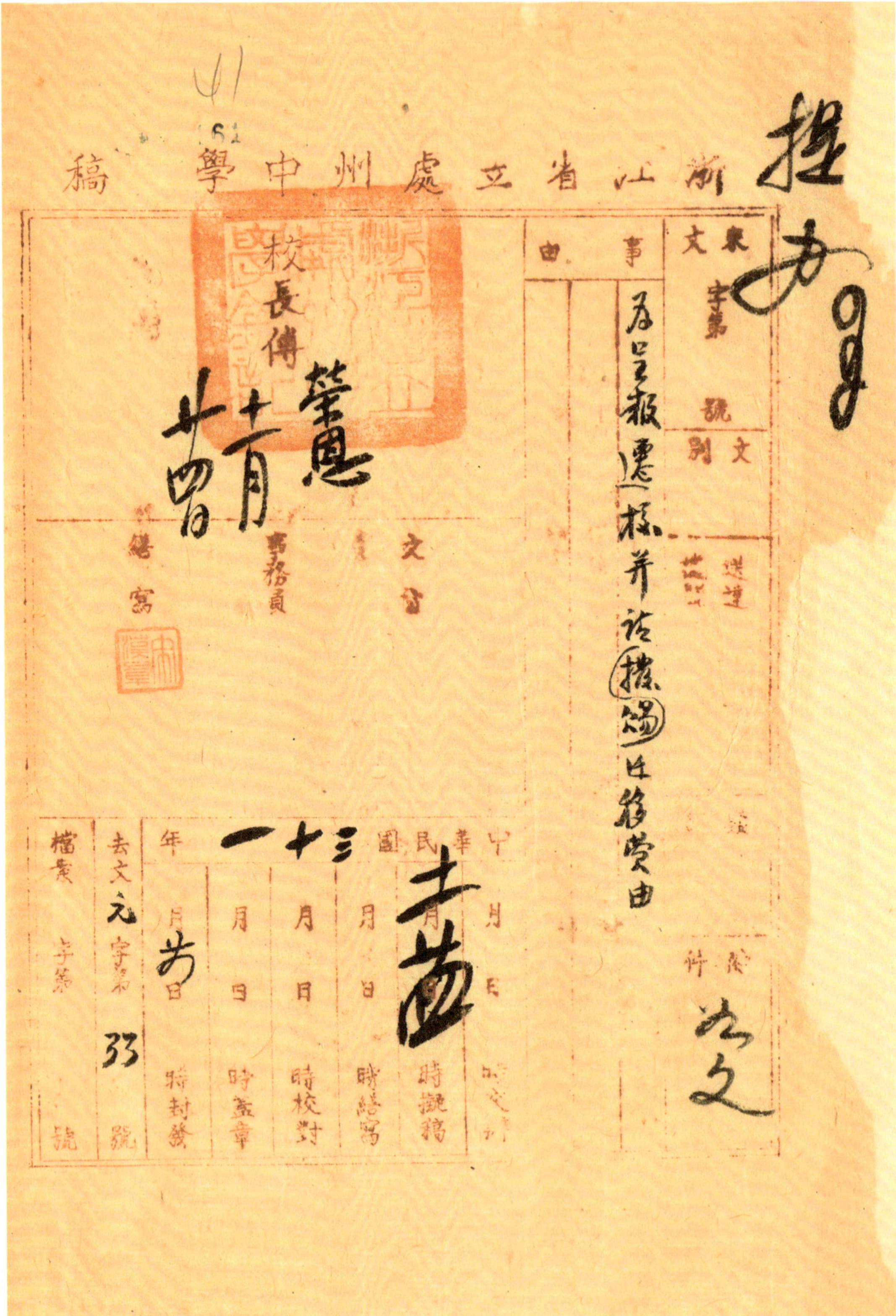
浙江省立處州中學稿

校長傅

事由：為呈報遷校并請撥給遷移費由

中華民國三十年十一月廿四日

呈为呈报并请核迁移费事，窃自浙东事变发生，本校远迁庆元大济，筹备就绪，即行开学，烽火弦歌，幸未中辍，仰承音旨，宁不知奋！所未及暇，何敢更张。祇以地处边隅，困难多端，兼以气候不正，教员视为畏途，学生裹足不前，是以到校员生，一时多卧病，或患疟疾，或遭疫疠，辗转循环，势不稍戢。近复以校舍黄坛多窃鼠疫纷起，相继死亡，庆元城内死鼠数目，亦陆续加大，及流校内近日亦发现死鼠，相彼雨雪，先集维霰，群情惶惶，不可终日。职为全校师生安全计，当即电请示遵，乃以疫势炽烈，迫不及待，遂召开第二次校务会议，通过迁回高溪继续上课，在案，并又电达钧座核备，幸蒙殊恩，电示职自行斟酌，拜诵之余，全体师生距跃三百。自本月二十一日起分五批撤退员工学生，并于十二月半左右在高溪复课。总计此次自大济至

62

龍泉路程有一百八十五華里，需用大批人力挑運，商諸處之未能以承常襄助，何以徵名義工力報底挑運至龍泉。龍泉距高廣尚二百華里，即雇艇順流而下，所費亦鉅大，敝校之囊空如洗，已在意中，即其餘員生在此刻後之拮据下，窘囊羞澀亦堪憐憫。爰懇

鈞座俯賜撥發遷移費伍萬元，作四伯之以應燃眉之急。夫疫癘之偶起，非所及料，員生生命之安全問題，又不容忽視，此番開支雖大，實有不得已之苦衷，惟每思撥款輕重大小，孰敢冒昧，爲員生請命，

鈞長其鑒察之。至遷移概況，理合編具本中學遷遂高廣遷移費預算表，備文呈報，伏祈

鈞座核撥，迅賜實爲德便。謹呈

浙江省教育廳廳長許

附遷移費預算表乙份

浙江省立處州中學校校長傅[illegible]

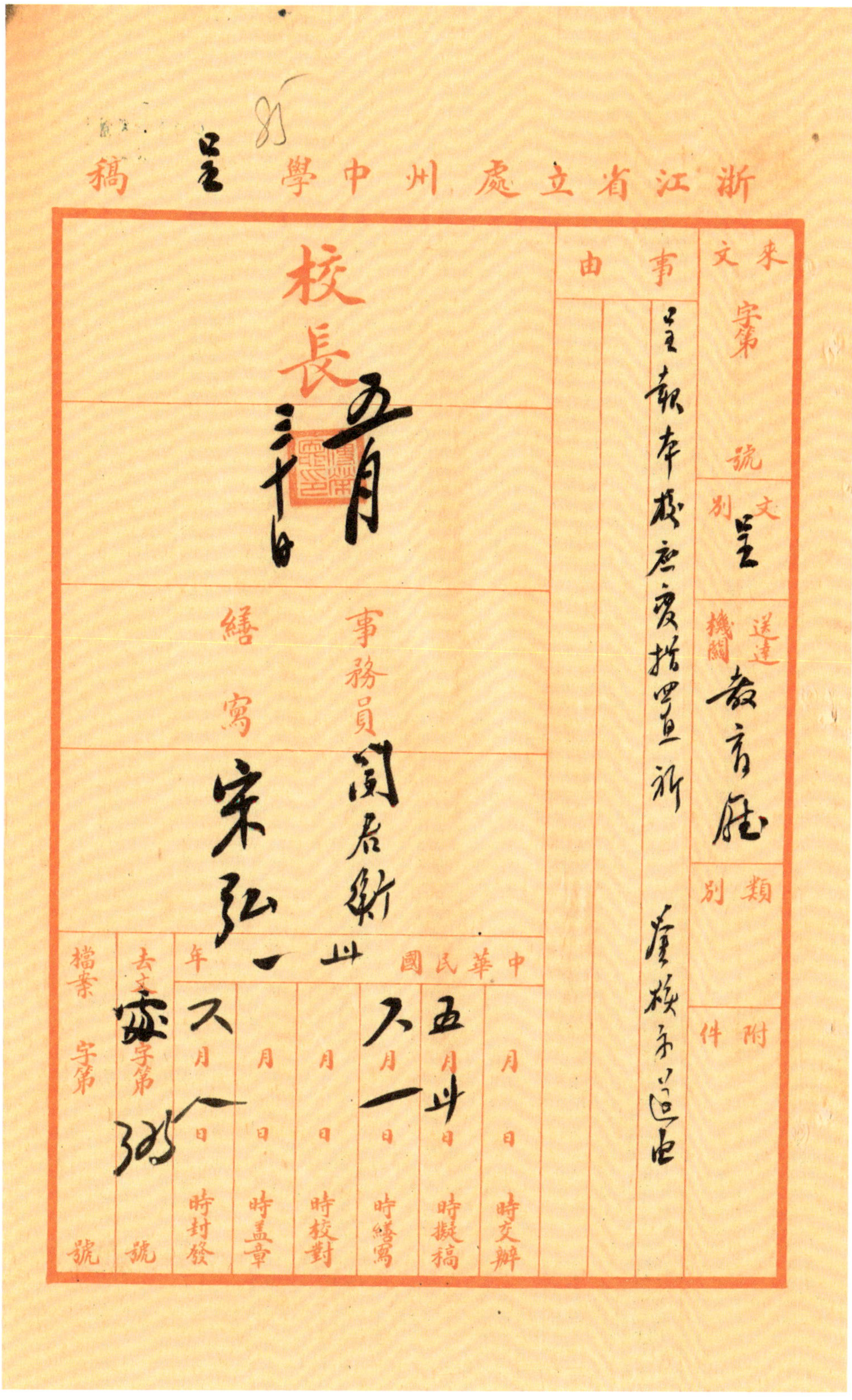

85

浙江省立處州中學呈稿

來文：字第　號

文別：呈

送達機關：教育廳

類別：

附件：

事由：呈報本校應變措置並祈 詧核示遵由

校長（印）五月三十日

事務員：闕啓新

繕寫：宋弘一

中華民國卅一年	交辦	擬稿	繕寫	校對	蓋章	封發
	月　日　時	五月卅日　時	六月一日　時	月　日　時	月　日　時	六月一日　時

去文：應字第385號

檔案：字第　號

浙江省立处州中学关于报送学校应变措施致浙江省教育厅的呈（一九四二年六月一日）

88

查此次敌人窜扰浙东，我军为战略关系，将嵊县、东阳、诸暨、义乌等县自动放弃，敌人且曾一度流窜至永康、武义一带，同时敌机大举在后方肆虐，本校为师生之安全暨物资之避免损失计，当经校务常会决议，学生学期考试提前举行，届时疏散二星期，未完功课，俟后再行补授，在处温属及附近各县籍学生，准许回里，其沦区各生[illegible]之学生留校加以军事编组，计三个中队，[illegible]三中队及卫生队（女生编组而成）各一队，由各部主任及训练组担任之，办理情报、联络及运输等工作，此外复议决组织行动委员会，负责计划本校疏散事宜，将食粮及重要之圖書儀器、檔册、文卷等，儘先運送至雲和縣內保藏，其餘各件則就租覓附近山僻農家存放，同時派員赴龍泉慶元一帶尋找校址，籌辦本校校舍，作萬一內遷之準備，事關本校不得已之應變措置，理合先行備文呈請

鈞長鑒核示遵，至為公便。

謹呈

浙江省教育廳長許

全銜

附：迁校计划书

存卷 六八

81

遷校計劃

一、利用學生力量儘先搬運公物

甲、圖書類　教科書、工具書、必要參考書。

乙、儀器類　顯微鏡、化學儀器及藥品、物理儀器。

丙、文件類　校長辦公室部份

會計出納室部份

教導處部份　學籍簿冊、學生名冊、本學期學生成績冊。

丁、文具類　腊紙　鋼板　鋼筆　印刷具　油墨　粉筆。

戊、食品燃料類　米、穀、盐、煤油。

二、代運教職員必要物品、但每人不得超過八十市斤、攜帶眷屬者另定之。

三、運輸工具由事務處糧籌。

四、運輸時採分隊分站遞運法，每隊設隊長一人或二人每站設站長一人或二人均由本校教職員担任。

(一)第一天宿石塘　(二)第二天宿赤石　(三)第三天宿道太

(四)第四天宿龍泉　(五)第五天宿豫章　(六)第六天宿小梅

(七)第七天宿竹口

五、全部學生迁徙時每人必須攜帶食米若干斤。

浙江省立处州中学关于要求发还枪械子弹事致财政部两浙盐务管理局税警团的公函（一九四二年六月十一日）

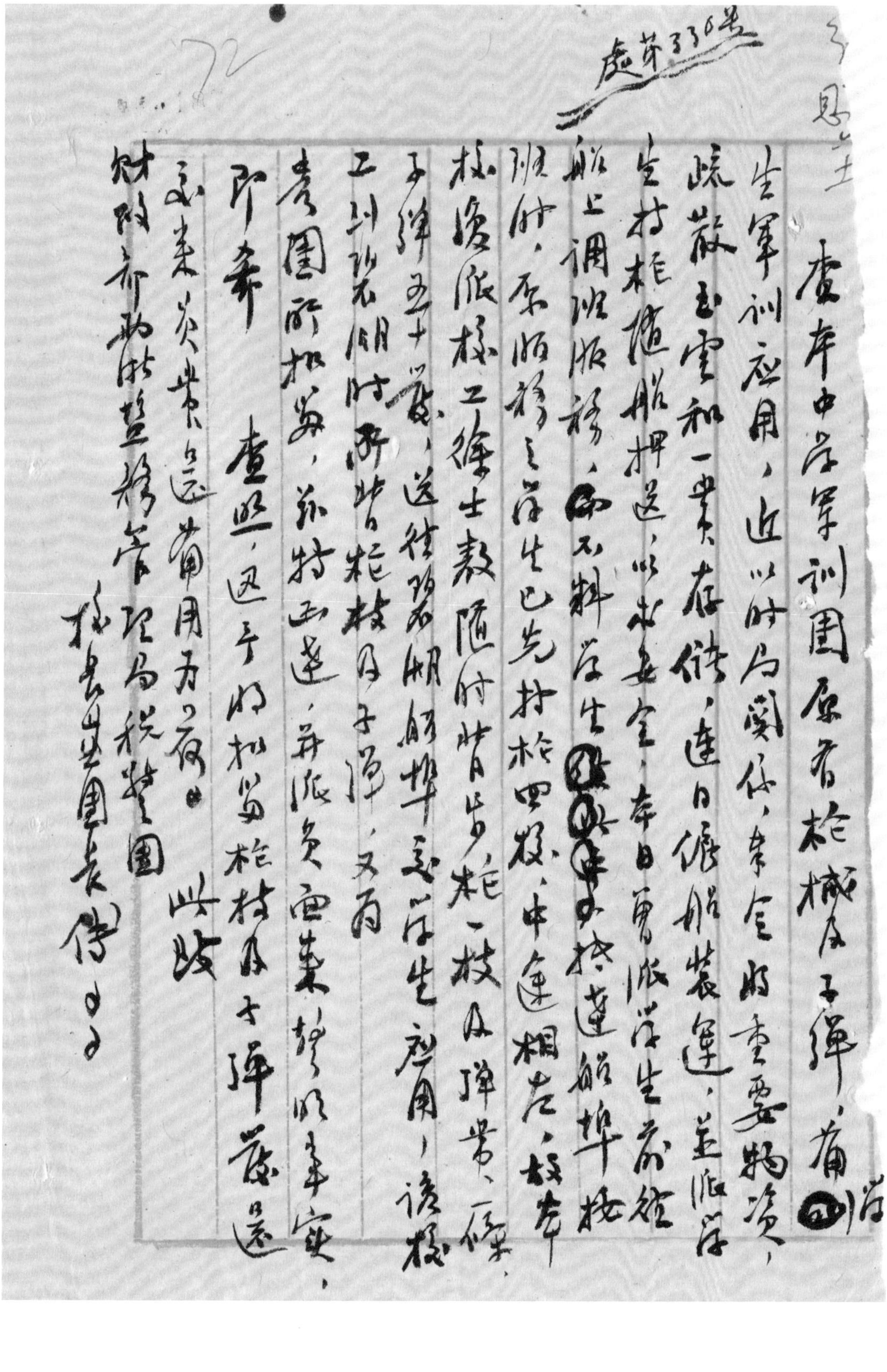

浙江省立处州中学关于在龙泉县黄南街觅定中学分部新校舍事致龙泉县小梅区署的公函

（一九四二年六月二十一日）

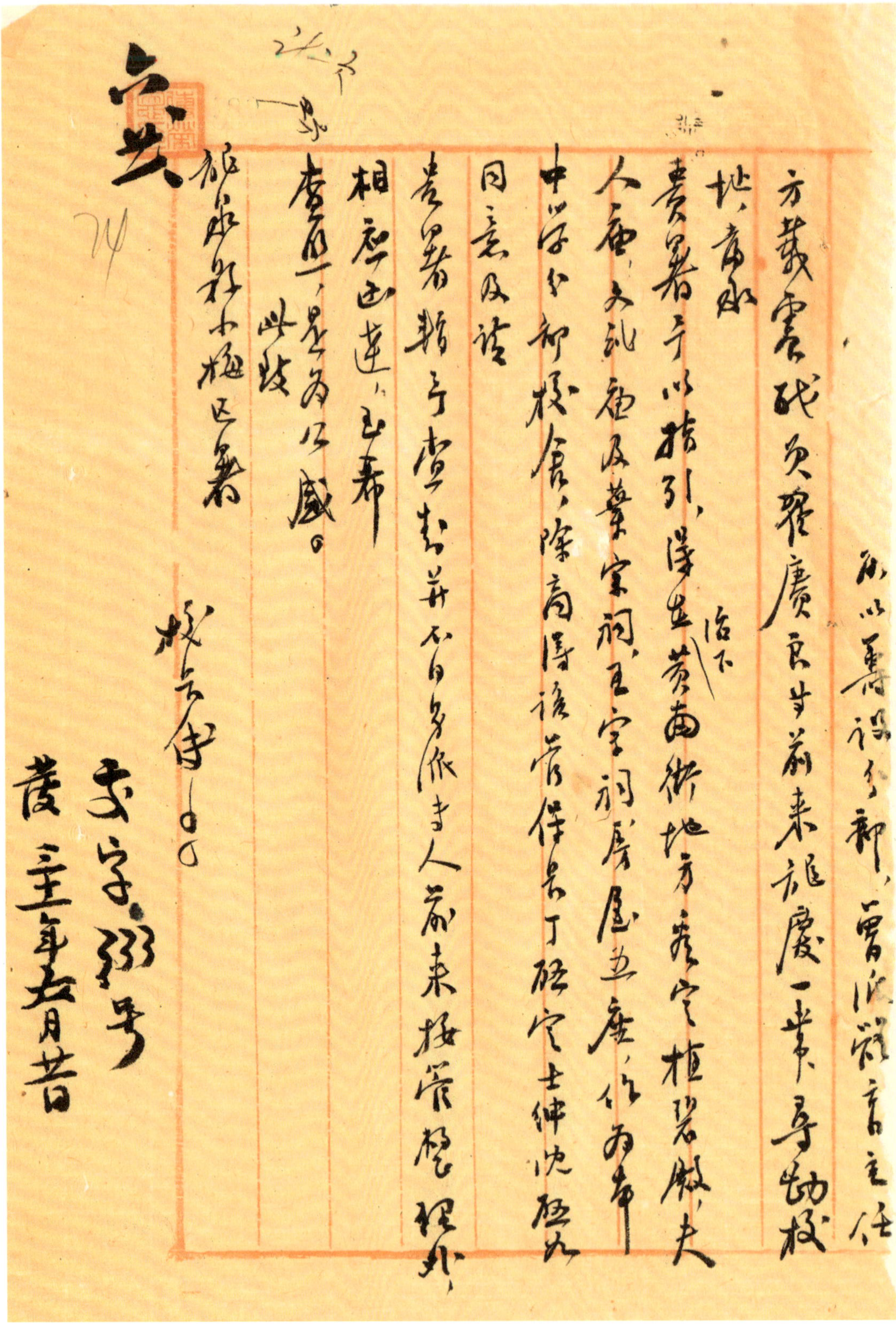

前以籌設分部，曾派羅主任

方義雲偕吳鵬賡、良生前來龍慶一帶尋覓校

址，辱承

貴署惠予以指引，得在治下黃南街地方張宅、植碧廠、夫

人廟、文化廟及葉家祠、王宅祠房屋，作為本

中學分部校舍，除商得該管保長丁熙宅、士紳沈熙九

同意及請

貴署指予贊助，并令各保甲人前來接管整理外，

相應函達，即希

查照，是為公感。此致

龍泉縣小梅區署

校長俞○○

虔 式字33號

卅一年六月廿一

浙江省立处州中学校长傅荣恩关于在龙泉庆元寻租校舍事致龙泉县政府特教厅金督学、庆元县朱县长的电（一九四二年六月）

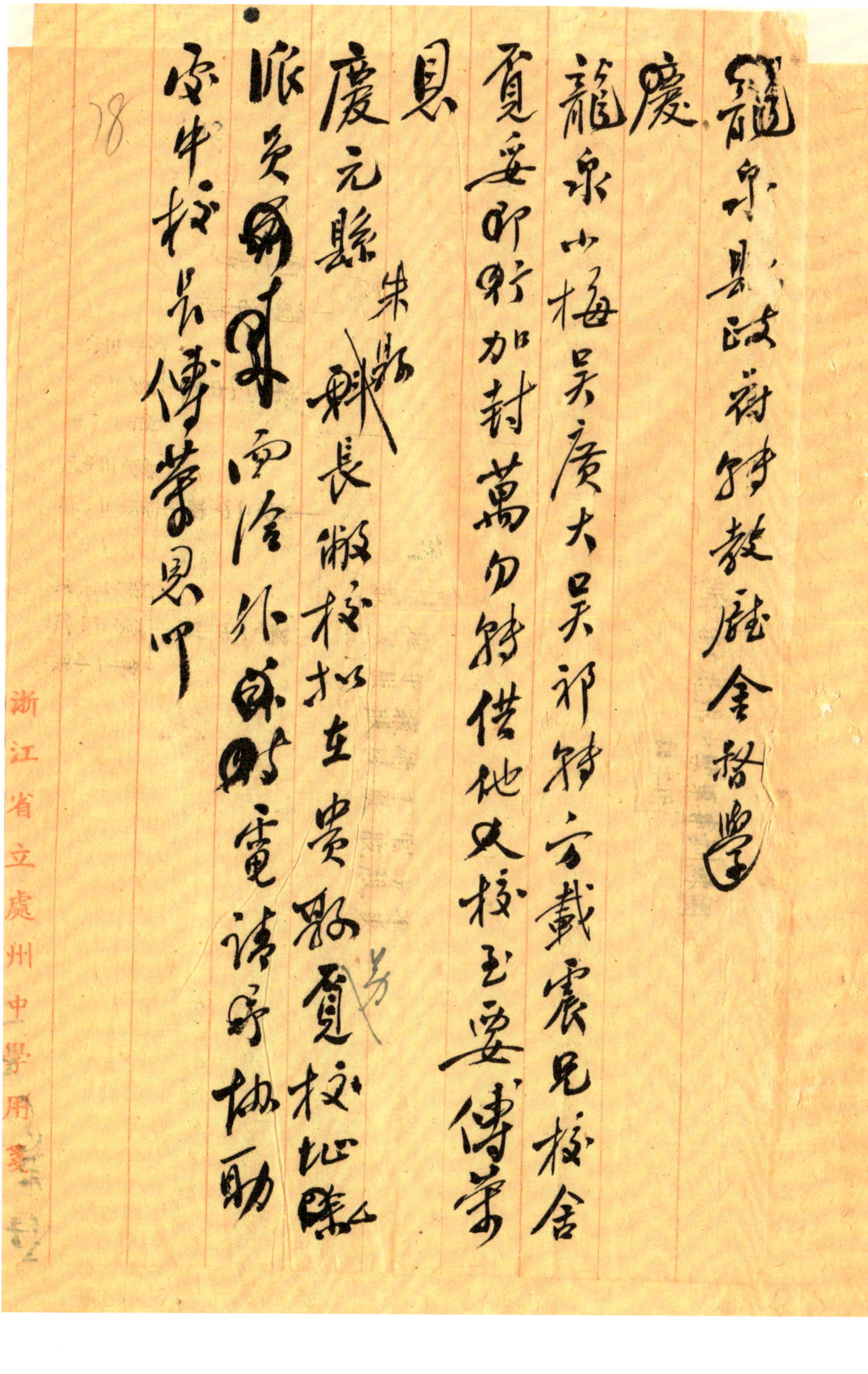

龍泉縣政府特教廳金督學

慶

龍泉小梅吳廣大吳祁特方載震兄校舍

覓妥即行加封萬勿轉借他人校至要傅榮

恩

慶元縣朱縣長敝校擬在貴縣覓校址除

派員前來面洽外，茲特電請予協助

處中校長傅榮恩叩

浙江省立處州中學用箋

浙江省立处州中学、龙泉县政府关于在龙泉县黄南街觅定中学分部新校舍事宜的来往公函

（一九四二年六月至七月）

浙江省立处州中学致龙泉县政府的公函（一九四二年六月二十一日）

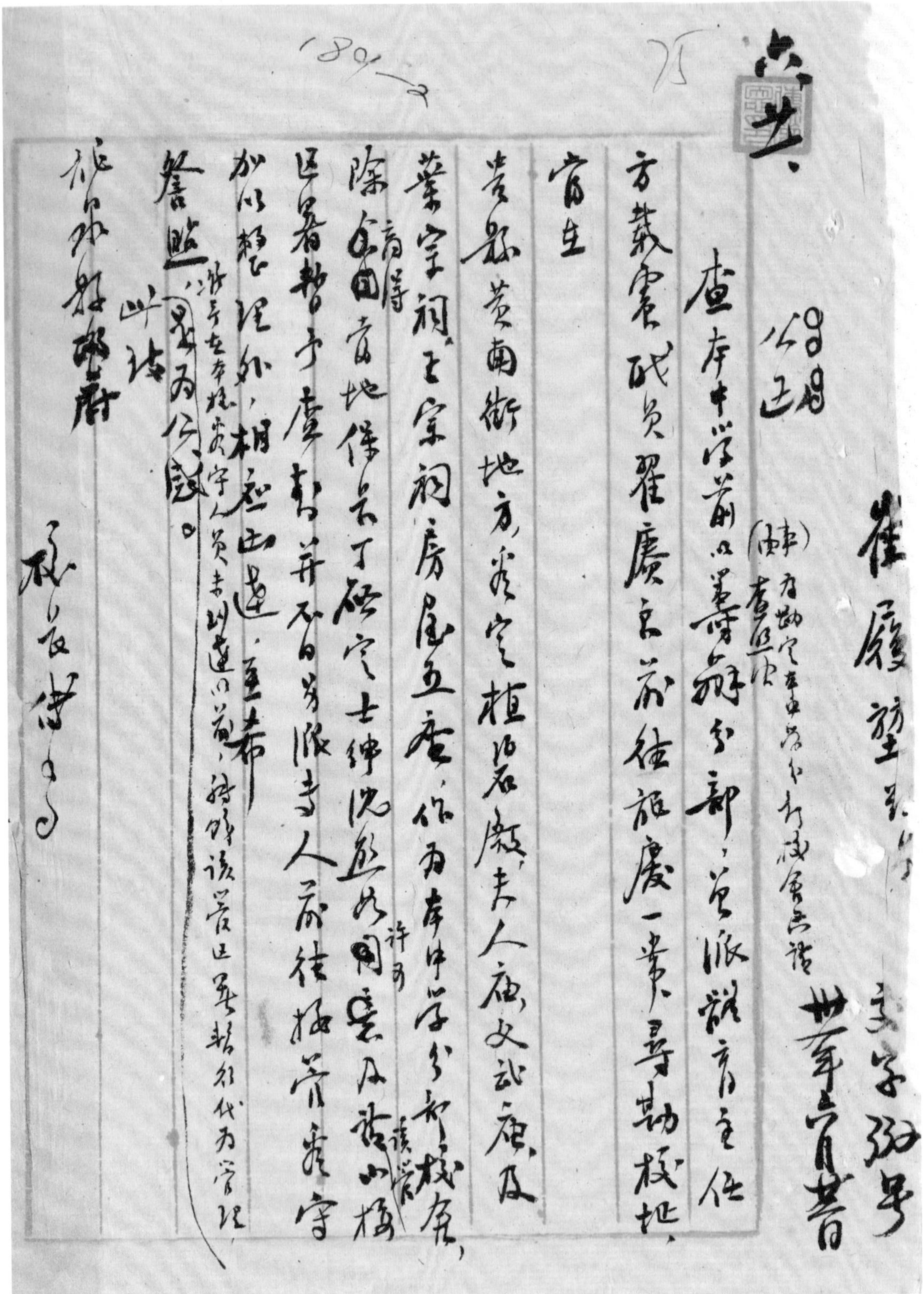
崔履璋

公函

查本中学前以筹办分部，曾派职员罗广良前往龙庆一带，寻勘校址，

贵县黄南街地方，觅定[illegible]庙、夫人庙、文武庙及

叶宗祠、王宗祠房屋五座，作为本中学分部校舍，

除[illegible]

[illegible]

加以整理外，相应函达，至希

察照为荷。此致

龙泉县政府

校长[illegible]

浙江龍泉縣政府公函　教字第三四三九號

民國卅一年七月十四日

事由：為函復查封小梅區植稷殿等房屋情形請查照辦理由

案准

貴校實字第三三二號公函內開：「查本中學前以籌辦分部，曾派傅前主任方載偕農職員崔廣良前往龍屋一帶勘察校址，當在貴縣黃南街地方看定植稷殿、夫人廟、文武廟及葉宗祠、王宗祠房屋五座，作為本中學分部校舍，時商得當地保長丁啟忠、士紳沈啟如許可，及請貴府小梅區署暫予查封，並不日另派專人前往接管看守，如以整理外，相應函達，至希查照，並准予在本校看守人員未到達以前轉飭該管區署

暫行代為管理，是為公感等因。准此，查該廟文武廟係保
國民學校校址，未便照撥。植棠殿壽家房屋以無其他機關之
行之用，自可由
貴校借用。除令知小梅鄉公所外，相應復請
查照辦理為荷。
此致
浙江省立處州中學
縣長 徐履□

浙江省教育厅关于指示应变经费及馆址事致浙江省立处州民众教育馆的指令（一九四二年七月十三日）

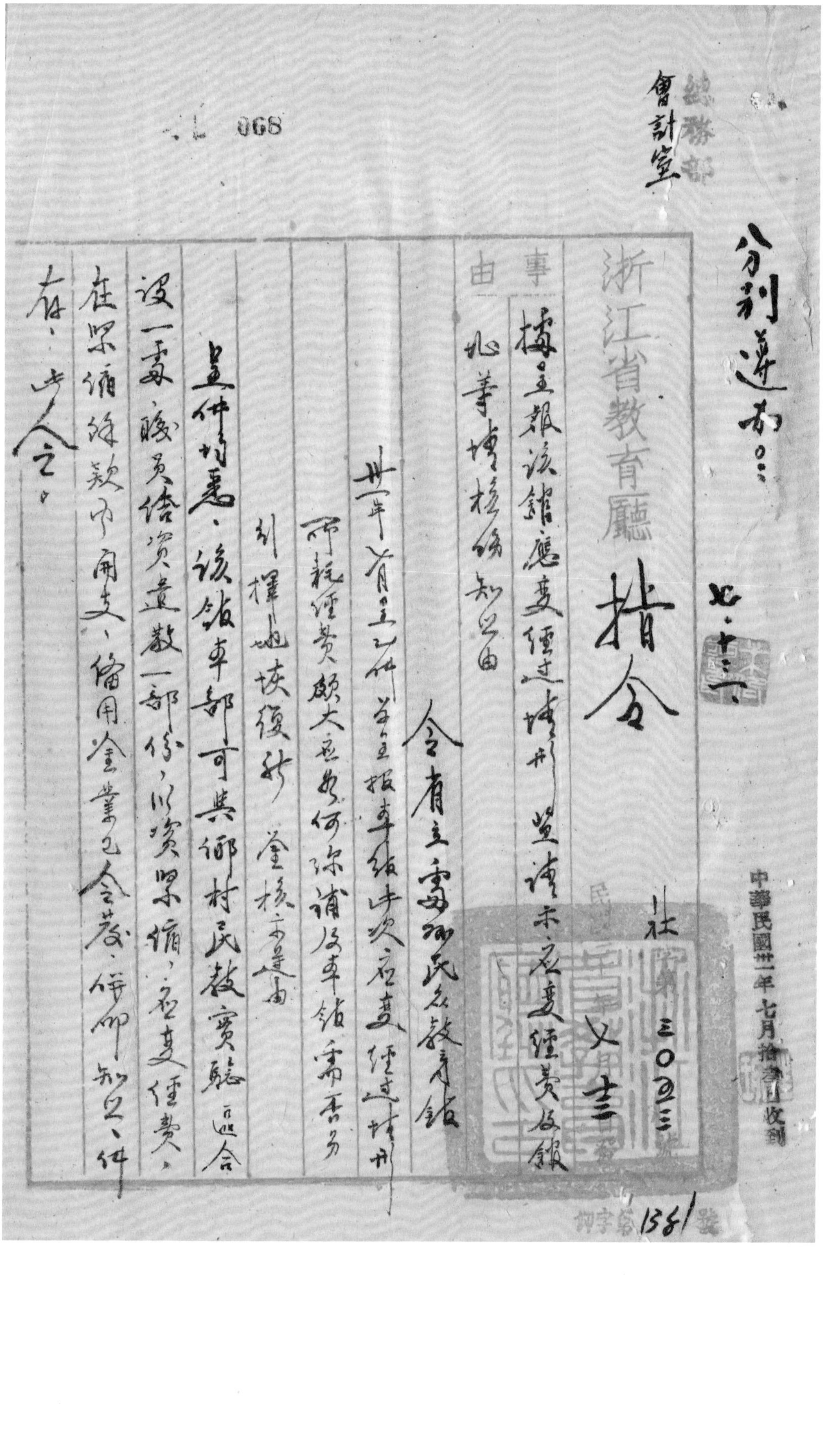
總務部
會計室
分別遵辦。
七·十三
浙江省教育廳 指令 社字第三〇五三號
事由：據呈報該館應變經過情形暨請示應變經費及館址等情核復知照由
令省立處州民眾教育館
卅一年六月五日呈一件，為呈報本館此次應變經過情形，所耗經費頗大，應如何開除請及本館需要房屋，另擇地域復館等情，呈核示遵由。
呈件均悉。該館本部可與鄉村民教實驗區合設一處，職員合資遣散一部份，以資緊縮。應變經費，在緊縮結餘款內開支，倘用全業已全發，併仰知照。仰存。此令。
中華民國卅一年七月拾叁日收到
抑字第1581號

縣長 許紹棣

校對莊森觀
監印曹寶圖

浙江省立处州民众教育馆职员赵思辉关于赴景宁大漈租赁房屋致浙江省立处州民众教育馆馆长的报告（一九四二年七月十六日）

报告　民国三十一年七月十六日于景宁城内百岁门廿六号办公室

窃职于七月十三日晚奉
钧长命随潘伊源先生赴大漈村勘觅地址，于
七月十四日由景宁步行至大漈，承该乡梅乡长
信尧先生之协助，计封有大桥上文昌阁公共楼
房一座，梅盛明家楼房三间，梅日生根家楼房一
间暨离该村约一里之彭宅村计封有彭氏宗
祠公共平房一座，彭学亮家楼房二间。公毕
于十五日由大漈返景，途经离城二十五里之大赤垟

現鄭宗宏先生家洽商租屋蒙允租樓房四小間正房二間 並暫許撥景城本館理合將辦理經過情形簽請

鈞奪。 謹呈

總務主任 汪 轉呈

館長朱

職 趙思輝 謹簽。

閱 九、廿、

浙江省立处州民众教育馆关于因丽水沦陷由碧湖撤退另选馆址致云和县政府的公函（一九四二年七月二十日）

670

事由：為遷至雲和南溪鄉請飭南溪鄉保甲長予協助由

全銜　　公函　　總字第九六八號

逕啟者：查本館自麗水淪陷由碧湖撤至小順後，經呈奉
省教育廳核准，在
貴縣之南溪鄉溫溪一帶地方恢復，前經本
館派員前往洽商籌備，並擇定該
村洪氏宗祠為館址，即日前往臨時辦公，相
應函請
貴縣府飭令南溪鄉保甲長隨時予協助為荷。

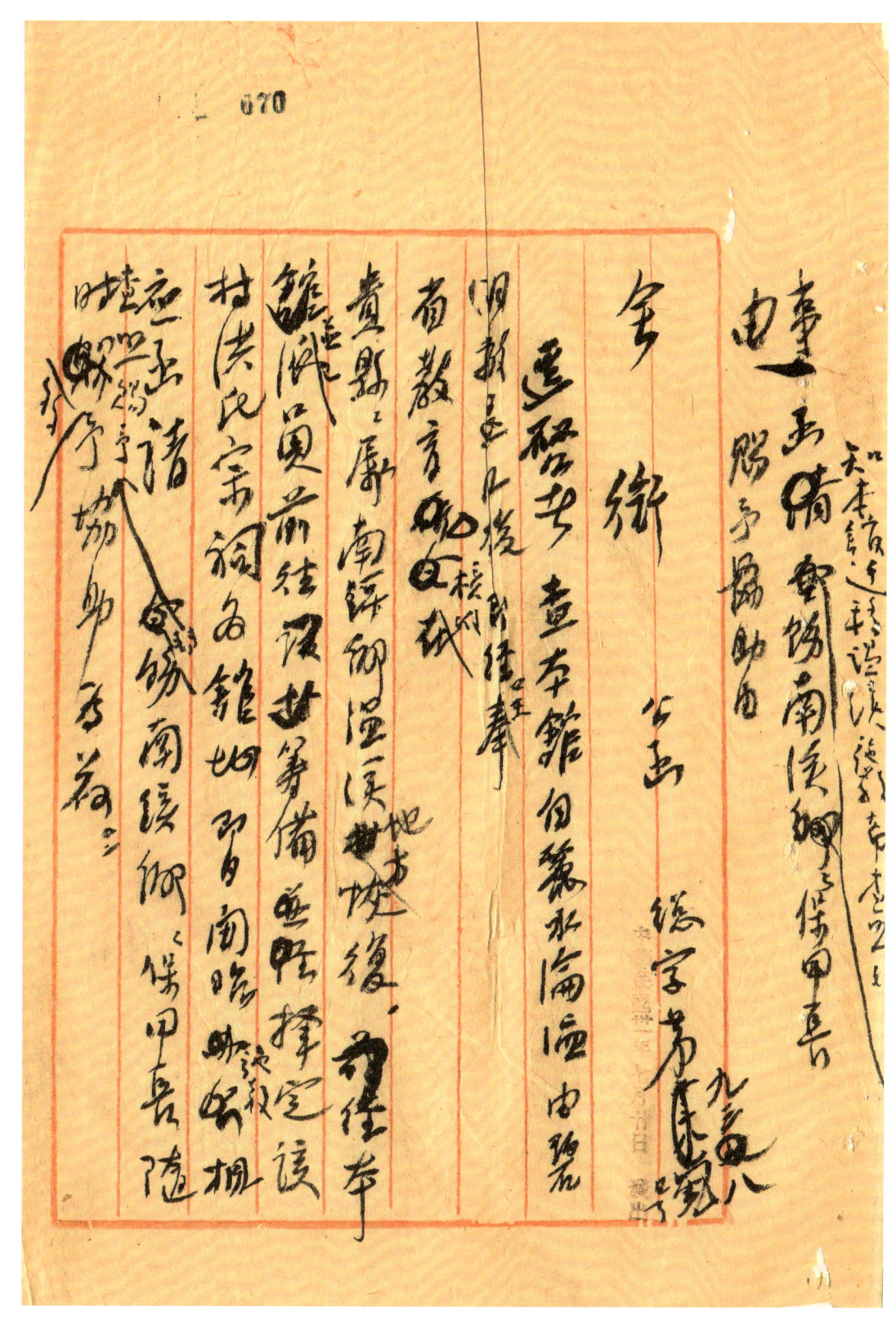

此致

雲和縣政府

館長 朱仰○

中華民國卅一年七月廿日稿

行

七、廿

景宁县政府、浙江省立处州民众教育馆关于检送发给居民证办法及报送在景员工家属名册事宜的来往文书（一九四二年七月二十日至二十六日）

景宁县政府致浙江省立处州民众教育馆的代电（一九四二年七月二十日）

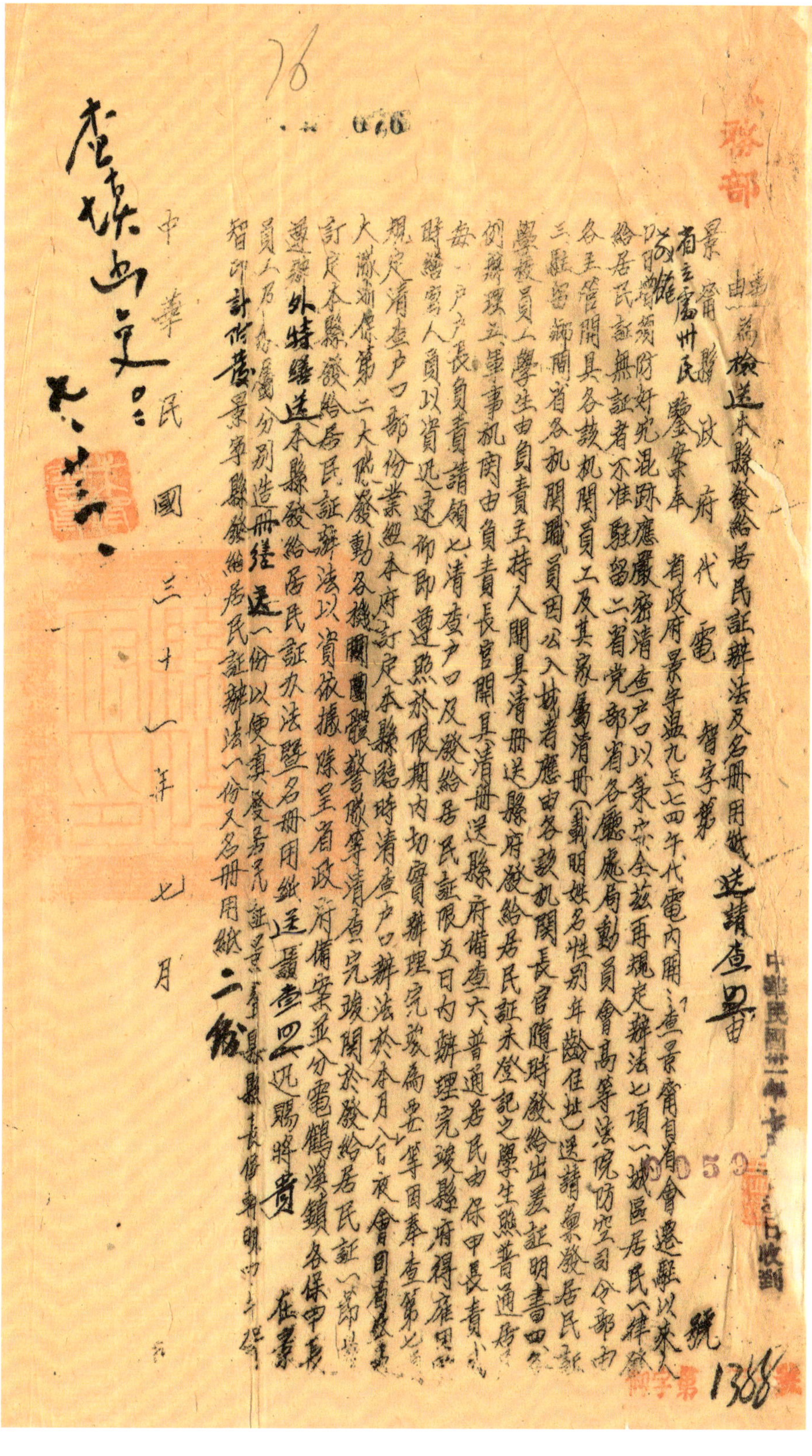

事由：為檢送本縣發給居民證辦法及名冊用紙送請查照由

景寧縣政府代電　智字第　號

省立處州民衆教育館鑒：案奉

省政府景宇溫九三七四午代電內開："查景寧自省會遷駐以來，人口驟增，須防奸宄混跡，應嚴密清查戶口，以策安全。茲再規定辦法七項：（一）城區居民一律發給居民證，無證者不准駐留；（二）省黨部、省各廳處局、動員會、高等法院、防空司令部由各主管開具各該機關員工及其家屬清冊（載明姓名、性別、年齡、住址）送請彙發居民證；（三）駐留鄉間省各機關職員因公入城者，應由各該機關長官隨時發給出差證明書；（四）各學校員工、學生由負責主持人開具清冊送縣府發給居民證，未登記之學生照普通居民例辦理；（五）軍事機關由負責長官開具清冊送縣府備查；（六）普通居民由保甲長責成每一戶戶長負責請領；（七）清查戶口及發給居民證限五日內辦理完竣，縣府得雇用臨時繕寫人員，以資迅速。仰即遵照，於限期內切實辦理完竣為要。"等因，奉查第七項規定清查戶口部份，業經本府訂定本縣臨時清查戶口辦法，於本月八日夜會同駐景大隊浙保第二大隊，發動各機關團體警隊等清查完竣。關於發給居民證一節，業已訂定本縣發給居民證辦法，以資依據，除呈省政府備案並分電鶴溪鎮各保甲長遵辦外，特繕送本縣發給居民證辦法暨名冊用紙，送請查照，迅賜將貴館員工及家屬分別造冊逕送一份，以便填發居民證為荷。景寧縣縣長[illegible]叩午[illegible]智印

附發：景寧縣發給居民證辦法一份及名冊用紙二份

中華民國三十一年七月　日

附：景宁县发给居民证办法

景寧縣發給居民證辦法

一、本縣為便利清查戶口肅清奸宄起見特訂定發給居民證辦法

二、發給居民證之範圍如下

1. 凡居住在縣境內之機關團體員工及學校員生一律發給居民證

2. 凡縣境內年滿十足歲以上之男女均按口發給居民證

前項規定範圍以時間關係暫以鶴溪鎮第一二三四保暨五保第八至第七甲第九保第一二三甲之居民先行發給之餘陸續舉辦

3. 凡臨時內遷之公共戶及普通戶戶口未如依照人事登記手續申請登記列入各級戶籍冊者不予發給居民證

4. 縣鄉有機關職員因公入城者由各該機關長官隨時發給出差證明書以資證明

三、發給居民證之手續

1. 凡各機關團體學校之員工學生及家屬由各單位自行負責造具清冊送由縣政府彙案發居民證（冊式另附）

2. 未向教育所登記學生視同普通戶居民由鄉鎮公所造冊呈報核發居民證

3. 各鄉鎮居民由鄉鎮公所將年滿十足歲以上之男女按保甲戶次順序造具居名冊呈送縣政府核實填發居民證（冊式另附）

如係機關團體學校員工及家屬不分本外籍一律編入各該機關團體學校查報原任保甲長重送居民名冊時應予註明以備查核

四、居民證由縣政府製發（格式另附）

五、居民證如有遺失應先行登報聲明作廢然後呈請縣政府補發

六、居民如遷居他處應即將原居民證繳交甲長逐級呈送縣府註銷

七、所有發給居民證所用經費由縣政府另列預算在特支費項下動支（此項預算另行……）

浙江省立处州民众教育馆致景宁县政府的公函（一九四二年七月二十六日）

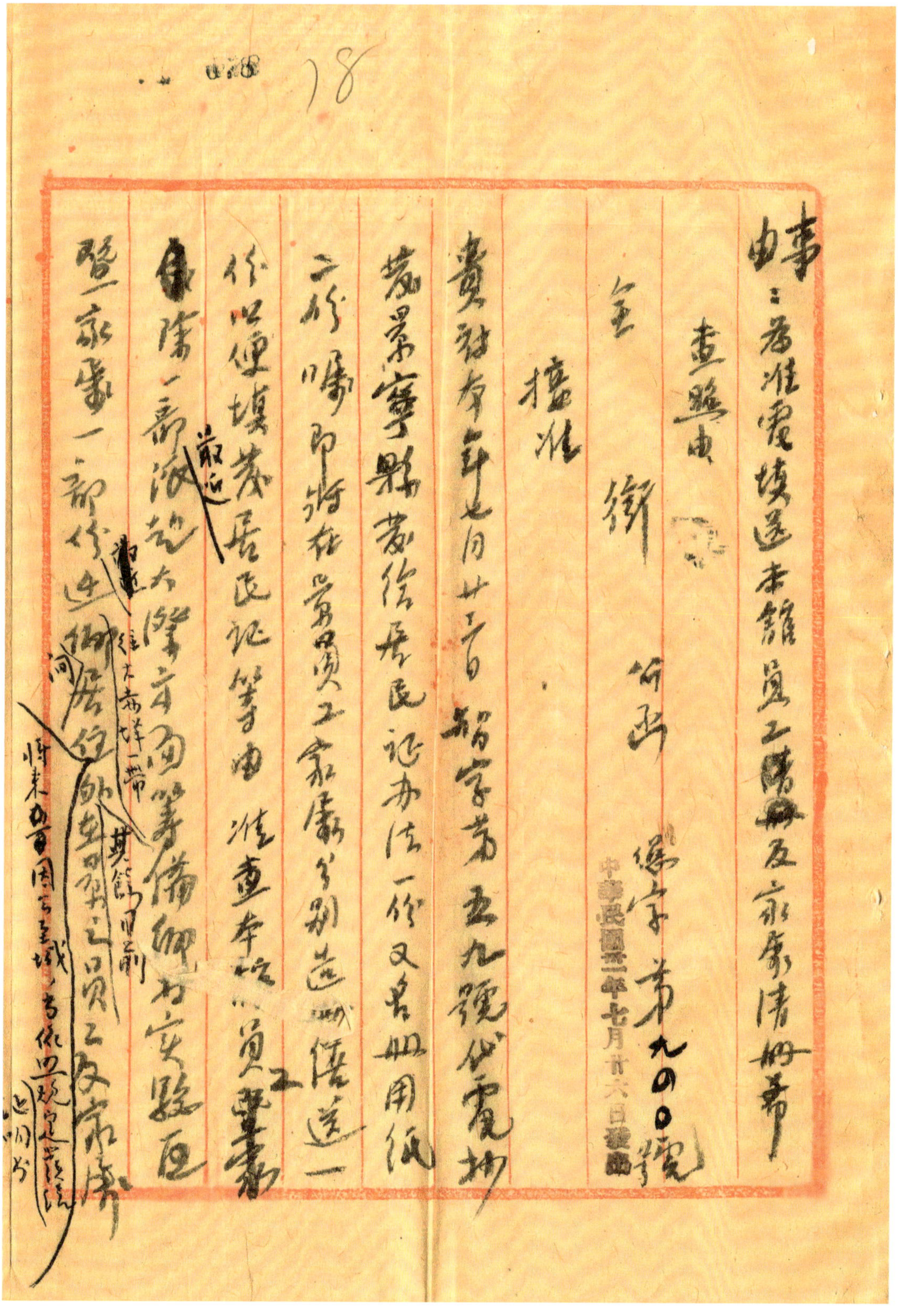
事由：為准電填送本館員工清冊及家屬清冊希
查照由
全銜　公函　總字第九〇〇號
中華民國三十一年七月廿六日發出
據准
貴府本年七月廿二日總字第五九號代電抄
發景寧縣發給居民証辦法一份又表冊用紙
二份囑即將本館員工家屬分別造冊填送一
份以便填發居民証等由。准查本館員工暨家屬
除一部派赴大際前方籌備鄉村實驗區
暨家屬一部份遷往[illegible]

另制四表已查

兹經填報相應檢送至本部

查收並請層轉為荷、

此致

吳專員[illegible]鈞

計附送本館員工及家屬名冊各一份

館長[illegible]下元[illegible]白

中華民國三十三年七月廿四日稿

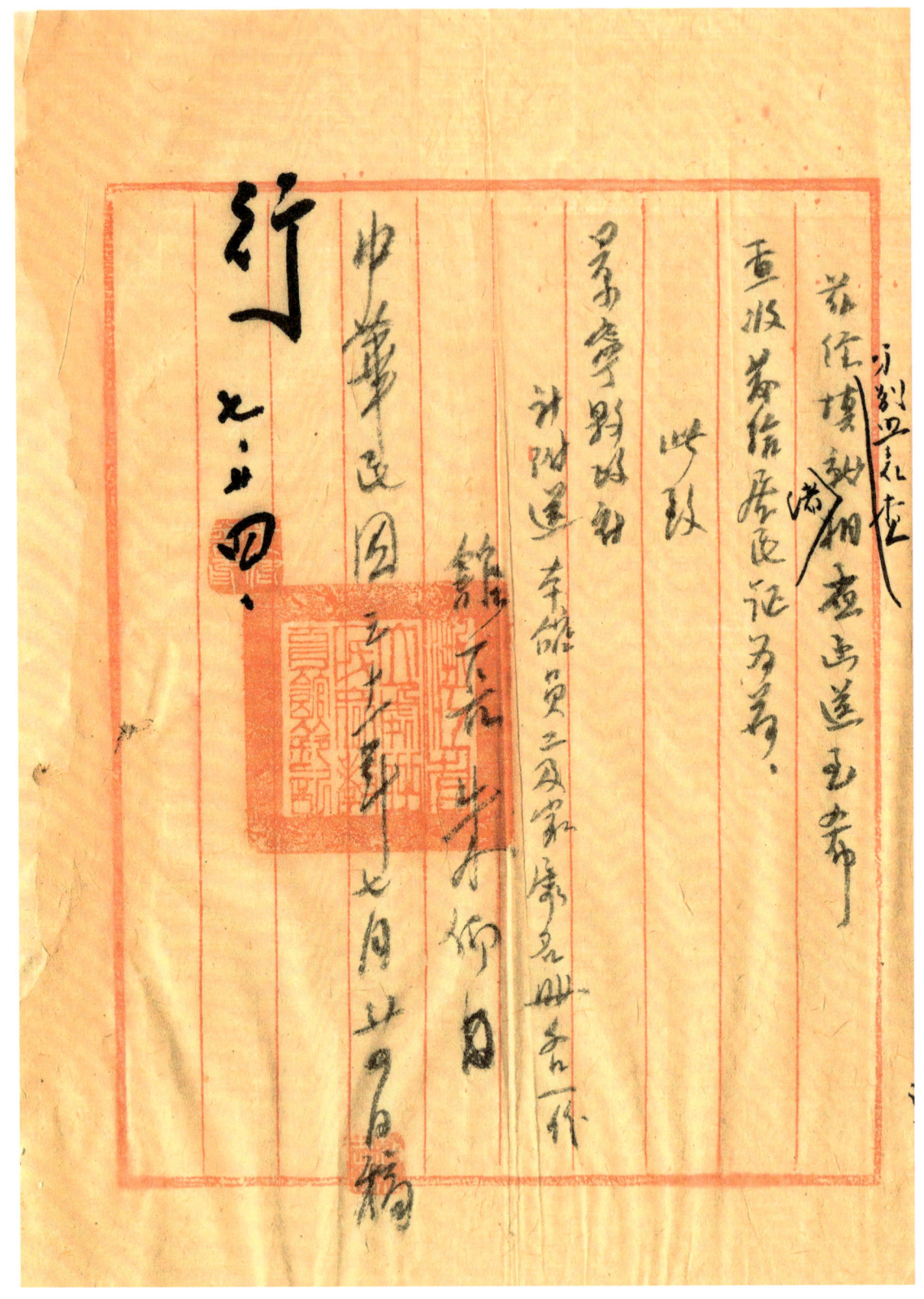

行 七·廿四

079

浙江省立處州民衆教育館員工清冊

職別（或民別級別）	姓名	性別	年齡	籍貫	詳細住址 鄉鎮	保	甲	戶	小地名	蓋章或捺指印	番民證字號	發給日期	備考
館長	朱仰曾	男	二九	無錫	鶴美鎮	一	六	六	百歲門廿二號				
總務主任	汪琥	男	二八	開化	〃	一	六	六	〃				
教導主任	陳继凱	男	二九	永加	〃	一	六	六	〃				
會計員	祝耀卿	男	二五	衢州	〃	一	六	六	〃	祝耀卿印			
幹事	趙思輝	男	二三	遥嶺	〃	一	六	六	〃				
助幹	徐愛瑗	女	二六	開化	〃	一	六	六	〃				
助幹	黄佑慶	男	廿五	浦江	〃	一	五	六	〃				
助幹	楊世忠	男	二七	永加	〃	一	六	六	〃				
練習生	徐風飛	男	十五	江陰	〃	一	六	六	〃				

勤工	趙桂圓	男	一七	溫嶺	錦溪鄉	一六六	百歲門外二號
〃	趙益鐘	男	二〇	溫嶺	〃	一六六	〃
〃	潘理保	男	二四	黄岩	〃	一六六	〃

合計 男十 女一

附二：浙江省立处州民众教育馆员工家属清册

080

浙江省立處州民衆教育館員工家屬清冊

職員姓名	職員家屬稱謂姓名	性別	年齡	籍貫	詳細住址 鄉鎮	保	甲	户	小地名	負責請領之職員蓋章	居民證字號	發給日期	備考
朱仰曾	妻袁瑛瑛	女	廿七	無錫	[illegible]鎮	一	六	六	百歲門牌二號	（印）	—		
	子朱裕華	男	三	〃	〃	一	六	六	〃	（印）			
	子朱逸華	男	一	〃	〃	一	六	六	〃	（印）			
	女傭湯媽	女	二六	蕭杭	〃	一	六	六	〃	（印）			

合計 男二 女二

浙江省立处州中学关于敌寇入侵临时迁移龙泉致浙江省教育厅的呈（一九四二年七月二十六日）

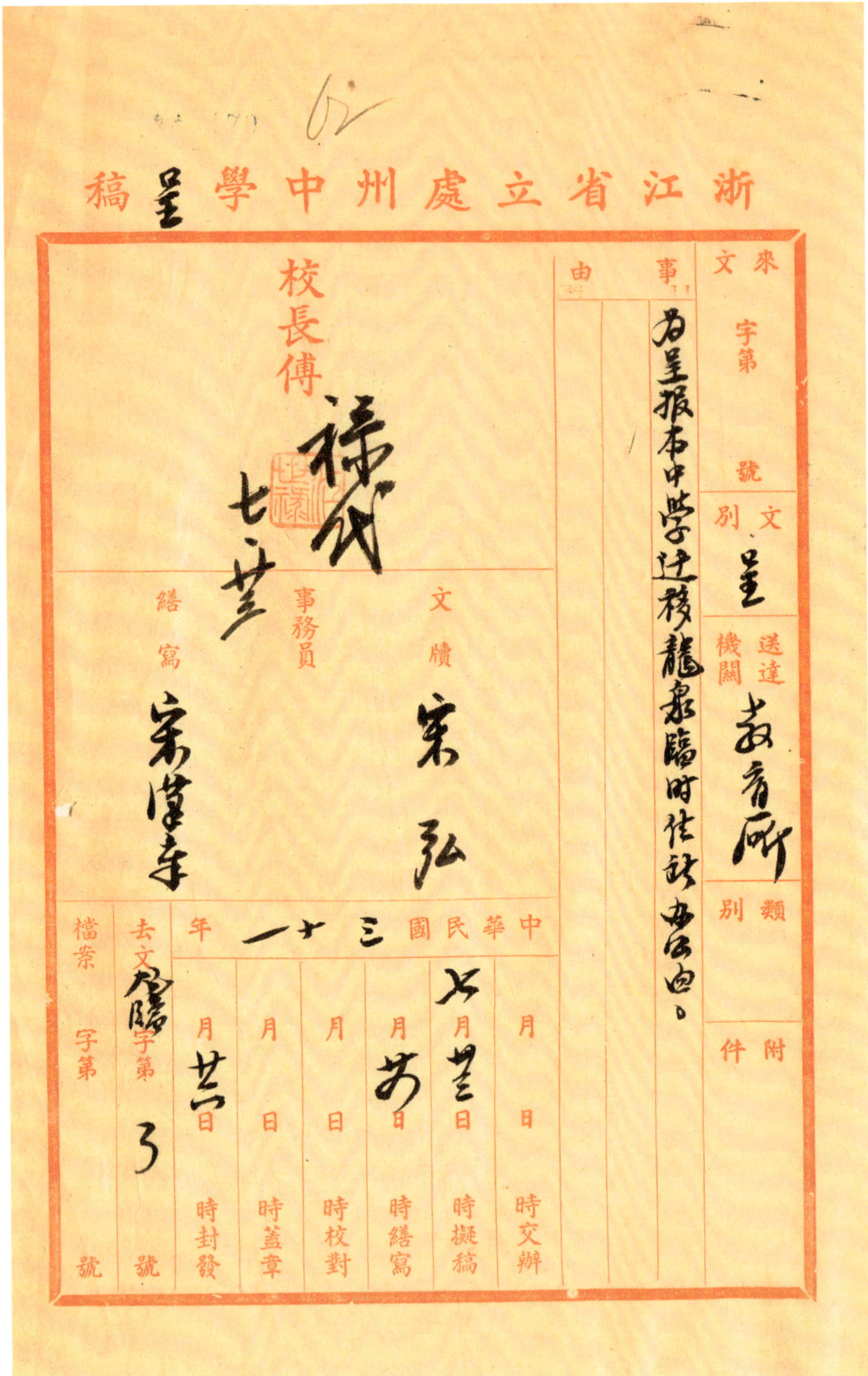

浙江省立處州中學呈稿

來文	字第 號
文別	呈
送達機關	教育廳
類別	
附件	
事由	為呈報本中學遷移龍泉臨時校址由。

校長傅 祿代 七廿三

文牘 宋弘

事務員

繕寫 宋偉幸

中華民國三十一年

交辦	擬稿	繕寫	校對	蓋章	封發
月 日 時	七月廿三日 時	月廿六日 時	月 日 時	月 日 時	月廿六日 時

去文 字第 3 號

檔案 字第 號

查五月中旬，敌寇猝大举侵入浙东，我军以战略关系，自动放弃金衢等处，继而敌寇窜永武，本校为策安全计，乃将教职员学生简单衣被食粮及各种重要公物如公文簿册图书仪器等由船装运至龙泉云和交界之浙侨门存储。至六月廿六日永武康失，丽水告急，始于念三日由在校教职员督率领留校学生分别两昼夜到达浙侨门，停留两星期，旋因以丽水告失，全体员生复向事前觅定之龙泉南乡黄南村临时校舍进发，于本月十二日到达该村。该村有原存浙侨门各物亦由船装运，一并运到。该村祠宇甚多，尚敷应用，兹暂以为本校中学临时员生住所及办公地点，理合备文报请

钧长鉴核备查，至为公便。谨呈

浙江省教育厅厅长许

全衢校长俞子

浙江省教育厅关于印发战区或迫近战区中等学校撤退注意事项致浙江省立处州中学的训令

（一九四二年七月二十八日）

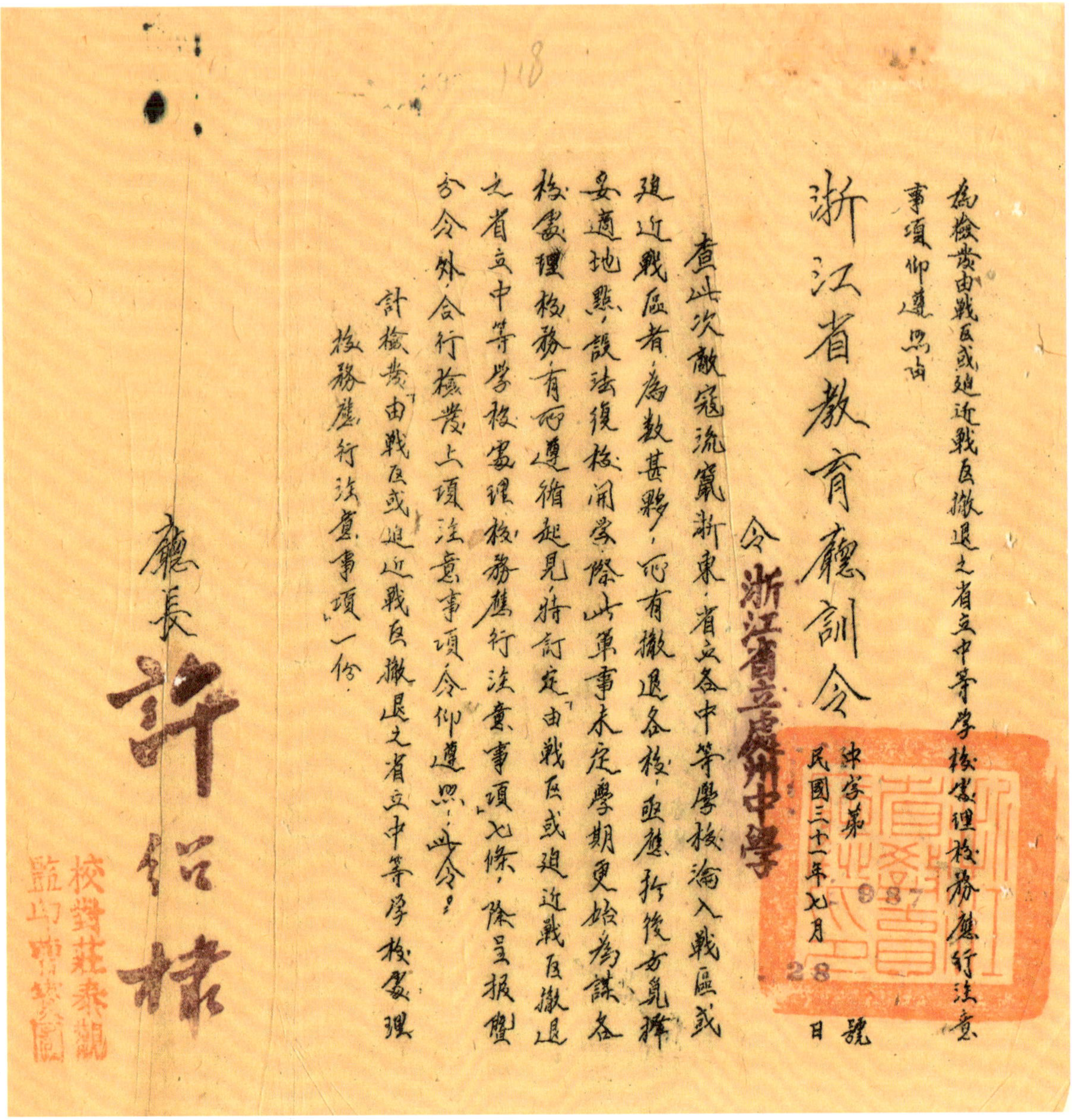

為檢發由戰區或迫近戰區撤退之省立中等學校處理校務應行注意事項仰遵照由

浙江省教育廳訓令

沖字第987號

民國三十一年七月28日

令浙江省立處州中學

查此次敵寇流竄浙東，省立各中等學校淪入戰區或迫近戰區者，為數甚夥，所有撤退各校，亟應於後方覓擇妥適地點，設法復校開學，際此軍事未定，學期更始，為謀各校處理校務有所遵循起見，特訂定「由戰區或迫近戰區撤退之省立中等學校處理校務應行注意事項」七條，除呈報暨分令外，合行檢發上項注意事項，令仰遵照。此令。

計檢發「由戰區或迫近戰區撤退之省立中等學校處理校務應行注意事項」一份

廳長 許紹棣

校對莊泰觀

監印

由戰區或迫近戰區撤退之省立中等學校處理校務應行注意事項

一、凡因此次敵人流竄由戰區或迫近戰區撤退之學校應即於後方妥適地點覓擇臨時校址，設法開學，俟校舍等備就緒開學日期決定後隨即呈送秋季招生簡章。

二、各校校地淪入戰區，一時難於收復，並無法在後方復校開學者，應於妥適地方暫設辦事處辦理善後保管等事宜，於學校恢復開學時撤銷，辦事處除校長事務主任會計員外並酌留職員三人至五人，校工三人至五人，均照原額支薪。

三、隨校撤退之教職員及由校指派留守原校之職員，在卅一年度第一學期學校未能恢復開學前，暫發生活費，分一百二十元、一百六十元、二百元三級，由學校視各教職員現任職務繁簡酌定，但生活費數額不得超過其本人原薪額，辦事處職員乙、有薪給，不另支生活費。

四、在学期中能恢復開学之学校，其隨校之教職員薪給，仍自八月份起計算，但須能利用課餘及星期日、休假日補足本学期之課務。其已領生活費者，在本人應領之薪給內按月扣除。

五、隨校撤退教職員，由学校酌給行動費，在学校應支費內開支，每人行動費不得超過八十元，攜帶眷屬者不得超過一百五十元，均以一次為限。

六、各校学生，如因家鄉淪陷無可投靠者，暑假期中，准予留校，每人每月發給膳食救濟費六十元，不及一月者以日計，每日二元，由学校造具名冊報廳核發。

七、各校對於此次應變經過、校產公物存運損失數量及此後校務進行情形，應隨時報廳備核。

浙江省立处州民众教育馆职员楼洪富关于留守碧湖期间详细情况致浙江省立处州民众教育馆馆长的报告（一九四二年七月三十一日）

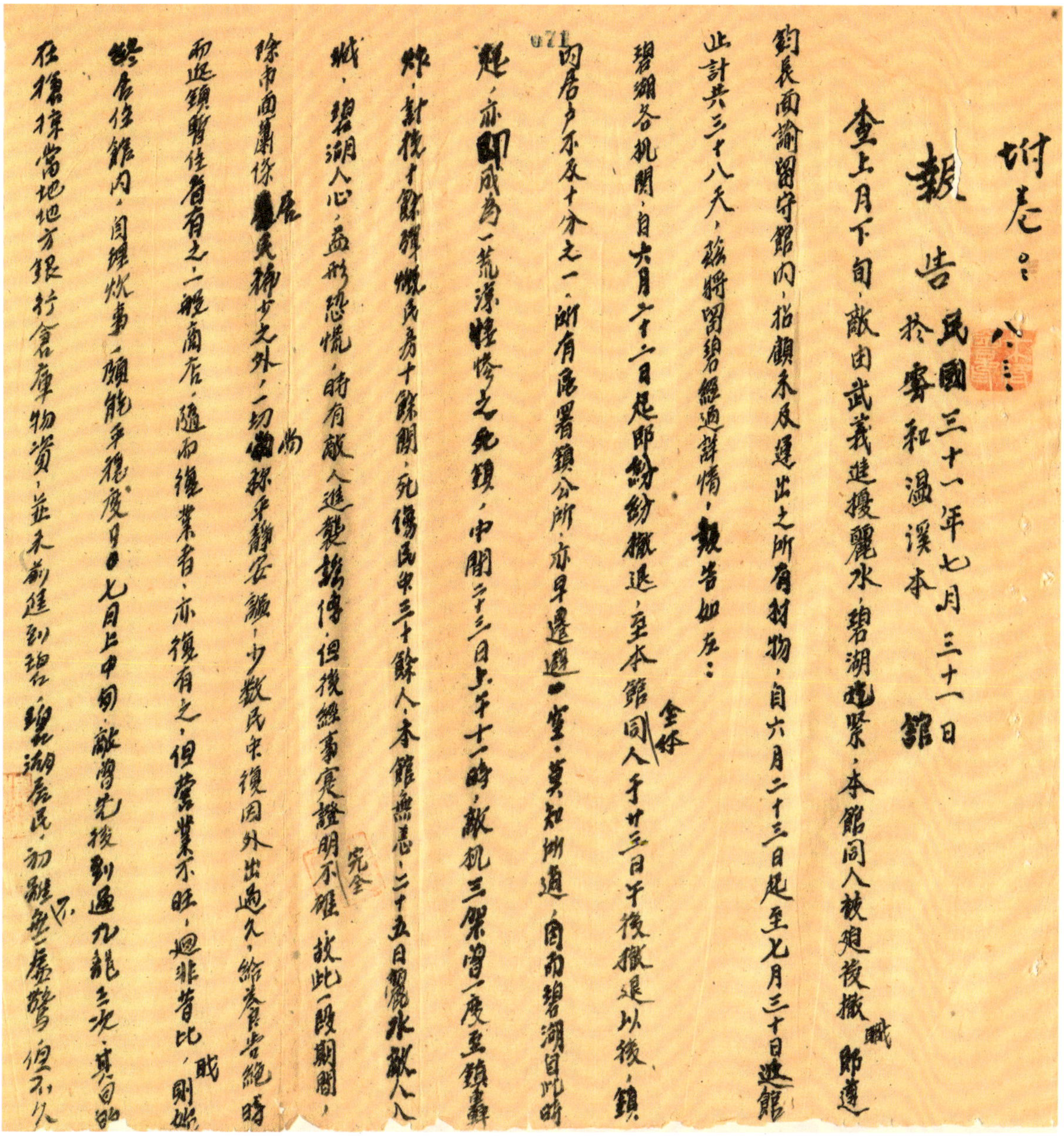

附卷：八、三、

報告　民國三十一年七月三十一日
於雲和溫溪本館

查上月下旬，敵由武義進擾麗水、碧湖，逾緊，本館同人被廹後撤，職節遵鈞長面諭留守館內，惜顧未及運出之所有材物，自六月二十三日起至七月三十日返館止計共三十八天，茲將留碧經過詳情，報告如左：

碧湖各機關，自六月二十二日起即紛紛撤退，至本館同人于廿三日下午撤退以後，鎮內居戶不及十分之一，所有區署鎮公所，亦早遷避一空，莫知所適，因而碧湖自此時起，亦即成為一荒涼悽慘之死鎮，中間二十三日上午十一時，敵機三架曾一度至鎮轟炸，計投十餘彈，燬民房十餘間，死傷民眾三十餘人，本館無恙，二十五日麗水敵人入城，碧湖人心，益形恐慌，時有敵人進襲謠傳，但後經事實證明不確，故此一段期間，除市面蕭條，居民稀少之外，一切尚稱平靜安謐，少數民眾復因外出過久，給養告絕，時而返鎮暫住者有之，一般商店，隨而復業者，亦復有之，但營業不旺，迥非昔比，職則始終居住館內，自理炊事，頗能平穩度日。七月上中旬，敵曾先後到過九龍三次，其目的在搶掠當地地方銀行倉庫物資，並未前進到碧，碧湖居民，初雖不無虛驚，但不久既归平静，且又驻军几及二月，人心益形安定。直至本月廿一日下午五时许，敌伪军数百竟由石牛北犯，方向窜碧湖，当时事先均无闻讯，故均未及逃避。迨敌抵离镇六里许之小普陀附近，发炮及以机枪向镇轰袭，方始觉察。但敌由四方袭来，碧湖均围其中，欲走无路，不得已大部杜门匿居屋内，职则因渡船早被驻军破坏，无法过渡，乃冒险由河口泅水二里经白浪岛而至南山附近上堰埠登岸后为驻军疑作敌探，不予放行，嗣经南山居民出为证明，方获解缚释放，借宿于南山苏姻客家。至二十二日下午，碧湖敌因不甘受我军压迫，自[illegible]水退却，职于翌晨渡返碧，至铺则见大门已为劈开，屋内留存桌椅什物，或则被击损坏，不堪使用，或则遗失无踪，而农场内所饲之猪一头，小麦麦子数百斤，以及[illegible]服[illegible]被之煤油壹所，亦均失去。经职详查结果，煤油系[illegible]农民陈昌水[illegible]土[illegible]之手共同窃去，其余亦为莠民取去。当因地方行政机关他迁，驻军又不理负责，本亦无法搜取，以俟大局稍定，再行前往追偿。碧湖经此收复以后，军队先后进驻入镇内，并强迫区内居民避徙山间，限于二十五日起，三日内一律离镇，否则即以汉奸论办。不得已职于廿六日经南山[illegible]返离[illegible]

023

惟在返館途上，代表四所保證之書保証金及佃田保證金等合計伍拾弍元（係當時隨軍撤回新西蘭，以致各所未領回者）于現村附近被匪籍據查去，連同前所有餘款全部損失，究應若何辦理，理合一併報

請

鈞長鑒核，謹呈

館長宋

前辦新四所

楊琰富呈

景宁县政府关于各机关学校团体如有户口变动需依法申请登记致浙江省立处州民众教育馆的通告（一九四二年七月）

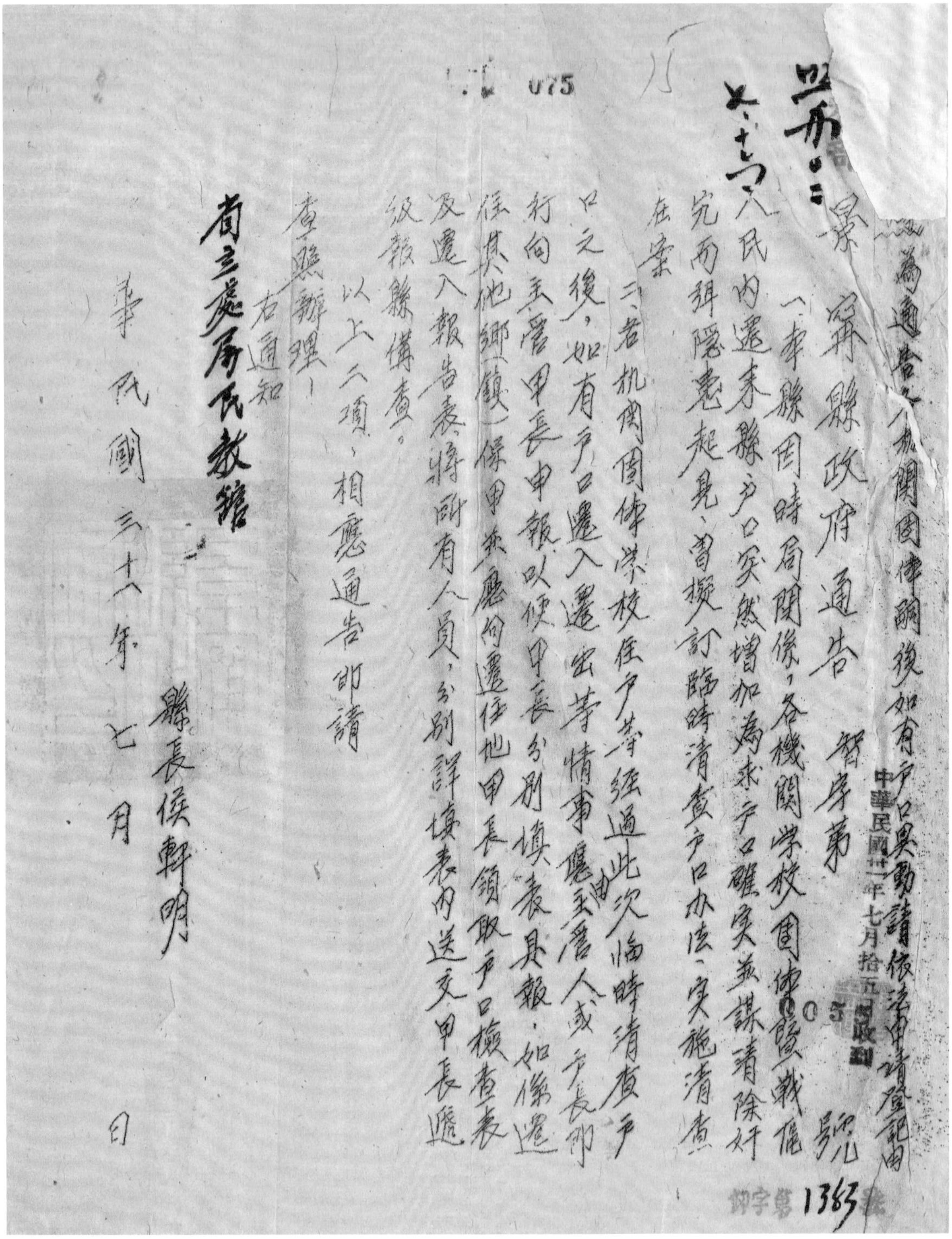

075

為通告各機關團體嗣後如有戶口異動請依法申請登記由

中華民國卅一年七月拾五日收到

景寧縣政府通告　警字第　　號

一、本縣因時局關係，各機關學校團體暨戰區人民內遷來縣，戶口突然增加，為求戶口確實並謀清除奸宄而弭隱患起見，曾擬訂臨時清查戶口辦法，實施清查在案。

二、各機關團體學校住戶等經過此次臨時清查戶口之後，如有戶口遷入遷出等情事，應由主管人或戶長即行向主管甲長申報，以便甲長分別填表具報，如係遷往其他鄉（鎮）保甲者，應向遷往地甲長領取戶口檢查表及遷入報告表，將所有人員，分別詳填表內，送交甲長遞級報縣備查。

以上二項，相應通告，即請查照辦理！

右通知

省立處屬民教館

縣長侯軒明

中華民國三十一年七月　日

收字第1363號

浙江省立处州中学关于借用手车用于迁校搬运事致两浙盐务管理局手车队第一大队的公函
（一九四二年八月十七日）

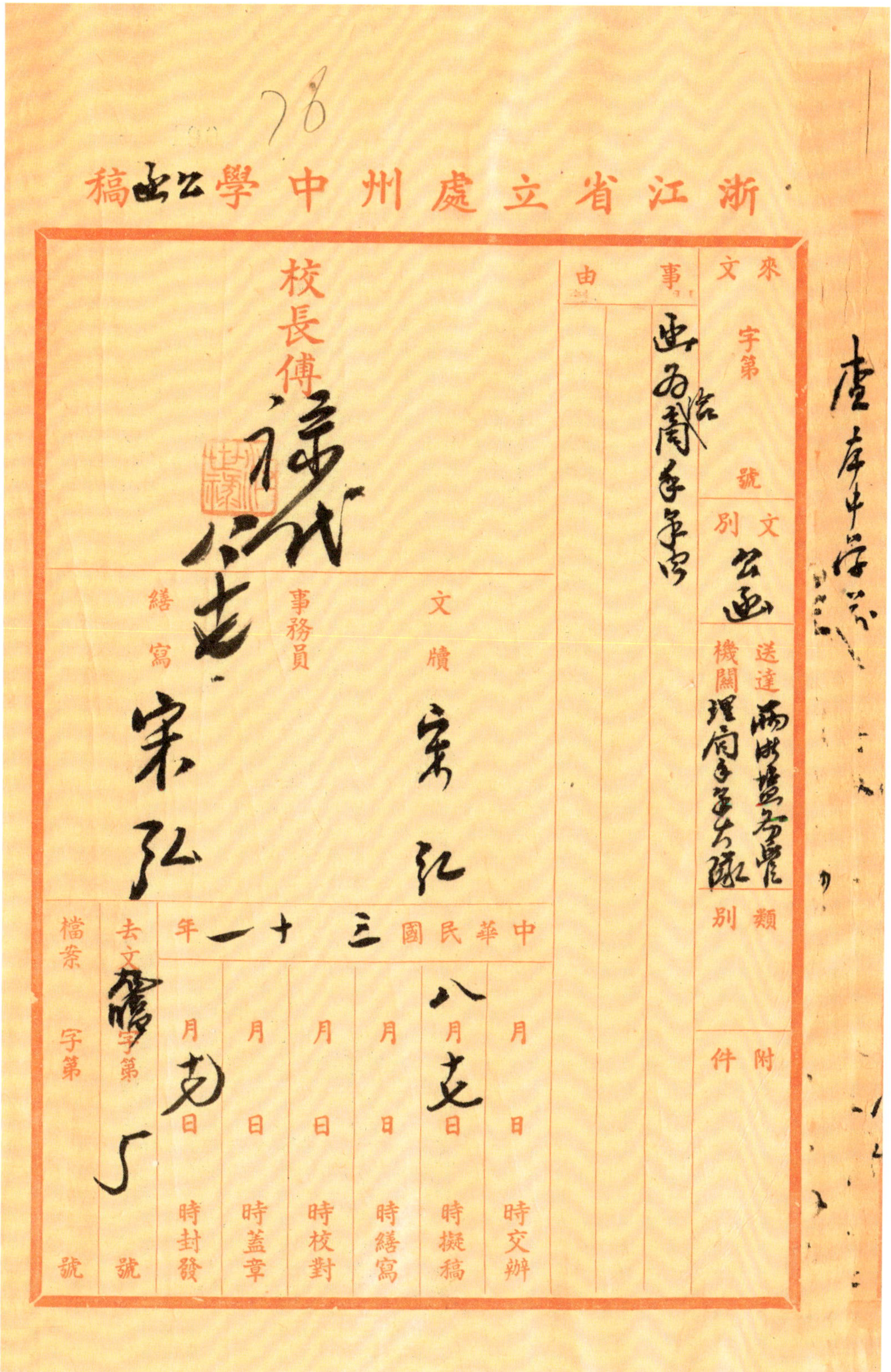

浙江省立處州中學公函稿

來文字第　號	文別	送達機關	類別	附件	事由
	公函	兩浙鹽務管理局手車大隊			函為借用手車由

校長傅

文牘	事務員	繕寫
宋江		宋江

中華民國三十一年

月日時交辦	八月十七日時擬稿	月日時繕寫	月日時校對	月日時蓋章	月日時封發

去文字第　號

檔案字第　號

特函

逕啟者：敝校[illegible]借住、

敝校本令遷移慶元大濟開學，各種公物，因交通關係，未能自運，須需手車裝載，並商請貴隊讓借手車十五輛，以便裝運，用費若干，請與來人面議，即希惠允，以利隨載為荷。此致

麗水鹽務管理局手車隊第一大隊

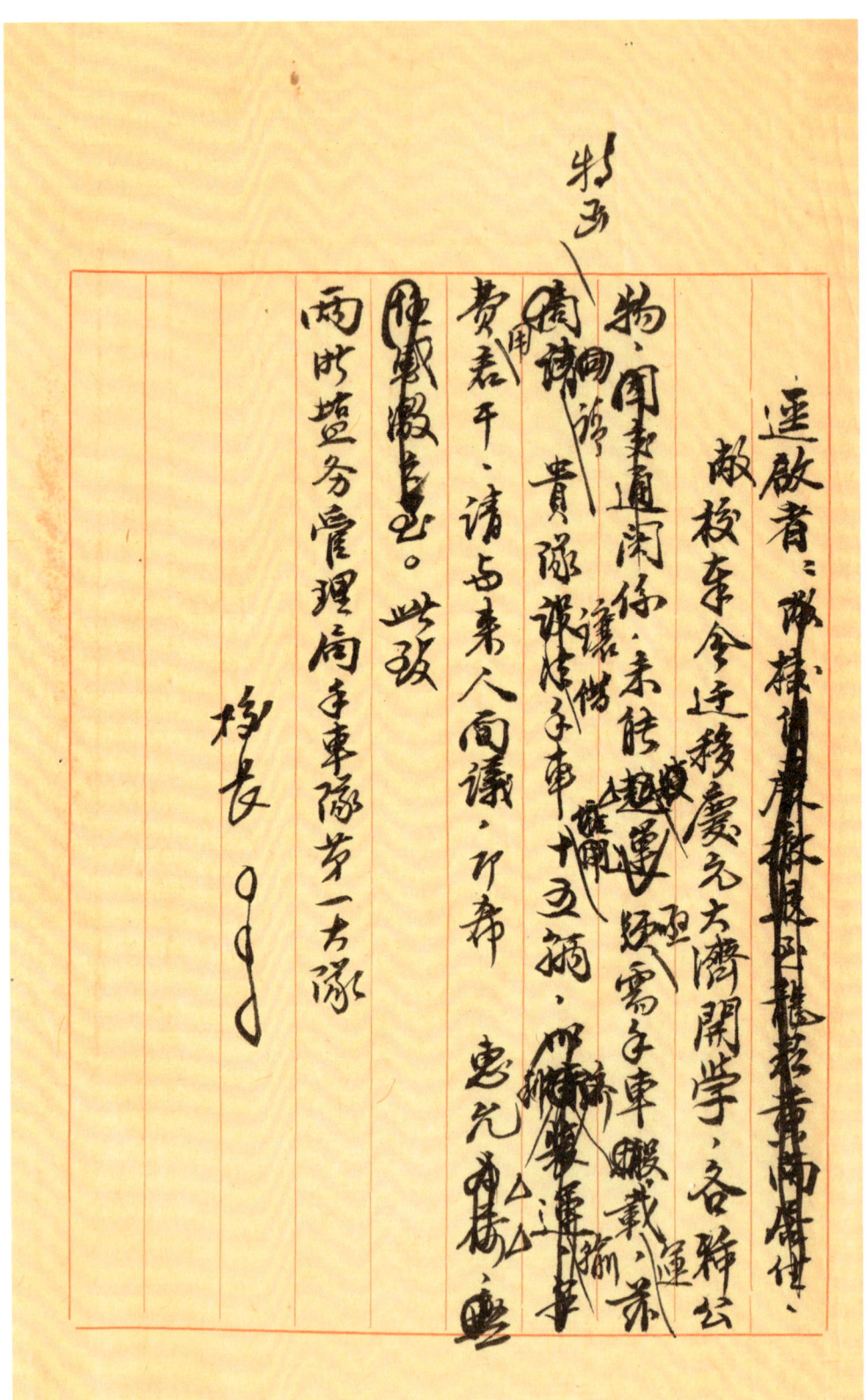

校長○○○

浙江省立处州中学关于请拨应变费事致浙江省教育厅的呈（一九四二年八月十九日）

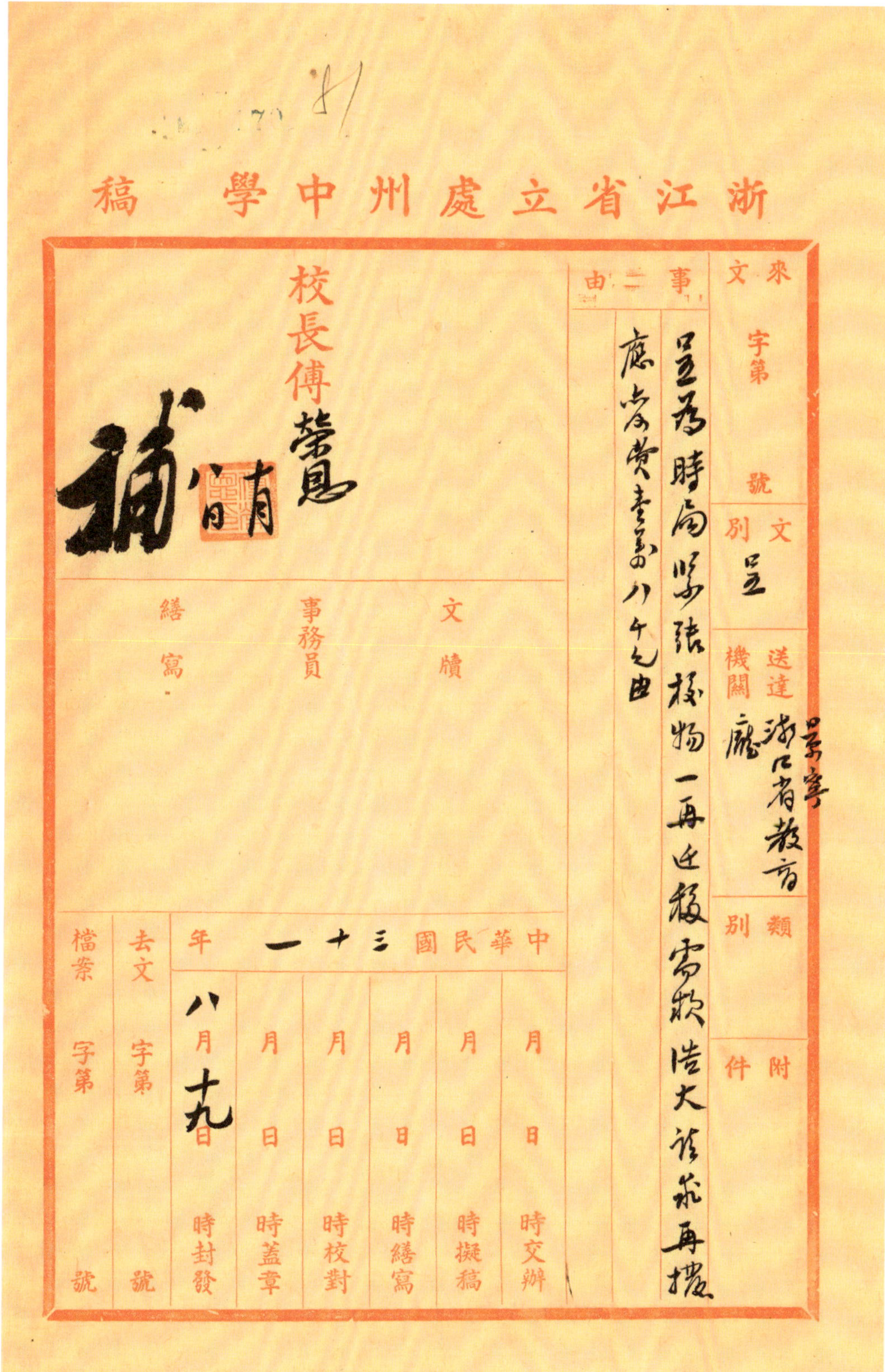

浙江省立處州中學稿

來文 字第 號

文別 呈

送達機關 浙江省教育廳 景寧

類別

附件

事由 呈爲時局緊張，校物一再遷移，需款浩大，請求再撥應變費壹萬八千元由

校長傅[illegible]

補 [illegible]

文牘

事務員

繕寫

中華民國三十一年

八月十九日

月 日 時交辦

月 日 時擬稿

月 日 時繕寫

月 日 時校對

月 日 時蓋章

月 日 時封發

去文 字第 號

檔案 字第 號

查本中學自五月間浙東被敵人竄擾以來，即開始計劃播遷工作，先則派員勘定臨時校址，繼則搬運穀類圖書儀器及學校重要公物，旋乃撤退至龍泉黄楠，中間除利用一部份校工及學生人力外，先後共雇用由碧湖石牛二處上水船隻六十六艘，第一次先在雲和湯侯門及赤石卸埠，每只平均載價七十元，共計七千餘元，七月初以麗水碧湖一帶時局較緊，於是又由湯侯門及赤石分雇民船十八只專載儀器校具及各處寶藏冊暨各項重要公物校具及隨校師生單簡行李書籍等，共計運費約在七千餘元（每船水力平均為四百元），同時教職員行動費約共需四千五百元，加以目下龍泉時局又較吃緊，勢非另遷地点不可，而黃桷埡之或景寧無水路可通，茲只憑人力運輸，其費用尤大，估計至少當在九千元以上。現 屬校用費亟待告罄，而七月份經常費迄未領到，實無款可資墊付，爰特不揣冒昧，敬請

鈞長再行賜撥應變費壹萬八千元，以資應變急需之用。理合將 屬校此次應變用款實情，備文

呈請

鈞長鑒核，迅賜祇遵，至為公便。

謹呈

浙江省教育廳廳長許

浙江省立處州中學校長傅崇恩

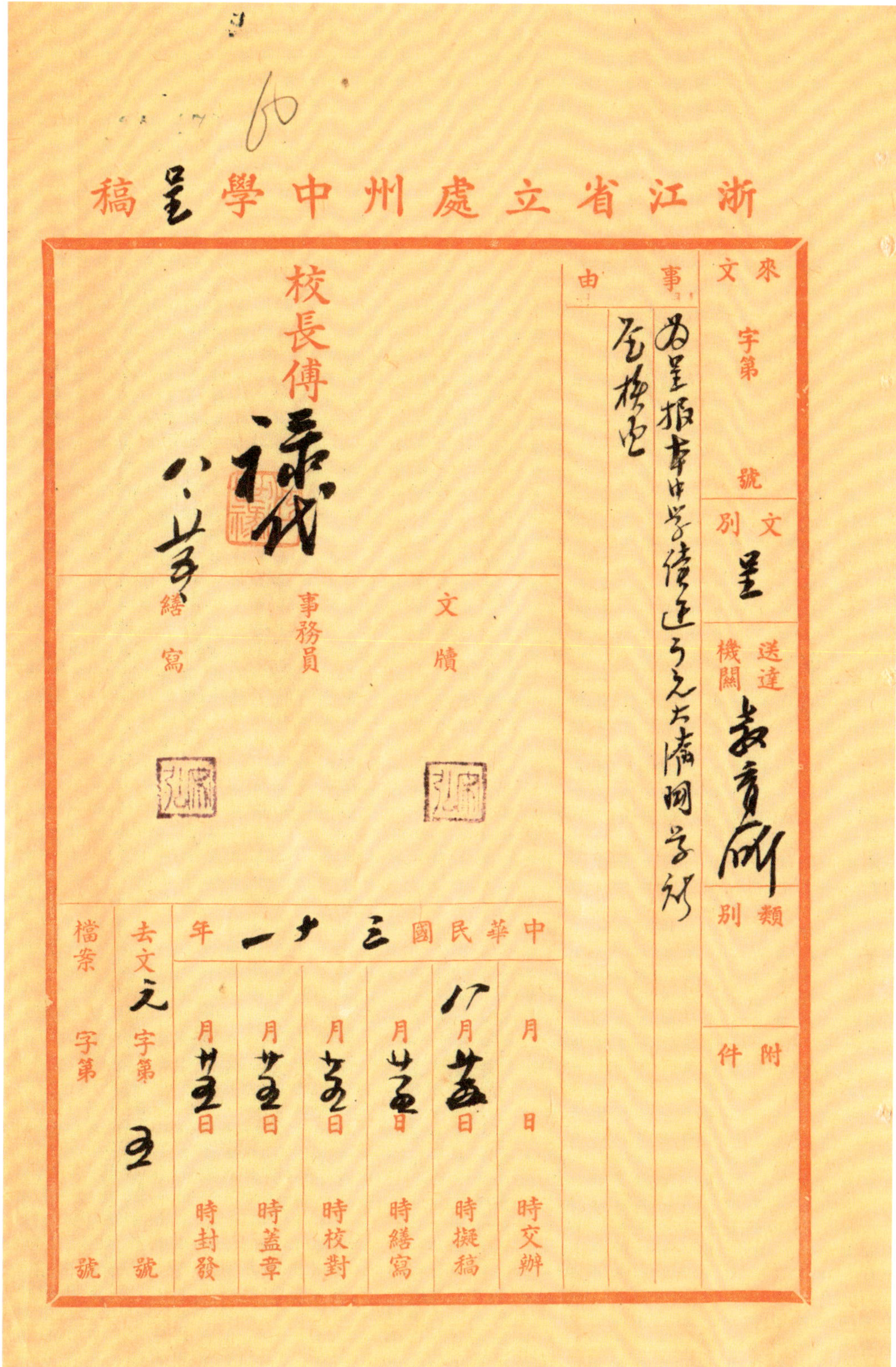
浙江省立處州中學呈稿

來文 字第 號

文別 呈

送達機關 教育廳

類別

附件

事由 為呈報本中學續遷于慶元大濟[illegible]由

校長傅[illegible]

八、廿五

繕寫

事務員

文牘

中華民國三十一年

交辦 月 日 時

擬稿 8月25日 時

繕寫 月25日 時

校對 月25日 時

蓋章 月25日 時

封發 月25日 時

去文元字第五號

檔案 字第 號

浙江省立处州中学关于在庆元大济觅定新校址致浙江省教育厅的呈（一九四二年八月二十五日）

附局白稿

案查本中学前因敌机侵扰丽城，为策安全计，於

[illegible]中随校教职员[illegible]学校[illegible]龙

泉黄坳临时校舍[illegible]公，前曾具文呈报

钧所在案。兹以黄坳校舍散漫异常，修理颇难，

一旦开学，且亦不敷应用，并临时敌袭[illegible]，派员前往

元一带寻觅校舍，当在[illegible]元大济地方觅定房屋四所，

稍加修葺，尚合应用，[illegible]

校，业经[illegible]前存[illegible]公物，亦陆续运到

除事修理房舍，筹备招生开学外，理合备文呈报

钧长鉴核，至为公便。谨呈

丽水县教育所所长许

呈 衔 俞[illegible]

浙江省立处州中学关于学校改迁庆元大济致庆元县政府的公函（一九四二年八月二十五日）

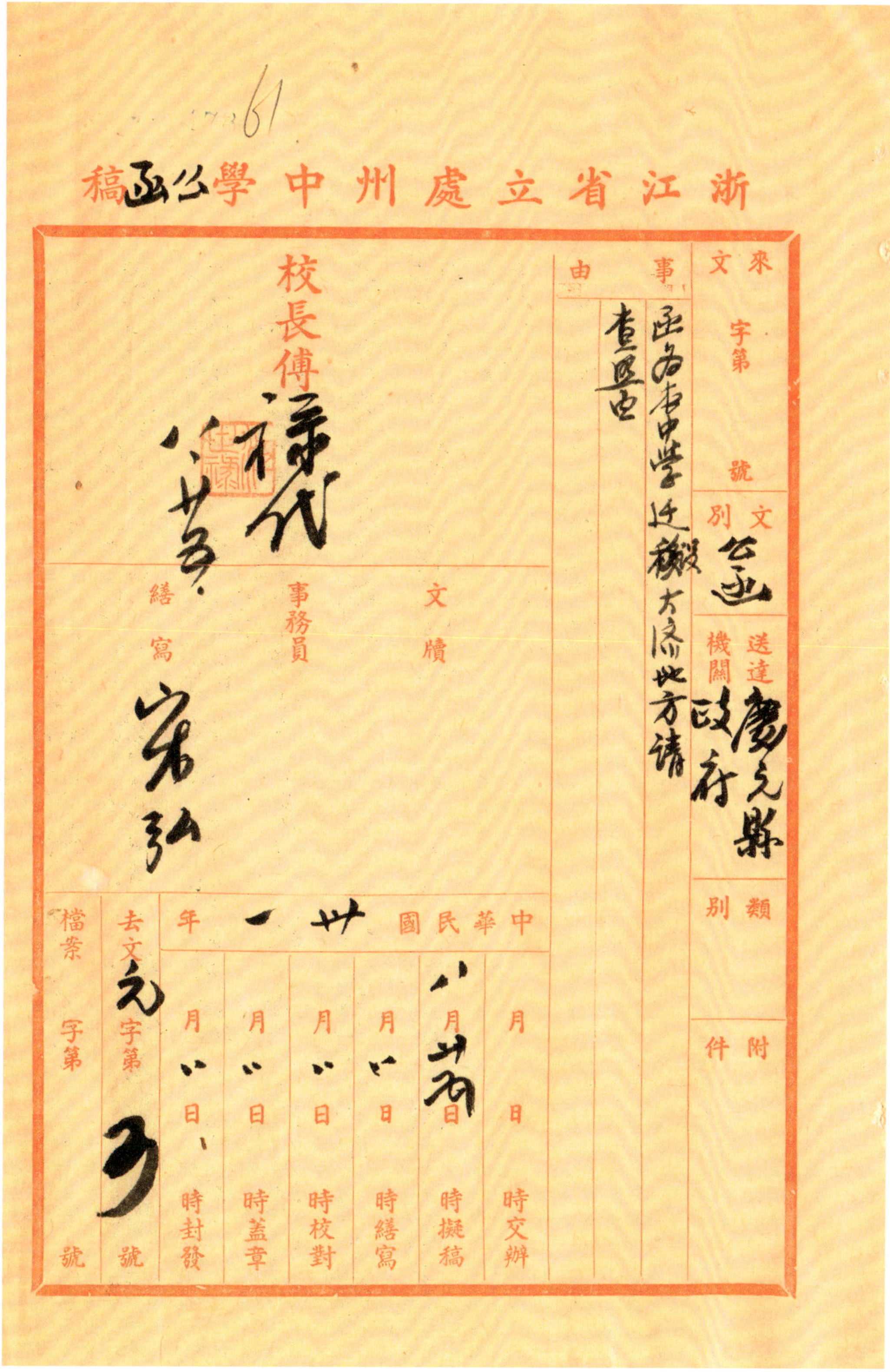

61

浙江省立處州中學公函稿

來文	字第　號
文別	公函
送達機關	慶元縣政府
類別	
附件	
事由	函為本中學遷校大濟地方請查照由

校長傅祥代 八廿五

文牘

事務員

繕寫 宗弘

中華民國 卅一 年

月日時交辦	八月廿五日時擬稿	月〃日時繕寫	月〃日時校對	月〃日時蓋章	月〃日時封發

去文 元字第 [illegible] 號

檔案 字第　號

迳启者：敝校之址，原拟移设八都，前函奉达

贵政府在案，嗣以八都勘定之校舍，几全部为各机关所占用，遂临时改变计划，将校址改设大港地方，现大部份师生业经到达，分别居住在该处卢相公祠及福慈庵内，并即从事修理并会筹备招生开学事宜，相应函达

即希

查照为荷，此致

庆元县政府

八　九

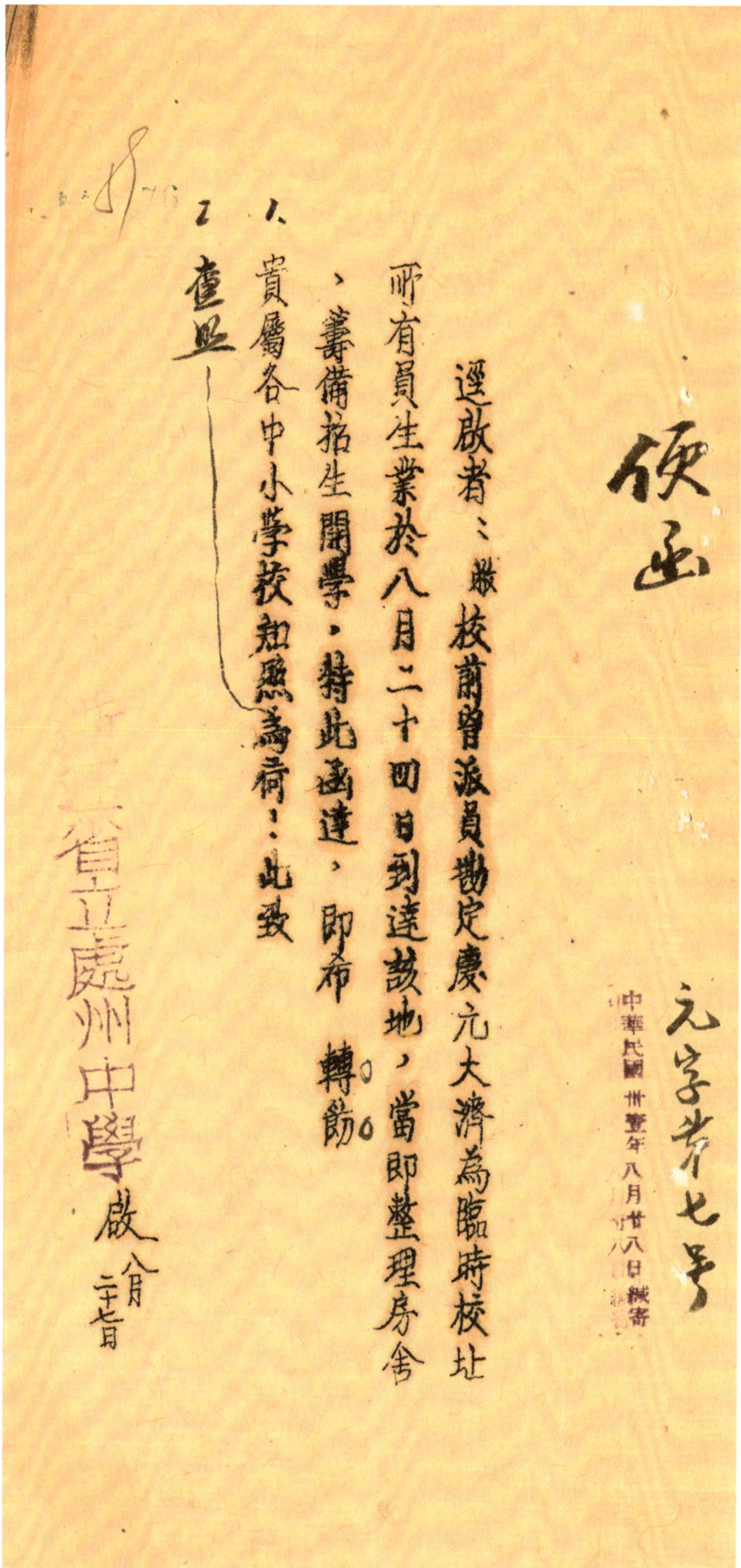
便函

元字第七号

中華民國卅壹年八月廿八日

逕啟者：：敝校前曾派員勘定慶元大濟為臨時校址，所有員生業於八月二十四日到達該地，當即整理房舍、籌備招生開學。特此函達，即希　轉飭貴屬各中小學校知照為荷！此致

查照

省立處州中學啟

八月二十七日

浙江省立处州中学关于师生到达庆元大济整理房舍筹备招生事的便函（一九四二年八月二十七日）

浙江省教育厅关于同意增拨应变经费致浙江省立处州中学的指令（一九四二年九月一日）

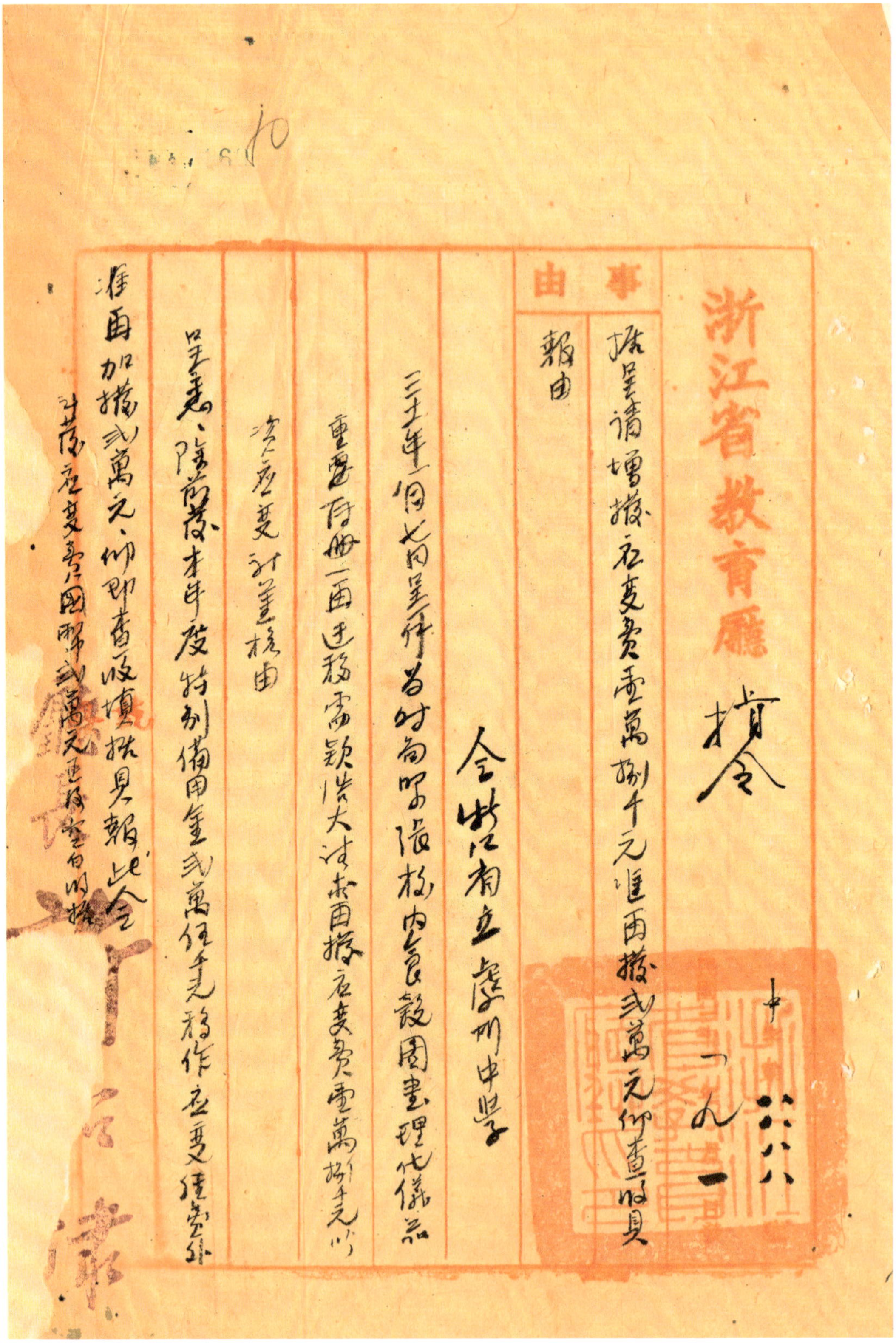
浙江省教育廳 指令 中六八八 九一

事由：據呈請增撥應變費壹萬捌千元准再撥貳萬元仰查收具報由

令浙江省立處州中學

三十一年八月七日呈一件為時局緊張校內原設圖書理化儀器重要存冊一再遷移需款浩大請求再撥應變費壹萬捌千元以資應變計等情由

呈悉。除前發本年度特別備用金貳萬伍千元移作應變經費外，准再加撥貳萬元，仰即查收填據具報。此令

計發應變費國幣貳萬元匯存[illegible]

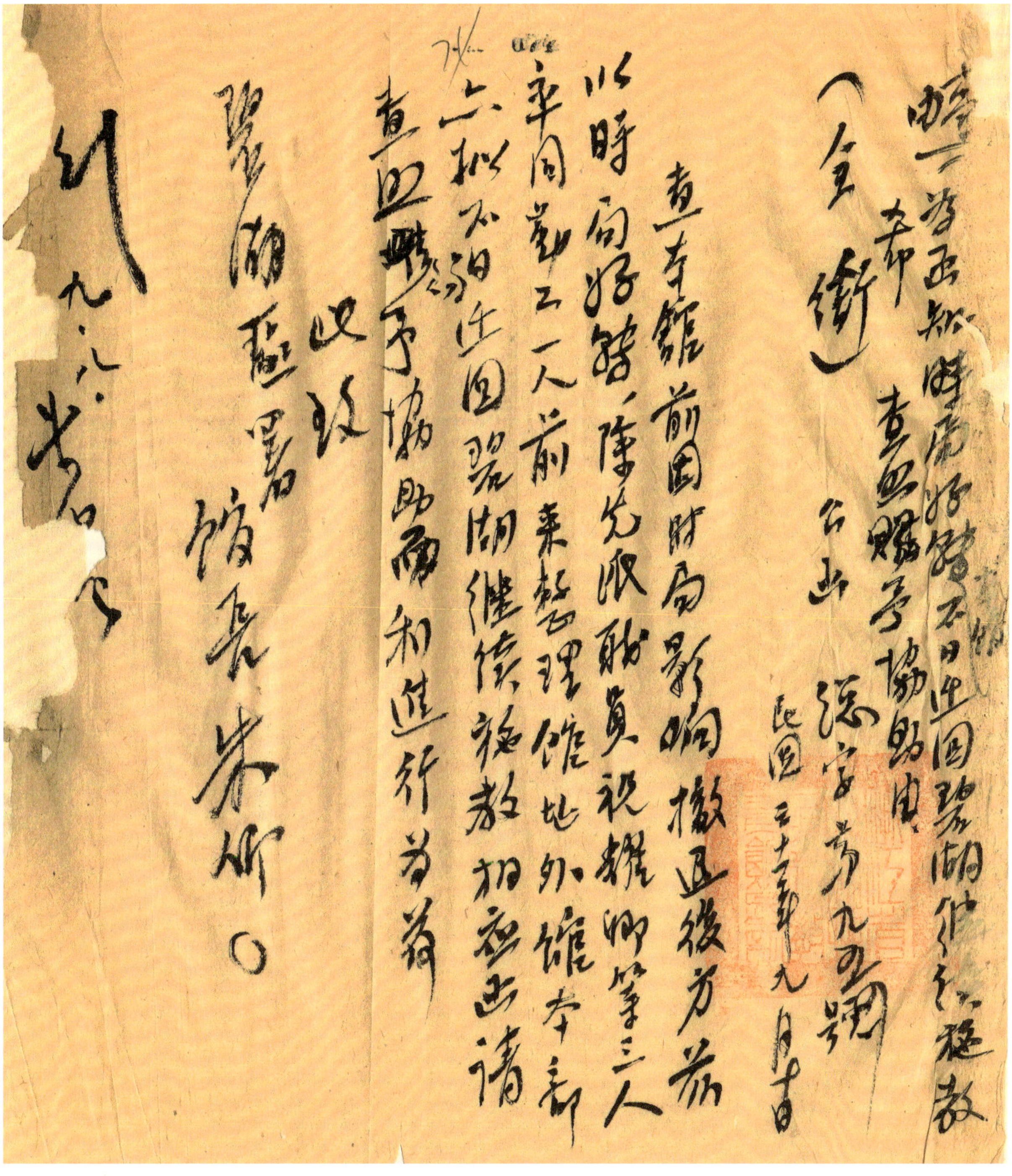
事由：为函知本馆不日迁回碧湖仍行社教希查照惠予协助由

（全衔）公函 社字第九五号

民国三十一年九月十日

查本馆前因时局影响撤退后方，兹以时局好转，除先派职员祝耀卿等三人率同勤工一人前来整理馆址外，馆本部亦拟于日内迁回碧湖继续社教，相应函请查照，惠予协助，而利进行为荷。

此致

碧湖区署

馆长 朱[illegible]

浙江省立处州民众教育馆关于回迁原馆址致碧湖区署的公函（一九四二年九月十日）

浙江省立处州中学关于八都鼠疫平息县立简师独立办学事致浙江省教育厅的电（一九四二年十月九日）

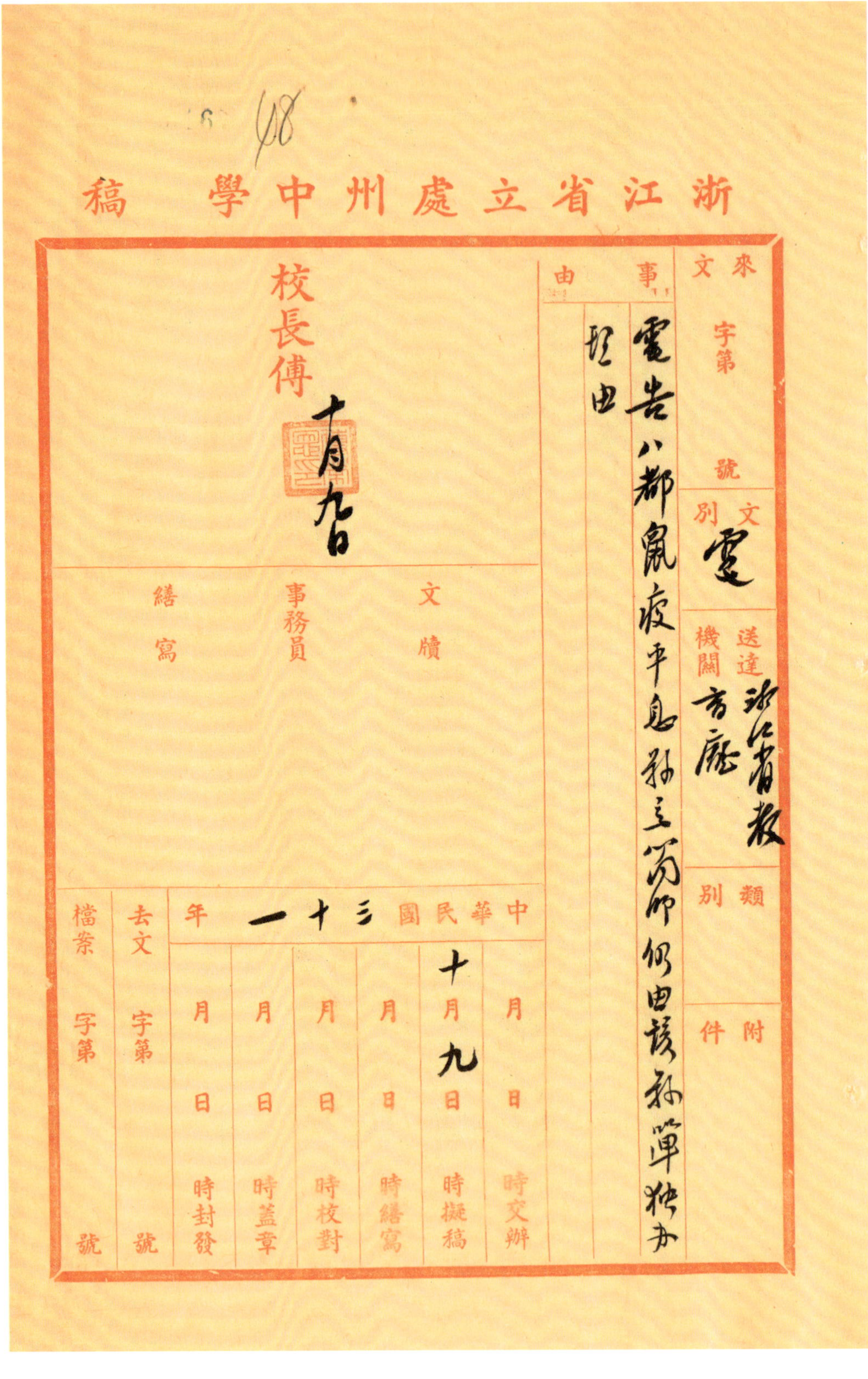
48

浙江省立處州中學稿

來文字第號

文別：電

送達機關：浙江省教育廳

類別

附件

事由：電告八都鼠疫平息縣立簡師仍由該縣單獨办理由

校長傅 有智

文牘　事務員　繕寫

中華民國三十一年

月日時交辦

十月九日時擬稿

月日時繕寫

月日時校對

月日時蓋章

月日時封發

去文字第號

檔案字第號

電報

景寧（或云和黄水碓）教育廳許廳長鈞鑒：八都鼠疫已平，廈校決於十一日在大濟正式上課，校舍又添租民房，足敷應用。當與朱縣長洽妥，縣立简師仍由該縣單獨辦理。謹電奉聞。職傅業息 9909 叩

浙江省立处州中学关于借用吴太烈等仓房经过致浙江省教育厅的呈（一九四二年十月二十四日）

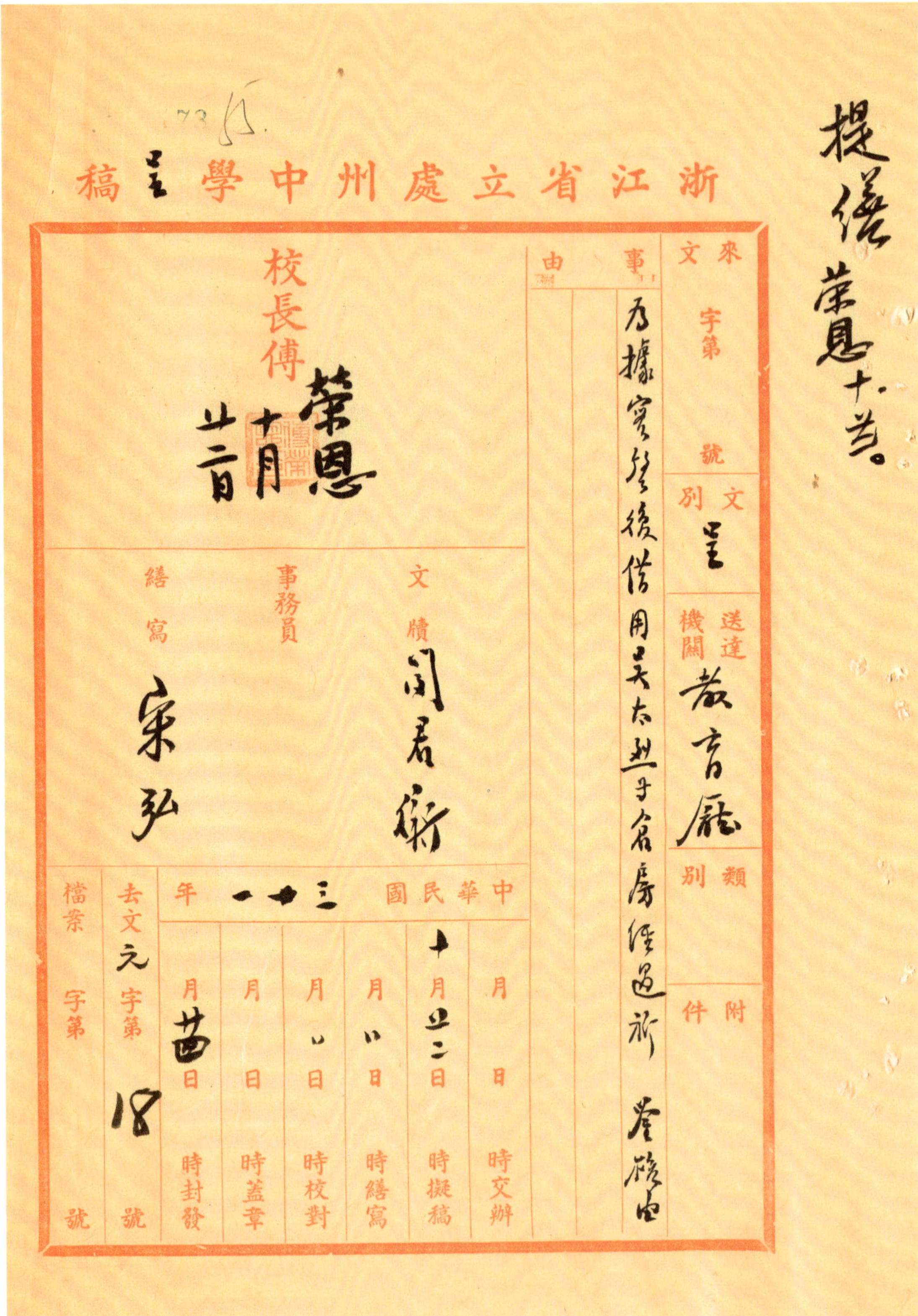
浙江省立處州中學呈稿

來文字第號

文別：呈

送達機關：教育廳

事由：為據實聲復借用吳太烈于倉房經過祈鑒核由

校長傅榮恩 十月廿二日

提繕 榮恩 十、廿三

文牘：周君衡

繕寫：宋弘

中華民國三十一年 十月廿二日擬稿

去文元字第18號

案查

钧厅本年十月七日中字第一〇五九号训令内开：

一案据庆元县济阳乡居民吴太烈呈以有祖遗仓

房一所……（全叙）……以凭核办此令。

等因。查此屋本中学前因庆元大济卢相公庙及福善岩廿房

屋作为校舍，原係前本校派人来庆寻觅校址时，经庆元朱

县长介绍[redacted]借定，并谓房屋不敷，可借用民房，而本校纽假

枝矣，卢相公庙廿房屋不敷应用，遂向大济民众商借坍毁仓

房，整理改造，用作教室，[redacted]各房主亦表示欢迎，毫无间言，

该吴太烈之仓房一所，与各教室毗连，亦在借用之列，[redacted]事先

经派员说商，该仓[redacted]之共有者九人，多数皆同意，独吴太烈一二

人别有用心，竟而阻碍，经鄙请朱县长加以晓谕，吴太烈亦即

欣然谅可，也仓前稻田三方，以稻割之后，休闲不种冬作，拟利

用作为操场，拟俟明年种稻时，仍须借用，则照该田租付款，

而本校所迁，吴太烈亦认为满意，舒快答应无言。不料该吴太烈

不来本校又遽由

钧厅渎陈，令人不解。奉令前因，理合将借用吴太烈之仓房经过实

情，备文呈复，仰祈 钧长鉴核，并予备案。谨呈

浙江省教育厅长许

全衔傅□□

浙江省立处州中学校长傅荣恩、校务主任丁赞熙关于校舍由庆元大济迁回高溪事宜的来往电（一九四二年十一月）

浙江省立处州中学校长傅荣恩致校务主任丁赞熙的电（一九四二年十一月）

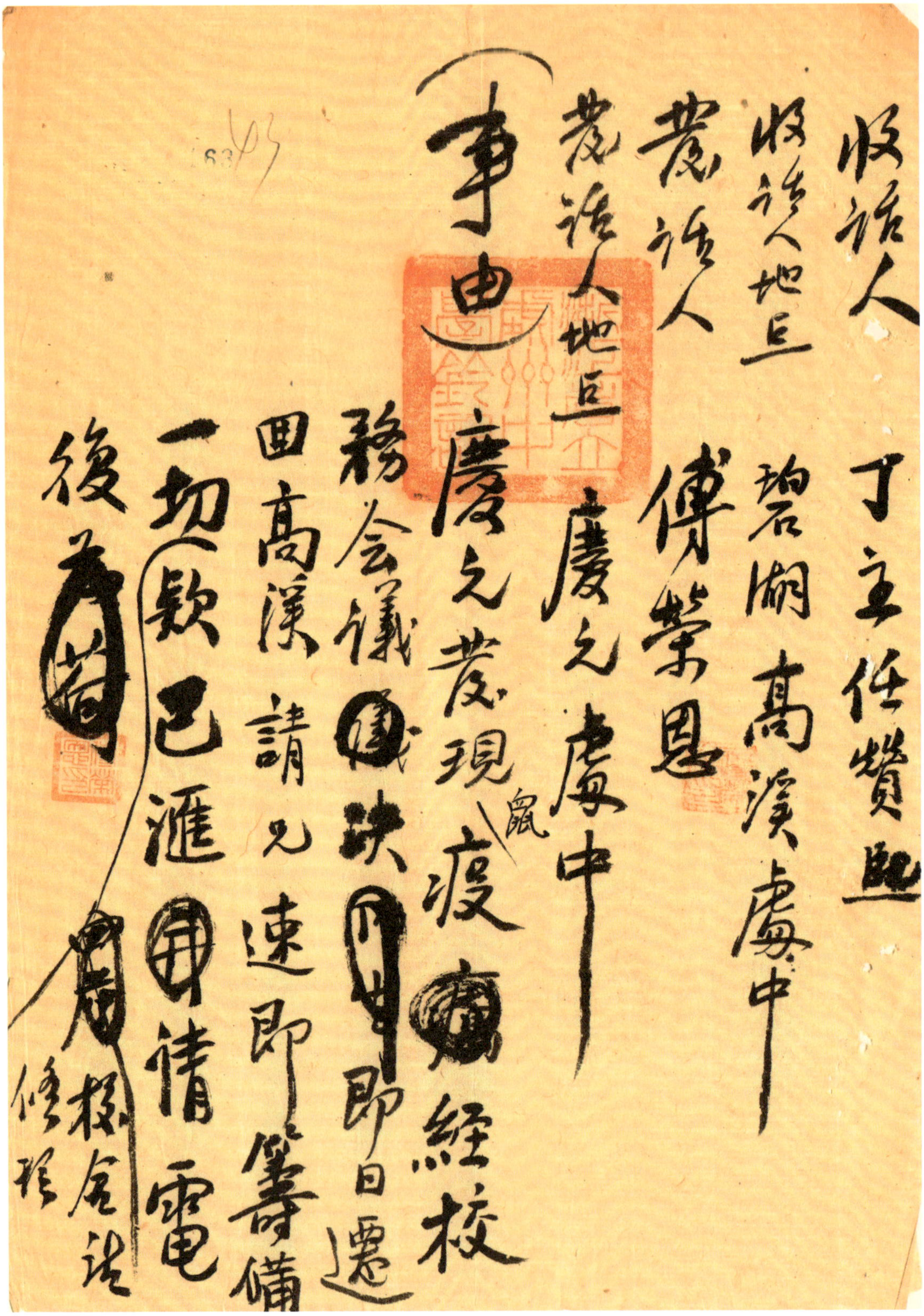
收話人 丁主任贊熙
收話人地址 碧湖高溪處中
發話人 傅榮恩
發話人地址 慶元處中
（事由）慶元發現鼠疫經校務會議決即日遷回高溪請從速即籌備一切款已滙[illegible]請電復 [illegible]
修程

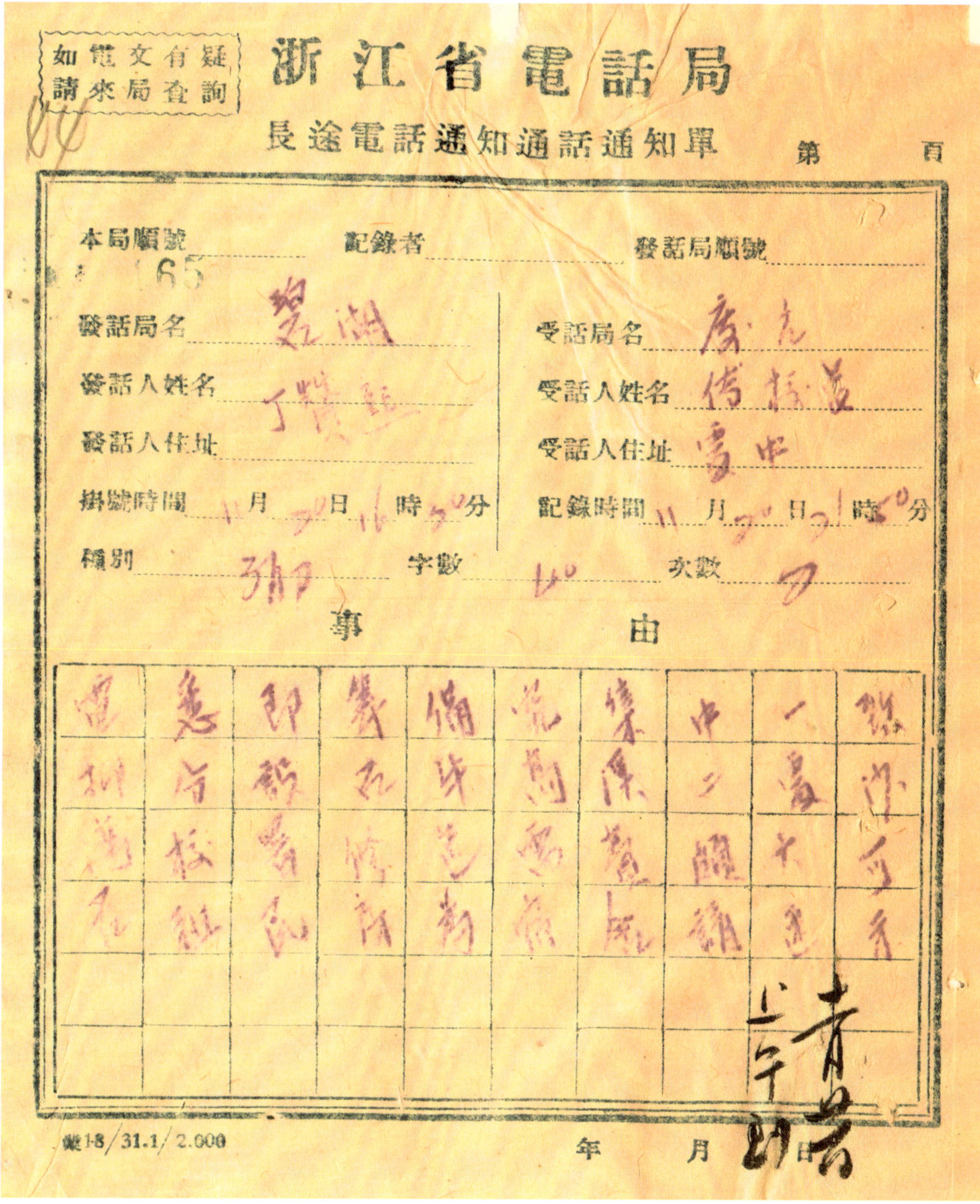

如電文有疑請來局查詢

浙江省電話局

長途電話通知通話通知單　　第　　頁

本局順號 165　　記錄者　　發話局順號

發話局名 碧湖　　受話局名 慶元

發話人姓名 丁贊熙　　受話人姓名 傅榮恩

發話人住址　　受話人住址

掛號時間 11 月 20 日 16 時 30 分　　記錄時間 11 月 20 日 21 時 50 分

種別　　字數 40　　次數

事由

年　月　日

浙江省立处州中学校务主任丁赞熙致校长傅荣恩的电（一九四二年十一月二十日）

浙江省教育厅关于处州中学迁回高溪事致浙江省立处州中学的电（一九四二年十一月二十日）

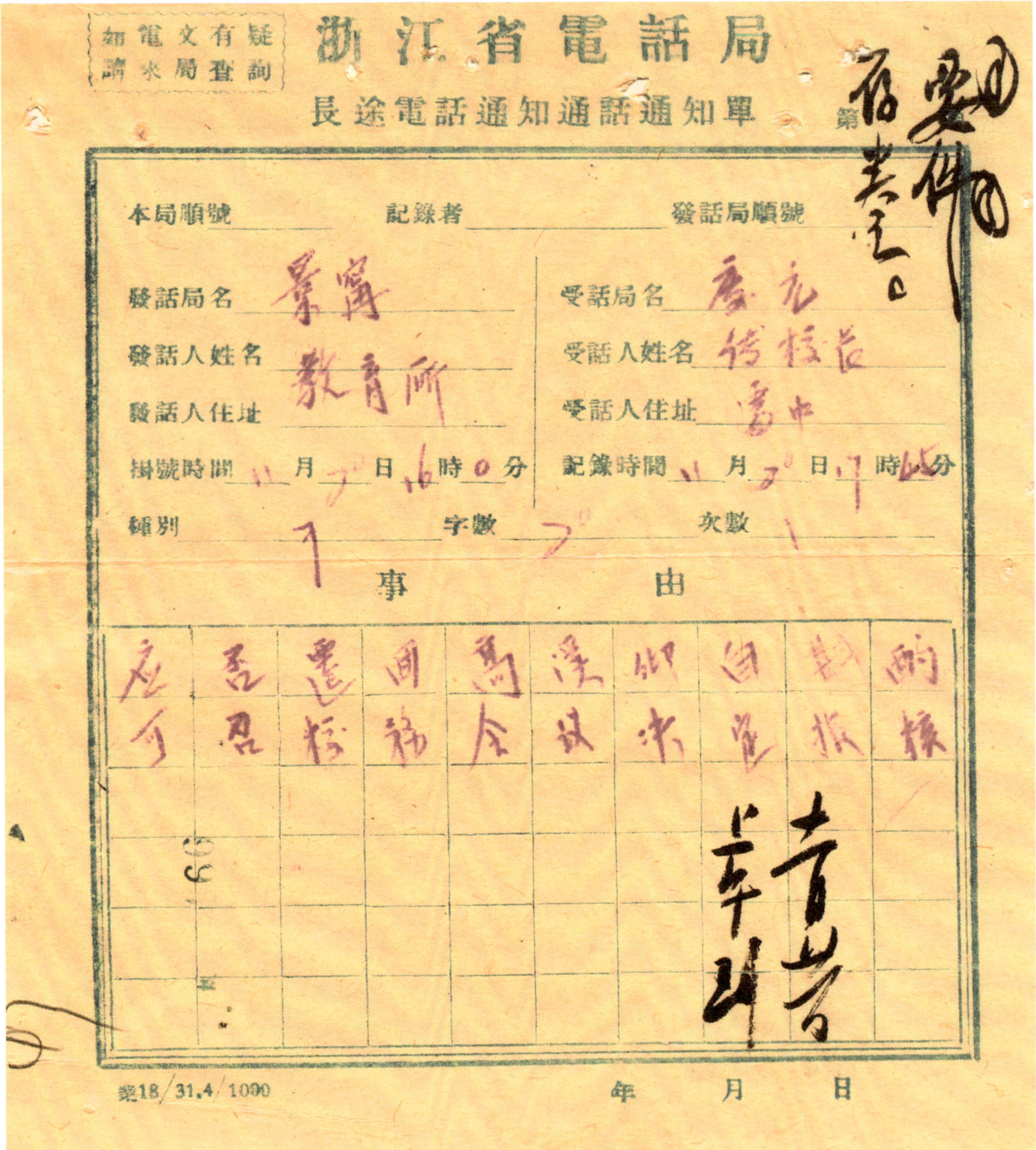
浙江省電話局

如電文有疑請求局查詢

長途電話通知通話通知單　第

本局順號　記錄者　發話局順號

發話局名 景寧　受話局名 處

發話人姓名 教育所　受話人姓名 轉校長

發話人住址　受話人住址 處中

掛號時間 11 月 20 日 16 時 0 分　記錄時間 11 月 20 日 17 時 45 分

種別　字數 20　次數

事由

處否遷回高溪仰自斟酌可召校務會議決定報核

業18/31.4/1000　年　月　日

浙江省立处州中学关于学校回迁高溪搬迁修缮费事致浙江省教育厅的电（一九四二年十一月二十三日）

66　计130字

31.11.23.

景寧

教2403 育5148 廳1689 許6079 廳1689 長7022 鈞6874 鑒7003 奉1144 電7193 示4355 敬2417 悉1885 經4842 校2699 務0523 會2585 議6231 決3082 於2456 馬7456 日2480

由3945 教2403 師1597 率3364 領7325 學1331 生3932 分0433 三0005 批2106 遷6692 回0932 高7559 溪3305 并1609 定1353 下0007 月2588 銑6877 日2480 復1788 課6143 員0765

工1562 於2456 本2609 月2588 儉0313 日2480 作0155 最2584 後1335 一0001 次2945 之0037 撤2327 退6622 改2076 有2589 新2450 舊5283 校2699 具0367 暫2548 集7162 中0022

三0005 處5710 封1409 存1317 交0074 濟3444 楊2254 鄉6763 々6763 長7022 妥1185 爲8634 保0202 管4619 高7559 溪3305 刻0466 已1570 看4192 手2087 修5190 繕4931

惟1919 費6316 用3938 浩3185 大1129 敬2417 懇2017 准0402 先0341 撥2328 還6692 費6316 四0934 萬5502 修5190 繕4931 費6316 二0059 萬5502 逕6635 滙0565 碧3410

湖3235 以0110 應2019 急1838 需7194 預7315 禱4615 容1369 趕6391 造6644 呈0701 核2702 職5120 傅0265 榮2837 恩1869 梗2739 叩0661

浙江省教育厅关于拨发迁回高溪经费事致浙江省立处州中学的指令（一九四二年十二月十八日）

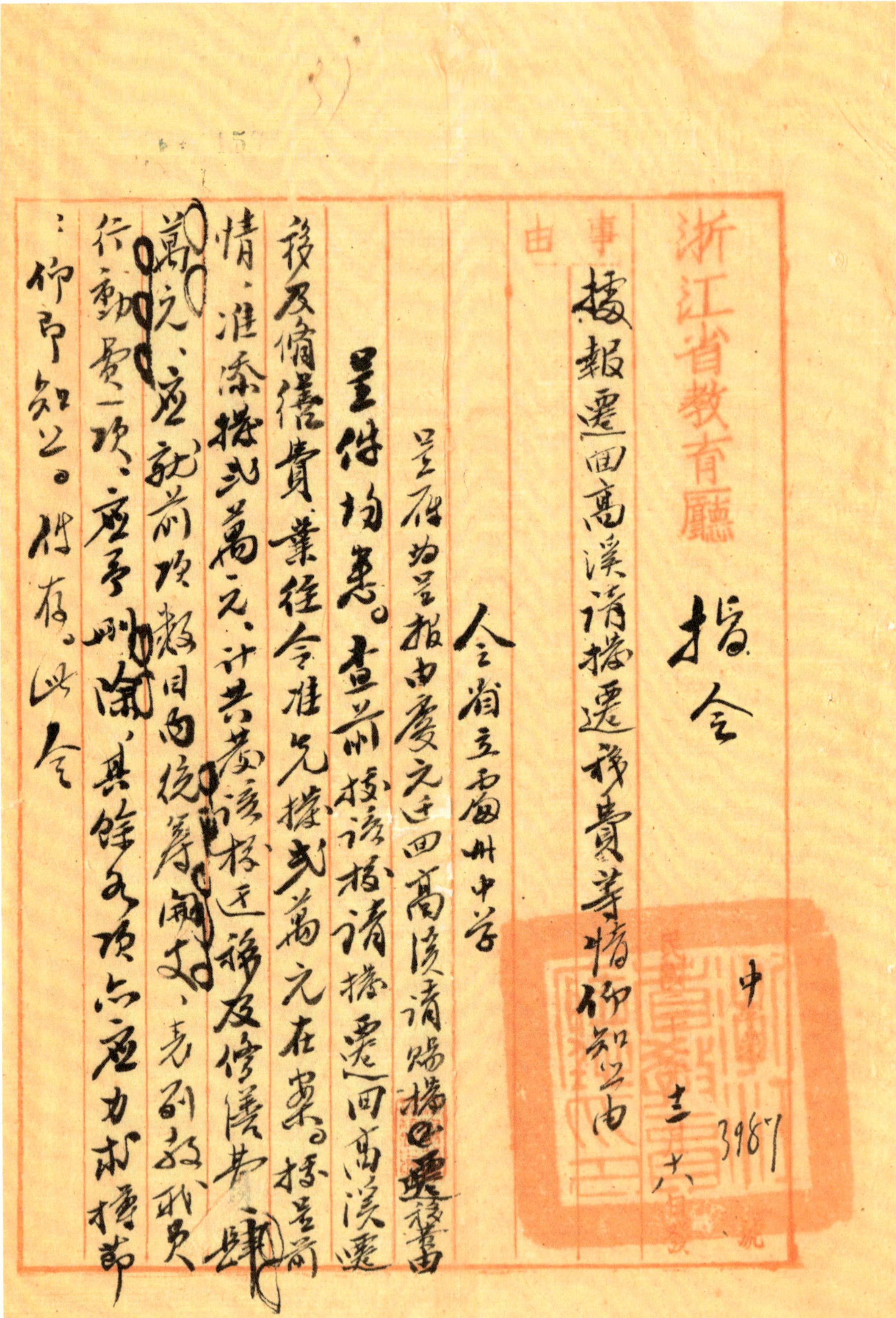

浙江省教育廳 指令 中 字第3987號 十二月十八日

事由：據報遷回高溪請撥遷移費等情仰知照由

令省立處州中學

呈一件為呈報由慶元遷回高溪請賜撥遷移費由

呈件均悉。查前據該校請撥遷回高溪遷移及修繕費，業經令准先撥式萬元在案。據呈前情，准添撥式萬元，計共發該校遷移及修繕費肆萬元，應就前項數目內統籌開支。責副教職員行動費一項，應予刪除，其餘各項亦應力求撙節，仰即知照。件存。此令

計券國幣貳萬元正

贛東地方銀行監製

廳長 許紹棣

浙江省立处州中学、浙江省教育厅关于请求补拨迁移费事宜的来往文书（一九四三年一月九日至二十三日）

浙江省立处州中学致浙江省教育厅的呈（一九四三年一月九日）

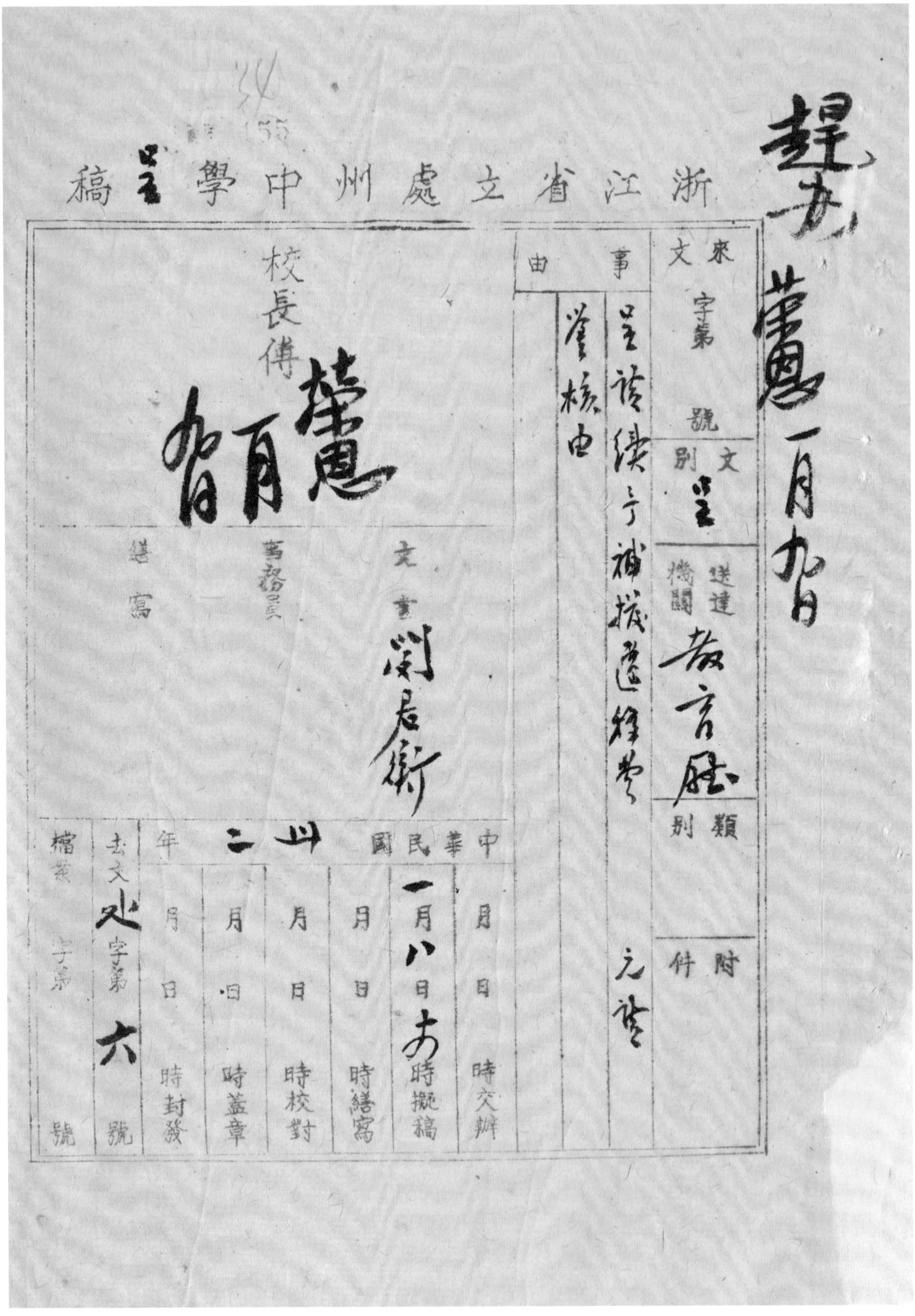

浙江省立處州中學呈稿
來文 字第 號
文別 呈
送達機關 教育廳
類別
附件
事由 呈請續予補撥遷移費 乞鑒核由
校長傅
文書 劉
繕寫
中華民國 三十二 年 一月八日 時擬稿
去文 字第 號
檔案 字第 號

安吉台甫

钧座三十一年十二月十八日中字第3044号训指令本年中后呈在有呈报遭震之迁回高原该饬核迁校费内开：

「……迁移费……（全部）……保存」

此令等因，计一次国币贰万元，本此处本校前呈送之迁返高原原址搬移费经呈册表搬移费合计国币七，四五〇元，所有表列各项费用，原系核实支最低数算并数，即以教职员移动费一项删除，仍须五万二千元，正修缮费前由本校三十一年十二月二十五日以元字第五十六号呈送修理校舍及设备工程概算表，计需费九九八五元，连搬移费两共计国币一一，九八五元，以前送

钧座令饬，以在本年拨之四万元之数目内统筹开支，并准予有关处室力求樽节，是项一再核减，计迁移及修缮两项费用，至少须费四万五千七百元，其实已不敷

再者，窃查奉长寒中，以时局之动荡，与疫病之蔓延，为免生意外计，一再播迁，
致多费用，纵欲节省为力，而事出不已，
钧长俯念下情，拨予巨款，感戴之余，弥深惶悚，所有
此次在不足之迁移与修缮费五千七百余元，仰祈
鉴核，俯念本校实际困难，准予续拨，以济眉急，俾得
开支，至为公感。

谨呈

浙江省教育厅厅长许

金衛傳

浙江省教育厅致浙江省立处州中学的指令（一九四三年一月二十三日）

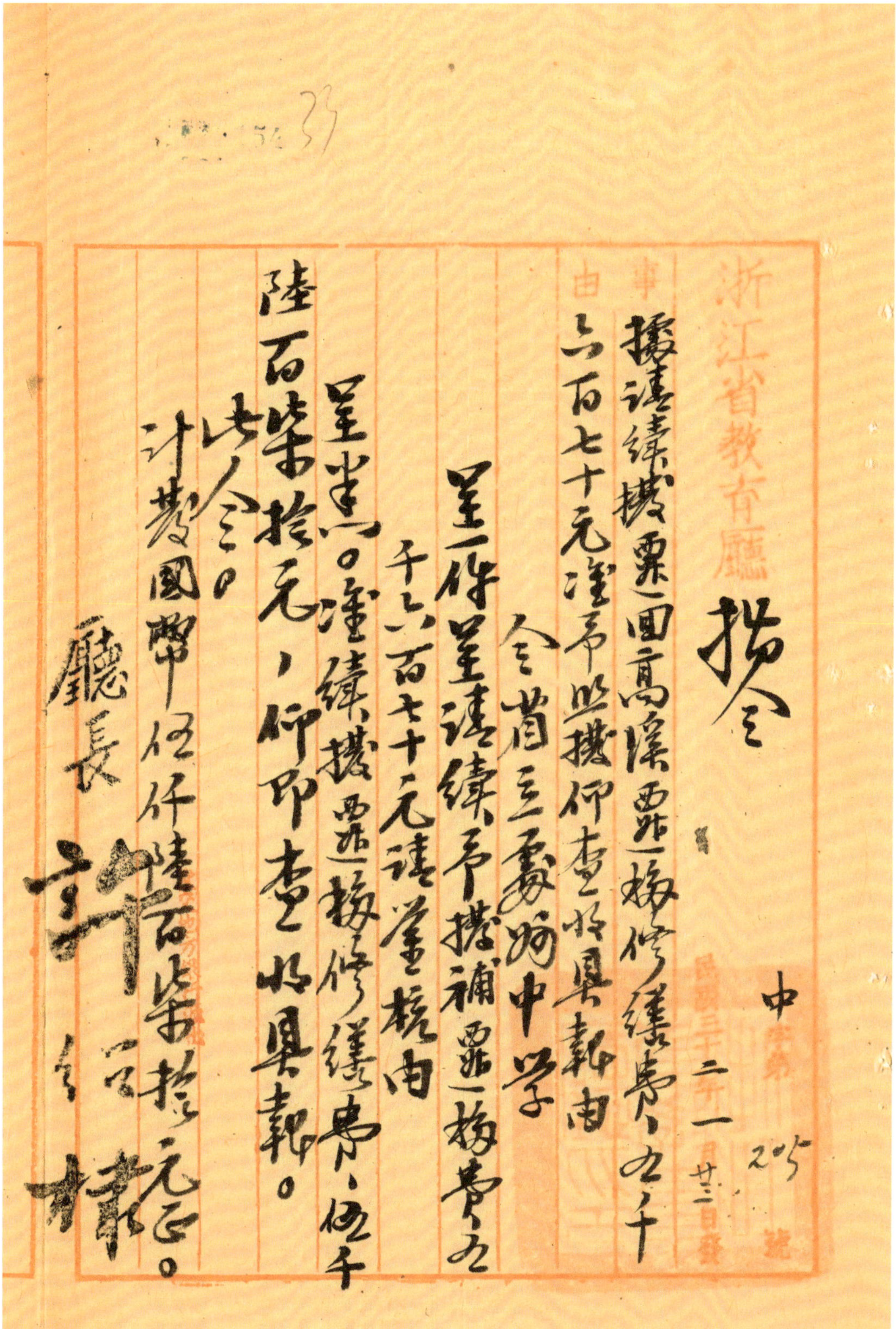

浙江省教育廳指令

中字第二一205號

民國三十二年一月廿三日發

事由：據請續撥栗園高溪西區一校修繕費九千六百七十元准予照撥仰查照具報由

令省立處州中學

呈一件呈請續予撥補西區一校費九千六百七十元請鑒核由

呈悉。准續撥西區一校修繕費伍千陸百柒拾元，仰即查照具報。

此令。

計發國幣伍仟陸百柒拾元正。

廳長 許紹棣

校對杜秀觀
監印洪月什

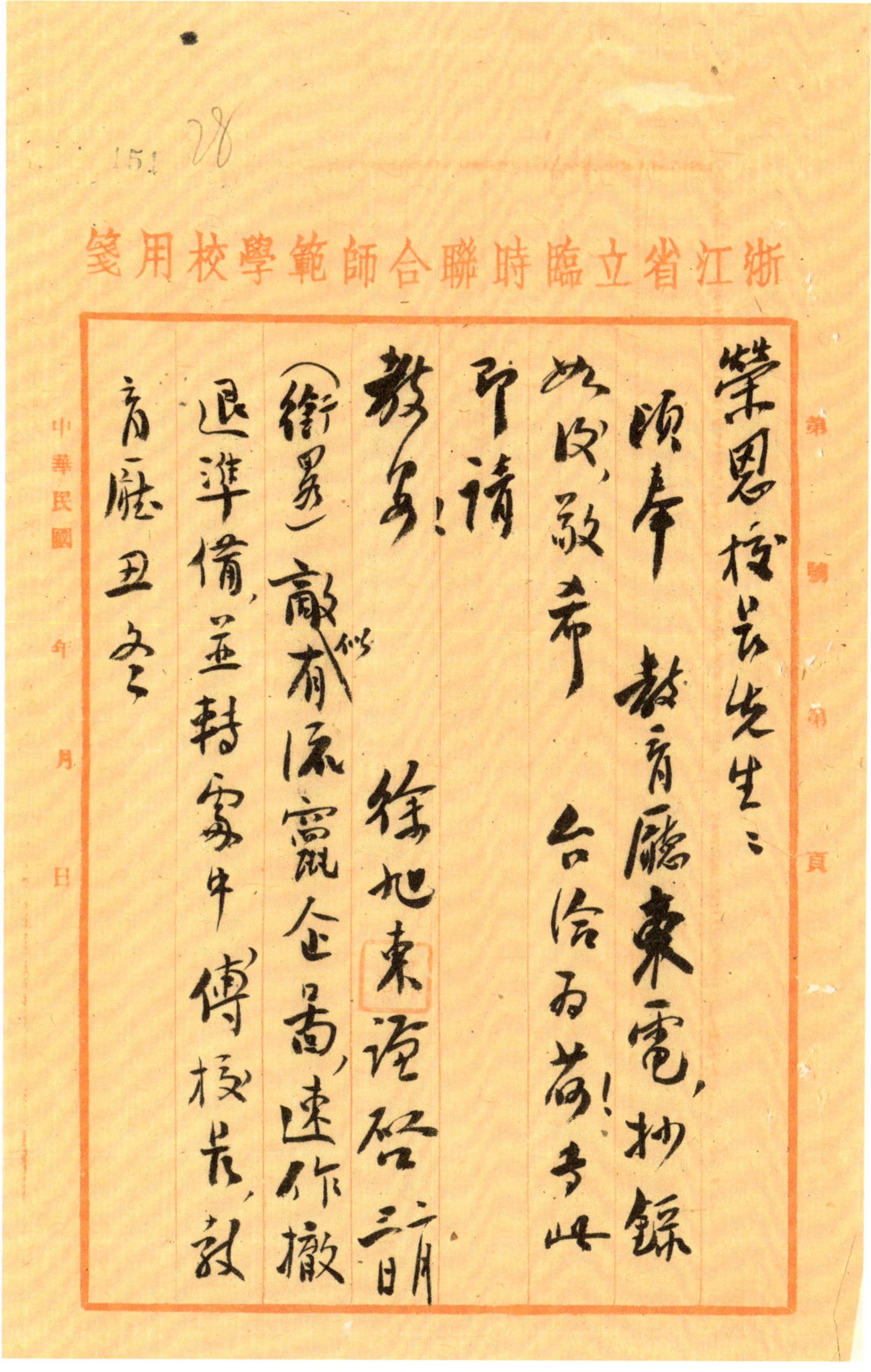

浙江省立臨時聯合師範學校用箋

第　號　第　頁

榮恩校長先生：

頃奉教育廳東電，抄錄如次，敬希台洽爲荷！专此即請

教安！

徐旭東謹啓　二月三日

（衢署）敵似有流竄企圖，速作撤退準備，並轉處中傅校長，教育廳丑冬。

中華民國　年　月　日

浙江省立临时联合师范学校教师徐旭东关于传达浙江省教育厅要求速作撤退事致浙江省立处州中学校长傅荣恩的笺函（一九四三年二月三日）

附：教育厅电并撤退方案

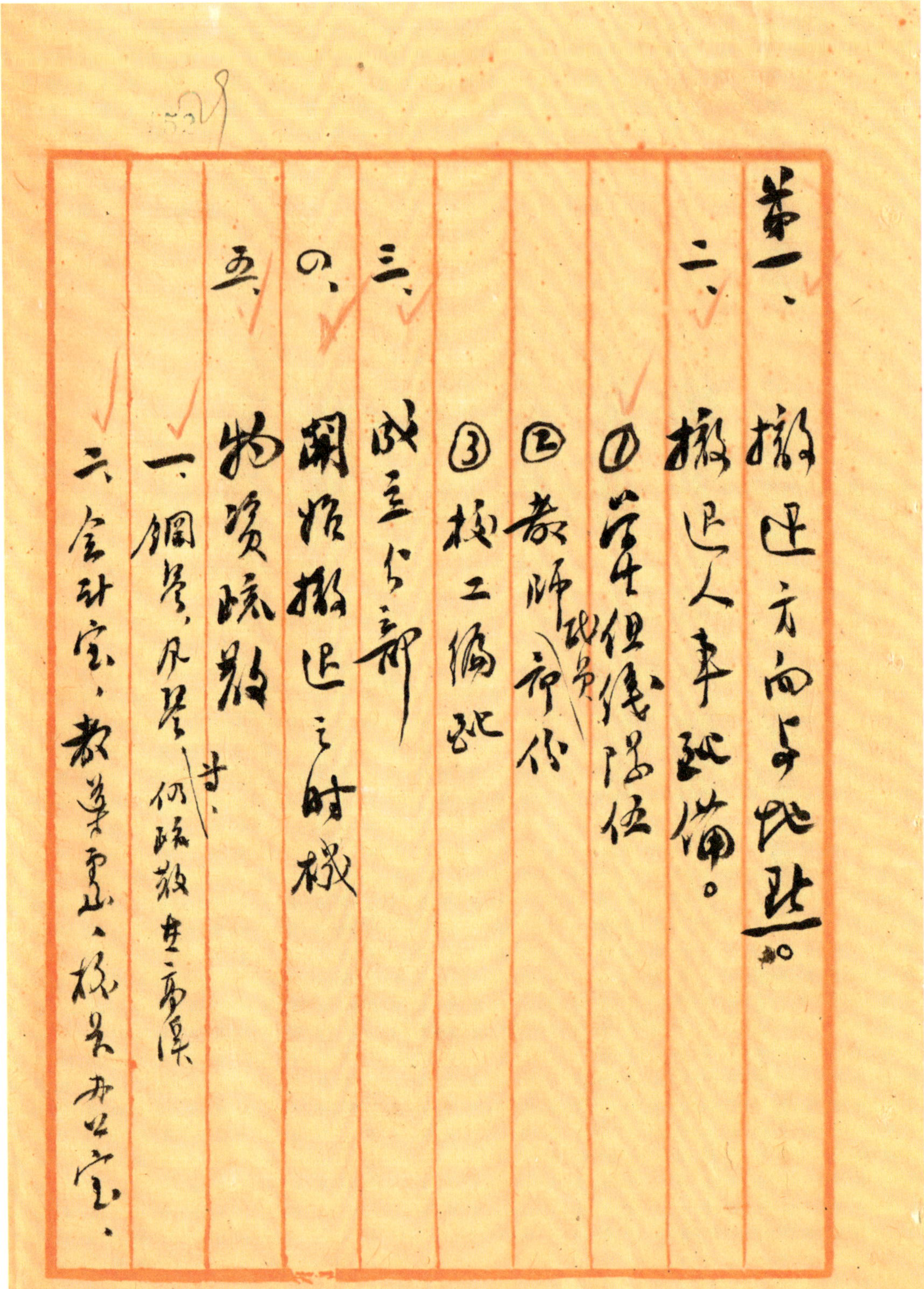

第一、撤退方向与地点。

二、撤退人事准备。

①学生组织队伍

②教师职员工作

③校工编配

三、成立[illegible]部

四、关于撤退之时机

五、物资疏散

一、图书、仪器等，仍疏散至高溪

二、会计室、教导处、总务办公室。

重要文件案卷紧随带搬运，

次要〃〃先行疏散

三、图书、教材部份、及工具等，以后随带搬运

六、食粮之供备

一、公粮[?]部份

七、教职员家属之搬运

一、随校搬运

二、不随校搬运

八、搬运之费用

一、学生部份

二、教职员部份

三、以学校[illegible]部份

四、工友部份

30

九、撤退後高層留守人員

十、應變組織緊急委員會

浙江省教育厅关于不必另设青田分部事致浙江省立处州中学的快邮代电（一九四三年二月二十三日）

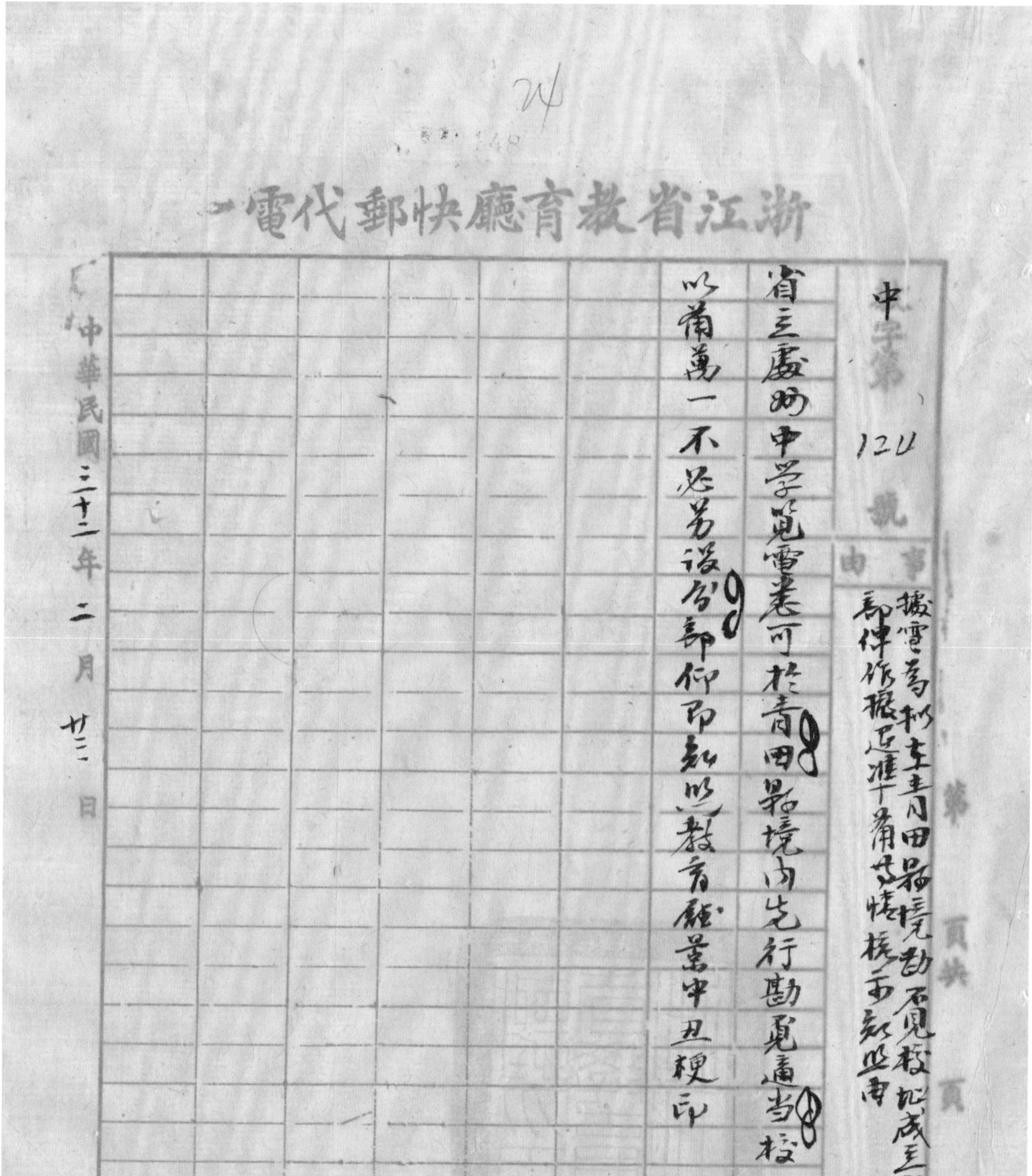

浙江省教育廳快郵代電

中字第121號

事由：據電為擬在青田縣境勘覓校址成立分部俾作擴充準備等情核示知照由

省立處州中學覽：電悉。可於青田縣境內先行勘覓適當校址，以備萬一，不必另設分部。仰即知照。教育廳丑梗印

中華民國三十二年二月廿三日

浙江省教育厅关于结报应变经费等事致浙江省立处州民众教育馆的代电（一九四三年四月五日）

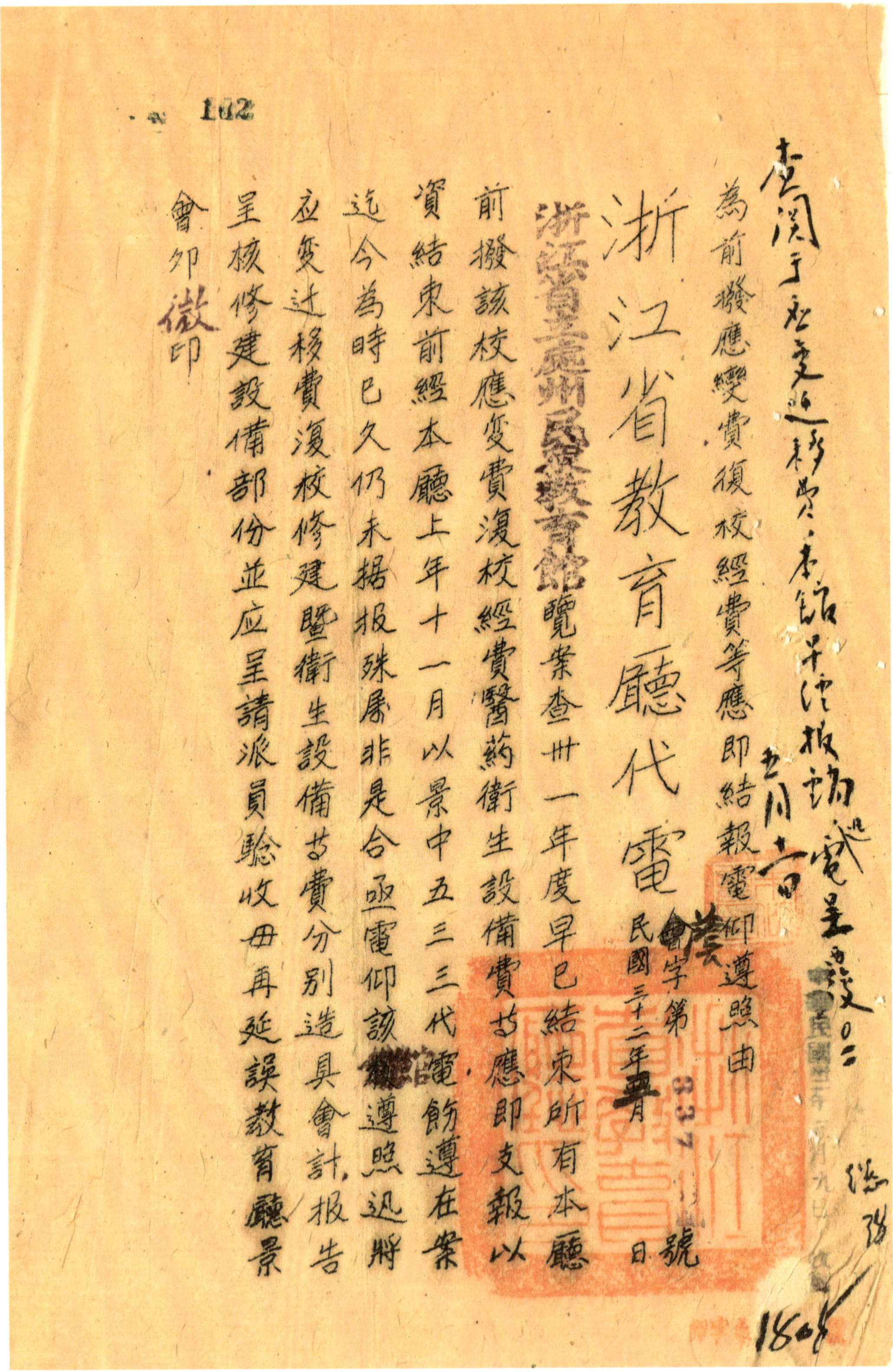

為前撥應變費復校經費等應即結報電仰遵照由

浙江省教育廳代電

會字第　　號

民國三十二年四月　日

浙江省立處州民衆教育館覽案查卅一年度早已結束所有本廳前撥該校應變費復校經費醫藥衛生設備費等應即支報以資結束前經本廳上年十一月以景中五三三代電飭遵在案迄今為時已久仍未據報殊屬非是合亟電仰該館遵照迅將應變遷移費復校修建暨衛生設備等費分別造具會計報告呈核修建設備部份並應呈請派員驗收毋再延誤教育廳景會卯微印

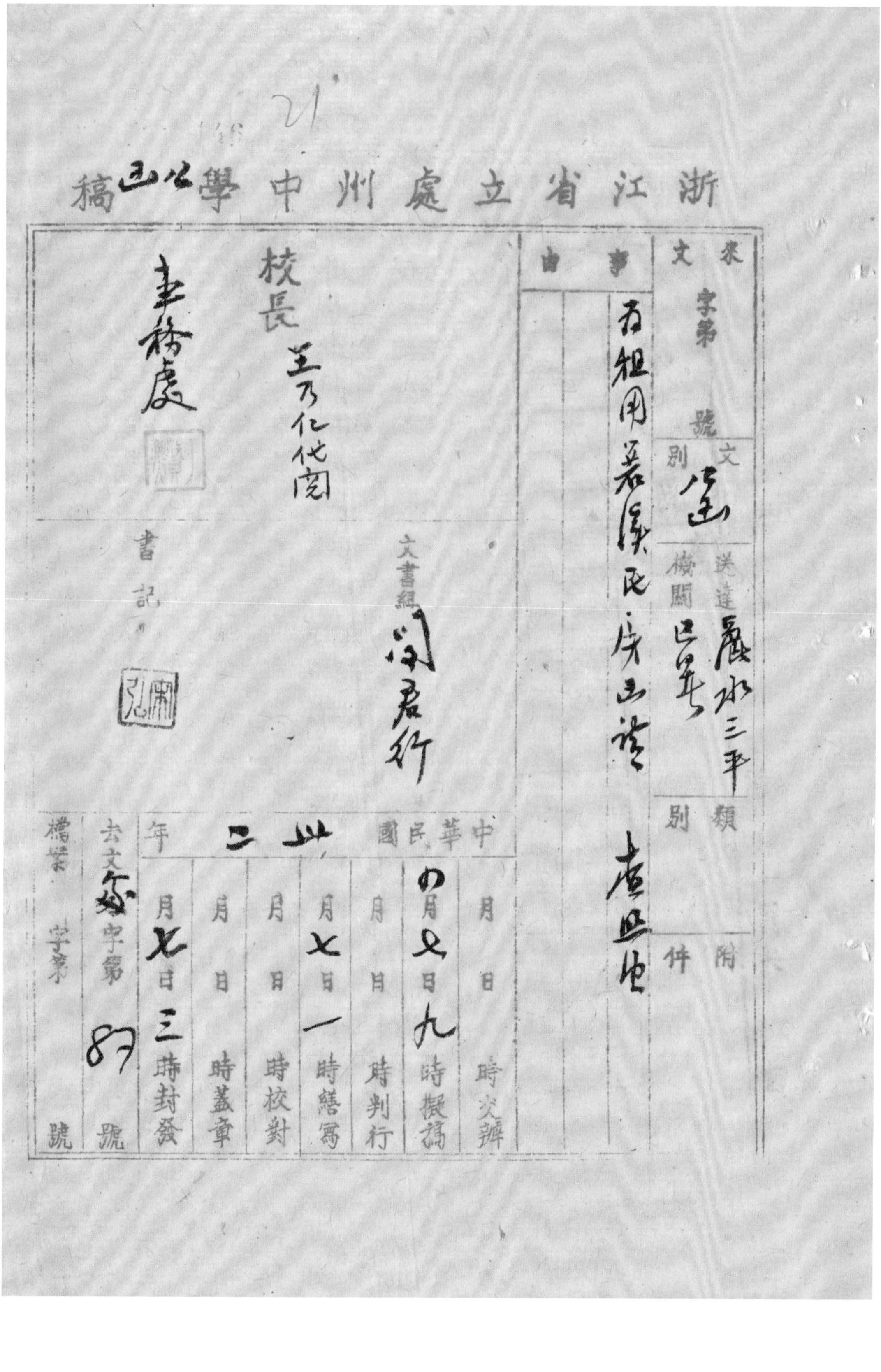

浙江省立处州中学关于租用箬溪民房作疏散物资之用致丽水县三平区署的公函（一九四三年四月七日）

查本中学以地邻战区，近且屡遭敌机频袭，为防轰炸，以策万一起见，校址有间曾租用箬溪村民房，作为本校疏散物资之用，相应函达，即请查照为荷。

此致

丽水三区区署

校长 侯○○

浙江省立处州中学、浙江省教育厅关于一九四三年度第一学期在青田县设立分部事宜的来往文书（一九四三年五月一日至二十日）

浙江省立处州中学致浙江省教育厅的代电（一九四三年五月一日）

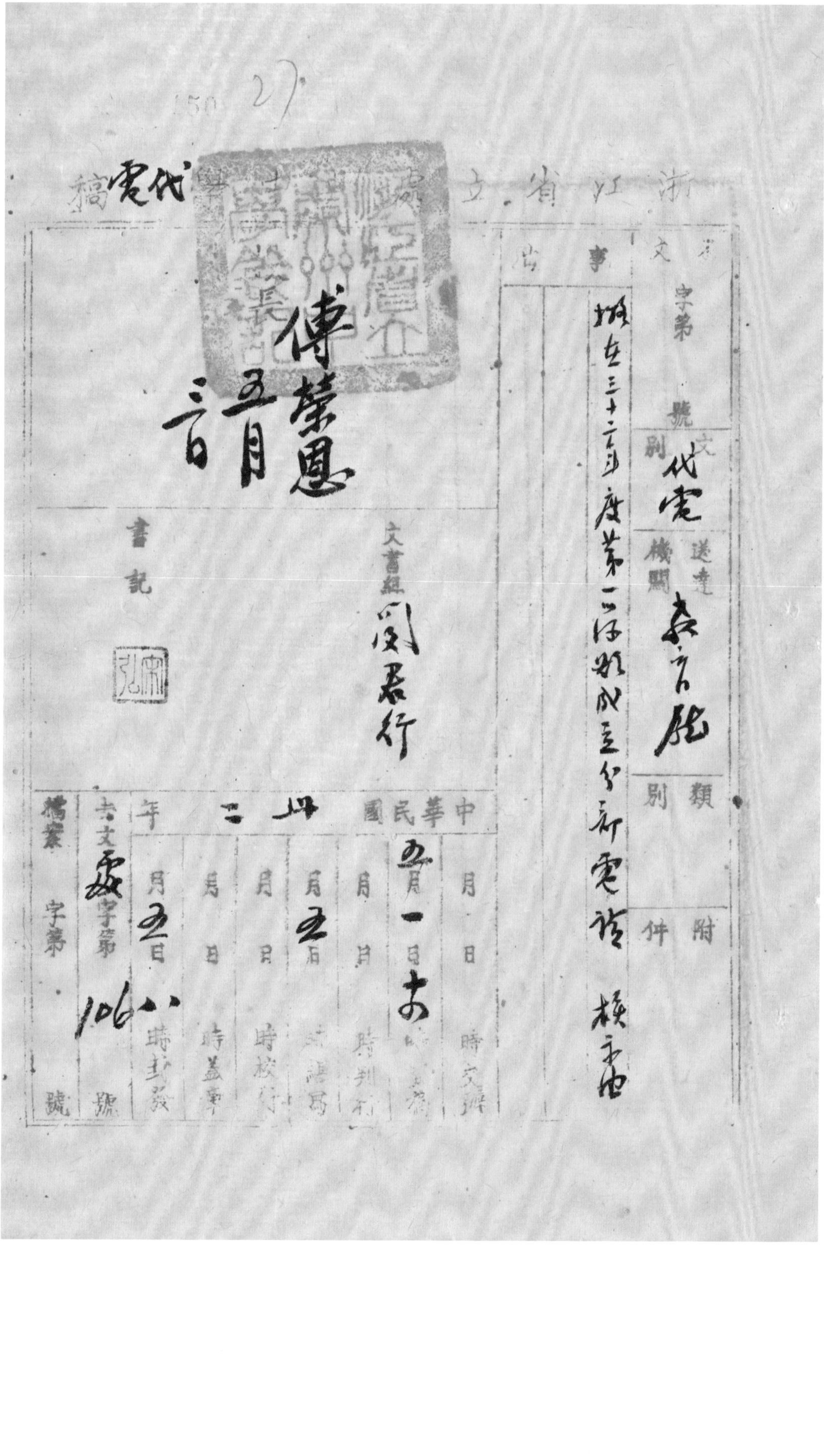

浙江省教育厅许厅长钧鉴：查本校前以金衢敌寇时有流窜之企图，为求全校师生安全起见，拟在吉田县境勘觅校址成立分部，作为一时搬迁之准备，当蒙钧座于字第124号代电饬在吉田县境先行勘觅适当校址，以备万一。本校为设分部事宜，于四月间来省向钧长述职之便，曾便道前往吉田考察，经勘得该县南乡整里地方，房舍宽大，粮食充足，堪合办学条件，于本学年下三十二年度第一学期在吉田成立分部之处，理合电请钧座备核，俾遵，至为公便。（全衔）侍[illegible]东叩

浙江省教育厅致浙江省立处州中学的快邮代电（一九四三年五月二十日）

浙江省教育廳快郵代電

章字第三七八號

事由：據報在青田形鏡覓得校址請准成立分部仰知照由

省立處州中學覽：徵代電悉，仍應遵照本廳中字第一二四四號代電飭知，毋庸成立分部，仰即知照。景教育廳辰哿章印

中華民國三十二年五月　日

浙江省立处州中学关于部分理化仪器暂存青田事致香山乡乡长的便函（一九四三年六月十二日）

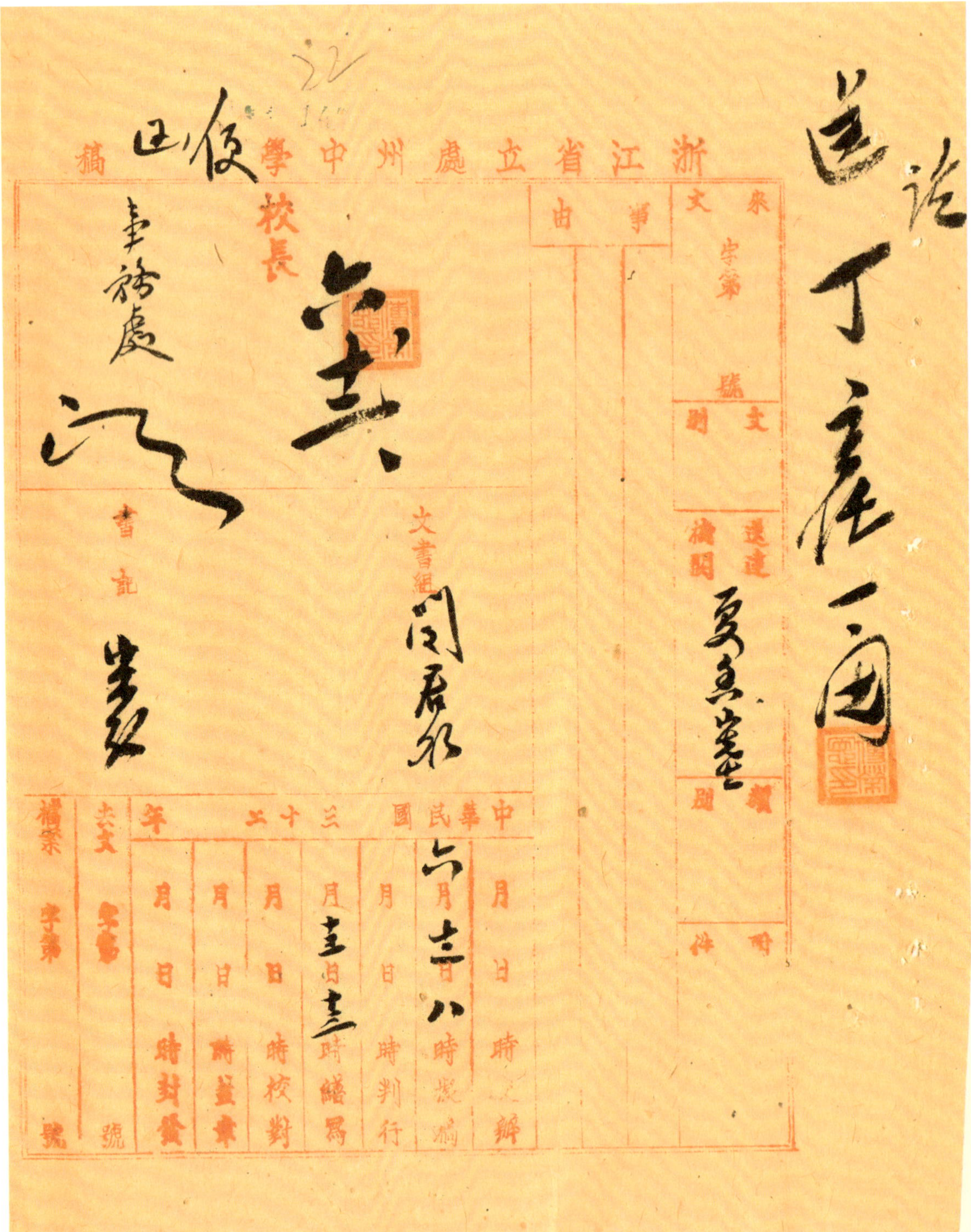

逵段先生：前由叔梓先生收到儀器一部分運 瑤
書，[illegible]暫存
尊處，非必要時再行擇地供職，並托為照管，煩
神之處，無任感荷，專此伸謝，並希
查照見復是荷。
此致
香山卿書先生
弟 戳 啟 五、十二
通訊處：二十一甲[illegible]仁宮

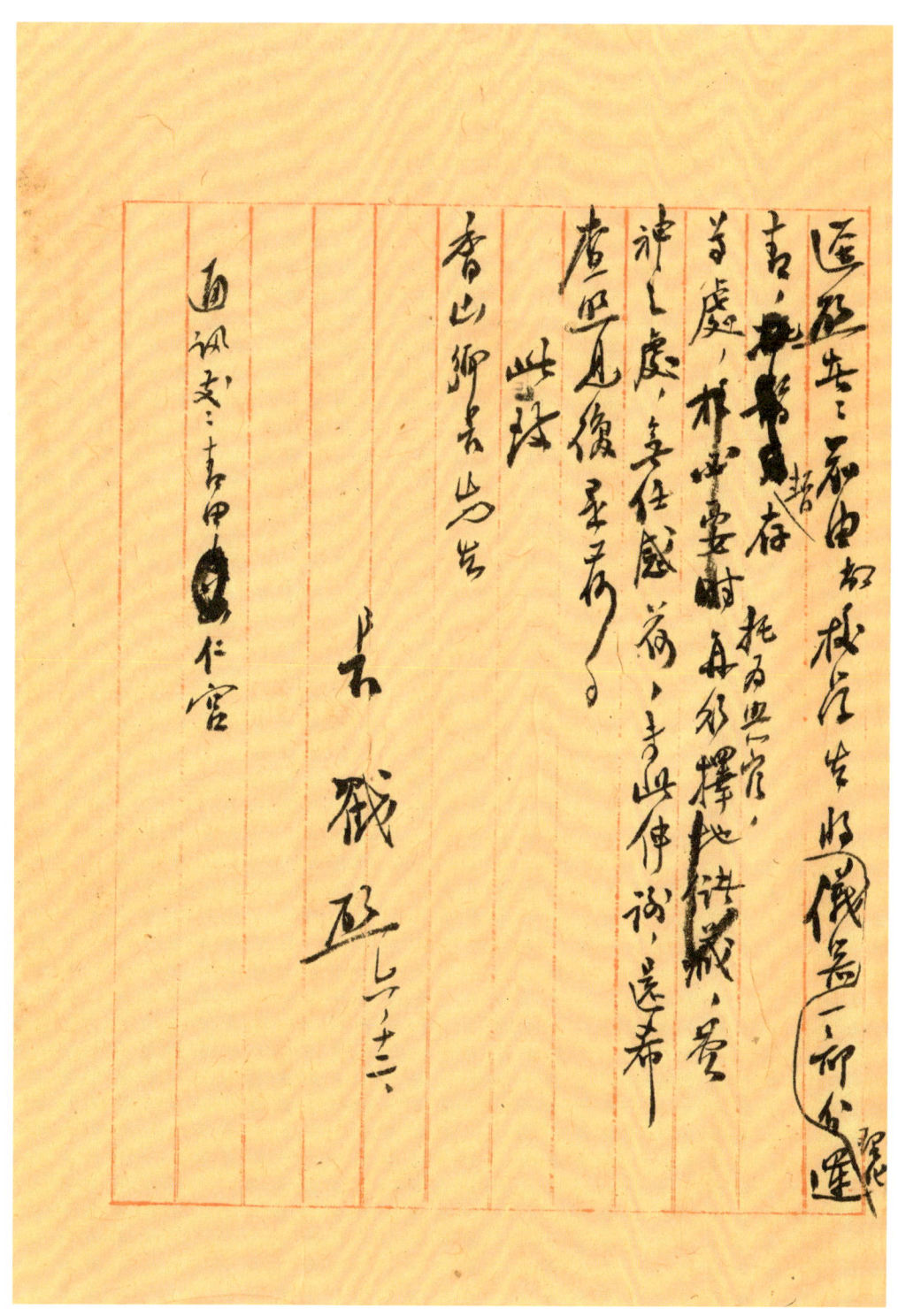

浙江省立处州中学关于迁回丽水高溪复课及补缴膳费杂费事致学生家长的通知（一九四三年十一月）

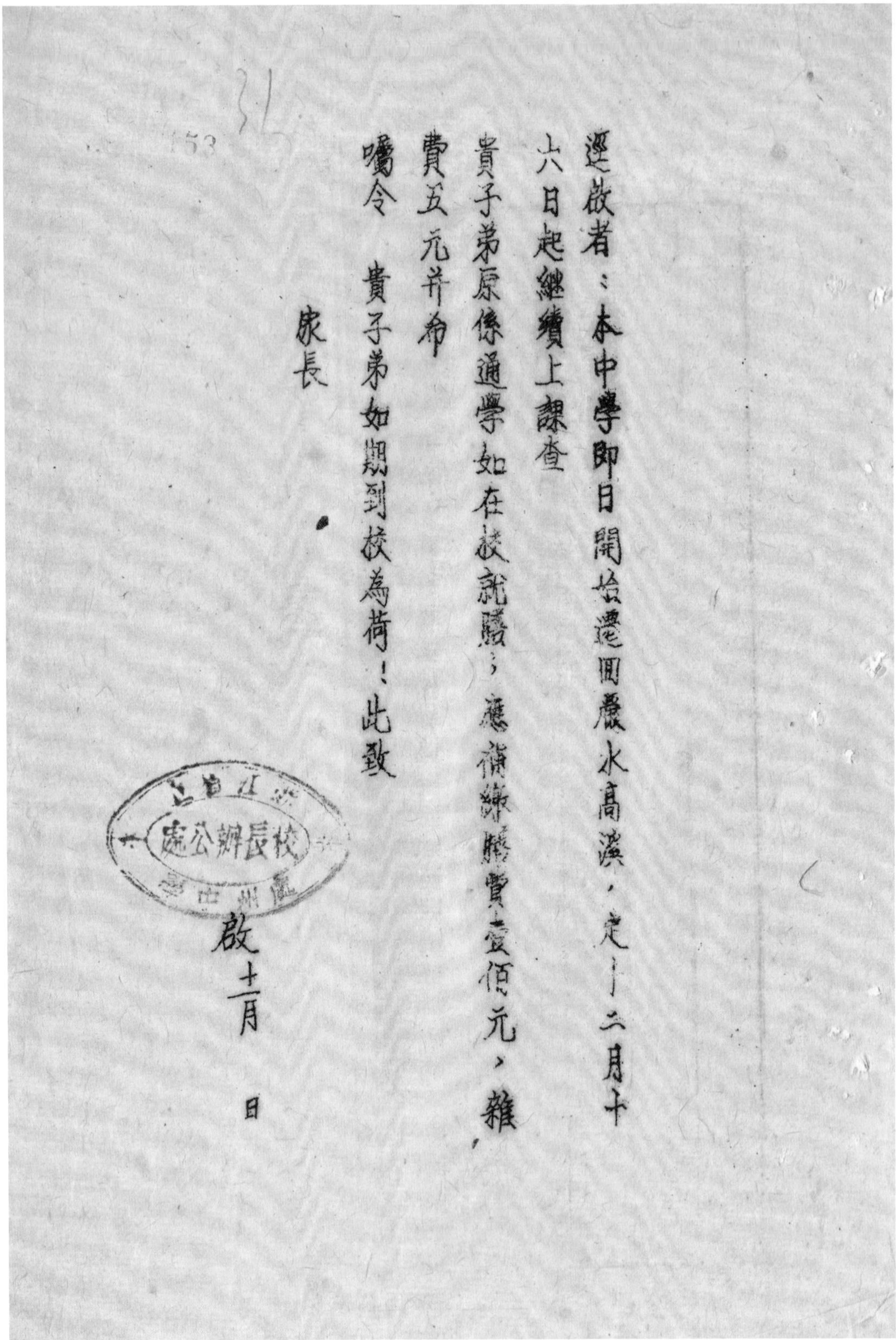

逕啟者：本中學即日開始遷回麗水高溪，定十二月十六日起繼續上課，查

貴子弟原係通學，如在校就膳，應補繳膳費壹佰元，雜費五元，並希

囑令　貴子弟如期到校為荷！此致

家長

浙江省立處州中學校長辦公處

啟

十一月　日

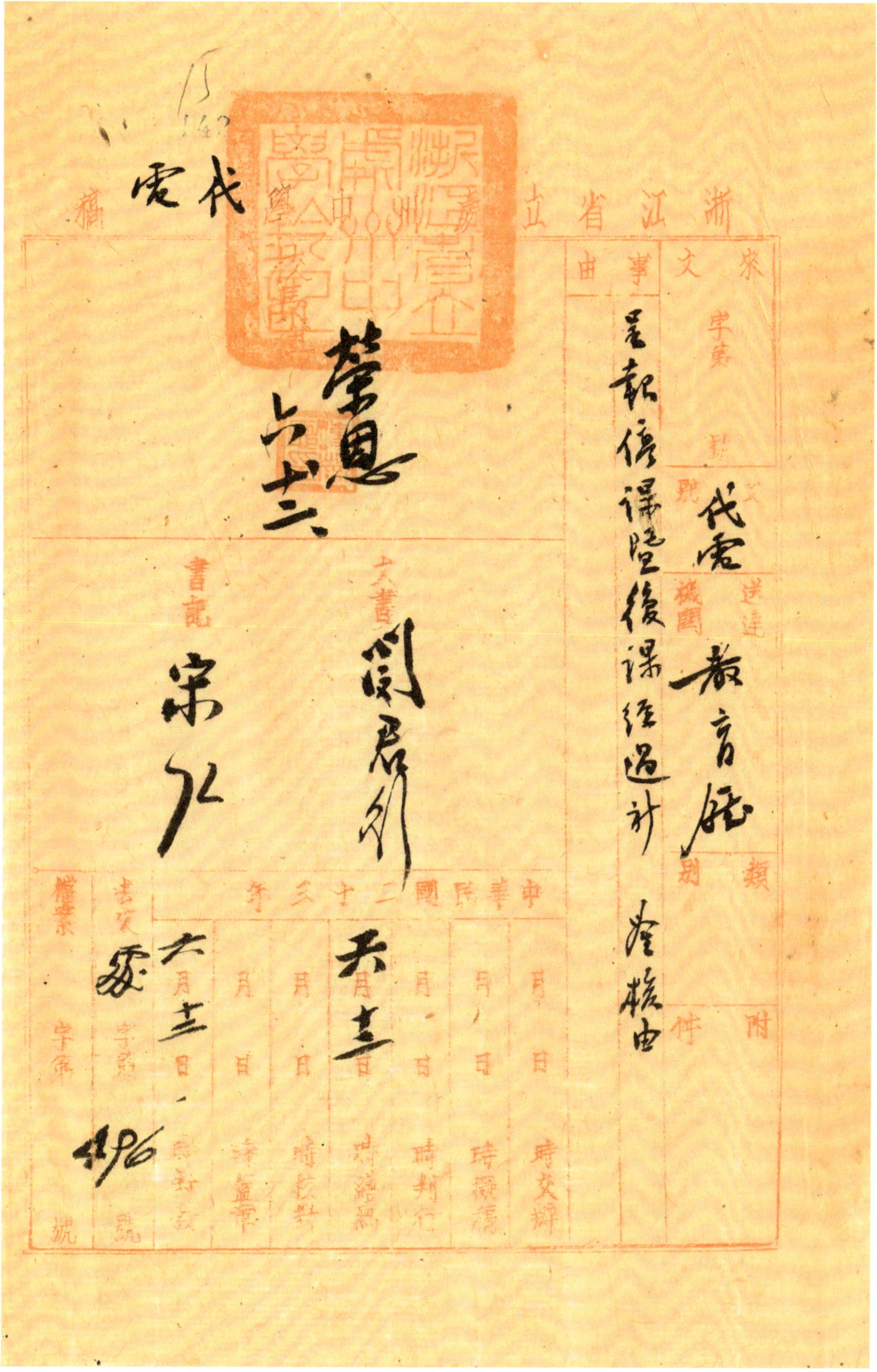
浙江省立处州中学代电稿

事由：呈報停課經過復課經過祈鑒核由

送達機關：教育廳

類別：代電

中華民國三十三年 六月十二日

浙江省立处州中学关于呈报停课复课经过情形致浙江省教育厅的代电（一九四四年六月十二日）

浙江省教育廳許廳長鈞鑒：查浙東匪徒於本月初又起暴動，分向永康、武義、縉雲竄擾，永康、武義且曾一度不守。本校為全體員生安全計，於六月三日召開臨時校務會議，經決議自六月四日起暫停授課，俟時局安定再行復課，並擇定麗水縣碧湖為撤退地點，疏散重要物資及儀器、圖書、文卷、帳冊等。旋以潘從武、縉雲、永康先後局勢轉佳，復經六月十日臨時校務會議決議於本月十四日正式復課，除登載浙江日報及東南日報通知各生返校外，謹合將此次停課復課經過暨疏散物資情形呈報鈞座核，至為公便。浙江省立處州中學校長傅學惠 文印。

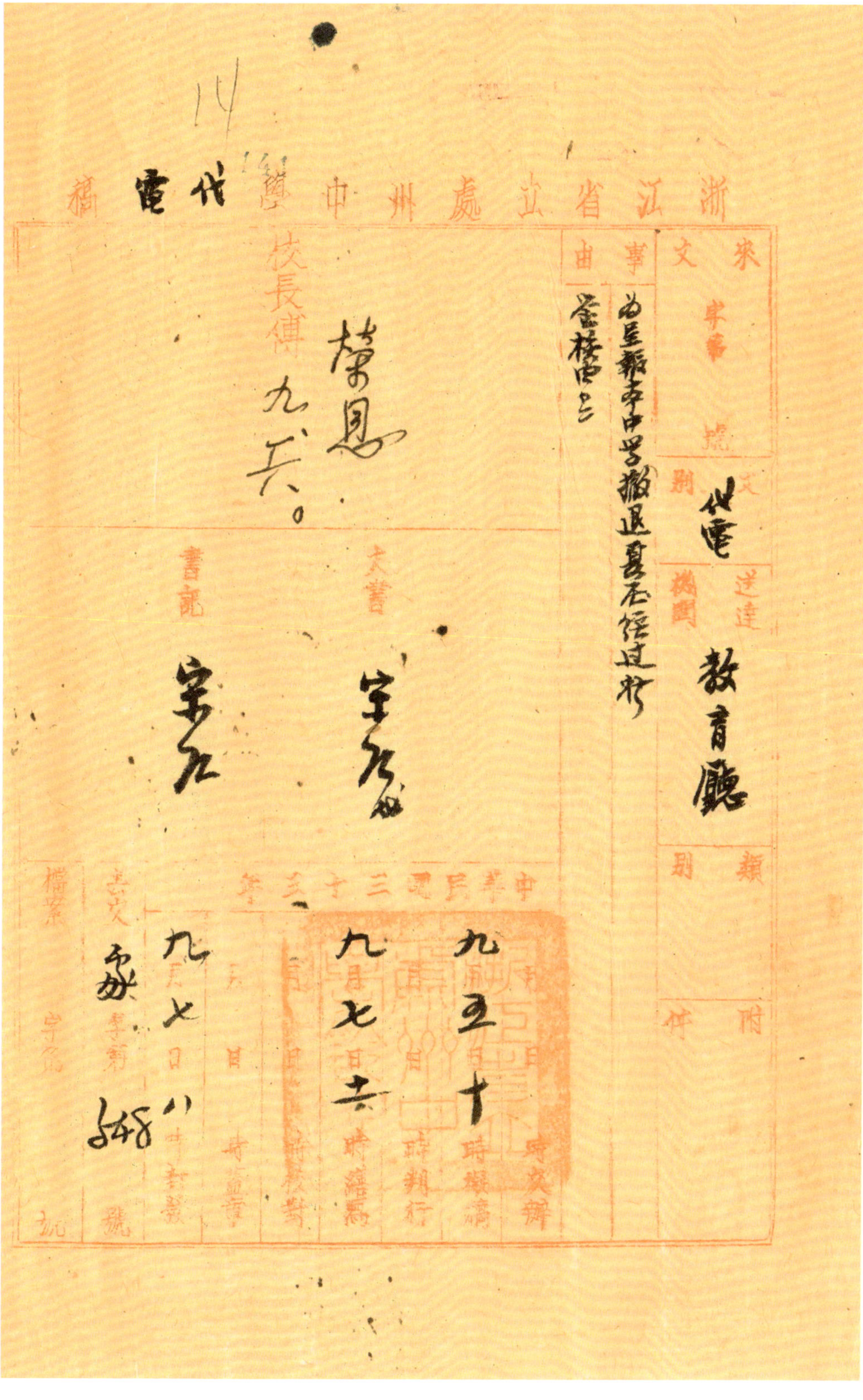
浙江省立處州中學代電稿
來文 字第 號
文別 代電
送達機關 教育廳
事由 為呈報本中學撤退夏庄經过形

浙江省立处州中学关于呈报撤退夏庄经过情形致浙江省教育厅的代电（一九四四年九月七日）

浙江省教育厅许厅长钧鉴：查八月中旬，浙东敌寇，又在金华武义一带增兵蠢动，本校为安全计，乃先将重要公物如仪器、文卷、簿册等，疏散善溪、岙园，书籍等重物件及次要者，均疏散至高溪附近（朱云坑、联城、大洪、朱山等地），旋于八月二十五日敌寇向丽城窜扰，乃于二十五日偕同初级男生二十四人及留校学生廿八名，撤退善溪，嗣以丽城不守，又继续撤至龙山夏庄。除一部分初级男生仍留居本原宅，使于管理校舍

[redacted]

外，一部分以家长供粮食关系，分居联山黄庄两处。至在高房舍，尚可应用，惟民粮问题尚未解决。

已开始办公[redacted]计划筹备开学，理合将撤退经过情形

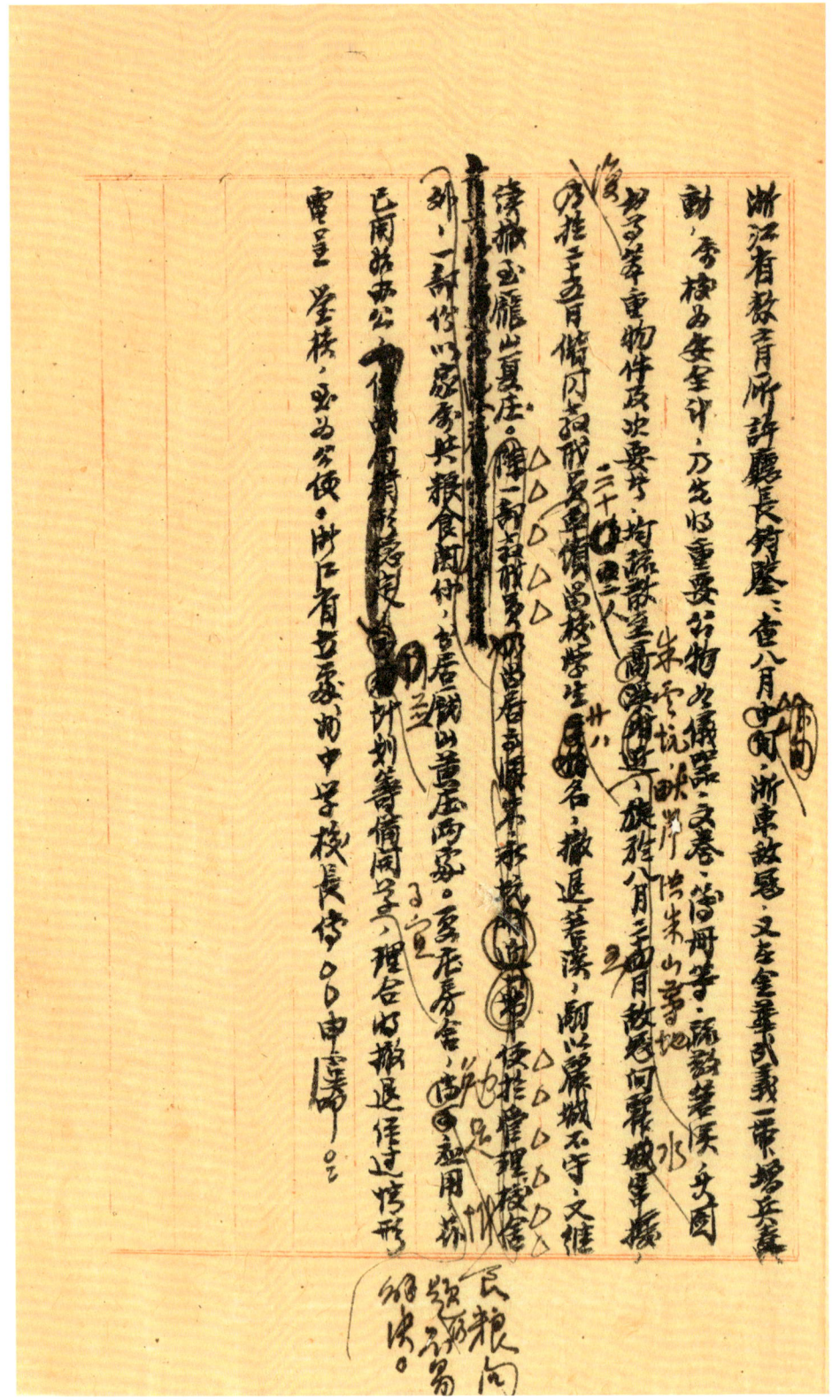

电呈　鉴核，是否可行，浙江省立处州中学校长徐〇〇申宥印

浙江省立处州中学关于呈报复课时间事致浙江省教育厅的电（一九四四年十月一日）

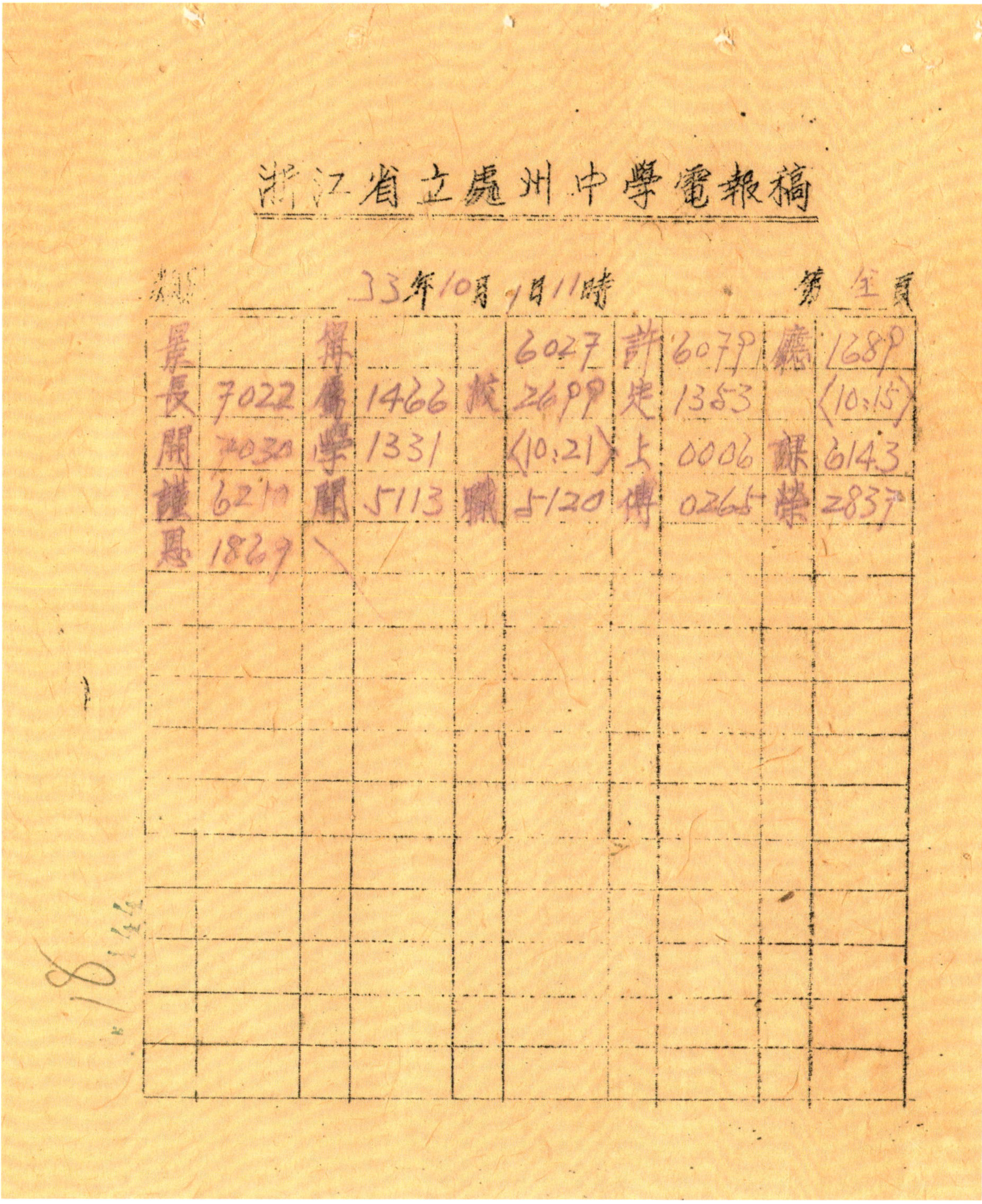

浙江省立處州中學電報稿

33年10月1日11時　　第全頁

景		解			6027	許	6079	廳	1689
長	7022	僑	1466	校	2699	定	1353		〈10:15〉
開	7030	學	1331		〈10:21〉	上	0006	課	6143
謹	6210	關	5113	職	5120	傳	0265	榮	2837
恩	1869	＼							

18

浙江省教育厅关于复员迁移时学生行动相关规定办法致浙江省立处州中学的训令（一九四五年九月十七日）

20

事由：為省立各中等學校於復員遷移行動時期對於在學學生應否率同行動規定辦法三項令仰知照由。

中華民國卅四年九月拾七日

浙江省教育廳訓令

章字第　號
民國三十四年

1147

令浙江省立處州中學

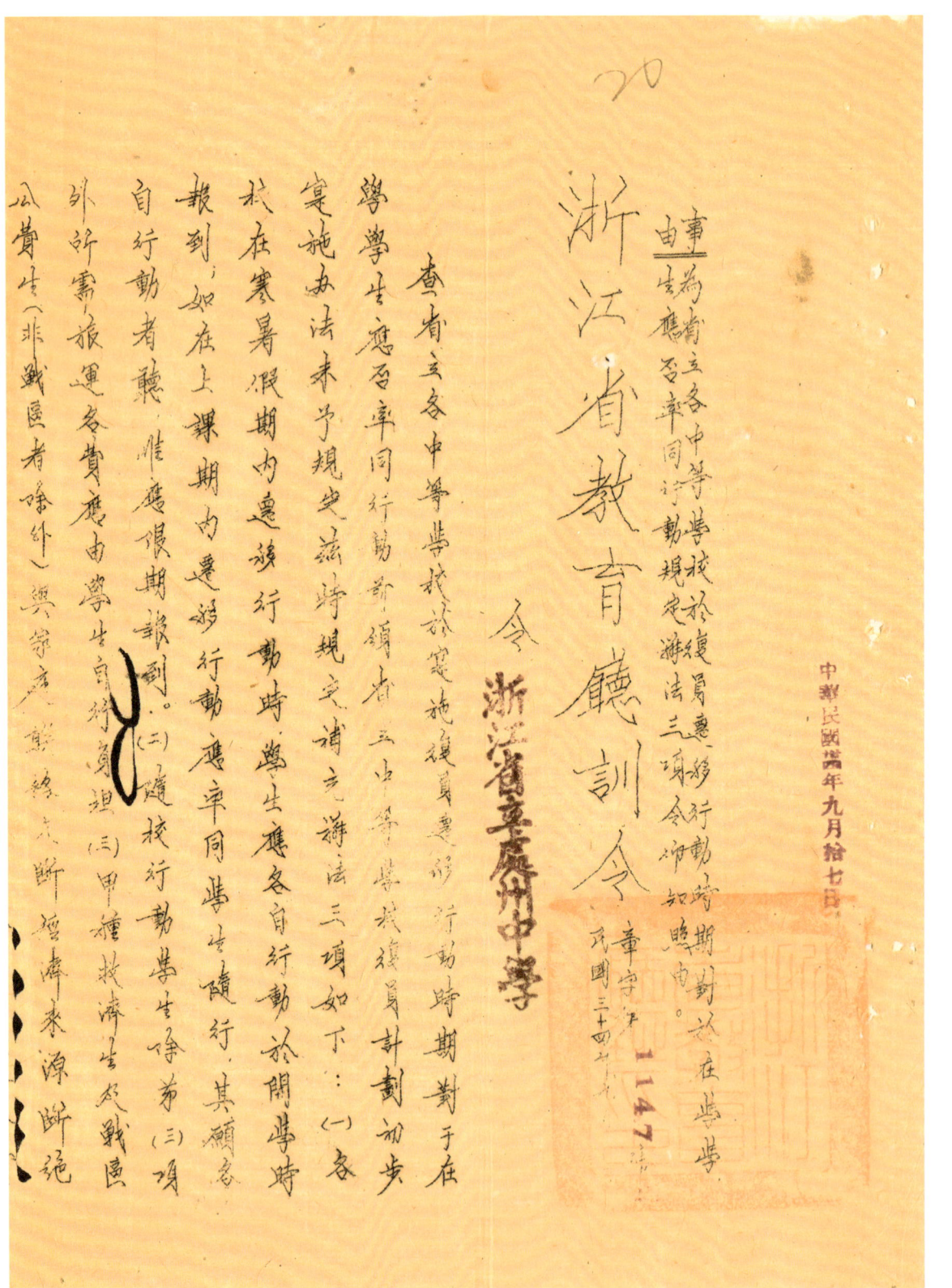

查省立各中等學校於實施復員遷移行動時期對于在學學生應否率同行動暨須省立中等學校復員計劃初步實施辦法未予規定，茲特規定補充辦法三項如下：(一)各校在寒暑假期内遷移行動時，學生應各自行動，於開學時報到；如在上課期内遷移行動，應率同學生隨行，其願各自行動者聽，惟應限期報到。(二)隨校行動學生除第(三)項外所需旅運各費，應由學生自行負擔。(三)甲種救濟生及戰區公費生（非戰區者除外）與家庭經濟來源斷絕

無力負擔，行動費用經查明確屬實在者，所需旅運各費得併在省撥各校復員經費項下支銷。嗣後如查有虛報冒混情事，校長應負連帶責任。以上規定，除分令外，合行令仰知照。此令。

廳長 許

（二）损失救济

浙江省教育厅关于抄发修正公务员雇员公役遭受空袭损害暂行救济办法致浙江省立处州民众教育馆的训令（一九四二年一月）

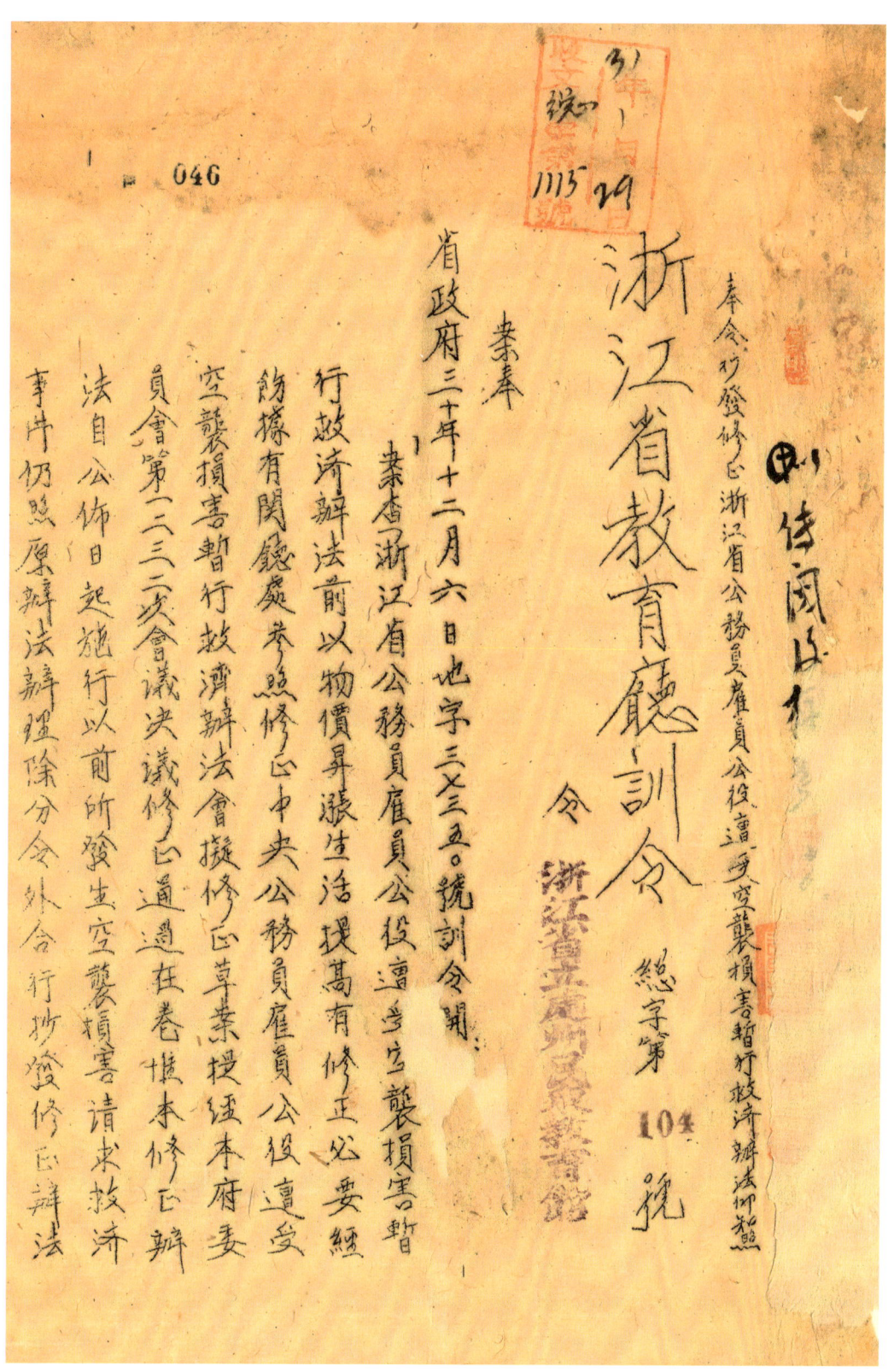

046

收文 31年1月29日 字第1115號

附件閱后存

奉令抄發修正浙江省公務員雇員公役遭受空襲損害暫行救濟辦法仰照

浙江省教育廳訓令　總字第104號

令　浙江省立處州民眾教育館

案奉

省政府三十年十二月六日地字三七三五〇號訓令開：

「案查浙江省公務員雇員公役遭受空襲損害暫行救濟辦法前以物價昇漲生活提高有修正必要經飭據有關廳處參照修正中央公務員雇員公役遭受空襲損害暫行救濟辦法會擬修正草案提經本府委員會第一二三二次會議決議修正通過在卷，茲本修正辦法自公佈日起施行以前所發生空襲損害請求救濟事件仍照原辦法辦理除分令外合行抄發修正辦法令仰知照，等因，奉此，除分令外，合行抄原件，令仰知照。

此令。

計抄發修正戰時各公務員雇員公役遭受空襲損害暫行救濟辦法一份

廳長 許紹棣

中華民國卅一年一月 日

校對莊泰覲
監印曾寶圖

047

修正浙江省公務員雇員公役遭受空襲損害暫行救濟辦法

一、本省為救濟公務員雇員公役遭受空襲損害特依照修正中央公務員雇員公役遭受空襲損害暫行救濟辦法第十六條之規定訂定本辦法

二、前條所稱之公務員係指省廳處區縣及其所屬機關區署等依法任用依法派用依法呈報省政府備案或在代理期內委任以上職員

雇員係指省廳處及區縣區署等機關編制內雇用之人員

公役係指省廳處及區縣區署等機關額定人員

三、公務員雇員公役被炸受傷者依左列規定酌給醫藥費

甲、公務員被炸受傷未達殘廢程度者得由服務機關長官按其受傷輕重依照左列規定酌給一次醫藥費

1、薦任以上人員得按其一個月至二個月俸額酌給之

2、委任人員視其俸額之高低一級至五級者照二個月至三個月俸額酌給之六級以下者照三個月至五個月俸額酌給之

3、聘任人員及派充人員可援照公務員卹金條例給予卹金者得按其月俸數目比照薦委任人員酌給

乙、雇员公役、被炸受伤以致残废或心神丧失不能服务者得按其最后薪资给予十个月薪资（一次恤伤费其受伤未达）残废或心神丧失程度者得酌给一个月至三个月一次医药费

四、公务员雇员被炸殉难及因伤重致死者得核给殓埋费以三百元为度

公役被炸殉难及因重伤致死者得核给殓埋费壹百元

五、公务员雇员公役被炸殉难及因重伤致死或肢体残废心神丧失不能继续服务者除照本办法分别核给殓埋费医药费或救济费外其应领恤金仍各依定章办理

公务员雇员公役因空袭办理警卫消防救护抢运公物及其他外差亨宜致受伤殉难或私财损失者除照本办法及抚恤法规分别核给医药费殓埋费救济费及恤金外并得分别酌给特别奖恤金

六、各机关对于公务员雇员公役得办理团体人寿保险（包括意外险在内）保险费以由各员役自付为原则但每月实支俸工饷在一百元以内者得由各该机关酌给每年十元以内之补助费

投保办法由各机关与办理人寿保险机关商讨之

七、公务员雇员公役之直系亲属或配偶遇难经查明确系无力自行殓埋者死亡一名发给殓埋费一百元未成年者减半

八、公務員雇員公役之直系親屬或配偶受傷無力自行醫治者
得分別傷勢輕重酌給醫藥費每名不得超過四十元
公務員雇員私物被毀者由本機關查明情形依左列規定酌
給救濟費
甲、公務員雇員無家屬在任所一身財物遭受損失者得按損
失輕重依左列標準分別核給救濟費
1、月俸寔支在一百元以內者給費不得超過四個月寔支
俸
2、月俸寔支在一百零一元至二百元以內者給費不得超
過三個月寔支俸
3、月俸寔支在二百零一元至三百元者給費不得超過二
個月寔支俸
4、月俸寔支在三百元以外者給費不得超過一個月寔支
俸
乙、公務員雇員有家屬在任所一家財物遭受損失者得按損
失輕重依左列標準分別核給救濟費
1、月俸寔支在一百元以內者給費不得超過六個月寔支
俸
2、月俸寔支在一百零一元至一百五十元者給費不得超
過五個月寔支俸
3、月俸寔支在一百五十一元至二百元者給費不得超過

四個月實支俸

4、月俸實支在二百零一元至二百五十元者給費不得超過三個月實支俸

5、月俸實支在二百五十一元至三百元者給費不得超過二個半月實支俸

6、月俸實支在三百元以外者給費不得超過二個月實支俸

但甲乙丙項標準其同一款中低級俸與高級俸給費總數額相差較遠者仍得由主管官酌量輕重變通辦理

九、公役無家屬在服務機關所在地一身財物遭受損失者得按損失輕重分別核給四十元至一百元之救濟費

公役有家屬在服務機關所在地一家財物遭受損失者得按損失輕重分別核給八十元至二百元之救濟費

十、省立或公立各級學校教職員及社會教育機關幹事以上人員或事務員書記暨勤務工遭受損失者得分別參照本辦法第八條及第九條之規定辦理

十一、凡依本辦法請求救濟者應照規定填具申請書（書式附）

十二、第八條及第九條所受損失不及所定各最低額者照損失財物酌給救濟費

十三、凡已向當地救濟機關領有卹金者不得再請領本辦法所規定之醫藥費或救濟費
十四、本辦法所定醫藥費救濟費特別獎卹金及因辦理團體人壽保險所需補助費以在各機關原有經費內勻支為原則，得呈請動支節餘經費
省府各廳處及其所屬機關如確無節餘或其他款項可資動用時得呈請動支省總預備費
縣與區署經費困難得呈請動支縣總預備費但因辦理人壽保險所需補助費不得動支
十五、本辦法所定醫藥費救濟費各機關因經費關係得酌量緊縮辦理
十六、各機關撥發醫藥費救濟費特別獎卹金及因辦理團體人壽保險所需補助費仍須報由上級主管機關依次核轉審計機關查核
十七、遭受空襲損害須於三個月內向其原服務機關請求救卹，其有特殊情形者經上級機關核准得延長之
十八、虛報或浮報損害藉請救濟者依法嚴予懲處
十九、軍警員兵遭受空襲損害不適用本辦法
二十、本修正辦法由省政府公佈施行至抗戰終了時廢止之

浙江省立处州民众教育馆职员汪琬遭受空袭损失救济申请书（一九四二年七月二十七日）

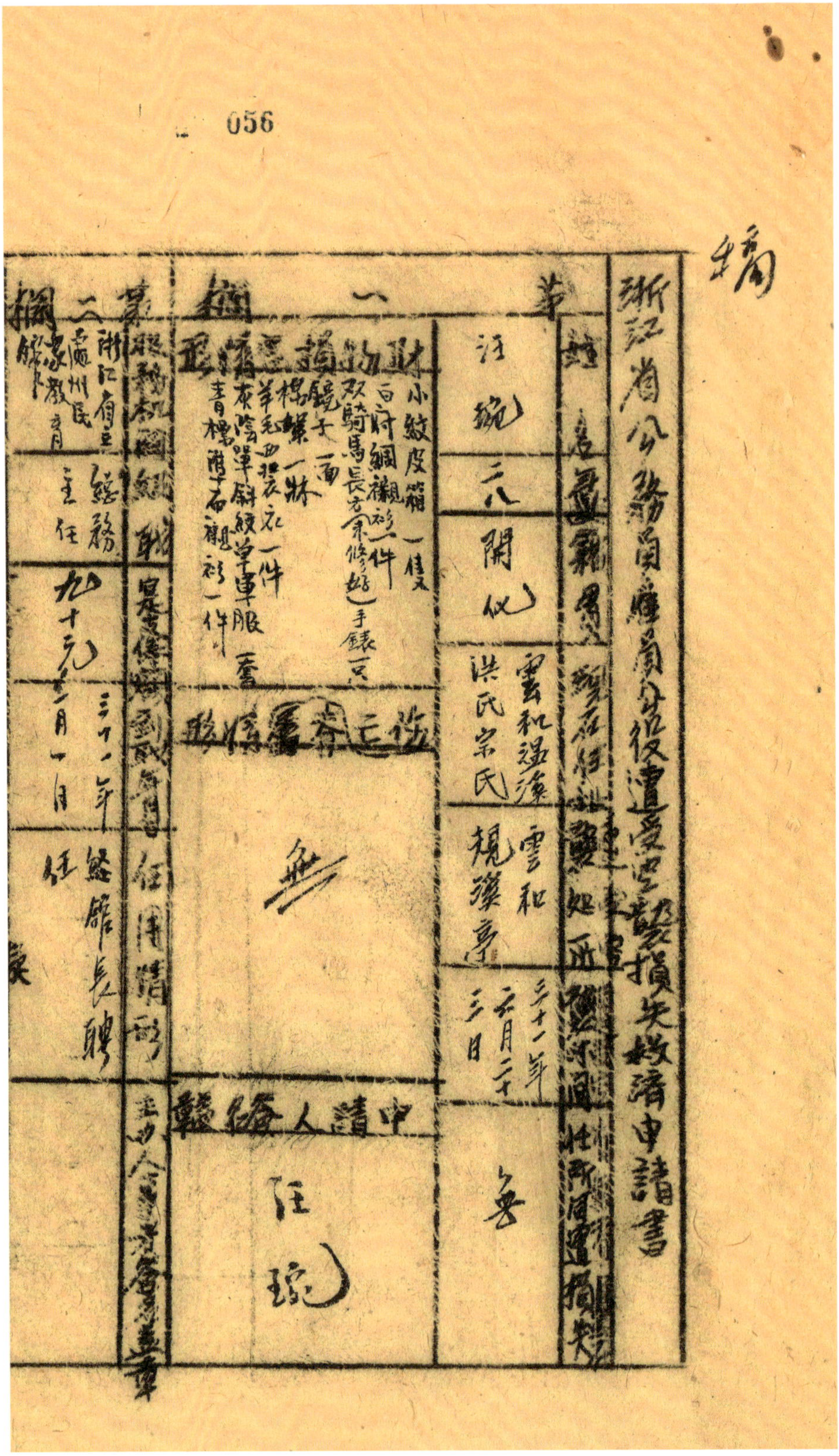

第三欄 調查意見	
	經查尚屬 實在擬請 賜准救濟
擬給何種費類	一、救濟費[illegible]之 二、殮埋費 三、醫藥費 四、特䘏金 五、特獎金
在何經項下動支	
主管長官簽名蓋章	

中華民國三七年七月　日

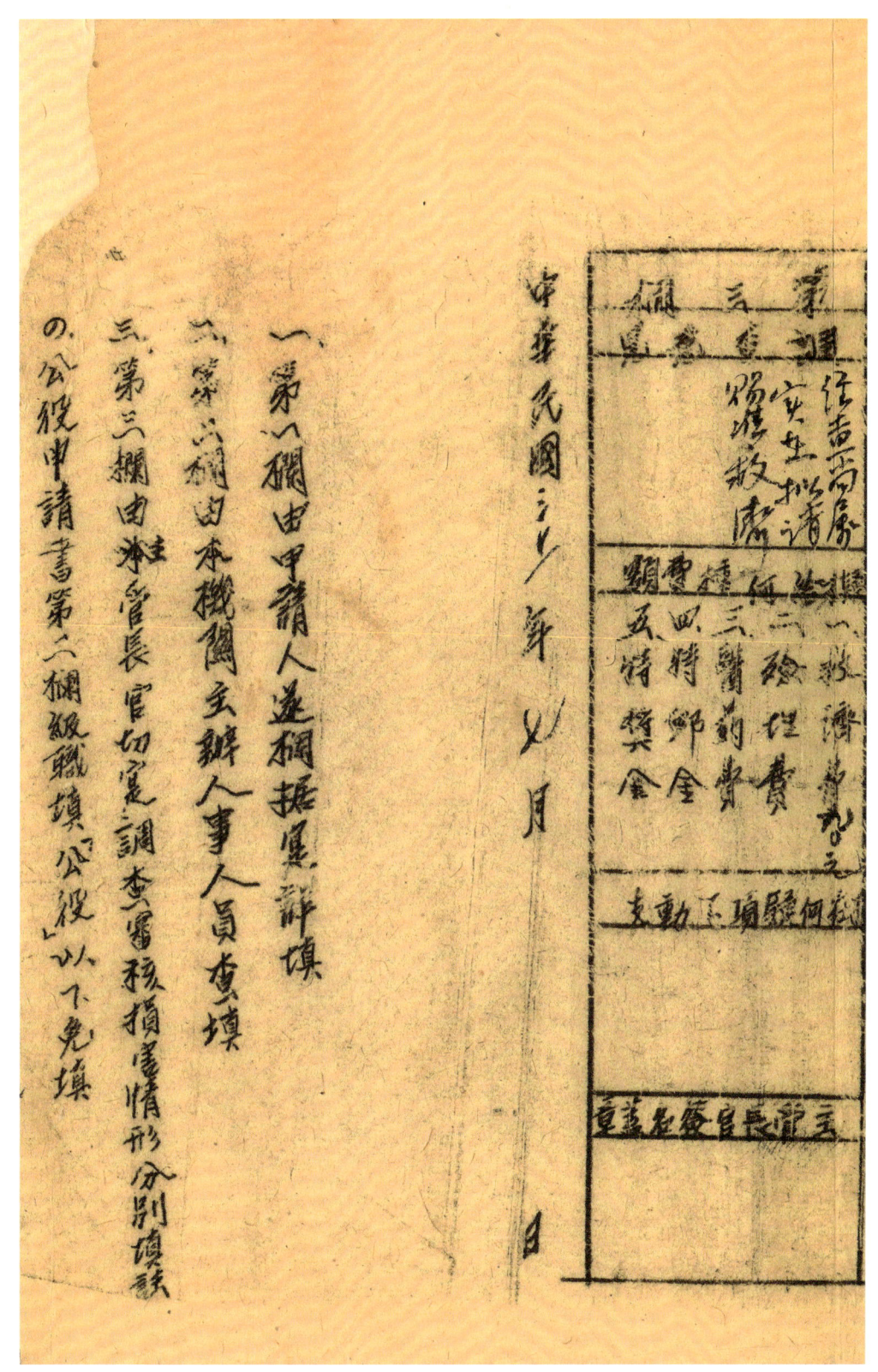

一、第一欄由申請人逐欄據實詳填
二、第二欄由本機關主辦人事人員查填
三、第三欄由主管長官切實調查審核損害情形分別填註
四、公役申請書第二欄級職填「公役」以下免填

浙江省立处州民众教育馆职员祝耀卿遭受空袭损失救济申请书（一九四二年七月二十七日）

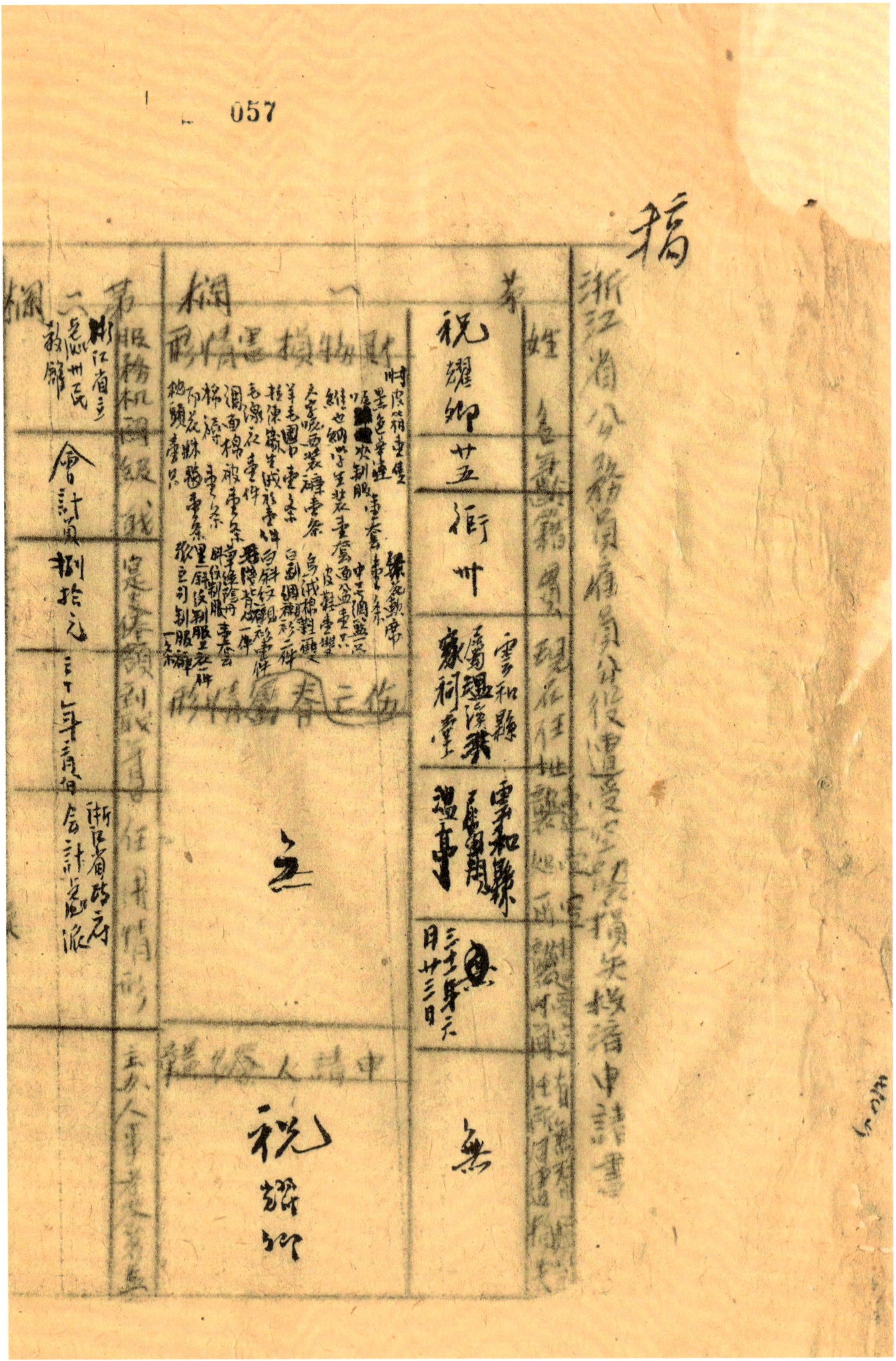
057

稿

浙江省公务员雇员公役遭受空袭损失救济申请书

姓名	年龄	籍贯
祝耀卿	廿五	云和县

申请人签名 祝耀卿

经查尚属
实，拟请
赐准救济

一、救济费
二、补助费
三、贷款
四、特别金
五、特奖金

二〇〇·六

中华民国三十八年七月　日

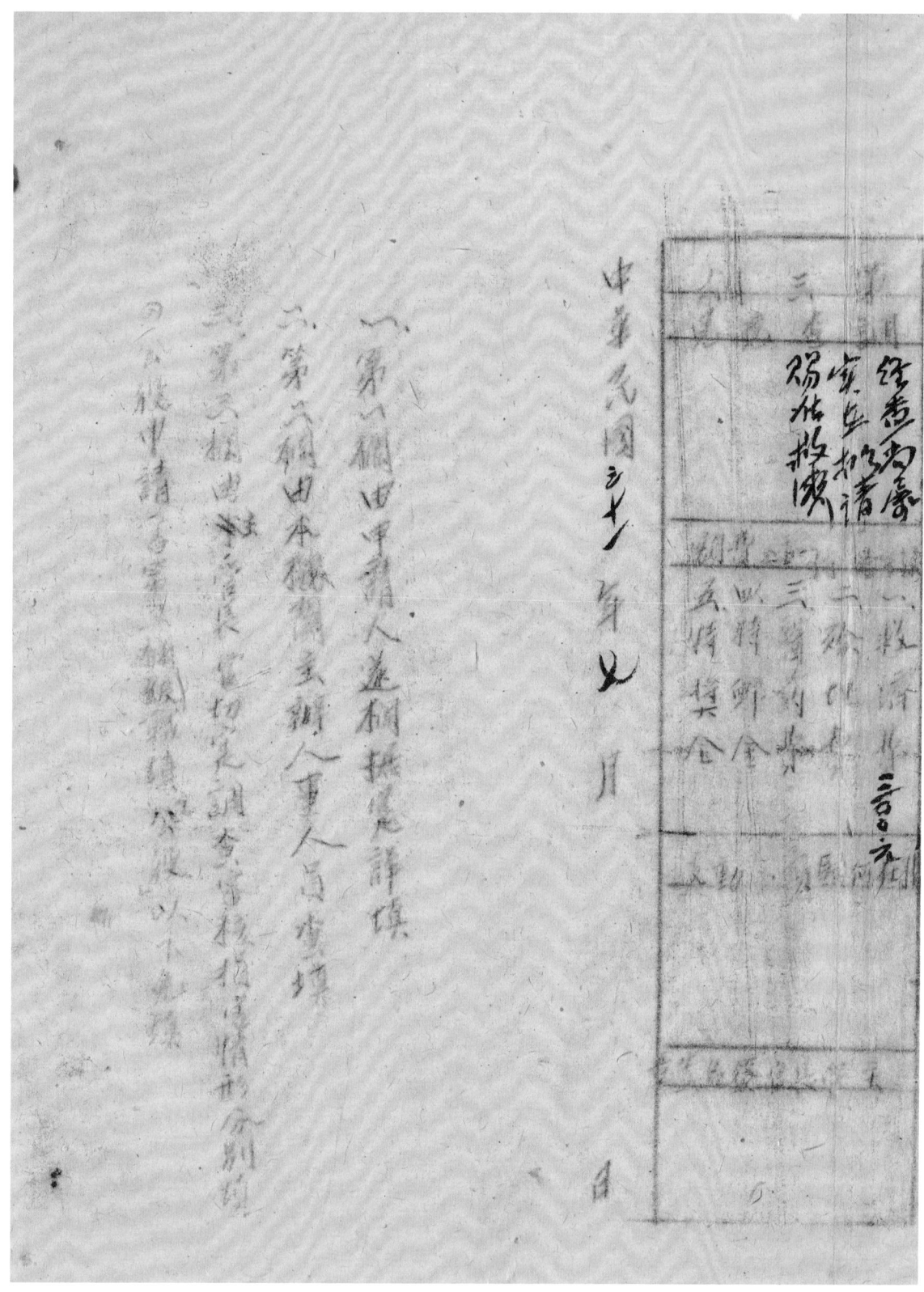

一、第一栏由申请人逐栏据实详填
二、第二栏由本机关主办人事人员查填
三、第三栏由主管长官切实调查审核核情形分别签
四、本申请书一面……填……以下……填

浙江省立处州民众教育馆职员赵思辉遭受空袭损失救济申请书（一九四二年七月二十七日）

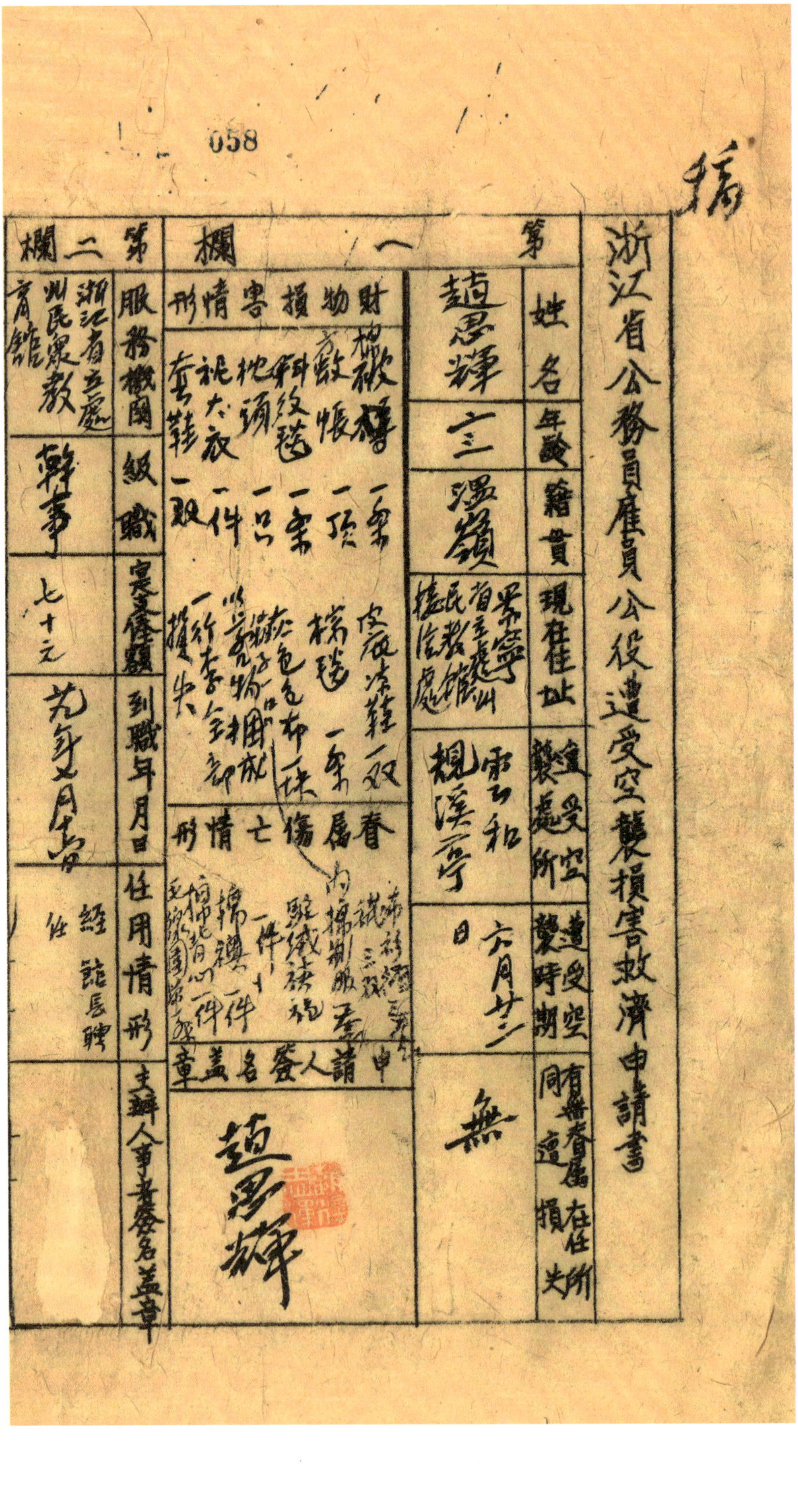

第三欄

調查意見

經查尚屬
實在擬請
酌給救濟

擬給何種費額

一、救濟費二〇〇〇元
二、殮埋費
三、醫藥費
四、特卹金
五、特獎金

擬在何項款下動支

主管長官簽名蓋章

中華民國三十一年七月廿七日

一、第一欄由申請人逐欄據實詳填
二、第二欄由本機關主辦人事人員查填
三、第三欄由主管長官切實調查審核損害情形分別填註
四、公役申請書第二欄級職填「公役」以下三欄免填

浙江省立处州民众教育馆职员徐爱瑗遭受空袭损失救济申请书（一九四二年七月二十七日）

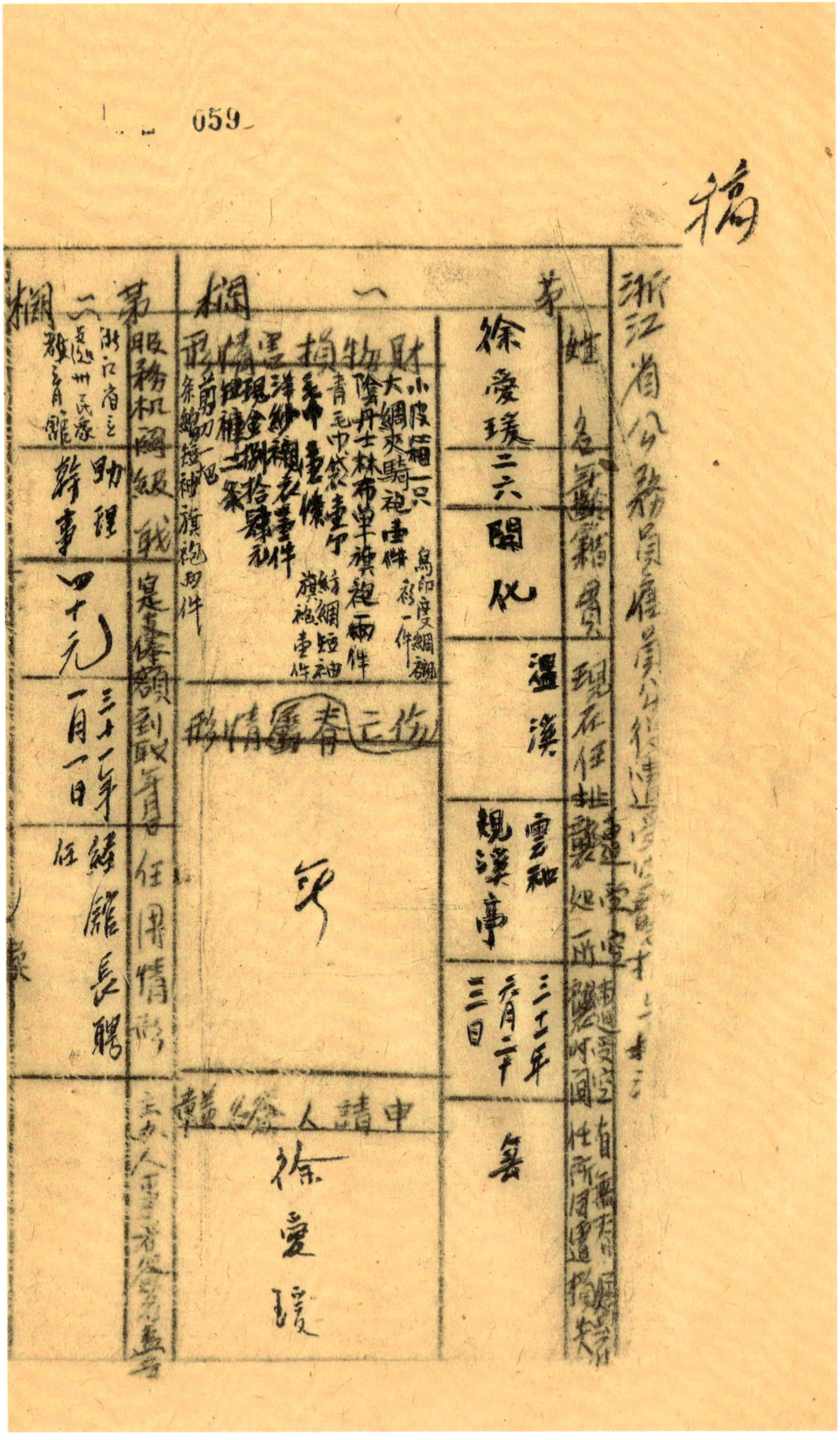
059

稿

浙江省公务员役遭受空袭损失救济申请书

第一栏
姓名 徐愛瑗
年齡 二六
籍貫 閩侯
現在住址 雲和 規溪亭
被災日期 三十一年六月二十三日
財物損失情形 小皮箱一只；大綢夾騎袍壹件；烏印度綢襯衫一件；陰丹士林布單旗袍兩件；紡綢短袖旗袍壹件；青毛巾毯壹條；毛巾壹條；洋紗襯衣壹件；現金拾元；……；剪刀一把；……旗袍貳件
傷亡情形 無

第二欄
服務機關級職 浙江省立處州民眾教育館 助理幹事
薪俸額 四十元
到職年月 三十一年一月一日
任用情形 館長聘任
申請人簽名蓋章 徐愛瑗

第三欄 調查意見	經查尚屬實在擬請照所撥款
核定補助種類	一、救濟費四百元 二、殮葬費 三、醫藥費 四、特卹金 五、特獎金
主管長官簽章	

中華民國三十七年七月　日

一、第一欄由申請人逐欄據實詳填

二、第二欄由承辦機關主辦人事人員查填

三、第三欄由該管長官切實調查審核損害情形分別填註

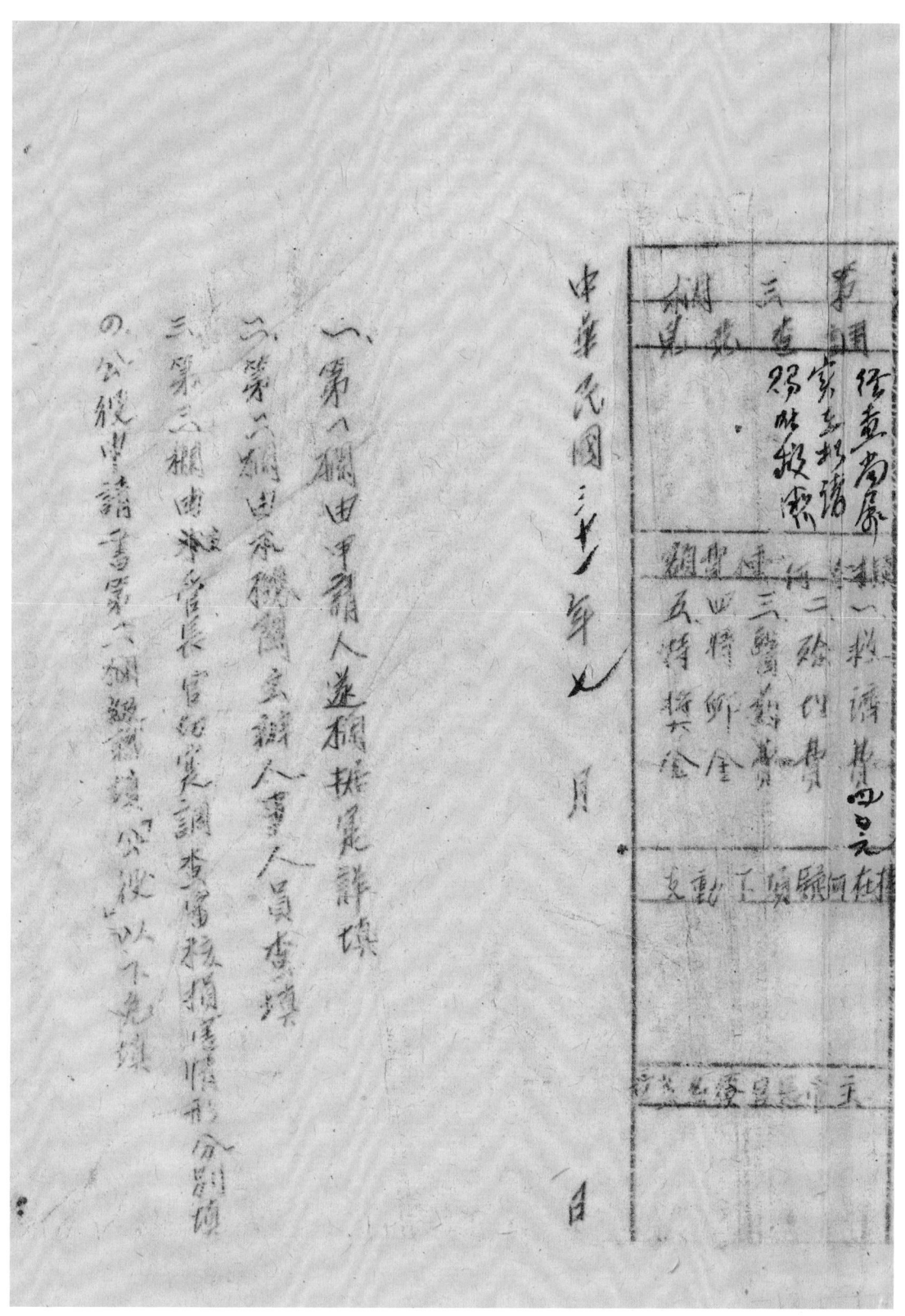

四、公役申請書第六欄經費填"公役"以下免填

浙江省立处州民众教育馆职员徐凤飞遭受空袭损失救济申请书（一九四二年七月二十七日）

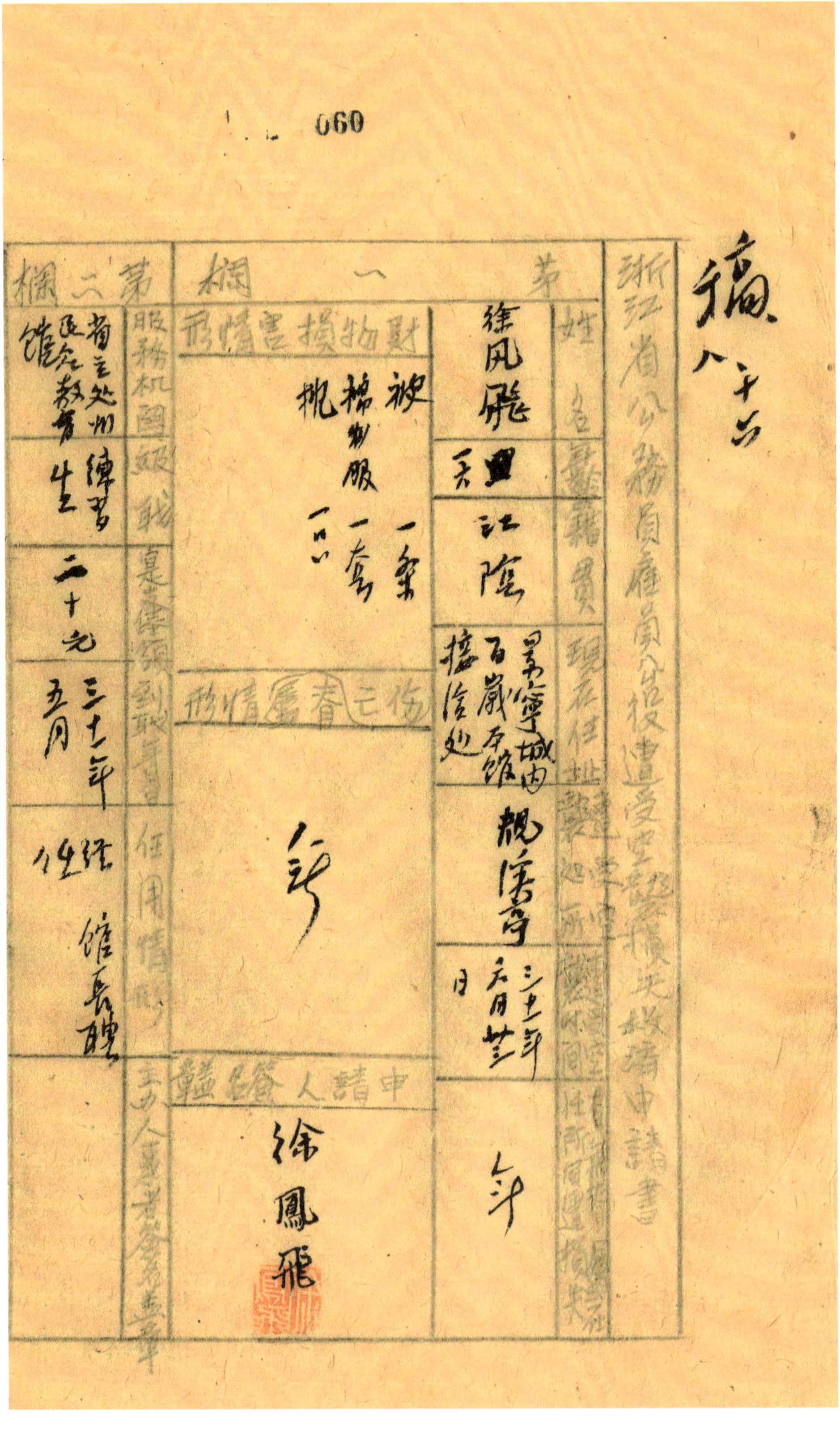

060

摘 八十六

浙江省公務員雇員公役遭受空襲損失救濟申請書

第一欄

姓名	徐鳳飛
年齡	四歲
籍貫	江陰
現在住址	景寧城內百歲原館播音處
遭受空襲處所	觀音亭
遭受空襲時間	三十一年六月廿三日
財物損害情形	被一條 棉制服一套 枕一只
傷亡眷屬情形	無
申請人簽名蓋章	徐鳳飛（印）

第二欄

服務機關	省立處州民眾教育館
級別	練習生
是否係	二十九
到職年月	三十一年五月
任用情形	任經
主管人員簽名蓋章	館長 [illegible]

第三欄
調查意見
經查尚屬實擬請照給救濟
擬給何種費額
一、救濟費 七百元 二、喪葬費 三、醫藥費 四、特卹金 五、特獎金
擬給何項不動產
主管長官簽名蓋章

中華民國三十七年七月　日

一、第一欄由申請人逐欄據實詳填

二、第二欄由本機關主辦人事人員查填

三、第三欄由主管長官切實調查審核損害情形分別填註

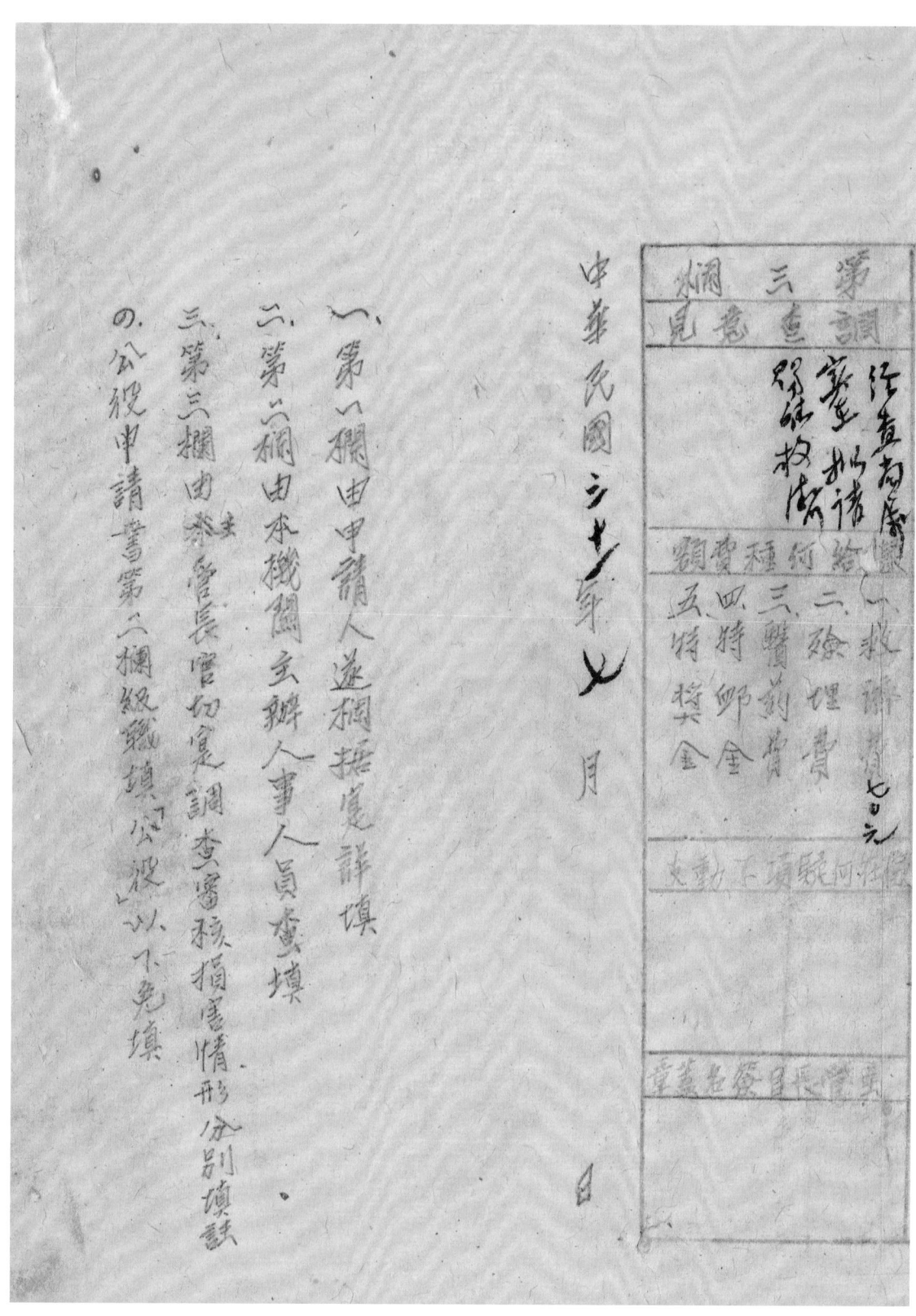

四、公役申請書第二欄級職填「公役」以下免填

浙江省立处州民众教育馆职员潘理保遭受空袭损失救济申请书（一九四二年七月二十七日）

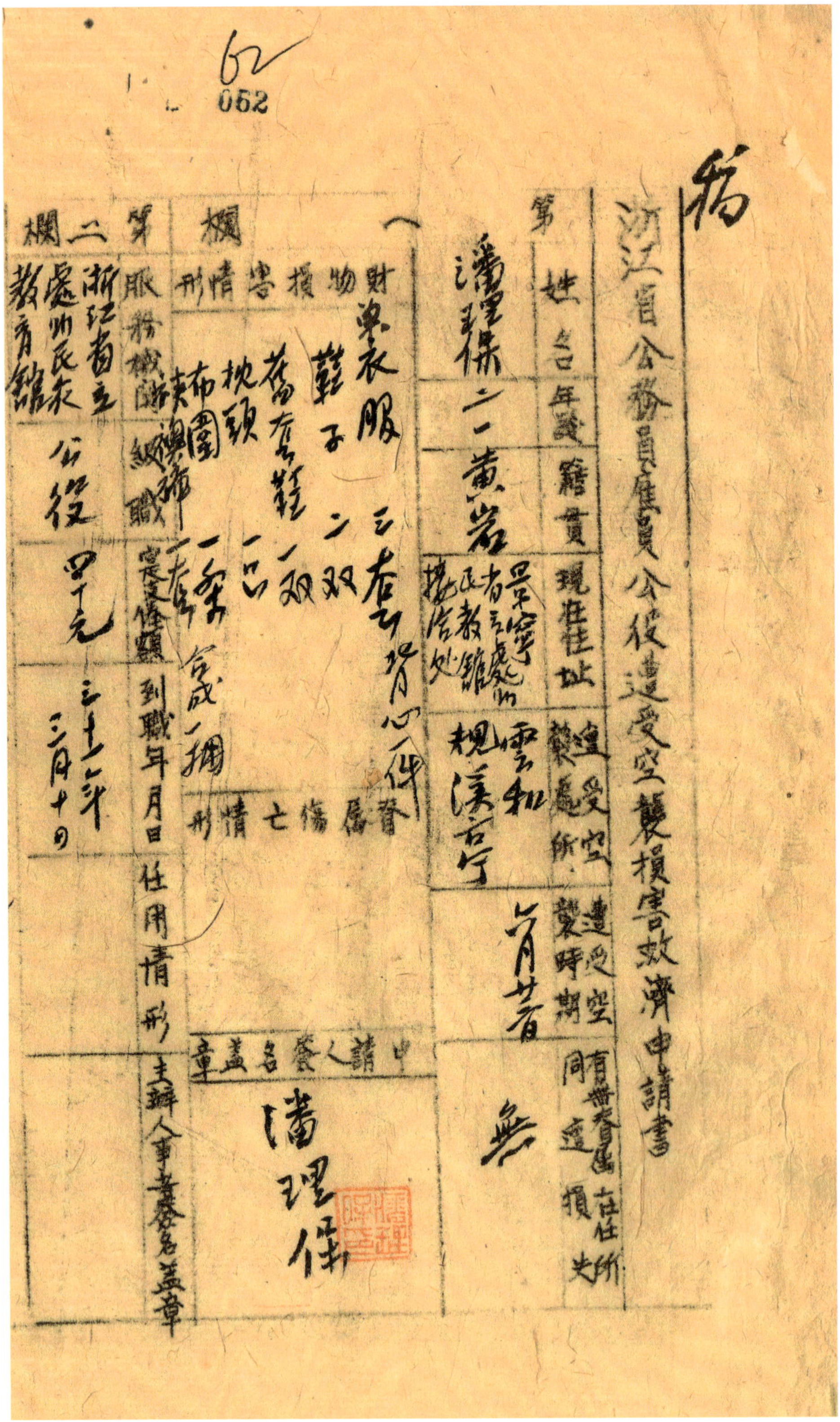

62
052

稿

浙江省公務員雇員公役遭受空襲損害救濟申請書

第一欄

姓名	年歲	籍貫	現在住址	遭受空襲處所	遭受空襲時期	有無眷屬在任所同遭損失
潘理保	二一	黃岩	景寧省立處州民教館推廣處	雲和規溪石亭	六月廿[illegible]	無

財物損害情形	眷屬傷亡情形
單衣服三套 背心一件 鞋子二双 蓆套鞋一双 枕頭一只 布圍一条 夾被褥一套 合成一捆	

第二欄

服務機關名稱	級職	實支俸額	到職年月日	任用情形
浙江省立處州民衆教育館	公役	四十元	三十一年三月十日	

主辦人事者簽名蓋章

申請人簽名蓋章 潘理保 （印：潘理保）

第三欄 調查意見

經查尚屬實在擬請賜准撥發

擬給何種費額

一、救濟費 八〇元

二、殓埋費

三、醫藥費

四、特卹金

五、特獎金

擬在何款項下動支

主管長官簽名蓋章

中華民國三十八年九月 日

一、第一欄由申請人逐欄據實詳填

二、第二欄由本機關主辦人事人員查填

三、第三欄由主管長官切實調查審核損害情形分別填註

四、公役申請書第二欄級職填「公役」以下三欄免填

浙江省立处州民众教育馆职员赵益钟遭受空袭损失救济申请书（一九四二年七月二十七日）

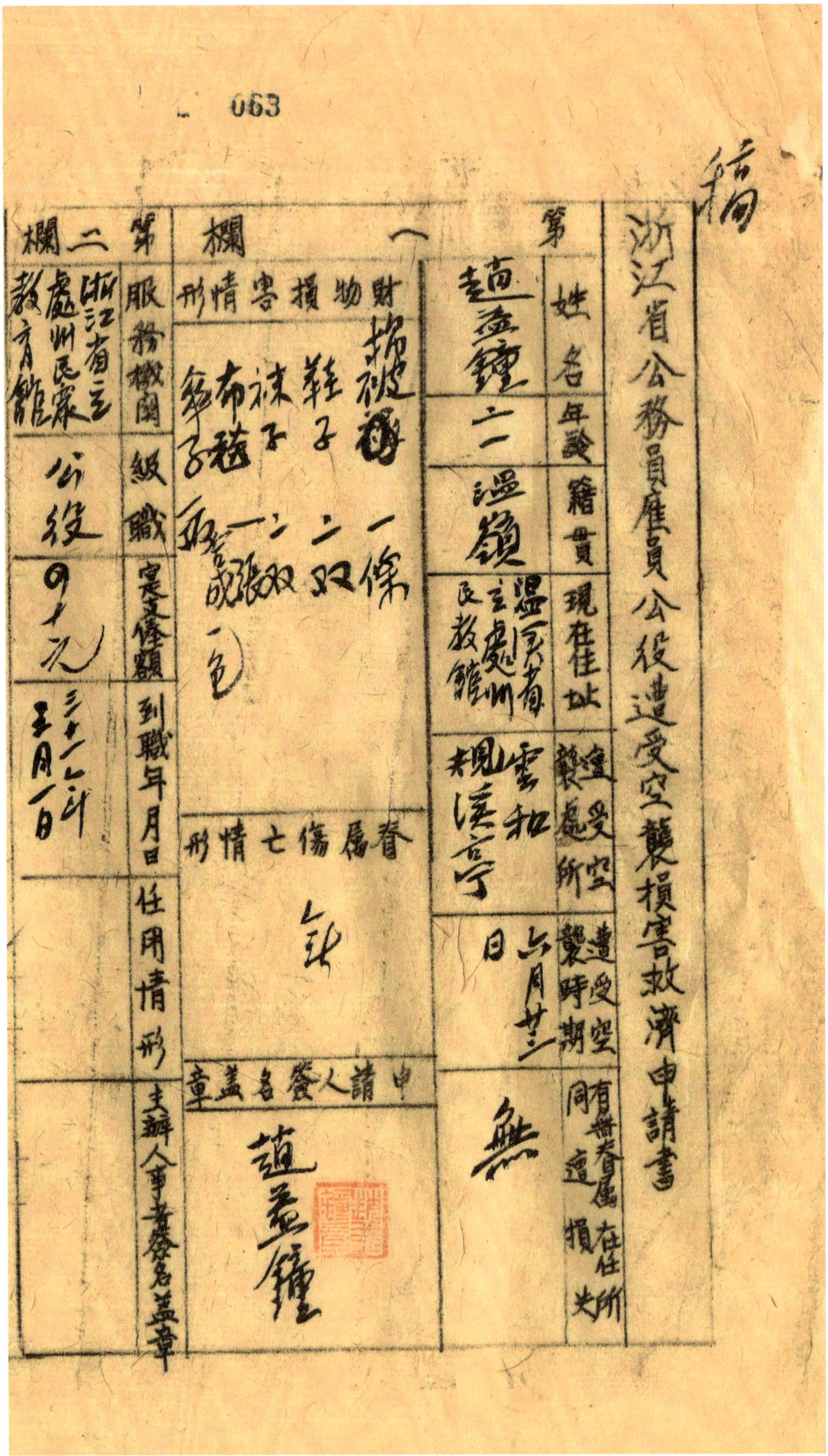
063

稿

浙江省公務員雇員公役遭受空襲損害救濟申請書

第一欄

姓名：趙益鍾
年齡：二二
籍貫：温嶺
現在住址：浙江省立處州民教館
遭受空襲處所：雲和規溪亭
遭受空襲時期：六月廿三日
同居眷屬在任所有無遭損失：無
財物損害情形：棉被一條　鞋子二双　袜子二双　布毯一張　箱子一只已成灰
眷屬傷亡情形：無
申請人簽名蓋章：趙益鍾

第二欄

服務機關：浙江省立處州民衆教育館
級職：公役
實支俸額：四十元
到職年月日：三十一年五月一日
任用情形：
主辦人事者簽名蓋章：

第三欄	
調查意見	經查尚屬實在報請賜准救濟
擬給何種費額	一、救濟費八〇元 二、殮埋費 三、醫藥費 四、特卹金 五、特獎金
擬在何項下動支	
主管長官簽名蓋章	

中華民國三十一年七月　　日

一、第一欄由申請人逐欄據實詳填
二、第二欄由本機關主辦人事人員查填
三、第三欄由主管長官切實調查審核損害情形分別填註
四、公役申請書第二欄級職填「公役」以下三欄免填

浙江省立处州民众教育馆关于职员遭受空袭损失请求救济事致浙江省教育厅的呈（一九四二年七月二十九日）

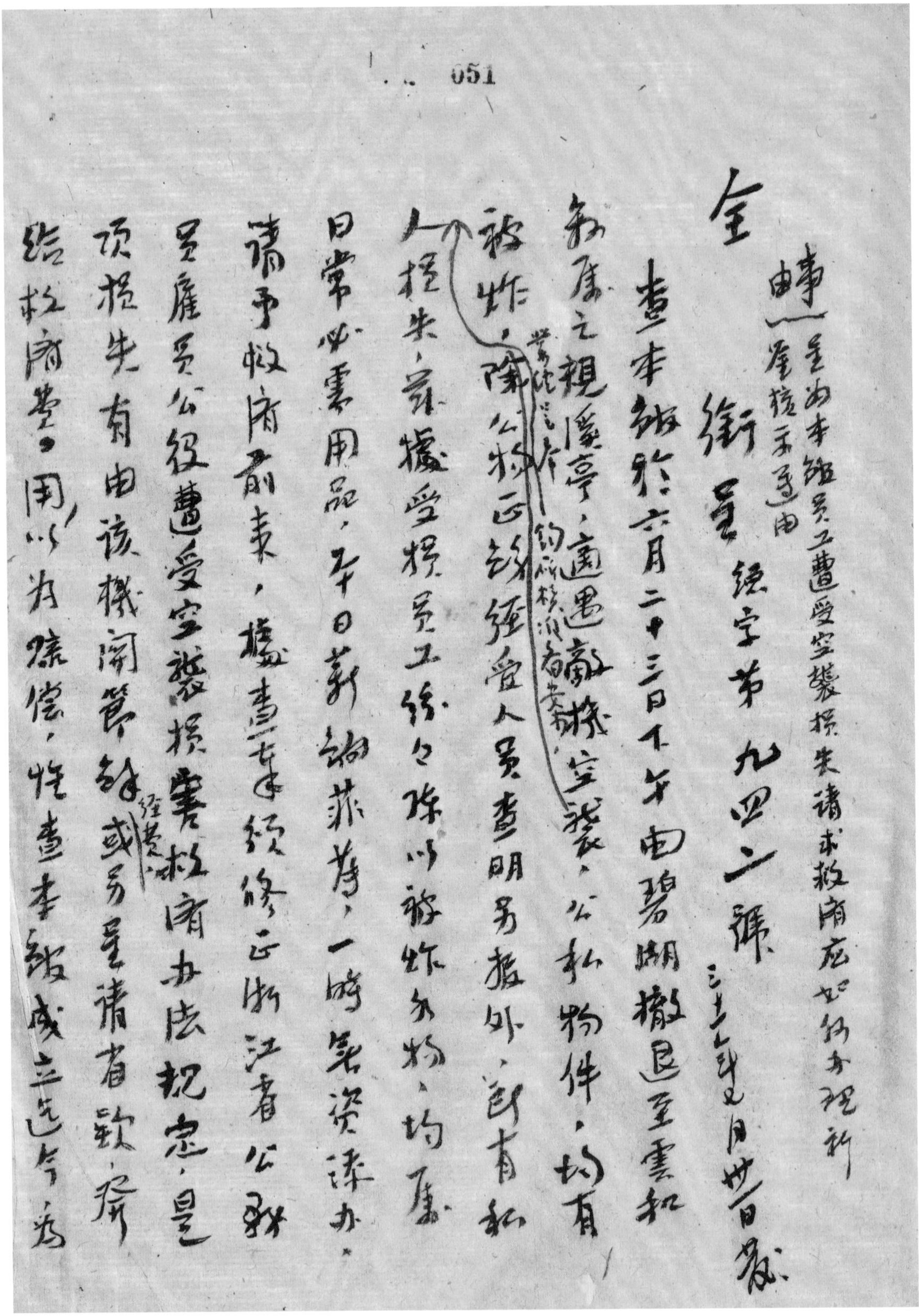
051

事由：呈为本馆员工遭受空袭损失请求救济应如何办理祈鉴核示遵由

三十一年七月廿九日发

全衔呈 总字第九四二号

查本馆于六月二十三日下午由碧湖撤退至云和教厅之规溪亭，適遇敌机空袭，公私物件，均有被炸，除公物正经饬人员查明另报外，所有私人损失，兹据受损员工纷纷陈以被炸各物，均属日常必需用品，平日薪给菲薄，一时无资添办，请予救济前来，据查一年来经修正浙江省公务员雇员公役遭受空袭损害救济办法规定，是项损失有由该机关经费酌或另呈请省款，齐给救济费用，以为赔偿，惟查本馆成立迄今为

時既短，抑且經費有限，并未曾有少數節餘，
但經此次應變，業已墊支殆盡，益以七月份經
費迄今未蒙頒下，事勢上確無款可支，倘如
由省撥款救濟，是否可行？理合先行備文呈請
鑒核指示祗遵。
謹呈
浙江省教育廳廳長許
全銜朱□
中華民國卅七年七月　日
會計□
范□稿
館長　行　七、廿九

浙江省教育厅关于要求呈报职员遭受空袭损失情形致浙江省立处州民众教育馆的指令（一九四二年八月六日）

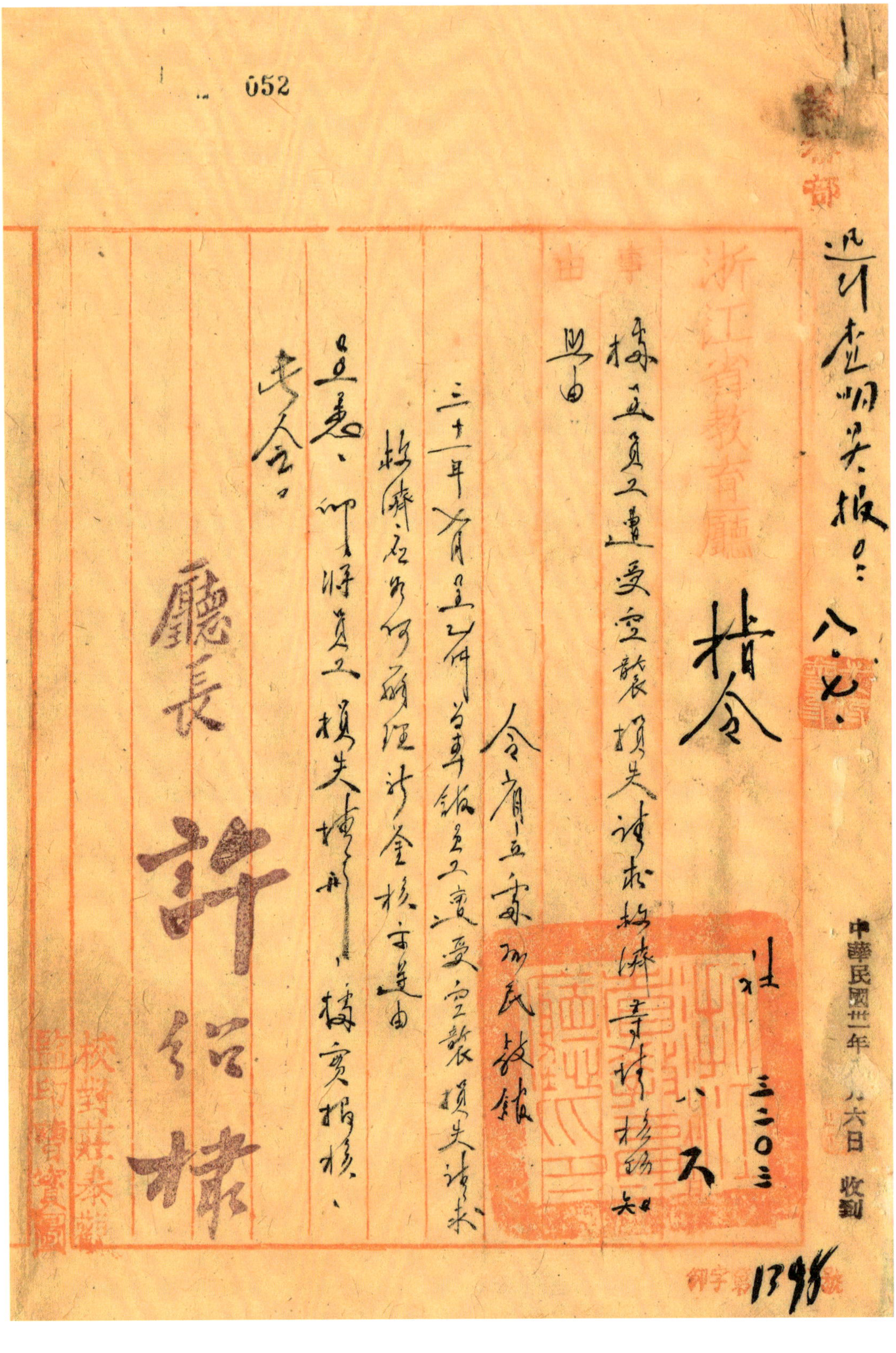

052

迅将查明实报呈 八.七

浙江省教育厅 指令

事由：据呈员工遭受空袭损失请求救济等情核饬知照由

令省立处州民众教育馆

三十一年八月呈一件为本馆员工遭受空袭损失请求救济，是否可行，请查核示遵由

呈悉。仰即将员工损失填册，据实报核。

此令。

厅长 许绍棣

校对 监印

中华民国卅一年八月六日收到

卯字第1398号

浙江省教育厅关于员工遭受空袭损失救济申请书填写事致浙江省立处州民众教育馆的指令
（一九四二年八月二十八日）

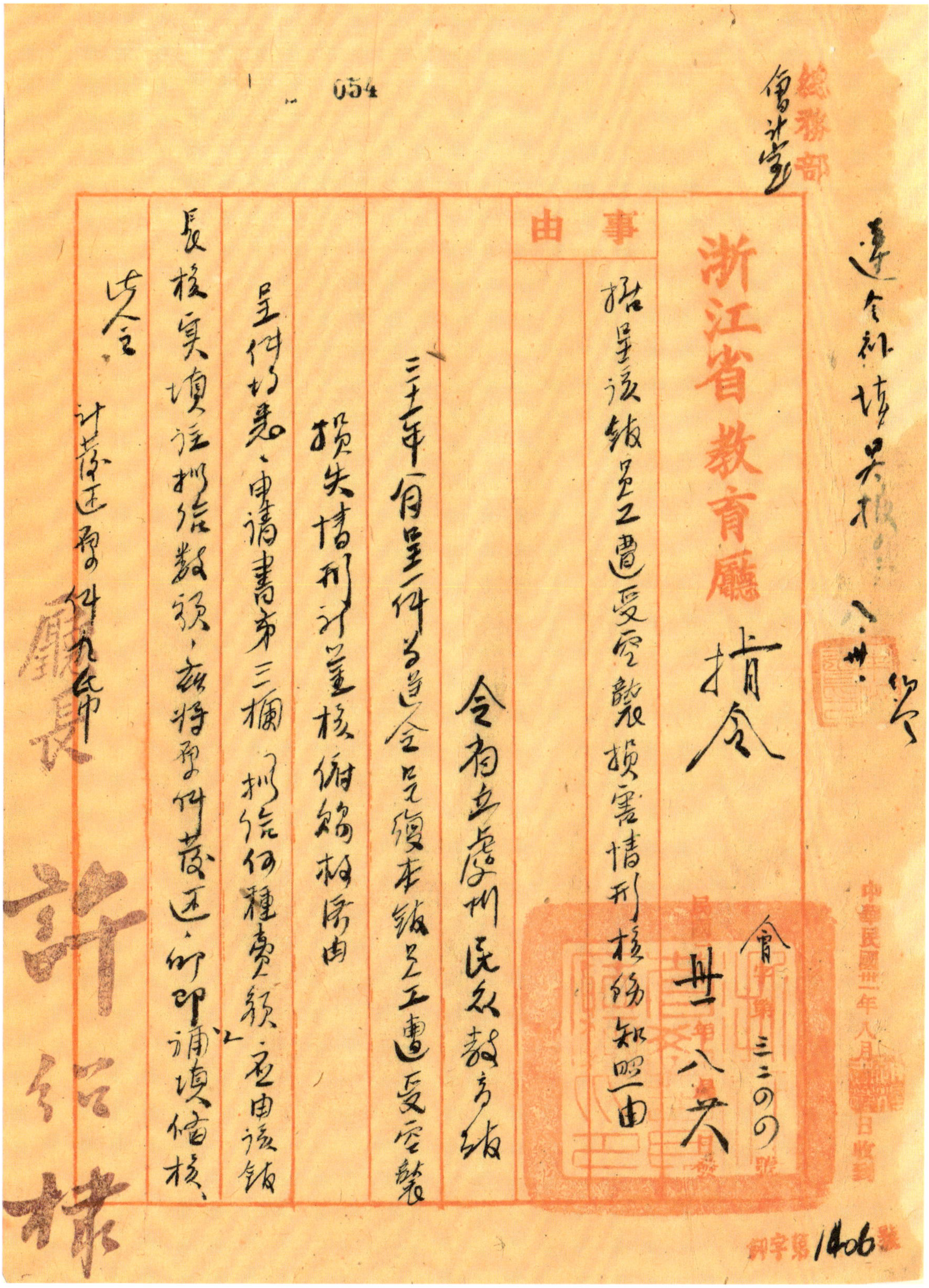
054

總務部

會計室

遵令補填呈核 八.卅

浙江省教育廳 指令 會字第三二〇〇號 卅一 八 廿六

中華民國卅一年八月 日收到

事由：據呈該館員工遭受空襲損害情形核飭知照由

令省立處州民眾教育館

三十一年八月呈一件為遵令呈復本館員工遭受空襲損失情形計算核備繕核由

呈件均悉，申請書第三欄所估何種費額，應由該館長核實填註折估數額，茲將原件發還，仰即補填備核，此令

計發還原件九紙

廳長 許紹棣

卸字第1406號

利用染织股份有限公司关于一九四二年敌寇窜扰遭受损失甚巨等情致丽水县政府的呈（一九四二年十一月二十四日）

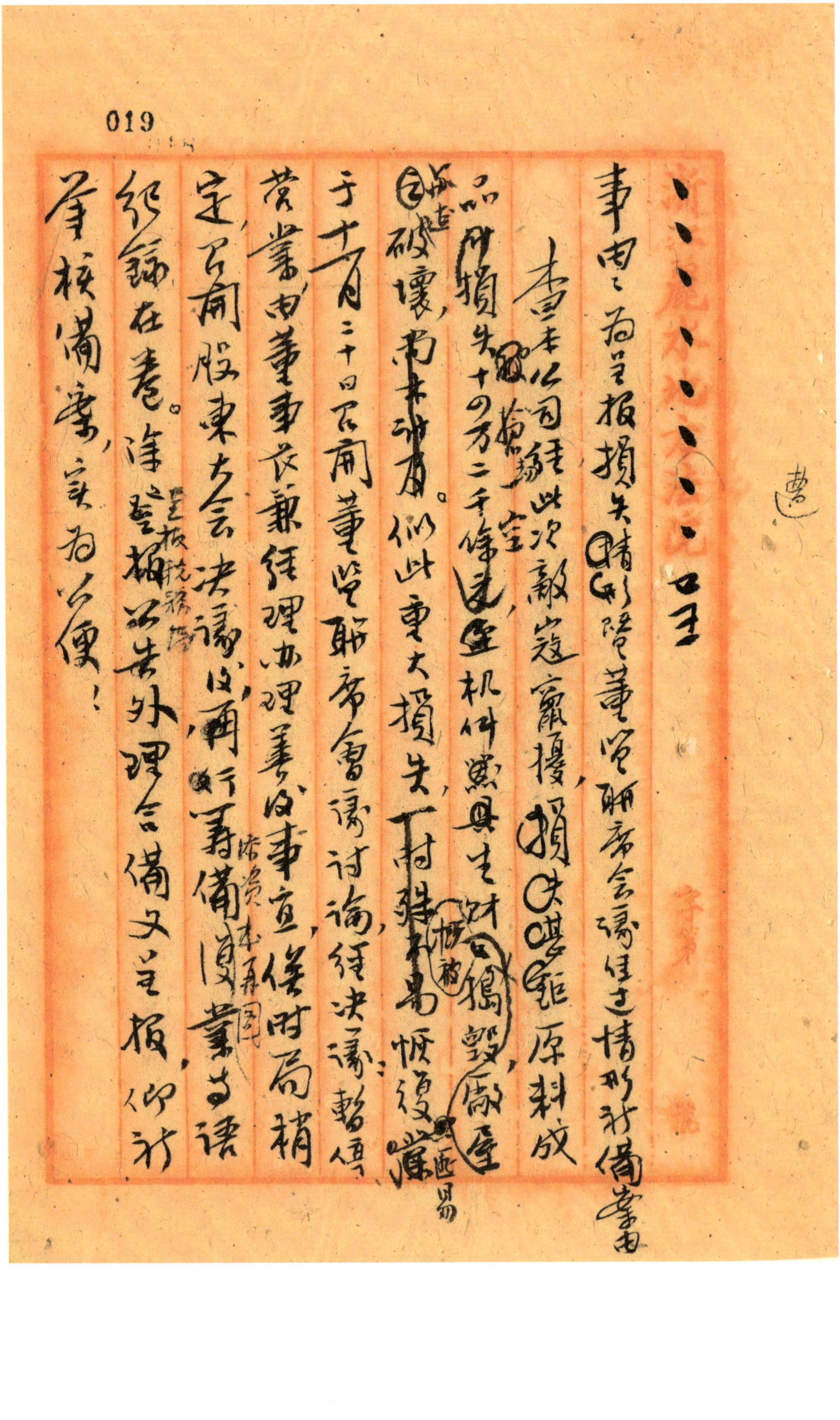

019

事由：为呈报损失情形暨董监联席会议经过情形，备案由

查本公司经此次敌寇窜扰，损失甚钜，原料成品所损失十四万二千余元，其机件炊具生财器具或毁或遭破坏，尚未清查。似此重大损失，一时难图恢复，当于十一月二十日召开董监联席会议讨论，经决议暂停营业，由董事长兼经理办理善后事宜，俟时局稍定，召开股东大会决议，或再行筹备复业，当请纪录在卷。除登报公告外，理合备文呈报，仰祈鉴核备案，实为公便！

謹呈

碭慶水縣政府

董事長董健理 名〇〇

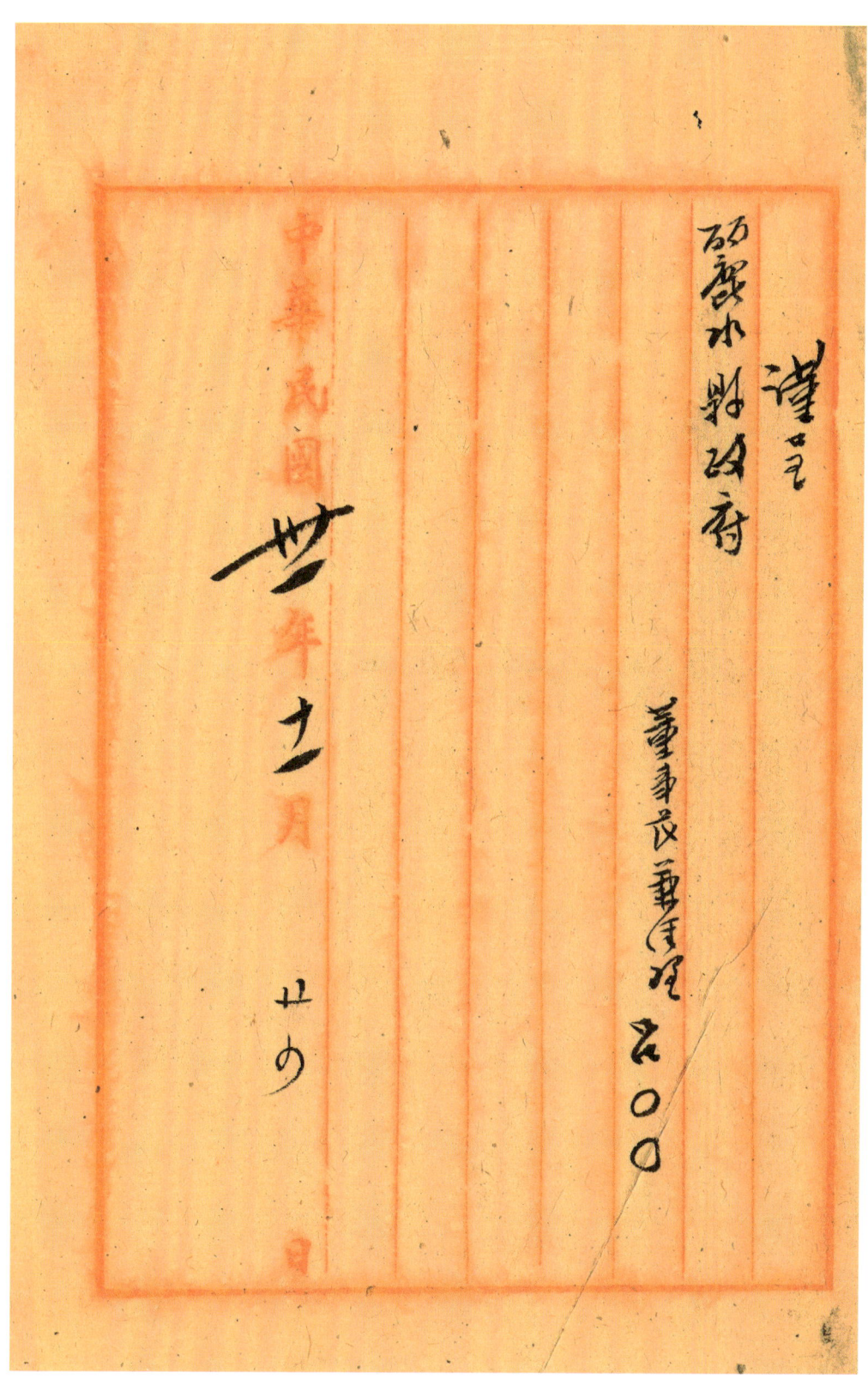

中華民國卅年十二月廿四日

利用染织股份有限公司关于损失重大请求免征税款事致财政部浙江直接税局丽水分局的呈

（一九四二年十一月三十日）

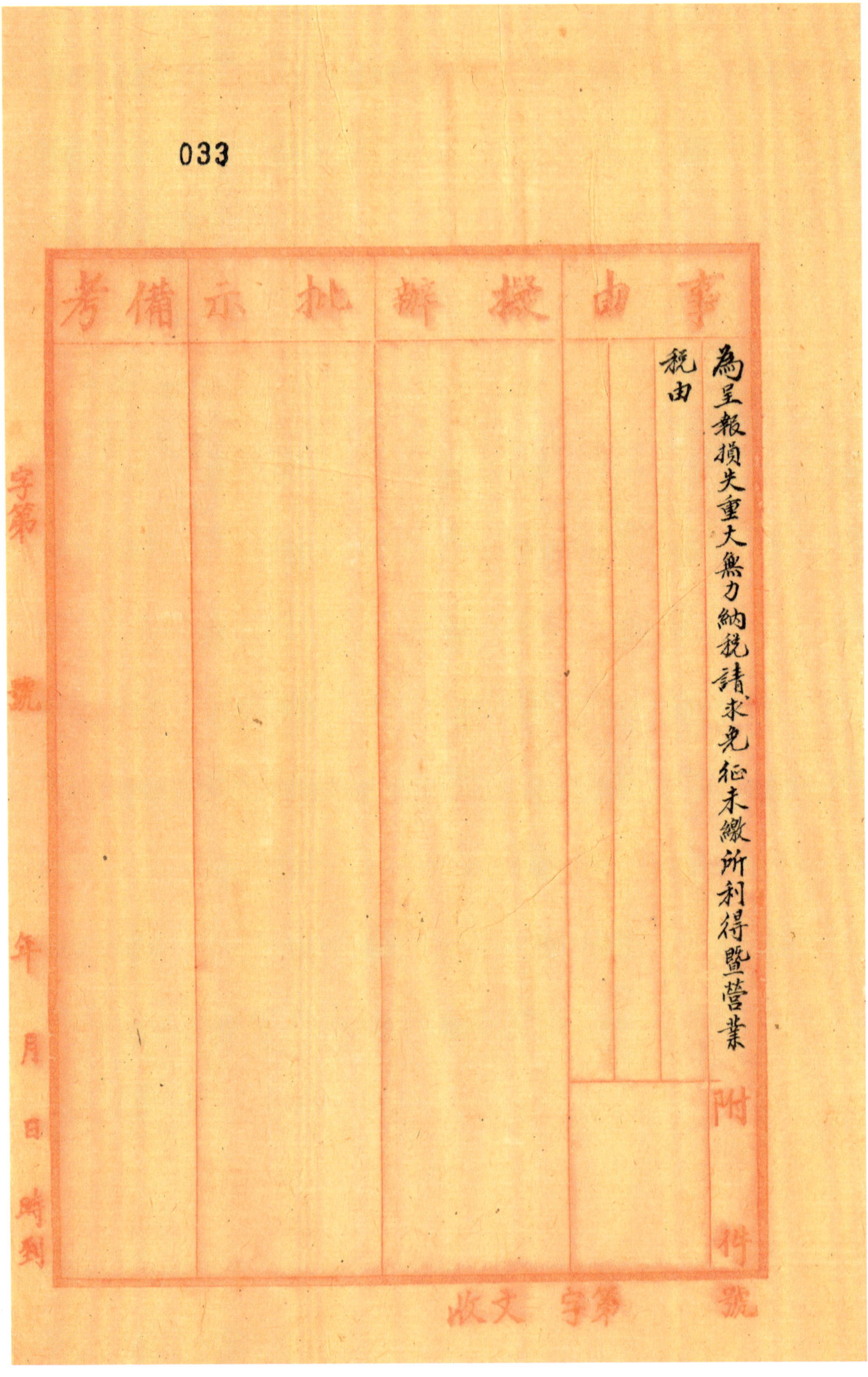

033

事由	擬辦	批示	備考
為呈報損失重大無力納稅請求免征未繳所利得暨營業稅由			
附件			

收文 字第 號

字第 號 年 月 日 時到

查本公司自創辦以來三十餘年雖屬手工事業亦能維持數百勞苦女工抗戰
軍興麗城係空襲目標時遭轟炸本公司為維持勞工生計勉強支持本年三月下旬
起本縣整日警報連續轟炸不能安心織工作爰即宣告停工嗣竟金蘭失守本縣相
繼淪陷所有原料半因裝置機上無法卸除半恐統關各稅手續發生誤會搬移困
難後被水大事急疏散不及以致掃數刼盡廠屋生財之搗毀一無完整原有資本暨
歷年積餘俱遭損失非惟不堪復業且未繳稅款無力繳納茲於十月二十日召開董監
聯席會議討論經決議俟召開股東大會決議後籌添股金再圖復業由董事長兼
經理辦理善後事宜未完各稅據情請求豁免等語紀錄在卷除分呈備案外理合
檢同損失清册備文呈請
鈞局俯念手工實業損失特殊准予豁免實為德便。

034

謹呈

財政部浙江直接稅局麗水分局局長趙

具呈商利用染織股份有限公司董事長兼經理呂志堅

附呈損失清冊一本

中華民國三十一年十一月三十日

利用染织股份有限公司关于损失重大被迫停产致丽水地方法院的呈（一九四二年十一月）

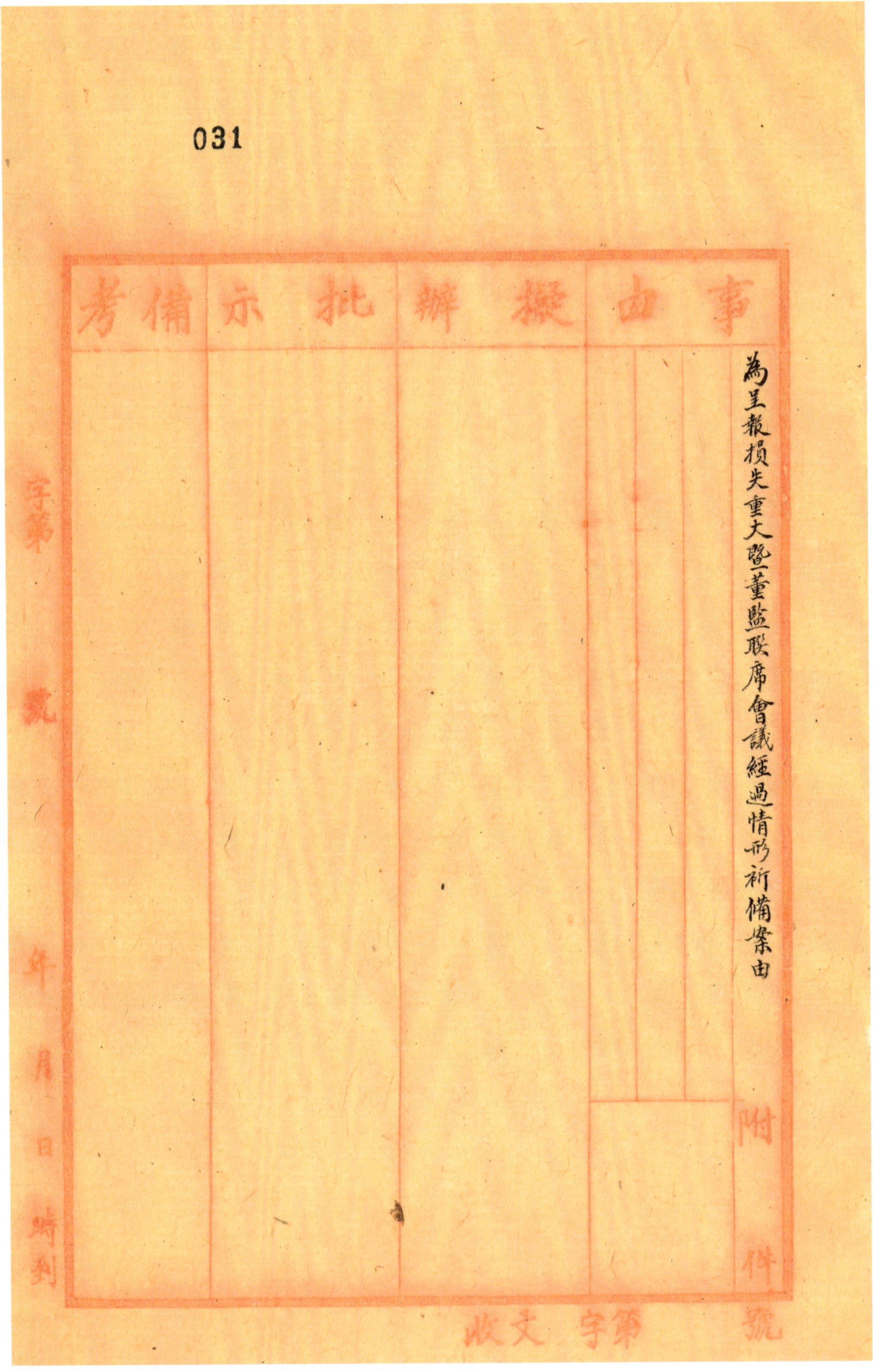

031

事由	擬辦	批示	備考
為呈報損失重大暨董監聯席會議經過情形祈備案由			

附件

字第　號　年　月　日　時到

收文　字第　號

查本公司自創辦以來三十餘年雖屬手工事業亦能維持數百勞苦女工抗戰軍興麗城
係空襲目標時遭轟炸本公司為維持勞工計勉強支持本年三月下旬起本縣整日警報連續
轟炸不能安心工作爰即宣告停工嗣竟金蘭失守本縣相繼淪陷所有原料半因裝置機上無
法卸除半恐統閲各税手續發生誤會搬移困難後被水大事急疏散不及以致掃數刼盡廠屋
生財之搗毀一無完整原有資本暨厤年積餘俱遭損失非惟不堪復業且未繳税款無力繳納
茲於十一月二十日召開董監聯席會議討論決議俟召開股東大會決議後籌添股金再圖復業由
董事長兼經理办理善後事宜未完各税據情請求豁免等語紀錄在卷除分呈税務機關請求豁免
外理合備文呈請仰祈！
鑒核備案實為公便。
謹呈

030

浙江麗水地方法院院長仝

具呈商利用染織股份有限公司董事長兼經理呂○○

中華民國三十一年十一月　日

浙江省教育厅关于发还所填报一九四二年事变被敌伤亡或被俘员工调查表事致浙江省立处州民众教育馆的指令

（一九四二年十二月十八日）

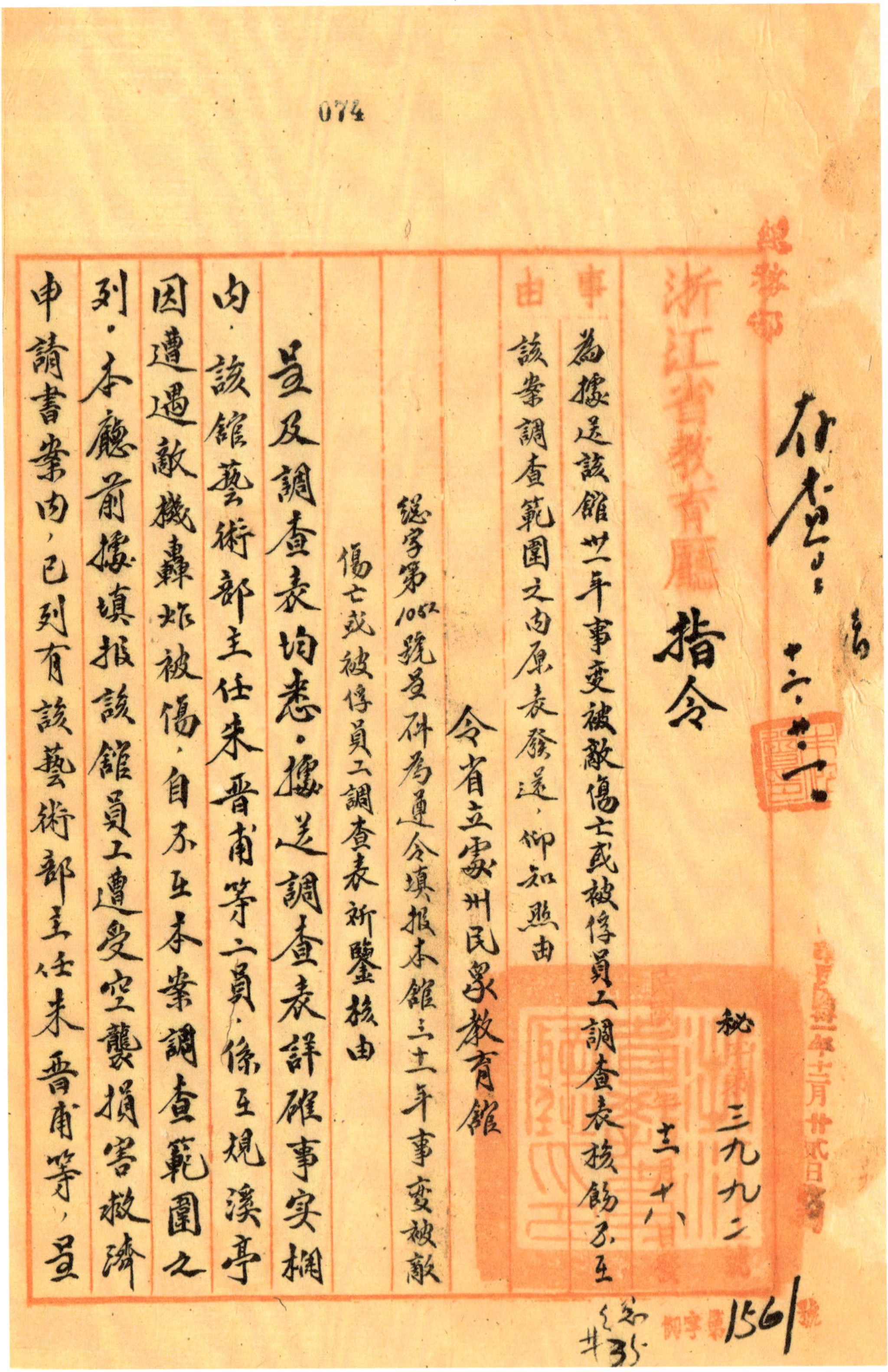
074

總務處

存查 十二.廿二

浙江省教育廳 指令

事由：為據送該館卅一年事變被敵傷亡或被俘員工調查表核飭不在該案調查範圍之內原表發還，仰知照由

秘 三九九二號 十二.十八

令省立處州民眾教育館

總字第1052號呈一件為遵令填報本館三十一年事變被敵傷亡或被俘員工調查表祈鑒核由

呈及調查表均悉。據送調查表詳確事實捆內，該館藝術部主任朱晉甫等二員，係在規溪亭因遭遇敵機轟炸被傷，自不在本案調查範圍之列。本廳前據填報該館員工遭受空襲損害救濟申請書案內，已列有該藝術部主任朱晉甫等，呈

中華民國三十一年十二月廿二日

總字第1561號

總 卅 35

由本廳轉請核辦并飭知在卷。所請應毋庸議。原表發還。該館對於公文，多未能認識清楚，致生誤会，嗣後應加審慎，仰併知照！此令。

計附發還調查表乙份

廳長 許紹棣

校對 莊泰龍
監印 洪月升

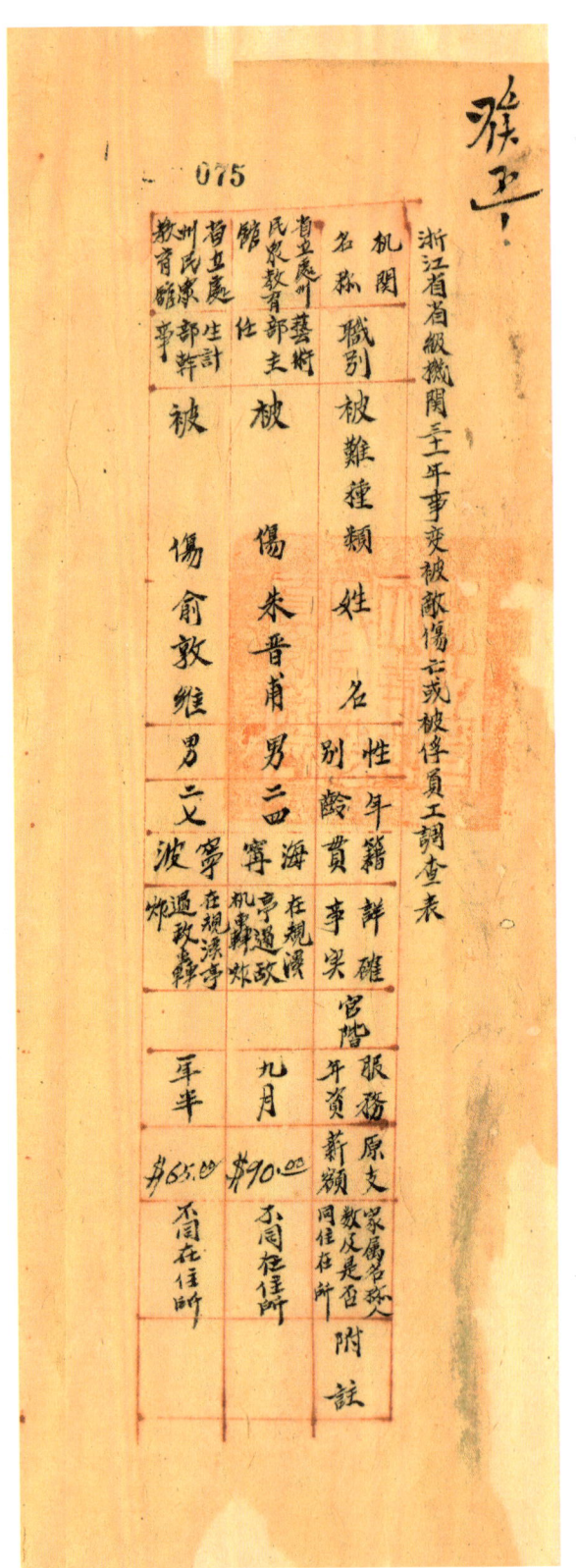

附：浙江省级机关一九四二年事变被敌伤亡或被俘员工调查表

075

浙江省省級機關三十二年事變被敵傷亡或被俘員工調查表

機關名稱	職別	被難種類	姓名	性別	年齡	籍貫	詳確事實	官階	服務年資	原支薪額	家屬名稱人數及是否同住在所	附註
省立處州民衆教育館	藝術部主任	被傷	朱晋甫	男	二四	海寧	在規溪亭遇敵機轟炸		九月	$90.00	不同在住所	
省立處州民衆教育館	生計部幹事	被傷	俞敦維	男	二乂	寧波	在規溪亭遇敵轟炸		年半	$65.00	不同在住所	

浙江省立处州民众教育馆关于报送员工空袭损失救济费收支情况致浙江省教育厅、审计部浙江省审计处的呈（一九四三年六月十八日）

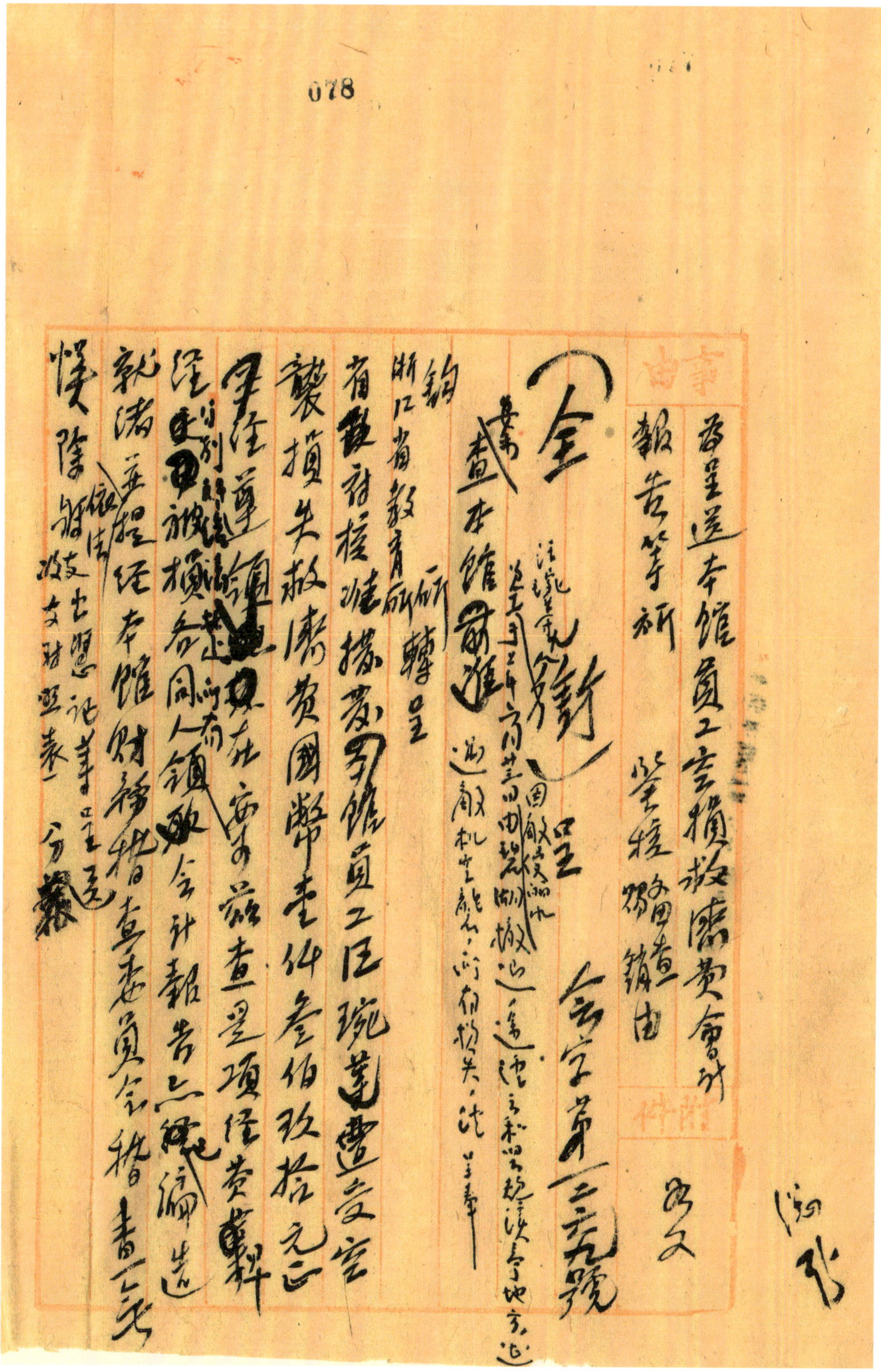

行

六、廿八

审计部浙江省审计处
浙江省教育厅所核销外理合检具收支
（收支计四表支出）
附四表一分、
凭证簿各一份，备文呈送，仰祈
鉴核备查销。
谨呈
浙江省教育厅
审计部浙江省审计处
计附呈收支计四表 一本
支出凭证簿 一册（限用审计处）

（全衔）馆长朱卿

中华民国卅二年六月廿八

中华民国三十二年六月廿八日发出

中华民国三十二年六月廿八日发出

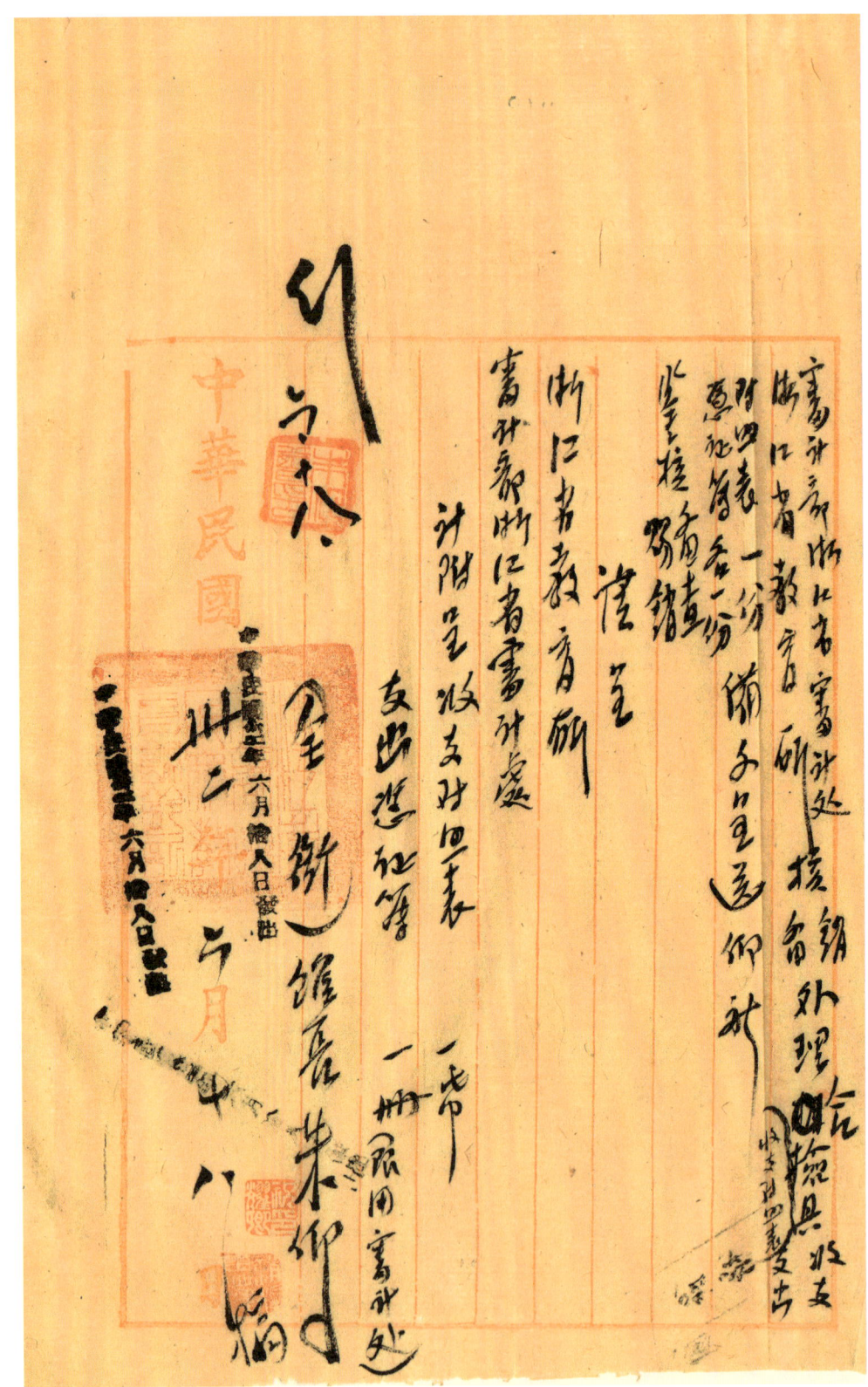

缮

079

收支對照表

空襲損失救濟經費

中華民國32年一月　　第全頁

收入 元	收入 角	摘要	支出 元	支出 角	單據號數
1390	00	收財政廳直字第2155號指令撥發本館員工空襲損失救濟費			
		汪瑢 空損賠償費	90	00	1
		朱晉甫 空損賠償費	200	00	2
		朱晉甫 空損醫藥費	50	00	3
		祝耀卿 空損賠償費	300	00	4
		趙恩輝 空損賠償費	300	00	5
		俞敦維 空損賠償	130	00	6
		俞敦維 空損醫藥費	50	00	7
		徐愛瑗 空損賠償費	40	00	8
		徐鳳翔 空損賠償費	70	00	9
		趙益鐘 空損賠償費	80	00	10
		潘理保 空損賠償費	80	00	11
共1390	00	合計	共1390	00	

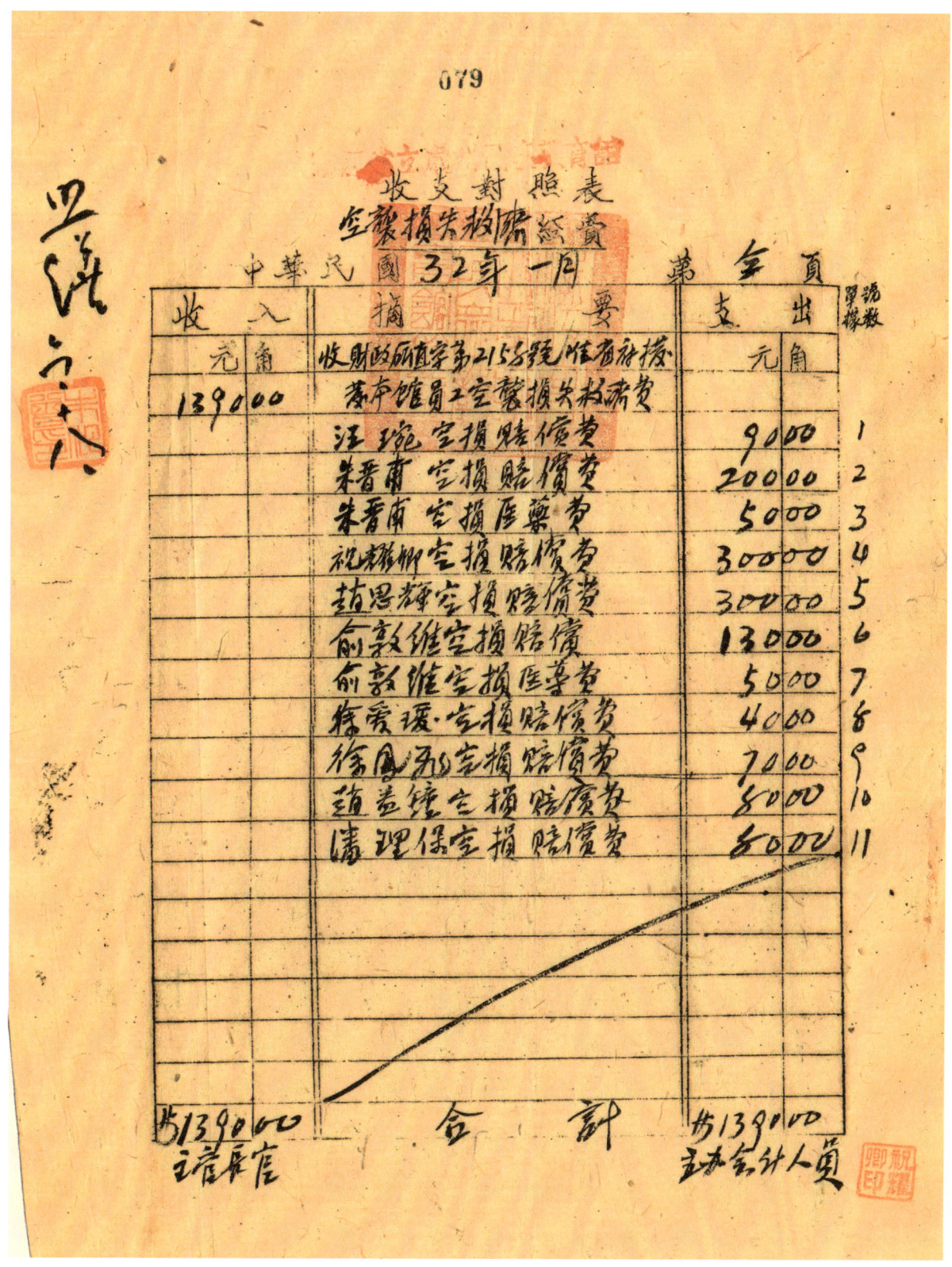

主管長官　　　　主辦會計人員

遂昌火柴股份有限公司一九四四年度遭受敌灾损失清单（一九四四年十二月三十日）

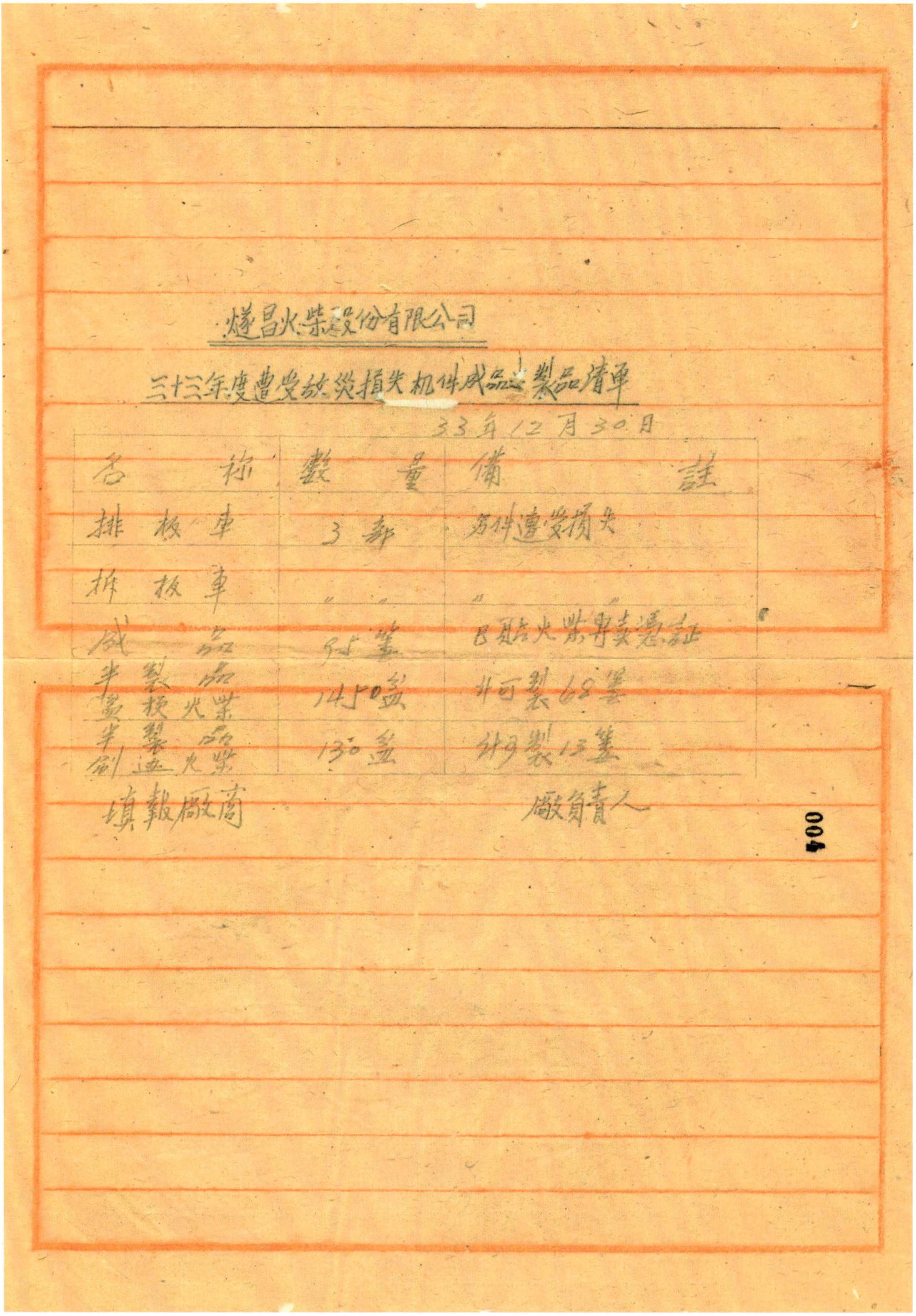

燧昌火柴股份有限公司

三十三年度遭受敵災損失機件成品半製品清單

33年12月30日

名稱	數量	備註
排板車	3部	每件遭受損失
拆板車	〃	〃
成品	85箱	已貼火柴專賣憑証
半製品裝梗火柴	1450盒	折合製68箱
半製品刷邊火柴	130盒	折製13箱

填報廠商　　　　廠負責人

004

财政部浙江税务管理局丽水直接税分局关于呈报燧昌火柴股份有限公司敌灾损失证明文件致燧昌火柴股份有限公司的批（一九四五年二月二十四日）

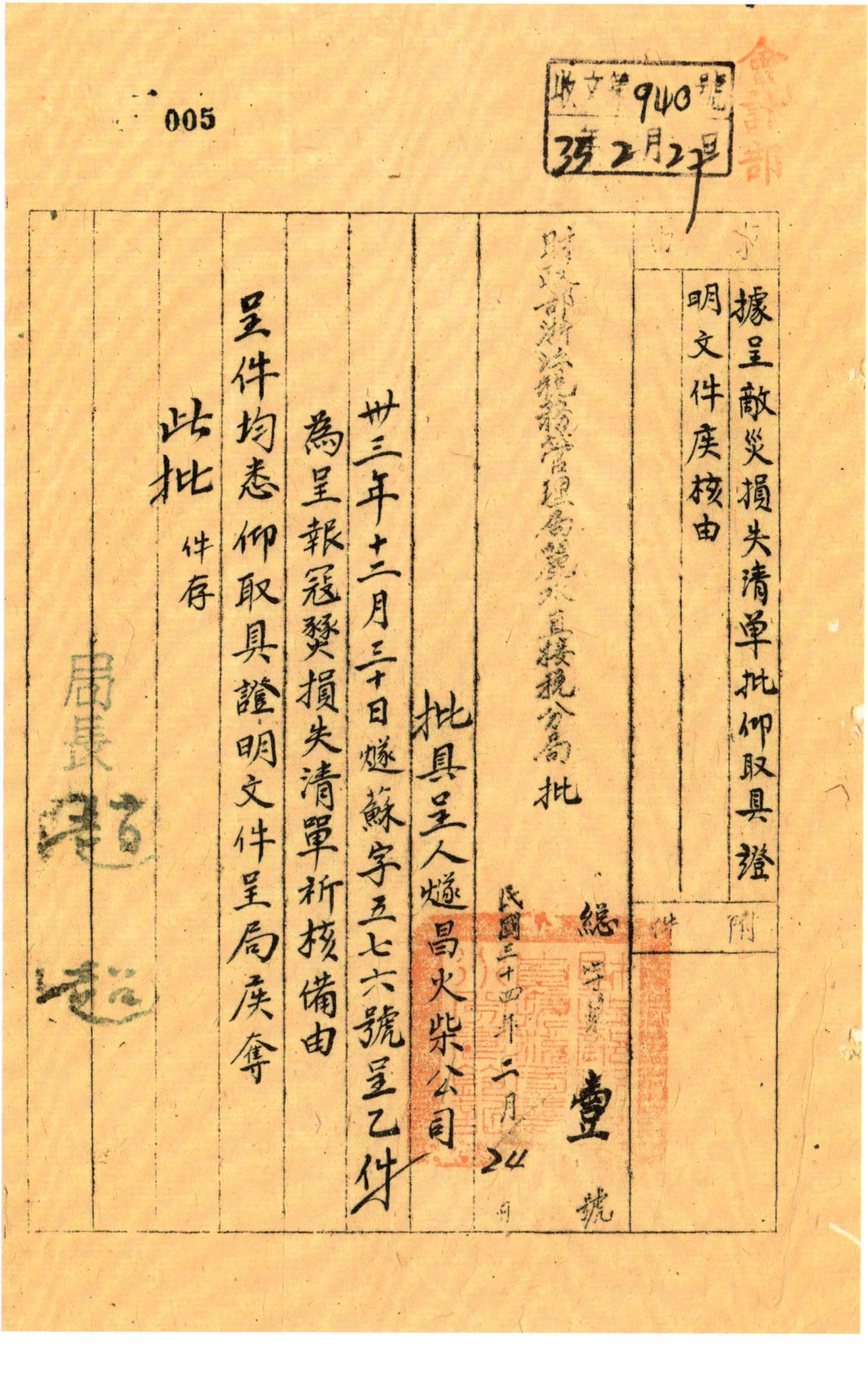

會計部

收文第940號
35 2月23日

005

財政部浙江稅務管理局麗水直接稅分局批

總字第　號

民國三十四年二月24日

事由　據呈敵災損失清單批仰取具證明文件核由

附件

批具呈人燧昌火柴公司

卅三年十二月三十日燧蘇字五七六號呈乙件

為呈報寇燹損失清單祈核備由

呈件均悉仰取具證明文件呈局核奪

此批　件存

局長　趙

燧昌火柴股份有限公司关于抗战时期财产损失颇巨请予救济致行政院善后救济总署浙闽分署的呈（一九四五年）

023

杭州
行政院善後救濟總署浙閩分署 鈞鑒

事由：為備具廠務情況表財產損失清單證明文件等呈請 鈞核迅賜救濟由

本公司 在抗戰期間屢遭敵機濫炸廠房物資被燬頗巨民國三十一年六二四暨三十三年八二六麗水兩度淪陷均以變起倉卒設備之器材過於笨重以及原料成品等阻於交通工具之缺乏不能全數搶運後移致是項損失尤鉅曾將損失清單呈報麗水縣政府轉省社會處在案現幸抗戰勝利河山重光劫後工業以主要機件殘缺不全恢復原狀困難重重之際僅能出產少量火柴以應鄰近各縣之需求查本公司目前最主要之困難為動力被燬致生產量不能增加研磨機調藥機被燬改用人工代替使產品本質固是欠佳

請遵照

鈞分署賑字第八四五號公告閱於救濟聲請救濟之原則與實施方案所列程序聲請救濟手續等之規定備具廠務情況表一份財產損失清單一份及証明文件等一併隨文呈請

鈞核迅賜救濟實為公感

謹呈

行政院善後救濟總署浙閩分署

計附呈　廠務情況表一份　財產損失清單一份證明一件

燧昌火柴股份有限公司　董事長　趙成之

經理　鄧松年

利用染织股份有限公司关于呈送厂务情况表及财务损失清单等致行政院善后救济总署浙闽分署的呈（一九四六年九月）

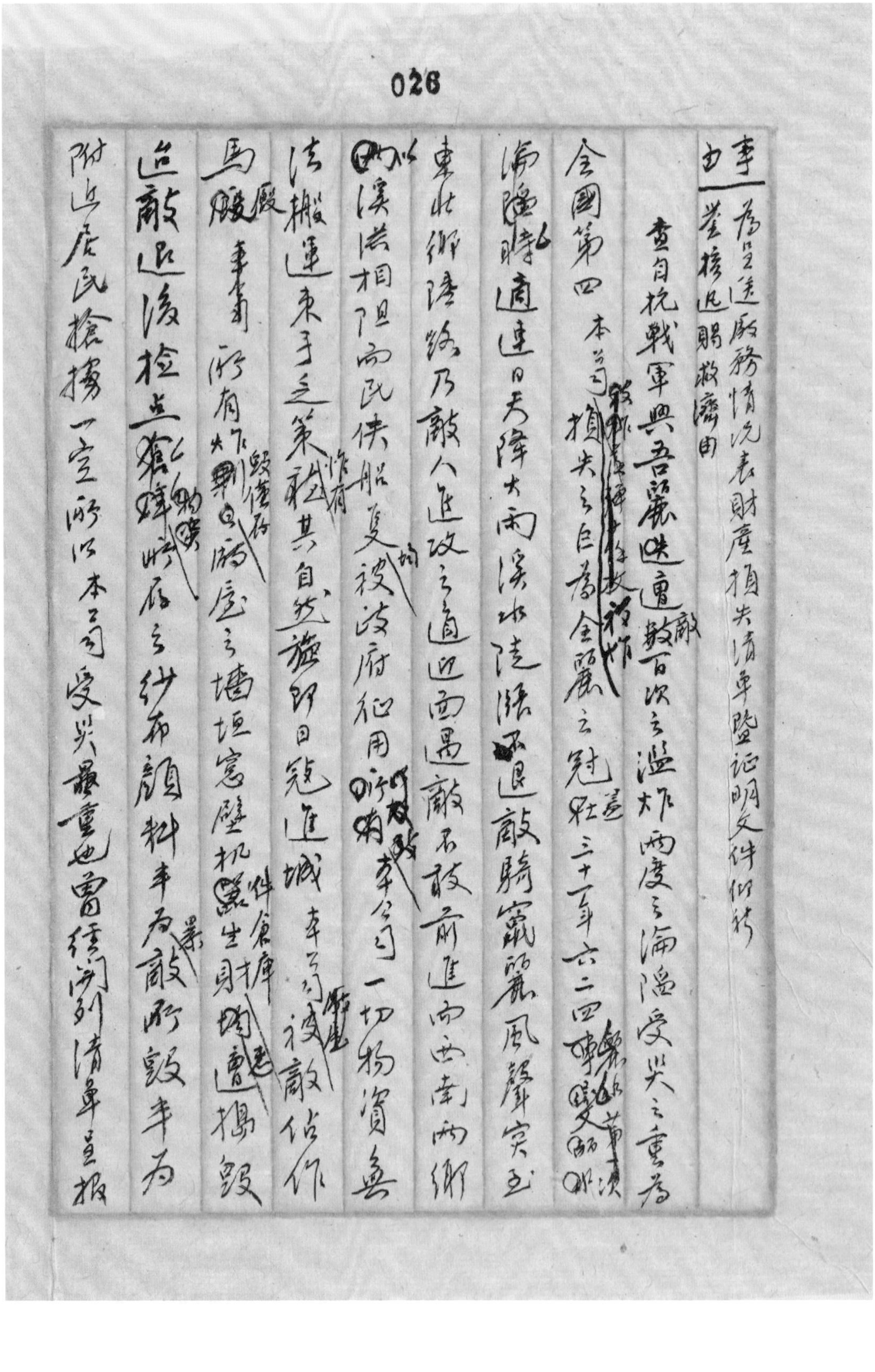
026

事由　为呈送厂务情况表财产损失清单暨证明文件仰祈鉴核迅赐救济由

查自抗战军兴，吾丽迭遭敌机百次之滥炸，两度之沦陷，受灾之重，为全国第四。本公司损失之巨，为全丽之冠。[illegible]三十一年六二四事变[illegible]沦陷时，适逢连日大降大雨，溪水陡涨，退敌骑窜，风声[illegible]东北乡陆路乃敌人进攻之道，西乡[illegible]遇敌不敢前进，而南乡[illegible]以溪港相阻，而民伕船只复被政府征用，故本公司一切物资无法搬运，束手无策，致其自然[illegible]日寇进城，本公司被敌占作马厩。[illegible]所有[illegible]墙垣窗壁机器生财仓库[illegible]捣毁，迨敌退后检点，[illegible]纱布颜料半为敌所毁，半为附近居民抢掠一空，所以本公司受灾最重也。当经列清单呈报

呈要
国[illegible]为
[illegible]机
向政府大
救济署
量生产
适当

窃水利政府院直接税局特报在案，迨胜利后之后，本公司积极

筹备复业，因物资极度短缺，仅能以小规模从事生产，俾本地

之需求。今欲恢复[illegible]须请政府中央呈物资之补充

耕织机　等语，遵照

钧署第八四二号公函附发救济之原则与实施方案

所列程序，办理救济手续之规定，理合请具业务情况表一份

财产损失清单一份，证明文件等一并备文呈送，仰祈

鉴核，俯赐追予救济，实为德感

谨呈

行政院善后救济总署浙闽分署

附一：浙江丽水利用染织股份有限公司声请救济厂务情况表（一九四六年）

024

浙江麗水利用染織股份有限公司聲請救濟廠務情况表

三十五年 月 日填報

A 概況	
甲 工廠名稱	利用染織股份有限公司
乙 工廠地址	浙江麗水城內太保廟衖 新意山巷
丙 組織性質	股东大會—董事會—經理—總務 業務 工務 會計 組
丁 成立日期	清光緒三十一年
戊 負責人之職稱及姓名	董事長呂志堅 董事長兼經理呂志堅
乙 主任工程師之姓名及履歷	主任技師盛世雄前本公司附設實業學校織術科畢業
B 戰前情形	
甲 生產物品名稱	各種棉布

乙 產量	日產棉布八十餘疋
丙 設備情況	鐵輪織機十五部 木質織機二百十部 提花織機十部 [絡紗]机四十部 合紗机四十部 染自由紗机一部 軋光机一部 做絲光机一部 搖紗机一部 經花板机一部 裁花板紙机一部 鐵[illegible]染缸八口 染灶四一部 座 調紗車九十六部 做緯車六十四部 做緯机一部 抽水机一部 水台一座 [鋼條] 鋼筘十面 四十五萬條
丁 固定資金及流動資金額數	固定資本國幣陸萬五千元 流動資金弍拾萬元
戊 營業情況	年產量二萬四千疋 銷售[illegible]處屬十[illegible]營業尚稱發達 固定資本國幣陸萬五千元 流動資金弍拾萬元
己 雇用工人數	女工二百五十人 童工一百四十人
庚 職員人數	三十四人
己 戰時情形	
甲 曾否內遷遷於何處	二十九年遷移一部分在離城十五里之蘇埠地方工作 同年九月廿三日而蘇埠工場遭敵机炸毁

025

乙	是否繼續生產	民國三十一年六月敵寇盤據麗水期内遣散員工迨勝利後積極籌備從事繼續生產
丙	曾否受有損失損失詳情如何附具證明	另附財產損失清單及說明文件

D 現狀

甲	現存機件	經修理尚可應用者：木質織機二十部 調紗車十二部 做緯車五部 經紗機一部 合紗機一部 軋光機一部 破壞一時不能修理者：鉄輪織機十五部 綜花板機一部 裁花板紙機一部 做絲光機一部 鉄質做緯機一部
乙	生產數量	日產各種棉布約十疋左右
丙	雇用工人數	女工二十人 童工十五人
丁	職員人數	員役七人
戊	營業狀況	敵後以主要機件原料被敵搗毀不能從事大量生產僅日產棉布十疋左右以應本地需求
乙	復業計劃及經濟情形	現已擇要修葺原有廠屋修造布機等件並向温州購辦紗綫顏料先以小規模復業一面擬請救濟柴油引擎及電力機等設備得以增加生產

庚	目前主要困難情形	缺少柴油引擎及電力機並鉄輪機（及廿支棉紗等）致生産不能增加

E 急需救濟器材

甲	器材名稱及製造者廠名	二十四匹馬力柴油引擎　電力織機　鉄輪織機（以上引擎織機係上海大中華廠製造）　鋼粽　鋼筘（以上鋼粽鋼筘係國産）
乙	請求數量	適應環境需要請迅救濟二十四馬力柴油引擎一部　電力織機拾部　鉄輪織機貳拾部（并皮帶及各另件）鋼絲粽五拾萬條　鋼筘五拾面
丙	重量及價值	未詳
丁	詳細規範每種專門器材應附送詳細規範之圖様式説明	前項請求救濟器材係普通之件應請免附圖様及説明
戊	用途	專織綫呢及仿織洋布之用
己	交貨日期	不做期貨現款購現貨
庚	可能之代替物資或交換之代替品	雖有本機手織可以代替究屬生産遲緩品質欠佳

附二：浙江丽水利用染织股份有限公司财产损失清单（一九四六年九月六日）

027

浙江麗水利用染織股份有限公司財產損失清單

三十五年九月六日填报

損失項目	單位	數量	原價值（國幣元）	附註
甲 廠屋				
批發所	間	二六	一三〇〇〇	炸毁
工場	仝	六〇	一二〇〇〇	仝上
倉庫	仝	四	五〇〇〇〇	仝上
乙 機器工具				
鐵輪机	部	一五	七二〇	淪陷期內被燬壞
木質布机	仝	二一〇	一二六〇	淪陷期內均被拆燒
提花机	仝	一五	二〇〇〇	被敵全燬

晒光机	部	一	三〇	炸壞
縐花板机	仝	一	一二〇	另件被毁
裁花板纸机	仝	一	三〇	裁纸刀被敌携去
合纱机	仝	四	八〇	仝燬
染自由纱机	仝	一	三〇	另件被毁
做纬机	仝	一	一二〇	〃〃
摇纱机	仝	一	一二〇	全毁
水台	座	一	三〇	被敌拆毁
染缸漂缸	口	八	六〇	被敌敲破
锅灶	座	四	三二〇	被敌捣毁

028

鋼丝棕	条	四五〇〇〇	一三五	淪陷期內被敵蹧蹋所毁
鋼箱	面	三〇	八〇	〃
竹箱	面	二五〇	二五〇	〃
生財	件	二一〇	一一六三	〃
丙原料				
棉紗	小包	五六六	三八六九〇	淪陷期中被敵全數
各種顏料	听	三〇九	三七三五〇	〃
光碱	桶	一	八二〇	淪陷期內被敵蹧蹋所毁
五棓子	斤	三三四	五〇一	淪陷期內被敵散失
漂精	桶	三	九六〇〇	淪陷期內被敵蹧蹋所毁

牛皮纸	令			
麸粉	斤			
丁 成品				
各种布疋	疋	六〇	一一六七五	沦陷期内被敌焚毁
戊 运输工具				
两轮手车	部	一	六	抗战期中被敌机炸毁

附注 储备员工食谷叁拾余担亦损失无余

四、防疫宣传与疫病救治

（一）防疫宣传

丽水县政府关于举行防止鼠疫展会事致浙江省立处州民众教育馆的函（一九四一年十一月十九日）

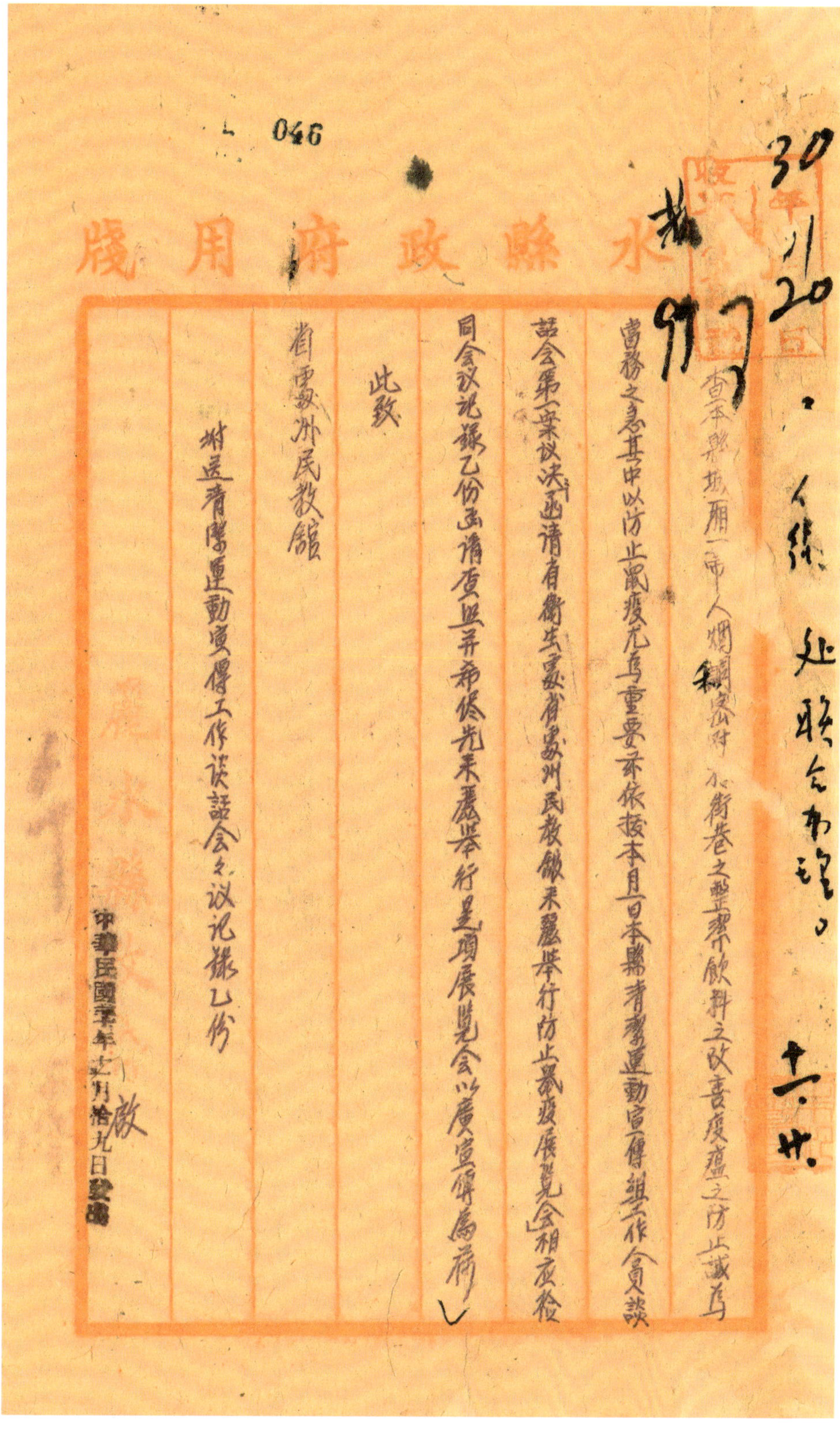

046

（麗）水縣政府用箋

查本縣城厢一帶人烟稠密，対于衛生之整潔，飲料之改善，疫癘之防止，誠爲當務之急，其中以防止鼠疫尤爲重要，茲依據本月 日本縣青年運動宣傳組工作會員談話會第一案議決："函請省衛生處省處州民教館來麗舉行防止鼠疫展覽會"，相應檢同會議記錄乙份，函請查照，并希届時先來麗舉行是項展覽會，以廣宣傳爲荷！

此致

省處州民教館

附送青年運動宣傳工作談話會會議記錄乙份

麗水縣長 啟

中華民國三十年十一月拾九日發

047

存档

麗水縣清潔運動宣傳工作談話會

日期：十一月二日下午二時

地點：縣政府會議室

出席者：青年服務隊鄭紹虞等　紀錄　陳崇龍

主席：朱縣長（陳功懋代）

一、報告：

報告十月十八日本縣清潔運動會議經過及各項決議案

二、討論：

（一）本會宣傳工作應如何着手進行案：

決議：（1）規定宣傳方式：

1.文字：甲、標語（通函各機關廣事製貼）

乙、印發大量衛生公約張貼各住户

丙、壁報 A、原有壁報出版特刊

B、由本會聯合出版大型壁報（推定青年服務隊民教館負責主持）

2.口頭：於分貼衛生公約時坿帶挨户宣傳

3.其他：函請省衛生處省處州民教館來麗舉行防止鼠疫展覽會

（二）請規定宣傳運動起訖日期案：
決議：於本月五日開始
（三）本縣清潔運動經費前經會議決定二千七百元茲為便於徵收起見擬由本組附帶進行劝募當否請公決案：
決議：[illegible]決定辦法分為三組出發勸募：
[illegible]青年服務隊負責
三、第三組—由縣政府負責
三、散會
主席（陳功懋代）
紀錄 陳宗龍

浙江省卫生处关于派员商洽举办防止鼠疫展览会致浙江省立处州民众教育馆的快邮代电（一九四一年十二月二日）

051

30 12 6

1020

浙江省衛生處快郵代電

字第　號

事由：電復防止鼠疫展覽當設法供給材料由

浙江省立處州民衆教育館鑒：養代電祇悉。查此次麗水舉行防止鼠疫展覽會，本處已令飭該縣衛生院就近派員會同貴館商洽辦理，准電前由，相應電復，希查照爲荷。

衛生處處長孫序裳。衛三方亥印

第　頁共　頁

浙江省卫生处第九区中心卫生院关于协助举行丽水县防疫展览会致浙江省立处州民众教育馆的公函

（一九四一年十二月十八日）

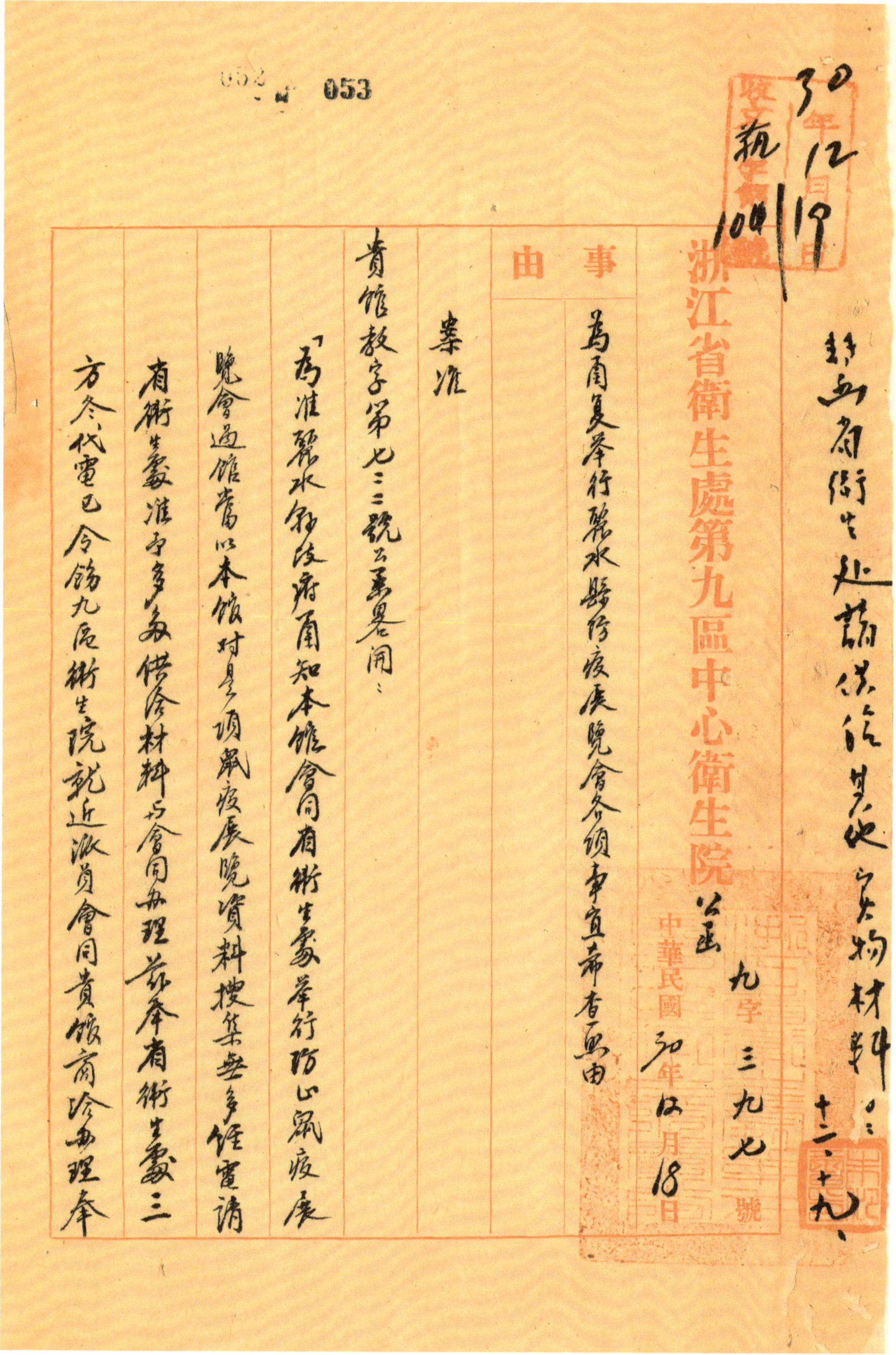

053

收文 字第100號 30年12月19日

請函省衛生處請供給其他實物材料 十二、十九、

浙江省衛生處第九區中心衛生院公函 九字三九九號 中華民國30年12月18日

事由：為函復舉行麗水縣防疫展覽會各項事宜希查照由

案准

貴館教字第七三二號公函略開：

「為准麗水縣防疫會函知本館會同省衛生處舉行防止鼠疫展覽會，過館當以本館對是項鼠疫展覽資料搜集無多，懇請省衛生處准予多發借給材料，以便會同辦理」等由；奉省衛生處三

方冬代電已令飭九區衛生院就近派員會同貴館商洽辦理奉

054

浙江省衛生處第九區中心衛生院

字　號

中華民國　年　月　日

事由

電前因相應函請貴院查照賜示珍貴材料並策進行」等由准此查是項展覽會貫輸民衆防疫常識收效宏大本院自應盡力協助辦理惟以本院對於資料方面亦付缺如準在短期内繪製漫畫若干幅以襄盛舉請於月終派員來院領取並望於展覽後賜還為荷　此致

浙江省立處州民衆教育館

院長　何柏年

浙江省卫生处关于派遣人员协助并提供防止鼠疫展览材料致浙江省立处州民众教育馆的快邮代电
（一九四一年十二月二十七日）

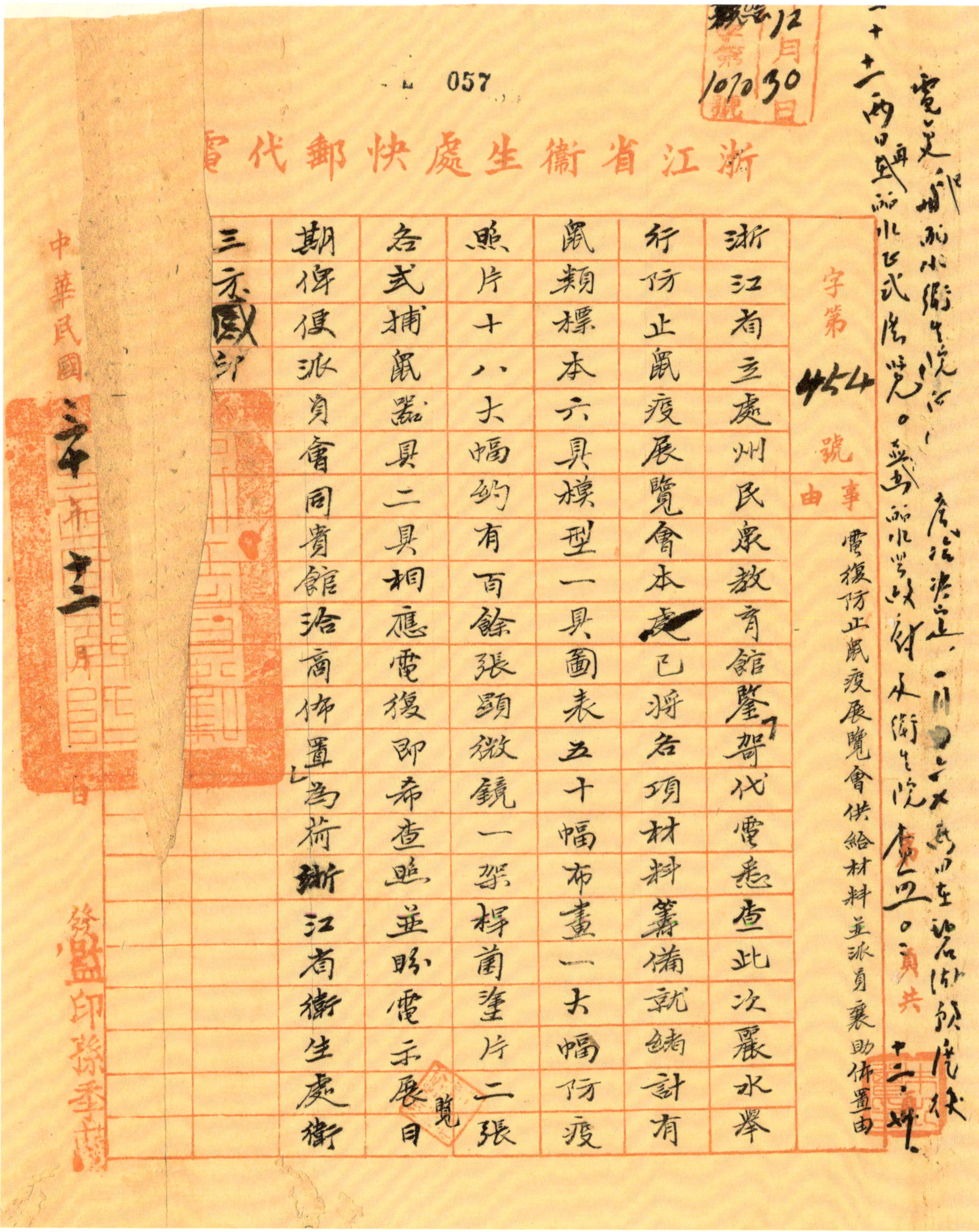

057

浙江省衛生處快郵代電

字第454號

事由：電復防止鼠疫展覽會供給材料並派員襄助佈置由

浙江省立處州民衆教育館鑒：賀代電悉。查此次麗水舉行防止鼠疫展覽會，本處已將各項材料籌備就緒，計有鼠類標本六具，模型一具，圖表五十幅，布畫一大幅，防疫照片十八大幅，約有百餘張，顯微鏡一架，桿菌塗片二張，各式捕鼠器具二具，相應電復，即希查照，並盼電示展覽日期，俾便派員會同貴館洽商佈置為荷。浙江省衛生處衛三亥感印

中華民國三十年十二月　日

發　監印　孫季騰

12月30日　1010號

浙江省立处州民众教育馆关于举行防止鼠疫展览日期及地点事致丽水县政府、丽水县卫生院的公函（一九四一年十二月三十一日）

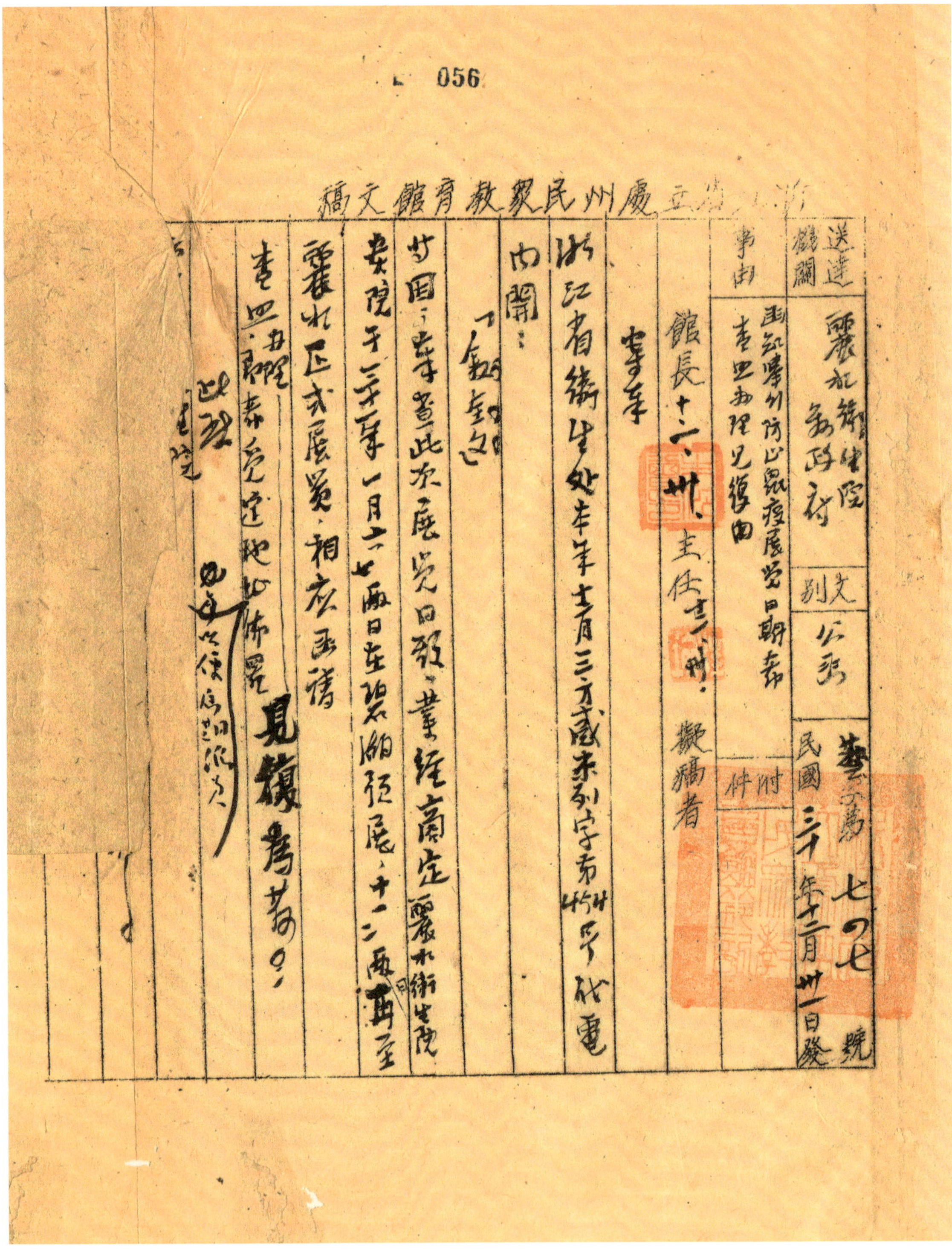

浙江省立处州民众教育馆关于报送防止鼠疫展览会告碧湖民众书及宣传册致浙江省教育厅的呈（一九四二年一月）

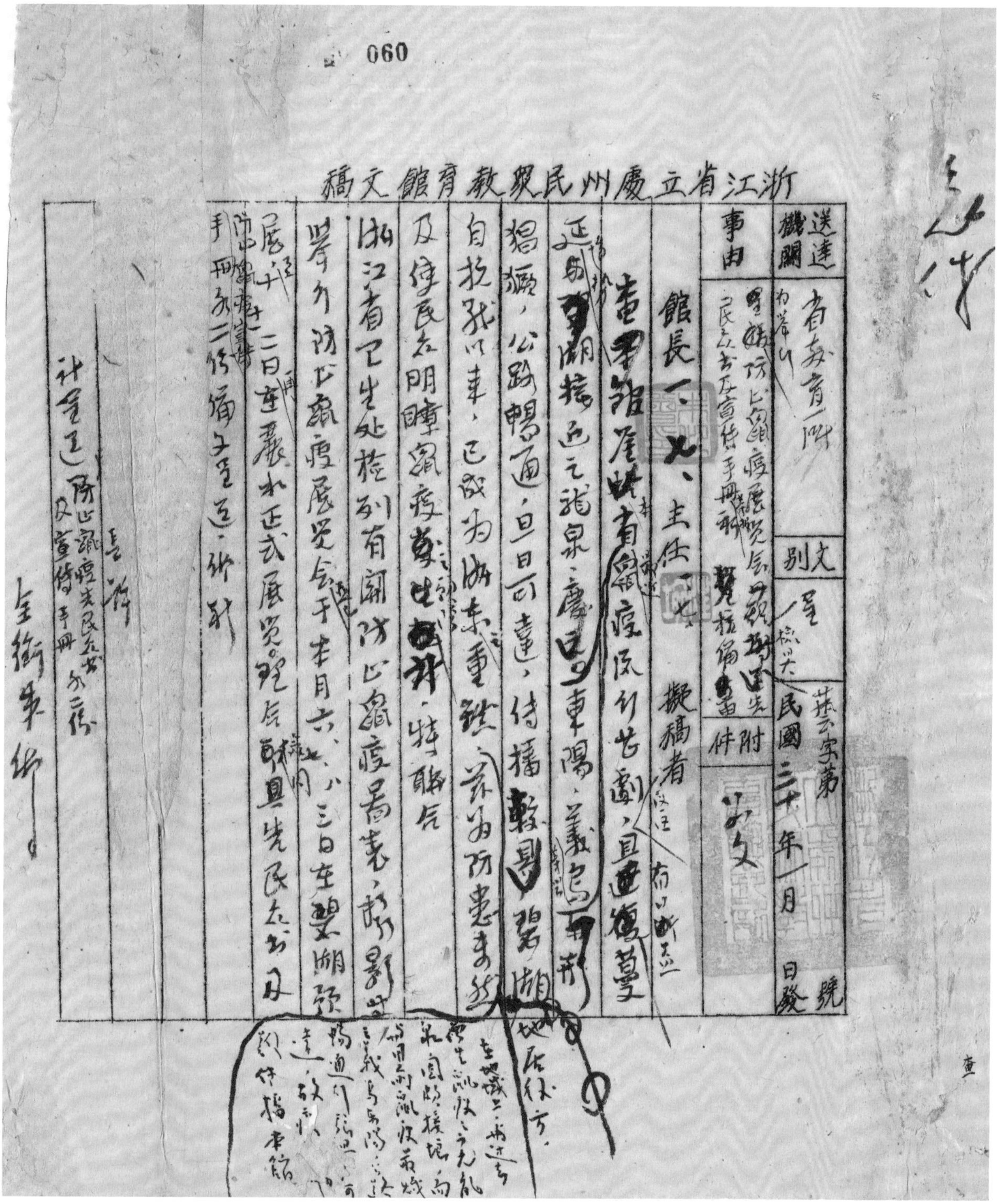

060

浙江省立處州民衆教育館文稿

送達機關：省教育廳

事由：呈報防止鼠疫展覽會告碧湖民衆書及宣傳手冊祈鑒核備查由

文別：呈

附件：[illegible]

民國三十一年一月　日發　字第　號

館長　主任　擬稿者

查本館屋址在碧湖，接近龍泉、慶元、東陽、義烏等地，鼠疫[illegible]猖獗，公路暢通，旦日可達，倘傳播[illegible]碧湖，

自抗戰以來，已成為浙東重鎮，[illegible]為防患未然，

及使民衆明瞭鼠疫[illegible]，特聯合

浙江省衛生處檢驗所有關防止鼠疫[illegible]，

舉行防止鼠疫展覽會，於本月六、八、三日在碧湖[illegible]

二日在[illegible]展覽正式展覽，理合[illegible]具告民衆書及

手冊各二份備文呈送，祈

鑒核

謹呈

浙江省教育廳長許

計呈送防止鼠疫告民衆書及宣傳手冊各二份

全銜某某

附一：为联合省卫生处举行防止鼠疫展览会告碧湖民众书（一九四二年一月六日）

061

為联合省衛生處举行防止鼠疫展覽會
告碧湖民衆書

親愛的碧湖民衆們、
鼠疫在本省，最近非常猖獗，大家都知道，最早是慶元，和龍泉，其次是鄞縣和衢縣，直到目前，義烏和東陽也都有發現了，流傳的迅速說起來真够駭人，而為害的巨大，更其使人可怖，過去在歐洲曾殺死了全歐洲四分之一的民衆，三年前在我國的東四省，不到九个月也足令實死了我六萬多同胞，最近在慶元、龍泉、衢縣、鄞縣，以及義烏方面，雖因我們發現較早，有防止得法，疫勢並没有如何的擴大，但不到几日，死亡亦很可觀，所以我們為了防患未然，應該積極注意防止，對于其碧湖，抗戰以來，已成浙東重鎮，在地域上，与龍泉、慶元、松陽接壤很近，而和義烏東陽，公路暢通，且亦可達，疫原不難傳播，因而更有切實之預防必要。

本館既[illegible]泉鼠疫的發生，進而以謀防止起見，所以，這一次就……家用品……準備時間的……

與交通四……多多重要的材料，不能由你選擇來，使畫參加，但從現有的各項陳列品裡，不論畫表也好，攝影也好，都使是為我們說明了防止鼠疫的重要，與介紹了好多關于防止鼠疫的方法，因此我們竭誠的希望大家多多予以密切注意，與謀預防鼠疫的一旦發生，而減少我們無謂的損失，那也就不失我們舉行這次展覽會的本意了。

同時我們還要增帶的告訴大家，最近在衛縣發生的鼠疫，據確切的証明是由敵人用飛機將疫蟲投到地上而發生，所以我們要謀徹底防止鼠疫，還得加倍努力防空建設，因為減少敵機侵入，方是我們最徹底的防止方法啊。

末了，敬請大家共同努力防止鼠疫，共同努力建設我國強大的空軍。

浙江省立處州民眾教育館啓 三十二年元月六日

附二：防止鼠疫宣传手册

一、什麼是鼠疫

鼠疫是一種由於特種的病菌——鼠疫桿菌——以一定的傳染途徑傳播到我們的人體上，感染了而生特殊病狀的疾病，在中國歷為鼠疫的病人，有許多身上起瘰子——全身已變黑——中國叫為乾瘰疫，瘰子病、瘟子，有許多發生咳嗽、咯血，而名之為肺瘟——在許多中國的古書上——們鼠疫病發生之前，或同時，鼠類先起了劇烈流行而死亡甚多，所以又名為鼠疫。

二、鼠疫的症狀

鼠疫的症狀是很特別，我們因為他的症狀不同，更可分為三種來說。

第一種，是腺鼠疫。就是這一類症狀的病人身上，頸部、腋窩、鼠蹊部，有一種核子腫大起來，這核俗名之為瘰子疙瘩，所以我們稱呼這類病為腺鼠疫。平常人類身體傳染到鼠疫病菌之後，二天到五天，至遲十天——這在醫學上名之為潛伏期——身體就覺軟弱、倦怠、頭痛、眩暈、與四肢手足覺，隨即有高熱，走起路來搖搖擺擺……

能自主，言語重復顛倒，並有興奮的狀態，好像吃醉了酒似的，有的人心裏很恐怖，或者惡心嘔吐，皮下充血。這時體温在攝氏三十九度到四十度，脈搏在一百至一百二十。眼睛發紅，舌苔起初是白而漸々的乾燥，而變為褐色。同時人轉入昏睡，或者譫語而且聲音非常困難，病人欲要自床上起來，想離開房子，這些都是特有的現象。

在發熱後一二天到三天以上，所說的頸部或腋窩部或鼠蹊部的核子腫起來了，非常的痛，慢々的變成雞卵大或拳頭大。表面皮膚不先是紅青色，後來變成水泡，終於水泡破裂出膿。有許多病人不在頸部或腋窩部、鼠蹊部發生腫脹，而於身體某一處皮膚上生一個紅色的點狀，腫脹，旋成水泡，內容物徐々混濁而成膿腫，周圍皮膚也發生壞疽，這樣病人，又可名為皮膚鼠疫。

病狀徐々加重，外貌憔悴，逐漸衰弱，大概在發病後六七天以前死去，要是不死的話，那末在第八天到十天就徐々的好轉了。這淋巴腺鼠疫衢縣發見的鼠疫病人，都是這一種。

第二種是敗血性鼠疫，比較腺鼠疫乃厲害得多，就是鼠疫桿菌傳來到我們人身上，不及發生淋巴線腫等等病狀，而直即侵害全身，發生毒素，發生病狀。（有時腎臟、淋巴線不過稍為腫大，按之不痛）。体温在稽留（約四十度以上），脉搏是很微弱，而在二三日時以內發生昏睡，很譫妄狀態而死。從前所稱的鼠疫，其鼠疫就是這一種。浙江鄞縣這次鼠疫流行時，也曾發現過這種病人。

第三種，是肺鼠疫。肺鼠疫的病人，初起來的時候，和腺鼠疫差不多，一樣是也有惡寒、戰慄、高熱、頭痛、眩暈、嘔吐、精神疲勞等症狀，不過淋巴線大都是不腫的。而在很早期——也就是同時——却有胸痛，同時胸部更有緊束的感覺，呼吸淺而很快，每分鐘多至三十次以上，也有到四十五次。口唇手指等處發紺色。脉搏是很快而極微弱。發病第二天，已有咳嗽。這種咳嗽時時發作，而聲音很嘶啞，咳出的痰很多，初起時稀薄而有泡沫，不久更為黃紅色，神智不清，或者覺到非常苦悶狀態、神經不清，大概三四天內，都因為心臟衰弱或肺水腫而死。請未得初東看發生鼠疫時就是這一種。

3、鼠疫是怎樣傳染的

鼠疫的傳染到我們身上來，一定有兩種東西，就是鼠疫桿菌、老鼠（老鼠的種類很多，普通傳染鼠疫最多的是家鼠、和黑家鼠）和跳蚤。鼠疫桿菌先使老鼠生鼠疫，老鼠身上的跳蚤吃了染疫老鼠的血，蚤的胃內和他的排泄物內，就含有鼠疫桿菌。這種跳蚤再來咬人的時候，或者雖不咬人而只是停在人身上，排出的排泄物從我們身上小創口裡把鼠疫桿菌傳到我們血液裡，淋巴管裡，於是人就生病了。不過肺鼠疫的傳染情形，又稍有不同。肺鼠疫的病人痰裡，我們知道有許多的鼠疫桿菌，這樣就在病人咳嗽噴出唾沫的時候，很容易傳染到別人肺裡，肺鼠疫就是這樣傳到人的身上來了。

4、鼠疫預防方法

1.個人預防——人要[illegible]衣[illegible]連褲之一起將全身、腰、手、足[illegible]十[illegible]）[illegible]口罩（用數重紗布或棉花[illegible]罩着鼻口以遮空氣中之疫菌）防[illegible]疫菌[illegible]侵入呼吸器[illegible]以接種預防之法注射鼠疫菌[illegible]其防疫能力可支持六個月之注射鼠疫清血（可以[illegible]）其防疫能力[illegible]可支持二星期，故疫菌預防為佳、接種[illegible]注射可以減少[illegible]危險五分之四，注射後有染鼠疫者[illegible]就[illegible]大一倍半。

2.滅鼠滅蚤——蚤[illegible]鼠身，有時在一個鼠的身上可以找到百餘個，鼠穴內亦有無數跳蚤、蚤蛋、幼蟲，故滅鼠即可同時滅蚤。

（A）滅鼠：[illegible]噴入[illegible]將其殺死，再封其[illegible]穴，此法宜在[illegible]屋之）。2.[illegible]使[illegible]其巢穴之甲拆除天花板、地板、廚[illegible]牆。乙[illegible]堆積[illegible]之廢物等、4.堵塞

鼠穴、分、捕殺。（一在鼠疫流行時，如用此法，必須留意防備跳蚤離開鼠體而轉嚙人身）。甲、竹、木式捕鼠之器，乙、毒劑，丙、畜貓。

（三）須于房屋清潔，掃除塵埃，（留意地板縫隙）使蚤類不易滋生。乙、周圍[illegible]

丙、隔離：一人患之，速[illegible]疫區之人[illegible]，須杜絕，以防疫菌之廣播。凡病人患必疫病人必須隔離，送醫院[illegible]，並當報告[illegible]近之疫[illegible]民[illegible]，以之旅客必須當[illegible]入[illegible]疫区。

[illegible]民眾之[illegible]所[illegible]疫既[illegible]鼠類而來，故在人類未發現此疫病之前，鼠疫必先流行于鼠類。且一地之鼠既得鼠疫，又不易於滅絕，故其預防要道，首在着重於捕捉鼠類。例之鼠疫發其所在地，然後即將附近之鼠除滅，則鼠疫必不致蔓延以及於人類。如人人皆能盡責捕捉之，鼠無論生死，一律送交當地醫院檢驗，以資防範，則自可免被波及。即不幸而發生鼠疫之病人，亦須從速報告當地醫院，至於我國近已有治療鼠疫新藥發明，如病人能在尚小時得到治療，多能收效，這也是病者之佳音。

丽水县政府关于已觅定举行防止鼠疫展览会地址致浙江省立处州民众教育馆的公函（一九四二年一月八日）

066

063

麗水縣政府公函

民 一月八日

事由：為准函定期舉行鼠疫展覽會經覓定地址函希查照由

案准

貴館藝字第747號函以奉電舉行防止鼠疫展覽会

定於本月十一、十二兩日在本縣正式展覽囑即覓定地

址以便屆期派員佈置見復等由准此自應照辦茲

查本縣民教館房屋尚堪適用除分令民教館外

相應函復即希

00702

（二）疫病救治

浙江省立处州中学关于庆元鼠疫情形致浙江省教育厅的电（一九四二年九月二十七日）

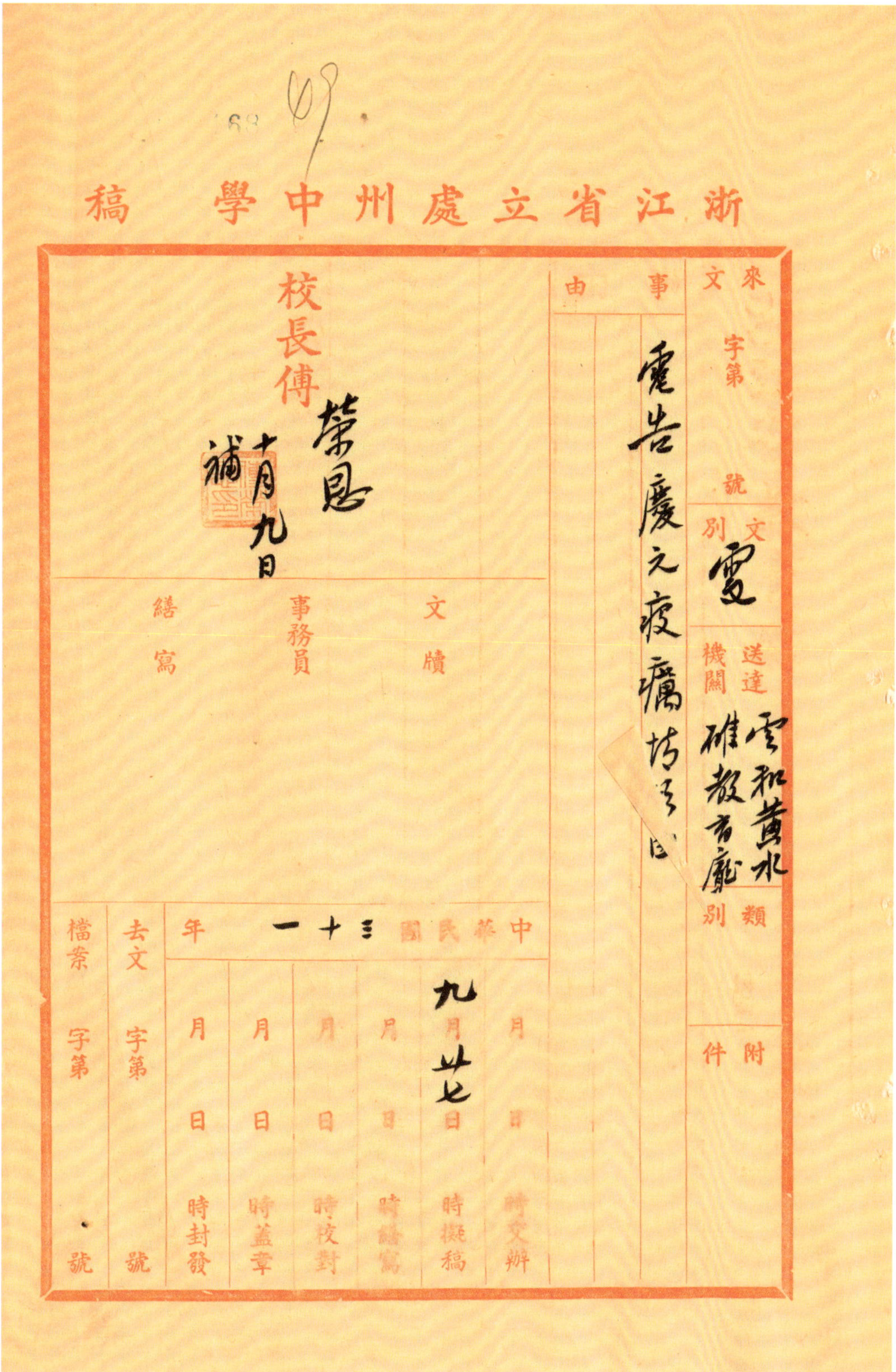

浙江省立處州中學稿

來文	字第　號
文別	電
送達機關	雲和黃水碓教育廳
事由	電告慶元之疫癘情形由
附件	

校長傅榮恩　十月九日　補

文牘　事務員　繕寫

中華民國三十一年　九月廿七日擬稿

月日時文辦　月日時擬稿　月日時繕寫　月日時校對　月日時蓋章　月日時封發

去文　字第　號

檔案　字第　號

電報

雲和黃水碓浙江省教育廳許廳長鈞鑒
職於二十七日到慶查得離城二十里之八
都碓曾發生鼠疫惟疫勢尚緩可望平
息鄉校所在地大濟及城區附近均無疫
癘發生謹電奉聞職傅榮恩叩

浙江省立处州中学附属实验学校主任王振铎关于校内发现死鼠致浙江省立处州中学校长傅荣恩的报告
（一九四三年十月六日）

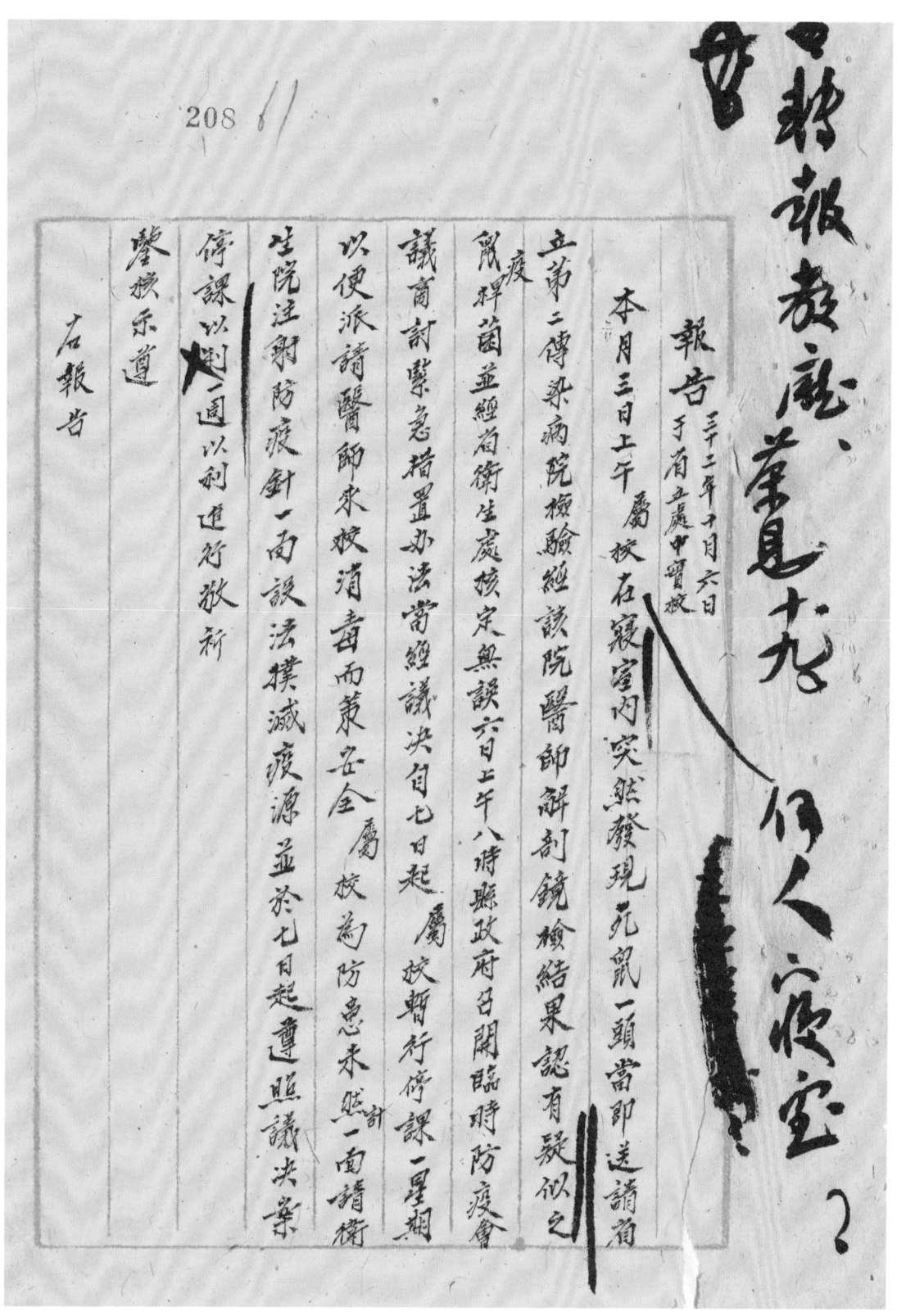

208

轉報教廳、榮恩 十九

曾

何人之寢室？

報告　三十二年十月六日　于省立處中實校

本月三日上午屬校在寢室內突然發現死鼠一頭當即送請省立第二傳染病院檢驗經該院醫師解剖鏡檢結果認有疑似之鼠疫桿菌並經省衛生處核定無誤六日上午八時縣政府召開臨時防疫會議商討緊急措置辦法當經議決自七日起屬校暫行停課一星期以便派請醫師來校消毒而策安全屬校為防患未然計一面請衛生院注射防疫針一面設法撲滅疫源並於七日起遵照議決案停課以則一週以利進行敬祈

鑒核示遵

右報告

傅校長

職 王振鐸 謹呈

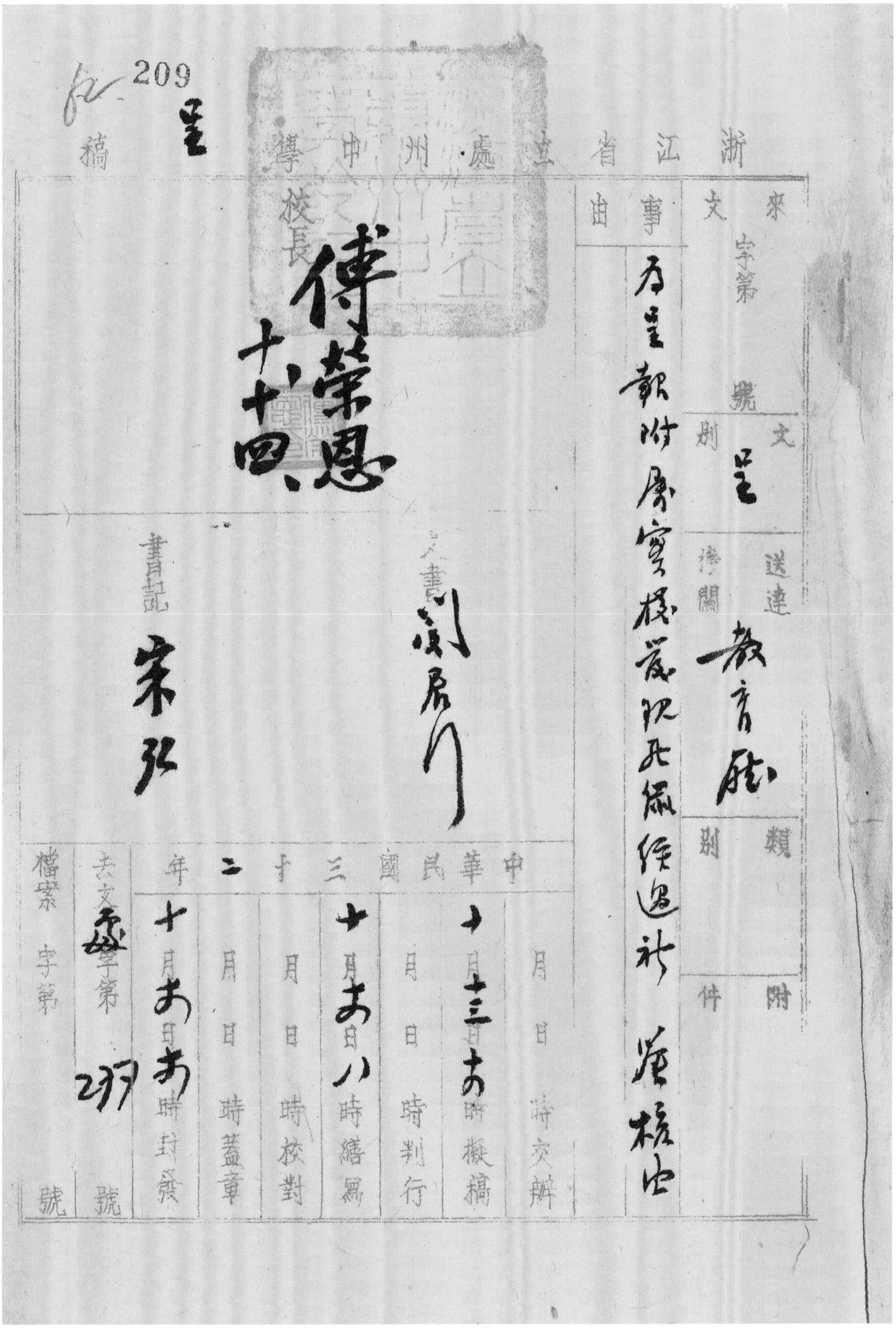

浙江省立处州中学附属实验学校关于发现死鼠经过致浙江省教育厅的呈（一九四三年十月十四日）

案据本中学附属实校主任王振铎报告称：“本月三日上午属校在主任自宿舍内实验室发现死鼠一头——四为来文——遂应谕令全体停课一周，以利进行事情。”据此。当即责即于本月十一日前往附校查勘，所称各节与事实相符，惟六天继续发现死鼠，情形似不十分严重，除并会同本县卫生院转饬该校附校迅速消毒，并于停课九日（自十月七日至十月十七日止）期满后即行复课外，理合将发现死鼠经过事实备文报请

钧署备核示遵为公便。

谨呈

浙江省教育厅厅长许

全衔 傅○○

碧湖各界临时防疫委员会关于转发《六大传染病》宣传手册致浙江省立处州中学的公函（一九四三年十月十四日）

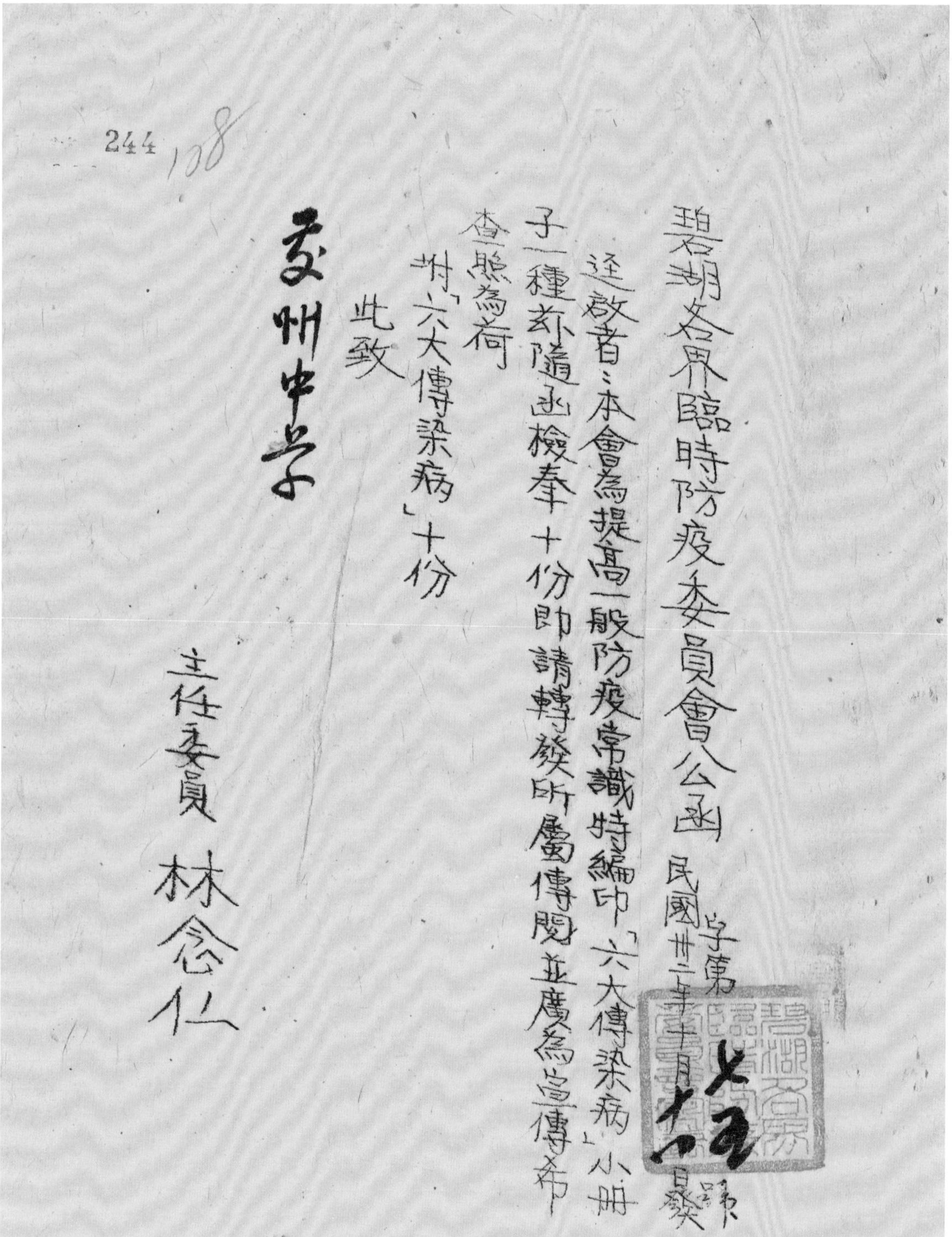

244 108

碧湖各界臨時防疫委員會公函 民國卅二年十月十四日發 字第 號

逕啟者：本會為提高一般防疫常識特編印「六大傳染病」小冊子一種茲隨函檢奉十份即請轉發所屬傳閱並廣為宣傳希

查照為荷

附「六大傳染病」十份

此致

处州中学

主任委員 林念仁

碧湖各界临时防疫委员会关于在大港头附近设立检疫站事致浙江省立处州中学的公函（一九四三年十月十八日）

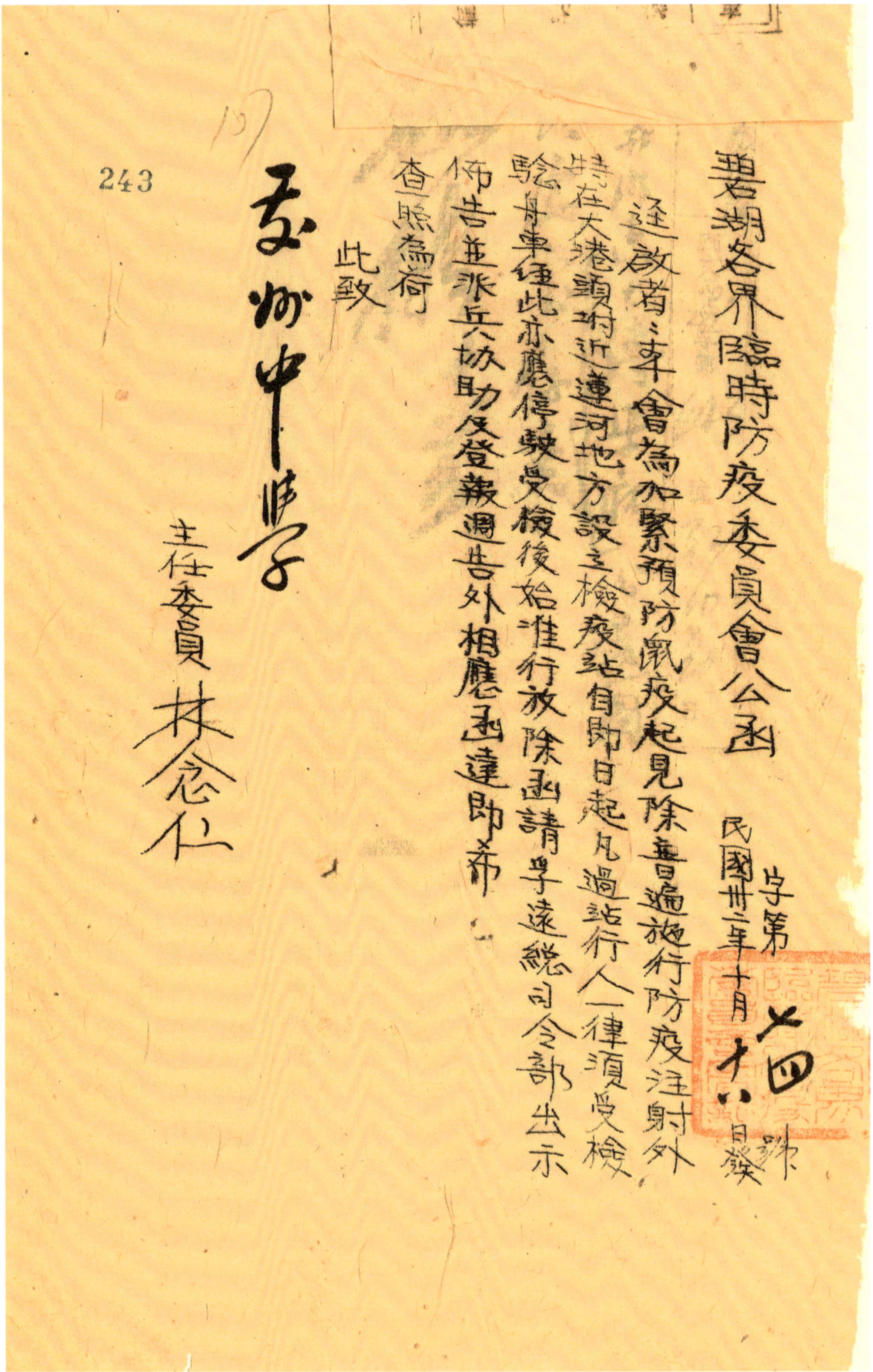

243

碧湖各界臨時防疫委員會公函

字第　號

民國卅二年十月十八日發

逕啟者：本會為加緊預防鼠疫起見除普遍施行防疫注射外特在大港頭附近通河地方設立檢疫站自即日起凡過站行人一律須受檢驗舟車經此亦應停駛受檢後始准行放除函請孚遠總司令部出示佈告並派兵協助及登報週告外相應函達即希

查照為荷

此致

處州中學

主任委員　林念仁

碧湖各界临时防疫委员会关于申领鼠疫疫苗事致浙江省立处州中学的公函（一九四四年二月二十六日）

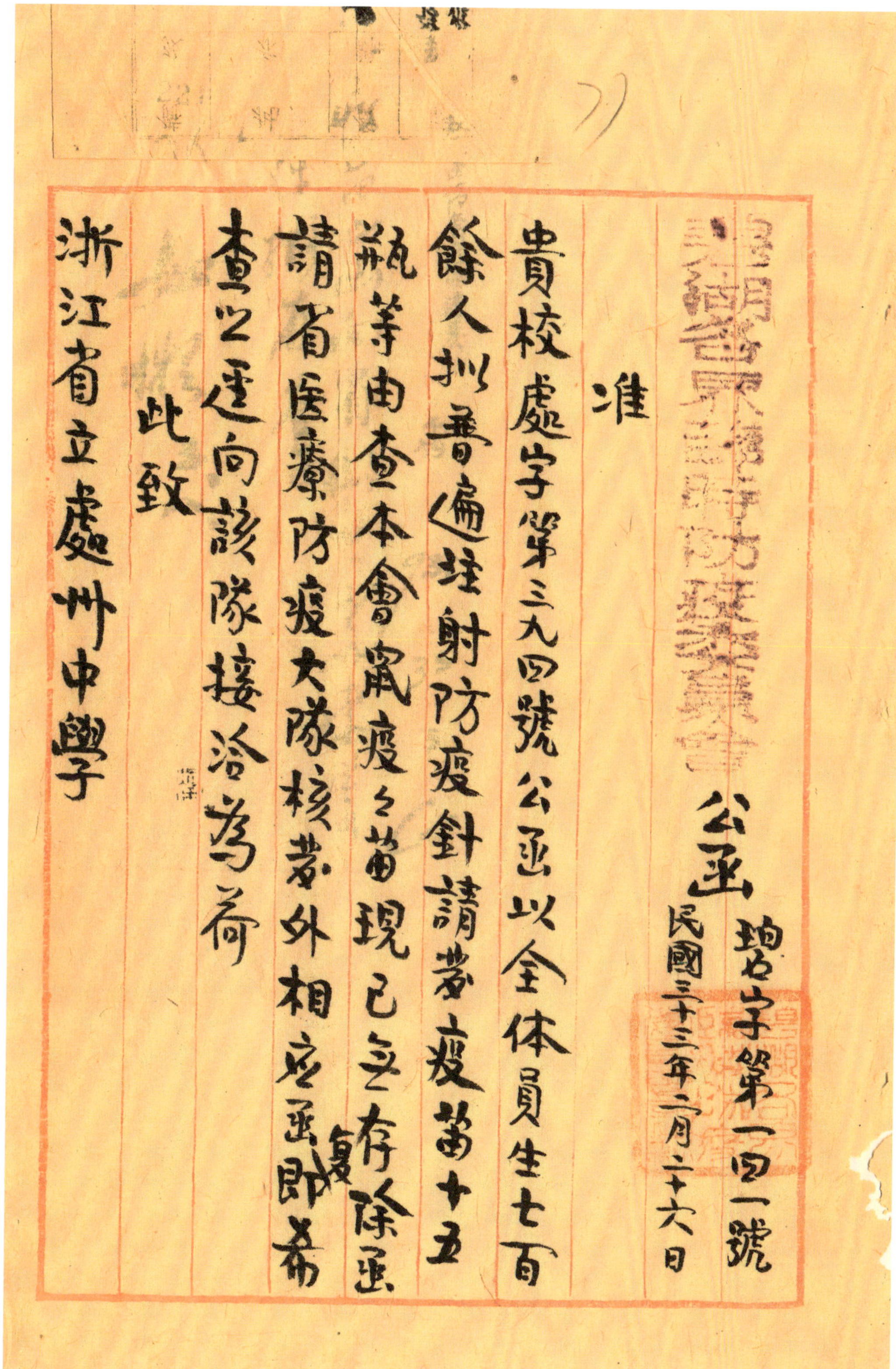

碧湖各界臨時防疫委員會公函

碧字第一四一號

民國三十三年二月二十六日

准

貴校處字第三九四號公函以全体員生七百餘人擬普遍注射防疫針請發疫苗十五瓶等由查本會鼠疫疫苗現已無存除函請省醫療防疫大隊核發外相應函復即希

查照逕向該隊接洽為荷

此致

浙江省立處州中學

主任委員陳蒼正

浙江省卫生处关于回复申购疫苗事致浙江省立处州中学的公函（一九四四年三月十三日）

224

82

浙江省衛生處公函　衛字第二一九　卅三年三月十三日

事由：准函索疫苗以便注射等由復請查照由

案准

貴校三十三年三月三日處字第四〇二號函開

「查本中學全體員生工役爲數在七百人以上平日關於疾病之預防與診治雖設有診療室聘請校醫及護士專司其事在此春暖疫病易染之時爲員生等健康計實有注射防疫針之必要，計共需疫苗拾捌瓶相應函達即請查照惠給以便應用爲紉公誼」

等由准此查本處並無專款可資購備疫苗

贵校所需何种疫苗请迳向本处战时医药器材经理委员
会洽购应用。除鼠疫苗十二瓶及痘苗十二打经由
贵校学生何锡昌另行向该会配购携转外，相应复请
查照是荷。
此致
浙江省立处州中学

处长 孙序□

监印 陈明轩
校对 刘学伦

浙江省医疗防疫大队关于派员到碧湖一带调查流行性脑膜炎疫情致浙江省立处州中学的公函（一九四四年三月十七日）

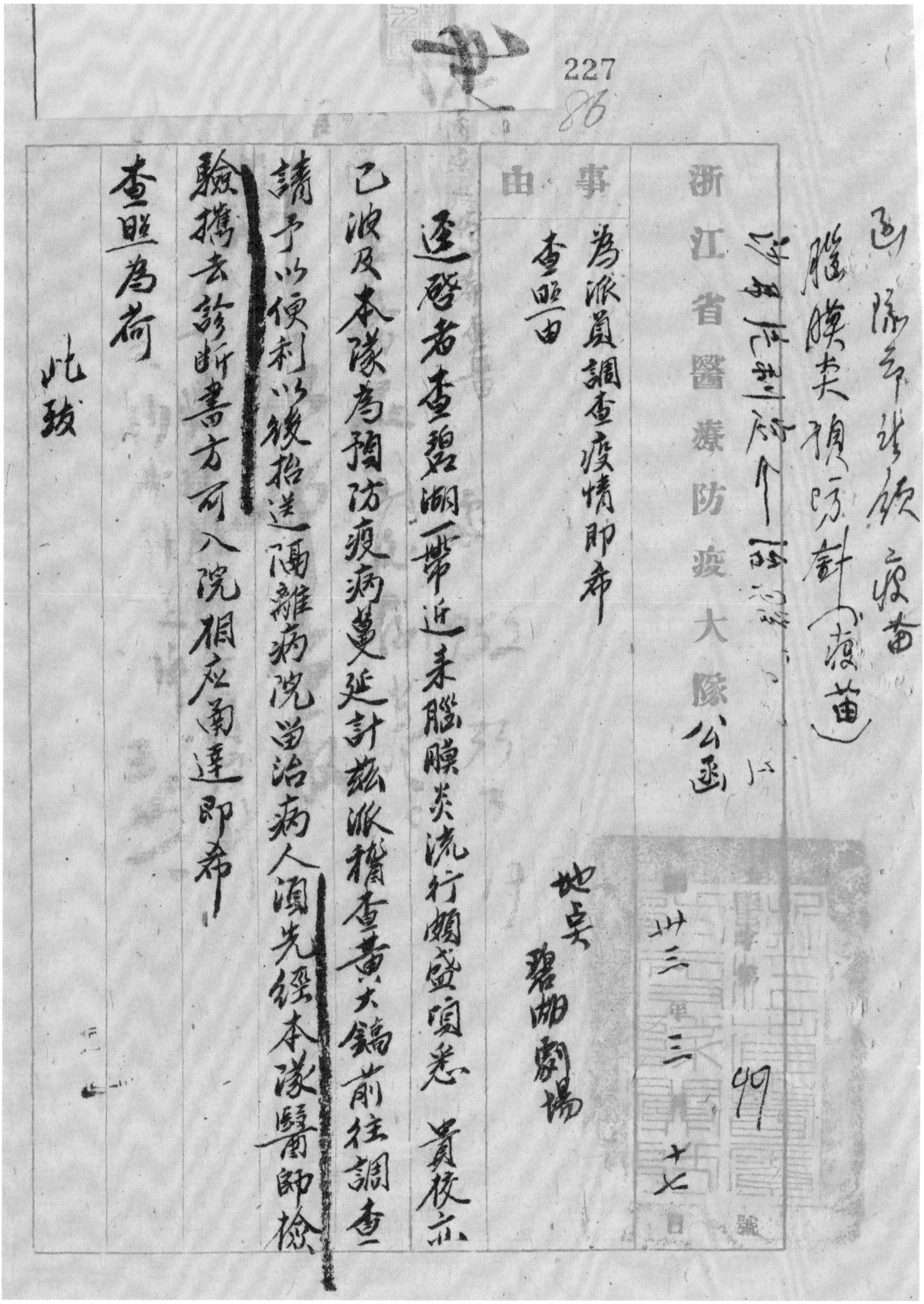
227
86

浙江省醫療防疫大隊公函

事由：為派員調查疫情即希查照由

逕啟者查碧湖一帶近來腦膜炎流行頗盛貴校亦已波及本隊為預防疫病蔓延計茲派稽查黃大鎬前往調查請予以便利以後指送隔離病院治病人須先經本隊醫師檢驗攜去診斷書方可入院相應函達即希查照為荷

此致

地点 碧湖劇場

卅三年三月十七日

省立處州中學

大隊長洪天遜

監印[illegible]

校對壽萍仙

浙江省立处州中学关于学生周洗华感染脑膜炎及救治经过致浙江省教育厅的呈（一九四四年三月二十三日）

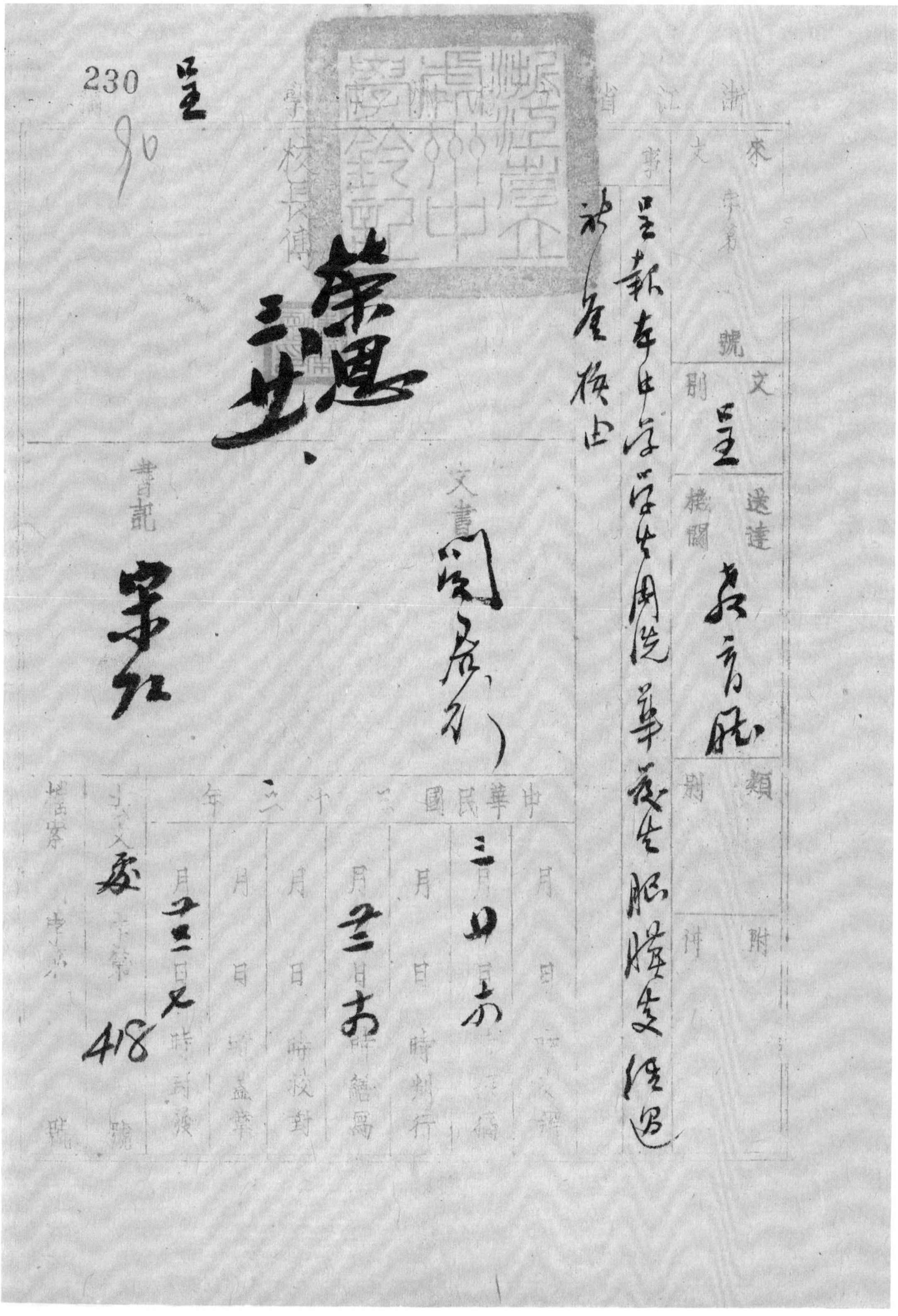

查上學期開學以來，一度痢疾猖獗，本校加以注意預防，
幸免波及。本年入春以來，碧湖痢疾勢衰，而腦膜炎
又繼之而起。本校除向浙江省衛生處請撥疫苗，
俾全體員生施行注射，及屬附近衛生院檢查外，並嚴禁
學生外出，特別事故經請准者，亦只限往碧湖，
以免傳染。惟本年仍有不可預料者，本月十[redacted]日上午，有三
女生周德華[redacted]，照常上課，下午忽患頭痛，
入診療經校醫診治，以[redacted]病勢頗重（形似腦膜炎），注射強心劑後，
即搭校車送不及[redacted]隨新病院，請求打針三針，
抽取骨髓檢驗，確係腦膜炎，經該院打針治療，竟告
轉危為安，（該生）自即可痛愈出院，本年後並請碧湖防疫
以校協助，全女生宿舍大加清潔消毒（並密切注意預防，同時全校大家）
治療腦膜炎要訣，以備第一，日內全校員生，大家平安，
理合備文將此次發生腦膜炎經過呈請
鑒核備案，並乞示遵。謹呈
浙江省教育廳廳長許
全銜（？）

浙江省医疗防疫大队关于回复申领脑膜炎预防针等事致浙江省立处州中学的公函（一九四四年三月二十四日）

229

浙江省醫療防疫大隊公函

事由：為函覆本隊尚未領到腦膜炎預防針及所存沙弗利定片無多未便照發請查照由

字第　　號

卅三年三月二十四日

案准

貴校本月二十日處字第1621號公函畧以查本中學曾發生腦膜炎為求員生安全計請將腦膜炎預防針及沙弗利定片賜贈若干等由准此查本隊尚未領到腦膜炎預防針待領到後當施行普遍注射至沙弗利定片本隊所存無多且係專供隔離病院治療之用是以未便照發相應函覆即希

查照為荷

此致

浙江省處州中學

大隊長 洪天逊

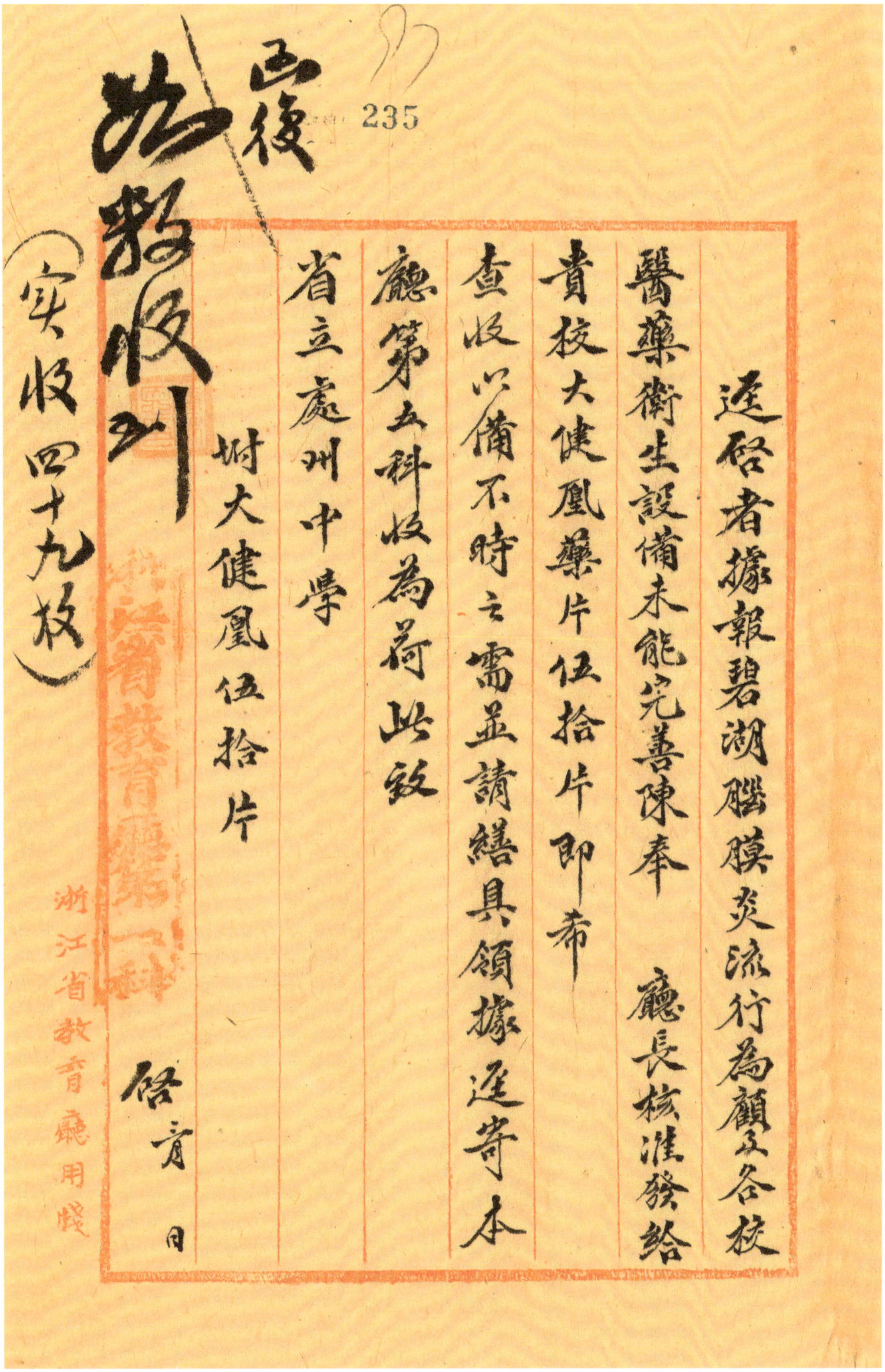

浙江省教育厅第一科关于发放「大健凰」药片致浙江省立处州中学的笺函（一九四四年三月）

浙江省卫生处战时医药器材经理委员会关于购买鼠疫与牛痘疫苗事致浙江省立处州中学的函（一九四四年三月三十日）

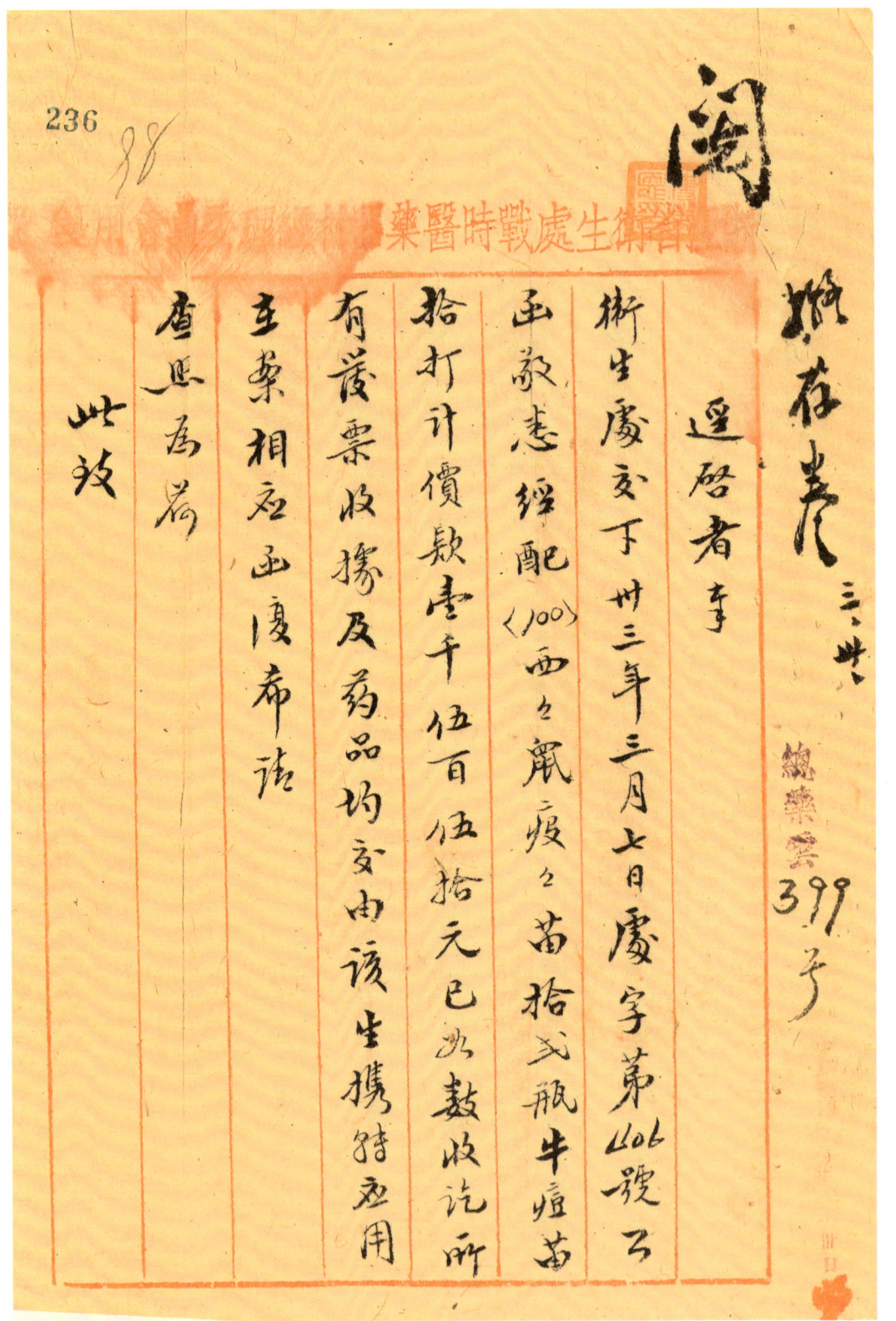

236 88

閱

擬存卷 三、卅

浙江省衛生處戰時醫藥器材經理委員會用箋

總案 399号

逕啓者：

衛生處交下卅三年三月七日處字第466號公函敬悉，經配（100）西西鼠疫苗拾貳瓶，牛痘苗拾打，計價款壹千伍百伍拾元，已如數收訖。所有發票收據及藥品，均交由該生携歸應用。主案相應函復，佈請查照為荷。

此致

237 89

浙江省衛生處戰時醫藥[illegible]

浙江省立處州中學

浙江省衛生處[illegible]啓

浙江省立处州中学关于购买药品奎宁丸事致浙江省卫生处的公函（一九四四年五月二十六日）

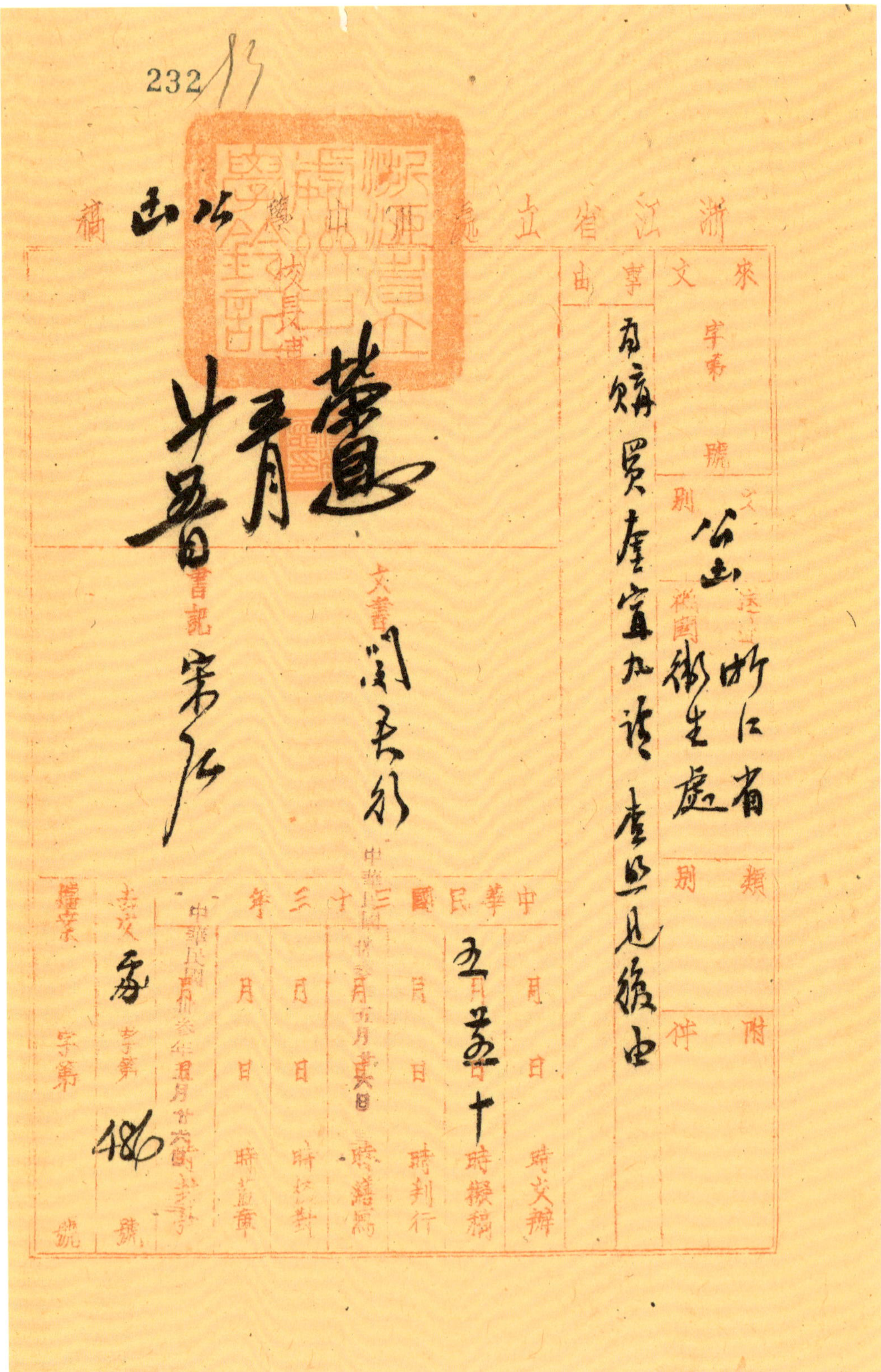
232

浙江省立處州中學公函稿

來文	字第 號
文別	公函
受文者	浙江省衛生處
事由	爲購買奎寧丸請查照發由
類別	
附件	

中華民國三十三年五月二十六日十時擬稿

發文 字第486號

查本中学全体教职员工役以及高初中学生
有数达七百人以上，据医务处诊疗室报告，近
以天气郁热，病疟者逐渐加多，对于奎宁丸
之需要极感迫切，兹拟向查属实在，除已领奎宁五瓶外，贵厅酌给
贵处价购[illegible]奎宁丸叁千粒，以备应用，其一
手续及价格若何，并请
查照见复，俾便依办为荷。

此致

浙江省卫生处处长孙

校长 侍○○

碧湖各界临时防疫委员会关于申领疫苗事致浙江省立处州中学的函（一九四四年十一月一日）

逕啓者：本會疫苗早已用罄，
刻已向浙江省衛生處電催撥發
中，俟到後當即通知。
茲與麗水衛生院江院長商借
一百西西，計來領以備應用，特此奉上，
希即 查照為荷
此致
省立中
碧湖各界臨時防疫委員會啓
十一月一日

請將額子高回因沒抄錄

浙江省立处州中学、浙江省卫生处关于丽水疫情严重急需疫苗事宜的来往文书（一九四四年十一月至十二月）

浙江省立处州中学致浙江省卫生处的公函（一九四四年十一月二十日）

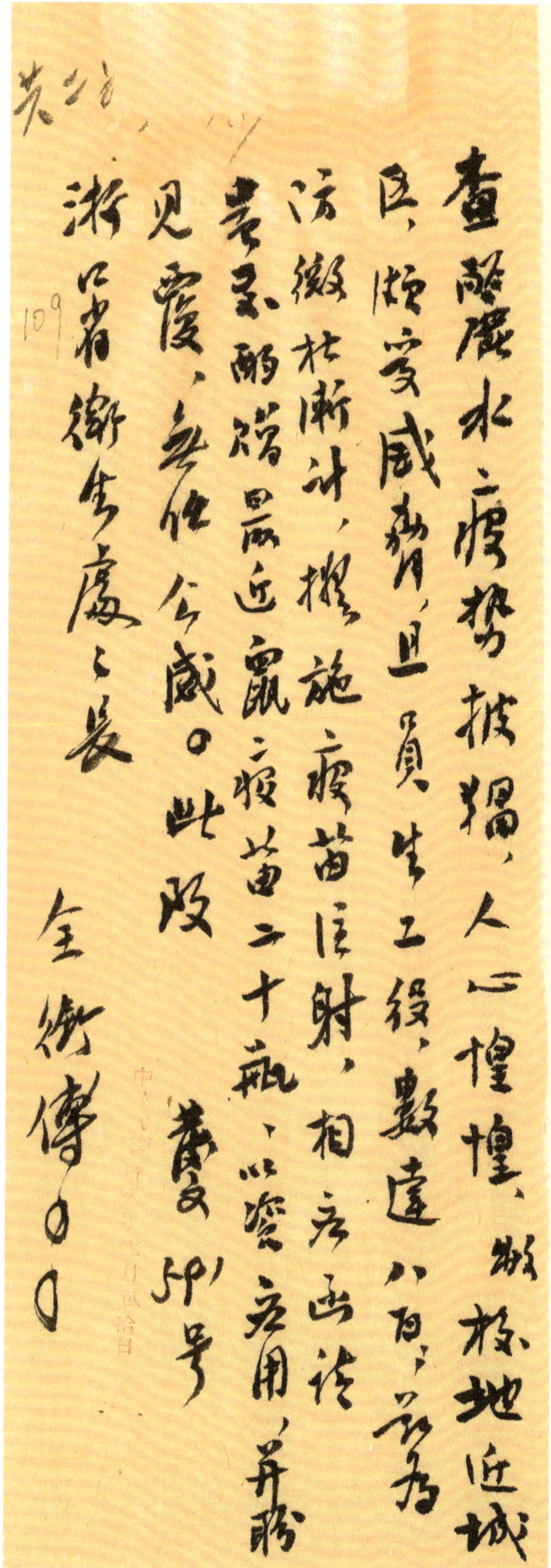

查丽水之疫势披猖，人心惶惶，敝校地近城区，颇受威胁，且员生工役，数达八百，亟为防微杜渐计，拟施疫苗注射，相应函请贵处酌拨最近制之疫苗二十瓶，以资应用，并盼见复，无任公感。此致

浙江省卫生处处长

全衔傅〇〇

浙江省卫生处致浙江省立处州中学的公函（一九四四年十二月二十六日）

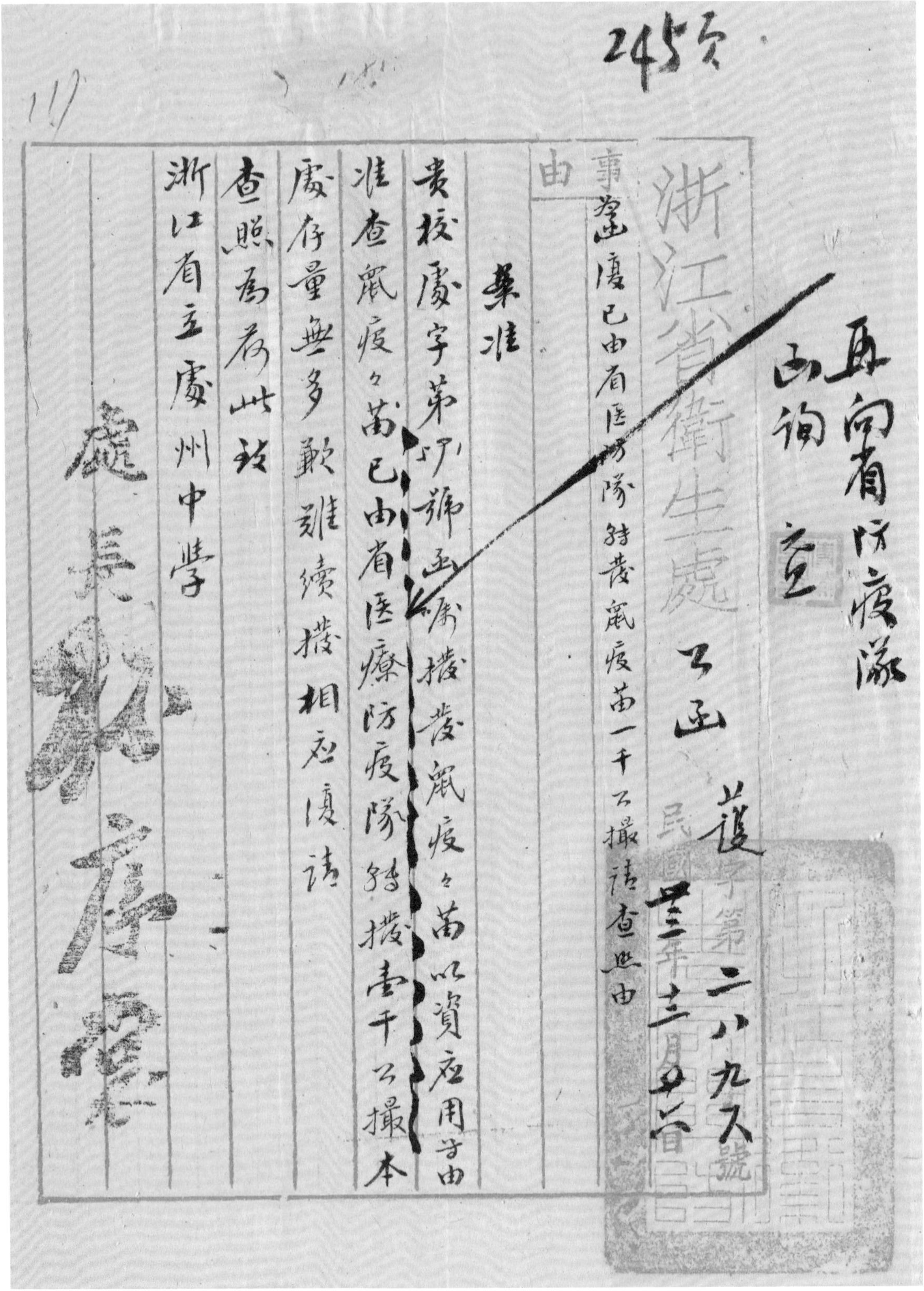

2455

117

函向省防疫隊函詢 查

浙江省衛生處公函

民國卅三年十二月廿六日

衛字第二八九八號

事由：函復已由省医防隊轉發鼠疫苗一千公撮請查照由

案准

貴校處字第一〇〇號函屬撥發鼠疫疫苗以資應用等由

准查鼠疫疫苗已由省医療防疫隊轉撥壹千公撮本

處存量無多歉難續撥相應復請

查照為荷此致

浙江省立處州中學

處長 [illegible]

浙江省立处州中学关于申领鼠疫疫苗事致浙江省医疗防疫队的公函（一九四五年一月三十日）

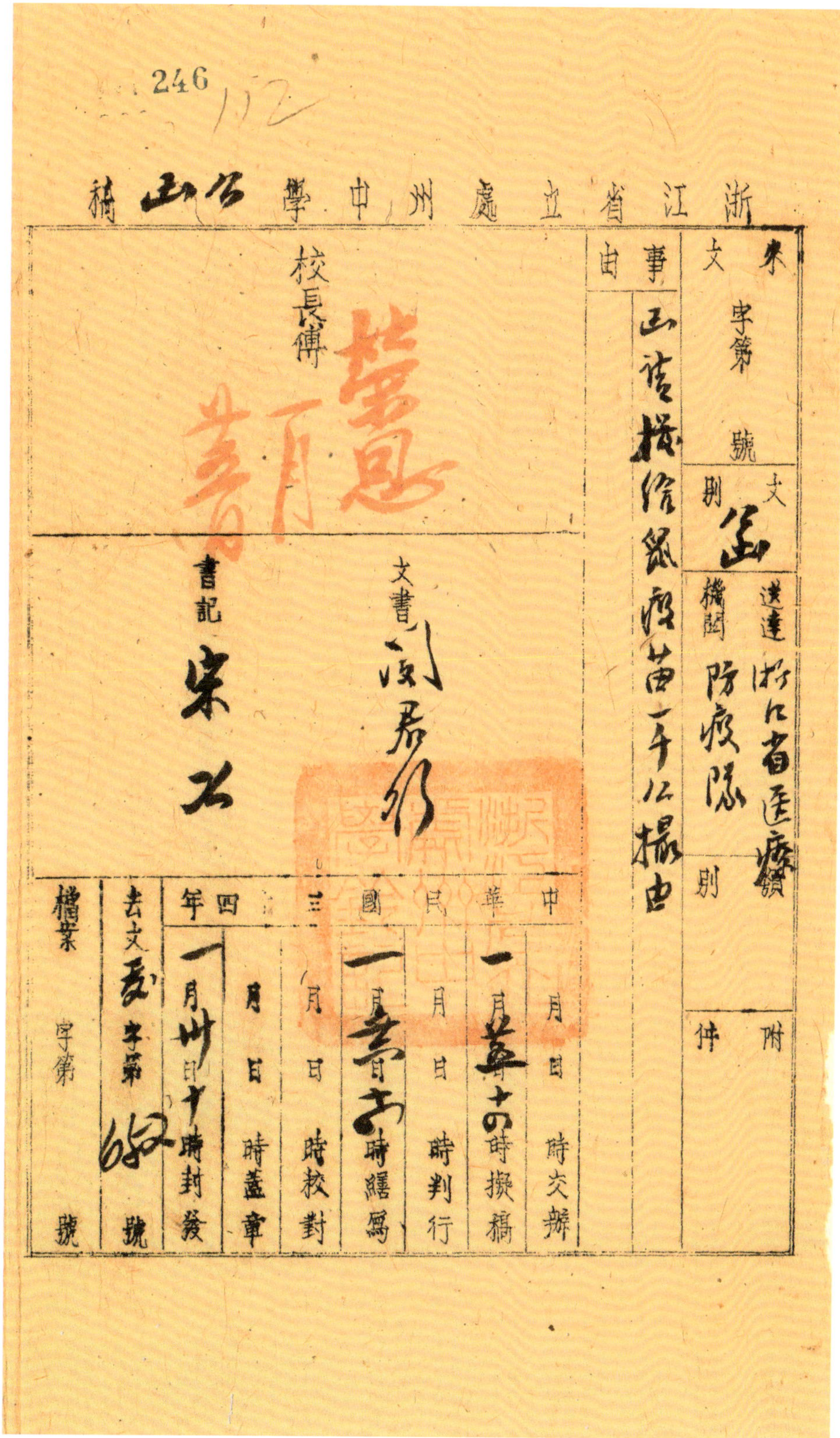

246

浙江省立處州中學公函稿

來文	字第　號
文別	函
送達機關	浙江省醫療防疫隊
事由	函請撥給鼠疫疫苗一千公撮由
附件	

校長傅

書記

文書

中華民國三十四年

一月廿五日十四時擬稿

一月　日　時判行

一月廿六日　時繕寫

月　日　時校對

月　日　時蓋章

一月卅日十時封發

去文處字第　號

檔案　字第　號

查本中学为预防起见，兹曾函请省卫生处发给鼠疫疫苗，以备应用，兹准该处函复称：「鼠疫疫苗已由省医疗防疫队转拨九千份拨」等语，准此。查本校员生及工役为数在八百人以上，需用鼠疫疫苗甚为迫切，兹特相应函达，请

查照准予拨给并见覆为荷。

此致

浙江省医疗防疫队

校长 傅〇〇

浙江省医疗防疫大队第二分队关于派员预防注射鼠疫疫苗事致浙江省立处州中学的公函（一九四五年二月二十二日）

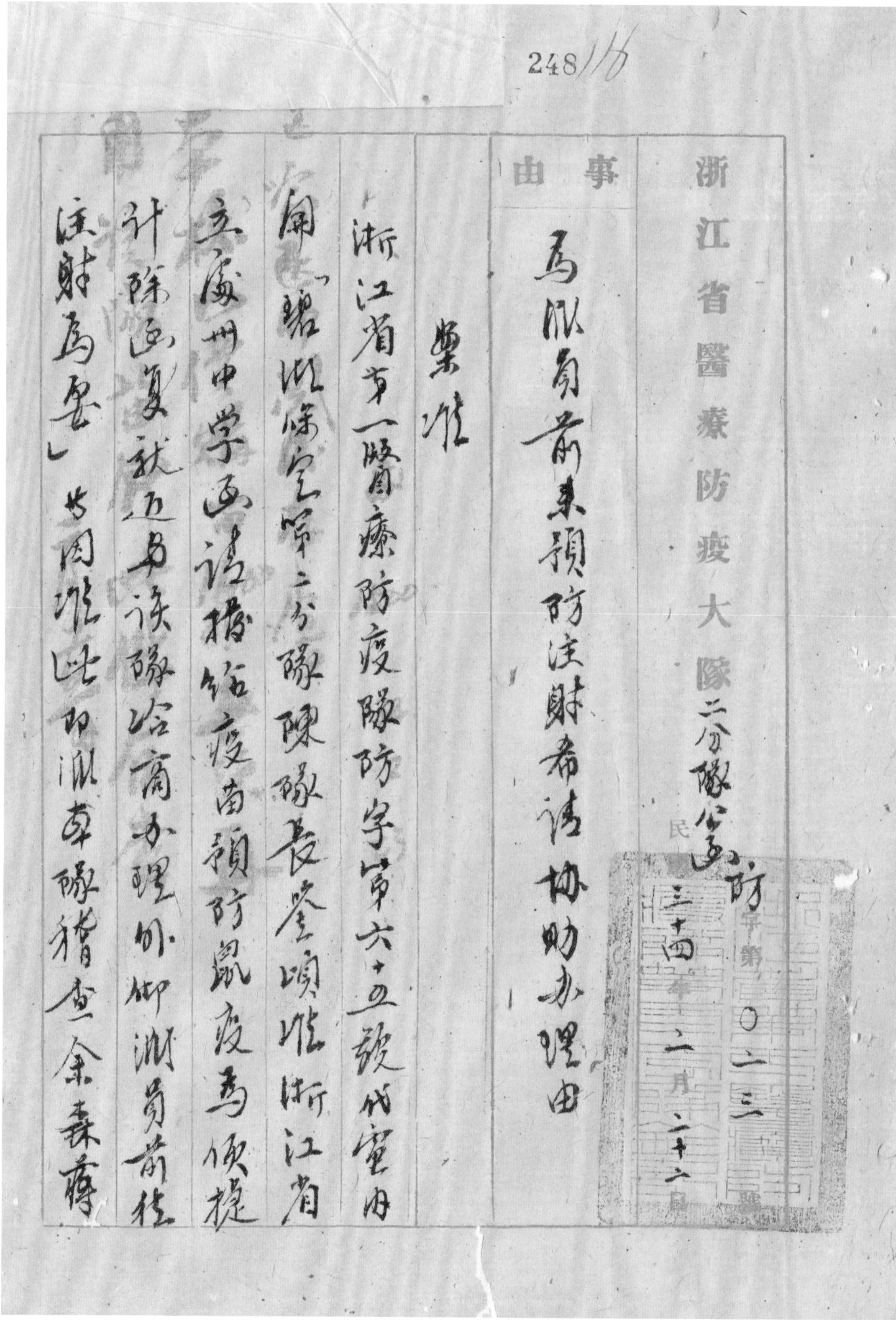
248/116

浙江省醫療防疫大隊二分隊公函　防字第〇二二號

民國三十四年二月二十二日

事由：為派員前來預防注射希請協助辦理由

案准

浙江省第一醫療防疫隊防字第六十五號代電內開：「據派駐第二分隊隊長詹[illegible]呈：准浙江省立處州中學函請撥給疫苗預防鼠疫，為便捷計，除函復就近與該隊洽商辦理外，仰派員前往注射為要」等因，准此，即派本隊稽查余森蒔

職处之員前来領防𠉀射相應函達
貴校協助办理為荷
此致
省立處州中學

代分隊長周兆𬀩

后　记

一、本书编纂工作在《抗日战争档案汇编》编纂出版工作领导小组和编纂委员会的具体领导下进行。

二、本书在编纂过程中得到诸多专家、学者的热忱指导和大力支持，其中浙江省档案局、丽水市档案局非常重视本书的编纂出版工作，丽水市档案馆周率对本书提出具体编审要求并进行了认真指导，莲都区档案馆相关成员共同参与编纂工作，五洲传播出版社对本书的编纂出版工作给予鼎力支持，谨向上述单位和同志致以诚挚的感谢！

编　者